대통령 대 의회

THE PRESIDENT
VERSUS THE CONGRESS

대통령 대 의회

THE PRESIDENT
VERSUS THE CONGRESS

HOW THE PRESIDENTS WORK
WITH THE CONGRESS

POLITICAL LEADERSHIP AND SITUATIONAL VARIABLES
IN THE USA AND SOUTH KOREA IN THE MODERN ERA

景仁文化社

머리말

　대통령은 국가의 원수이자 통치행위의 직접적인 주체이다. 대통령은 외국에 대하여 국가를 대표하고 행정권의 수반首班이 되는 최고의 통치권자를 의미한다. 대통령제 국가에서 대통령은 국정의 중요한 축을 담당하고, 권력분립의 원칙과 입법부인 의회와 함께 상호 작용되어야 한다. 그러나 한국의 대통령제는 견제와 균형원리라는 근본 취지와 달리 '대통령중심제'로 변질되어 운영되고 있다.

　원래 대통령제가 탄생한 미국의 경우를 보면, 미국 헌법은 대통령뿐만 아니라 의회에도 강한 권한을 부여하고 있다. 그러나 미국의 대통령제가 다른 지역으로 수출될 경우 그 운명은 의회와 대통령의 갈등 등 여러 가지 문제를 수반한다. 미국의 초기 건국 지도자들은 의회는 행정부의 자의적인 권한행사에 맞설 수 있는 굳건한 보루가 돼야 한다고 확신하였다. 영국의 식민지 시절에 왕과 총독의 강력한 권력을 경험한 지도자들은 견제 권력이 없는 상태에서의 행정부의 위험성을 누구보다 잘 알고 있었기 때문이다. 결국 그들은 의회를 행정부를 견제할 세력으로 간주하였다.

　한국은 1987년 이래 민주화 역사가 20여년을 넘었지만 대통령제가 제대로 작동하고 있는지에 대한 한국 국민들의 회의는 점점 커가고 있다. 그 권력의 정점에 서 있는 대통령의 통치스타일에 따라 정치과정이 급격히 변화되어 인치人治적인 모습을 보여 왔다. 따라서 정치과정이 지도자보다는 법과 절차를 중심으로 이루어지는 정치의 제도화가 상시적인 과제로 지적되고 있다. 이와 같이 긍정적이든지 부정적이든지 간에 대통령의 통치가 지니는 중요성을 두고 볼 때 한국 정치과정에서 대통령이 보여주는 리더십은 매우 중요한 위치를 차지할 수밖에 없다. 그렇다면 대통령제에서 특히 부각되는 리더십은 어떠한 속성을 지니고 있는가?

리더십은 다양한 개념 속에서 인간의 마음의 가장 중요한 핵심변수로 작용함과 동시에 목표, 구성원, 영향력을 가지고 있다. 이러한 리더십은 집단화과정의 중핵으로서 개성(personality)의 효과이자 지배유형의 특징으로 논의되기도 하고, 하나의 행위나 행동양식으로서 사회적 영향력을 발휘하는 과정이자 설득의 방법인 동시에 목적달성의 수단으로 이해되기도 한다. 이러한 의미를 전제로 한다면 정치영역에서 리더십은 '대중의 지지를 얻어 특정 목적을 실현시켜나가는 통치기술이자, 권력행사자와 권력수용자 간의 긴장과 수렴관계'를 일컫는다.

리더십에서는 자신만을 위한 목표설정과 추구는 논의의 대상조차 될 수 없다. 리더십은 리더와 그를 따르는 사람이 공동의 목표를 달성하기 위해 상호관계를 유지하며 이루어 가는 기술이다. 무엇보다 정치구조의 변혁이 중요한 관건이라고 할 수 있겠지만, 이 역시 결국 정치주체의 형성이 우선적인 전제일 수밖에 없고, 정치주체의 형성에 있어 주요한 동학이 바로 정치적 리더십, 정당 리더십의 역할에서 나온다.

한편, 진성리더십(Authentic Leadership)은 한 개인이 자기 스스로를 알고, 자신 내면의 생각과 감정, 가치관 등에 일치되도록 행동하는 것을 의미하며, 자기인식(self-awareness)과 자기규제(self-regulation) 등 자신감 있고, 희망적이며, 낙관적이고 노픈 복원력, 올바른 정신철학 도덕성을 지닌 리더이다.

"박근혜 정부" - 우리 모두 깨끗한 대통령을 꿈꾼다. 한국의 제18대 대통령 선거에서 박근혜 후보가 당선 되었다. 중앙선관리위원회는 2012년 12월 20일 제18대 대통령 선거 개표 결과 최종적으로 박근혜 대통령 당선인이 총투표 수 3072만2912표 중 51.6%인 1577만3128표를 획득했다고 밝혔다. 1987년 대통령 직선제 개헌 이후 처음으로 과반 득표에 성공했다.

민주통합당 문재인 후보는 1469만2632표(48.0%)를 득표했다. 1·2위 간 표 차는 108만496표로 집계됐다. 득표율 격차는 3.6%포인트였다.

선관위는 또 총유권자 4050만7842명 가운데 3072만2912명이 투표에 참여해 75.8%의 투표율을 기록했다고 밝혔다. 2002년 제16대 대선(70.8%)과 2007년 제17대 대선(63.0%)에 비해 각각 5%포인트, 12.8%포인트 높은 투표율이었다. 1997년 제15대 대선 투표율 80.7%에 비해서는 4.9%포인트 낮았다. 무소속 박종선 후보가 0.04%인 1만 2854표, 김소연 후보 0.05%인 1만 6687표, 강지원 후보가 0.17%인 5만 3303표, 김순자 후보가 0.15%인 4만 6017표를 얻은 것으로 나타났다.

2009년 마인섭 성균관대학교 선생님은 제자 논문을 단풍 불붙은 북한산 보다 붉게 지도해 주셨다. 학위를 받고 뵐 때 마다 보완해서 출간하라는 말씀을 잊지 않으셨다. 감수 받는 오늘 식은땀 이마 두 눈썹 가운데 코 밑과 윗입술 우묵한 곳을 지나 목을 타고 심장 한강으로 흐른다.

이 책이 나오기까지 많은 분들의 은혜와 도움을 받았다. 홍사덕 전 6선 국회의원님, 유호열 한국정치학회장(고려대학교 북한학과교수) 님, 이해영 한국행정학회장(영남대학교 행정학과 교수) 님, 심지연 국회입법조사처장님(경남대학교 정치외교학과 교수), 고하승 시민일보 편집국장님, 구본영 서울신문 논설실장님, 김비환 성균관대학교 정치외교학과 교수님, 손병권 중앙대학교 국제관계학과 교수님, 이훈진 서울대학교 심리학과 교수님, 문성제 선문대학교 법학과 교수님, 안성조 제주대학교 법학전문대학원 교수님, 내놓은 원고를 선뜻 출판해 주신 한정희 경인문화사 대표님, 신학태 선생님 기타 관계자들께 감사한다.

2013년 1월 25일
북한산 정상에서
지 영 환 올림.

추천의 글

미국의 엘파소와 멕시코의 후아레스 두 도시는 리오그란데강을 사이에 두고 지척지간에 있지만 두 도시의 삶은 천국과 지옥이다. 엘파소에서는 살인사건이 연 10여건 발생하지만 후아레스에서는 연 약 1550명이 살인사건으로 죽는다. 후아레스의 유아사망률은 엘파소의 5배이다. 엘파소 주민의 63%가 중고등학교에 다니지만 후아레스에서는 오직 10%만이 그런 교육을 받는다. 모이에(Moie)강을 사이에 둔 태국과 미얀마의 도시들도 마찬가지다. 태국 도시의 주민들은 충분히 먹고, 의료서비스의 혜택을 누리고, 현대적인 복리시설을 누리지만 좁은 강만 건너면 되는 미얀마의 주민들은 굶주림에 익숙하고, 의료시설은 없고, 가난한 생활은 비참하다.

중국 연변의 도문圖們시에는 두만강을 가로질러 북한으로 가는 편도 1차선 정도의 다리가 있다. 강폭이 한 100미터나 될까싶을 정도로 좁다. 이 다리의 중국 쪽은 중국과 한국의 관광객들로 붐비는 이 지역 관광명소이다. 다리의 중앙에는 국경선이 노란선으로 표시되어 있고 당연히 그 선을 넘을 수 없다. 다리의 그 노란선 넘어 북한 땅에는 가끔씩 오락가락하는 경비병이 보일 뿐 시간이 정지된 유리속의 정물풍경 같다. 땅에 그은 몇 미터 폭의 휴전선과 헤엄쳐 갈 수 있는 임진강을 사이에 둔 남한과 북한의 주민들의 삶의 대조는 더욱 극적이다. 수 천년 역사와 문화와 언어를 나누어 온 한 민족인데 갈라진 지 불과 반세기만에 북한은 빈곤과 기아와 억압의 국가가 남쪽은 성장과 풍요와 자유의 국가가 되었다.

왜 바로 옆에 붙은 두 도시의 삶이 이렇게 다를까? 언어와 문화와 역사가 같고 자연도 크게 다르지 않다면 무엇이 두 도시의 운명을 갈라놓았을까? 나는 그것을 정치라고 생각한다. 서로 다른 정치체제 때문에 어떤 나라는 풍요와 자유를 누리고 어떤 나라는 빈곤과 억압의 굴레에서 벗어나지 못한다고 본다. 정치체제의 정점에는 정치 지도자가 있고, 우리나라와 같이 대통령제를 하는 나라에서는 당연히 대통령이 그 지도자이다. 즉 그 나라가 어떤 지도자 어떤 대통령을 만나는가에 그 나라 국민의 평화와 복리가 달려있다는 것이다.

대통령제는 민주주의 국가에도 있고 독재국가에도 있다. 민주주의 국가에서도 대통령제의 성공과 실패는 명암이 있고 어떤 정치학자들은 대통령제가 특히 신생민주주의 국가에서는 부작용이 더 크다고도 한다. 그래도 많은 나라들에서 대통령제를 운영하고 있고 또 그들 중 많은 나라에서 대통령제는 성공적이다. 한 나라에서도 국민의 화평과 복리를 크게 증진시킨 대통령이 있는가하면 어떤 대통령은 임기 내내 분열과 대립으로 나라를 곤궁에 빠뜨리기도 한다. 어떤 대통령이 더 좋은 사회와 더 좋은 국가를 만들까? 지영환박사가 이번에 낸 책『大統領 對 議會』는 이 문제를 고민한 것이다.

대통령의 통치권은 국민이 선거로 부여한 것이지만 동시에 국민의 다른 선출대표인 국회와 견제와 균형으로 공존하도록 되어있다. 대통령이 국회와 어떤 관계를 가지는가가 대통령제의 운영과 성과에 결정적인 영향을 미칠 것이다. 미국의 정치학자 바버(James D. Barber)는 대통령 리더십의 유형을 적극-긍정형, 적극-부정형, 소극-긍정형, 소극-부정형의 네 가지 유형으로 분류하였고, 또 다른 학자 번즈(James M. Burns)는 대통령의 의회와의 관계를 해밀턴 모형, 매디슨 모형 그리고 제퍼슨 모형으로 분류하였다. 지영환 박사는 이 두 학자의 모형을 결합하고 피에들러(Fred E. Fiedler)의 상황변수를 수정하고 적용하여 한국과 미국의 주요 대통령의 통치유형을 새롭게 분석하였다. 클린턴과 부시의 통치스타일의 차이는 이미 세계인의 흥밋거리이며, 노태우, 김영삼, 김대중과 노무현의 우리나라 대통령의 캐릭터도 코메디프로와 유

머의 화젯거리이다. 지영환 박사의 대통령 통치스타일 모형은 이 일반
인의 관심에 분석적인 흥미와 이론적인 혜안을 보태준다. 이 책은 대
통령의 성품, 정치환경, 의회와의 관계에서 대통령이 어떻게 통치하고
민주주의의 정치는 어떻게 진행되는가를 동태적으로 이해하는 훌륭한
분석틀을 제공해준다.

 이 책의 원본은 지영환 박사의 두 번째 박사학위논문이다. 나는 이
미 법학박사를 수여한 분이 다시 정치학을 공부하겠다는 것을 말리지
못하였다. 여러 학문분야를 두루 섭렵하는 것이 바람직하긴 해도 그에
기울이는 노력과 시간을 생각하면 말렸어야 하지만 지영환박사님이
법학사, 행정학석사, 법학박사를 거쳐 정치학으로 학문을 넓히고 완성
하겠다는 의지와 관심을 부릅뜬 눈으로 웅변하였기 때문이다. 두 번째
박사학위인 경우 처음처럼 겸허하지 않거나 진지하지 않아서 오히려
박사인 것이 해가 될 것도 같은데 지박사는 그 특유의 성실과 겸손 …
정성으로 긴 수업과 논문과정을 훌륭히 마쳤다. 박사학위를 마친 후에
도 연구와 저술을 게을리 하지 않았고 꾸준히 논문을 보완하였다. 그
결실이 이 책이다. 그래서 이 책은 원래 학위논문에서 다루었던 사례
를 크게 보완하였다. 학위논문에서는 이론과 분석에서의 간결성을 구
하기 위해 옆으로 밀쳐두었던 한국과 미국의 대통령들을 다시 포함시
켰고, 오바마대통령과 이명박대통령의 학위논문 이후의 두 대통령도
더하였다. 학위논문의 분석적인 흥미에다 대중적인 독서의 흥미를 크
게 추가한 것이다. 역사 속의 한국과 미국의 대통령들을 이 책의 모형
으로 분석해 보는 것이 흥미롭다.

 제18대 대통령선거를 눈앞에 두고도 정세가 엎치락뒤치락하여 도무
지 마지막 결과를 내다볼 수 없다. 정치를 보는 관점이 정당과 인물,
지역과 이념, 세대와 계급 등으로 많이 변하고 확대되어왔지만 이번 선

x

거는 유난히 대통령 후보들의 인물됨이 유권자들의 중요한 관심이다. 그들 중 누가 대통령이 되면 어떤 대통령일까? 지영환박사의 지혜를 한 번 빌려 보면 재미있을 것 같다.

2012년 12월 7일

성균관대학교 사회과학대학장

마 인 섭

preface

　대통령의 정치적 리더십 특성에 따라 대통령과 대對 의회관계가 변화하고 적대(악화)·우호(개선)인지 주요한 영향을 미치고 있음을 번즈(James M. Burns)가 제시한 해밀턴 모형(Hamiltonian model), 매디슨 모형(Madisonian model), 제퍼슨 모형(Jeffersonian model)이라는 세 가지 이상형(ideal types)에 대입하여 분석하였다.

　이 책은 바버(James D. Barber)의 분류에 따라, 대통령의 리더십을 다음의 네 가지로 구분하였다. 그는 1 지도자로서 사명감에 넘치고 활동적이며, 생산성을 중시하고 과업 지향적이며 목표를 분명히 하는 적극적 긍정형(active-positive) 리더십, 2 야심이 많고 권력적이며, 대단히 공격적인 적극적 부정형(active-negative) 리더십, 3 그리고 진실하고 윤리관이 강하며, 활달하고 개방적이지만, 지도자로서의 사명감이 부족한 소극적 긍정형(passive-positive) 리더십, 4 마지막으로 자신에게 맡겨진 지도자로서의 역할을 충실히 수행하지만, 지도자의 역할과 책임을 축소 지향적으로 인식하는 소극적 부정형(passive-negative) 리더십으로 대통령의 리더십을 분류하였다.

　피에들러(Fred E. Fiedler)의 상황변수를 수정하여, 대통령과 의회의 관계 유형에 영향을 미치는 대통령의 리더십 유형을 독립변수로, 임기변수, 의석분포, 정치·경제상황을 상황변수로 도입한다. 이 책은 '대통령과 의회의 관계= f (대통령의 리더십 + 상황변수(의석분포, 임기변수, 정치·경제상황))'라는 대통령과 의회와의 함수관계를 설정하였다. 또한 심리적 접근법과 정치권력적 접근법을 중심으로 대통령 리더십을 권력적 상호작용론의 차원에서 분석하였다. 주된 분석틀은 권력적 상호작용론이며, 미국과 한국의 제도적 다양성을 설명하는 제도 비교분석이 보완적으로 제시된다. 이 책은 역사적 검토와 교차국가 분석을 통해 세 모형에 따라 분석틀을 설계하고, 미국과 한국 대통령의 대 의회관계의 모형화를 시도하여 그 변화를 설명하였다.

첫째, 해밀턴 모형은 절제와 균형의 체계 안에서 대통령은 역동적인 행정 활동을 수행한다. 그리고 행정부가 입법과정을 포괄적으로 지배하며 대외정책과 재정 및 경제정책을 독점적으로 결정함으로써 행정부에 대한 의회의 통제가 형식화되는 모형으로써, 흔히 국가비상사태의 극복이나 국가건설 등 행정의 능률성이 민주적 절차보다 우선시될 때 선호되는 권력 형태라 할 수 있다.

부시(George W. Bush) 대통령은 집권 제1기부터 집권 제2기의 중반기까지(2000-2007)는 적극적 부정형 리더십을 가지고 해밀턴 모형의 국정운영을 행사하였다. 집권 제2기 후반인 2007년부터 2008년 사이에는 부시 대통령의 국정운영은 해밀턴 모형에서 매디슨 모형으로 변화되었다. 적극적 긍정형의 리더십을 가진 김대중 대통령은 해밀턴 모형의 국정운영을 행사하였다.

둘째, 매디슨 모형은 대담성과 활동력이 약한 신중한 정부로서 입법권과 행정권의 권력 균형에 입각한 정부를 의미한다. 이 모형은 행정부에 대한 의회우위의 권력 형태로서 행정의 능률성을 확보하는 것보다 의회가 행정의 권력남용을 견제하고 통제하는 데 중점을 둔다.

클린턴(William J. Clinton) 대통령과 부시 대통령의 임기 말에도 각각 제퍼슨 모형과 해밀턴 모형에서 매디슨 모형으로 변화된 모형으로 분석된다. 적극적 긍정형 리더십을 발휘하였던 클린턴 대통령 집권 제1기의 1993년에서 1996년은 제퍼슨 모형으로 분석되었다. 집권 제2기의 1997년부터 2000년까지는 클린턴 대통령은 매디슨 모형의 국정운영을 펼치게 되었다. 소극적 부정형 리더십을 가지고 있었던 노태우 대통령은 임기 초반(1988-1990)에 매디슨 모형의 국정운영을 행사하였다. 하지만 노태우 대통령은 2년 후 제퍼슨 모형의 정치를 행사하였다. 소극적 부정형 리더십을 발휘했던 노무현 대통령은 매디슨 모형의 국정을 행사하였다.

제퍼슨모형은 강력한 대통령의 지도 아래 고도의 경쟁적인 양당 제도를 갖추고 매디슨 모형보다 더욱 국민적이고 민주적이며 균형감과 추진력을 갖춘 다수결 원리에 위한 정부를 의미한다. 이 모형은 행정부와 의회가 상호 대등한 관계에서 원내 다수당의 지지를 바탕으로 안정된 정치를 추구한다.

클린턴 대통령의 임기 제1기는 제퍼슨 모형에 부합한다. 노태우 행정부의 임기 중반과 후반에 노태우 대통령은 매디슨 모형에서 벗어나 제퍼슨 모형의 리더십을 발휘하였다. 적극적 부정형의 리더십을 발휘했던 김영삼 대통령의 국정운영은 제퍼슨 모형이다. 노무현 대통령은 임기 중반에 제퍼슨 모형의 국정을 실행하였다. 따라서 노무현 대통령의 대對 의회관계는 매디슨 모형으로부터 제퍼슨 모형으로, 다시 매디슨 모형으로 변화되었다.

아울러 정당하고 효과적인 정치적 리더십의 운용에 배경적 차이를 보완적으로 설명하기 위해서 한국과 미국에서 제도적 다양성을 고려할 필요가 있다. 성공적인 정치적 리더십은 대통령의 권력구조와 제도적인 상호작용 하에서 산출될 수 있다. 미국과 한국의 대통령제에서는 승자독식, 정치권력의 안정성, 정치적 책임성을 가져온다는 공통점을 가지고 있다.

반면 양 국가의 제도적 차이점은 다음과 같다. 미국은 4년 중임제를, 한국은 5년 단임제를 채택한다. 미국에서는 대선과 총선이 함께 치러지고 대통령 임기 중반에 중간선거가 있어서 중간평가가 가능하다. 하지만 한국에서는 대선과 총선의 주기가 불규칙적이다. 미국은 양원제를, 한국은 단원제를 채택하고 있다. 미국은 지방분권화되어 있는 연방제를 채택하고 있는 반면, 한국은 중앙집중적인 단방제를 따른다. 또한 한국은 대통령과 부통령을 가지고 있는 미국과 달리 단수의 대통령을 가지고 있다. 미국의 합의제적 문화와는 달리 한국은 승자인 대통령은 야당과 비판적인 국민들을 포용하고자 하는 사회자본이 제대로 작동하지 못했다. 한국의 대통령제는 미국과 달리 민주적 제도의 공고화의 측면에서 성공하지 못했다.

　이러한 다양한 차이를 보이는 정치제도는 정치적 리더십과 이에 동행하는 상황변수와 맞물려 대통령 대對 의회 관계에서 다양한 국정운영을 산출한다. 국정운영은 다시 제도에 투사되어 환류(feedback) 과정을 거치게 된다. 그래서 제도의 개선은 성공적인 정치적 리더십을 강화하는 긍정적인 환류(positive feedback)을 가능하게 한다.

2013년 2월

대한민국 국회에서

지은이 지 영 환

목 차

제1편 대통령 대 의회

第1章 대통령의 의의

대통령大統領(president)[1]은 외국에 대하여 국가를 대표하는 국가의 원수이다. 행정부의 실질적인 권한을 갖는 경우와 형식적인 권한만을 가지는 경우가 있는데 한국은 전자에 속한다. 외국에 대하여 국가를 대표하고 행정권[2]의 수반首班이 되는 최고의 통치권자를 의미한다. 대통령의 헌법상의 지위는 집행권[3]의 구조에 따라 다르다. 집행권이 일원적 구조에 입각하고 있는 경우에는 미국형 대통령제에서와 같이 입법부·사법부와 함께 동렬同列에 위치한다. 중요한 기능에 대해서는 상호

---

[1] 대통령의 국어사전적 의미는 외국에 대하여 국가를 대표하고 행정권의 수반(首班)이 되는 최고의 통치권자를 의미한다.

[2] 행정권은 국가의 통치권의 일부이므로 원래 국가에 속하는 것이나, 지방자치단체에 분여하거나 지방자치단체 또는 사인에게 위임하는 경우도 있다. 행정권의 내용인 행정은 국가가 그의 목적을 실현하기 위하여 그의 법질서 아래에서 하는 사법 이외의 작용을 뜻하는 것으로 그 실질적 개념이 파악되는 것이 보통이나, 입법·사법과의 구별이 이론상 반드시 뚜렷한 것은 아니며, 권력분립주의와의 관계에서 역사적으로 발전하여 온 개념이다. 한국의 행정권은 대통령을 수반으로 하는 정부에 속한다(헌법 제66조 4항).

[3] 미국 헌법은 대통령의 권한으로서 이 용어를 쓰고 있다. 좁은 의미로는 행정권과 구별해서 쓰이는데, 행정권이 기술적인, 따라서 비정치적인 행정작용에 관한 권한을 뜻하는 데 대하여, 집행권은 정치적인 집행작용의 권한을 가리킨다. 이 경우의 구체적인 예로서는 군사·외교 등에 관한 권한이 있다. 그 밖에 강제집행을 할 권능, 즉 '강제집행권'을 가리키기도 하며, 또한 확정된 형(刑)의 집행을 하는 국가의 권능을 가리킬 때도 있다.

견제와 균형[4]이 이루어지도록 하였다. 그러나 집행권이 이원적 구조에 입각하고 있는 라틴아메리카·아프리카·중동·동남아시아 등에서는 행정부[5]의 수반을 의미하는 대통령이 입법부나 사법부에 대하여 월등하

---

4 삼권분립주의하에서는 입법기관·사법기관·행정기관의 셋으로 대별된다. 국가기관의 설치·조직과 그 권한(직무범위)은 국민의 자유와 권리의무에 중대한 관계가 있고, 또한 예산을 필요로 하기 때문에 중요한 국가기관은 반드시 국회에서 제정하는 법률에 의하도록 하는 것이 입헌주의의 원칙이다. 그러나 이보다 낮은 보조기관·조사연구기관·부속기관 등의 설치는 대통령제에 위임하는 경우가 있다. 국가기관은 그 기관을 구성하는 자연인(自然人)이 단수인지 복수인지에 따라 독임제기관과 합의제기관으로 나누어지는데, 대체로 독임제기관이 많다. 그러나 행정기관에 있어서는 최근에 행정위원회 등의 합의제기관이 증가하고 있다(선거관리위원회·감사위원회·소청심사위원회·금융통화운영위원회·토지수용위원회·징계위원회 등). 국가기관은 권한과 기능에 따라 의결기관·집행기관·자문기관·심의기관·선거기관·감사기관·행정기관·보조기관·조사연구기관·부속기관 등으로 나누어진다. 국가기관(행정기관) 중 특히 국가의사를 결정하고 외부에 표시할 수 있는 기관을 행정법상 행정관청(行政官廳)이라고 한다.

5 넓은 의미로는 입법·사법·행정 등 한 나라의 통치기구 전체를 가리키며, 좁은 의미로는 내각 또는 행정부 및 그에 부속된 행정기구만을 가리킨다. 예로부터 어떠한 인간사회에서도 권력조직체인 정부적 기구가 존재하고 또한 기능해 왔는데, 근대국가의 출현은 그 획기적 발달을 가져 왔다. 즉, 영국·프랑스·미국 등에서도 J.로크, J.J.루소, 미국의 연방주의자 등의 주장을 반영하여 국민의 의사를 대표하는 의회를 중심으로 하는 정치기구가 만들어지고 정부라는 말은 입법기관을 비롯하여 필연적으로 사법·행정기관까지도 포함하여 넓은 의미로 생각되어 왔다. 오늘날 이들 여러 국가에서는 정부란 국가의 존속이나 활동을 유지하기 위한 동적인 국가권력의 작용으로 간주되고 있다. 그러나 근대에 들어와서도 아직 황제의 대권이 광범한 영향력을 지녔던 독일에서는 행정부가 가지는 권한도 강력한 것이었으며, 국법학상(國法學上) 정부는 좁은 의미로 해석되어 왔다. 한국에서도 좁은 의미로 사용되며, 헌법 제4장의 정부는 이에 해당된다. 정부는 대통령과 행정부로 구성되며, 행정권은 대통령을 수반으로 하는 정부에 속한다. 대통령은 행정권의 수반일 뿐만 아니라 국가원수(元首)이며 국군통수권(헌법 제74조), 긴급처분·명령권(제76조), 국민투표부의권(제72조) 등 강력한 권위와 권한을 지닌 정치의 중심이 되고 있다. 한국의 정부형태는 변

게 우월한 지위를 차지하였다. 따라서 다른 국가기관이 대통령의 헌법
상 또는 사실상의 권력독점[6]에 대항하거나 그 권력행사를 효과적으로
견제할 수 없다. 이러한 대통령제를 K. 뢰벤슈타인은 '신 대통령제新大
統領制[7] 라고 하여 삼권분립[8]에 입각한 순수대통령제와 구별하고 있다.

화무쌍한 길을 걸어 왔으나, 현재의 정부형태는 대통령제 또는 대통령중심
제라 할 수 있다.

6 독재(獨裁, dictatorship) 는 1인 또는 소수자에게 정치권력이 집중되어 있는
정치형태를 말한다. 독재라는 말은 매우 다의적(多義的)으로 사용되고 있
으나, 일반적으로는 국민의 기본권을 보장하는 헌법에 의거한 민주정치·
입헌정치에 대하여, 의회제민주주의·권력분립제 등 민주적 체제를 갖지 않
고 한 개인 또는 그를 둘러싼 소수자를 정점으로 하는 집권적 전제정치, 헌
법의 민주적 제도와 절차에 의하지 않은 권력적·자의적(恣意的) 지배를 강
행하는 정치를 말한다. 그 기원은 고대 로마의 집정정치(執政政治:dictatur)
에서 유래하였다. 고대 로마에서는 내란 또는 외침 등의 비상사태가 발생
하면 원로원(元老院)의 요청으로 통령(統領)에 의하여 임명된 집정관이 6
개월 기한으로 평시의 법을 초월한 독재권을 행사하였다. 이런 유래로 오
늘날에도 독재라는 말은 정치권력의 집중에 대하여 사용된다. 독재는 고
대 이래 전시독재·혁명독재라는 형태로 출현하였으나, 보통 비상사태의
소멸과 더불어 단기에 끝났다. 그러나 현대사회에는 사회적 위기가 구조
적으로 깊고 상시화(常時化)함에 따라 위기대응을 명목으로 한 독재정치
가 나타나는 국가가 있다. 특히 대중운동을 기반으로 하여 카리스마적 기
대를 받는 지도자가 사회의 근본적 개혁과 끊임없는 외침을 구실로 민주
주의를 내걸고 권력을 집중하는 현상이 있다. 제2차 세계대전 당시의 이탈
리아의 파시스트 독재, 독일의 나치스 독재, 일본의 군국주의 독재, 소련의
프롤레타리아 독재, 북한의 김일성 독재 등이 그 전형적인 예이다. 이들은
권력의 분산을 주장하는 자유주의에 적대(敵對)하여, 지도자 독재 또는 프
롤레타리아 독재라는 형태로 독재의 장기화(長期化)를 정면으로 긍정하는
이론을 갖추면서 출현하는 점이 공통적이다.

7 신대통령제(新大統領制) 는 대통령의 정치권력이 다른 어떠한 국가기관보
다도 우월한 위치에 있도록 한 정부 형태로 영도적 대통령제라고도 한다.
형식상으로는 자유민주주의제도가 구비되어 있는 입헌주의적 정부형태이
나, 실제로는 견제세력이 없어 헌법상 국가의 원수인 동시에 행정부의 수
장인 대통령이 입법부나 사법부의 권한까지 장악하게 된다. 미국식 대통령
제와는 전혀 다른 제도이다. 신대통령제하에서는 국민이 법적으로도 사실

대통령은 광의의 지배질서 또는 협의의 정치체제의 일부이자 좀 더

상으로도 국가의사형성에 참여할 기회를 제한당하고 있다는 점에서 이것
은 권위주의적 정부형태이다. K.뢰벤슈타인에 의하면 신대통령제에 있어
서는 권력분립의 원리가 채택되고 있지만 그것이 단지 부분적·불균형적으
로 채택되어 있고, 대통령의 권력행사에 대한 통제와 권력남용을 방지하기
위한 제도가 마련되어 있지 않거나, 마련되어 있는 경우에도 그러한 제도
가 실효를 거두고 있지 못한 것이 특징이라고 한다. 이 제도하에서 의회와
내각은 물론 명목상으로는 독립적 지위를 가진 법원까지도 대통령에 대하
여 종속적인 지위에 있다. 이와 같은 신대통령제의 예로는 1935년의 폴란
드의 J.C.필수츠키, 이집트의 G.A.나세르, 베트남의 고딘디엠, 한국의 이승
만·박정희의 통치체제를 들 수 있다.

8 자유주의적인 정치조직원리로서 국가권력의 전횡(專橫)을 방지하여 국민
의 자유를 보호하기 위한 것이다. 이 이론을 처음으로 받아들인 것은 1787
년 미국연방헌법이었으며, 1791년 및 공화력(共和曆) 3년의 프랑스헌법 등
이 이를 채택하였다. 영국은 불문헌법국가이기 때문에, 1688년의 명예혁명
이 있을 때까지 대헌장(마그나카르타)·권리청원·권리장전 등에 의한 헌법
적 원칙이 문서화됨으로써 이 원칙이 서서히 나타났다. 그 뒤로 3권분립주
의는 차차 헌법적 원칙으로 발전하고, 오늘날과 같이 보편화되기에 이르
렀다. 한국 헌법도 입법권은 국회에(제40조), 행정권은 대통령을 수반으로
하는 정부에(제66조 4항), 사법권은 법관으로 구성된 법원에(제101조) 속한
다고 규정하여 3권분립주의에 입각하였다. 3권분립 이론의 핵심은 자유주
의적 요청에 따라 국가권력으로부터 국민의 자유를 지키려는 데 그 진가
(眞價)가 있다. 적극적으로 국가권력의 능률향상을 위한 제도가 아니라 소
극적으로 국가권력의 집중과 전횡을 막으려는 것이며, 국가권력과 그것을
행사하는 인간에 대한 회의적이고 비판적인 인간관에 근거하고 있다. 이
원칙은 기술적인 것이며, 정치적으로는 중립적인 성격을 띠고 있다. 3권분
립주의는 국민주권주의와는 달리, 법치주의 한 제도로서 다른 조직원리
인 군주제나 공화제와도 결합될 수 있다. 또 3권분립은 자유주의적 요소이
므로, 민주주의와 반드시 결부되는 것은 아니다. 그러나 3권분립의 원칙은
오늘날 전제정부에 대한 입헌정부의 특징으로서 파악되고 있다. 한편 권
력분립의 원칙에 반대하는 설도 나타나고 있다. 전제화의 우려가 없는 오
늘날의 민주주의국가에서는 권력의 통합·강화가 요청되므로, 전제정치를
막기 위한 고전적인 권력분립제도는 유지될 수 없다는 주장이다. 그러나
권력분립의 이론은 앞으로도 자유주의적인 정치적 요청으로서의 의의를
가질 것이고, 국가권력의 비대와 인권침해의 우려가 있는 현실에서 볼 때

구체적으로는 헌법구조의 한 부분이다. 대통령은 일단 한 시대에서 국가라는 지배 및 통치 질서의 성격과 내용이 구체적으로 규정된 헌법체제의 한 구성요소이다. 그것이 바로 대통령에 내재한 역사성 및 사회적 총체성의 핵심이다. 대통령의 개성은 대통령직을 구체적이고 살아있는 정치 현실로서 드러나게 하고 작동하게 만드는 원천이다. 대통령(president)이란 정치제도는 역사적 변천 및 문화적 경계의 이동에 따라 그 의미에 변화를 겪게 된다. 그러한 변화는 미국 정치사 자체의 맥락에서 나타나며, 문화적 경계의 이동에 따른 변화는 한국 대통령을 포함해서 미국 제도를 모방한 중남미 여러 나라에서 발견되는 현상이다.[9]

대통령의 임기는 정부형태에 따라서 차이가 있다. 이를테면 4년제(미국·온두라스·코스타리카·볼리비아·에콰도르·콜롬비아·아이슬란드·마샬군도·팔라우공화국 등), 5년제(프랑스·엘살바도르·파나마·가이아나·브라질·수리남·우루과이·파라과이·페루·독일·몰타·불가리아·알바니아·포르투갈·라오스·몰디브·방글라데시·인도네시아·한국·키프로스·남아프리카공화국·앙골라·잠비아·카메룬·코모로·콩고·탄자니아·튀니지 등), 6년제(니카라과·멕시코·아르헨티나·칠레·필리핀·레바논·이집트·중앙아프리카공화국·지부티·짐바브웨 등), 7년제(시리아·터키·세네갈 등) 등이 있고, 연임連任을 인정하는 경우와 그렇지 않은 경우가 있다. 대통령을 선출하는 대통령선거 기관과 선거방식도 정부형태에 따라서 다양하다. 국민의 직접선거로 선출되는 경우(1962년 헌법개정 후의 프랑스 등)와 선거인단에 의해서 선출되는 경우(미국 등), 그리고 의회에 의해서 선출되는 경우(터키 등) 등이 있다.

대통령은 내란죄 또는 외환죄外患罪를 범한 경우를 제외하고는 재직 중 형사상의 소추訴追를 받지 않는 특권을 누릴 뿐만 아니라, 국가원수[10] 또는 행정부의 수장으로서 권한을 행사한다. 그 중에서도 특히 외

여전히 필요한 제도이다.

9 양승태, "대통령이란 무엇인가? 한 공직의 실체에 대한 새로운 접근을 위한 시론", 『한국정치학회보』(제42집 제1호), 2008.

10 나라와 시대에 따라 두 가지의 뜻으로 사용되고 있다. 원래 프랑크왕의 '말

교에 관한 권한, 조약의 체결·비준에 관한 권한, 선전포고宣戰布告 및 강화講和에 관한 권한, 공무원임면권, 국군통수권, 영전수여권榮典授與權, 법률안거부권, 명령제정권, 사면·감형·복권에 관한 권한 등이 주요 권한이다. 대통령의 의무는 각 국가의 헌법에 따라 차이가 있으나, 일반적으로 헌법준수의 의무, 영업활동의 금지, 겸직의 금지, 청렴의 의무 등을 들 수 있다.

정치가가 국정의 최고자리인 대통령에 당선된다는 것은 비정하고 치열한 권력투쟁에서 승리한 결과이다. 왜 어떤 정치가는 정권을 쟁취하고 다른 정치가는 그렇게 못하는가? 김호진은 이에 대해 세 가지 관점에서 분석한다. 첫째는 자질론이고, 둘째는 상황론이며, 셋째는 전략론이다. 요약하면 대권이란 자질과 상황과 전략의 조합이 낳은 결과물이다.

자질론은 영웅이란 지도자의 운명을 타고난 사람이며 이들이 시대를 만든다고 주장한다. 한 나라의 최고권력자는 경세제민經世濟民의 비전과 경륜이 있다든가, 초인적인 의지와 용기가 있든가, 사람의 마음을 사로잡는 카리스마가 있든가, 기선을 제압하는 승부사 기질이 있든가, 청중을 감동시키는 쇼맨십이나 언변이라도 뛰어나야 한다. 부도덕하지만 권모술수도 일종의 자질이고, 다른 사람보다 빠른 판단력 또한 자질이다.

그 다음으로 상황론은 자질론과 대비되는 관점으로, 자질이 모자라도 상황이 유리하면 지도자가 될 수 있고, 자질이 뛰어나도 상황이 불리하면 지도자가 될 수 없다는 것이 상황론의 기본 명제이다. 이 관점

을 탄 통솔자'라는 뜻을 가진 marescalci 라는 칭호로부터 생긴 말이며, 중세의 유럽에서는 군지휘관이란 뜻으로 사용되었고, 13세기경부터 프랑스나 영국에서 최고위의 군인에게 주는 명예 칭호로 사용되었다. 오늘날에는 미국을 비롯한 대부분의 국가에서 대장(大將) 위에 해당하는 최고의 계급으로 취급하고 있다.

은 영웅이 시대를 만드는 것이 아니라 시대가 영웅을 만든다는 것이다. 상황론에 따르면 프랑스혁명이 나폴레옹을 영웅으로 등장시켰고, 남북전쟁이 링컨을 성공한 대통령으로 만들었으며, 국공내전이 마오쩌둥을 13억 중국인민의 우상으로 부상시켰다는 것이다.

마지막으로 전략론의 관점에서 상황은 언제나 가변적이고 역동적이므로, 이 변화무쌍한 상황을 어떻게 대처하느냐에 따라 대권싸움의 성패가 갈리기 마련이다. 이것은 다름 아닌 전략의 문제이다. 전략이란 승부수와 쇼맨십, 권모술수와 선동, 합종과 연횡, 정치공작과 대중조작 같은 네거티브 전략에서부터 조직과 홍보, 비전과 정책, 슬로건과 캐치프레이즈, 토론과 유세 같은 포지티브(positive) 전략 등 실로 다양하다.[11]

대통령제의 제도적 기원: 미국 대통령

미국을 건국한 정치가들은 영국의 의원내각제 민주주의를 수정하여 대통령제를 설계하였다. 미국 대통령은 연방정부를 운영하고 국가의 원수로서 군 최고 통수권자로서의 권한을 가지며, 대사, 각료, 연방법관을 포함한 약 3,000명의 고위 공무원을 임명 할 수 있다. 미국 연방헌법 제2조 제2항 제2절은 미시적 차원에서 견제와 균형(check and balance)을 대표하는 것으로 즉 공직의 설치와 공무원 임명이 의회와 대통령으로 분리되어 있고, 집행부의 공무원을 임명함[12]에 있어서 상원의 권고

---

11 김호진, 『한국의 대통령과 리더십』, 청림출판, 2006, 60-64면.
12 한국의 헌법상 공무원 임명조항은 미국헌법과 동일하지 않다. 그리고 미국은 엽관주의의 전통이 강한데 반해, 한국은 제헌당시부터 직업공무원제도를 채택하였다. 김태열, "미국 대통령의 공무원 임면권에 관한 연구", 서울대학교 학위논문, 2009, 2면에서 그는 "그러나 한국헌법이 기본적으로 대통령제를 채택하고 미국헌법을 모범으로 삼았다는 점, 국무총리의 임명에 국회의 동의를 요구한다는 점 등은 미국헌법과 무관하지 않음을 보여준다. 나아가 '公務員의 身分과 政治的 中立性은 법률이 정하는 바에 의하여 보

와 동의를 받고, 사법부의 구성원인 연방대법관을 대통령이 임명하는
점 등은 헌법의 기초자들이 권력을 분립시키고 상호 견제하도록 의도
한 것이다.

의회가 제정한 법률을 공포하거나 거부할 수 있으며, 긴급 상황시
에 회의를 소집할 수 있고, 사면권을 행사 할 수 있다. 아울러 의회가
제정한 법률과 법원의 명령을 집행할 책임을 지며, 헌법과 법률이 위임
한 범위 내에서 대통령령(Executive Order)을 제정 할 수 있고, 정부의 예산
안을 편성하여 의회에 제출할 권한과 책임을 진다.

대통령학

'대통령학'은 전·현직 대통령들의 인격적 요소나 정치행태, 비서실
등 대통령직과 관련된 기구들의 행태, 그리고 그들과 의회, 사법부, 정
당 등과의 관계 등과 관련된 경험적 연구가 중심을 이룬다.[13] 그러나
이 연구들은 일단 개별 국가마다 다를 수 있는 대통령이라는 제도가
갖는 역사적 의미와 정치체제 및 사회·경제 구조상의 의미를 밝힐 수
없었던 경향이 있다.

미국 연방헌법에 규정된 대통령 제도는 1787년 필라델피아 헌법회
의의 논쟁 과정에서 강력한 연방정부를 옹호한 연방주의자들의 주장
이 반反연방주의자들의 주장에 승리한 결과이자 동시에 두 주장 사이
의 타협의 산물이다. 한편으로 그것은 한 사람에 귀속된 강력한 행정
권(executive power)이 공화주의(republicanism) 이념과 ─ 그것이 과연 적극적이
고 구체적인 내용을 갖춘 이념인가의 문제를 떠나 당시로서는 소극적

장된다는 점에서 공무원의 임명·해임에 대한 입법부인 국회의 개입정도가
문제될 수 있다는 점도 동일하다.” 고 논했다.
13 미국 정치학의 '대통령학'에 대한 소개로는 함성득, 『대통령학』, 나남, 2003,
참조.

차원에서라도 전제 왕정을 배격한다는 건국의 절대적 명제와 동일시
되었던 그 공화주의 이념과- 배치되는지 여부와 관련된 논쟁에서 대
표적으로 알렉산더 해밀턴(Alexander Hamilton) 등의 주장이 에드먼드 랜돌프
(Edmund Randolpf)와 패트릭 헨리(Patrick Henry) 등의 주장을 압도한 결과이다.[14]

후자의 정치가들이 우려한 바는 이와 같이 강력한 행정부는 왕정체
제의 부활에 버금가며, 그것은 곧 시민적 자유에 대한 위협을 의미한다
고 믿었기 때문이다. 다른 한편으로 그것은 후자의 그와 같은 우려를
반영하여 집행권의 내용이나 범위가 간략하면서도 모호하게 규정되어
있으면서 중요 행정권 행사에 제약을 가하고 있다.[15] 그러한 타협의 결
과 가운데 하나가 행정권 수장이 프레지던트라는 "수동성(passivity)을 암
시하는" 명칭을 갖게 된 이유로 추측된다.[16] 다시 말해서 강력한 행정
권을 갖는 수장의 그와 같은 강력한 인상을 완화시켜 그와 같은 우려
를 불식시키기 위한 조치일 수 있다.[17] 그리고 실제로 미국의 프레지던
트는 건국 이후 19세기 말까지 오래 동안 주 정부와 연방 의회의 견제
로 인하여 강력한 행정권을 행사하지 못했다.[18]

---

14 양승태, "대통령이란 무엇인가? 한 공직의 실체에 대한 새로운 접근을 위한
   시론", 『한국정치학회보』(제42집 제1호), 2008, 9면.

15 양승태, "대통령이란 무엇인가? 한 공직의 실체에 대한 새로운 접근을 위한
   시론", 『한국정치학회보』(제42집 제1호), 2008, 10면.

16 McDonald, Forrest 1994. The American Presidency: An Intellectual History. Lawrence:
   Uni. Presss of Kansas. p.157.

17 라스키는 "행정권 독재에 대한 두려움이 미국의 정치적 전통의 일부"라
   고 진술한 바 있다. Laski, Harold, J. 1940. The American Presidency: An
   Interpretation. New York: Harper & Brothers., 12.

18 이 점은 권력분립론을 비판한 영국의 베이지헛(Walter Bagehot)의 영향을 받
   은 우드로우 윌슨(Woodrow Wilson)이 미국 프레지던트 제도에 대한 다음과
   같은 불만에 잘 암시되어 있다. 그는 미국 의회의 무책임성과 영국 의회의
   책임성을 비교하면서, "대통령제 하에서는 어떠한 중요한 정책결정도 대통
   령과 의회의 합의 없이는 이루어질 수 없으며, 이것은 영국과는 다르게 정
   책을 결정하는 과정에 중심적인 국가기관이 존재하지 않는다는 것을 의미

건국 초기 연방 행정부 수장의 그와 같은 위상이나 권한이 불변인 채 남아 있었던 것은 물론 아니다. 그것이 미국 연방 전체가 점차 교통과 통신 수단의 발달 및 사회·경제적 통합이 진전되고 대외 관계의 중요성이 증대됨에 따라 강화되어 왔다. 그런데 여기서 중요한 점은 프레지던트 권한의 그와 같은 증대 및 강화가 집행권과 관련된 헌법 조문 자체의 변화 없이 이루어졌다는 사실이다. 그것은 곧 역사적 상황의 변화에 따라 헌법에 규정된 연방정부 집행권의 의미에 대한 해석이 달라지고, 그와 같이 달라진 해석에 일반 국민들이 묵시적으로나 명시적으로 동의하며, 의회나 주정부 역시 원하든 원하지 않던 그것을 시인할 수밖에 없게 되었고, 그러한 해석상의 변화가 최종적으로 연방대법원의 판례에 의해서 제도적으로 인정되는 과정이 미국 대통령의 위상과 권한 강화의 과정이다.

그러므로 프레지던트란 명칭에는 한편으로 그러한 제도의 탄생과 관련된 역사성이 함축되어 있다. 미국에서 연원한 프레지던트라는 이름의 제도가 중·남미나 유럽의 여러 국가 등으로 확산되면서 미국 제도와는 다른 여러 가지 변형을 보였다. 특히 중·남미 국가들의 경우 식민지 의회의 경험이 없는 상태에서 미국의 프레지던트 제도가 도입되었을 때 그것이 실질적으로 선출된 황제의 의미를 갖게 된 사실은 잘 알려져 있다.[19] 한국의 대통령 제도가 그와 같은 역사적 변화 및 문화

한다"고 지적한 후, 더 나아가 "대통령제를 설계한 미국헌법제정자들은 국가권력을 다른 기관에게 분산시킨 것은 매우 중대한 실수(grievous mistake)였다"고까지 주장한 것이다. 강승식. "大統領制를 위한 辯論", 『세계헌법연구』 제11권, 2006, p.142에서 재인용. 19세기 말까지 미국 프레지던트가 의회의 강력한 견제 속에서 권력의 위상이 약했다는 점은 그랜트(Grant)에 이르러야 백악관의 참모가 6명으로 늘어났으며, 맥킨리(McKinley)에 이르러 27명이 되었다는 사실에 잘 나타나 있다. 이러한 사실에 관해서는 McDonald, Forrest 1994. The American Presidency: An Intellectual History. Lawrence: Uni. Presss of Kansas, 280 참조.

19 이에 관해서는 한태연, 『憲法學』, 법문사, 1983, 422-430면 참조.

적 확산 과정의 한 결과임은 물론이다.

공직에의 참여가 인생의 최고 목표로 간주되었던 정신적 전통이 강력하게 남아 있고 유교 왕도정치의 문화가 내재되어 있는 한국 사회에서 대통령의 최고통치권 지위는 권력 지향의 정치가들에게 인생의 모든 것을 걸게 할 만큼의 큰 호소력과 매력을 가졌을 것이다.

이러한 맥락은 헌법 자체에도 반영되어 있다. 헌법에 규정된 대통령의 지위나 권한은 대통령이란 말 그대로 국정을 통괄하는 최고의 책임자일 뿐만 아니라, 그러한 차원을 넘어 역사 앞에서의 책임까지도 함축하고 있다. 그리고 같은 맥락에서 최근 몇 년 사이에 자주 등장하는 '제왕적 대통령의 폐해'나 '분권형 대통령제' 등의 정치적 논란들에 대해서도 언급할 필요가 있다.[20]

헌법의 대통령직에 대한 정치철학적 차원

대통령의 지위 및 의무와 권한에 대한 포괄적인 규정은 헌법 제66조에 명시되어 있으며, 그 밖의 여러 조항에는 대통령의 외교권(제73조), 국군통수권(제74조), 비상조치권(제76조), 계엄선포권(제77조), 공무원 인사권(제78조) 등이 규정되어 있다. 제66조의 포괄적인 규정에 내포된 개념적인 문제를 검토하면, 제66조 네 개 항에 주목할 필요가 있다.

1. 대통령은 국가의 원수이며, 외국에 대하여 국가를 대표한다.
2. 대통령은 국가의 독립·영토의 보전·국가의 계속성과 헌법을 수호할 책임을 진다.
3. 대통령은 조국의 평화적 통일을 위한 성실한 의무를 진다.

---

20 현행 대통령제에 대한 최근의 정치적 논란에 대한 간략한 정리로는 박찬욱. 2004. "한국 통치구조의 변경에 관한 논의: 대통령제의 정상적 작동을 위하여", 『한국정치연구』(제13집 1호), 84-89면 참조.

4. 행정권은 대통령을 수반으로 하는 정부에 속한다.

이 네 개 항 가운데 먼저 주목되는 것은 제4항이다. 미국 헌법에서는 프레지던트에 관한 첫 번째 규정인 행정권의 귀속 문제가 한국 헌법에서는 제4항에 규정되어 있다는 사실 자체가 한국 헌법의 특수성을 증언한다. 다시 말해서 미국 헌법의 제2조 2항에 규정된 프레지던트의 권한과 의무는 행정권의 구체적 내용을 적시한 것으로 이해될 수 있는 데 비해, 한국 헌법에서는 그것을 별도로 규정했다는 사실 자체가 대통령의 권한과 의무가 단순히 행정권 이상의 것이라는 점을 명시하고 있다. 물론 행정권 자체가 과연 무엇이냐는 정치사상사의 역사와 궤를 같이 한다.[21]

위의 세 항의 규정들은 마지막 항인 행정권의 귀속 규정과는 구분되는 대통령의 권한과 의무로 해석되어야 한다. 그러할 경우 위의 세 항을 행정권 이외의 어떠한 권한이나 의무로 규정되어야 하느냐의 문제가 제기된다. 그 문제는 결국 제1항에 규정된 바와 같이 한국 헌법에 규정된 국가원수 개념은 독일 헌법 이론의 'Staatsoberhaupt(head of a state)'에서 차용한 것으로 보인다. 그것은 국가에도 인체의 머리에 해당하는 부분이 필요하다는 국가유기체설에 기반을 둔 것이다.

현재 일반적으로 인정된 국가원수의 개념적 요소로는 ① 국가의 통

---

21 다만 행정권과 사법권의 분리 이념의 기원으로 간주되는 몽테스키외(Montesquieu)의 경우에도 그러한 분리는 어디까지나 피치자의 자유를 보장하기 위한 방편이지 그것 자체가 목적은 아니었으며, 법이라는 일반 규칙을 특정한 사례에의 적용이라는 의미에서 행정권과 사법권은 본질적으로 같다는 것이다. 다시 말해서 법의 본질은 어디까지나 보편적 규정에 있고, 행정이나 사법이란 공히 그러한 특정한 사실이나 행위와 관련된 보편적 규정의 실현 또는 시행의 영역인 것이다. 양승태, "대통령이란 무엇인가? 한 공직의 실체에 대한 새로운 접근을 위한 시론", 『한국정치학회보』(제42집 제1호), 2008, 13면.

일성과 항구성을 상징하고, ② 외국에 대하여 국가를 대표하고, ③ 국내적으로는 일정한 정치적 영도권을 행사하는 국가기관이다. 국가원수 개념에 대한 이와 같은 해석에 대한 반대 논리도 존재한다. 국가원수라는 말은 대외적인 국제관계에서 대통령이 국가를 대표한다는 뜻이며, 대내적으로는 국정의 최고 책임자일 뿐 국가 원수는 아니라는 논리이다. 위에서 제시된 헌법 제66조의 1, 2, 3항은 국가원수의 지위로서가 아니라 국정의 최고 책임자로서의 지위에 의거한다는 것이다.[22]

양승태는 전자의 해석을 국가원수의 '적극적 존재론', 후자를 '소극적 존재론'으로 규정하고 있다.[23] 대통령의 지위 및 의무와 권한이 '적극적 존재론'에 따라서 원수라는 하나의 개념으로 통합되어야 하는지, 아니면 '소극적 존재론'에 따라서 대외적 원수와 대내적 국정의 최고 책임자로 개념적으로 분할될 수 있는지 여부가 검토의 대상이 되어야 한다는 것이다. 그리고 이 문제는 더 크게는 국가 통치의 이념이나 목적상 한 인물에 대표성과 더불어 제66조 2항에 규정되어 있듯이 국가 및 헌정질서의 존재성과 연속성 유지의 책임을 부여함이 타당한지 여부의 문제에 대한 검토를 필요로 한다.

헌법의 대통령 관련 조항은 분명히 대통령에게 국회의원의 선출 및 입법권을 제외하고는 실질적으로 국가 통치의 모든 행위가 귀결되도록 규정하고 있다. 대통령에게는 절차상 부가되는 제한은 있지만 대법원장을 포함한 모든 공직에 대한 인사권 등 행정권 및 국가 통치행위의 최종적인 결정권이 부여되어 있으며, 대통령에게 입법권 자체는 없지만 의회에서 확정된 법률에 대한 거부권과 더불어 법률 공포라는 입법의 최종적인 확정이 대통령을 통해서 이루어진다는 점에서 대통령

---

22 허영, 『한국헌법론』, 박영사, 2005, 935-936면. 이러한 논리를 기초로 허영은 김철수, 권영성 등의 국가원수 개념을 비판하고 있다.

23 양승태, "대통령이란 무엇인가? 한 공직의 실체에 대한 새로운 접근을 위한 시론", 『한국정치학회보』(제42집 제1호), 2008, 14면.

이 국가 통치 행위의 최종적인 귀결점임은 의심할 여지가 없다.

국민이 통치의 주제이자 객체라는 통일성의 원리가 형식적으로나마 완벽히 일치하는 정치체제는 직접민주주의 국가이다. 그러나 국가 규모가 어느 정도 이상 확대되면 직접민주주의는 현실적으로 불가능하다. 그러할 경우 국민이 통치의 주체이자 객체라는 민주주의의 근본적인 원칙을 유지하면서 변화된 현실에 적응하는 방식은 입법권과 집행권의 분리 여부에 대응하여 두 가지가 있을 수 있다. 하나는 한 사람 또는 다수의 인물에게 선거를 통하여 입법과 집행 전체를 포괄하는 통치권 전체를 일임하는 방식이다. 다수일 경우에는 소수의 합의체 통령 또는 집정관 제도에서부터 수백 명으로 구성된 의회에 이르기까지 다양한 형태가 있을 수 있다. 의회가 입법권과 집행권 모두를 독점하는 제도가 의원내각제라면, 입법권과 집행권이 분리된 제도가 대통령제라고 할 것이다. 의원내각제의 경우 의원 선거 제도에 국민 대표성의 원칙이 실현되어 있음이 전제될 수 있을 때 위에서 제시한 통치의 주체와 객체의 통일성의 원리가 보전될 수 있음이 쉽게 확인될 수 있다.[24] 그런데 대통령제의 경우는 입법권과 집행권이 의회와 대통령이라는 별도의 국민 대표기관에 의해서 분리되어 있다는 의미에서 통일성의 원칙이 보전되는지 여부가 쟁점으로 등장한다. 대통령이 국가원수가 되어야 할 당위성 여부는 이러한 맥락에서 접근되어야 한다.

통치의 주체인 국민의 의사가 분리될 수 없다는 통일성의 원칙이 훼손될 수 없는 한, 동등한 국민의 대표기관이면서 입법권은 의회에 집행권은 대통령에 각각 귀속되어 분리되어 있다는 사실이 통치권 자체의 분열을 의미할 수는 없다. 통치 행위의 근거가 되는 보편적인 규범

---

24 윌슨(Woodrow Wilson)이 미국 대통령제를 비판하면서 영국식 의원내각제를 선호한 이유도 이러한 차원에서 이해된다. 양승태, "대통령이란 무엇인가? 한 공직의 실체에 대한 새로운 접근을 위한 시론", 『한국정치학회보』(제42집 제1호), 2008, 17면.

의 제정권이 다수로 구성된 국민 대표기관인 의회에 귀속되어 있다는 것은 다수의 국민 대표들에 의한 심의를 통해서 국민의사의 결정과정에 신중성을 부여하기 위한 목적의 표현으로 해석되어야 한다. 다른 한편으로 그와 같이 입법된 보편적인 규범의 특수한 사례에의 적용 및 실현, 즉 개별적인 국민들의 행동에 대한 법의 집행 권한이 대통령이라는 일인의 국민 대표에 귀속되어 있다는 것, 그것은 그와 같은 특수한 사례에의 적용이 각각 별개의 사안이 아니라 국민의사라는 단일하면서도 보편적인 주체의 일관되고 통일된 행위의 표현으로 해석될 수 있다. 이는 대통령이라는 정치가의 단일한 인격체의 결정 및 행동을 통해서 국민의사가 구체적으로 시행되어야 한다는 의미이다. 따라서 대통령은 대외적으로 뿐만 아니라 대내적으로도 국민을 대표하는 원수로 해석될 수 있다. 헌법에서 모든 법률의 공포나 국회의장 등 입법부 공직을 제외한 모든 공직의 임명 등 국가 통치의 모든 결정이 최종적으로 대통령의 재가를 통해서 효력을 발생하도록 규정한 사실은 국가를 대표할 뿐만 아니라 통치 행위를 상징하는 원수의 존재가 필수적으로 요구됨을 확인한 것이다.

개개인 국민들은 통치의 객체로서 기존의 법률 및 규범에 지배를 받아야 하다. 통치 주체로서의 국민 전체 역시 국가질서의 유지 및 국가행위의 일관성이라는 덕목의 실현을 위해서도 그렇게 되어야 한다. 그러나 통치 주체가 스스로 창조한 객체인 헌법에 '절대적으로' 종속되어 있다면 그것은 진정한 의미에서의 주체, 즉 주권자가 될 수 없다.[25]

---

25 이것은 칼 쉬미트(Carl Schmitt)가 "주권자는 비상사태를 결정하는 자이다 (Souverän ist, wer über den Ausnahmszustand entscheidet)"라는 명제의 의미이다. Schmitt, Carl 1985. The Crisis of Parliamentary Democracy. Ellen Kennedy trans. Cambridge: MIT Press, p.11. 국가통치가 단순히 기존의 법률이나 관습의 제약에 얽매여 있을 수는 없으며, 그것은 궁극적으로 국가의 존재성 자체를 유지 및 실현하기 위한 자유로운 판단 주체를 필요로 한다는 점은 마키아벨리나 보댕 등의 정치사상을 통해서 제기되어 왔으며, 그

헌법은 국가 통치에 관한 근본적인 규범을 문구로 표현한 것이기 때문에, 국가생활에서 발생할 수 있는 긴급한 상황이나 비상적인 상태에 대응한 판단 및 행동, 또한 비록 지극히 예외적인 경우지만 국가의 보전이라는 지고의 목적을 위하여 시대적 상황에 따라 필요할 수도 있는 역사적 차원의 결단과 관련하여 일일이 그 내용을 규정하기는 불가능하다. 그러한 차원의 판단이나 행동 및 결단은 결국 국민 전체를 대표하는 한 인물에 부여될 수밖에 없으며, 그러한 권한 및 임무를 수행하여야 할 인물로서의 국가기관이 바로 국가원수인 대통령이 될 수밖에 없을 것이다. 그리고 그러한 차원의 의무와 권한이 대통령이란 말이나 그것의 헌법상 규정인 국가원수라는 말과도 완벽히 조화를 이룬다.[26]

직업으로서의 대통령직: 이상과 현실

대통령은 국가의 원수이자 통치행위의 직접적인 주체이다. 궁극적으로 대통령의 선택과 판단을 통해 결정 및 시행되는 국가정책이 입법을 통해 정립된 보편적인 규범이 집행되며, 그의 통치행위에 의해 장기적이고 역사적인 차원에서 국가생활의 이상이나 가치가 실현되거나 실현의 기초가 마련될 수 있다. 그와 같이 국가 전체의 운명 및 역사성이 부여된 직책의 막중함과 의미를 모른 채 많은 대통령 지망생들이 그 지위를 위하여 각축을 벌이는 것이 정치 현실이다.

물론 국가라는 지배질서 및 통치구조가 존재하는 한 그것에 참여하

러한 정치사상의 역사는 프리드리히 마이네케(Meinecke 1990)가 국가이성(Staatsraeson)의 개념을 통해서 고전적으로 서술한 바 있다. Meinecke, Friedrich 1990, Die Idee der Staatsraeson in der neueren Geschichte, 이광주 옮김, 『국가권력의이념사』, 민음사.

26 양승태, "대통령이란 무엇인가? 한 공직의 실체에 대한 새로운 접근을 위한 시론", 『한국정치학회보』(제42집 제1호), 2008, 18면.

고 운영하는 사람들은 당연히 필요하다. 권력욕이란 그러한 사람들에게 필수적으로 요구되는 인간적 성향이기 때문에 그것 자체의 강함, 특히 그것의 궁극적 목표인 대통령이라는 통치구조의 정점에 서려는 강렬한 권력욕이 무조건 비난받을 이유는 전혀 없다. 인생의 모든 분야에서 그러하듯이 자기 인생의 모든 것을 투입하는 강렬한 성취욕이 없이 최고의 목표에 도달하는 경우란 없는 것이다. 문제는 그러한 욕망의 강렬함이 그 추구의 대상에 대한 어느 정도의 인식 및 이해를 수반하느냐이다.

이미 칸트(Kant)가 지적한 바와 같이, 추구 대상에 대한 인식이 없는 의욕(Wille)은 충동(Willkür)일 뿐이다.[27] 인간의 모든 의욕은 그 대상에 대한 나름대로의 인식을 전제로 한다. 대통령직이 요구하는 자질과 능력을 겸비하면서 국가의 존재 근거 또는 이념과 한 시대 국가생활의 근본 구조 및 역사성에 대한 깊은 인식을 기초로 국가가 나아가야 할 방향을 제시하며 국민들을 이끌어 갈 수 있는 지도력을 갖춘 인물이 나타난다면 가장 이상적일 것이다. 자질을 갖춘 인물이 대통령이 되기 위해서는 그러한 인물이 물론 존재해야 하지만, 존재하더라도 선출자인 국민들 대다수가 그러한 인물을 파악할 수 있는 판단력을 갖추어야 한다.

---

27 Kant, der Kritik der praktischen Vernunft, Werkausgabe VII(Frankfurt: Suhrkamp,1968) 특히 1권 2-3절 참조. 양승태, "대통령이란 무엇인가? 한 공직의 실체에 대한 새로운 접근을 위한 시론", 『한국정치학회보』(제42집 제1호), 2008, 23면.

第2章 의회의 의의

의회議會는 주로 민선의원民選議員으로 구성되는, 국민의 의사를 대표하고 입법을 담당하는 합의기관을 말한다. 권한은 의회정치의 시작과 더불어 점차 확대되고 있었다. 영국 의회만 하더라도 예산像算의 승인이라는 재정상의 권한 외에도 보통 헌법개정에 관여하고, 정부의 대내외정책을 심의·비판하며, 장관·재판관의 소추訴追·탄핵彈劾을 행하는 등 다양한 기능을 수행하고 있다. 즉, 입법·예산에 관하여 정치의 기준을 부여하고, 행정에 대하여 통제를 가하는 기능을 한다. 그러기 때문에 원래는 일정한 기간에만 활동하는 기관이었으나, 최근에는 의회도 상설기관화하고 상임위원회는 항상 각 부처를 직접 견제하는 경향으로 바뀌고 있다. 한편, 미국 의회는 권력분립이라는 전제하에 입법작용에 한하지만, 그래도 행정권을 견제하고 국정 일반에 대하여 중요한 발언권을 행사하고 있다. 한 나라의 기관으로서의 의회는 나라마다 고유한 명칭을 가지고 있다. 이를테면 영국에서는 'Parliament', 미국에서는 'Congress'라고 한다.[1]

의회議會 혹은 국회國會는 현대 민주국가 정치체제에서 입법부, 다시 말해 법을 심의하고 제정하는 기관을 일컫는다. 의회는 오늘날 대부분의 민주국가에서는 선거권을 가진 국민에 의해 선출된 대표들로 구성

---

[1] 네이버 백과사전, 2011. 4. 23. 인터넷 판 참조.

되며, 이들 대표들을 한국에서는 국회의원이라 부르고 있다. 이 정치제도는 영국에 그 뿌리가 있는 것으로 일반적으로 간주되고 있다. 그러나 인도 유럽어에서 흔히 의회를 일컫는 낱말 Parliament(영어), Parlament(독일어), Parlamento(이탈리아어) 따위는 프랑스어 parler, '말하다'에서 파생된 Parlement에서 온 것으로 풀이된다. 세계 최초의 의회는 930년에 아이슬란드에서 생겨난 알팅이지만, 이 사실이 널리 알려지지는 않았다. 의회는 현대 민주국가의 정치 체제에서 법을 제정하는 기능이외에 중요한 역할로서 행정부를 권한을 견제하는 역할을 담당하고 있다. 이를테면 의원은 정해진 절차를 거쳐 정부 예산의 심의와 결의, 그리고 정부의 장관으로부터 의문 여지가 있는 사항이나 문제에 관한 보고를 요구할 수 있다. 이와 같은 기능을 수행하기 위해 의회는 여러 심의 위원회와 청문회를 두고 있다. 또한 현대 민주국가의 대부분의 국회는 특정 이해나 정치적 이념을 고수하는 몇몇 정당들에 의해 지배되는 경향이 있다. 때문에 의회는 흔히 정당정치가 이루어지는 곳이라고 하여도 과언이 아니다. 성문 헌법으로 국민주권의 원리를 선포하고 국민의 기본권리를 엄격히 보장하도록 하고 있는 근대 국가에서는 이른바 삼권분립주의三權分立主義에 입각하여 입법권은 국회에, 사법권은 법원에, 그리고 행정권은 정부(대통령 또는 내각)에 각각 부여함으로써 이 세 국가기관으로 하여금 각자의 권한을 서로 독립·행사하게 하고 있다. 이 경우에 주권자인 국민은 원칙적으로 정치에 직접 참여하지 아니하고 그가 선출한 대표자로서 국회를 구성, 입법 등의 중요한 국사를 처리하게 하고 있으니, 그와 같은 정치체제를 대의민주정치代議民主政治라 일컫는다. 국회가 바로 그러한 대의민주정치의 산물이라 할 수 있다.[2] 대한민국 국회大韓民國國會[3]는 대한민국 입법부의 주축이며 국민을 대표하는 단체

---

2 위키백과사전, 2011. 4. 20. 인터넷 판 참조.
3 1948년 5월 10일 남한(南韓)지역에서 단독 총선거가 실시되어 제헌의회가 설치되었고, 7월 17일 헌법이 공포(公佈)되었다. 1975년 현재의 위치(여의

로, 대한민국 국회의원[4]으로 이루어진다. 국회의사당은 서울특별시 영

도)로 의사당이 옮겨가게 되었다. 현재 대한민국 국회는 단원제(單院制)를 채택하고 있다. 제2공화국 때에는 양원제(兩院制)를 채택하기도 하였는데, 민의원(民議院, 하원)과 참의원(參議院, 상원)을 두고 있었다. 국회사무처, 국회도서관, 국회예산정책처, 국회입법조사처, 상임위원회, 국회운영위원회, 법제사법위원회, 정무위원회, 재정경제위원회 → 기획재정위원회, 통일외교통상위원회 → 외교통상통일위원회, 국방위원회, 행정자치위원회 → 행정안전위원회, 교육위원회 → 교육과학기술위원회, 과학기술정보통신위원회 → 폐지, 문화관광위원회 → 문화체육관광방송통신위원회, 농림해양수산위원회 → 농림수산식품위원회, 산업자원위원회 → 지식경제위원회, 보건복지위원회, 환경노동위원회, 건설교통위원회 → 국토해양위원회, 정보위원회, 여성가족위원회 등 각 상임위원회별로 공무원인 전문위원이 있으며 수석전문위원은 차관보급으로 전문위원을 대표한다. 국회의 운영은 국회의장 / 국회의원 상임위원회는 국회운영위원회, 법제사법위원회, 정무위원회, 기획재정위원회, 외교통상통일위원회, 국방위원회, 행정안전위원회, 교육과학기술위원회, 문화체육관광방송통신위원회, 농림수산식품위원회, 지식경제위원회, 보건복지가족위원회, 환경노동위원회, 국토해양위원회, 정보위원회, 여성위원회, 특별위원회는 예산결산특별위원회, 윤리특별위원회 등 입법지원조직은 국회도서관, 국회사무처, 국회예산정책처, 국회입법조사처가 있다. 한국의 국회는 1년 동안 휴가기간을 빼고는 매일 열리는 미국, 영국 등의 의회와는 달리, 정기회 임시회의 회기로 열린다. 독재를 하던 유신헌법 시절에는 의회가 열리지 못하도록 1년 중 최고 150일까지만 열릴 수 있다고 규정하였다.(제82조). 현행 제도로는 연간 회기 일수 제한을 폐지하여, 1년 365일 국회가 열릴 수 있도록 하였지만, 16대 국회의 경우, 본회의가 한차례도 열리지 않은 임시국회가 5차례나 있었다. 즉 5달 동안 한 번도 본회의를 열지 않았다. 반면 미국 의회는 2년을 하나의 임기로 하여 전반 1년을 제1회기, 후반 1년을 제2회기라고 한다. 정기회 임시회의 구분이 없다. 대통령이 임시회 집회를 요구하는 일도 없다. 2년의 임기가 지나면, 하원은 전원, 상원은 1/3씩 단계적으로 선거를 하여 교체한다. 1년 내내 회기에 있고, 회기중에는 불체포특권이 있으므로, 사실상 의원은 임기 내내 불체포특권이 있다. 미국, 영국, 독일, 네덜란드, 이탈리아, 룩셈부르크 등이 연중회기제도를 채택하고 있다.

4 선거권 - 만 19세 이상의 한국 국민 피선거권 - 만 25세 이상의 한국 국민 임기 - 4년 정족수 - 대한민국 제18대 국회의 처음 정족수는 299석이었다. 245석은 소선거구제(小選擧區制)에 의한 지역구 의원을, 나머지 54석은 정당 투표에 의한 득표율에 따라서 비례대표를 선출한다. 비례대표의 범죄행위로 인해 의원직 상실후 정족수가 295명까지 줄어들었다가, 해당

등포구 의사당로 1에 있다. 국회는 법률 제·개정권, 긴급조치에 대한 사후승인권, 사면동의권(일반 사면에 한함), 계엄해제 요구권, 공무원 임명 동의권, 국무총리와 국무의원 해임 건의권, 조약체결 및 비준에 대한 동의권, 선전포고 및 강화 동의권, 국군 해외 파견 및 외국군대 주둔 동의권, 국채발행 의결권, 헌법개정 제안·의결권, 예산안 심의·확정권(단, 정부의 동의 없이 예산을 증액 할 수 없음), 대통령을 포함한 탄핵소추권, 국정감사권 등 권한을 갖고 있다.[5]

후보 승계 차순위자들이 헌법재판소에 비례대표 국회의원의 귀책사유로 당선무효가 된 경우 비례대표 승계를 제한한 선거법 조항에 헌법소원을 내 위헌 판결이나 다시 299명으로 회복되었다.

5 국회의 권한은 입법에 관한 권한, 법률제정권, 입법권은 국회에 속하고 있으므로(제40조), 법률제정권은 국회의 가장 본질적인 권한에 속한다. 법률안의 제출 법률안은 국회의원과 정부가 제출할 수 있다(제52조). 국회의원이 법률안을 발의함에는 10명 이상의 찬성이 있어야 한다(국회법 제79조 제1항). 정부가 법률안을 제출할 때에는 국무회의의 심의를 거쳐야 한다(제89조 제3호). 법률안의 심의·의결 국회는 법률안을 심의·의결한다. 국회 의장은 제안된 법률안을 본회의에 보고하고 소관상임위원회에 회부하여 그 심사를 거쳐 본회의에 부의한다(국회법 제81조 제1항). 여기서 심사한 결과는 본회의에 회부하지 아니할 수 있으며, 위원회의 결정이 본회의에 보고된 날부터 폐회 또는 휴회 중의 기간을 제외한 7일 이내에 의원 30명 이상의 요구가 있을 때에는 그 의안을 본회의에 부의하여야 하며(국회법 제87조 제1항), 이 요구가 없을 때에는 그 의안은 폐기된다(동조 제2항). 본회의에서의 법률안 의결은 재적의원 과반수의 출석과 출석의원 과반수의 찬성으로 통과된다. 서명·공포. 국회에서 의결되어 정부로 이송된 법률안은 15일 이내에 대통령이 서명·공포하여야 하며(제53조 제1항), 특별한 규정이 없는 한 공포한 날부터 20일이 경과되면 그 효력이 발생한다. 그러나 이송된 법률안에 이의가 있을 때에는 대통령은 이의서를 첨부하여 국회에 환부하여 재의를 요구할 수 있다. 재의 결과 재적의원 과반수의 출석과 출석의원 3분의 2 이상의 찬성으로 의결을 하면 그 법률안은 법률로서 확정된다(동조 제2항, 제4항). 그렇지 못하면 그 법률안은 폐기되는데, 이를 대통령의 법률안거부권이라고 하며, 대통령은 일부거부 내지 수정거부는 하지 못한다(동조 제3항).

헌법개정의 권한은 국회는 재적의원 과반수의 발의로 헌법개정안을 제출

할 수 있고(제128조 제1항), 대통령 제안이든 국회의원 제안이든 국회 재적
의원 3분의 2 이상의 찬성으로 이를 의결하며(제130조 제1항), 30일 이내에
국민투표에 붙인다(제130조 제2항). 조약체결·비준에 대한 동의권. 헌법에
따라 체결·공포된 조약과 일반적으로 승인된 국제법규는 국내법과 같은
효력을 가진다(제6조 제1항). 따라서 헌법은 중요조약에 대한 국회의 동의
권을 인정하고 있다(제60조 제1항). 정에 관한 권한은 대한민국 헌법은 국
가존속을 위하여 필요한 국가경비의 세입·세출은 국민에게 미치는 영향이
크므로 국회의 의결을 기초로 하여 행사해야 한다는 재정의회주의를 채택
하고 있다. 조세법률주의 조세의 부과는 반드시 법률에 의거해야 함을 원
칙으로 하여 조세의 종목과 세율은 법률로 정한다(제59조). 예산심의확정
권 정부는 회계년도마다 예산안을 편성하여 회계년도 개시 90일 전에 국회
에 제출하여야 하며, 국회는 회계년도 개시 30일 전까지 이를 의결해야 한
다(제54조 제2항). 국회는 예산안의 심의에 있어서 정부예산안의 수정권은
가지고 있으나, 이 수정권은 지출예산 각 항에 대하여 전액의 삭감 또는
비목의 삭제에 그치는 것이 원칙이고, 지출예산 각 항에 대하여 금액의 증
액 또는 새 비목의 설치는 정부의 동의가 있을 때에만 이를 행할 수 있다
(제57조). 예비비 의결과 지출승인권 예비비는 총액으로 국회의 의결을 얻
어야 하며, 그 지출은 차기 국회에서 승인을 얻어야 한다(제55조 제2항). 기
채동의권으로 정부는 국채를 모집할 때에는 미리 국회의 동의를 얻어야
한다(제58조). 국채에 대한 국회의 동의는 기채할 때마다 동의를 얻지 아니
하고 연간의 예산총액에 대하여 개괄적으로 동의를 얻어도 된다. 예산 외
에 국가의 부담이 될 계약에 대한 동의권 예산 외에 국가의 부담이 될 계
약을 체결할 때에는 미리 국회의 동의를 얻어야 한다(제58조). 예산 외에
국가의 부담이 될 계약이라 함은 국가가 1회계년도를 지나는 기간에 걸쳐
계속되는 채무를 부담하는 계약을 말한다. 결산심사권 감사원은 세입·세
출의 결산을 매년 검사하여 대통령과 다음 연도 국회에 그 결과를 보고하
여야 한다(제99조). 국회에서 의결을 거친 예산의 집행 결과인 결산을 심사
함으로써 국회의 재정에 관한 권한을 실효 있도록 하기 위한 것이다. 일반
국정에 관한 권한으로 국회는 일반국정에 관하여 정부를 감시·비판하는
광범위한 권한을 가지며, 이를 대정부 견제권 또는 정부통제에 관한 권한
이라 한다. 국회의 일반국정에 관한 권한으로는 국무총리를 임명할 때 동
의할 수 있는 임명동의권(제86조 제1항), 국무총리·국무위원출석요구권과
질문권(제62조 제2항), 국무총리·국무위원 해임건의권(제63조 제1항·제2항),
긴급재정경제처분명령과 긴급명령사후승인권(제76조 제3항), 계엄해제요
구권(제77조 제5항), 선전포고와 국군해외파견·외국군 주류에 대한 동의권

　대통령은 분점정부(divided government: 즉 여소야대), 정보화 및 사이버 정
치참여의 증대 등 새로운 거버넌스 상황의 등장으로 국정운영의 틀을
새로이 변화시킬 것을 요구하고 있다. 기존처럼 국민에게 직접 지지를
얻어 정책을 주도하는 방법은 이미 상당한 한계에 이르렀다. 상시적인
선거운동을 통한 우호적 대국민관계의 유지가 대통령의 성공적 국정
운영에 기본적인 조건을 형성할지는 모르지만, 결과적으로 입법적인
성공을 통하여 정책적으로도 높이 평가 받기 위해서는 대통령과 대對
의회 관계의 변화가 요구된다. 백악관으로의 권력집중은 대통령의 실
시간 정보를 차단하는 결과를 가져올 수도 있다. 결국 통치자는 정치
적 전략과 감성으로 대통령과 대 의회와의 정치적 합의에 기초한 올바
른 리더십에 의하여 도출될 수 있다.[6]

　(제60조 제2항), 국정감사·조사권(제61조), 탄핵소추권(제65조) 등이다. 아울
　러 교섭단체 이 부분의 본문은 교섭단체#대한민국의 교섭단체입니다. 국
　회에 20명 이상의 소속의원을 가진 정당은 하나의 교섭단체가 된다. 교섭
　단체 제도의 목적은, 국회에서 일정한 정당에 소속하는 의원들의 의사를
　사전(事前)에 통합·조정하여 정파간 교섭의 창구역할을 하도록 하는 것이
　다. 하지만 소수 정당의 의사 개진을 막는다는 단점도 상존한다. 1963년 6
　대 국회에서 13석의 민주당과 9석의 자유민주당과 2석의 국민의 당이 연합
　하여 삼민회라는 이름의 공동 교섭단체(도합 24석)를 구성했으며, 18석의
　자유선진당과 3석의 창조한국당이 공동 교섭단체(도합 21석)를 구성하기로
　합의했다. 16대 국회에서는 공동 여당이었던 자유민주연합이 교섭단체 구
　성 기준인 20석에서 3석이 부족한 17석밖에 얻지 못하자 그 기준을 10석 이
　상으로 완화하는 개정안이 나왔다가 통과되지 못해 새천년민주당의 현역
　의원 중 일부가 자유민주연합으로 당적을 이동하는 촌극이 벌어지기도 했
　다. 현재 교섭단체의 요건을 의원 10명 이상으로 완화하는 방안이 논의 중
　이다.
6　김혁·함성득, "새로운 거버넌스 하의 미국 대통령-의회 관계의 발전적 변
　　화-통치 중심 접근으로부터의 탈피를 통한 대통령 리더십의 변화를 중
　　심으로-", 「한국행정논집」(제16권 제1호), 2004, 1면 참조.

입법안에 대한 대통령의 거부권

의회는 대통령과 교환과 흥정을 통하여 영향을 상호 주고받고 있으며 정책이 입법화되는 과정에서 산출은 물론 투입과정에서도 매우 중요한 역할을 담당하는 국정운영의 한 축이다.[7] 미국 건국의 역사를 되짚어 보면 국정운영의 가장 핵심적 요소로 설정되었던 것은 대통령이라기보다 오히려 의회였다. 대통령이 국정운영의 주도권을 쥐고 적극적 역할을 담당한 것은 실제로 20세기에 들어오면서부터였다. 미국 헌법에 나타난 대통령의 원형은 행정부 총책임자로서 대표성을 배제한 행정가였다. 대통령의 기본적 역할은 하원의원처럼 해당 지역주민들의 이익과 의사를 대표하는 것이 아닌 효율적인 행정 집행을 위한 정부관리 또는 공무원이었다. 다른 한편 의회가 국민의 의사를 정책에 반영함으로써 민주주의를 구현하는데 있었다면, 대통령의 역할과 의미는 다수나 정부의 횡포로 인해 표출된 민주주의의 남용을 최대한으로 억제하는데 있었다. 대통령이 의회와의 관계에 있어서 온 국민의 대표자로서 국민의 이익을 대변하는 것이 아니라, 의회가 국민 대다수의 의사를 정책에 반영할 때 대통령은 오히려 국민을 감시하고 경계하는 역할을 담당하는 것으로 인식되었다.[8]

---

7 Andres, Gary, and Patrick Griffin. 2002. "Successful Influence: Managing Legislative Affairs in the Twenty-first Century." James Am Thurber. ed. *Rivals for Power: Presidential-Congressional Relations.* 141-162. New York: Rowman & Littlefield.

8 김종완, 『의회중심에서 대통령중심으로서의 미국정치제도의 변천』, 1999, 세종연구소 ; 김혁·함성득, "새로운 거버넌스 하의 미국 대통령-의회 관계의 발전적 변화－통치 중심 접근으로부터의 탈피를 통한 대통령 리더십의 변화를 중심으로－", 「한국행정논집」(제16권 제1호).

대통령의 리더십과 대 의회관계

유능한 대통령은 의회관계가 좋아 뛰어난 통치(good govermance)를 성취한다. 대통령 대 의회관계 비교에서 대통령의 정치력이 미치는 경우가 많으나 유동적이다. 대통령의 소속 정당과 의회의 다수당이 다른 경우, 서로 자신들의 정책목표들을 달성하려고 하며, 반대로 상대의 정책목표들에 대해서는 달성되지 못하도록 노력하게 된다. 상대의 법안에 대하여 공개적으로 반대 하는 것은 물론, 때론 정치적 위협을 표시하기도 한다. 따라서 법안이 통과된 것만이 대통령의 성공이 아니라, 종종 법안의 통과가 저지된 경우나 또는 법안 통과 이전에 의도했던 법안의 효력이 완화된 경우도 대통령의 입법적 성공으로 간주되는 경우가 종종 있다. 실례로 1995년 공화당이 의회의 다수당으로서 민주당의 클린턴 대통령(William J. Clinton)에 맞서 싸우고 있었을 때, 클린턴은 1년간 법안 및 세출예산을 통과시키는 데에는 매우 큰 어려움을 겪었다. 결국 일반국민들로 하여금 공화당이 민주당의 대통령과 행정부를 중지시키려는 노력보다 민주당 정부가 공화당 주도의 의회가 주장하는 바를 중지시키려는 노력이 더 중요함을 인식시켜 줌으로써 민주당의 승리로 끝이 났다. 당시 법안의 통과는 저조했음에도 불구하고, 적대적 의회에 대하여 대통령은 오히려 성공적 국정운영을 하였다고 평가 받는 특면이 있다.

그러나 종종 입법 산출물에 대한 단순 통계분석을 통한 연구들은 특정 대통령의 입법 성공률로 대통령을 평가하여 실제로 계량화된 결과를 형성시킨 과정, 맥락, 전략적 목표 등의 역할과 영향들을 보여주지 못하였다. "대통령의 통치중심 접근법에서 상정하는 것처럼 국정운영에 있어서 대통령이 핵심적 지위를 차지하고 있는 것은 사실이나, 입법과정을 통하여 정책이 구현되는 이상 모든 부문에서 독점적 지위를 부여받고 있는 것은 결코 아니다. 거부권을 적극적으로 사용하고, 대국

민활동을 통하여 정책의제설정 중심에 서 있으며, 여전히 전통적 의회
의 영역인 입법과정에서 대통령의 역할은 국정운영의 파트너로서의
의회의 협조 없이는 극히 제한되어 있다고 보아야 할 것이다. 그리고
환경변화에 따른 새로운 거버넌스 상황은 지금까지 대통령이 선택하
여왔던 국정운영의 전략에 또 다른 변화를 요구하고 있다."[9]

대통령의 대 의회와의 관계에 있어서 의회를 일관되게 상대할 수
있는 전담조직이 기능하지 못했을 때 대 의회와의 관계는 실패작으로
평가받는 경향이 눈에 띄게 많았다. 대통령의 정치적 리더십이 대 의
회관계에 있어 입법적으로 성공하기 위해서는 대통령-의회 양방향의
적극적인 소통이 필수적이다.

또한 대통령이 대 의회관계에 있어 성공적 국정을 펼치기 위해서는
대통령뿐만 아니라 참모들이 의회와 지속적인 접촉이 있어야 하는데,
이를 위해서 백악관 참모들을 중요한 투표가 있을 때 의회에 상주시키
면서 의회에 대한 대응성을 증진시키는 방법이 있을 수 있다. 의원들
로 하여금 백악관이 의회의 입법과정에 깊은 관심을 가지고 있음을 알
게 하여 대통령과 대 의회관계에 있어 서로 협력의 가능성을 높일 것
이다. 또한 대통령이 대 의회의 지도자들과 좋은 관계를 유지하는 것
도 대 의회관계를 우호적으로 만드는데 유리하게 작용할 수 있다. 의
원들 간에 이념적 간극이 좁아지고 더욱 분명해 지고 있으므로 의회
내부의 리더십은 더욱 강화될 수 있다. 대통령이 정책적으로 수세의
위치에서 방어를 하여야 할 때 대 의회관계에 있어 매우 중요한 역할
을 담당할 수 있다. 대통령과 대 의회관계 설정을 위해서는 제도적으
로 의회담당실의 역할을 증대시키는 것에만 한정되는 것이 아니다. 의
회담당자와 대통령이 서로 소통하지 않는다면 그 역할이 제한적일 수

---

9 김혁·함성득, '새로운 거버넌스 하의 미국 대통령-의회 관계의 발전적 변
   화−통치 중심 접근으로부터의 탈피를 통한 대통령 리더십의 변화를 중심
   으로−', 「한국행정논집」(제16권 제1호), 2004, 11면.

밖에 없다.[10] 경험적으로도 대통령에 대한 접근 통로가 용이하게 확보
하지 못하였을 때, 대 의회관계는 치명적인 실패를 경험하였다.[11]

사회통합을 위해서는 먼저 사회적 갈등이 공적인 토론의 장으로 표
출되어야 하며, 갈등하는 여러 사회세력들이 공적인 토론을 거쳐 집합
적 결정을 이루고, 이를 통해 확립된 공적 권위와 결정에 따르겠다는
자발적 의사와 함께, 그러한 공적 경쟁에의 참여에 어떠한 외부적 제약
도 존재하지 않을 것이 요구된다. 이러한 조건을 확보하는 것이 바로
민주화라 할 수 있다.[12]

의회는 이러한 사회적 균열을 대표하는 정당들이 단일의 제도적 정
체성을 공유하면서 상호 합의된 게임의 규칙 하에서 논쟁과 타협을 통
해 합의를 만들어나가는 무대(arena)이다. 그리고 확립된 민주체제에서
일차적으로 사회적 균열과 갈등을 표출하는 기능을 담당하는 제도는
정당이라 할 수 있다. 정당은 차이와 균열·갈등에 기초하며, 정당을 통
한 이러한 갈등의 표출은 민주주의 기본적 전제조건이 된다.

의회는 신생민주체제가 공고화되는 핵심 장소이다. 민주화 이행과
정은 다른 정치 행위자에 의해 진행되었지만, 민주주의 공고화 과정의
중심 행위자는 의회정치세력이 될 수밖에 없기 때문이다. 권위주의 체
제 하에서 민주주의로의 최초의 돌파는 대개 '거리의 정치'를 통해 이
루어지며 이 과정에서 의회정치 세력은 중심적 기능을 하지 못한다.

---

10 김혁·함성득, '새로운 거버넌스 하의 미국 대통령-의회 관계의 발전적 변화
   -통치 중심 접근으로부터의 탈피를 통한 대통령 리더십의 변화를 중심으
   로-', 「한국행정논집」(제16권 제1호), 2004, 21면.

11 Andres, Gary, and Patrick Griffin. 2002. "Successful Influence: Managing Legislative
   Affairs in the Twenty-first Century." James Am Thurber. ed. *Rivals for Power:
   Presidential-Congressional Relations*. 141-162. New York: Rowman & Littlefield. 김
   혁·함성득, '새로운 거버넌스 하의 미국 대통령-의회 관계의 발전적 변화-
   통치 중심 접근으로부터의 탈피를 통한 대통령 리더십의 변화를 중심으
   로-', 「한국행정논집」(제16권 제1호), 2004, 1면 참조.

12 박찬표, "민주화 이후의 의회정치와 정당," 아세아문제연구소.

그러나 최초의 돌파 이후 민주주의에 대한 동의를 재생산하고 민주주의를 제도화하는 단계에서는 의회가 중심 무대가 된다. 각국의 구체적인 개별적 의회는 기능주의에서 말하는 일련의 고정된 기능들, 즉 정부형성, 입법, 이익표출, 이익대표, 행정부감독, 갈등의 중재 등등을 보편적으로 또한 평균적으로 수행하지는 않는다. 각국이 처한 역사시기와 정치상황에 따라 의회가 중심적으로 수행하는 기능들은 달랐다.

대부분의 신생 민주주의 체제의 확립과정에서 의회는 상대적으로 주변적 존재였다. 탈권위주의 민주이행 단계에서 정치 경쟁은 기존의 정치게임의 규칙 내에서 전개되는 것이 아니라, 정치적 경쟁의 규칙 자체를 변경하는 것을 지향한다. 따라서 비교적 온건한 민주이행과정, 즉 '협약에 의한 민주화'를 거친 우리의 경우에도, 의회정치세력은 의회라는 본연의 무대를 버리고 반체제(반권위주의체제) 세력에 합류하여 '민주대연합'을 이룰 때 정치적으로 보다 중요한 역할을 해온 역설을 보여주었다.

하지만 체제변화 과정이 민주이행(transition)에서 민주주의 공고화(consolidation)로 이전하게 되면, 의회가 정치게임의 중심 무대가 된다. 이 단계에서는 상대방을 제압하거나 제거하려는 비예측적 행태는 진정되고, 서로의 위치와 갈등은 점차 알려진 규칙과 테크닉에 의해 조정된다. 이 새로운 단계에서는 의회 엘리트가 보다 중요한 역할을 수행하며, 거리에서 힘의 대결이 아니라 의회의 규칙과 절차가 갈등해결의 기제로서 중요한 역할을 맡게 된다.

의회는 민주주의라는 새로운 게임의 공고화에 특히 3가지 점에서 기여한다. 첫째, 정치적·사회적 세력(구체제 세력 및 신생 세력), 특히 잠재적이고 실제적인 반체제 저항세력을 정치체제로 통합하는 기능이다. 이 문제는 민주이행과정에서 중요한 역할을 했고 또한 새로운 게임규칙에 대한 실질적인 거부권을 가지고 있지만, 새로운 게임규칙을 정하는 최초의 동맹(founding coalition)에서 배제되었던 집단과 관련해 특히 중요한 문제이다. 즉 민주화 이행 이후, 급진세력을 정치체제로 통합하고 또한 자본과 노동의 조직이해들을 통합하는 것이 핵심적 과제가 된다. 노동과 자본의 이해가 양립 가능하기 위해서는 특수한 조건이 요구된다. 노동에게는 물질적 조건의 개선을 위한 요구들이 표출될 수 있는 공간이 허용되어야 하고, 동시에 자본에게는 그 요구들이 체제 내에서 수용될 수 있는 민주적 제도가 존재해야 하는 것이 그것이다. 의회는 바로 이러한 조건을 제공한다.

의회는 좌와 우, 노동과 자본, 기타 경제적 권력집단들의 선호 사이의 실질적 타협을 구체화함으로써 민주체제가 생존하고 안정될 수 있도록 한다. 이는 의회에 대표권을 가진 모든 정당들에 대해 유효한(최소한 상징적) 참여 기회와 공적 지위를 제공하고, 또한 이들 정당이 조직하고 있는 사회경제적 집단에 대해 이러한 지위를 간접적으로 제공함으로써 가능하다. 특히 정부권력에서 일시적 또는 영구적으로 배제되어 있는 세력들은 이를 통해 일정한 보상을 찾게 됨으로써 체제를 정당한 것으로 수용하게 된다.

둘째, 의회는 정치행위자 사이의 갈등을 평화적이고 안정적으로 조정한다. 의회는 그 스스로를 구조화함으로써 즉, 의사규칙을 확립하고 실행하고 정착시킴으로써 의회 영역 내에서 평화로운 갈등의 조정을 가능하게 한다. 이를 통해 의회는 민주주의에 대한 동의를 재생산한다. 의회엘리트들은 원내외의 갈등을 조정하고 상호작용을 규제하기 위하여 심의적 결정(deliberative decisions)과 합의를 통해 의사규칙과 절차를 확립한다. 의회가 모든 주요 정치행위자에 의해 수용되는 규칙 준수적 행태(rule-abiding behavior)를 보이는 가의 여부는 갈등의 평화적 관리의 수준을 보여주는 지표가 된다.

셋째, 의회는 신생 민주체제에 대한 지지를 대중 사이에 구축하는 중심적 역할을 한다. 의회는 시민과의 선거연계 및 대표연계를 통해, 또한 의회를 가치 있고 대중을 대표하는 정치기구로 존중하는 태도를 형성시킴으로써 대중 사이에 지지를 구축한다. 대중들이 의회선거에 참여하는 정도, 의회의 존재나 의의에 대한 공격적 태도의 여부, 의회에 대한 비난과 같은 중요 정치행위자들의 공개적 언술, 의회에 대한 대중들의 신임이나 불신임의 표현, 부패나 무능력에 대한 공격, 대중들의 의회에 대한 태도 등은 의회에 대한 대중들의 지지를 보여주는 지표가 된다. 의회에 대한 대중의 지지 수준이 높을수록, 의회의 갈등관리기능이 시민사회로 확산될 기회는 증가한다. 의회에 대한 지지의 확산은 신생체제를 시민이나 조직된 사회세력들 사이에 뿌리내리게 함으로써 민주체제의 생존과 체제 정통성 확립에 기여하게 된다.

따라서 의회는 그 동안 정치체제에서 배제되었던 사회세력을 체제 내로 통합함으로써, 또한 정치행위자 사이의 갈등을 평화적으로 관리함으로써, 그리고 대중 사이에 지지를 확산함으로써 민주주의의 공고화에 기여한다.

한편 민주주의 공고화의 과제를 안고 있는 신생민주체제에서 의회의 역할을 평가함에 있어서 다음과 같은 점에 특히 주의해야 한다. 사회정치세력의 통합 및 평화적 갈등조정과정에서 의회가 중심적 역할을 수행하는 것이 정책결정과정에서 집행부에 대한 의회의 우위성을 의미하는 것은 아니라는 점이다. 민주주의 공고화 과정에서 의회의 중심적 위치란, 의회와 행정부의 관계가 아니라, 의회와 시민사회, 또는 의회와 시민사회의 여러 조직(정당, 이익집단 등)과의 관계에 초점을 둔 개념이다. 의회의 중심성은 국가정책결정과정이나 집행부를 지시·통제하는 과정에서 의회가 어느 정도 역할을 하느냐라는 측면에서 측정되는 것은 아니다.

의회의 권한이 집행부와 정당, 또는 이익집단들에 의해 침해되어 약화되었다고 하여 의회의 갈등관리 및 체제통합기능이 위협받는 것은 아니다. 의회는 주요국가정책형성과정에 실질적 영향력을 행사해서가 아니라, 공개적으로 이러한 문제를 다룸으로써 주요 정치세력을 정치체제에 참여하게 하고 또한 이들을 협력으로 이끌게 된다. 정책결정 과정에서 의회가 실제로 어느 정도 효과적인 영향력을 행사하느냐가 아니라, 의회가 다루는 문제의 중요성이 민주주의 공고화 과정에서 의회의 중심성을 결정한다는 것이다.

정리하면 의회는 주요 정치사회세력에게 정치적 대표권을 부여함으로써, 또한 사회의 중요한 문제들이 공공의 문제로서 다루어지는 장을 제공함으로써, 그리고 의회에 진출한 정치행위자들 사이의 갈등을 평화적이고 안정적으로 조정함으로써, 나아가 시민과의 선거연계, 대표연계들을 통해 대중들의 지지를 확산함으로써 민주주의 공고화에 핵심적 역할을 한다.[13]

---

13 Liebert, Ulrike. 1990. "Parliament as a Central Site in Democratic Consolidation". Ulrike Liebert and Maurizio Cotta. Parliament and Democratic Consolidation in Southern Europe. New York: Pinter Publishers. 박찬표, "민주화 이후의 의회정치와 정당," 아세아문제연구소. 이 논문에서 재인용.

제2편 대통령의 대 의회관계: 역사적 검토

第1章 미국 대통령의 정치적 리더십과 대 의회관계

第1節 미국 주요 대통령의 정치적 리더십

　미국과 한국의 대통령의 정치적 리더십을 역사적 관점에서 살펴본다. 미국의 대통령제의 기원이라 할 수 있는 조지 워싱턴(George Washington)의 재임 기간에 대통령제의 설계와 미국 건국에서 나타난 그의 리더십을 고찰한 후 역대 미국 대통령들 중에서 중대한 전환점에서 대 의회관계에서 정치적 역량을 발휘한 대통령의 리더십을 개괄한다. 그리고 2절에서는 한국의 건국 대통령과 중대한 전환점에서의 대통령들의 리더십을 비교분석한다.

　〈표 2-1〉에서 기존의 레윈(K. Lewin), 화이트와 리피트(White & Lippit), 베버(Max Weber)의 모형은 민주주의 하에서 등장하는 다양한 대통령 유형을 역동적으로 설명하지 못한다. 레윈(Lewin), 화이트와 리피트(White & Lippit)는 민주주의 제도 하에서 대통령 리더십의 다양성에 주목하지 않았다. 베버는 전통과 현대에서 나타나는 리더십의 차이를 체계적으로 설명하였으나 민주주의 하에서는 대통령들이 대개 합법적 리더십을 가지고 있다. 베버도 합법적 리더십 내에서 대통령-의회 관계라는 제도 하에서의 다양성을 고려하지 않았다. 따라서 위에 열거된 학자들의 분류 기준에서 대통령들의 리더십은 유형별로 큰 차이가 없다. 그래서 바버

(James D. Barber)의 분석틀을 개선한 이 연구의 연구는 다양한 대통령들의 다양한 차원에서 다양한 리더십 유형을 제시할 수 있다.

〈표 2-1〉 미국 대통령의 유형별 리더십 비교[1]

학자별 리더십 유형	미국 대통령						
	워싱턴	링컨	아이젠하워	루즈벨트	클린턴	부시	오바마
K. Lewin	민주주의	민주주의	민주주의	민주주의	민주주의	민주주의	민주주의
White & Lippit	민주형	자유 방임형	민주형	민주형	민주형	민주형	민주형
Max Weber	합법적	합법적	합법적	합법적	합법적	합법적	합법적
James D. Barber	적극적 긍정형	소극적 긍정형	적극적 긍정형	소극적 긍정형	적극적 부정형	적극적 부정형	적극적 긍정형

　　이 연구는 행정부와 의회의 세 가지 관계유형 모형을 제시한 번스(James MacGregor Burns)의 이론을 적용하여, 대통령의 리더십이 의회와의 관계를 어떻게 이끌어 가는가를 분석한다. 즉, 행정부에 대한 의회의 통제가 형식화 된다는 해밀턴(Hamilton) 모형, 행정부에 대한 의회우위의 권력형태로서 행정의 능률성을 확보하는 것보다 의회가 행정의 권력남용을 견제하고 통제하는 데 중점을 둔다는 매디슨(Madison) 모형, 그리고 행정부와 의회가 상호 대등한 관계에서 원내 다수당의 지지를 바탕으로 안정된 정치를 추구하는 제퍼슨(Jefferson) 모형 속에서 대통령의 리더십이 어떻게 발휘되는가를 분석한다. 번스의 이론을 통해 대통령 개인의 정치적 역량이라든지 국회가 어느 정도 행정부를 견제할 수 있는가에 따라서 세 가지 관계유형을 도출할 수 있다. 이러한 모형 속에서 바버(James D. Barber)의 정치적 리더십 유형을 통해 대통령과 의회와의 관계를 분석할 것이다. 앞서 설명한 것처럼, 대통령 개인의 정치적 리더십

1　김석준, 『현대 대통령 연구1』, 2002, 대영문화사, 참조.

의 역량으로 의회가 행정부를 견제할 수 있는가에 따라, 대통령과 의회
의 관계 유형은 네 가지로 나뉜다. 바버는 직책수행에 대한 대통령의
욕구를 적극성과 소극성으로 나누고, 정치적 상황 속에서 대통령이 긍
정적이거나 부정적으로 대응하는 것을 토대로 긍정형과 부정형으로
나누고 있다. 이 연구 역시 대통령의 리더십을 위와 같이 네 가지로 구
분하였으며, 지도자로서 사명감에 넘치고 활동적이며, 생산성을 중시
하고 과업 지향적이며 목표를 분명히 하는 적극적 긍정형 리더십, 야심
이 많고 권력적이며, 대단히 공격적인 적극적 부정형 리더십, 그리고
진실하고 윤리관이 강하며, 활달하고 개방적이지만, 지도자로서의 사
명감이 부족한 소극적 긍정형 리더십, 마지막으로 자신에게 맡겨진 지
도자로서의 역할을 충실히 수행하지만, 지도자의 역할과 책임을 축소
지향적으로 인식하는 소극적 부정형 리더십으로 대통령의 리더십을
분류하였다. 그리고 이 연구는 번스가 지적한 행정부와 의회의 세 가
지 관계유형 모형에 이를 대입함으로써, 대통령의 리더십이 의회와의
관계를 어떻게 이끌어 가는가를 분석한다. 행정부가 입법과정을 포괄
적으로 지배하며 대외정책과 재정 및 경제정책을 독점적으로 결정함
으로써 행정부에 대한 국회의 통제가 형식화된다는 해밀턴(Hamilton) 모
형, 행정부에 대한 국회우위의 권력형태로서 행정의 능률성을 확보하
는 것보다 의회가 행정의 권력남용을 견제하고 통제하는 데 중점을 둔
매디슨(Madison) 모형, 그리고 행정부와 국회가 상호 대등한 관계에서 원
내 다수당의 지지를 바탕으로 안정된 정치를 추구하는 제퍼슨(Jefferson)
모형이 바로 그것이다. 하지만 이 유형만으로는 대통령과 의회 간의
관계변화를 설명해 낼 수 없기 때문에, 유형분류 속에 대통령의 리더십
이 어떠한 역할을 하고 있는지를 분석해 볼 필요가 있다.

　본 연구는 대통령의 리더십을, 직책수행에 대한 대통령의 욕구로
적극성과 소극성으로 나누고, 정치적 상황 속에서 대통령이 긍정적이
거나 부정적으로 대응하는 것을 토대로 긍정형과 부정형으로 나누고

있는 바버의 리더십 유형을 대입하여 대통령의 리더십과 대 의회관계를 비교분석하는 모형을 설계하고자 한다.

1. 워싱턴(George Washington) 대통령: 대통령제의 기원

가. 대통령 권한의 제도화

1789년 뉴욕에서 워싱턴이 초대대통령으로 취임했을 당시, 연방 행정부의 존재는 미미했다. 워싱턴 이후 19세기 초까지의 대통령들은 독립과 건국의 영웅들이었으나, 대통령의 정치적 권한이 크다고 인정되지 않았다. 그럼에도 불구하고 초기의 대통령들은 외교정책이나 국내외의 안보와 연관된 업무에 있어서 대통령의 역할과 권한을 제도화시켰다. 예컨대, 워싱턴은 위스키 반란(Whisky Rebellion)에 연방군을 파견하여 진압했고, 상원과의 협의 없이 영국과 제이 조약(Jay Treaty)을 체결하였다. 또 나폴레옹 전쟁 당시 중립을 선언했다. 이러한 행위는 헌법상 국가의 안전을 책임지는 대통령직의 고유한 권한(inherent power)으로 간주되었다.[2] 워싱턴이 독립전쟁(1775-1783년)을 성공적으로 이끈 후 남북전쟁 이전까지 미국의 정당체계(1787-1816년)는 연방파와 공화파로 나뉜다. 연방파(국민공화당)는 연방정부 역할을 강조, 상공업 중심의 보호무역론을 주장한 반면, 공화파(민주공화당)는 지방 주정부 역할을 강조하고, 농업 중심의 자유무역론을 주장하였다. 본국(영국) 런던 연방정부에 당한 독립전쟁의 쓰라린 기억이 남아 있었기에, 제1차 정당체제 동안 미국인들의 대다수는 (연방정부보다) 지방 주정부의 역할을 강조하는 공화파를 지지하였다. 미국은 (특히, '대표 없는 과세'로 상징되는) 영국 연방정부의 식민지 정책에 반발하며 독립한 국가이다. 이는 건국시절부터 연방정부와

---

2 최명·백창재, 『현대 미국정치의 이해』, 서울대학교 출판부, 2000, 365-366면.

지방 주정부를 보는 미국인들의 관점에 지대한 영향을 주었다. 워싱턴 연방정부에 대해선 근본적 불신을 갖고 있는 반면, 지방 주정부에 대해선 거의 신앙에 가까운 지지를 보였다.

나. 대통령제의 정착 배경

미합중국은 통치기구를 자유롭게 선택할 충분한 기회를 갖고 있었던 최초의 근대국가였으나 그 선택은 진공 속에서 이루어진 것은 아니었다. 독립혁명을 달성한 미국 사람들은 군주제를 거부하고 공화제를 채택한다는 점에 있어서는 의견이 일치하고 있었다. 그러나 연방규약과 각 주州에 있어서의 헌법상 경험이 합의제정부의 취약성과 의회는 국가 전체의 이익보다 사익이 난무하는 곳이라는 점이 입증되어, 독재의 폐단과 합의제의 무력함을 피하면서 자유와 이념을 바탕으로 결집된 국가의 통일과 독립을 보장할 수 있는 통치형태로 제안된 것이 대통령제였다. 대통령제는 엄격한 3권 분립이 행해지고 권력기관 상호간의 독립이 보장되며 대통령이 독립적으로 행정권을 행사하는 정부형태를 말한다. 미국의 대통령제는 타국가의 대통령제의 원형으로서 원래 몽테스키외의 권력분립론에 근거한 것이었으나, 오늘날 정당정치가 발전함에 따라 국회와 정부는 정당을 통하여 일정하게 결합할 수 있게 되어 권력의 통합경향이 나타나게 되었다.

미국에서 대통령제를 채택하게 된 근거는 대체로 세 가지로 이유를 들 수 있다.[3] 첫째로, 미국에서는 유럽에서 볼 수 있었던 봉건적·절대적 정치세력이 존재하지 않았기 때문에 미국은 영국에 비하여 근대국가의 형성도 용이하게 성취하였으며 시민계급과 무산계급과의 모순대립도 일찍 해소되었던 것이다. 그러므로 군주의 일원적 권력체제가

---

3 윤용희, "미국 대통령제에 관한 연구", 한국동북아학회, 『한국동북아논총』 제4권, 1997.

아닌 근대적 자유정신에 입각한 대표원리를 전개해 나갈 수 있었던 사회구조가 마련되어 있었다는 점이다. 이러한 근거 하에서 미국은 상하원이 대등한 입장에서 같은 국민의사를 대표하고 의회와는 독립적 지위를 가지면서도 국민의사를 대표하는 대통령에게 행정권을 집중시킬 수 있었다.

둘째, 헌법 제정 당시만 해도 선거권에는 재산적 조건과 자격에 의한 엄격한 제한이 있었기 때문에 엄격한 의미에서 볼 때 의회를 통하여 무산계급의 의사와 이익을 보장할 수는 없었던 것이다. 전제專制에 대한 공포심리는 대륙에서 본 바와 같은 전제적 집행부에 대해서 뿐만 아니라 인민대중과 가장 직접으로 연결할 수 있는 입법부 특히 하원에 대해서도 품고 있었다. 더욱이 당시 엄격한 재산조건을 선거권·피선거권의 자격조건으로 삼았던 제한선거에 의하여 당선되는 국회의원은 모두 부유한 자본가계급 출신임에 틀림없고, 이들에 의한 계급전제階級專制도 억제할 필요가 있었다. 1787년에 매디슨은 "입법부는 어디에서든지 그 활동의 범위를 확대하고 있으며 모든 권한을 자기의 맹렬한 소용돌이 속에 집어넣으려고 한다"고 말하였으며, 그 결과로 입법부가 권한을 강탈하는 것을 방지하기 위하여 강력한 행정부를 설치하자는 안을 지지하게 되었다. 그리고 동시에 자본주의의 발전과 더불어 인구가 증가하고 궁핍한 생활을 하는 소위 '버림받은 사람들'(forgotten men)인 노동자계층이 증가됨에 따라 이들의 이익을 대변해 주는 기능을 민선 대통령에게 기대할 수 있다고 예견하였다. 유산계급을 대표하는 의회에서 독립한 행정주체의 존재를 인정하고 이로써 의회에 그들의 대표를 보내지 못한 사회세력의 입장을 보호할 필요성이 헌법제정회의의 대세를 지배하게 되어 행정권은 헌법적·제도적으로 독립이 보장되고 국민의 보통선거에 의하여 선출되는 대통령에게 귀속시키게 되었던 것이다.

셋째, 미국헌법의 제정자들이 영국식의 의원내각제와 상이한 대통령집정제를 채용한 것은 의원내각제가 영국의 특수사정의 원인인 것과 마찬가지로 미국도 공화제 또는 민주주의의 원리에 비추어 여러 가지 그의 특수성을 참작한 결과라 하겠다. 당시 그들이 3권분립의 대통령제를 채택한 이유로서는 영국에서의 의원내각제가 충분히 발달하지 못하고 또 주권존중의 연방제도를 전제로 하여야 할 특수성과 당시의 정치정세로 보아 강력한 집행기능을 필요로 했기 때문이라고 할 수 있겠다. 영국의 의원내각제는 17세기 명예혁명을 계기로 궤도에 오른 것이지만 18세기 미국헌법 제정 당시까지만 하더라도 헌법제정자들의 생각으로는 그것을 본따서 채택할 만한 것으로 보지 않았다. 오히려 미국이 영국과는 달리 주권을 존중하는 연방제를 유지할 절실한 필요성 즉 각 주州 중의 1개 주에 의한 다수지배를 억제하기 위하여 각 주州 위에 서서 그것을 견제하는 연방정부의 필요성과 또 기타 여러 가지 특수한 사정으로 미국에 가장 적합한 새로운 정부형태를 창설하고자 하는 생각에서 대통령제가 채택되었다.[4]

2. 링컨(Abraham Lincoln) 대통령의 정치적 리더십

1) 긍정적 리더십과 영향력

링컨과 같은 위대한 대통령은 역사의 힘을 활용하여 자신의 목표를 달성하도록 하는 리더십을 열정적으로 찾고 또 실천한다. 링컨이 최고의 대통령으로 평가받는 이유는 크게 두 가지다. 하나는 그가 연방을 수호함으로써 국가의 분단을 막아서 미국 역사상 가장 큰 위기를 극복했다는 것이다. 다른 하나는 노예해방을 이루어서 미국인 간의 차별을 해소하고 국민통합을 이루었다는 점이다. 링컨은 분열과 혼란을 종식

---

4 윤용희, "미국 대통령제에 관한 연구", 『한국동북아논총』 제4권, 1997.

하고 미국을 하나의 통합된 국가로 만들었고 노예해방을 통해 인간의
자유와 인권을 보호한 위대한 지도자로 기억되고 있다. 링컨은 분열
위기에 처한 미국을 남북전쟁이라는 큰 대가를 치르면서 구해낸 영웅
이었다. 그는 또 노예해방 선언으로 모두에게 자유로운 나라를 만든
위대한 성자聖者이자 남북전쟁을 승리로 이끌어 통일된 나라를 지켜내
고 나서 암살범의 총탄에 희생된 순교자라는 이미지를 가지고 있다.

링컨의 리더십은 긍정적 리더십의 전형으로서 그의 사후에도 인류
사회 전체에 중요한 가치를 제시하고 있다. 링컨은 미국 역사상 성공
한 대통령으로 또 위대한 지도자 중의 한 명으로 평가받고 있다.[5] 링컨
이 이러한 평가를 받는 이유는 그가 건국의 아버지들이 구상한 연방을
보존하고,[6] 노예해방을 통해 인류의 보편적인 가치인 자유와 평등을
구현하는 데 큰 기여를 했기 때문이다. 그러나 여기에는 대통령으로서
의 링컨이 이룩한 이러한 업적 그 이상의 장기적인 비전이 있었다. 그
래서 그의 사후에도 그의 영향력은 시공간을 초월하고 있다.

링컨은 그의 사후에도 인류사회에 대해 비전을 제시하였고 그의 영
향력은 지속적이라는 점, 또한 그의 영향력은 권력과 부, 학연, 지연,
혈연 등에서 나오지 않았고 그의 정치적 성과에서 나왔다는 점에서 그

---

5 미국의 대통령 평가는 Arthur M. Schlesinger, Sr., "Historian Rate U.S. Presidents,"
  Life (November 1, 1948), 65-74를 시작으로 하여 그동안 다양한 방법으로 수
  십 차례 있었다. 아버지를 이어 아들 역시 대통령 평가를 했는데 링컨 대
  통령을 가장 위대한 대통령으로 평가했다. Arthur M. Schlesinger, Jr., "The
  Ultimate Approval Rating," New York Times (December 15, 1996), 46-51. 최근에 대
  통령을 평가한 책으로는 James Taranto and Leonard Leo, ed., Presidential
  Leadership: Rating the Best and the Worst in the White House (New York: A Wall
  Street Journal Book, 2004)가 있다. 이 책에서는 링컨을 워싱턴 다음으로 평가
  했지만 거의 모든 평가에서는 링컨을 가장 위대한 대통령으로 평가했다.
6 James M. McPherson, Abraham Lincoln and the Second American Revolution (New
  York: Oxford University Press, 1991), 41. 링컨은 연방보존이 전쟁목적임을 분
  명히 밝혔다.

는 위대한 지도자이다. 링컨은 목표를 향하여 다른 사람으로 하여금
장점, 재능, 열정을 이끌어내 긍정적이고 발전적인 방향으로 변화하게
하는 긍정적 리더십의 전형이었다. 지금까지 링컨에 관한 많은 연구는
주로 남북전쟁을 승리로 이끌어 연방정부를 수호하고 노예를 해방시
킨 그의 업적을 칭송하는 차원에서 이루어져 그의 '신화'적인 성공에
열광해 온 것을 부인할 수 없다. 역사상 큰 위기 중의 하나에 봉착했던
미국은 이를 극복할 혁신적 리더십이 필요했고, 링컨은 이에 부응하는
리더십을 발휘했다. 링컨이 오늘날까지도 끊임없는 영향력을 행사하고
있는 이유가 국정운영에 총책임을 맡고 있는 지도자로서 링컨은 대통
령이라는 정치제도로서 통합적인 정치적 리더십을 발휘한 데에 있다.[7]
대통령에 취임하고 링컨이 가장 먼저 한 일은 백악관을 개방하여 국
민들과 소통하는 일이었다. 수많은 사람들이 이러저러한 이유로 백
악관을 방문하여 대통령을 만나고자 했다. 이 일은 자신을 따르는
사람과 함께하지 않으면 진정한 리더가 아니라고 생각한 링컨 자신
의 선택으로 이루어진 면이 없지 않다. 근본적으로 링컨 대통령은
할 수 있는 한 많은 사람들과 만나는 것을 원칙으로 삼고 있었다.

2) 소극적 리더십과 칭찬, 설득, 관용

전쟁기 대통령으로서 링컨은 강력한 권한을 가지고 있었지만 그는
의회의 합의를 고려했고, 반대파인 남부연합과 민주당을 포용했다는
측면에서 소극적 긍정형 리더십을 보여주었다. 짐 콜린스(Jim Collins)는
위대한 리더의 공통적인 특성으로 "사람이 먼저 … 다음에 할 일"이라
고 했다. 명령, 카리스마, 실리로 사람을 이끄는 패튼과 시저보다는 칭
찬, 설득, 관용으로 다른 사람의 마음을 움직이는 링컨과 소크라테스와

---

7 황혜성, "남북전쟁기 링컨 대통령의 리더십", 「미국사연구」(제17집), 2003,
  27-48면.

같은 사람들이 위대한 지도자라고 말했다.[8] 링컨은 명령하지 않고 사람을 움직이며, 사람들로 하여금 최선을 다하도록 하는 방법을 잘 이해하고 있었다. 다른 사람을 움직이게 하는 진정한 리더십의 정의에 강압적인 힘은 포함되지 않는다. 링컨은 대통령이 되기 전부터 강압적인 명령이 아니라 칭찬과 설득의 유용성을 알고 있었다. 단기전으로 끝나기를 기대했던 전쟁은 장기전으로 돌입하였고 연방군은 뚜렷한 승리를 담보하지 못한 채 있었다. 링컨은 장군들에게 전쟁에 적극적으로 나서주기를 간절히 원했지만 그랜트가 등장하기 전까지의 대부분의 장군들은 하나같이 링컨의 요구에 부응하지 못했다.[9] 대통령의 변함없는 믿음과 칭찬에 힘입은 그랜트는 어려움은 없지 않았지만 끝까지 포기하지 않고 박차를 가하여 남부동맹의 리로부터 '무조건 항복(Unconditional Surrender)'을 이끌어 내 남북전쟁을 종결시켰다. 전쟁 중에 재임했던 링컨 대통령은 사실상 강력한 권한을 가지고 있었다. 하지만 링컨은 휘하 장군들에게 명령하지 않았고 제안과 권고 등으로 설득하는 길을 택했다.[10]

링컨은 관용과 용서의 중요성을 알고 실천했다. 링컨은 연방을 탈퇴하고 내전을 일으켜서 전쟁의 책임자라 할 수 있는 남부동맹에 대해서도 일찍부터 관용과 용서로 수용하고자 노력했다. 1863년 10월 8일 의회에 보낸 연두교서에서 링컨은 '10% 안'을 밝혔다. 이는 연방을 탈

---

8 Collins, Jim Collins, Good to Great: Why Some Companies Make the Leap and Others Don't (New York: Harper Collins, 2001), p.35.

9 Philips, Lincoln on Leadership, 116-117. 링컨이 임명한 장군들은 스콧, 어빈 맥도웰(Irvin C. Mcdowell), 존 프리몬트(John C. Fremont), 매클레란, 헨리 할렉(Henry W. Halleck), 존 매클러낸드(John A. McClernand), 윌리엄 로즈크랜스(William S. Rosecrans), 앰브로즈 번사이드(Ambrose E. Burnside), 나다니엘 뱅크스(Nathaniel p.Banks), 율리시즈 그랜트, 조셉 후커(Joseph Hooker), 조지 미드(George G. Meade) 등이다.

10 Donald T. Philips, Lincoln on Leadership (New York: Warner Books, 1992), p.43.

퇴한 남부주들 가운데 유권자의 10% 이상이 충성을 서약하는 주에 대해서는 다시 연방소속의 주로 인정한다는 것이 핵심이었다.[11] 승리를 눈앞에 두고 링컨은 남부동맹의 지도자들도 용서하고자 했다. 링컨은 남북전쟁의 책임이 누구에게 있는지를 문제 삼지 않았다. 그리고 국민들에게 악의를 멀리하고 용서와 관용으로 새로운 시대를 맞이하자고 호소했다. 그의 두 번째 취임식 연설은 링컨의 관용의 리더십의 진수를 보여준다.[12]

3) 사회통합과 정의: '연방보존'과 노예해방

링컨 대통령은 달성하고자 하는 목표를 가지고 있었다. 링컨의 목표는 그의 취임사와 다른 중요한 연설에서 구체화되어 있다. 그것은 명료했으며 그를 따르는 사람들과 같이 달성해야 할 공동의 목표였다. 그것은 그가 밝혔듯이 "헌법보다 훨씬 오래 된 것"이었다.[13] 바로 '연방보존'이었다. 링컨은 오랫동안 미국인들을 결집시켜왔던 두 가지의 근본적인 가치인 자유와 평등의 추구를 지속적으로 공유하고 강조하고 또 강조하여 왔다. 그는 "독립선언서에서 구체화된 내용으로부터 생겨나지 않은 생각은 정치적으로 단 한 번도 한 적이 없다"고 말했다.[14] 그

---

11 링컨의 10% 안은 공화당 급진파들에게 많은 비판을 받았다. 그들은 Wade-Davis Bill을 제시했는데 이는 50%의 충성을 요구하는 것이었다. 링컨은 이에 대해 거부권을 행사했다.

12 김형곤, "링컨 대통령의 리더십의 실체", 『미국사연구』 제25집, 2007, 232면.

13 Abraham Lincoln, "First Inaugural Address," March 4, 1861. 링컨은 1차 취임사에서 연방은 법적으로는 물론 역사적으로 영원한 것으로 생각했다. 연방은 헌법이 만들어지기 전 1774년의 Articles of Association에서 형성되고, 1776년 독립선언과 1778년의 Articles of Confederation로 강화되었고, 1788년 헌법의 목적을 "더욱 완전한 연방을 형성하기 위한 것"으로 규정했다.

14 Roy p.Basler, ed., The Collected Works of Abraham Lincoln (New Brunswick, N.J.: Rutgers University Press, 1953), 4:240.

래서 링컨에게 연방 분리는 독립선언서와 연방헌법을 부정하는 것과 같았다.[15] 연방의 연속성은 법적으로 역사적으로 보장된 것이었다. 대통령에 취임할 때 이미 남부의 7개 주가 연방을 탈퇴하였고 다른 4개 주도 연방정부에 위협을 가하고 있었다. 이러한 위협은 링컨에게는 물론 미국이라는 국가 그 자체에도 위협이었다.

아직 전쟁이 시작되지 않았던 때에 링컨은 최선을 다해 전쟁을 피하고자 노력했다. 전쟁이 임박한 상황에서 어떻게 하면 전쟁을 피하고 연방을 보존할 수 있느냐 하는 문제가 대통령이 된 링컨의 최대 목표이자 역사적 사명이었다. 그래서 그는 서로 상대에게 폐쇄적이 아니라 개방적이기를, 적이 아니라 친구이기를 원했다.[16]

그러나 전쟁은 일어났고 링컨은 연방보존을 이 전쟁의 최대 목표로 삼았다. 연방보존을 위해서는 전쟁에서 승리를 해야 했다. 링컨의 목표는 전쟁승리를 통한 연방보존이었다. 링컨에게 있어서 노예제도 자체는 분명히 악이었고 폐지되어야 할 것이었다. 링컨은 노예해방을 서두르지 않았고 그 점진적인 폐지에 역점을 두었다.[17] 링컨에게 노예해방

---

15 이에 대해 링컨의 분명한 태도는 그의 연두교서에서도 드러난다. "어느 주도 그 자체의 단순한 행동만으로 연방에서 합법적으로 탈퇴할 수 없습니다. 그런 일(연방에서 탈퇴하는 일)을 행하겠다는 결의와 포고는 법적으로 무효입니다. 그리고 미합중국의 권위에 반대하여 어느 주나 주들 사이에서 일어나는 폭력행위는 경우에 따라서는 폭동이며 반란입니다. … 물리적으로 말해서도 우리는 분리될 수 없습니다. 우리는 서로에게서 각각의 지역을 없앨 수도 없으며 그들 사이에 통과할 수 없는 벽을 쌓을 수도 없습니다." Abraham Lincoln, "First Inaugural Address."

16 링컨은 취임사 마지막에서 "우리는 적이 아닙니다. 우리는 적이 되어서도 안 됩니다. 격화된 감정 때문에 우리의 애정의 유대가 긴장되었을지 몰라도 그것이 끊어져서는 안 됩니다"라고 호소했다. Ibid.

17 1862년 9월 22일 노예해방령을 발표한 데 이어 그해 12월 1일에는 노예해방에 따르는 보상을 요구하는 교서를 의회에 보냈다. 링컨은 연방군의 승리가 확실해진 1865년 2월 1일에 전국적으로 노예제도를 폐지하는 수정헌법 제13조에 서명했다.

은 본래의 전쟁 목적 달성에 충실함을 더해주는 결과를 낳았다. 그의 선언대로 해방된 노예가 연방군대에 편입되어 전투에 참가함으로써 군사상의 큰 도움이 되었다. 노예해방이 남부의 노동력을 분열시키고 그 노동력의 일부가 북부의 군사력으로 전환되어 남부동맹은 전쟁수행에 큰 타격을 입었다. 링컨에게 있어 노예해방은 단순한 전략적인 차원을 넘어 결과적으로 전쟁의 새롭고 혁명적인 목표가 되었다. 남북전쟁은 링컨의 대중적 입지를 강화하고 대통령의 권한을 확대하는 결과를 낳았다. 뿐만 아니라 전쟁은 연방과 노예제도는 양립할 수 없으며, 본래부터 이 나라는 모든 인간은 법 앞에 평등하다는 원리로 세워졌다는 사실을 링컨이 국민들에게 설득하는 기회를 제공해 주었다. 1863년 11월 19일 게티즈버그 연설에서 링컨은 일부러 헌법을 인용하지 않고 독립선언서를 언급했다.

"지금부터 87년 전 우리의 조상들은 이 대륙에 자유를 신봉하고 모든 사람은 평등하게 창조되었다는 명제에 헌신하는 새로운 국민을 창조했습니다. 지금 우리는 그렇게 신봉하고 헌신하는 국민이 오랫동안 지속할 수 있는지를 실험하는 전쟁 속에 있습니다. … 하나님의 사랑 아래 우리 국민은 자유를 새롭게 탄생시켜야합니다. 그리고 국민의, 국민에 의한, 국민을 위한 정치가 지구상에서 사라지지 않도록 해야 합니다."[18]

링컨은 국민들을 설득하기 위해 노예해방의 정당성을 부여하고

---

18 Abraham Lincoln, "The Gettysburg Address," November 19, 1863. 사실 링컨은 연방 헌법에 따른 Dred Scott 판결에 대해 비록 이 판결이 잘못되지 않았음은 인정했지만 궁극적으로 이는 링컨의 생각과는 위배되는 것이었다. 대통령이 되고 난 후 링컨은 인신보호영장 청구권을 금지하는 것을 비롯하여 여러 번에 걸쳐 헌법에 위배되는 정책을 내렸다.

자 했다. 이 연설을 통해 링컨은 "종래 목표였던 연방보존에 새로운 자유와 평등의 원리를 확대"시켰다.[19] 여기에서 언급한 '국민'은 흑인과 백인이 포함된 개념이었다. 이것은 인간평등 실현이라는 숭고한 목표의 당위성을 제공하는 순간이었다. 이것은 국민들에게 미래 비전을 제시하는 것이었다.

리더십에서 목표와 비전을 세우고 이를 다른 사람들이 알도록 하고 그들이 함께 일하도록 설득하는 것은 너무나 중요하다. 목표를 통해 리더를 따르는 사람들은 동기를 부여받고 그 목표 달성에 자신의 재능과 에너지를 집중하게 된다. 연방을 보존하고 노예를 해방하는 것은 링컨 개인의 목표가 아니라 링컨과 그를 따르는 사람들 공동의 목표였다. 대통령에 재선되고 머지않아 전쟁이 끝나리라는 것이 명백한 가운데 링컨은 또 한 번의 숭고한 목표와 비전을 국민들에게 알렸다. 링컨은 연방을 보존하고 전쟁을 성공적으로 수행하는 목표를 달성하기 위해 대통령으로서 모든 방법을 강구했다. 링컨은 섬터요새 전투이후 군대동원령을 내렸으며, 버지니아와 텍사스까지 봉쇄하는 선전포고문을 발표했고, 나아가 인신보호영장 청구권을 중지시키는 일까지 선포했다.

지도자는 목표를 세우고 그를 따르는 사람들이 그 목표를 적극적으로 추진할 수 있도록 동기를 부여하고 그들을 설득해야 하는데 링컨은 바로 그런 지도자였다. 링컨은 자신이 제시한 목표를 성공적으로 수행할 수 있는 인재를 발굴하는 데 열정을 쏟았다. 대통령이 되어 내각을 구성하면서 링컨이 핵심으로 삼은 인사규정은 목표달성에 적합한 인재였다. 따라서 링컨에게 이전의 적이라도 문제가 되지 않았다. 그래서 그는 대통령 예비선거에서 최대 라이벌이었던 시워드를 국무장관에, 변호사 시절 자신을 비난했던 스탠턴을 전쟁장관에, 사사건건 반대를 하고 다음 대통령에 도전을 하겠다는 체이스를 재무장관에 임명했다.

---

19 Donald, Lincoln, 553.

링컨은 전쟁을 승리로 이끌 수 있는 장군을 찾는 데도 끊임 없는 노력을 기울였다. 링컨에게 연공서열은 무의미했다. 자신에 대한 무시나 도전도 문제가 되지 않았다. 링컨은 오로지 전쟁을 승리로 이끌 장군을 필요로 했다. 스콧에서 시작하여 그랜트를 찾기까지 여러 명의 장군을 해임하고 임명한 것을 보더라도 링컨이 얼마나 목표달성에 진력했는지 이해할 수 있다. 성공하는 리더십에는 목표에 집중하는 능력이 절실히 필요하다. 링컨은 전쟁 승리를 통해 연방을 보존하는 궁극적인 목표달성을 위해 매 단계별로 집중했다. 전쟁 초기에는 군대를 재건하고, 남부의 항구와 미시시피강을 장악하는 데 집중했다. 전쟁이 계속되자 그는 남부동맹의 수도인 리치몬드를 공략하는 것을 목표로 삼지 않고 남군 사령관 리 장군에게 집중했다. 전쟁이 끝날 무렵 링컨은 전후 평화로운 미국의 재건에 집중했다. 링컨에게는 명확한 목표와 비전이 있었다. 독립선언서와 헌법이 보장하는 연방수호는 국민들에게 자긍심과 애국심을 다시 심어주는 계기가 되었다. 노예제도에 대한 투쟁은 이미 오래된 문제였고 전쟁은 이 문제점에 종지부를 찍는 계기가 되었다. 그리고 서로 용서하는 새로운 미국 건설에 대한 비전 제시는 국민들에게 용기와 희망을 주었다.

4) 개방적인 협력

링컨과 같은 위대한 지도자들은 독단적이지 않으며, 개방적이며 협력을 통해 합의(consensus)를 이끌어낸다. 리더십을 제외한 다른 분야에서 협력은 단순한 물리적 결합을 의미하지만 리더십에서는 단순히 힘을 합치는 이상이다. 게티즈버그 연설의 "국민의, 국민의 의한, 국민을 위한 정치가 지구상에서 사라지지 않도록 해야 합니다"에서 링컨은 개방된 협력의 원칙을 제시했다.

대통령이 되면서 링컨이 가장 먼저 한 일은 백악관 개방정책이었다.

링컨은 능력이 허락하는 한 많은 사람들과 만났다. 링컨 대통령은 국민과 어떠한 거리도 두려고 하지 않았다. 링컨의 개방적 협력정책은 연방을 수호하는 목표를 달성하는 데 가장 중요한 세력인 군인들과 링컨의 관계에서도 그러했다. 링컨은 군인이 있는 곳이면 어디라도 직접 가서 그들을 만났다. 링컨은 요새, 해군 조선소, 야전병원, 장례식, 심지어 전투가 벌어지는 전장에서 군인들을 만나 악수를 하고 군대를 사열하면서 그들을 자랑스럽게 생각한다고 말했다. 인사 스타일에 있어서도 링컨은 철저하게 개방적인 협력을 이루고자 했다. 무엇보다도 그는 이전의 경쟁자를 국무장관에 임명했다. 국무장관에 임명된 시워드는 링컨이 국가를 책임질 수 있는 지도자가 아니라고 생각했다. 그래서 그는 인사를 비롯한 여러 문제에 있어 독자적인 행동을 서슴지 않았다. 심지어 섬터요새 문제를 링컨의 의견을 전혀 고려하지 않고 남부동맹의 요구를 따르는 것이 좋을 것이라는 의견을 내놓았다. 이에 링컨이 제동을 걸자 시워드는 사표를 냈다. 그러나 링컨은 시워드 집을 직접 찾아가 설득했다. 링컨은 누가 보아도 적일 수밖에 없었던 사람을 전쟁장관에 임명했다. 링컨은 초기 전쟁장관인 시몬 카메론(Simon Cameron)을 그의 부적절하고 투명하지 않은 군사계약을 이유로 해임하고 대신 에드윈 스탠턴을 임명했다. 스탠턴은 링컨이 소속되어 있는 공화당원이 아니라 민주당원이었다. 링컨의 포용력은 그가 샐먼 체이스와 관계를 어떻게 유지했는가를 통해 확인된다. 재무장관 체이스는 대통령으로서의 링컨의 능력을 문제삼았을 뿐만 아니라 노골적으로 차기 대통령에 도전하겠다고 공언했다. 뿐만 아니라 체이스는 재무부 직원의 인사를 마음대로 하고자 했으며 심지어 전쟁수행을 위한 대통령의 자금준비가 헌법에 어긋난다고 반대했다. 이 일에 대해 대통령의 권한을 이용해 링컨이 체이스의 행동을 일축하고 명령할 수 있었지만 그렇게 하지 않았다. 링컨은 체이스에게 "남부동맹이 미합중국을 파괴시키기 위해 헌법을 유린하고 있습니다. 나는 미합중국을 구할 수만 있다

면 나는 기꺼이 헌법을 위반할 것입니다"고 말하면서 그를 설득했다.[20]

그러나 링컨은 의회와는 마찰이 있었던 것이 사실이다. 특히 의회의 승인을 받지 않은 노예해방선언과 그의 너무나 온건한 재건계획은 공화당 급진파들과 링컨 사이에 갈등을 유발했다. 하지만 대부분의 일에 있어 링컨은 의회와 우호적인 관계를 유지했다. 링컨은 가능한 많은 사람을 만나고 열린 인간관계를 유지하는 것을 스스로 "여론 목욕(public opinion baths)"으로 불렀다.[21] 지도자(leader)가 그의 추종자(follower)에게 쉽게 다가간다는 사실을 안다면 그들은 자신들의 리더를 더욱 긍정적으로 생각하게 된다. 대통령이 직접 다가가는 것만큼 국민에게 친근감과 신뢰를 주는 것은 없다는 것을 링컨은 알고 있었다. 그래서 대통령이 되어 링컨은 백악관을 개방하여 사람들을 만났으며 스스로 전장을 비롯한 여러 현장을 찾아 갔다. 링컨은 전쟁이 끝나는 그 순간에도 전장에 있었다. 1865년 4월 9일 링컨은 남부동맹의 수도 리치먼드에서 워싱턴으로 돌아오는 길에 로버트 리에게 항복을 받았다는 소식을 그랜트에게 받았다. 이는 링컨의 개방적이고 협력적인 리더십이 가져온 승리였다. 링컨의 리더십이 높은 평가를 받는 것에는 전쟁을 승리로 이끌어 연방을 수호하고 노예를 해방시킨 것 이상의 이유가 있다. 그는 다른 사람에게 영향을 주어 진심으로 따르고 존경하게 만드는 리더십을 보여주고 있다.[22]

링컨은 아무리 어렵고 불리해도 정직을 포기하기 않았다. 링컨은 정직하지 않은 지도자에게는 사람이 따르지 않는다는 것을 알고 있었다. 더불어 사람들은 적의와 복수보다 관용과 용서를 더 좋아한다는 것을 알고 있었다. 그리고 링컨은 이를 정치에서뿐 아니라 모든 인간

---

20 Hertz, Lincoln Talks, 211-222; 김형곤, "링컨 대통령의 리더십의 실체", 『미국사연구』, 제25집, 2007, 233면.

21 Sandburg, Abraham Lincoln, 237.

22 김형곤, "링컨 대통령의 리더십의 실체", 「미국사연구」(제25집), 2008, 23면.

관계에서 실천했다. 이와 더불어 링컨은 리더십의 근본원리인 명확한 목표와 비전을 제시하였으며 이를 열린 자세로 다른 사람들과 협력하여 달성했고 그 결과를 공유하고자 했다. 지도자로서 링컨은 특히, 학연, 지연, 혈연 등 많은 면에서 불리한 점이 있었다. 그는 '정직이 최고의 정책이다'라고 말했다. 링컨은 정직하지 않은 리더를 따르는 사람은 없다는 것을 알고 있었다. 링컨은 인간본성에 대한 이해를 통해 정치와 생활을 실천했다. 그는 모든 사람들은 비난보다 칭찬을 더 좋아한다는 것을 알고 이를 실천했다. 그는 모든 사람들은 강요보다 설득을 더 좋아한다는 것을 알고 실천했다. 그는 복수와 적의보다 관용과 용서를 더 좋아한다는 것을 알고 실천했다. 링컨의 리더십 실체 중 빼놓을 수 없는 것은 달성해야할 명확한 목표와 비전을 가지고 있었고 자신을 따르는 사람들과 이를 공유했다는 점이다. 이는 위대한 리더들의 공통적 특성이기도 하다. 연방수호는 독립선언서와 연방헌법이 보장하는 절대절명의 지상과제였다. 이 유산을 위해 링컨은 전쟁까지 불사하지 않을 수 없었다. 나아가 링컨은 모든 인간은 자유롭고 평등한 존재임을 다시 확인하고 노예해방을 또 다른 목표로 설정했다. 연방수호와 노예해방이라는 목표를 달성한 후 링컨은 용서를 통해 통합된 새로운 민주국가를 비전으로 제시했다.

링컨 리더십의 실체에서 가장 빛나는 점은 그가 개방적인 협력을 이루어갔다는 점이다. 대통령에 취임하자마자 링컨은 백악관을 개방했다. 그의 개방적 협력은 인사스타일에서 가장 잘 볼 수 있는데, 이전의 적, 현재의 적, 상대 당의 사람이라도 링컨에게는 아무 문제가 되지 않았다. 링컨의 인사 기준은 그 사람의 능력과 국가에 대한 헌신이었다. 링컨은 개방적 협력을 이루기 위해 백악관에서 나와 사람들이 있는 현장을 찾아 갔다. 그는 역대 대통령 중 재임기간 현장에서 가장 많은 시간을 보낸 대통령이었다. 링컨은 그가 맞이한 위기의 비극적 차원을 감지하면서도 그는 이 무시무시한 전쟁으로 인하여 몰가치적으로 사

라질 수도 있는 선의의 인간본성을 결코 잃지 않았다. 그는 인간본성
에 대한 이해를 바탕으로 열정이라는 도구를 가지고 미국 역사상 가장
어려운 시기를 극복했다. 링컨 리더십은 권력과 카리스마와 돈이 동반
된 화려한 것이 아니었다. 그의 리더십은 인간의 본성을 자극하여 궁
극적으로 승리하게 만드는 진실한 것이었다. 링컨의 리더십은 자유와
평등, 정직, 칭찬, 설득, 관용, 협력, 그리고 목표에 대한 열정의 혼합이
었다.[23]

3. 아이젠하워(Dwight D. Eisenhower) 대통령의 정치적 리더십

아이젠하워 대통령은 세계 2차 대전 당시 노르망디 상륙작전의 커
다란 승리로 나치 독일의 멸망을 이끌어낸 아이젠하워는 대통령이 되
기 전 이미 위대한 영웅이었다. 때문에 그는 영웅이기에 가능한 정치
스타일을 펼쳐 나갈 수 있었다. 정치에는 관심이 없는 듯 했지만 사실
은 여러 정책을 자신이 주도적으로 실시하며 공로는 부하직원들에게
돌리는 소위 '막후정치(hidden-hand presidency)'가 그것이다. 이런 이유로 그
의 재임시절 만들어진 정책들은 그가 만든 것이 아니라 덜레스 국무장
관이나 애덤스 비서실장의 작품인 것으로 알려져 왔다. 의사소통능력
보다는 국민적인 인기가 더 크게 작용했고 약한 정치력도 인기로 만회
했다. 그러나 군출신 특유의 조직능력이나 명확한 분석력은 높은 평가
를 받는다.[24]

아이젠하워 대통령은 초당적 합의와 국제적 리더십을 발휘하여 자
유진영을 통합하여 미국적 세계관을 전파하였다. 그는 1953년의 취임

---

23 김형곤, "링컨 대통령의 리더십의 실체", 「미국사연구」(제25집), 2007, 92면.
24 Fred I. Greenstein, The Presidential Difference: Leadership Style from Roosevelt to Clinton (New York: Free Press, 2000), 8.

연설에서 세계를 "유사 이래 보기 드물 정도로 선과 악이 혼재되고 무
장되었으며 적대감으로 대치되고 있다"고 묘사하며 "미래가 자유세계
에 소속될 것이라는 믿음"을 전세계 앞에서 선언하였다. 그는 "미국은
힘과 책임에서 성장하여 왔다. 미국은 인류역사에서 정점에 달하는 전
쟁과 좌절을 극복하였다"는 자심감과 함께 이제 "전세계의 평화를 지
키기 위해서 노력"한다고 밝혔다. 그리고 공개적으로 "제국주의와 세계
적 리더십(world leadership)은 다른 것"이라고 표명하였다.[25] 미국사에서
1950년대는 대내적으로 '번영과 보수의 시기'이자 '국민적 합의의 시기'
로 규정되고 있다. 그런가 하면, 대외적으로 미국의 1950년대는 냉전적
질서의 고착화가 진행되면서 '반공 국제주의,' '냉전적 국제주의,' 또는
'반공과 반혁명의 세계화'가 진행된 시기로 이해되고 있다. 이러한 1950
년대의 시대적 조류의 중심에 아이젠하워(Dwight D. Eisenhower) 대통령이
있었다. 1952년 대통령 선거[26]에서 공화당은 20년 만에 민주당에 승리
하였다. 그러나 사실, 이는 공화당의 승리라기보다 제2차 세계대전의
영웅인 아이젠하워의 '개인적 승리'라고 간주되고 있다. 그 이유는 그
가 지역, 계층, 그리고 종교를 초월하여 다양한 사회 집단들로부터 고
르게 표를 얻었던 데 있다. 대통령직에 취임한 후 8년 동안 아이젠하워
는 보수적인 공화당 노선과 진보적인 민주당 노선 사이에서 중간적 위
치를 점하고 중도적 합의노선을 지향하면서 대내·대외정책을 수행해
나아갔다.[27]

　　1950년대, 즉 아이젠하워 집권 시기에 이미 등장한 평가들은 주로

---

25 김혁, "대외 정책에서의 대통령 정책의제설정에 대한 연구: 연두교서에서
　　표출된 미 대통령의 대외정책 의제설정 양태를 중심으로", 「세계지역연구
　　논총」(제25권 제1호), 2007, 44면.
26 1952년 미국 대통령 선거에 관해서는 김남균, "1952년 미국 대통령 선거와
　　한국전쟁", 「미국사연구」(제20집), 2004, 141-165면을 참조.
27 권오신, "아이젠하워 대외정책의 기조: '뉴룩(New Look)' 정책과 '아이젠하
　　워 독트린'", 「미국사연구」(제21집), 2005, 24면.

아이젠하워라는 인물과 그 행정부의 성과들을 찬양·숭배하는 경향이
있다.[28] 이러한 경향에서 벗어나 최초로 비판적 성향을 띤 연구결과를
제시한 이들로는 윌리엄 섀넌(William V. Shannon)과 마퀴스 칠드스(Marquis
Childs)를 들 수 있다.[29] 그들의 논지는 비판적·부정적이다. 그들은 아이
젠하워가 특별한 업적 없이 8년의 임기를 채웠다고 평가하였다. 다만
아이젠하워가 미국의 요구를 일정정도 성취시키는 인물이라는 점은
긍정하였으나, 그러한 부정적 평가는 그 후 10여 년 동안 크게 변하지
않았다. 1960년대에 들어와 아이젠하워 행정부에서 근무했거나 관련
있는 인물들이 책을 내기도 했고, 아이젠하워 자신도 세 권의 책을 출
판하였다.[30] 그러나 1960년대에는 민주당 집권기로서 1950년대와는 다
른 경향을 볼 수 있다. 이 시기에는 공화당 지배에 대해 나름대로 비판
적 견해로 접근하는 경향이 우세했다. 민주당계의 비판적 시각에 따르
면, 아이젠하워의 경우 1961년에 "군산복합체"의 해악에 관해서 언급한
유명한 용어 이외는 특별히 그와 관련한 두드러진 정치적 용어를 기억
해 내기 쉽지 않다는 것이다. 연설의 경우에도 주목할 만한 것이 없었
다. 그런 점과 관련하여 아이젠하워가 백악관을 떠나고 정권이 바뀌어
케네디가 계승했을 때 특히 대외관계 분야와 관련해서 많은 비판이 쏟
아져 나왔다. 물론 '뉴룩(New Look),' 대량보복(massive retaliation), 미사일 격차

---

28 John Gunther's 1952 campaign biography, Eisenhower: The Man and the Symbol(New
   York: Harper and Brothers, 1952); Merlo J. Pusey, Eisenhower the President (New
   York: Macmillan, 1956); Merriman Smith, Meet Mr. Eisenhower (New York: Harper
   and Brothers, 1954); and Marty Snyder, My Friend Ike (New York: F. Fell, 1956).
29 William V. Shannon, "Eisenhower as President: A Critical Appraisal of the Record,"
   Commentary 26 (November 1958); Marquis Childs, Eisenhower: Captive Hero (New
   York: Harcourt Brace, 1958).
30 아이젠하워는 퇴임 후 다음과 같은 세 권의 회고록을 출판하였다. The
   White House Years: Mandate for Change, 1953-1956 (Garden City, N.Y.: Doubleday,
   1963); Waging Peace, 1956-1963 (Garden City, N.Y.: Doubleday, 1965); At Ease,
   Stories I Tell to Friends (Garden City, N.Y.: Doubleday, 1967).

(Missile Gap), 국무장관 존 포스터 덜레스(John Foster Dulles)에 대한 평가 등과 관련된 비판적 시각이 강했고, 그 후에도 그런 주제와 관련된 연구결과 들이 지속적으로 제시되었다. 대표적으로 1967년에 머레이 켐프턴(Murray Kempton)은 아이젠하워를 드러내지 않는 행동주의자이며, 마키아벨리적 성향을 가지고 있으면서도 그것을 잘 포장한 정치인이라는 긍정적 평가를 내렸다.[31] 개리 윌스(Garry Wills)는 아이젠하워를 "여러 사안들을 쉽게 보이게 만드는 것에 직업적 본능을 갖고 있는" 정치가로까지 평가하기도 했다.[32] 그러나 다음 해에 리처드 로즈(Richard Rhodes)가 주장한 것과 같이 "아이젠하워를 위대한 사람으로 이해하는 사람은 아무도 없다"[33]거나 "아이젠하워는 외교분야에 큰 업적이 없다"라 주장에 대해서 비판하는 글들이 이미 1960년대 말 이래로 많이 등장했다. 우선은 "아이젠하워 재평가(Eisenhower Revisionism, '아이젠하워 수정주의')"가[34] 시도되었으며, 그들은 아이젠하워가 "지적이지 못하고, 계산적이지 못하며, 행정부를 운영하는 데 소극적"이라는 평가를 공박하였다. 그러나 1972년에 역사가 허버트 파메트(Herbert S. Parmet)가 최초로 수정주의적 입장에서 아이젠하워에 대한 학문적 재평가를 내렸다.[35] 파메트도 켐프턴류의 해

---

31 Murray Kempton, "The Underestimation of Dwight D. Eisenhower," Esquire 68 (September 1967), 108-109, 156.

32 Garry Wills, Nixon Agonistes: The Crisis of the Self-Made Man (Boston: Houghton Mifflin, 1969), 131.

33 Richard Rhodes, "Ike: An Artist in Iron," Harper's 241 (July 1970), 72.

34 박인숙, "미국역사가들과 '아이젠하워 수정주의(Eisenhower Revisionism)'", 「대구사학」(제77집), 2004, 박인숙에 의하면, 수정주의는 두 가지 방향으로 포커스를 잡았다고 한다. 즉, 하나는 아이젠하워의 정치가 또는 대통령으로서의 리더십과 자질을 새로이 발견하거나 긍정적으로 평가하려는 측면이며, 다른 하나는 아이젠하워의 정책적 성공, 특히 아이젠하워 대외정책이 가진 평화주의적 성격을 부각시키는 것이라고 하였다.

35 Herbert S. Parmet, Eisenhower and the American Crusades (New York: Ma cmillan, 1972).

석을 일정부분 수용하기는 했지만, 아이젠하워가 마키아벨리적 성향을
띠었다는 부분을 부인하고 그런 측면보다는 아이젠하워를 '합의를 도
출하는 인물'로 형상화시켰다. 아이젠하워와 덜레스에 대하여 파메트
를 포함하여 긍정적 평가를 내리는 또 다른 인물들은 그럴만한 이유를
제시하였다. 즉, 미국이 가장 강력한 지위를 누리는 국가로 부상하는
것이 1950년대라는 사실을 부각시킨 것이다. 심한 인플레이션 없이
GNP가 크게 뛰었고, 서유럽 경제도 역시 지속적으로 확장·번창하였다.
북대서양조약기구(North Atlantic Treaty Organization: NATO) 관련사항도 무리 없이
진행되었고, 중동 오일산업도 손상되지 않았다. 태평양 지역의 미 해
군, 공군 기지들도 안전하게 유지되었다. 심지어는 민주당이 제시했던
군사비용의 2/3만 소비하면서도 1961년까지 소련에 비해 월등한 군사력
을 보유했다는 사실 등을 들었다.[36]

그 후에도 로브리, 에밋 휴즈(Emmet L. Hughes), 아서 슐레진저 2세(Arthur
Schlesinger, Jr.) 등은 아이젠하워에 대한 기존의 긍정적 평가를 반복하였
다.[37] 피터 리온(Peter Lyon)[38]은 아이젠하워를 정치적으로 빈틈없는 지도
자라고 보았다. 이미 1970년대 초에 바튼 번스타인(Barton J. Bernstein)이나
블랑시 쿡(Blanche Wiesen Cook)과 같은 진보적인 역사가들이 제시한 바 있
는 것이었지만, 그는 아이젠하워의 외교정책이 기본적으로 '억제적'이
었다는 점에 대해서 의견을 달리했다. 1980년대에 접어들어 아이젠하
워가 대외정책을 시행하는데 있어 적극적인 태도를 취해 왔다는 평가
들이 계속 등장하였다. 1981년에 로버트 디바인(Robert A. Divine)은 아이젠
하워가 외교정책을 운영하는데 중심에 서있었다는 견해를 폈다. 비록

---

36 Stephen E. Ambrose and Douglas G. Brinkley, Rise to Globalism: American Foreign
   Policy since 1938 (New York: Penguin Books, 1997), p.127-150.
37 Emmet J. Hughes, The Living Presidency: The Resources and Dilemmas of the
   American Presidential Office (New York: Coward, McCann, and Geohegan, 1972);
   Arthur M. Schlesinger, Jr., The Imperial Presidency (Boston: Houghton Mifflin, 1973).
38 Peter Lyon, Eisenhower: Portrait of the Hero (Boston: Little, Brown, 1974).

아이젠하워의 외교정책의 성취도는 높지 않았지만, 질책보다는 칭찬받을 만한 점이 많았다는 주장을 펼쳤다.[39] 80년대 초에 디바인의 책이 출판된 이후 아이젠하워 재평가는 지속적으로 시도되었다. 켐프턴류의 평가는 프레드 그린스타인(Fred I. Greenstein)에게 계승되었고, 파메트식의 해석은 로버트 그리피스(Robert Griffith)에게로, 그리고 디바인식 논조는 다시 조지 헤링(George C. Herring)과 리차드 임머만(Richard H. Immerman)에게로 연결되었다.[40]

1980년대에 걸쳐 지속적으로 핵전략, 군비축소 제안, 대외 경제정책, 국가안전보장 위원회 조직, 과테말라에서의 CIA 사용 문제 등과 같은 대외관계 문제에서 아이젠하워가 어떤 리더십을 보였는가 하는 주제들이 심층적으로 연구되었다.[41] 아이젠하워 재해석 문제는 1990년에 가장 큰 전환점을 맞았다. 아이젠하워 국제 심포지엄(Eisenhower International Symposi um)에서 참가자들은 대체로 아이젠하워를 '활동적 대통령이론(the activist-pr esident theory)'에 입각하여 보려는 시각에 대해 공감하는 분위기였다. 아이젠하워는 대외문제 처리에 있어 여러 가지 정책 선택에 정통해 있었으며, 각각의 선택 사항들의 효과를 면밀히 검토한 것으로 파악된다. 또한 그는 많은 관련분야 전문가들로부터 다양한 의견을 수렴하였지만 최종 선택을 내림에 있어서는 주저하지 않았던 것으로 보인다. 결국 대외정책 결정에서 주도권을 확실히 실행했던 인물로 평가된다.[42]

---

39 Robert A. Divine, Eisenhower and the Cold War (New York: Oxford University Press, 1981), p.154.

40 Fred I. Greenstein, The Hidden-Hand Presidency: Eisenhower as Leader (New York: Basic Books, 1982); Robert Griffith, "Dwight D. Eisenhower and the Corporate Commonwealth," American Historical Review 87 (February 1982); George C. Herring and Richard H. Immerman, "Eisenhower, Dulles, and Dien bien Phu: 'The Day We Didn't Go to War Revisited'," Journal of American History 71 (September 1984).

41 Richard A. Melanson and David Mayers, ed., Reevaluating Eisenhower: American Foreign Policy in the Fifties (Urbana: University of Illinois Press, 1989).

그리피스(Robert Griffith)의 표현을 빌리자면, 아이젠하워의 정치논리의 핵심은 '통합된 연방(corporate commonwealth)'이라고 불리던 보수적 사회인식에 있었다. 그러므로 결국 '국제통합연방(international corporate commonwealth)'이라는 용어 역시 국내 문제에 대한 아이젠하워의 인식과 불가분의 관련성을 가지고 있었다. 그리피스는 아이젠하워를 20세기의 변화된 미국인들의 생활과 사고가 가져온 조직적인 산물이며 선택이었다고 주장한다. 즉, 트루먼 행정부 말기의 국민적 불만으로부터 벗어나려는 아이젠하워는 산업화, 대량생산과 분배, 복합적이고 상호의존적인 사회체제의 성장 등을 통해 사회 갈등을 근본적으로 치유할 방도를 찾으려고 노력하였다.[43] 물론 아이젠하워는 민주당 일각에서 비판이 제기되고 있음을 알면서도 복지국가 개념에는 회의적이었다.[44] 다만 아이젠하워는 미국의 다양한 경제적 이익을 수렴할 수 있는 적극적 협력을 주장했다. 그런 이유에서 그는 상호 협력적이고 자율적인 사회를 건설하기 위해 '중도노선'이 필요하다고 생각했고, 이것은 줄곧 그의 신념으로 작용하였다.[45] 아이젠하워가 집권한 1950년대 미국 사회는 전후 특수의 극대화된 효과로 인해 '번영과 풍요의 시대'를 구가하고 있었다. 따라서 국민들은 자국이 세계에서 가장 위대한 나라이며, 그 잠재력은 무한하다는 믿음 속에 살면서 현상유지에 집착하고 있었다. 다만 대외적으로 전개되고 있는 냉전에 대해 어떻게 대응해야 하는가 하는 숙제가 남았다. 결국 반공문제에 관한 한 하나가 될 필요성이 제

---

42 권오신, "아이젠하워 대외정책의 기조: '뉴룩(New Look)' 정책과 '아이젠하워 독트린'", 「미국사연구」(제21집), 2005, 148면.

43 Robert Griffith, "Dwight D. Eisenhower and the Corporate Commonwealth," American Historical Review 87 (February 1982), pp.87-122.

44 James T. Patterson, Grand Expectations: The United States, 1945-1974 (New York: Oxford University Press, 1996), pp.270-272.

45 Fred Greenstein, The Hidden-Hand Presidency: Eisenhower as Leader (New York: Basic Books, 1982), pp.68-69.

기되었고, 그 결과 '합의의 분위기(consensus mood)'가 팽배해 있었다. 이러한 시대적 상황에서 대통령이 된 아이젠하워의 신념체계도 기본적으로 그런 노선을 추구하게 된 것이다. 그런 측면에서 아이젠하워가 생각한 중도의 길이란 정치적 중립을 말하는 것이다. 즉 자본과 노동 사이, 뉴딜 진보주의와 보수파 사이에서의 중립을 말한다. 또한 리더십 스타일 역시 중립을 표방하는 것이다. 한마디로 그는 공화당 노선과 진보적인 민주당 노선 사이에서 중간 위치를 차지하려고 했다는 것이다. 그 자신도 그와 같은 타협을 '현대적 공화주의(modern Republicanism)'라고 불렀고, 그것은 곧 자유방임주의에 정부간섭주의를 적절히 배합한 중도적인 정치노선이었다.

중도 노선의 지향과 함께 아이젠하워가 생각한 '바람직한 사회'는 정부가 사회적 조화를 이끌어나가고 다수의 이익을 고양하는 사회이고, 자율적이고 협력적인 활동이 시민의식 속에 융합되어 개인의 이익과 공공의 이익이 공존하는 사회였다. 아이젠하워가 중요하게 생각했던 사회적 조화, 자기 훈련, 제한 정부, 그리고 극단적인 정파지향성 타파 시도 등은 그의 리더십 스타일에도 녹아있다고 보인다. 이러한 내용들이 결국 합의도출을 위한 기제로 사용되었다. 아이젠하워의 이와 같은 국내문제 인식은 자연스럽게 대외문제로 옮겨가게 되었다. 아이젠하워는 대외정책과 관련하여 미국의 '도덕적 책무'를 강조하였다. 즉 국제 공산주의의 위협으로부터 자유진영을 보호하고, 자유세계의 경제적·정치적·윤리적 결합을 강화하여, 혼란한 국제질서로부터 미국의 정치적·경제적 제도를 보호하기 위해 사용하는 힘은 미국의 도덕적 책무에 의거하여야 한다고 믿었다. 그러나 대외관계에서 힘을 사용하는 데에는 국내적 합의가 필수적인 것이라 여겼는데 이것은 1930년대의 미국 대외정책이 보여준 실패를 다시 범하지 않기 위한 것이었다. 그런 측면에서 대외정책에 대한 국내적 초당적 합의가 절대적으로 필요하다는 생각이 강조되었다.[46] 넓은 의미로 본다면 냉전기에 미국은 세계

적 판도의 국제정치에 늘 간여할 태세를 갖추었고, 실제로 동·서양 도
처에서 침략적 공산세력을 막는다는 명분과 이념 아래 정치적·군사적
개입을 단행했다. 공산주의를 제재하고자 필사의 대결을 불사했던 미
국의 '봉쇄정책'은 지구상의 모든 곳에서의 안전과 번영이 미국자체의
안정과 번영에 중요하다는 기본 원칙에 기초한 세계주의(globalism) 또는
국제주의(internationalism)라고 일컬어지는 '개입주의적' 외교정책을 전개하
였다.[47] 미국은 자국의 경제적·안보적 이해가 걸려있다고 판단되면 언
제든지 경제원조와 군사개입을 통해서 일방적으로 영향력을 행사하였
다. 그런 이유로 인해 미국의 개입주의는 미·소 대결 구도 속에서 부동
의 관행으로 자리 잡았다. 이러한 경향은 아이젠하워의 신념체계에도
적용되었으며, 외교정책 운영에서 약간씩 수정된 용어들을 사용하면서
그 노선을 진행시켰다. 한반도에서의 미국 대외정책의 실패와 1950년
대 초반의 극단적인 정치적 분위기를 경험했던 아이젠하워는 끊임없
이 국제주의적 합의의 필요성을 제기했고, 이와 같은 정신은 그 자신의
정치논리로 이어져 리더십 발휘와 실제 정책 입안에서도 중요한 요소
로 기능했다.

　아이젠하워의 보편적 관점이 이와 같았다면 그것을 실행하는 과정
에서 그의 리더십 문제는 어떻게 나타났는가? 1960년대 초 민주당 일각
에서는 아이젠하워의 무능함에 대해 비판을 가해왔는데, 특히 월트 로
스토우(Walt Rostow)는 "아이젠하워는 자신을 대통령으로 선출시켜준 정책
인 초당적인 국제주의적 협력에 대해 무감각했고, 행정 관료들의 새로
운 문제제기에 기민하게 대응하지 못했으며 실제로 참모들이 압박할
때까지 대통령으로서의 역할을 제대로 수행하지 못했다"고 비판했다.
또한 아이젠하워는 "군사문제와 대외정책의 지지를 위해서는 의회 내

---

46 Richard A. Melanson and David Mayers, ed., Reevaluating Eisenhower: American
　　Foreign Policy in the Fifties (Urbana: University of Illinois Press, 1989), pp.42-44.
47 최영보 외 공저, 『미국현대외교사』, 비봉출판사, 1998, 27면.

의 논의를 통해 표출되는 갈등이 필수적이라는 것조차 이해하려들지 않았다"고 주장했다.[48] 그러므로 로스토우는 아이젠하워의 그와 같은 태도는 자신이 구상한 목적이나 관점들에 대한 협의와 토론을 통해 실제적 합의를 도출해내는 데 질곡으로 작용했다고 비판하였다. 그에 반해 그린스타인(Fred I. Greenstein)은 아이젠하워의 리더십은 매우 교묘하고, 세련되며, 아주 효과적으로 정치적이면서도 조직적인 전략에 입각해 있어서 그가 실제로 위력적인 모습을 보이지 않고서도 자신의 힘을 발휘할 수 있었다고 분석했다. 그의 리더십에는 숨겨진(hidden-hand) 리더십, 적절한 언어사용, 공공연하게 자신을 들어내지 않는 성격, 권력분점 노력, 다양한 사회 정치적 분야를 포괄하는 대중적 지지의 구축 등이 포함되어 있다고 반박했다.[49] 결국 이러한 모든 요소들이 결합되어 그의 독특한 리더십을 발휘했다고 그린스타인은 분석했다. 로스토우와 그린스타인의 아이젠하워 리더십에 대한 분석은 상반되는 측면이 있지만 적어도 이들은 아이젠하워의 리더십이 광범위한 대중적 지지에 의존하고 있었다는 점에 대해서는 의견을 같이했다.[50] 물론 로스토우류의 정통주의적 해석은 아이젠하워의 리더십이 시대의 변화에 민첩하게 대응하지 못한 측면을 강조하는 반면, 그린스타인류의 수정주의자들은 아이젠하워가 적극적으로 정책에 대응해 왔음을 강조한다. 요컨대 1950·60년대의 정통주의적 해석이나 1980년대의 수정주의적 재해석 모두

---

[48] Walt W. Rostow, The United States in the World Arena: An Essay in Recent History (New York: Harper and Brothers, 1960), pp.392-395.

[49] Fred I. Greenstein, The Hidden-Hand Presidency: Eisenhower as Leader (New York: Basic Books, 1982), pp.57-58.

[50] 아이젠하워가 훌륭한 대통령으로서의 입지를 갖고, 당시 대부분의 미국인들이 그에게 열정을 느끼게 만드는 데에는 몇 가지 이유가 있었다고 설명한다. 첫째, 의사결정을 이루는데 있어서의 신중함. 둘째, 외교·국방정책과 관련된 지식분야에 대한 명백한 자기 확신. 그리고 세 번째로 공익사업에 대한 진솔한 공약 등이었다고 한다. Patterson, Grand Expectations, pp.248-249.

아이젠하워의 리더십 기저에 있는 합의정신에 대해서는 일치된 입장을 보이고 있다. 아이젠하워 대통령의 리더십의 핵심은 '합의정신'에 있었다는 것이다.

합의되고 조화롭게 통합된 자유세계의 성장에 대한 아이젠하워의 야망은 그의 대외정책의 주요한 외연을 설명하는데 도움을 준다. 아이젠하워의 기본적 배경이나 경험, 그리고 개인적 성향은 국제공산주의에 대항하는 서구동맹(the Western Alliance)의 필요성을 제기하는 방향으로 나아갔다. 한편으로 아이젠하워는 여론을 매우 의식했던 후임 대통령들과 달리 자신의 가치나 정책이 실제로 다수의 미국인들의 입장을 반영하는 것이라고 확신하고 있었다. 다른 한편에서도 의회 활동이나 정부 관료의 경험이 있었던 후임 대통령들과 달리 아이젠하워는 개인적으로 군대라는 특수한 공간에서 경험을 많이 쌓았고 그 과정에서 서방 지도자들과 잦은 회합을 가질 기회가 있었던 관계로 나름대로 대외관계 문제에 대해 자신감을 가지고 접근할 수 있었던 것이다. 아이젠하워는 대외문제와 관련된 분야에서는 '준비된 대통령'이었던 셈이다.[51] 국민적 합의의 분위기가 팽배해 있던 1950년대 미국 대통령으로 재임했던 아이젠하워는 국내적 성향과 보조를 맞추어 '중도의 길'이라고 일컬어지는 정치적 중립노선을 표방하고 지향하였다. 그것은 자본과 노동 사이, 뉴딜 진보주의와 보수파 사이에서의 중립을 말한다. 이러한 기본적 성향으로 아이젠하워는 사회적 조화, 자기 훈련, 제한적인 정부의 역할 등을 강조하였으며, 그런 내용들을 합의도출을 위한 기제로 사용해왔다. 물론 그러한 신념체계는 그의 대내·대외 정책에 그대로 투영되었다. 대외정책과 관련시켜 보았을 때 그는 '도덕적 책무'를 강조하였다. 당시 시대적 국제환경 속에서 이것은 곧 국제공산주의 위협으

---

51 Michael Wala, "An 'Education in Foreign Affairs for the Future President': The Council on Foreign Relations and Dwight D. Eisenhower," in Reexamining the Eisenhower Presidency, ed. Warshaw, pp.1-15.

로부터 자유세계를 방어한다는 개념이다. 수세적 방어 개념을 공세적
방어 개념으로 전환시킨 것도 이러한 시대적 요구에 부응한 것이다.[52]

4. 루즈벨트(Franklin D. Roosevelt) 대통령의 정치적 리더십

가. 리더십의 특징: 소극적 긍정형의 해밀턴 모형

루즈벨트는 적극적 긍정형의 지도자로서 매우 의욕적이고 추진
력 강한 대통령 중의 한 명이었다. 그러면서도 초당적인 리더십을
발휘하여 국내정치를 안정시켜 단합된 힘으로 국내외의 위기를 적
극적으로 돌파하였다.

1) 대내외적 위기: 대공황, 제2차 세계대전

프랭클린 루즈벨트(Franklin D. Roosevelt)는 일반적으로 알려진 바와 같이
20세기의 두 가지 큰 위기-대공황, 2차 세계대전-를 극복한 대통령이
었다. 그는 강한 리더십을 바탕으로 대공황 동안 강한 미국을 만들어
낸 "협동적 공동체(cooperative commonwealth)"를 창조해 냈으며, 전쟁동안 연
합국의 협력과 미국의 주도로 새로운 국제질서를 창조해 냈다.[53]

프레드 그린슈타인의 분석에 따르면 루스벨트는 웅변과 정치적 기
술, 그리고 그 누구도 따라가지 못할 낙관과 자신감을 불어넣는 능력
면에서 탁월했다. 프랭클린은 단순히 최고의 정치가일 뿐만 아니라,
"원칙중심의 리더십(principle-centered leadership)"[54]을 발휘하여 세계의 역사를

---

52 권오신, "아이젠하워 대외정책의 기조: '뉴룩(New Look)' 정책과 '아이젠하
    워 독트린'", 「미국사연구」(제21집), 2005, 28면.

53 George McJimsey and Homer E. Socolofsky, The Presidency of Franklin D. Roosevelt
    (Kansas: University of Kansas Press, 2000), 8.

54 원칙 중심의 리더십의 발휘는 국민이 지도자를 믿고 또 그가 성취하고

바꾼 대통령이다. 또한 그는 탁월한 기억력을 바탕으로 통찰력과 인식 능력도 좋은 점수를 받을 만하다. 감성적으로 루스벨트는 복잡한 사람 이었다. 어떤 경우에는 솔직했지만 그렇지 않기도 했고 간접적인 수단 들을 교묘하게 잘 활용했다.[55] 또한 루스벨트는 뛰어난 의사소통능력 을 가져서 의회와 국민들을 설득하여 정부의 정책을 성공적으로 이끌 어내서, 경제를 회복하고 도약의 전기를 마련하였고, 국민들에게는 정 치적 신뢰를 심어줬다. 조직력에 있어서도 백악관에 고위 보좌진들로 구성된 조직을 처음 만들었으며 재무성 내의 일개 부서였던 예산청을 비서실로 끌어들여 연방정부의 중심역할을 하도록 만드는 등 능력을 발휘했다.[56] 1941년 루즈벨트는 2차 대전에 참전하면서 고립주의적 정 책으로부터 세계에 대한 개입의 정책으로의 변화를 표명하였다.[57] 그 동안 각종 여론조사와 다양한 연구를 통해 프랭클린은 41명의 역대 미 국 대통령 중 링컨, 워싱턴과 더불어 "위대한 대통령", "최고로 성공한 대통령"의 반열에 오르고 있다. 1948년 라이프(Life)는 슐레진저(A. M. Schlesinger, Sr.)가 주도하여 대부분 역사가로 구성된 55명의 학자들이 행한 역대 대통령에 대한 평가에서 프랭클린이 거의 만장일치로 "위대한 대 통령"으로 평가받았다고 밝혔다.[58] 미국 전역에서 활동 중인 719명의

자 하는 목표에 따라 행동하도록 하는 것을 의미한다. 그것은 결코 맹신 이나 맹종에 의한 것이 아니며 로봇처럼 시키는 대로하는 것도 아니다. 그것은 속박 받지 않는 스스로의 선택의 결과이다. Stephen R. Covey, Principle-Centered Leadership (1997), 김경섭·박창규 옮김, 『원칙 중심의 리더 십』, 김영사, 2001, 152-155면.

55 프레드 그린슈타인, 김기휘 역, 『위대한 대통령은 무엇이 다른가』, 위즈덤 하우스, 2000, 323면.

56 김형곤, "프랭클린 루즈벨트 대통령의 지도력 형성 배경과 본질", 「미국사 연구」(제15집), 2002, 101-102면.

57 김혁, "대외 정책에서의 대통령 정책의제설정에 대한 연구: 연두교서에 서 표출된 미 대통령의 대외정책 의제설정 양태를 중심으로", 「세계지역 연구논총」(제25권 제1호), 2007, 132면.

역사가와 정치학자들을 대상으로 행한 조사에서 그는 "20세기의 가장 위대한 대통령"으로 평가를 받아 역대 미국 대통령 중 링컨에 이어 2위를 차지하고 있다. 특히 그의 리더십과 정치력은 타의 추종을 불허하는 단연 1위를 차지하였다.[59]

루즈벨트는 위기 상황에서도 당황하지 않고 강한 의지와 확고한 신념으로 "이루어질 수 있는 것에 혼신을 다한 정치가"[60]였다. 게리 윌스 (Garry Wills)가 지적한 바와 같이 훌륭한 지도자와 실패한 지도자의 구분은 그가 '추종자'와 '목표'를 명확하게 구성하고 있느냐에 달려 있다[61]고 볼 때, 프랭클린은 탁월한 관리능력을 기반으로 나아가야 할 목표를 뚜렷하게 가지고 국민들을 설득하여 그들에게 희망과 용기를 주고 따르도록 만들었다. 그는 성취해야 할 목표를 앞에 두고 적극적으로 국

58 Arthur M. Schlesinger, Sr., "Historians Rate U.S. Presidents", Life (November 1, 1948), 65-74; 그 후 슐레진저는 또 한 번의 연구성과에서도 프랭클린은 "국가 장래를 위해 자신에게 미칠지도 모르는 정치적 위험을 감수하는 용기를 가진 최고의 지도자"로 선정했다. Arthur M. Schlesinger, Sr., "Our Presidents: a Rating by Seventy-five Historians," New York Times Magazine (July 29, 1962), 12-43; 반세기가 흐른 뒤 슐레진저의 아들이 아버지와 같은 방법으로 연구성과를 내놓았다. Arthur M. Schlesinger, Jr., "The Ultimate Approval Rating," New York Times Magazine (December 15, 1996), pp.46-51.

59 William J. Riding, Jr., and Stuart B. McIver, Rating the Presidents: A Ranking of U.S. Leaders, From the Great and Honorable to the Dishonest and Incompetent (1997), 김형곤 옮김, 『위대한 대통령 끔찍한 대통령』, 한·언, 2000, 301-315면.

60 Doris K. Goodwin, "Franklin D. Roosevelt," Time (December 31, 1999), 46-54; 미국의 정치학자 로즈는 "FDR은 '적극적 성취형' 지도자의 표본으로 두 가지의 큰 시대적 상황과 그것을 적극적으로 극복하겠다는 그의 리더십이 결합되어 세계 역사상 보기 드문 성공을 가져 왔다"고 강조하고 있다. Richard Rose, "Evaluating Presidents," George Edwards, III, John Kessel, and Bert Rockman, eds., Researching the Presidency (Pittsburgh: University of Pittsburgh Press, 1993), p.453.

61 Garry Wills, Certain Trumpets: The Nature of Leadership (1995), 곽동훈 옮김, 『시대를 움직인 16인의 리더』, 작가정신, 1999, 8면.

민들에게 다가서 동의를 이끌어 내는 위대한 리더십을 유감없이 발휘하였다. 1932년 대통령 선거가 한창일 때 미국에서는 거의 3년 이상이나 광범위한 불경기가 계속되고 있었다. 미국 역사상 이토록 심각하고 오래도록 모든 분야에 영향을 끼친 침체는 없었다. 그러나 당시 정부는 이런 사태를 구원할 마땅한 처방이나 메커니즘을 가지고 있지 못했다. 대공황이 전세계적으로 영향을 주고 있는 동안 세계 여러 곳에서 민주주의와 자본주의가 쇠퇴하고 있었다. 이런 사태에 대한 해결방안의 선택은 두 가지 극단적인 방법론-파시즘과 공산주의-중에 하나라는 공공연한 선전들이 난무하였다.

1920년대 중반부터 세계경제는 비교적 안정적으로 발전했고, 특히 미국은 괄목할 만한 경제성장을 이룩했지만, 그러한 상황은 그리 오래 가지 못했다. 1929년 이후 세계경제는 예전에 경험한 바 없었던 장기적 침체의 늪에 빠져 버렸다. 이제 19세기적인 개방과 경쟁의 원리로는 더 이상 세계 자본주의를 지탱할 수 없음이 분명해 보였다.[62] 세계는 급기야 5개의 경제 블록, 즉 영국의 파운드 블록, 독일의 마르크 블록, 프랑스의 금 블록, 일본의 엔 블록, 그리고 미국의 달러 블록 등으로 나뉘어졌다. 블록경제는 폐쇄적·자립적·계획적 경제원리에 바탕을 둔 경제체제로서 세계시장을 크게 축소시켰을 뿐만 아니라 의회제도의 후퇴와 전체주의적 정치체제를 불러들였다. 계획경제와 전체주의는 체제의 위기를 극복할 수 있는 대안이라기보다는 체제를 수호하기 위한 비상한 체제였다. 그리고 불행하게도 그 내부에 새로운 전쟁을 잉태하고 있었다. 블록경제들은 결국 서로 충돌하여 2차 대전을 불러왔다.[63]

---

62 Charles S. Maier, The Postwar Eras and the Conditions for Stability in Twentieth-Century Western Europe, American Historical Review 86:2 (April 1981), pp.327-367.

63 김정배, "프랭클린 루즈벨트의 전후구상: 미국 헤게모니의 한계", 「한국미국사학회」(제13권), 2008, 78면.

대공황을 동반한 경제위기와 전체주의라는 민주화의 역물결 속에서도 루즈벨트는 인류의 보편적인 가치 추구에 근접해 있는 민주주의의 본질을 포기하지 않았다. 그는 정부의 개입을 통해 자본과 노동사이의 세력균형을 재정립하고, 인도적 기반 위에서 산업제도를 재편하는 뉴딜 정책을 이끌었다. 이에 굿윈은 "루즈벨트가 1920년대의 고삐 풀린 자유방임주의와 1930년대의 잔인한 독재권력 사이에서 중립적 입장을 견지한 것은 그의 가장 영구한 업적"[64]이라고 주장했다. 민주 정부는 자선행위로서가 아니라 사회적 의무의 문제로서 고통을 당하고 있는 국민을 도울 책임이 있다고 루즈벨트는 믿었으며, 이 같은 신념체계 하에 정부개입정책을 시행했다.

1940년에 미국은 첫 번째 위기인 대공황보다 훨씬 가공할 만한 두 번째 위기에 직면했다. 히틀러의 군대가 폴란드, 벨기에, 룩셈부르크, 프랑스 등을 침공하여 유럽에서 나치의 위협에 홀로 투쟁하는 영국만 남겨두고 세계평화를 와해시켰다. 1918년 이후로 전쟁으로부터 철저히 고립정책을 펴나갔던 미국 정부는 물론 개인 기업들도 무기를 만드는 것과는 거리가 멀었고 그 결과 현대적인 비행기나 탱크, 전함 등은 거의 없었다.

그러나 이러한 불리한 상황에서도 루즈벨트는 민주주의의 활력이 되살아나면 충분히 나치의 위협에 대처할 수 있다고 확신했다. 대공황에 대한 대책이 그러했듯이 정부의 적극적인 행동이 필요하다고 생각하고, 다시 한 번 자유민주주의 체제를 활력으로 넘치게 한다면 분명 경직된 전체주의 체제를 앞설 것이라고 굳게 믿었다. 인류의 보편적 가치에 위배되는 군국주의적 확장과 자유의 말살에 맞서 루즈벨트는 시민의 자유를 증대시키고, 사회복지 프로그램을 확대함으로써 시장경제에 바탕을 둔 자유민주주의 체제를 신봉했다. 이와 관련하여 그린스

---

64 Doris K. Goodwin, "Franklin D. Roosevelt," Time (December 31, 1999), pp. 46-54.

타인(Fred I. Greenstein)은 "만약 프랭클린 루즈벨트가 없었다면 미국은 전체주의 국가의 대열로 밀려들어갔을 것이다. 루즈벨트의 최대 업적은 침략적 파쇼체제를 물리치고 바로 자유민주주의라는 미국 체제의 영속성을 이끈 것이다"라고 할 정도로 루즈벨트의 리더십을 높이 평가하였다.[65]

2) 전국민적 지지와 초당적 협력

루즈벨트는 오늘날의 지도자들이 갖추어야 하는 너무나 당연하고 핵심적인 자질인 원칙중심의 리더십을 소유하여 이를 발휘했다. 그는 뉴딜 정책을 실천하면서 또 2차 대전을 치루면서 이미 이루어진 정책을 일관성 있게 수행해 간 것이 아니라 변화된 상황에 따라 유연성을 가지고 일을 수행했다. 이 때문에 종종 일관성이 결여되었다는 비판을 받기도 했지만, 그것은 국가의 장기적 목표를 위한 실용주의적 타협이었다. 그는 지도자로서의 자질로 무엇보다도 중요한 능력을 가지고 있었는데, 바로 미국과 세계의 미래사회에 대한 명확한 비전이 그것이다. 뉴스타트(R. Neustadt)는 자신의 의견을 대중에게 강제하고 대중을 압도하는 통치 개념의 "완벽한 리더십"[66]이라고 했고, 홉스태더(R. Hofstadter)와 데이비스(K. Davis)는 루즈벨트를 대중의 반응에 따라 움직이는 사람으로 "그는 여론을 따르는 데서 만족감을 느꼈다"고 비판하며 루즈벨트의 리더십을 "대중영합적 리더십"[67]이라고 표현했다. 그러나 루즈벨트의 리더십에는 이들이 주장하는 "완벽한 통치자"나 "대중의 인기에 영합

---

65 Fred I. Greenstein, The Presidential Difference: Leadership Style from Roos evelt to Clinton (New York: Free Press, 2000), 8.

66 Richard E. Neustadt, Presidential Power: The Politics of Leadership from FDR to Carter (New York: Free Press, 1980), pp.118-119.

67 Richard Hofstadt, The American Political Tradition and the Men Who Made It (New York: Vintage Books, 1989), 316-317, pp.343.

한 기회주의자" 그 이상의 무엇이 있다. 그것은 이런 단순함의 차원을 넘어선 것이다. 그의 리더십과 통치에 대한 비판[68]도 다수 있지만, 그는 국민들로 하여금 감동을 받게 하고 스스로 동참하게 하는 능력뿐만 아니라 조화와 통합을 이끌어내는 리더십을 가지고 있었다.

윌스는 루즈벨트의 리더십의 본질을 "루즈벨트는 다른 사람을 이기게 함으로써 스스로 이기는 사람이었다고 평가했다. 위대한 리더십이란 결코 제로섬 게임이 아니며, 지도자가 얻는 것은 추종자들로부터 빼앗은 것이 아니다. 지도자와 추종자는 모두 줌으로써 받는다. 이것이야말로 워싱턴, 링컨, 루즈벨트와 같은 위대한 대중적 지도자들의 미스터리이다"[69]라고 요약했다. 말하자면 루즈벨트는 국민들 위에 군림하거나 강제하지 않고, 오히려 국민들 속으로 들어가 그들과 같이 호흡하고 봉사함으로써 그들을 이끌어갔다. 이것이 루즈벨트의 원칙중심의 리더십이었다. 루즈벨트의 원칙 중심의 리더십에 있어 국민의 마음을 감동시키는 대중적 리더십을 통한 상호간의 밀접한 신뢰감 형성(close rapport)이 가장 핵심적인 사항이었다. 그는 국민들로부터 대중적 지지를 얻기 위해 철저한 노력을 기울였다. 소아마비에 걸린 후 대통령이 되기까지의 그의 정치행로에서, 대통령이 된 후 노변정담(fireside chats)과 기자회견을 통해서, 그리고 그가 설립한 웜 스프링스(Warm Springs)에서의 행동을 통해서, 그는 먼저 국민들의 의견을 듣고, 그 여론에 부응하여 국민들의 고충을 이해하고자 노력하였다.[70]

---

68 수천 명에 달하는 일본계 미국인들로부터 그들의 기본적인 시민권을 박탈한 것으로 전시에 그들을 강제로 이주시킨 일, 또한 히틀러의 유대인 말살 정책을 미연에 막지 못하고, 이에 단호하게 대처하지 못한 일 등에서 그는 비판을 받고 있다.

69 Garry Wills, Certain Trumpets: The Nature of Leadership (1995), 곽동훈 역, 『시대를 움직인 16인의 리더』,작가정신, 1999, 54-56면.

70 James M. Mcpherson, To the Best of My Ability: The American Presidents (New York: A Dorling Kindersley Book, 2000), p.224.

기자회견은 루즈벨트가 국민의 마음에 다가가는 중요한 방법이었다. 그는 첫 번째 기자회견을 통해 미리 제출된 질문지에 따라 대답을 하는 방식의 활기 없는 기자회견은 그만 둘 것이라고 선언했다. 그는 일주일에 두 번씩 기자들을 만날 것이라고 약속했고 대체적으로 이 약속을 지켜 대통령 재임동안 거의 1,000회에 달하는 기자회견을 했다. 기자들 중 80%에서 85%는 그의 정책을 반대한다는 의견을 피력했지만, 루즈벨트는 기자들에 대한 솔직하고 담백한 태도를 통해 신문마다 그에 대한 보도내용이 가득하도록 했을 뿐 아니라, 공정한 보도가 이루어 질 수 있도록 하였다.[71]

루즈벨트가 대중과 소통하는 지도자가 된 데는 기자회견 이상으로 효과를 발휘한 것이 있는데, 바로 그가 난롯가에 앉아 정답게 이야기를 하듯이 편안하게 라디오 방송을 한 노변정담이 그것이다. 대공황과 2차 세계대전의 위기와 혼란 속에서 추구해야할 목표는 분명했다. 그것은 대공황으로 패기와 활력을 잃어버리고 자신감을 상실한 국가에 생기와 용기를 불어넣는 것이었고, 세계 평화를 위협하는 전체주의체제에 대해 자유민주주의의 우수함을 증명해 내는 것이었다. 성취될 수 있는 목표를 향한 자기 자신에 대한 굳은 의지와 미국 국민에 대한 흔들리지 않는 신념이야말로 루즈벨트의 성공에 있어 중요한 요인이었으며 그의 리더십의 또 다른 핵심이었다. 거기에다 루즈벨트의 리더십에는 국민에게 기쁨과 희망과 용기를 주는 능력이 있었다. 그는 목표를 향해 돌진해 가는 자신의 강한 의지로부터 나오는 명랑하고 쾌활한 힘을 다른 사람에게 전달하고, 또 그들이 함께 노력한다면 모든 것이 잘 될 것이라고 믿도록 만드는 비범한 능력을 가지고 있었다.

대공황은 뉴딜만으로 실제로 극복된 것이 아니었지만 뉴딜은 전쟁으로 세계가 완전히 변하기 전까지 국민들을 이끌어 가는 힘이자 희망

---

71 Doris K. Goodwin, "Franklin D. Roosevelt," Time (December 31, 1999), pp.46-54.

이었다. 루즈벨트의 추진력과 국민들의 단합과 뉴딜을 포함한 재건계획 등이 맞물리면서 미국경제는 되살아났다. 전쟁이 발발하기까지 비록 국가 경제는 침체국면을 벗어나지 못했지만 루즈벨트가 추진한 뉴딜은 악화 일로의 경기침체를 중지시키고 미국인에게 경제적 기반을 마련해 주었다. 굿윈은 "미국에 남아있던 절망감이 사라지고 뭔가를 할 수 있다는 움직임과 부산함으로, 그리고 미래에 대한 새로운 확신과 민주주의에 대한 소생하는 희망으로 대치되었다"[72]고 강조하고 있다. 루즈벨트는 희망을 되찾고 있는 국민의 힘을 통합하여 전시경제체제로 변환시켜 수많은 공장을 건설하고, 수많은 사람들이 새 공장 건설에 참여하도록 만들었다. 이는 그가 추구하는 대의인 자유와 민주주의를 전국적으로 확산시켜 국민들이 승리의 희망을 가지도록 한 루즈벨트의 리더십에 힘입은 바 크다.

취임 후 루즈벨트는 뉴딜 정책에 대한 관료들의 반대를 극복하기 위해 수많은 기구들을 만들어 내면서, 국민들의 지지를 확보하기 위한 노변정담을 했다. "우리는 이제 새롭고 복잡한 문제들을 가지게 되었습니다. 따라서 새로운 기관을 만들어 새롭게 책임을 지도록 해야 합니다. 과거의 제도로는 새로운 문제들을 해결할 수 없습니다."[73] 그래서 그는 시대와 현실에 맞지 않으면 과감하게 청산하고 새로운 체계를 찾으려고 노력했다. 물론, 미국의 경기가 뉴딜정책(1933-1939년)의 결과라기보다 유럽에서의 히틀러의 전쟁으로 인하여 대부분 회복되었지만, 그럼에도 뉴딜은 절망 속에 빠져 있는 국민들에게 희망이라는 메시지를 전달해 주었을 뿐만 아니라 국민들이 다시 시작할 수 있다는 용기를 주었다.[74] 아울러 그는 2차대전이 일어나자 자본주의를 활성화하기

---

72 Doris K. Goodwin, "Franklin D. Roosevelt," Time (December 31, 1999), pp.46-54.

73 Radio Address of the President, Outlining the New Deal Program (May 7, 1933), http://newdeal.feri.org/chat/chat02.htm 참조.

74 Doris K. Goodwin, "Franklin D. Roosevelt," Time (December 31, 1999), pp.46-54.

위한 새로운 정책을 내놓았다. 민간기업의 반트러스트법을 완화해주고, 기업들의 투자활동을 도와주는 조치를 취했다. 그 결과 미국의 기업들은 번창했으며, 이는 역사상 최고의 생산성 향상과 전후의 경제번영을 이룩하는 밑바탕이 되었다. 이는 지도자로서의 정책에 대한 유연성을 유감없이 발휘된 결과이다. 당시의 많은 이들이 전체주의적 독재체제에 입각한 통제경제가 문제의 해결책이라고 주장했으나, 루즈벨트는 민주주의에 입각한 자본주의의 힘을 굳게 믿고 있었다.

더불어 미래사회에 대한 명확한 비전의 제시야말로 루즈벨트가 발휘한 리더십 중 또 다른 핵심이다. 전쟁의 양상이 유리해지기 시작한 1944년에 루즈벨트는 이 파괴적인 전쟁을 뒤이을 세계에 대한 구상을 구체적으로 실천해 나갔다. 그것의 근본은 모든 사람들이 스스로를 지배할 수 있는 권한을 가진 세계였다. 이를 위해 그는 아직도 세계의 많은 부분을 차지하고 있는 식민 제국주의의 종말을 예지했다. 1941년 1월 6일, 세상의 모든 사람들의 자결권과 네 가지 본질적인 인간의 자유-언론의 자유, 종교의 자유, 빈곤으로부터의 자유, 공포로부터의 자유-에 대한 그의 요구는 이전에 나온 그 무엇보다도 보다 많은 사람들에게 보다 깊이 인식되어 졌다. 그가 죽은 지 반세기가 지난 오늘 날 루즈벨트의 비전은 아직까지 완성되지 않은 채 "인류의 가장 고귀하고 인간적인 욕구를 위한 수호신"으로 남아 있다.[75] 그러나 우리는 역사상 처음으로 대다수의 세계시민이 자신이 스스로 선택한 정부 속에서 살아가고 있다는 것을 인식할 필요가 있다. 파시즘의 무자비하고 잔인한 침략을 물리치고, 세계평화를 유지하기 위해 루즈벨트는 국제연합(United Nations)을 창조해 냈다. 서로 다른 세계의 돌발 사태를 미연에 방지할 집단안보를 위한 제도의 창설이 절실했던 것이다. 누구보다도 먼저 국제연합을 구상하고 명명

---

[75] Doris K. Goodwin, "Franklin D. Roosevelt," Time (December 31, 1999), pp.46-54.

한 사람은 루즈벨트였다.

　그는 또한 세계은행(World Bank)과 국제통화기금(International Monetary Fund)의 설립을 추진하는 등 국가를 넘어 세계체제의 모델을 제시하였고, 현대를 넘어 미래를 위한 비전을 제시하였다. 의회에 보낸 그의 마지막 메시지에서 그는 "이러한 제도의 창설은 공황과 경제적 번영의 대혼란 속에 다시 휩싸이게 될 수 있는 세계와 상호 신뢰, 협력, 원조를 통해 보다 나은 국가를 위해 노력하는 세계의 차이점을 완화시켜 극복하게 해준다"고 말했다.[76] 그리고 그는 그 일을 미국이 주도하도록 주선을 했다. 이러한 미래사회에 대한 비전을 통해 루즈벨트는 다음을 입증했다고 빌 클린턴은 강조하고 있다. "미국의 자유는 세계의 평화와 연결되어 있다는 것과, 미국의 안전보장은 우리들로 하여금 미국의 범위를 넘어 세계의 민주주의와 인권을 지지하도록 요구한다는 것을 입증했다."[77] 또한 루즈벨트의 미래에 대한 비전은 거의 50년 이상이나 미국의 발전과 번영의 원동력이 된 위대한 미국의 중산계층(middle-class)의 탄생을 이끌었다. 그의 새로운 이상으로부터 국가를 회복시키고 발전시키기 위한 프로그램과 기구들이 만개했다. 은행 개혁, 미국인들에게 다시 일자리를 찾아주기 위한 거대한 공공사업, 농촌 전력화 사업, 그리고 미군 권리장전(G. I. Bill of Rights) 등이 그것이다. 특히, 그가 만들어 놓은 미군 권리장전에 따라 제대군인들은 대학에 입학하여 공부할 수 있었다. 이 법은 모든 세대에게 위로 올라갈 수 있는 유동성의 문을 개방한 획기적인 입법조치 중 하나였다. 이로 인해 클린턴의 말처럼 "하나의 사회적 혁명"이 발생했던 것이다. 즉, 새로운 경제질서가 형성되었으며 그 결과 미국의 두터운 중산계층이 탄생하였다.[78]

---

[76] State of the Union Message to Congress, Address of The President (January 11, 1944 at 9:00 P.M., E.W.T. Broadcast Nationally), http://www.americanpresidents.org/presidents/president.asp?PresidentNumber=31 참조.

[77] Clinton, "Captain Courageous," Time (December 31, 1999), pp. 58-65.

　루즈벨트의 리더십의 핵심은 성취해야할 목표를 앞에 두고 지도자
와 국민이 상호작용하면서 그것을 이루어 냈다는 데 있다. 대공황을 극
복하고 2차 세계대전을 승리로 이끌기 위한 뚜렷한 목표 아래 루즈벨트
는 가능한 한 최대한의 여론을 형성하고 국민을 통합하는 상생(相生)의
정치를 위한 리더십을 발휘했다. 그것은 지도자의 강한 의지와 확고한
신념에 바탕을 두고서 "전염성을 가진 낙관주의(infectious optimism)"[79]로 국
민들에게 전파한 상호신뢰의 리더십이었다. 그것은 제도나 정책에 대
한 아집과 신분에 대한 권위의식이 아닌 인간다움의 실천과 선을 향한
위대한 실험의 리더십이었다. 나아가 그것은 미국과 세계의 미래사회
에 대한 비전의 리더십이었다. 그것은 국제연합의 탄생과 미국 중산계
층의 탄생으로 전후 계속된 미국의 번영의 원동력이 되었을 뿐만 아니
라, 나아가 인류사회의 궁극적인 대의인 번영과 자유, 정치적 민주주의
가 실현되는 원동력이 되었다는 사실을 주지해야 한다.

　위기나 전쟁의 시기에 위대한 지도자가 부상하기도 한다. 루즈벨트
역시 대공황의 위기와 전쟁의 혼란을 극복해야하는 목적을 가지고서
평화 시기에는 보다 드물게 표현되는 리더십을 발휘할 수 있는 기회를
제공받은 것은 분명한 사실이다. 그러나 반드시 전쟁과 위기가 위대한
지도자가 되는 보증수표는 아닌 것도 분명하다. 그것은 무엇보다도 위
대한 리더십의 발휘에 달려 있다. 조지 허버트 워커 부시(George Herbert
Walker Bush: 이하 조지 부시) 대통령은 성공적으로 1990년 걸프전을 승리로
이끌었지만 재선에 실패했고, 특별히 뛰어난 지도자로 인식되지 못했
다. 원칙중심의 리더십의 발휘는 지렛대와 같은 것이었다. 목표를 향해
국민들과 같이 배우고, 교육하고, 협조하고, 솔선수범하고, 혁신해 나

78　김형곤, "프랭클린 루즈벨트 대통령의 지도력 형성 배경과 본질", 한국미국
　　사학회, 「미국사연구」(제15집), 2002, 126면.

79　Thomas L. Purvis, A Dictionary of American History(Cambridge, Mass.: Blackwell
　　Publishers, 1995), p.350.

간 상생의 리더십이었다. 그는 자주 대중연설을 통해 "능력 있는 정부의 위대한 리더십은 국민들의 총체적 지지를 받을 수 있는 정책을 형성하는 기술을 포함하고 있다. 그것은 국민들을 교육하는 것이 정치가의 가장 위대한 의무이기 때문에 늘 그들을 설득하고, 지도하고, 희생하고, 가르치는 기술을 포함하고 있다"고 강조하고 있다.[80] 루스벨트는 세계 민주주의를 보존하고 강화시키는 데에 있어 절대적으로 필요한 리더십을 발휘하였다.

나. 대통령 대 의회 관계

프랭클린 루스벨트는 뉴딜정책(1933-39년)의 업적에 힘입어 안정적인 민주당 주도의 정당체제를 확립하였다. 민주당은 대체로 연방정부 역할을 강조하였고, 상공업 중심의 보호무역론을 주장한 반면, 공화당은 지방 주정부 역할을 강조하고, 농업 중심의 자유무역론을 주장하였다. 대공황은 시장에 대한 (연방)정부의 역할 확대를 골자로 한 프랭클린 루스벨트의 뉴딜정책을 탄생시켰다. 뉴딜정책은 당시의 관점에서 볼 때 미국 연방정부의 역할을 (소련 공산당 정부와 다를 바 없이) 확대시킨 것이었으며, 동시에 지방 주정부의 역할을 신성시해왔던 미국인들(특히 남부 백인들)의 눈으로 볼 때 더할 나위 없이 불온한 것이었다. 그러나 미증유의 경제공황 덕택에 1932년 정권교체에 성공했던 프랭클린 루스벨트는 새로운 민주당을 발판으로 이 위기를 극복해 나가고 싶었다. 그는 연방정부의 역할 확대에 미온적이었던 민주당의 정강정책을, 당시 민주당 의회 지도부와 싸워가며 획기적으로 변화시켰다. 이후 프랭클린 루스벨트의 뉴딜정책은, 공화당 의원들이 이를 연방대법원에 탄핵 요구할 정도로 미국을 급격히 흔들어 놓았다.

---

80 F. D. Roosevelt, Public Papers and Addresses, ed. Samuel J. Rosenman, 13 vols. (New York: Random House, 1938-1950), 1:7, pp.55-56.

일반적인 경제위기가 그렇듯이, 대공황 시기의 미국에서도 경제적 하부계층이 먼저 타격을 입었다. 빈민구호정책을 포함하고 있었던 뉴딜정책은 흑인, 아메리카 원주민(인디언), 히스패닉 등 경제적 하부계층에게 작으나마 국가의 혜택을 안겨다 주었다. 뉴딜정책을 통해, 많은 미국인들이 국가와 정부의 가치에 대해 다시금 생각하게 되었다. 그래서 빈곤층을 구제했을 뿐만 아니라 자본주의의 근간이라 할 수 있는 중산층을 양성하였다. 뉴딜정책이 '흑인들에게 특별히 우호적이었다'고 평가하기 어렵지만, 흑인들도 아울러 구제하게 되어서 '흑인들에게 특별히 적대적이지 않았다'고 할 수 있는 정부 의제였다. 그래서 뉴딜정책은 전통적·대표적 소외집단이었던 당시의 흑인들을 감동시키기엔 충분한 것이었다. 반면에, 백인들은(특히 남부 백인들은) 그런 프랭클린 루스벨트를 남부 민주당의 배신자라 여기게 된다. 그러나 프랭클린 루스벨트는 이에 굴하지 않았고, 자신의 행정부 내 주요 2급 보직에 다수의 흑인들을 임명해 가며 새로운 민주당의 가능성을 보여주었다.

뉴딜정책이 세계 대공황을 완전히 진정시키지는 못했으며, 실제로 세계 대공황은 제2차 세계대전을 통해 종식되었다. 미국이 제2차 세계대전 기간 쏟아 부은 전비는 대략 3,210억 달러로, 이는 제1차 세계대전 기간 전비의 10배가 넘었고 미국의 정부수립 이후 당시까지 약 150년간 국가 총예산의 2배에 달했다. 결국 뉴딜정책과 제2차 세계대전으로 (그리고 뒤이은 미·소간 냉전체제로) 인하여, 현재의 거대한 미국 연방정부가 출현하였다. 보수적이었던 당시 민주당 의회 지도부가 이렇게까지 폭발적인 연방정부의 역할 확대를 원했을 리 없었다. 그러나 (군비확보가 절실히 요구됐던) 제2차 세계대전기간 집권여당은 민주당이었고, 민주당은 이런 예산확대를 승인했으며, 이는 향후 미국인들의 마음 속에 '연방정부의 역할 확대 = 민주당'이란 새로운 정치도식을 새겨 넣었다. 이렇게 프랭클린 루스벨트는 민주당을 변화시켜 국정운영의 주도권을 장악하면서, 남북전쟁 이후 무려 72년간(1860-1932년) 이어져왔던 공화당 우위 정

당체제에 종지부를 찍는다. 뉴딜정책 이후 진보정당으로 변화한 민주
당은 그 이후부터 민주당 우위의 정당체제를 열어나가게 된다.

〈그림 2-1〉 1932년 미국의 제32대 대통령선거 선거인단 선거 결과
(투표율 56.9%)[81]

프랭클린 루스벨트(민주당): 일반인 투표 57.4%,
　　　　　　　　　　　선거인단 투표 472/531표(= 88.9%)
허버트 후버(공화당): 일반인 투표 39.7%, 선거인단 투표 59/531표(= 11.1%)

　　대공황 이후에 실시된 1932년 대통령선거는 그 후 20년의 장기간의
정당체제를 결정짓는 중대선거(critical election)가 되었다. 1929년 시작된 미
국발發 대공황은 1933년 말까지 당시의 거의 모든 자본주의 국가들을
위기에 빠트렸고, 그 여파는 1939년의 제2차 세계대전 발발로 이어졌
다. 대공황은 남북전쟁 당시 형성된 미국의 정당체제를 근본적으로 변
화시키는 계기가 된다. 그 이후 루즈벨트 시대를 넘어 민주당 우위의
양당 체제가 형성된다. 1932년 32대 대선은 미국 역사상 가장 일방적인

---

81 프랭클린 루스벨트(민주당): 일반인 투표 57.4%, 선거인단 투표 472/531표(=
　　88.9%)허버트 후버(공화당): 일반인 투표 39.7%, 선거인단 투표 59/531표(=
　　11.1%)출처: 〈http://blog.daum.net/platanus2005/15759655〉, 2009. 5. 30.
　　〈http://www.historycentral.com/elections/1932State.html〉, 2009. 5. 30.

선거들 중 하나가 되었다. 민주당이 전체 48개주들 중 42개주를 휩쓴 반면, 공화당은 전통적 지지기반이던 북동부 6개주에서만 승리했을 뿐이다. 그리고 루즈벨트가 집권한 16년 동안 그는 대통령 선거에서 안정적인 지지를 계속 유지하였다. 미국민들이 대공황의 경제위기의 책임을 당시 집권당이던 공화당에게 묻게 되었고, 따라서 국민들은 20년 동안 공화당에게 정권을 넘겨주지 않았다. 또한 대공황이 발생했던 1930년이 되면 민주당은 하원에서 97석이나 증감한 313석을 획득한 반면, 공화당은 101석이나 잃어버려서 117석만 차지하여 정국의 주도권을 넘겨주게 된다. 뒤이어 2년 뒤 대통령 선거에서 루즈벨트는 미국 역사상 유례가 없을 정도로 압도적 표차에 의해 당선되고, 입법부에서 상하원의 의석수를 더 늘렸다. 루즈벨트가 사망할 때까지, 민주당은 공화당에 대해 압도적 우세였고, 국민들로부터 압도적 지지를 유지했던 루즈벨트 임기 동안에 레임덕의 우려는 없었다. 4번이나 연임하게 된 유일한 대통령으로서 그의 긴 임기는 그에게 장기적인 안목을 가지고 거대한 정부계획을 추진할 수 있는 리더십의 환경을 제공하였다. 그래서 이러한 임기변수가 분석에 미친 영향은 해밀턴 모형의 강력한 리더십을 발휘할 수 있게 하였다.

이처럼 대공황이라는 경제위기로 인해 미국 국민들은 루즈벨트 대통령(민주당, 32대, 4선)에게 압도적인 지지를 부여하였다. 더욱이 승자독식제인 선거인단 투표에서 루즈벨트는 압도적인 표차로 이겼다. 루즈벨트는 경제위기를 극복하고 전시 상황에서 위기를 극복해 냄으로써, 더 높은 지지를 획득하게 되었다. 루즈벨트는 이후 연속적으로 대통령 선거에서 승리함으로써 4선을 기록하였다. 미국정치에서 대통령은 통상적으로 재선까지 허용되지만, 루즈벨트는 국내외의 위기상황에서 4선까지 하는 유일한 대통령이 되었다. 프랭클린 루스벨트는 뉴딜정책(1933-39년)의 업적에 힘입어 안정적인 민주당 주도의 정당체제를 확립하였다.

〈그림 2-2〉 1936년 대통령 선거 결과[82]

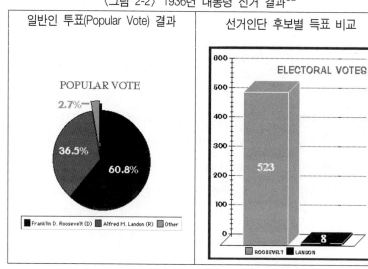

〈그림 2-3〉 1940년 대통령 선거 결과[83]

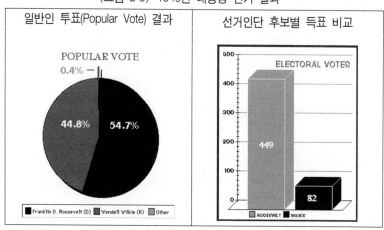

82 〈http://www.historycentral.com/elections/1944pop.html〉, 2009. 5. 30.
　　〈http://www.historycentral.com/elections/1944elec.html〉, 2009. 5. 30.
83 〈http://www.historycentral.com/elections/1944pop.html〉, 2009. 5. 30.
　　〈http://www.historycentral.com/elections/1944elec.html〉, 검색일: 2009. 4. 12.

〈그림 2-4〉 1940년 대통령선거 선거인단 주별 선거 결과[84]

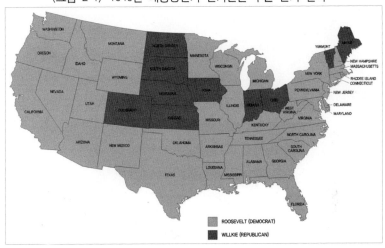

〈그림 2-5〉 1944년 대통령선거 결과[85]

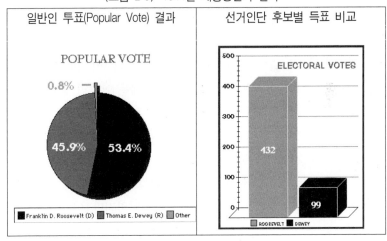

---

84 〈http://www.historycentral.com/elections/1944pop.html〉,
    〈http://www.historycentral.com/elections/1944elec.html〉, 2009. 4. 12.

85 〈http://www.historycentral.com/elections/1944pop.html〉,
    〈http://www.historycentral.com/elections/1944elec.html〉, 검색일: 2009. 4. 12.

〈그림 2-6〉 1944년 대통령선거 선거인단 주별 선거 결과[86]

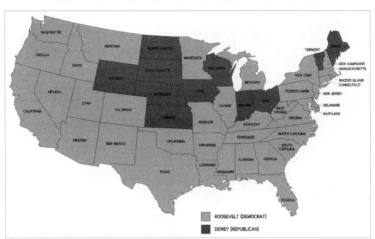

전술한 바대로 여당과 야당 간의 의석 격차는 큰 폭으로 계속 유지
되었고 여대야소인 단점 정부가 지속적으로 이어졌다. 루즈벨트 사후
에 권력을 이양한 트루먼 정부 시기에 단점 정부에서 분점 정부로 바
뀌었고 급기야 1952년에 트루먼의 민주당으로부터 아이젠하워의 공화
당으로 정권교체가 이뤄진다. 루즈벨트 시기에는 야당인 공화당의 도
전이 강하지도 않았고 민주당은 공화당에 대해 압도적 우위의 의석을
차지해왔다. 루즈벨트는 대공황을 슬기롭게 극복하고 제2차 세계대전
에서 승리로 세계 초강대국으로 발돋움하는 초석을 다졌기 때문에 국
민들의 루즈벨트 리더십에 대한 신뢰는 변함이 없었다.

루즈벨트 대통령은 강력하게 국정을 지휘하였지만, 야당과 대중과
의 의사소통 경로를 자주 열어두었으며, 합의를 중요시하였다. 그는 해
밀턴 모형에서 이상적인 소극적 긍정형 리더십을 보여주고 있다. 여대
야소의 경우에는 정국을 완벽하게 주도할 수 있는 모형이기 때문에, 소

---

86 〈http://www.historycentral.com/elections/1944pop.html〉,
　　〈http://www.historycentral.com/elections/1944elec.html〉, 검색일: 2009. 4. 12.

극적인 리더십을 통해 의회의 견제기능을 활성화 시켜주고 긍정형의 리더십을 통해 이를 포용할 필요가 있다.

〈표 2-2〉 루즈벨트 정부형태와 의회 구성변화

의회	선거년	정부형태	행정부		입법부							
			여당	대통령	하원		증감		상원		증감	
					민주	공화	민주	공화	민주	공화	민주	공화
73	1930	분점	공화	후버	313	117	+97	-101	59	36	+12	-12
74	1932	단점	민주	루즈벨트	322	103	+9	-14	69	25	+10	-11
75	1936	단점	민주	루즈벨트	333	89	+11	-14	75	17	+6	-8
76	1938	단점	민주	루즈벨트	262	169	-71	+80	69	23	-6	+6
77	1940	단점	민주	루즈벨트	267	162	+5	-7	66	28	-3	+5
78	1942	단점	민주	루즈벨트	222	209	-45	+47	57	38	-9	+10
79	1944	단점	민주	루즈벨트	243	190	+21	-19	57	38	0	0
80대	1946	분점	민주	트루먼	188	246	-55	+56	45	51	-12	+13

〈표 2-2〉에서 확인되는 바대로, 민주당은 상하 양원에서 모두 루즈벨트 대통령이 3번 연임할 때까지도 압도적 다수를 차지하였다. 루즈벨트가 4번 연임했을 때에는 비교적 민주당과 공화당이 의석 수 면에서 이전보다는 균형을 이뤘으나 여전히 민주당 우위의 양당체제였다. 오랜 민주당의 집권 이후에 트루먼 대통령 시기에야 의회의 권력관계는 공화당이 우위를 점하게 된다.

1940년대는 미국이 정치·경제적 측면에서 영국의 쇠락과 맞물려 미국적 패러다임을 만들었던 시대이다. 그래서 많은 정치학자들은 정치·경제 위기에 따라 탁월한 업적을 보였던 루즈벨트 대통령은 미국 역사에서 성공적인 지도자 중의 한명이라 꼽을 수 있다.

프랭클린 루즈벨트의 리더십이 발휘하게 된 배경에는 대공황, 그리고 제2차 세계대전이라는 큰 시대적 사건이 동반되어, 1932년 대통령 선거가 한창일 때 미국에서는 거의 3년 이상이나 광범위한 불경기가 계속되고 있었다. 대공황이 전세계적으로 영향을 주고 있는 동안 세계 여러 곳에서 민주주의와 자본주의가 쇠퇴하고 있었다. 1920년대 중반부터 세계경제는 비교적 안정적으로 발전했고, 특히 미국은 괄목할 만한 경제성장을 이룩했지만, 그러한 상황은 그리 오래가지 못했다. 1929년 이후 세계경제는 예전에 경험한 바 없었던 장기적 침체의 늪에 빠져 버렸다. 당시 유행했던 계획경제와 전체주의는 체제의 위기를 극복할 수 있는 대안이라기보다는 체제를 수호하기 위한 비상한 체제였다. 그리고 불행하게도 그 내부에 새로운 전쟁을 잉태하고 있었다. 블록경제들은 결국 서로 충돌하여 2차 대전을 불러왔다. 대공황을 동반한 경제위기와 전체주의라는 민주화의 역逆물결 속에서도 루즈벨트는 뉴딜 정책과 국민의 단합을 통해 리더십을 발휘하였고 성공적인 성과를 낼 수 있었다.

1940년에 미국은 첫 번째 위기인 대공황보다 훨씬 가공할 만한 두 번째 위기에 직면했다. 히틀러의 군대가 폴란드, 벨기에, 룩셈부르크, 프랑스 등을 침공하여 유럽에서 나치의 위협에 홀로 투쟁하는 영국만 남겨두고 세계평화를 와해시켰다. 이러한 불리한 상황에서도 루즈벨트는 민주주의의 활력이 되살아나면 충분히 나치의 위협에 대처할 수 있다고 확신했다. 대공황에 대한 대책이 그러했듯이 정부의 적극적인 행동이 필요하다고 생각하고, 다시 한 번 자유민주주의 체제를 활력으로 넘치게 한다면 분명 경직된 전체주의 체제를 앞설 것이라고 굳게 믿었다.

대공황과 제2차 세계대전의 구조적 위기를 정부 주도로 극복하였던

루즈벨트 대통령의 정부형태와 대 의회관계는 안정과 타협으로 정국
주도가 가능한 해밀턴(Hamilton) 모형의 대표적 사례이다. 당시 민주당 행
정부는 입법과정을 포괄적으로 지배하며 대외정책과 재정 및 경제정
책을 주도적으로 결정함으로써 행정부 중심의 강력한 국가재건계획을
입안하고 실천하였다. 또 당시 압도적으로 중간선거와 대통령선거에서
이겼기 때문에 강한 여당은 행정부의 역량을 극대화시켜주었다. 대공
황이라는 국가비상사태에서 루즈벨트 대통령은 경제위기 극복과 국가
재건 등 행정의 능률성을 유감없이 발휘하였다.

　　루즈벨트 행정부는 대통령 중심적 정부의 전형이었고, 16년간 집권
하면서 의회관계가 안정된 상태에서 국정을 운영한 루즈벨트 행정부
는 가장 강력한 해밀턴 모형이다. 이 모형은 대통령과 의회간의 타협
과 조화를 위해 안정적이고 신중한 대통령의 긍정적인 리더십이 필요
한데, 루즈벨트는 의회와 국민들과 의사소통의 기회를 자주 열어 합의
를 중요시하였다. 그가 보여준 소극적 긍정형 리더십은 정국주도를 가
능하게 하면서도, 의회와의 관계를 타협을 통해 해결하였다.

　　루즈벨트 대통령은 해밀턴 모형의 장점인 추진력 있는 행정부의 역
량을 극대화하고 의회로부터 초당적 협력을 통해 이상적인 대통령 모
델을 제시하였다. 대통령에게는 미래에 대한 비전을 제시하고 국가목
표를 중심으로 국민을 통합시킬 수 있는 능력인 원칙중심의 리더십이
요구된다. 이를 위해서 역사적 사명감, 국가목표 달성을 위한 추진력,
그리고 사회 각 부문 간의 조화와 협력을 이끌어 내는 자질 또한 절실
하다. 프랭클린 루즈벨트는 대공황이라는 경제·사회적 고통 속에서 정
부의 역할 확대를 통해 오늘날 미국사회의 기초를 다졌으며, 제2차 세
계대전이라는 세계적 위기를 극복하는 역사적 과업을 남겼다.

　　루즈벨트의 리더십의 핵심은 성취해야할 목표를 앞에 두고 지도자
와 국민이 상호작용하면서 그것을 이루어 냈다는 데 있다. 〈표 2-3〉과
같이 대공황을 극복하고 2차 세계대전을 승리로 이끌기 위한 뚜렷한

목표 아래 루즈벨트는 가능한 한 최대한의 여론을 형성하고 국민을 통합하는 상생相生의 정치를 위한 리더십을 발휘했다. 그러한 성과와 국민들의 지지에 힘입어 그는 4번의 임기에 걸쳐 대통령에 당선되었고 그의 소속 정당인 민주당은 지속적으로 다수당의 지위를 점했다. 그것은 국민들에게 희망과 용기를 주어 스스로 이기게 함으로써 얻어진 대중적 리더십이었다. 그것은 지도자의 강한 의지와 확고한 신념에 바탕을 두고서 "전염성을 가진 낙관주의(infectious optimism)"로 국민들에게 전파한 상호신뢰의 리더십이자 이상적인 해밀턴 모형이 되었다.

〈표 2-3〉 루즈벨트 대통령의 대 의회관계 모형 분석

분 석	상황변수	
	전반부: 집권 1, 2기	후반부: 집권 3,4기
대통령 對 의회관계	여대야소	여대야소
중요사건	뉴딜정책	제2차 세계대전
모형	해밀턴	

第2節 소결

워싱턴(George Washington) 대통령이 대통령 권한을 제도화하고 대 의회관계를 설정한 것은 대통령제의 기원이 되었다. 워싱턴 대통령은 독립전쟁을 성공리에 이끌어서 미국이 건국되었고 당시 연방파와 공화파라는 양당체제가 성립되었다. 그가 확립한 미국의 대통령제의 근간은 이후 정부에도 계속 유지되었다. 이 연구는 워싱턴 이후에 역사적으로 중대한 전환점에서 리더십을 발휘한 대통령들의 정치적 리더십을 고찰하였다. 링컨 대통령은 미국에서 노예해방을 통해 사회정의와 통합을 이룩하였으며, 남북전쟁의 위기상황 속에서도 연방제를 유지하고자 혼신의 힘을 기울였다. 그의 노력에 의해 현재 미국의 연방제 국가의

기본 틀이 유지되고 있다고 하겠다. 그는 또한 관용과 화합, 개방적인 협력을 강조하였고, 대 의회관계에서 협력적 관계를 유지하였다. 아이젠하워(Dwight D. Eisenhower) 대통령은 초당적 합의와 국제적 리더십을 발휘하여 번영과 국민적 합의의 시기를 만들어나갔다. 그가 재임하던 1950년대는 미국경제가 번창하고 세계의 초강대국으로 거듭나던 시기였다. 그가 제시하던 중도노선 지향과 함께 내세운 '바람직한 사회'는 정부가 사회적 조화를 이끌어나가고 다수의 이익을 고양하는 사회이고, 자율적이고 협력적인 활동이 시민의식 속에 융합되어 개인의 이익과 공공의 이익이 공존하는 사회였다.

루즈벨트(Franklin D. Roosevelt) 대통령은 대공황과 제2차 세계대전의 대내외적 위기를 성공적으로 극복하였다. 그의 추진력과 초당적인 리더십에 국민들은 압도적인 지지를 부여하였으며 미래사회에 대한 비전을 제시하였다. 경제재건과 아울러 미국의 중산계층의 양성은 미국경제를 튼튼하게 하였다. 위기 상황 속에서 그는 역사적 예외로 내리 4선까지 했던 유일한 대통령이었고, 그에게 장기간 집권을 허락할 만큼 그는 리더십과 역량 및 성과 면에서 높은 평가를 받았다.

第2章 한국 대통령의 정치적 리더십과 대 의회관계

대통령의 리더십을 연구한 학자들의 개념을 적용하여 한국 대통령의 리더십을 분석해보면 다음 〈표 2-4〉와 같다.

레윈(K. Lewin)의 유형으로 한국 역대 대통령들 중 권위주의와 민주주의 유형을 효과적으로 분류할 수 있으나 노태우부터 이명박 대통령의 리더십의 다양성을 구체화하지 못하는 단점이 있다. 화이트와 리피트(White & Lippit), 막스 베버(Max Weber)의 연구도 민주주의 하에서의 대통령의 다양한 정치적 리더십은 구분하지 못한다. 이 연구는 바버의 분류를 일부 원용하여, 노태우 대통령으로부터 이명박 대통령에 이르기까지 대통령의 다양한 유형을 구체화하는데 그 연구목적을 가지고 있다.

표에서 '한국 대통령의 리더십 유형 비교'의 해설적 측면에서 의회와의 관계변화를 살펴보면 이승만 대통령의 정치적 리더십의 특성은 헌법개정과 함께 정치라이벌이나 국회에 대한 탄압도 불사하는 마키아벨리즘적인 성격 전체주의적 성향을 지닌 권위주의 지도자라고 적극적 부정형으로 말할 수 있을 것이다. 박정희 대통령과 전두환 대통령은 과업달성을 위한 목표추구적인 리더십을 갖춘 인물이었다. 이들은 정치적 위기상황을 강력한 군사적 권위주의적 리더십을 통해 극복하고자 했으며 박정희 대통령과 전두환 대통령 역시 적극적 부정형의 리더십을 가진 인물로 평가할 수 있다.

〈표 2-4〉 한국 대통령의 리더십 유형 비교[1]

학자별 리더십 유형	한국 대통령							
	이승만	박정희	전두환	노태우	김영삼	김대중	노무현	이명박
K. Lewin	권위주의	권위주의 관료주의	권위주의	권위주의 민주주의	민주주의	민주주의	민주주의	민주주의
White & Lippit	권위형	권위형	권위형	자유방임	민주형	민주형	민주형	민주형
Max Weber	카리스마	카리스마	카리스마	카리스마	합법적	합법적	합법적	합법적
James D. Barber	적극적 부정형	적극적 부정형	적극적 부정형	소극적 부정형	적극적 부정형	적극적 긍정형	소극적 부정형	적극적 부정형

노태우 대통령은 과거의 지도자들과는 달리 대통령의 역할과 직책 수행에 있어 원활한 체계를 갖추지 못했고, 민주지향적인 리더십 역시 부족하여 소극적 부정형의 리더십을 가진 인물로 분류할 수 있을 것이다. 김영삼 대통령과 국민의 정부 김대중 대통령은 일단 기본적으로 둘 다 민주적 리더십을 가지고 있었다. 또한 이들은 권력의 획득 과정에서 도덕성과 정당성을 겸비하고 있었다. 김영삼 대통령은 국회와의

---

1 안병만은 바버의 분류를 원용해 적극-긍정형: 박정희, 적극-부정형: 이승만, 전두환, 김영삼, 소극-긍정형: 장면총리, 소극-부정형: 노태우로 한국의 대통령 유형을 분류한 바 있다. 안병만, "역대 통치자의 리더십 연구", 「한국 행정학회 세미나」, 1998의 논문을 참조. 위 표의 분류는 필자가 한국의 역대 대통령 리더십에 대한 각종 평가와 논문을 근거로 유추, 작성한 것이며, 이 연구는 박정희 대통령에 대해 적극-긍정형의 리더십으로 평가한 안병만과는 다르게, 박정희 대통령을 적극-부정형의 리더십으로 정의하고자 한다. 박정희 대통령은 근대화를 제시하고 자신 있게 정책을 추구하였기 때문에 긍정형의 리더십으로 인식될 수도 있지만, 박정희 대통령은 매우 권력욕이 강하며, 야심적이어서 재야인사들이나 야당인사들을 탄압하거나 투쟁의 대상으로 인식하였고, 모든 일에 치밀하게 준비하며 꼼꼼하게 집행을 통제하는 등 적극적 부정형의 전형적인 모습을 보여주고 있기 때문이다. 이에 대해서는 함성득, 『대통령학』, 나남출판, 2003, 93면 참조., 아울러 노무현 대통령·이명박 대통령의 평가와 모델은 필자가 분석한 것이다(이명박 대통령은 임기까지 살펴보았다).

관계를 상호 대등한 입장으로 이끌기보다는 강력한 리더십을 통해 의회를 압도하고자 하였고, 그 결과 대통령과 여당 내부의 관계 역시 조화롭게 이끌기 힘든, 적극적 부정형의 리더십을 가질 수밖에 없었다. 행정부에 대한 권력집중이 가능한 국가적 경제위기 상황에서, 김대중 대통령은 적극적인 리더십을 통해 이를 돌파해 나갈 수 있는 사회 경제적 기반을 가질 수 있었다. 이러한 긍정적인 리더십을 통해 적극적 리더십이 가질 수 있는 권력의 집중을 보완하고 의회와의 협력을 이끌어내기 위해 긍정적 리더십을 발휘하였다. 노무현 대통령의 리더십은 더욱 독특하게 해석될 수 있다. 노무현 대통령 역시 민주적 리더십의 특성을 보인다. 특히 과거의 정권과는 다르게 노무현 정권의 특징은 시민사회가 팽창하고 시민의 참여의 폭이 대폭 확대되어 정치에 작용하게 되었다는데 있다.

물론 이러한 상황은 과거 김영삼, 김대중 정권시절 이미 시민사회의 힘이 축적되는 과정을 거쳤기 때문이기도 하다. 국민들의 개혁욕구에 부응하여, 이를 적극적으로 해내겠다는 의지를 밝힘으로서, 과거 권위주의적 리더십과는 다른 민주적 리더십을 보여주고 있다. 야당과 정책상의 문제에 대한 대결구도에서 서로에게 지나치게 대항자세를 보임으로서, 결국 정국불안 등 노무현 대통령의 리더십은 소극적 부정형의 리더십이다. 이명박 대통령은 여대야소로 정국을 장악하는 스타일인데, 종교편향 대규모 불교집회, 촛불정국 등 중간평가 의미가 담긴 4·29 재·보선 패배를 거치면서 좌편향 바로세우기 이념갈등 등 사회통합자로서 상처를 입으면서 지지도는 하락했고, 명령자로서 중앙통제를 강화하여 인사, 정책, 당정관계를 독단적으로 처리하는 등 모든 정책결정과정이 대통령에 집중되는 적극적 부정형리더십이라 설명 할 수 있겠다.

미국 대통령의 정치적 리더십을 역사적 관점에서 고찰한 앞 장章에 이어 이번 장章에서는 한국 대통령의 정치적 리더십의 특징들을 역사적으로 회고하여 분석하는데 주안점을 두고 있다.

第1節 한국 역대 대통령의 정치적 리더십

1. 이승만 대통령의 정치적 리더십

가. 리더십의 특징: 적극적 부정형

이승만은 대한민국 건국 후 첫 대통령임에도 불구하고 국부國父로 서 대우를 받지 못하고 있다. 2002년 한국대통령학연구소에서 500명의 전문가를 대상으로 실시한 역대 대통령 평가의 총괄평가에서 이승만 은 박정희, 김대중, 김영삼에 이어 4위를 차지했다. 하지만 연령대 별 평가순위를 보면, 이승만은 30세 이상 50세 미만에서는 5위, 50세 이상 60세 미만에서는 3위, 그리고 60세 이상에서는 2위로 나왔다.[2] 이승만이 동시대를 산 사람들로부터는 비교적 높은 평가를 받는 반면 경험을 공 유하지 못하거나 부분적으로만 공유하는 세대로부터는 좋은 평가를 받지 못하고 있다. 그런가 하면 이승만이 국민들의 기억 속에서 얼마 나 잊혀진 대통령인가를 짐작케 하는 조사 결과도 있다. 2004년 6월 16 일 한국 갤럽은 전국의 15세 이상 남녀 1,728명을 대상으로 분야별 선호 도를 조사한 결과를 발표했다.[3] 이 중 전·현직 대통령 가운데 가장 좋 아하는 사람을 기술하게 하는 항목이 있었다. 이 질문에 대해 박정희 47.9%, 김대중 14.3%, 노무현 6.7%, 전두환 1.7%의 순으로 대답이 나왔으 며, 이승만은 김영삼과 함께 1%를 기록하는데 그쳤다. 박정희 대통령 은 거의 모든 조사에서 수위를 차지하니 인정할 만하고, 김대중 대통령 은 평가할 당시에는 현직 대통령이던 노무현 대통령의 바로 전임前任

---

2 한국대통령평가위원회·한국대통령학연구소 엮음,『한국의 역대 대통령 평가』, 조선일보사, 2002, 75-78면., 127-128면.

3 조선일보, 2004. 6. 17. 박정희 대통령 인터넷 기념관(http://www.516.co.kr/opinion.asp) 에 가면 역대 대통령에 관한 그 밖의 많은 여론조사 결과를 볼 수 있다.

인 대통령이고 노무현 대통령이 현직 대통령이니 이 정도 수치를 얻을 수 있다. 이승만이 전두환보다도 뒤진 1%를 얻는데 그쳤다는 점은 매우 놀라울 만하다. 이 조사는 이승만이 사람들의 기억 속에서 차지하는 비중이 매우 낮은 대통령임을 간접적으로 확인시켰다.[4]

이승만은 초대 대통령으로서 근대 국민국가 건설의 과제를 훌륭하게 수행했다. 미국과 소련이 한반도를 분할점령하고 있고 양국 간에 냉전이 격화되는 상황에서 그는 남한만의 단정수립이라는 차선책을 택하는 결단을 내렸고, 냉전이 사회주의권의 붕괴로 끝난 현시점에서 그것은 옳은 선택임이 증명되었다. 정부수립 이후 그는 농지분배와 전쟁 그리고 반공에 대한 강조를 통해 38선 이남에 거주하는 사람들에게 한국 국민으로서의 정체성을 지니게 만들었다. 부산정치파동은 분명 그의 권력연장을 위한 친위쿠데타였다. 하지만 그 이면에는 전쟁정책을 둘러싼 한국과 미국 사이의 갈등이라는 측면과 당시 한국 실정에 적합하지 못한 내각제를 거부하고 대통령제를 강화시켜 국가적 권위를 확립한다는 측면도 있었다. 이승만은 이렇게 국민적 정체성 형성과 국가적 권위 확립 과정에서 얻어진 국부적 이미지와 정당성을 근거로 전후 상당 기간 동안 안정된 지배를 행사했다. 이러한 안정은 1954년 말 집권연장을 위해 무리한 개헌을 추진하면서 흔들리기 시작했고, 1956년 대선은 그것을 단적으로 보여준 사건이었다.

이제 이승만은 국가건설 과정에서 얻어진 이미지나 정당성에 의존하기보다는 새로운 국가적 의제를 설정하고 그것을 위해 애쓰는 모습을 보여주었어야 했다. 반공 같은 네거티브(negative)－소극적, 부정적, 배타적－의제로는 더 이상 국민들을 끌어 모으기 어려웠다. 부흥이나 발전 같은 보다 포지티브(positive)한－적극적, 긍정적, 포용적－의제가 필요한 시점이 되었던 것이다. 그러나 이승만은 이러한 의제 전환에 실패

---

4 김일영, "통치자로서의 이승만 대통령", 유영익(편), 『이승만 대통령의 역사적 재평가』, 연세대출판부, 2006.

했다. 이미 사사오입 개헌으로 자신의 이미지에 큰 손상을 입었음에도
그는 '권력에의 의지'를 접지 않았다. 측근들은 이러한 그의 의지에 기
대어 자신들의 활동공간을 넓혔고 거듭 무리수를 두었다. 온통 관심이
권력연장에 있던 그와 측근들에게 다른 의제는 눈에 들어오지 않았다.
거듭되는 정치적 무리수는 미국과도 마찰을 일으켰다.[5]

나. 대통령 대 의회 관계

해방 후 단독정부 수립의 주역이었던 이승만은 독립운동가로서의
명성과 탁월한 정치적 식견을 바탕으로 여러 정파들과 제휴와 결별을
거듭해 가며 남한에서의 단독정부 수립을 정치적 목표로 내세우면서
해방정국을 주도해 나갔다. 이승만은 매우 현실적인 지도자였다. 이승
만은 反소련과 반공의 일관된 노선을 견지하였으며, 좌우익 사이의 연
합이나 협상 가능성도 믿지 않았다. 그의 이러한 입장은 (미·소공동위원회
에서) 미·소 간의 협상을 통하여 한반도에서 통일정부를 수립할 수 있
다고 보았던 미국의 태도에도 반대하는 결과를 가져와 미군정과의 충
돌을 야기하기도 하였다. 이승만은 일찍부터 소련과의 협상을 포기할
것을 미국 측에 종용하였고, 우선 남한만의 단독정부를 수립하고 이를
바탕으로 남북통일이 이루어져야 한다고 주장하였다.

1948년 5월 10일 총선거에서 이승만이 이끈 정치세력이 승리함으로
써 정부수립의 합법적인 기반이 마련되었고, 7월 제헌회의에서의 헌법
제정을 거쳐 1945년 8월 15일 대한민국 정부, 즉 제1공화국이 수립되었
다. 대한민국 정부의 수립은 일제 침략으로 잃었던 국가의 주권을 되
찾고, 국민주권에 기초한 우리나라 최초의 민주공화정부를 출발시켰다
는 점과 이 후 한국사회의 정치적, 사회적, 경제적 원형이 형성될 수 있

---

5 김일영, "통치자로서의 이승만 대통령", 유영익 (편), 『이승만 대통령의 역
   사적 재평가』, 연세대출판부, 2006.

었다는 점에서 의의를 찾아 볼 수 있다. 제1공화국 정부는 빈곤과 독재, 사회적 갈등 등 독립국가 초기에 나타날 수 있는 숱한 문제점과 부정적 측면들이 그대로 드러남으로써, 불명예스러운 역사의 한 장으로 남아있지만, 이후 반세기 이상 한국 현대사의 기본 토대가 구축되었던 시기였다. 정치적으로 보자면 헌법과 법률, 행정체제와 사법제도, 그리고 의회정치제도의 틀이 마련되었으며, 경제적으로는 식민지 시대의 반봉건적인 경제구조가 허물어지고, 자본제적 시장경제제도가 도입되었다. 의무교육제도가 도입되고, 문학, 예술, 영화 등의 사회문화 활동이 본격화되기 시작하였고, 미국 문화의 유입과 더불어 서구식의 상업문화가 우리 사회에 널리 확산되어 가기도 했다.

　　제1공화국 헌법은 대통령 중심제를 채택하고 있다. 초대 대통령은 제헌회의에서 간접선거로 선출되었다. 제헌헌법은 입법부, 행정부, 사법부 사이의 삼권 분립과 상호 견제와 균형원리에 입각하여 정부가 운영되도록 규정되어 있었다. 하지만 통치현실은 헌법상의 규정과는 달리 삼권간 '견제와 균형'이 이루어지는 미국식의 대통령제는 아니었다. 국회는 상원 격인 참의원과 하원격인 민의원으로 구성되어 양원제로 운영되었다. 이승만 대통령은 처음 정부 수립과 국정운영과정에서 한민당의 지지를 받았지만, 헌법제정 및 내각구성문제[6]를 둘러싸고 한민당과 대립하였고, 한민당과 결별한 후 여당인 자유당을 창당하였다. 자유당 창당 이전까지 정부운영은 헌법에 규정되어 있는 행정부와 입법부 간의 견제와 균형이 어느 정도 실현될 수 있었다. 하지만 자유당 창당과 더불어 정치권력이 대통령에게로 집중되었고, 국회는 여당이 자

---

6 이승만 대통령은 내각에 자파 세력을 많이 참여시키고자 한 한민당의 요청을 거절하고, 초대 내각 구성과정에서 자신과 개인적으로 친분이 두터운 사람들을 임명함으로써 한민당의 압력을 받지 아니하고 정국을 독자적으로 주도해 나가고자 하였다. 우리나라 초대 내각의 명단과 소속은 다음과 같다.

유당을 통하여 대통령의 통제 하에 놓이게 되었다. 이승만 대통령은 국회를 장악한 후, 권력을 대통령으로 집중시키고, 장기집권을 위한 헌법 개정을 서둘러 나갔다.

1948년 제헌헌법의 정부형태는 기본적으로는 대통령중심제라 할 수 있는 것이지만, 엄격한 의미에서는 의원내각제 추진파의 한민당과 대통령제를 고집해왔던 이승만 간의 암투로 대통령제에 의원내각제 요소가 가미된 변형된 대통령제 내지 대통령제와 의원내각제의 혼합형이 되었다. 이는 곧 단원제국회에서 대통령을 선출하고 국회의 인준을 받아 대통령이 국무총리를 임명하는 대통령제에 의원내각제가 가미되는 정부형태라 할 수 있다. 한국은 제헌국회에서 간접선거를 통해 재적의원 198인 중 출석의원 196인에 의하여 무기명투표로 시행한 결과 180표를 얻은 이승만을 한국의 초대 대통령으로 선출하였다. 하지만 정부수립 초기 극심한 정치적 혼란을 겪었고 한국전쟁으로 인한 정치권에 대한 불신이 심화되었으며, 그리고 친일파와 반민족주의자 등이 포함된 정치지도자들의 정당성이 부족했다. 이러한 요인들로 인해 이승만 정권유지의 안정성은 부족할 수밖에 없었다. 이러한 상황에서 이승만은 국회를 통한 대통령선거에서도 자신이 재선될 가능성이 희박해지자, 제 2대 대통령 선거를 앞두고 대통령선거를 국회의 간접선거에서 국민이 직접 선거하는 대통령 직선제로 헌법을 다시 바꾸려고 했다. 그리고 이러한 시도를 국회가 저지하자, 이승만 대통령은 국회를 탄압하기 시작하였고,[7] 비민주적이고 권위주의적인 리더십을 통해 정국을 돌파하려 하였다. 그는 반대파 의원들을 강제로 감금시키고, 계엄령을 선포하여 자기를 지지하는 의원들만 모아 강제로 표결, 헌법을 대통령 직선제로 개정하였고 이승만은 제2대 대통령과 제3대 대통령에 연이어

---

7 한승조, 『한국정치의 지도이념』, 서향각, 1977, 147-149면 참조. 한승조는 이러한 사례를 통하여 이승만 대통령의 리더십 형태를 보수적 권위주의 카리스마 리더십이라 정의했다.

당선되면서, 국회의 견제기능을 완전히 무력화시키는 행태를 보여 주
었다.

국회의 과반수 이상을 차지한 여당인 자유당 역시 권위주의적인 이
승만 대통령에 순종적이었고, 정치적 목적을 이루어내기 위해서는 수
단과 방법을 가리지 않을 정도로 비민주적 행위를 자행함으로써 국회
의 역할과 기능을 와해시키는데 큰 역할을 하였다. 하지만 이러한 비
민주적인 리더십발휘, 그리고 비민주적인 의회장악은 결국 국민의 불
만을 억누르지 못하였다. 자유민주주의와는 거리가 먼 권위주의적 리
더십과 비민주적 행태로 인해, 정당성과 효율성, 그리고 정권의 도덕성
은 크게 손상된 것이다. 결정적으로 1960년 3월 15일 실시된 제4대 대통
령선거가 부정선거로 밝혀지면서, 국민들의 불만은 걷잡을 수 없을 정
도로 분출되기 시작하였다.[8] 결국 권위주의형 지도자로서 그는 목적을
위해서 헌법개정과 함께 정치라이벌이나 의회에 대한 탄압도 불사하
는 마키아벨리즘(Machiavellism)적인 성격을 가진 성격을 가졌던 인물이기
도 하였다.[9]

또한 이승만의 정치적 리더십은 매우 권력욕이 강하며, 야심적이어
서 재야인사들이나 야당인사들을 탄압하거나 이들을 투쟁의 대상으로
인식하였던 것이고, 모든 일에 치밀하게 준비하며 꼼꼼하게 집행을 통
제하는 등 적극적 부정형의 전형적인 모습을 보여주고 있다. 이승만은
좌익세력이 소탕된 다음에도 야당에 대해서는 탄압일변도로 대응하는
비민주적인 정치행태를 보였다.[10] 국가수립 초기, 창조적이고 발전적
인 리더십으로 의회와 상생의 정치를 만들어 내고 민주주의의 기틀을
다져야 할 필요가 있음에도 불구하고 이승만과 국회는 상생의 정치, 국

---

8 이러한 3·15부정선거는 결국 4·19혁명을 유발하게 하는 원인이 되었고, 결
  국 대통령이 하야하는 사태를 겪게 되었다.
9 진덕규, 『이승만 시대 권력구조의 이해』, 한길사, 1981, 147면.
10 한승조, 『한국의 정치지도자들』, 대정진산업, 1992, 90-91면.

민을 위한 정치를 만들어 내는데 실패했다. 그리고 이 당시의 정당체
계는 전형적인 일당우위형의 모습을 보여주었다. 이승만의 권위주의적
리더십은 국회와의 관계를 심각하게 악화시키는 요인이 되었고, 대통
령제에서 의원내각제로 권력구조가 변화되는 계기가 되었다.

〈표 2-5〉와 같이, 제1공화국의 이승만 초대 대통령은 국회에 의해 선
출되었다. 국무총리는 대통령이 임명하되, 국회의 승인을 받도록 하였
다. 대통령은 제헌헌법 이래 내우, 외환, 천재, 지변 또는 중대한 재정,
경제상의 위기에 처하여 긴급한 조치를 할 필요가 있을 때 국회의 사
후승인을 전제로 긴급조치권을 발동할 수 있다. 그리고 대통령은 외국
과의 조약을 체결하고 비준하며 선전포고와 강화를 행하고 외교사절
을 신임 접수한다. 대통령은 또한 국군통수권, 계엄선포권, 공무원 임
면권, 헌법개정 제안권을 가지며, 사면·감형과 복권을 명할 수 있다.[11]

〈표 2-5〉 제1공화국 시기 헌법의 변천- 입법부와 행정부의 관계[12]

시기	제·개정 일시	기 관	내 용
제1공	1948.07.17	행정부	·대통령: 국회간선, 임기4년, 1차에 한해 중임가능, 긴급조치권(국회승인) ·국회의결법안에 대한 거부권
			·국무총리: 대통령이 임명, 국회의 승인
		입법부	·대통령·부통령·국무총리·국무위원·심계원장·법관 탄핵소추권 ·(의원 50인 이상의 연서, 재적2/3출석, 출석2/3찬성) ·국정감사권, 조약비준과 선전포고에 대한 동의권, 예산심의권 ·국무총리·국무위원·정부위원 국회출석답변 요구권
	1952.07.07 (발췌개헌)	행정부	·대통령: 직선제 선출 ·국무총리와 국무위원은 일반국무에 관하여 국회에

11 박찬욱·원시연, "한국행정 60년: 입법부 – 행정부 관계", 「국회입법조사처」
(국회보통권 제498호), 2008, 30-33면.

			대한 연대책임 ·국무총리의 제청에 의한 국무위원의 임명과 면직
		입법부	·양원제(민의원/참의원) ·민의원: 재적의원 2/3 이상 찬성에 의한 국무원불신임결의 ·탄핵소추권 (민의원 50인 이상의 발의, 각원 재적2/3출석, 2/3찬성)
1954.11.29 (4사5입 개헌)	행정부		·대통령: 3선 중임제한 철폐
	입법부		·대통령·부통령·국무위원·심계원장·법관 탄핵소추권 ·(민의원 30인 이상의 발의, 양원 재적의원 과반수 찬성) ·대통령·부통령 선거시 최고득표자가 2인 이상인 경우, 양원합동회의에서 다수결로 당선자 결정

한편, 제헌의회는 대통령을 선출하는 권한과 더불어 대통령·부통령·국무총리·국무위원·심계원장·법관에 대한 탄핵소추권, 국정감사권, 조약비준과 선전포고에 대한 동의권, 예산심의권, 국무총리·국무위원·정부위원 국회출석 답변요구권 등을 갖고 있었다. 이승만 대통령은 내각책임제 개헌을 시도하는 민주국민당(이하 민국당)과의 갈등 속에서 국회 간선으로 대통령에 재선될 가능성이 희박하자, 1951년 12월 23일 자유당을 결성하고 대통령 국민직선개헌안을 제안하였다. 결국 내각책임제 개헌안과 대통령직선제 개헌안을 발췌한 타협안이 통과되어 1952년의 헌법개정은 대통령 선출방식을 국민직선제로 변화시켰다. 이승만 대통령은 헌법개정을 관철하기 위하여 '부산정치파동'이 보여준 바와 같이 정적에 대한 강압적 수단을 강구하기도 하였다. 이 개헌에서는 내각책임제적인 요소를 가미하여 민의원에 국무위원 불신임결의권을 주고, 국무총리와 국무위원은 일반국무에 관하여 국회에 대한 연대책

12 박찬욱·원시연, "한국행정 60년: 입법부-행정부 관계", 「국회입법조사처」
　(국회보통권 제498호), 2008, 30-33면.

임을 지며, 국무총리의 제청에 의해 국무위원이 임명되고 면직되도록
하였다. 1954년의 헌법개정 부칙에 헌법공포 당시의 대통령에 대해서
는 임기의 중임제한 단서를 적용하지 않는다고 명시함으로써 이승만
대통령에 한해서는 3선 집권이 가능하게 되었다. 1960년 3·15 부정선거
가 촉발한 4월 혁명으로, 제1공화국은 붕괴되었으며 통치구조는 내각
책임제와 양원제로 변화되었다.[13]

　　이승만 대통령은 내각책임제 개헌을 시도하는 민주국민당(이하 민국
당)과의 갈등 속에서 국회 간선으로 대통령에 재선될 가능성이 희박하
자, 1951년 12월 23일 자유당을 결성하고 대통령 국민직선개헌안을 제
안하였다. 결국 내각책임제 개헌안과 대통령직선제 개헌안을 발췌한
타협안이 통과되어 1952년의 헌법개정은 대통령 선출방식을 국민직선
제로 변화시켰다. 이승만 대통령은 헌법개정을 관철하기 위하여 '부산
정치파동'이 보여준 바와 같이 정적에 대한 강압적 수단을 강구하기도
하였다. 이 개헌에서는 내각책임제적인 요소를 가미하여 민의원에 국
무위원 불신임결의권을 주고, 국무총리와 국무위원은 일반국무에 관하
여 국회에 대한 연대책임을 지며, 국무총리의 제청에 의해 국무위원이
임명되고 면직되도록 하였다. 1954년의 헌법개정 부칙에 헌법공포 당
시의 대통령에 대해서는 임기의 중임제한 단서를 적용하지 않는다고
명시함으로써 이승만 대통령에 한해서는 3선 집권이 가능하게 되었다.
1960년 3·15 부정선거가 촉발한 4월 혁명으로, 제1공화국은 붕괴되었으
며 통치구조는 내각책임제와 양원제로 변화되었다.

　　이승만은 철저한 반공주의자로서 국내의 공산주의운동을 분쇄하였
으며, 철저한 배일排日정책으로 일본에 대하여 강경자세를 견지하였다.
6·25전쟁이 발발하자 미국과 유엔의 도움으로 공산군을 격퇴하는 데
성공하였으나, 1952년 임시수도 부산에서 제2대 대통령선거를 앞두고

13　박찬욱·원시연, "한국행정 60년: 입법부－행정부 관계", 「국회입법조사처」
　　(국회보통권 제498호), 2008, 30-33면.

야당세력이 우세한 국회에서 자신의 대통령재선이 어렵게 되자, 자유당自由黨을 창당하고 계엄령을 선포, 반대파 국회의원을 감금하는 등 변칙적 방법을 동원하여 헌법을 대통령 직선제直選制로 개정하고 대통령에 재당선되었다. 1953년 미국의 전쟁처리방법에 반대, 계속 휴전을 반대하다가 휴전성립 직전에 반공反共포로의 석방을 단행, 전세계의 이목을 집중시켰다. 또한 1954년 자신의 경우에만 적용되는 종신대통령제 개헌안을 발의, 국회에서 1표 부족으로 부결되었는데, 사사오입四捨五入의 해석논리를 변칙적으로 적용하여 번복하고 통과시킴으로써 1956년 대통령에 3선되었다. 1958년 12월 차기 대통령선거에 대비하여 국가보안법 등 관계법령을 개정하고 경제시책의 빈곤으로 인한 특정재벌에 대한 특혜 등으로 국민의 지탄을 받기도 하였다. 1960년 3월 15일 여당과 정부가 전국적·조직적으로 부정선거를 감행하여 대통령에 4선되었으나 4·19 혁명으로 사임하였다.

2011년 3월 26일 건국대통령 이승만 박사 136주년 탄신기념식의 학자들과 전문가 간의 회의에서 이승만 대통령 없는 박정희 시대는 없다고 볼 수 있으며, 박정희 대통령의 공적인 한강의 기적은 이승만 시대 유산을 잘 활용하였기 때문이라고 평가하였다. 김충남은 5·16으로 집권한 박정희 대통령이 '한강의 기적'을 이룬 것은 이승만 시대의 유산을 잘 활용한 때문이라고 강조했다. 그는 "박정희의 실용적 리더십은 뛰어난 것이지만 이승만 시대에 이룩한 한미동맹이라는 울타리와 잘 훈련된 군대, 교육받은 노동력에 힘입어 신속한 산업화가 가능했다"고 주장했다.[14]

이승만 대통령에게 교육은 안보 다음의 중요 과제였다. 초등학교 의무교육과 중등·고등교육의 폭발적 증가는 산업인력을 양성해냈고 특히 자유민주교육과 외국어대 설립, 원자력연구소 설립 등은 당시로서

---

14 김충남, 『대통령과 국가경영 — 이승만에서 김대중까지』, 서울대학교출판부, 1996.

는 교육혁명이었다. 박정희 시대를 가능하게 한 한미 상호방위조약도 이승만의 중요 치적이다. 한국전쟁 중에도 정부와 국민의 결속력을 유지한 이승만의 반공지도력이 없었다면 공산정권인 북한의 침략을 막아내지 못했을 것이다. 이승만의 정치적 리더십 덕분에 한미 상호방위조약으로 주한미국의 주둔과 60만 한국군 육성, 지속적인 경제원조도 가능했다. 이승만의 한미동맹 쟁취가 없었다면 한국은 자유민주주의를 굳건히 지키는데 어려움이 컸고(공산화되었을 가능성이 크고), 박정희의 경제개발도 어려웠을 것이다. 한미동맹 결성은 이승만의 최대의 업적 중 하나로 평가받아야 한다.

이승만 대통령은 자주적 지도자로 미국과 가까웠지만 미국을 믿지는 않았고 그 불신은 1951년 육사, 1953년 해사, 이듬해 공사 등 사관학교 건립으로 자주국방의 토양을 마련했다고 밝혔다. 박정희 시대의 성공은 철저하게 이승만 시대의 업적과 기반을 바탕으로 한 것이다.[15]

2. 박정희 대통령의 정치적 리더십

가. 리더십의 특징: 적극적 부정형

박정희 리더십은 과업추진형으로 성공적인 경제발전과 권위주의 지배로 인하여 긍정·부정적 평가를 동시에 받고 있다. 박정희의 리더십은 매우 권력욕이 강하며, 재야인사들이나 야당인사들을 탄압하거나 이들을 투쟁의 대상으로 인식하였고, 모든 일에 치밀하게 준비하며 꼼꼼하게 집행을 통제하는 등의 행동을 통해 적극적 부정형 리더십의 전형적인 모습을 보여주고 있다. 그는 강력한 카리스마로 국정을 열정적으로 책임지고 관리했으며(적극적 리더십), 대對 의회관계에서는 의회정치

---

15 『뉴데일리』, 2011년 3월 26일, http://www.newdaily.co.kr/news/article.html?no=74137.

를 무시하고 행정부가 주도하는 통치를 계속해나갔다(부정형 리더십). 정
국의 지도 하에서 군부는 군정실시 기간 동안 헌법개정을 통해 내각책
임제의 권력구조를 대통령중심제로 환원시키고, 국민에 의한 직접선거
로 대통령선거가 실시하도록 하였다. 그리고 강력한 군부의 통치력을
행사하여, 박정희가 제5대 대통령으로 당선될 수 있는 기반을 만들어
내었다. 박정희를 중심으로 한 혁명주체 세력들은 그들의 혁명목표를
달성하기 위해 강력한 통치체계를 구축하였다.[16] 그리고 민주공화당을
만들어 뒤이어 실시된 국회의원 선거에서 국회재적의원 62.8%에 해당
하는 110석으로 원내 제1당의 지위를 차지하면서 제3공화국을 시작하
였다.

　장면의 민주당 정부는 정부능력의 측면에서 약체정부였다. 당시의
정치적 상황은 정부와 정치지도자의 강력한 리더십이 요구되는 과도
기적 상황이었으나 장면 정부는 이러한 시대적 상황에 적극적으로 대
응하지 못했다. '한국정치에 초대된 영원한 손님'으로 평가받는 장면
총리 역시 미국에서 신학을 공부한 교육자 출신이고, 서구식 민주주의
이상으로 무장한 신사였지만, 난세를 이끌고 나갈 수 있는 통치력이나
정치적 수완은 갖지 못했다. 혁신적 진보세력은 4·19혁명과업의 완수
를 표방하면서 장면 정부가 혁명세력의 정치적 요구에 부응하여 줄 것
을 기대하였지만 이에 부응하지 못함으로써 민주당 정부의 수립을 도
왔던 이들 친혁명세력을 등 돌리게 만들었다. 그런가하면 학생, 노조,
언론, 혁신계 정치인 등 혁신세력들에 의해 연일 계속되는 '거리의 정
치'에 미온적으로 대응함으로써 사회적 불안을 가중시키는 결과를 낳
았고, 이들 친혁명 세력들이 일으키는 사회적 소요에 불안감을 가지고
있던 많은 보통 시민과 우익 보수세력(경찰, 군부, 공무원, 기업인 등)으로부
터도 소외되는 결과를 초래하였다. 민주당내 신파와 구파 사이의 정치

---

16 안병만, 『한국정부론』, 다산출판사, 1985, 126-129면.

적 갈등으로 장면 정부는 의회 내에서도 안정적인 자파 지지세력을 확보할 수 없었기 때문에 정부의 정책을 법률로 만들어 집행해 나가는 데에도 뚜렷한 한계를 가지게 되었다. 정당정치와 의회정치의 회복으로 민주주의의 꽃이 활짝 개화하기를 기다리던 시민들에게 민주당 정부는 못마땅할 뿐이었다. 한마디로 장면 정부는 사회 각계각층의 봇물처럼 쏟아져 나오는 다양한 요구에 부응할 수 있는 능력을 결여하고 있었고, 이러한 다양한 요구와 이해상충을 조정할 수 있는 정치적 수완이나 리더십도 발휘하지 못했다.

민주당 정부의 실패는 군부를 잘못 다룬 데에서 그 직접적인 요인을 찾을 수 있다. 민주당 정부는 애초에 선거공약으로 군대의 감축을 내세워 군 고위장성을 자극하였다. 이러한 공약은 집권 후 곧 철회되었지만, 군 고위장성의 의혹을 떨쳐내지는 못하였다. 이승만 정부 하에서 군은 정치화되었고, 고위장성들 사이에 만연된 부패는 소장장교들의 불만을 샀다. 소장 장교들은 부패한 고위장성들이 군부의 요직을 차지하고 있기 때문에 자신들이 진급하지 못하는 것에 대하여 큰 불만을 가지고 있었다. 소장 장교들은 군부에 대한 정화 즉 '정군' 주장하였으나, 장면 정부는 고위장성들의 부정부패 보다는 군부 내의 반역가능성에만 신경을 쓰고 있었기 때문에 소장장교들로부터 불만을 샀다. 장면 정부는 정치적 지지기반을 급격히 상실한 채, 사회질서 회복과 좌익분쇄를 표방하면서, '구국의 결단'으로 정부의 통치력을 복구하겠다고 나선 소장 장교중심의 군사쿠데타 음모를 저지하지 못한 채 하루아침에 붕괴되고 말았다.

5·16 군부 쿠데타로 정권을 장악한 박정희 소장 중심의 이른바 '혁명세력'은 비상계엄을 선포하고 초헌법적 통치조직으로 '국가재건최고회의'를 구성하고, '혁명내각'에 의해 만들어진 '국가재건비상조치법'에 따라 국정을 운영하였다. 각종 정당 및 사회단체의 활동이 전면 중단되었고, 국회와 지방의회도 해산되었다. 국가재건 최고회의는 입법, 사

법, 행정의 삼권을 통합하는 최고의 통치기구로서 2년 7개월 동안의 군정기간을 이끌어 나갔다. 군정기간 중에는 민정이양을 위한 작업이 착착 진행되었다. 군복을 입고 통치하던 사람들이 군복을 벗고 계속 통치해 가기 위한 작업을 서둘러 나갔던 것이다. 제 3공화국의 집권여당인 민주공화당이 사전에 결성되었고, 제 3공화국의 헌법도 기초되었다. 새롭게 탄생될 공화국의 헌법은 제 2공화국의 만성적 정치불안과 사회적 소요가 의원내각제 때문인 것으로 단정 짓고, 대통령 중심의 강력한 통치력을 제도적으로 뒷받침한다는 명분하에서 대통령 중심제를 채택하였다. 국회도 양원제에서 단원제로 바꾸고, 정치적 기능과 권한도 축소시켰다.

또한 박정희는 대통령과 행정부의 권한을 크게 향상시켜, 국회의 별다른 견제를 받지 않고서 정부를 운영할 수 있게 하였다. 뿐만 아니라 필요한 경우 국민의 정치적 자유와 권리에 쉽게 제한을 가할 수 있는 헌법적 장치들이 마련되었다. 군정치하 새로운 헌법의 공포로 1963년 10월과 11월에 각각 대통령 선거와 국회의원선거가 실시되었고, 대통령 선거에서는 군복을 벗고 출마한 박정희 후보가 야당의 윤보선 후보를 15만여 표 따돌리고 제5대 대통령에 당선됨으로써 1963년 12월 17일 제 3공화국 정부가 출범하게 되었다. 3공화국 정부는 경제성장을 국정의 최고 목표로 제시하고, 정부의 적극적인 계획과 주도로 국가경제를 성장시킬 수 있는 여러 계획들을 강력하게 추진해 나갔다. 그 결과 박정희의 제3공화국 정부 하에서 한국은 세계사에 유례가 없는 고도의 경제성장을 10여 년의 짧은 기간 내에 이룩할 수 있었다. 제3공화국 정부는 경제적인 측면에서 '빛'을 발했다면, 그러나 정치적인 측면에서는 '그늘'의 어두움이 서서히 드리어지기 시작한 시기였다. 고도성장의 성장제일주의 신화 속에는 민주정치의 암울한 장래가 예견되고 있었다.

이러한 박정희의 리더십은 장기간 집권하면서 점차 경직화되었는데 그 원인으로 정치·경제구조, 개인의 성격, 지도 이념 등이 인용되고 있다. 그러면 리더십에 영향을 미친 첫째 요인인 외부요건은 어떠하였는가? 쿠데타에 의한 집권으로 물리력에 근거한 정권이었으나 1963년 제3공화국은 최소한 경쟁적 정권교체의 가능성에 근거한 정치구조로서 체제에 대한 국민적 합의를 도출하였다. 박정희 자신도 60년대 중반 민주주의를 강조하였지만 3선개헌과 유신체제의 성립 등 권위주의 체제 성립에 따른 정치구조의 변화는 박정희 개인의 영도적 권력을 극대화하였으나 정치체제에 대한 국민지지의 상실을 초래하였다.[17] 경제적인 면에서 60년대 수입대체산업과 수출을 위한 경제정책은 농업사회의 잠재적 실업자군을 노동집약적 경공업화와 고용창출로 국민의 지지를 받았지만, 70년대의 고도성장 과정에서 부의 편중, 경제의 대외종속심화, 산업간 불균형은 노동자·빈민 등 소외계층을 양산하였고 점차 권력기반을 약화시켰다.[18]

두 번째 대통령의 권력기반으로 박정희는 제3공화국 때 물리력과 국민의 지지를 모두 활용하였으나 유신체제는 관료조직과 정보기관에 의존하였다. 제3공화국의 출범으로 박정희는 공화당, 비서실, 행정부, 중앙정보부를 권력의 축으로 운영하였으나 60년대 후반부터 공화당의 위상은 약화되었다. 1971년 국군보안사령부는 권력의 한 축으로 부상하였지만, 유신말기에는 차지철의 경호실이 권력의 핵이었고 중앙정보부, 보안사는 견제 받거나 위상이 약화된 상태였다.[19] 즉 박정희의 제3공화국은 대의제 제도가 주요 권력기반의 역할을 하였으나, 유신이후 "영도적 절대권력"의 확보는 국민의 저항으로 인하여 권력유지를 점차 정보기관의 물리력에 의존하게 되었다. 그러나 박정희의 각 정보·보안

---

17 김용철, "박정희의 정치적 리더십", 『한국정치과정론』, 윤형섭, 법문사, 1989, 79-122면.

18 이상우, 『권력의 몰락』, 동아일보사, 1987.

19 정정길, "정책과정", 『한국행정의 역사적 분석 : 1968-1984』, 조석준외, 서울대학교 출판부, 1987, 71-152면 ; 김계원, "증언" 월간조선, 1987. 10. : 448-479면.

기관에 대한 활용은 각 기관의 상호견제 속에 박정희의 각 기구에 대한 신뢰는 변동적이었다.

세 번째, 대통령의 권력관이 정책결정에 어떤 영향을 미치는가? 오랜 모의 끝에 쿠데타로 집권한 박정희는 "오직 국가와 민족을 위하는 애국이념"에서 쿠데타를 감행했고 힘으로 잡은 권력은 결코 그의 수중에서 떠날 수 있는 것이 아니었다. 박정희는 3선개헌과 유신을 경제근대화, 자주국방, 통일 등으로 정당화하였고 권력의 절대화를 이루었다. 경제정책 전반의 지도자, 안보의 전략대가로 자신을 인식한 박정희는 점차 자신의 집권을 국가와 민족을 위한 소명의식으로 이해하고 정책행위에 대한 "역사적 판단"을 강조하였다.[20] 박정희는 자신의 목적을 성취하기 위해 비능률적인 정치를 혐오하였고 위난의 조국을 이끌 지도자로 자신을 이해하여 절대권력을 행사하였다.[21]

한편 한국 학계에서 대표적인 진보학자인 백낙청도 이분법적 평가가 대치하고 있는 박정희 시대에 대해 균형 있는 평가를 시도하였는데, 그의 권력의 정당성은 낮게 평가하면서도 성과의 효율성에 대해서는 높은 평가를 내렸다. 주식회사 한국에서 CEO적인 리더십을 발휘한 그의 공을 인정하지 않을 수 없다는 것이다. 그는 박정희 찬반논란의 핵심이 되고 있는 경제 업적과 관련하여 민주화 세력이 당시나 그 후 오랜 기간에 걸쳐 한국경제가 박정희 시대에 이룩한 괄목할 성과에 대해, 그리고 전제적이며 포악하기까지 했지만 유능하고 그 나름으로 헌신적이기도 했던 한국의 지도자 박정희에 대해 충분히 인정을 안 해준 것은 사실이라고 지적했다. 그는 한국식 고도성장 모델의 창안자로 박

---

20 정정길, "대통령 정책관리 스타일 : 경제정책을 중심으로", 한국행정학회, 춘계학술 심포지움, 서울, 1992. 4. 16, 27-31면.

21 이강노, "대통령제와 14대 대통령 선거의 전망 : 대통령의 지도력과 정책결정요인의 비교－박정희·전두환·노태우 대통령과 비서실－", 「한국정치학회 선거와 한국정치」, 1992, 497-498면.

정희의 '지적 재산권'을 인정하는 데 인색할 필요는 없다고 본다며 수출 전략에 정치적 탄압과 사회적 획일화를 포함한 다른 전략들을 '한국식'으로 배합해간 주역은 박정희였다고 말했다. 그는 독재만 하고 경제 성장을 못 이룬 독재자가 많다는 점에서 또 한국에서와 같은 극적인 성장을 이룩한 일은 더욱이나 드물다는 점에서 어쨌든 박정희는 유공자라고 덧붙였다. 그는 이와 함께 박정희 시대 민주화 운동 세력에 대해 "대체로 민주화 운동은 노동자의 권리와 공해 억제를 주장하고 부정부패, 정경유착 등 각종 천민자본주의적 행태를 규탄하는 데 앞장서기는 했지만 한국 경제를 어떻게 발전시킬지에 대한 현실적 대안을 제안했다고 말하기는 어렵다"고 '대안 부재'의 한계를 지적하기도 했다.

그러나 백낙청은 박정희를 조국 근대화의 역사적 전환점을 제시한 '유공자'로 평가하면서도, 그 유공자는 '지속불가능한 발전의 유공자'일 뿐임을 지적했다. 그는 박정희의 업적을 인정하더라도 그것이 고속성장뿐 아니라 역사의 진정한 발전을 위해 최선의 것이었느냐는 문제는 여전히 남아 있으며, 그것이 바로 재평가 작업의 핵심이 되어야 한다고 주장하였다. 그는 박정희식 개발은 이중의 의미로 지속불가능했다며, 첫째 군사주의 문화와 대대적인 환경 파괴에 근거한 박정희식 경제 개발은 지속가능한 발전(sustainable development)과 상치되는 것만큼은 분명했고, 둘째 박정희식 개발은 훨씬 좁은 의미로 이런 개발 정책 자체가 오래 지속될 수 없다는 의미로 '지속불가능'이었다고 지적했다. 그는 '동서 냉전이라는 세계정세가 뒷받침하는 동안은 반공과 경제성장의 결합이 박정희 정권을 지탱하는 데 효력을 발휘했다'면서도 박정희식 경제 성장은 먹고 사는 문제가 해결되면서 다른 종류의 욕구가 대두된다는 점에서 지속가능하지 못했고, 반공을 국시로 내세운 것도 국민의 통일 열망을 거스른다는 점에서 또 동서 냉전 체제가 해체되어 가는 세계정세 속에서는 지속 불가능한 것일 수밖에 없었다고 지적했다.[22]

한편 박정희의 리더십은 그가 영구집권을 위해 유신체제를 세움으

로써 그의 리더십은 부정적인 원형으로 퇴보하게 된다. 일단 5·16 쿠데
타 이후 박정희 군사세력들은 당시 불안정했던 내각제로부터 대통령
중심제로 환원시켰고, 이때부터 한국의 정치제도는 대통령제로 공고화
과정을 거치게 된다. 기존 정치권내 권력기반이 없는 신군부세력은 대
통령제를 정권을 제도화하는 단계에서 활용할 수 있는 효과적 정부형
태로 인식하였다. 그는 근대화 작업을 본격적으로 시작하면서 "조국근
대화"와 "민족중흥"이라는 수사修辭를 구사하면서 정부주도의 경제개발
전략에 의한 근대화 작업이 이루어지게 되었다. 미국과 영국 및 유럽
등의 서구에서는 시민계급이 주도하는 시민사회의 자율적, 자생적 발
달의 결과로서 근대화가 이뤄진 것과 대비된다.

　제3공화국 정부는 경제성장 제일주의를 표방하였고, 정부체제를 경
제개발을 위한 개발지향형으로 개편 운용하였다. 정부주도의 체계적인
계획수립과 집행을 담당할 정부조직으로 경제기획원을 두었고, 국세
청, 공업진흥청, 노동청, 해운항만청, 수출진흥회 등의 정부조직 역시
국토개발과 수출증대를 통해 경제성장을 이루려는 정부의 의지를 반
영한 정부조직이었다. 1962년부터 경제개발 5개년 계획을 거듭 추진하
여, 제1차 경제개발 계획 5개년 계획기간인 1962년부터 1966년까지 한국
의 연평균 경제성장률은 8.3%에 달하였고, 제2차 경제개발 5개년 계획
기간인 1967년부터 1971년 사이의 연평균 경제성장률은 10.5%로서 당초
의 정부목표를 훨씬 뛰어 넘는 세계적인 성장기록을 수립하였다. 1969
년 한 해 우리나라의 경제성장률은 15.5%를 달성한 바 있다. 정부의 강
력한 경제개발정책은 한국의 산업구조에 커다란 변화를 추진하였다.

　한편 제3공화국 정부는 1960년대부터 적극적인 외교노력을 통해 한
국의 국제적 지위향상과 자주국방의 기틀을 다져 나가기도 하였다. 안
보 분야에서는 미국 등 자유우방국가와의 군사적 유대를 강화하였고,

22 백낙청, "박정희는 '지속불가능한 발전의 유공자'", 『프레시안』, 2005. 5. 14.

한일 국교정상화 및 월남파병 등을 통한 외교역량의 강화를 도모하였다. 또한 비동맹 국가들과의 적극적인 외교정책을 추진해 나갔고, 캄보디아 등 비적성 공산국가와도 교역관계를 수립하는 등의 적극적인 외교정책을 펴나갔다.

유신체제의 제4공화국은 1972년 12월 27일 유신헙법이 공포되면서 공식적으로 출범하였다. 박정희 대통령은 국가안보 역량강화와 체제능력 향상을 명분으로 1972년 10월 7일 전국에 비상계엄을 선포하고, 국회해산, 정당활동 중지, 대학휴교조치 등의 비상조치를 단행하였다. 해산된 국회를 대신하여 비상국무회의에서 필요한 입법조치를 취해 나갔다. '국민동원'의 성격이 강했던 유신헌법[23]에 대한 국민투표는 11월 21일에 실시되어 총유권자의 91.9%가 투표에 참여하여 91.5%의 찬성률을 보였다. 박정희 정부가 이와 같은 쿠데타적 비상조치를 통하여 스스로 수립한 헌정질서를 중지시키고, 보다 강력한 새로운 정부체제를

---

23 유신헌법 제82조 ①국회의 정기회는 법률이 정하는 바에 의하여 매년 1회 집회되며, 국회의 임시회는 대통령 또는 국회재적의원 3분의 1 이상의 요구에 의하여 집회된다. ②정기회의 회기는 90일을, 임시회의 회기는 30일을 초과할 수 없다. ③국회는 정기회·임시회를 합하여 연 150일을 초과하여 개회할 수 없다. 다만, 대통령이 집회를 요구한 임시회의 일수는 이에 산입하지 아니한다. ④대통령이 임시회의 집회를 요구할 때에는 기간과 집회요구의 이유를 명시하여야 한다. ⑤대통령의 요구에 의하여 집회된 임시회에서는 정부가 제출한 의안에 한하여 처리하며, 국회는 대통령이 집회요구시에 정한 기간에 한하여 개회한다.
현행헌법 제47조 ①국회의 정기회는 법률이 정하는 바에 의하여 매년 1회 집회되며, 국회의 임시회는 대통령 또는 국회재적의원 4분의 1 이상의 요구에 의하여 집회된다. ②정기회의 회기는 100일을, 임시회의 회기는 30일을 초과할 수 없다. ③대통령이 임시회의 집회를 요구할 때에는 기간과 집회요구의 이유를 명시하여야 한다.
정기회 (定期會) 매년 9월 1일 개회 (그 날이 공휴일인 경우에는 다음날), 회기(會期)는 100일 이내 임시회 (臨時會) 대통령 또는 국회 재적의원의 4분의 1 이상이 요구시, 또는 재적의원 4분의 1 이상이 국정조사 요구시 개막. 회기(會期)는 30일 이내.

수립한 것은 어떠한 배경 하에서인가?

3공화국의 박정희 정부는 1960년대 10여 년 남짓의 짧은 기간 내에 세계사에 유례가 없을 정도의 높은 수준의 경제성장률을 기록하였다. 조국근대화와 민족중흥을 기치로 내세우며 등장한 박정희 정부의 경제적 성과는 국민들로부터도 상당한 지지를 받을 수 있었다.

하지만 문제는 박정희 대통령이 획책한 장기집권의 정치프로그램에 대해서는 야당뿐만 아니라 일반 국민들로부터도 적지 않은 비판에 직면하지 않을 수 없었다. 박정희 정부는 제1차, 2차 경제개발계획의 과감한 실천을 통해 이룩한 경제적 성과를 바탕으로 헌법 개정을 통해 대통령직을 고수하기 위한 3선 개헌을 감행하였고, 이는 만성적인 정치불안의 원천이 되었다.

경제개발에 박수를 보내고 동참하던 일반 국민들도 장기집권에 대해서는 관대하지 않았다. 1971년 대통령 선거와 뒤이은 국회의원 선거에서 민심이 그대로 반영되어 나타났다. 박정희 대통령은 온갖 부정과 관권선거를 감행했지만 야당의 김대중 후보를 겨우 94만여 표 차이로 이길 수 있었고, 국회의원선거에서도 야당이 개헌 저지선인 1/3을 확보함으로써 이제는 정상적인 헌법적 절차를 통해 더 이상의 장기집권이 불가능하다는 점이 명백해졌다. 뿐만 아니라 장기집권에 대한 저항은 야당 정치세력 뿐만 아니라 대학생과 재야 지식인들 사이에서도 걷잡을 수 없이 급속히 확산되어 갔다.

더욱이 박정희 정부의 최대 업적이었던 경제성장도 새로운 위기적 상황에 봉착하게 되었다. 오일쇼크와 달러위기로 승승장구하던 경제성장정책이 주춤거리지 않을 수 없었던 것이다. 경제개발을 위해 외국으로부터 끌어들인 외자의 원리금 상환율이 높아져 외채위기가 초래되었고, 그 결과로 지금까지 고도성장의 최대 수혜자였던 기업의 채산성이 떨어지면서 부실기업이 속출하고, 차관에 의존하던 기업들이 도산 위기에 처하게 되었다. 청계피복 노조의 전태일 분신사건으로 극적으로 표출되었던 노동자들의 생존권 요구투쟁도 급증하였고, 이로 인해 사회적 불안이 가중되어 갔다.

그런데 외자를 들여와 경공업 제품 위주로 조립생산하고, 이를 수출하여 달러를 벌어들이는 방식으로 꾸려오던 한국 경제는 1970년대에 들어오면서 뚜렷한 성장의 한계를 드러내게 되었다. 이제 수입대체재 산업은 고갈되었고, 더 이상의 경제성장을 위해서는 산업화의 단계를 '심화(deepening)'시킬 필요가 있었다. 경공업 중심의 소비재 뿐 아니라 중간재와 자본재를 직접 생산하는 중화학 공업 육성이 필요했던 것이다. 마침 세계적인 산업구조 재편에 따라 미국 등 선진국들은 1950년대와 60년대 경제적 풍요의 원천이었던 중공업을 해외로 이전하기 시작하였고, 그 대신 새로운 첨단 고부가 가치산업으로 산업구조를 재편해 나갔다. 한국 정부는 이러한 세계산업 재편의 조류를 적극적으로 활용해야 했다. 60년대 경제성장의 원천이었던 경공업 중심의 수출정책이 국제 경쟁력을 급격히 상실해갔기 때문에 중화학공업의 육성이 시급하였고, 변화하는 남북관계와 국제정세 속에서 군수산업을 육성하여 자주국방을 이루기 위해서도 중화학 공업의 육성은 필요하였다.

중화학 공업의 육성을 위해서는 막대한 재원이 필요했다. 정부는 우선 부채에 허덕이는 기업의 숨통을 터주기 위해 1972년 8·3 비상조치를 단행하였다. 8·3 조치는 기업의 대출자금을 3년 거치 5년 분할상환이라는 조건으로 동결시키고, 이자율도 1.35%로 대폭 낮추는 파격적인 비상경제조치였다. 기업들은 그동안 빌려 쓴 3,500억원의 원금상환과 이자부담으로부터 벗어남으로써 엄청난 특혜를 입을 수 있었다. 하지만 이러한 조치만으로 중화학 공업육성을 위한 재원이 확보될 수 있는 것은 아니었고, 여전히 외자도입의 필요성이 있었다.

하지만 차관형태로 빌려 오는 외국 자본은 원리금 상환의 부담이 커서 언제든지 한국경제를 외채위기상황에 빠뜨릴 수 있었다. 한국 정부는 국제통화기금(IMF)의 권유를 받아들여, 원리금 상환에 대한 부담이

없도록 외국인의 직접투자를 유치하는 조치를 취하였다. 1971년, 1973
년 각각 마산과 이리에 수출자유지역을 조성하여 외국 자본이 들어 올
수 있는 투자환경을 일차적으로 조성하였다. 그렇지만 외국 자본이 원
활하게 유치되기 위해서는 무엇보다도 외국인이 안심하고 투자할 수
있도록 하는 정치적, 사회적 안정을 필요로 하였다. 유신체제는 이러한
경제적 필요성의 산물이기도 했다.

유신정부는 중화학 공업육성을 위해 제3차 경제개발 5개년 계획
(1972-1976)에서 전자, 기계, 철강, 비철금속, 석유화학, 조선 등 6개 부문의
전략업종을 선정하였고, 마산 창원 여천 온산 구미 등에 이들 산업육성
을 위한 대규모 공업단지를 조성하였다. 1974년 정부는 또한 '국민투자
기금법'을 조성하여 기금의 평균 68%를 매년 중화학공업 부문에 지원
하였고, 중화학 공업제품을 수출하는 기업에 대해서는 소득세와 법인
세를 50% 감면하는 등 재정, 금융, 세제상의 지원과 특혜를 제공하였다.
정부의 정책에 힘입어 중화학공업은 연평균 20.9%의 높은 성장률을 기
록하였고, 중화학 공업이 제조업 부가가치 가운데 차지하는 비율도
1970년 37.8%에서 1979년에는 51.2%로써 이제는 한국의 제조업 가운데에
서 중심위치를 차지하게 되었다.

그러나 중화학 공업 중점 육성정책은 명암이 있었다. 중화학 공업
은 그 특성상 대규모의 자본과 설비가 필요했기 때문에 재벌중심으로
이루어졌다. 오늘날의 현대, 삼성, 럭키, 대우 등의 주요 재벌이 기반을
다진 것도 이 때문이었다. 1973년 제1차 석유파동으로 재벌 기업들이
일시적으로 어려움을 겪기도 했지만, 마침 붐을 이루었던 중동건설 경
기와 일본식의 종합상사제도를 활용하여 지속적인 성장을 이룩할 수
있었다.[24]

---

24 종합상사로 지정되면 수출금융의 혜택과 함께 시중금리의 절반 수준 이하
　의 값싼 금융혜택을 얻을 수 있었기 때문에, 우리나라 재벌기업들이 경쟁
　적으로 종합상사를 설립하였고 이를 통하여 많은 외화를 벌어들임으로써

하지만 재벌의 성장에도 불구하고 한국경제는 1978년을 기점으로 급격히 둔화되기 시작하였다. 한국뿐만 아니라 미국, 일본 등의 선진 국가들도 물가상승과 실업증대가 동시에 이루어지는 스태그플레이션을 겪었고, 1979년 제2차 석유파동이 겹치면서 세계경제가 침체상태에 빠져들었다. 세계경제의 침체는 외부 환경에 취약한 한국경제에 큰 타격을 가하였다. 수출시장의 판로가 막혔으며 외채위기가 재현되었다. 특히 그 동안 투자를 집중해 오던 중화학 공업의 타격이 심하여 공장 가동률이 급격히 떨어졌고, 따라서 실업률이 크게 증대되었다. 1970년대 10% 이상을 상회하던 경제성장률은 1979년 6.5%에 그쳤고, 이러한 경제침체는 유신체제를 위협하는 주요한 배경이 되었다. 아울러 1970년의 정인숙 여인 사건으로 표면화된 집권세력의 부도덕성 문제와 1971년 사법부 파동과 파월 근로자의 KAL 빌딩 난입사건, 실미도 사건 등은 지금까지 경제개발을 위해 일사분란하게 움직이던 정부체제가 총체적으로 위기상황에 빠져들고 있음을 나타내 주었다.

한편 한반도를 둘러싼 국제정세도 박정희 정부에게 새로운 위기감을 안겨 주는 것이었다. 제2차 대전 이후 미·소가 양 대축으로 지탱해 오던 냉전구조에 서서히 해빙의 바람이 일고 있었다. 한반도는 그 동안 냉전체제의 최전선으로 서방 진영의 맹주였던 미국과 절대적인 정치적, 군사적 동맹관계를 맺어 왔다. 하지만 미·소 중심의 양극체제는 전후 경제부흥을 이룩한 유럽, 일본 등이 국제무대에서 발언권을 높여 감에 따라 다극체제로 전환되어 갔고, 이 가운데에서 중국도 사회주의 체제 내에서 새로운 또 하나의 중심 세력으로 부상하고자 하였다. 미국은 명분 없는 베트남전의 수렁에 빠져 서방진영의 지도자로서 위신에 손상을 입었으며, 국내적으로 전국에 확산되어 갔던 반전데모에 휩싸이게 되었다. 이제 변화해 가는 세계정세 속에서 미국의 닉슨 대통

중화학공업 육성에 필요한 투자재원을 조달할 수 있었다.

령은 봉쇄전략을 포기하고 중국을 방문하여 중국과의 관계를 개선하였고, 괌 독트린을 통해 '아시아인의 안보는 이제 아시아인들 스스로 지켜 가야한다'고 선언하였다. 한국에 대해서도 남북한 간의 대화를 통하여 긴장을 완화하도록 종용하였다. 이와 같이 변화해 가는 국제정세 속에서 지금까지 정권유지를 위해 전가보도처럼 활용해 오던 반공과 안보 이데올로기도 차츰 위력을 잃어갈 형편이었다. 1971년 대통령 선거에서 야당 후보였던 김대중은 '4대국 보장에 의한 전쟁억제, 남북교류의 활성화' 등을 내세운 바 있었다. 박정희 정부는 용공시비로 이에 맞대응 하였지만, 이제 박대통령 자신도 '7·4 남북공동성명'과 '남북적십자회담'을 수용하지 않을 수 없었다.

경제성장도, 안보이데올로기도 이제는 더 이상 정부에 대한 정치적 지지를 가져다주는 정당성의 원천이 될 수 없는 상황에서 정권존속을 위해 남아 있는 한 가지 유일한 방안은 억압적 통치방식을 제도화하는 것이었고, 유신체제는 이러한 정권적 차원의 필요성에 따른 것이었다. 유신체제는 '영도적 대통령제'를 특징으로 한다. 대통령이 국가의 최고 통치자로서 국정에 대한 통제권을 최대한으로 행사할 수 있도록 권력을 제도적으로 공고화해 놓고 있다. 유신헌법의 가장 큰 특징은 조국 통일정책의 심의결정과 대통령 선거 및 일부 국회의원 선출 기능을 갖는 통일주체국민회의가 헌법기관으로 설치되었다는 점이다. 지금까지 국민들로부터 직선제로 선출되던 대통령은 이제 통일주체 국민회의에서 간접선거로 선출하게 되었다. 대통령의 임기는 4년에서 6년으로 연장되었고, 대통령은 행정부 수반으로서의 강력한 통치력 행사뿐만 아니라, 입법부에 대해서도 국회의원 정수의 1/3을 사실상 선출할 수 있는 권한까지 부여되어 있었다.

반면 국회의 권한은 크게 축소되었다. 국회의 국정감사권을 없앴으며, 국회의 연간 개회일수를 150일 내로 제한하였다. 대통령의 자의적인 통치권 행사를 제도적으로 보장하고 있었던 유신헌법은 헌법개정

절차에도 그대로 반영되어 나타나고 있음을 알 수 있다. 유신헌법은 대통령이 제안한 헌법은 바로 국민투표로 확정할 수 있도록 했고, 국회의원들이 발의한 헌법개정안에 대해서는 국회의 의결을 거친 후, 다시 통일주체국민회의의 의결을 거치도록 하였다. 이는 대통령 자신만이 유신체제 자체를 변화시킬 수 있게 한 것으로, 대통령이 사실상 입법, 사법, 행정의 3권을 통제하고 조정하는 최고의 영도자적 지위를 보장한 것이었다.

유신체제의 명분은 공식적으로는 변화하는 남북한 관계와 통일환경에 능동적으로 대처하고 안보역량을 강화하는데 있었다. 하지만 유신체제 하의 실질적인 정부의 목표는 70년대 초반에 나타나기 시작한 경제위기와 이에 따른 사회적 갈등을 억압적인 방식으로 해결하고자 한 것이었다.

박정희 대통령의 통치가 끝난 지 30년이 지난 현재까지 그는 1위의 지도자로 기억되고 있다. 왜 불멸의 통치자로 마음에 남아있는지는 많은 학자들과 언론 및 사회의 관심사였다. 1997년 외환위기 이후 국가적 위기가 있을 때, 전국가적 빈곤해소와 근대화를 성공적으로 이룩한 박정희 전 대통령은 국민들의 기억 속에 다시 각인되었고, 여론조사에서 역대 대통령 평가에서 어김없이 1위를 하였다. 박정희는 한국현대정치사에서 '영웅의 시대'를 열었다. 경부고속도로건설과 베트남전 파병, 새마을운동을 비롯한 국가적 사업에서 박정희 전 대통령은 경제발전과 국가발전 및 근대화의 청사진을 제시함으로써 국민에게 자부심을 심었다. 물론 박정희가 산업화에 혼신의 힘을 다한 것처럼, 그와 박정희 정권에 대한 반대파들도 민주화에 모든 것을 걸었다. 하지만 산업화의 주역과 민주화의 주역이 일란성 쌍생아처럼 함께 태어나서 궁극적으로 한국은 경제발전과 정치발전(민주화)를 성취하였다. 박정희와 민주화 정치지도자의 헌신, 열정과 소명의식으로 한국은 한 단계 업그레이드된 발전국가로 진입하였고, 한국은 선진국으로 도약할 수 있었다.[25]

나. 대통령 대 의회 관계

　박정희 대통령이 주도한 공화당은 강력한 대통령의 리더십과 의회에서의 압도적 다수확보를 통해 강력한 통치를 가능하게 하는 기반을 만들어 내었다. 공화당 정부는 출범 직후 한일협정韓日協定과 월남 파병 문제를 관철시키는 과정에서 야당을 비롯한 학생·지식인·언론·종교인 등의 범국민적인 반대에 봉착하면서, 이전의 정치와 크게 다르지 않는 비민주적 행태를 보이기 시작하였다. 학생·지식인 등 국민들의 비판과 저항이 일어나자, 계엄령을 선포해 반대세력을 탄압함으로써 독재화의 경향을 띠기 시작하였다. 박정희는 강력한 반공 이데올로기와 철권통치를 통해 의회의 기능을 왜곡시켜 나갔고 합법성과 도덕성은 상당히 부족하였다. 경제 성장 정책이 상당한 효과를 거두게 되면서 공화당 정부의 효율성과 정당성은 오히려 강화되어 가면서 장기집권이 가능하게 되는 계기를 마련하고 있었다. 이를 바탕으로, 1967년에 실시된 대통령 선거에서도 공화당의 박정희 후보는 신민당新民黨의 윤보선 후보에게 또다시 승리해 제6대 대통령이 되었으며, 국회의원 선거에서도 공화당이 압승을 거두었다. 하지만 박정희 대통령과 공화당 정부는 계속해서 비민주적인 행태를 보여 주었고 결국에는 1971년의 제7대 대통령선거를 2년 앞두고 조국근대화의 계속적인 추진을 위한 인물이라는 명분으로, 박정희에게 3선을 허용하기 위한 헌법개정문제가 제기하였다.[26] 헌법개정을 통해 제1당에게 매우 유리한 의석수를 배분시켜서 박정희 대통령은 국회를 통제하고자 했고, 의회의 행정부 견제 기능은 유명무실하게 되었다. 〈표 2-6〉에서 제시된 대로 공화당은 야당과 득표율

25　박효종, "우리는 왜 그를 잊지 못하는가,"『조선일보』, 2009. 10. 26.

26　김운태,『한국정치론』, 박영사, 1982, 291면 ; 이러한 상황에서 박정희는 1969년 7월 25일 "개헌문제를 통해 나와 정부에 대한 신임을 묻겠다."라고 선언하고 민주공화당이 빠른 시일 안에 개헌안을 발의해줄 것을 희망하였다.

에서 크게 앞서지 않지만(제1당과 제2당을 비교하면, 33.5%: 20.1%), 의석수는 압
도적 과반 이상의 의석을 확보하였다(110: 41).

<표 2-6> 제 6대 국회의 득표율과 의석수[27]

정당/단체	득표수(율)	의석수(비례대표)
민주공화당	3,112,985(33.5)	110(22)
민 정 당	1,870,976(20.1)	41(14)
민 주 당	1,264,285(13.6)	13(5)
자유민주당	752,026 (8.1)	9(3)
국 민 의 당	822,000 (8.8)	2
합계(비례대표)	175(44)석	

여당은 곧바로 3차례에 걸쳐 대통령의 연임이 가능하고, 그 밖에 국
회의원의 국무위원 겸직을 허용하며, 대통령탄핵소추에 있어 국회의
의결능력을 높여 대통령의 권위를 보호하는 조처를 강구하는 것 등을
내용으로 하는 개헌안을 국회에 제출, 통과시키기에 이르렀다. 결국 박
정희 대통령은 이를 통해 3차 연임에 성공, 장기집권의 기틀을 만들었
다. 하지만 불안한 정국을 수습하고 장기 집권을 더욱 확고히 하기 위
해서는 국회에서의 압도적 지지가 필요하였다.

특히 1971년 제8대 총선에서 야당인 신민당이 선전善戰하고(<표 2-7> 참
조), 김대중 후보가 박정희 대통령에게 석패하자, 야당의 도전가능성을
원천봉쇄할 필요가 있었으며, 집권세력은 이른바 '한국적 민주주의의
토착화'를 명분으로 내세워 이듬해 유신이란 친위쿠데타를 통해 강력
한 철권통치를 시작하였다. 그리고 야당인사를 탄압하는데 멈추지 않

---

27 이 표는 국회 홈페이지에서 확인한 정당별 의석 및 득표현황(당선 시 기
준)이다. 보수당, 자유당, 정민회 등 의석이 없는 군소정당의 득표율은
생략하였다.
　〈http://www.assembly.go.kr:8000/ifa/html/1_1_2.html〉의 「제6대 국회 표」참조.

고 유신헌법에 의한 통일주체국민회의를 만들어 대통령을 선출하기에
이르렀으며, 국회의 본질적 기능을 완전히 마비시켰다. 또한 이들에 의
한 선거를 통해 박정희 대통령은 제8대, 9대 연속으로 대통령에 선출됨
으로써 영구 집권을 실현시켜 나갔다. 그러나 당시의 정치상황은 유신
헌법의 반민주성을 들어 야당에 대한 지지가 높아져 가고, 이들을 중심
으로 한 일부 사회인사 및 학생들에 의한 개헌투쟁이 격화되기 시작하
였다.[28]

〈표 2-7〉 제8대 국회의 득표율과 의석수[29]

정당/단체	득표수(율)	의석수(비례대표)
민주공화당	5,460,581(48.8)	113(27)
신 민 당	4,969,050(44.4)	89(24)
국 민 당	454,257 (4.0)	1
민 중 당	155,277 (1.4)	1
합계(비례대표)	204(51)석	

　　제3공화국 헌법은 대통령 중심제와 단원제 의회제도를 채택하고 있
었다. 제 2공화국 정부가 의원내각제와 양원제를 채택하고 있었던 것
과 대조적이었다. 대통령 중심제를 채택한 것은 대통령이 국정의 중심
에서 서서 정부의 시책을 강력하게 추진해가기 위한 명분에서였다. 권
력을 장악한 군부 중심의 신정치세력은 제 2공화국 정부 하에서 국정
의 중심인 국회가 여야 직업 정치가들 사이에, 그리고 여당이 다시 신
파와 구파로 나뉘어져 서로 정치적 알력관계에 놓여 있었기 때문에 국

28 G. A. Almond & G. Bingham Powell, Comparative Politics, 2nd ed.(little brown and
　　company), 1978, pp.9-16., 이들은 정권유지를 위한 개헌과정 속에서 나타나
　　는 정치기능 차원의 많은 문제점에 대해 지적하였다.
29 이 표는 국회 홈페이지에서 확인한 정당별 의석 및 득표현황(당선 시 기준)
　　이다. 통일사회당, 대중당 등 의석이 없는 군소정당의 득표율은 생략하였다.
　　〈http://www.assembly.go.kr:8000/ifa/html/1_1_2.html〉의 「제8대 국회 표」 참조.

정이 표류하고 말았다는 교훈을 내세웠다. 하지만 대통령제로 다시 돌아간 또 다른 큰 이유는 기존의 정치권내 정치적 기반이 전혀 없었던 군부쿠데타 세력이 대통령 선거의 단판승부로 국민들로부터 무력으로 쟁취한 권력을 사후 승인 받는 것이 유리했기 때문이었다.

<표 2-8> 제10대 국회의 득표율과 의석수[30]

정당/단체	득표수(율)	의석수(비례대표)
민주공화당	4,695,995(31.7)	68
신 민 당	4,861,204(32.8)	61
무 소 속	4,160,187(28.1)	22
민주통일당	1,095,057 (7.4)	3
유신정우회	-	77
합 계	231석	

제3공화국 정부의 정치제도는 무엇보다도 대통령이 수반으로 있는 행정부 중심의 강력한 통치권 행사를 위한 것이었다. 국회 역시 정부의 시책을 법률적으로 효과적으로 뒷받침 받기 위해서는 2중의 입법절차를 거치도록 되어 있는 양원제보다는 단일 국회에서 빠른 통과가 기대되었기 때문에 단원제가 채택되었다. 국회의 시민의 대표기관으로서의 성격보다는 정부의 시책을 법률적으로 뒷받침하기 위한 통법부의 역할이 기대되었던 것이다. 제3공화국 헌법은 제1공화국의 국무원제나 국무총리제를 그대로 이어받아 대통령제에다가 의원내각제적 요소를 가미하고 있었다. 하지만 제1공화국에서의 국무원제나 국무총리제도가 대통령의 권한행사를 견제하자는데 그 목적이 있었지만, 제3공화국 정부가 채택하고 있었던 국무회의제나 국무총리제도는 대통령의 권력행사에 대한 견제보다는 대통령이 국정을 보다 원활하게 통제하기 위

---

30 표는 국회 홈페이지에서 확인한 정당별 의석 및 득표현황(당선 시 기준)이다.
⟨http://www.assembly.go.kr:8000/ifa/html/1_1_2.html⟩ 의 [제10대 국회] 표 참조.

한 장치였다. 국무회의제는 의결기관이 아니었고, 국정의 심의기관에 불과했으며, 국무총리 임명도 처음에는 국회의 동의를 받지 않아도 되었다. 그런가하면 대통령의 자문기관으로 경제과학심의회와 국가안전보장회의를 신설했으며, 대통령직속 하에 감사원을 신설하여, 대통령이 국정을 전반적으로 통제할 수 있도록 하였다.

대통령의 권한 강화는 국회의 상대적인 권한 약화를 의미한다. 제3 공화국 헌법은 시민의 대표기관인 의회가 국정의 중심이 되어야 한다는 '의회주의'에 대한 비판 혹은 회의에 기초를 두고 있는 것이었다. 의회주의는 정당이 중앙정치무대에서 주요한 역할을 담당하는 정당정치를 기초로 하며, 따라서 정당활동을 헌법으로 보장하는 제도적 장치를 둔다. 제3공화국 헌법은 정당의 해산여부에 대한 판단권을 정치적인 중립성을 갖는 헌법재판소에 두는 대신 대법원에 부여하였고, 그 대법원의 장은 대통령이 임명권을 가지고 있었다. 제3공화국 정부는 양당제로 운영되었다. 하지만 야당의 위치는 매우 취약하였다. 선거법과 정당법 자체가 야당의 당세 확장을 어렵게 만들었을 뿐 아니라, 정보기관의 정치개입으로 야당과 국회에 대한 노골적인 감시와 통제체제가 확립되었던 것이다. 야당과 국회에 대한 정부의 노골적 통제는 박정희 대통령의 장기집권을 위해 기도되었던 1969년 삼선개헌 파동을 전후로 더욱 극심해져 국회가 사실상의 마비상태에 들어가게 되었다. 국회가 국민의 대표기관으로서 민의를 집약하여 이를 공공정책으로 만드는 국정의 중심기구로써 정상적으로 작동하지 못하게 됨에 따라, 야당 뿐 아니라 학생, 지식인, 노조 등 정치과정에서 배제된 사회세력들이 거리로 쏟아져 나오는 극한 투쟁의 정치가 나타나기 시작하였고, 박정희 정부는 보다 강력한 행정적, 사법적 통제력으로 여기에 맞서 나감으로써 정치실종의 시대가 열리게 되었다.

대여강경노선을 주장해오던 김영삼金泳三이 야당인 신민당총재로 선출됨에 따라, 여러 해 동안 긴급조치 제9호에 의하여 금기사항이었던 개헌투쟁이 재연, YH사건, 신민당의 가처분사건, 국회에서의 김영삼 의원의 제명, 이에 따른 부산·마산의 사태와 비상계엄의 선포 등 정국은 혼란 상태에 빠지게 되었고 민주화를 요구하는 격렬한 시위가 발생했다. 이러한 시기에 10·26사태가 일어나 박정희 대통령이 저격당함으로써, 유신체제는 붕괴되고 18년 동안 계속된 박정희 정권은 종말을 고하였다. 결론적으로, 박정희 대통령은 야당과 반대세력, 그리고 의회를 무력화시키면서까지 권위주의적 리더십을 발휘하고자 하였고, 장기집권에 대한 환상을 버리지 못하였다. 그리고 여당인 공화당과 추종세력은 자신들의 정치적 입지확보를 위해서는 자신들과 뜻을 같이하는 하부정당을 야당으로 만들만큼, 국회에서의 지위확보에 열성이었다. 또한 제8대나 제10대 선거에서와 같이, 이들은 양당 간의 세력격차가 줄어 역전의 가능성이 엿보이면, 집권층은 예기치 않은 정변을 일으켜 그 가능성을 말살시키거나, 또는 그들 내부에서 새로운 지배분파가 등장시켜, 신당창당을 통해 다시 일당우위 구조를 복원시키는 악순환을 되풀이하였다. 하지만 이들의 국회다수 확보는 대통령의 비민주적이고 권위주의적인 리더십을 지원하거나, 대통령의 장기집권을 돕기 위한 방안이었을 뿐이었고, 의회의 기능을 마비시키는 비민주적 행위에 앞장서는데 필요할 뿐이었다.

제3공화국 헌법은 국회의원 후보가 되기 위해 소속정당의 추전을 받아야 한다는 규정을 통해 무소속 출마를 법으로 금지시켰다. 그리고 국회의원은 임기 중 당적을 이탈하거나 변경할 때 또는 소속정당이 해산될 때에는 그 자격을 상실하였고, 대통령·국무총리·국무위원·지방의회 의원 및 기타 법률이 정하는 공사의 직을 겸직할 수 없었다. 이는 의원내각제적인 요소를 의식적으로 제거하여 다시 대통령제로 회귀하되, 국정운영의 중심이 정당에 주어져야 한다는 정당중심주의를 주창했던 민주공화당의 정책논조를 대변하는 것이기도 했다(권찬호 1998). 이 조항은 원칙적으로는 지속되었지만 겸직금지 국무위원을 구체적으로

명문화하지 않는 방식으로 개정되어 제8대 국회부터는 겸직이 가능해
졌다.

　대통령의 대對 의회관계에서 유신헌법의 세세한 조항들은 고사하
고, 전체적인 윤곽만 살펴보더라도 제4공화국에서 국회가 차지했던 위
상을 파악할 수 있다. 제헌헌법에서 제2공화국 헌법까지는 제1장 총강
과 제2장 국민의 권리의무에 이어 국회가 제3장에 위치하고 있었다. 그
리고 제3공화국 헌법에서는 국회가 제3장 통치기구의 한 절로 편입이
되었으나, 순서는 이전의 헌법과 마찬가지로 대통령과 정부기구보다
앞서 기술되었다. 그러나 유신헌법에서는 제3장 통일주체국민회의, 제4
장 대통령, 제5장 정부기구 뒤인 제6장에 이르러서야 국회가 위치하고
있다. 심지어 제41조는 통일주체국민회의 대의원들이 국회가 발의·의
결한 헌법개정안을 최종적으로 의결·확정하는 역할을 담당하도록 규
정하고 있었다. 아예 국회의 입법권 자체가 보장되지 못한 현실을 반
영한 조항이었다. 또한 국회법을 통해 사실상 대통령이 임명하는 국회
의장에게 막강한 권한을 부여하였다.

〈표 2-9〉 헌법에서 규정한 입법부와 행정부의 관계[31]

시기	제·개정 일시	기 관	내 용
제 3 공	1962. 12. 26	행정부	·대통령: 무소속출마 금지, 임기4년, 중임가능, 　법률안 거부권 ·국무총리: 대통령이 임명, 국무위원 제청, 국무위원 　해임건의
		입법부	·단원제, 무소속출마 금지, 국회의원의 　국무총리·국무위원 겸직 금지 ·국무총리 및 국무위원 해임건의권 ·대통령·국무총리·국무위원·행정각부의장·법관·중

31 박찬욱·원시연, "한국행정 60년: 입법부－행정부 관계", 「국회입법조사처」
　　(국회보통권 제498호), 2008, 30-33면.

			앙선거관리위원회위원·감사위원 탄핵소추권 (의원 30인 이상의 발의, 재적의원 과반수 찬성)
	1969. 10. 21	행정부	·대통령: 3선 개헌
		입법부	·국회의원의 공사의 직 겸직금지 ·탄핵소추권(의원 50인 이상의 발의, 재적의원 2/3 찬성)

제4공	1972. 12. 27 (유신 헌법)	행정부	·대통령: 통일주체국민회의에서 선출, 임기 6년, 국회해산권, 국가의 중요한 정책을 국민투표에 붙일 수 있음,
			   긴급조치권 (국회에 통고만, 승인 필요없음)
			   국회의 국무총리 해임의결시 대통령은 국무총리와 국무위원 전원해임
			·국무총리: 국회의 동의를 얻어 대통령이 임명

		입법부	·통일주체국민회의는 대통령이 일괄 추천한 국회의원 후보자에 대한 찬반투표를 통해 국회의원 정수의 1/3 선출, 국정감사권 폐지, 국무총리 또는 국무위원 해임의결권, 대통령·국무총리·국무위원·행정각부의 장·헌법위원회위원·법관·중앙선거관리위원회위원· 감사위원 탄핵소추권(재적의원 과반수 발의, 재적의원 2/3 찬성)

3. 전두환 대통령의 정치적 리더십

가. 리더십의 특징: 적극적 부정형

전두환은 매우 권력욕이 강했고, 재야인사들이나 야당인사들을 탄압하거나 이들을 투쟁의 대상으로 인식하였으며, 강력한 통치력을 통하여 사회전반을 억압하고 집행을 통제하는 등 적극적 부정형 리더십의 전형적인 모습을 보여주고 있다. 전두환 대통령은 통치권행사에 있어 안보, 안정, 산업화와 통일을 정치적으로 활용하면서 억압적 정책으로 대항엘리트와 저항세력을 관리했다는 점이 박정희와 유사하다. 이

러한 폭력과 힘의 행사는 경찰, 군부 정보기관을 통해 이루어졌고 보안
사를 중추기관으로 활용하였으나 필요에 따라 모든 권력기관을 적절
하게 이용하였다. 전두환의 지도자상은 "저돌적 공격형(사자형)"이며, 정
책운영 스타일은 정책결정 및 집행에 있어서 자신 있고 일관되었지만
여론수렴이 가장 안되는 것으로 나타났다.[32] 정정길은 1980-1986년까지
전두환의 비서실을 평하면서 전두환의 박정희 비서실의 폐해에 대한
인식과 "지휘관" 중심의 행정 각 부처 운영 철학이 비서실의 약화를 초
래하였다고 보았다.[33]

유신체제에 대한 시민들의 저항은 유신체제가 성립한 이후 꾸준히
지속되었다. 유신체제하에서는 대통령 긴급명령에 의해 유신체제 자체
에 대해서 반대하는 일체의 말과 행동이 처벌의 대상이었다. 유신 헌
법은 시민적 자유와 권리에 대한 통치권 차원의 제약과 통제를 합법화
해 놓은 것이어서 정치적 목적의 집회와 출판, 언론, 결사의 자유가 철
저히 통제 당하였지만, 反체제 민주화 운동은 끊이지 않았던 것이다.
1979년 부마 민중항쟁은 유신체제에 반대하는 시민세력과 유신통치세
력 사이의 정면대결이 전국적 규모의 반정부, 반유신체제 운동으로 확
산하게 된 계기였다. 부마항쟁 이후의 어수선한 정국상황 하에서 10월
26일 박정희 대통령이 유신체제의 한 중심에 있던 중앙정보부장 김재
규에 의해 시해되었다. 10·26 시해사건 이후, 정국은 기존의 지배체제
를 그대로 지속시키려는 수구세력과 유신체제의 혁파를 주장하는 민
주화 투쟁세력 간의 팽팽한 대결구도로 나아갔다.

유신체제와 같은 억압적 통치체제를 고수하려는 일부 신군부정치
세력이 주도한 12·12 사태는 이러한 대결구도에 새로운 전환점이 되었
다. 전두환 장군이 지도자가 되어 일으킨 12·12 사태를 분기점으로 시
민들의 민주화 요구는 차츰 대규모의 폭력적 시위양상으로 발전하였

---

32 김호진, 「한국정치체제론」, 275-282면.
33 정정길, "정책과정", 520-521면.

다. '1980년의 봄'은 이제는 한국 사회가 유신체제의 질곡에서 벗어나 민주화될 수 있다는 기대와 다시 옛날과 같은 체제로 돌아가고 말 수 있다는 좌절이 교차한 시기였다. 12·12로 실권을 장악한 신군부는 계엄령 체제 하에서 정국에 대한 사실상의 주도권을 가지고 있었다. 신군부는 시민들의 민주화 요구가 폭력적 양상으로 번지기를 기다렸다는 듯이 서울에서의 대규모 시위를 신속하게 강경 진압하였고, 이어 광주 등 지방에서 산발적으로 전개된 소규모 시위에 대해서도 무장군을 동원하여 강경 진압하였다.

광주 민주화 항쟁의 강경진압 이후 신군부는 정국에 대한 통제권을 완전히 장악할 수 있었고, 이후 곧 바로 이를 제도적으로 뒷받침하기 위한 일련의 조치를 취해 나갔다. 신군부는 5월 31일 박정희 장군의 국가재건최고회의와 유사한 국가보위비상대책위원회를 허울뿐인 대통령 자문기관으로 설치하였고, 이를 통해 입법, 사법, 행정의 3권을 완전히 손에 넣을 수 있었다. 신군부의 국보위에서는 일체의 정치활동을 규제하였고, 언론을 철저히 통제하였으며, 부정부패와 사회악을 일소한다는 명분 아래 공직자 숙정과 함께 이른바 사회정화운동을 강요해 나갔다. '80년 서울의 봄'에 민주화된 정부 하에서 대통령직을 꿈꾸던 김대중, 김종필 두 정치지도자는 각각 '국가전복'을 위한 민주화 항쟁의 배후조종 혐의와 부정부패 혐의로 체포구금하였고, 김영삼에 대해서는 정계은퇴를 종용하였다.

이와 같은 일련의 조치로 권력의 기반을 마련한 신군부는 80년 8월 16일 형식적으로 대통령직을 유지하고 있던 최규하 대통령을 사실상 강압적으로 퇴진시키고, 8월 27일에는 기존 유신헌법 하의 통일주체국민회의에서 신군부의 지도자 전두환 장군을 제11대 대통령으로 선출하였다. 이어 신군부 정치세력은 대통령 7년 단임제와 간선제, 과도입법기관으로서의 국가보위입법회의, 비례대표제, 국정조사권 등을 골자로 하는 새로운 헌법안을 국민투표에 부쳐 10월 27일 공포하였다. 이에 따

라 유신헌법의 통일주체국민회의가 폐지되고, 국회와 정당이 해산되었
으며, 국가보위입법회의가 국회의 권한을 대행하여 선거법과 정당법
등과 같은 정치관련법을 정비하였다. 1980년 11월 정치활동의 재개와
함께 신군부세력은 집권여당으로 민주정의당을 창당하였고, 민정당은
전두환 장군을 당총재 및 대통령 후보로 선출하였다. 1981년 2월 11일
제 5공화국 헌법에 따라 대통령선거단 실시가 실시되었고, 2월 25일 선
거인단이 모인 대통령 선거에서 전두환 후보가 당연히 대통령으로 선
출된 후, 3월 3일 제12대 대통령에 취임함으로써 제 5공화국이 정식 출
범하게 되었다.

전두환 정부는 강권적 통제력을 바탕으로 시장에 직접 개입하여 이
러한 경제문제들을 해결해 나가고자 하였다. 과잉중복투자에 대해서는
산업합리화를 명분으로 강압적으로 구조조정을 해나가도록 하였고, 인
플레이션과 외채감축을 위해서도 원화에 대한 인위적인 평가절하를
단행하는 등의 인위적 시장 조정정책을 펴나갔다. 경제성장을 위한 부
족한 자본은 외국자본의 직접투자 유치정책으로 해결해 나갔다. 이러
한 경제성장의 노력이 얼마간 결실을 맺어 1986년부터 올림픽의 해
1988년까지 한국경제는 연평균 12% 이상의 고속성장과 290억 달러 이상
의 경상수지 흑자를 경험하게 된다. 국제금리와 국제유가가 크게 떨어
졌고, 국내 노임이 선진국에 비하여 1/5 이상 크게 낮았던 것이 무엇보
다도 주요한 배경이었다. 하지만 정부가 강제적으로 시장에 개입하여
구조조정 등을 실시하는 과정에서는 부작용도 적지 않았다. 구조조정
을 실시하는 과정에서 부실기업을 인수한 특정 재벌 기업에게 금융 세
제상의 특혜가 주어졌으며, 반대급부로 특혜를 배분받은 기업은 정부
여당에 거대한 규모의 정치자금을 대주는 등의 정경유착이 한층 더 노
골화되고 대규모화되었던 것이다.

적극적 부정형 리더십으로서 전두환 대통령 리더십에 영향을 미치
는 첫 번째 상황적 요소로서 주된 분석대상은 정권의 정통성 부재와 非

민주성으로 특징지워진 군부강압체제의 구조였다. 그러나 강압적 집권 못지않은 구조적 요인으로 불황에 처한 한국경제의 위기상황도 소홀히 할 수 없다. 전두환의 제5공화국은 경제적으로 매우 좋지 않은 유산을 물려받은 채 출범하였다. 제2차 오일쇼크에 이은 국제경제의 침체로 한국경제는 국제수지 악화, 고물가, 농산물 흉작과 마이너스 성장이라는 새로운 위기 상황에 처해 있었던 것이다. 1970년대 중반 이후 대기업이 앞 다투어 무리하게 추진한 중화학공업 및 수출산업에 대한 과잉중복 투자로 외채누적의 악순환, 인플레이션, 비효율적 과잉생산 등도 위기 상황을 가속화시켰다. 전두환은 경제정의의 실현을 집권과정에서의 숱한 정치적 부담을 희석시킬 대안으로 표방하였지만,[34] 80년대초 전세계적 불황속에서 5공초의 경제적 위기상황과 안정화정책은 권위주의 정권의 속성과 결부되어 전두환의 강압적 권력행사에 기여하였다. 이것은 1987년 정치적 위기와 급변속에 1986년말 이래 호전된 경제여건이 전두환의 강압적 물리적 행사 유혹을 자제시킨 것과 대비된다.[35]

두 번째 제도적 권력기반으로 전두환은 전 재임 기간 동안 군부에 대한 근본적 믿음은 여전하였지만 권력기관 사이의 위상에는 변화가 있었다. 집권초기 실제권력의 행사는 청와대 비서실의 허삼수, 허화평, 김재익 등 수석보좌관들이 행사하였지만 80년대 중반 장세동은 경호실장, 안기부장으로서 정치권력을 행사하였다. 특히 장세동의 85년 2월 안기부장 취임은 81년 이후 보안사·안기부의 상호견제에서 안기부의 조직적 권력을 신장시켰다. 그러나 87년 6월 항쟁 후 대통령 선거에 직면하여 전두환은 민정당의 제도적 활성화를 위한 여러 가지 시책을 도

34 이장규,「경제는 당신이 대통령이냐」, 중앙일보사, 1992, 10-14면; 강경식,
　　「가난 구제는 나라가 한다- 경제부처 30년의 메모」, 삶과 꿈, 1992, 156-161면.
35 김성익, "전두환, 역사를 위한 육성증언 ① 6.29 전야의 고백", 월간조선,
　　1992년 1월 : 288-396면, "전두환, 역사를 위한 육성증언 ② 대권의 이동", 월
　　간조선, 1992년 2월 : 290-397면.

모하였다. 조직의 힘과 조직의 장長의 권력행사는 구별되어야 하지만 전두환 권력기관의 위상은 정치적 상황의 변동과 관련되어 있음을 볼 수 있다. 특히 87년말 전두환의 권력기반은 여전히 군·안기부·경호실 이었으나 권력기반 내 민정당의 위상제고시도는 전두환의 권력관 변화와 상응하고 있다.[36]

전두환은 박정희와 달리 취임 초부터 비서실의 권한 약화를 도모하였고 비서실의 타 기관과의 업무협조·조정기능을 강조하였다.[37] 5공 초 허화평·허삼수는 정책임안, 집행, 인사 등 국정전반에 영향력을 행사하였고, 김재익·사공일은 경제부문에, 이학봉·허문도도 맡은 부문에선 영향력을 행사한 실세로 알려졌다.[38] 비서관들의 정책결정에 대한 영향력은 강력한 비서실장이 존재하지 않았던 5공에서 각 분야에서 대통령의 신임을 바탕으로 조언·의견개진, 정책결정과 집행, 인사문제에까지 영향력을 행사하였지만 대부분 자기영역에 국한되어 비서관들의 갈등은 별로 없었다. 1982년 여름 실명제를 둘러싼 김재익·허화평의 갈등은 '권력투쟁'으로 알려지기도 하였으나 전두환 비서실의 예외적 경우였다. 즉 '실세' 비서관은 담당부문의 정책결정에 영향력을 행사하였지만, "비정책적" 비서관도 있었고 영향력 없는 비서관들의 존재도 두드러진다.[39]

---

36 이강노, "대통령제와 14대 대통령 선거의 전망 : 대통령의 지도력과 정책결정요인의 비교 −박정희·전두환· 노태우 대통령과 비서실−", 「한국정치학회 선거와 한국정치」, 1992, 500-501면.

37 이강노, "대통령제와 14대 대통령 선거의 전망 : 대통령의 지도력과 정책결정요인의 비교 −박정희·전두환·노태우 대통령과 비서실−", 「한국정치학회 선거와 한국정치」, 1992, 502면.

38 정정길, "대통령의 정책관리스타일". 한국행정학회 춘계학술 심포지움, 1992. 4. 16, 32면.

39 이강노, "대통령제와 14대 대통령 선거의 전망 : 대통령의 지도력과 정책결정요인의 비교 −박정희·전두환·노태우 대통령과 비서실−",「한국정치학

나. 대통령 대 의회 관계

10·26 사태로 유신 체제가 붕괴된 뒤에는 최규하崔圭夏가 제10대 대통령에 취임, 위기관리 내각의 구실을 했으나, 사회 각계에서 유신 잔재 세력의 제거와 조속한 민주화 조처를 요구하는 국민들의 요구가 폭발하였다. 이 시기 국보위의 위원장으로서 1980년 광주항쟁을 무력으로 진압하고 완벽하게 실권을 장악한 전두환全斗煥은 대통령선거인단에 의한 대통령 선거를 통해 제12대 대통령에 당선되었다. 전두환 리더십은 광주민주화운동의 진압방식과 언론통제가 시사하듯이 억압적인 통치권을 행사하고 문제를 해결하는 것이 특징이었다.[40] 전두환 대통령은 선거인단에 의한 대통령간선제와 7년 단임의 대통령임기를 골자로 한 헌법개정안을 공고하였고, 신군부는 제10대 국회를 해산시키고 국가보위입법회의가 그 권한을 대행하도록 하여 제11대 국회개원까지 156일 동안 215건의 안건을 접수하여 100% 가결시켰다. 그리고 5공화국의 정당체계는 1983년 말부터 시작된 유화조치 속에서 재생한 신한민주당이 제12대 선거에서 많은 득표를 하기 전까지, 11대 선거결과로는 형식상으로 일당우위형[41]이었다.

전두환을 위시한 신군부는 합의제를 배격하고 1인 독점제를 선호했으며, 민중부문에 대해서는 억압적이었다고 할 수 있다. 그리고 전두환 대통령은 정권의 정당성 면에서, 불만을 가진 세력들을 평화적인 방법만으로는 통제할 수 없었으며, 그 결과 국가상황은 항상 혼란의 위기에

회 선거와 한국정치」, 1992, 503면.

[40] 김명기, 『한국행정론』, 한국방송통신대학출판부, 1992, 209-210면.

[41] Giovanni Sartori, [Parties and Party Systems: A Framework for Analysis] (Cambridge: Cambridge University Press, 1976), pp.192-201. 여기서 사르토리는 predominant-party systems란 용어를 사용하고 있다. 사르토리(G. Sartori)는 이것을 정당 다원주의의 하위유형의 하나로 분류했으며 일당우위형 정당체계가 항상 권위주의와 연결되는 것은 아니다.

당면해 있어야 했다.[42]

〈표 2-10〉 제11대 국회의 득표율과 의석수[43]

정당/단체	득표수(율)	의석수(비례대표)
민주정의당	5,776,624(35.6)	151(61)
민주한국당	3,495,829(21.6)	82(24)
한국국민당	2,147,293(13.3)	25(7)
무 소 속	1,734,224(10.7)	10
민 권 당	1,088,847 (6.7)	2
신 정 당	676,921 (4.2)	2
민주사회당	524,361 (3.2)	2
민주농민당	227,715 (1.4)	1
안 민 당	144,000 (0.9)	1
기 타	391,511 (2.4)	-
합계(비례대표)	276(92)석	

　　신군부 역시, 과거 박정희 대통령의 공화당처럼 여당뿐 아니라 야당까지 만드는 정치공작을 단행한 후, 제11대 국회의원 선거를 통해 민정당을 패권정당(hegemonic party)화시켰으며, 의회의 기능은 여전히 제 기능을 발휘할 수 없는 상황에 놓여 있었다. 이러한 상황은 당에서 행정부의 각료로 진출하는 빈도를 증가시켰으며, 당정 간의 협의도 보다 긴밀해지고 제도화됨으로써 정책결정과정에서 집권당의 영향력이 작용하는 경우[44]도 상대적으로 많아지도록 만들었고 의회가 행정부를 견제

---

42 양동안, 『국가상황과 리더십』, 나남출판, 1994., 한승주 편저, 『리더십과 한국정치』, 나남출판, 1994, 101면.

43 이 표는 국회 홈페이지에서 확인한 정당별 의석 및 득표현황(당선 시 기준)이다. 〈http://www.assembly.go.kr:8000/ifa/html/1_1_2.html〉의 [제 11대 국회] 표 참조.

44 안해균, 『한국행정체제론』, 서울대출판부, 1988, 394-395면.; 당시 당정 간의 협의체로 당정실무기획위원회, 경제문제연석회의, 당정조정협의회, 당정정

하는 것은 사실상 불가능한 구조를 고착화시키게 되었다.

제5공화국 헌법은 유신헌법과 마찬가지로 민주주의의 기본원리와 시민적 자유 및 권리에 대한 제한과 유보를 제도적으로 정당화해 놓은 성격을 갖는다. 유신체제하에서의 대통령처럼 대통령은 3권을 초월한 집중적 권력을 행사할 수 있도록 되어 있었다. 하지만 유신체제에 쏟아진 장기집권 음모의 비난을 감안하여 대통령의 7년 임기의 단임제로 하였고, 대통령의 임기연장 혹은 중임변경을 위한 헌법개정은 개정제안 당시의 대통령에 대해서는 효력이 없도록 함으로써 장기집권하지 않겠다는 단임 의지를 유일의 정당성의 명분으로 내세웠다. 국회는 형식적으로만 보자면 국정조사권이 주어지는 등 유신 국회보다는 권한이 강화되었다. 국회의원은 한 선거구에서 2명의 의원을 선출하는 중선거구제와 비례대표제를 채택하였다. 그렇지만 비례대표제에 따른 전국구 구성은 지역구 의석수가 제일 많은 당에 무조건 2/3를 배정하게 함으로써 집권 여당이 사실상 국회를 장악하는데 유리하게 만들어 놓고 있었다.

전두환 정부는 유신체제 이상 가는 강압적인 통제력을 발휘하였지만, 민주화를 요구하는 시민들의 저항에 끊임없이 직면하지 않을 수 없었다. 5공화국 말기 시민들의 민주화 요구는 대통령을 직접 선출하겠다는 대통령 직선제 요구로 집약되었고, 전두환 정부는 4.13 호헌조치 선언으로 대응하였다. 하지만 호헌조치는 민주화를 요구하며 거리로 쏟아져 나왔던 시민들을 더욱 분노하게 만들었고, 1987년 6월 대규모의 시민항쟁을 불러일으키는 결과를 낳았다. 그 당시 군정 종식과 민주화, 그리고 직선제 개헌을 요구하는 국민들의 시위가 전국적으로 확산되었다.

다행히 집권세력 내부의 강온파의 정치적 균열 때문에 여당내 차기

책협의회 등이 만들어졌다.

대통령 후보로 지명되었던 노태우 후보의 6·29 선언이 나올 수 있었다. 민정당의 노태우盧泰愚 대통령 후보는 대통령 직선제 개헌을 골자로 하는 이른바 6·29 선언을 발표하였다. 이에 따라 개헌이 이루어지고 대통령 선거가 실시되었다. 6·29 선언은 시민들이 요구했던 대통령 직선제 수용을 골자로 한 민주주의로의 이행 공약이었다. 이후 한국 정부는 덜 강압적인 6공화국을 거쳐, 3당 합당을 통한 문민정부의 출범, 그리고 1997년 대통령 선거를 통한 실질적인 최초의 평화적인 정권교체를 경험하는 민주주의의 성숙을 경험하게 되었다.

第2節 소결

이승만의 정치적 리더십은 매우 권력욕이 강하며, 야심적이어서 재야인사들이나 야당인사들을 탄압하거나 이들을 투쟁의 대상으로 인식하였던 것이고, 모든 일에 치밀하게 준비하며 꼼꼼하게 집행을 통제하는 등 적극적 부정형의 전형적인 모습을 보여주고 있다. 이승만은 좌익세력이 소탕된 다음에도 야당에 대해서는 탄압일변도로 대응하는 비민주적인 정치행태를 보였다. 이승만은 초대 대통령이었지만 당시 정부수립 초기 극심한 정치적 혼란을 겪었고 한국전쟁으로 인한 정치권에 대한 불신이 심화되었으며, 그리고 친일파와 반민족주의자 등이 포함된 정치지도자들의 정당성이 부족했다. 이러한 요인들로 인해 이승만 정권유지의 안정성은 부족할 수밖에 없었다. 이러한 상황에서 이승만은 국회를 통한 대통령선거에서도 자신이 재선될 가능성이 희박해지자, 국회를 탄압하기 시작하였고, 비민주적이고 권위주의적인 리더십을 통해 정국을 돌파하였다. 그는 자신에게 유리한 선거제도를 채택하여 제2대 대통령과 제3대 대통령에 연이어 당선되면서, 국회의 견제기능을 완전히 무력화시켰다.

그리고 박정희 리더십은 과업추진형으로 성공적인 경제발전과 권위주의 지배로 인하여 긍정·부정적 평가를 동시에 받고 있다. 박정희는 매우 권력욕이 강하며, 재야인사들이나 야당인사들을 탄압하거나 이들을 투쟁의 대상으로 인식하였고, 모든 일에 치밀하게 준비하며 꼼꼼하게 집행을 통제하는 등의 행동을 통해 적극적 부정형 리더십의 전형적인 모습을 보여주었다. 그는 강력한 카리스마로 국정을 열정적으로 책임지고 관리했으며(적극적 리더십), 대對 의회관계에서는 의회정치를 무시하고 행정부가 주도하는 통치를 계속해나갔다(부정형 리더십). 박정희의 제3공화국 정부 하에서 한국은 세계사에 유례가 없는 고도의 경제성장을 10여 년의 짧은 기간 내에 이룩할 수 있었다. 제 3공화국 정부는 경제적인 측면에서 기적을 발휘했다면, 정치적인 측면에서는 암담하게도 민주주의를 봉쇄하여 권위주의가 지속시켰다. 박정희 대통령은 강력한 카리스마로 국정을 열정적으로 책임지고 관리했으며, 대 의회관계에서는 의회정치를 무시하고 행정부가 주도하는 통치를 계속해나갔다. 특히 1971년 제8대 총선에서 야당인 신민당이 선전善戰하고 김대중 후보가 박정희 대통령에게 석패하자, 야당의 도전가능성을 원천봉쇄할 필요가 있었으며, 집권세력은 이른바 '한국적 민주주의의 토착화'를 명분으로 내세워 이듬해 유신이란 친위쿠데타를 통해 강력한 철권통치를 시작하였다. 그리고 국회의 본질적 기능을 완전히 마비시킴과 동시에 박정희 대통령은 연속으로 대통령에 선출됨으로써 영구 집권을 실현시켜 나갔다.

전두환은 매우 권력욕이 강했고, 재야인사들이나 야당인사들을 탄압하거나 이들을 투쟁의 대상으로 인식하였으며, 강력한 통치력을 통하여 사회전반을 억압하고 집행을 통제하는 등 적극적 부정형 리더십의 전형적인 모습을 보여주고 있다. 전두환 대통령은 통치권행사에 있어 안보, 안정, 산업화와 통일을 정치적으로 활용하면서 억압적 정책으로 대항엘리트와 저항세력을 관리했다는 점이 박정희와 유사하다. 이

러한 폭력과 힘의 행사는 경찰, 군부 정보기관을 통해 이루어졌고 보안
사를 중추기관으로 활용하였으나 필요에 따라 모든 권력기관을 적절
하게 이용하였다.

　전두환 정부는 유신체제 이상 가는 강압적인 통제력을 발휘하였지
만, 민주화를 요구하는 시민들의 저항에 끊임없이 직면하지 않을 수 없
었다. 5공화국 말기 시민들의 민주화 요구는 대통령을 직접 선출하겠
다는 대통령 직선제 요구로 집약되었고, 전두환 정부는 4·13 호헌조치
선언으로 대응하였다. 하지만 호헌조치는 민주화를 요구하며 거리로
쏟아져 나왔던 시민들을 더욱 분노하게 만들었고, 1987년 6월 대규모의
시민항쟁을 불러일으키는 결과를 낳았다. 그 당시 군정 종식과 민주화,
그리고 직선제 개헌을 요구하는 국민들의 시위가 전국적으로 확산되
었다.

제3편 대통령의 대 의회관계 분석

第1章 이론적 검토와 분석틀

第1節 기존 연구의 검토와 비판

미국은 건국과 동시에 오랜 민주주의와 대통령제의 역사를 가지고 있다. 그에 따라 축적된 대통령학 내지 대통령의 정치적 리더십의 연구가 축적되어 왔다. 1948년 아서 슐레징어 1세(Arthur M. Schlesinger, Sr)에 의해 대통령 평가작업이 수행된 이후, 수많은 연구자를 거쳐 오면서 대통령학 연구가 발전해왔다. 또 다른 대통령학 연구 중의 하나로 토머스 베일리(Thomas A. Bailey)의 Presidential Greatness 등을 들 수 있다.[1] 1989년 윌리엄 라이딩스 2세(William J. Ridings, Jr.)와 스튜어트 맥기버(Stuart B. McIver)는 719명의 전문가를 대상으로 여론조사를 실시했다. 두 번에 걸친 여론조사는 적절하게 결합되어 1997년에 『대통령 평가(Rating the Presidents)』라는 책이 출판되었다.[2] 이 연구에서 최고의 대통령은 링컨(Abraham Lincoln), 프랭클린 루즈벨트(Franklin Delano Roosevelt), 조지 워싱턴(George Washington), 토머스 제퍼슨(Thomas Jefferson), 시어도어 루즈벨트(Theodore Roosevelt), 우드로 윌슨(Woodrow Wilson), 해리 트루먼(Harry S. Truman), 앤드류 잭슨(Andrew Jackson) 대통령이며, 최악의 대통령은 재커리 테일러(Zachary Taylor), 윌리엄 해리

---

1 Thomas A. Bailey, Presidential Greatness: The Image and the Man from George Washington to the Present (New York: Appleton-Century, 1966).

2 William J. Ridings, Jr., and Stuart B. McIver, *Rating the Presidents*(Secaucus,, NJ: Citadel Press, 1997).

슨(William Henry Harrison), 밀러드 필모어(Millard Filmore), 프랭클린 피어스(Franklin Pierce), 율리시스 그랜트(Ulysses S. Grant), 앤드류 존슨(Andrew Johnson), 제임스 뷰캐넌(James Buchanan), 워렌 하딩(Warren G. Harding) 대통령이었다.

유형별 분류를 통한 대통령 평가는 윌리엄 페더슨(William D. Pederson)이 대표적 학자로 제임스 바버(James D. Barber)의 '대통령들에 대한 정신분석인 측면의 분류방법'[3]을 기초로 하여 1987년 『미국 정치의 학문적인 평가방법(The Rating Game in American Politics: An Interdisciplinary Approach)』이라는 책을 펴내면서 바버의 연구를 계속 발표했다.[4]

한편 정치학 분야에서 기념비적인 바버의 연구는 가장 많은 숙고와 토론을 요구하는 접근법이다.[5] 바버는 지도자의 성향을 기준으로 리더십 유형을 네 가지로 분류하고, 직책수행에 대한 대통령의 욕구를 적극성과 소극성으로 나누고, 정치적 상황 속에서 대통령이 긍정적이거나 부정적으로 대응하는 것을 토대로 나누었다. 그는 적극적 긍정형 리더십, 적극적 부정형 리더십, 그리고 소극적 긍정형 리더십, 소극적 부정형 리더십으로 리더십을 분류하였다.[6] 바버는 대통령의 행동을 미리 말할 수 있는 능력이 있다고 말했다. 바버는 비록 워터게이트 사건을 예견할 수 없었지만 그는 닉슨의 개성을 그동안 백악관을 거쳐 간 주인들 중에서 가장 위험스러운 형태 중 하나로 분류했다.[7]

---

3 James D. Barber, "Analyzing Presidents: From Passive Positive Taft to Active-Negative Nixon," *The Washington Monthly 1* (October 1979), pp.33-34.

4 Ann M. Mclaurin Williaam D. Pederson, The Rating Game in American *Politics: An Interdisciplinary Approach*(New York: Peter Lang, 1987).

5 찰스 F. 파버 l 리처드 B. 파버, 김형곤 옮김, 『대통령의 성적표』, 혜안, 2003, 25면.

6 James D. Barber, "Passive-Positve to Active-Negative, The Style and Character of Presid2ent," in Joseph R Fiszman, Gene S Poschman, eds., *The Political Arena*, 3rd ed, (Boston: Little, Brown, and Company, 1972), pp.269-281.

7 Ann M, McLaurin and William D. Pederson, "Dimensions of Rating Game," in Pederson and McLaurin, *the Rating Game in American Politics*, pp.39-40.

또 다른 연구자로서 번즈(James M. Burns)는 대통령 개인의 정치적 역량
이라든지 의회가 어느 정도 행정부를 견제할 수 있는가에 따라, 해밀턴
(Hamilton) 모형, 매디슨(Madison) 모형, 그리고 제퍼슨(Jefferson) 모형으로 분류
하였다.[8] 한편 피에들러(Fred E. Fiedler)는 리더십에서 리더와 구성원의 관
계, 과업구조, 리더의 권력이라는 상황변수를 고려하여 리더십 이론을
정립하였다.[9]

리더십에 대한 이론적 연구자로서 허시와 블랜차드(p.Hersey & K. H
Blanchard)는 리더십을 '개인과 집단활동에 영향을 행사하는 과정'이라 정
의했고,[10] 플레이시만(Fleishman)은 '목표를 달성하려고 커뮤니케이션 과정
을 통해 영향력을 행사하려는 시도'라고 규정했으며, 탄넨바움(Tannenbaum)
은 '목표달성을 위해 행사되는 대인적 영향력'이라 규정했다.

한국은 민주화의 경험도 짧을뿐더러 민주화 이후의 대통령도 협격
하게 작다. 그리고 한국의 학계에서는 대통령학 연구가 활발히 개진되
지 못했고, 대통령의 리더십에 대한 연구의 성과도 미국의 경우에 많이
빈약하다고 하겠다. 그럼에도 불구하고 국내 학자들을 통해 개진된 주
요 연구들을 소개하면 다음과 같다. 안병만의 연구는 바버의 분류유형
을 원용하여 한국의 대통령 유형에는 적용하였다.[11] 그는 적극적 긍정
형으로 박정희 대통령을 꼽고 있으며, 박정희 대통령은 근대화 비전을
제시하고 자신 있게 이를 추진해 나갔다. 이 연구에 따르면, 적극적 부
정형으로 이승만, 전두환, 김영삼 대통령을 들 수 있다. 권력 지향적이
지만, 대통령 직무를 즐기기 보다는 부정적 태도를 가지고 있다. 소극

---

8 James M. Burns, *Presidential Government: The Crucible of Leadership* (Boston: Houghton Mifflin Company, 1965); 권영성 외 역, 『미국형대통령제: 리더쉽의 위기를 중심으로』, 법문사, 1983.

9 Fred E. Fiedler, *A Theory of Leadership Effectiveness* (McGraw-Hill Com, 1969).

10 p.Hersey & K. H Blanchard, *Management of Organizational Behavior: Utilizing Human Resources*, 6th ed. (Englewood Cliffs: Prenticehall, 1993),

11 안병만, "역대 통치자의 리더십 연구", 한국 행정학회세미나, 1998.

적 긍정형은 장면총리로서 그는 타협과 조화를 중시했다. 소극적 부정형은 노태우 대통령이 예시되는데, 자신감이 부족했고, 상황과 대세를 좇는 결정을 했다.

한승조의 분류법[12]은 이승만 대통령은 옹고집형 지도자로서 권위주의적, 자의적, 파격적 스타일을 가지고 있었다. 박정희 대통령은 공격적인 집념의 지도자로서 권위주의적, 성취지향적이었으며, 뛰어난 지휘능력과 집행능력을 가지고 있었다. 전두환 대통령은 저돌적인 지도자로서 소박, 단순한 행동양식을 가지고 있고, 의무감이 강한 과업추진자였다. 노태우 대통령은 소극적 상황적응적 지도자로서 신중하고 방어적인 대인관계를 구축했으며, 민원처리형 지도자였다. 김호진의 분류법[13]에서는 이승만 대통령은 가부장적 권위주의형이었고, 권력의 사인화私人化를 초래했다. 박정희 대통령은 교도적 기업가형이었으며, 전두환 대통령은 저돌적 해결사형, 노태우 대통령은 소극적 적응형이었으며, 김영삼 대통령은 공격적 승부사형으로 분류된다.

대통령이 직면하는 변수는 국내외 정치상황과 성장과정에서 형성된 개인적 성격형태를 들고, 김용철은 박정희 리더십 경직화 요인으로 성격·세계관·스타일과 같은 개인적 요인과 장기집권 정권의 성격·유신체제의 정치동태적 요인을 열거하였으며, 김호진의 장면과 박정희의 리더십 분석도 김용철과 비슷한 접근법을 채택하고 있다.[14] 또 안병영은 지도자의 리더십을 개성이나 능력과 그를 둘러싼 상황간의 작용으로 보고 노태우 대통령의 리더십을 분석하였다.[15] 구광모 등은 바버의

---

12 한승조, 『한국의 정치지도자들』, 대정진, 1992.
13 김호진, 『한국정치체제론』, 박영사, 1997.
14 김종림, "대통령의 정치역할론", 한국행정학회 춘계학술 심포지엄, 1992. 4. 16 : 4-23 ; 김용철, "박정희의 정치적 리더쉽", 『한국정치과정론』, 윤형섭·신명순, 법문사, 1988, 312-349면.
15 안병영, "노태우 대통령 지도력의 세가지 특징", 『신동아』, 1991. 4, 152-163면.

유형을 적용하여 행태론적·심리학적 관점에서 대통령의 리더십 행태와 국정스타일을 분석하였다. 그러나 이들의 분석은 대통령의 리더십이 구체적인 정책결정 과정이나 집행에 어떻게 작용하였는가를 분석하지 않고 있다.[16]

이부영은 분석심리학 측면에서 대통령을 분석하였고, 함성득은 리더십의 다양한 이론을 한국의 경험적인 사례에 접목하여 대통령의 리더십 변화에 대해 국정운영 중심축의 변화와 제왕적 대통령의 쇠퇴로 대통령의 역할도 명령자에서 조정자로의 변화함을 밝혔다.[17] 구세진은 미국 대통령-의회 관계의 고정관념이라고 할 수 있는 정국의 효율적 운영을 위한 대통령의 입법적 리더십, 그러나 여전히 한국에서는 대통령의 리더십에 대한 연구의 가장 큰 문제는 학자들의 현장경험이 취약하고 이론적 토대도 미약한 실정이라고 설명한다. 또한 다른 정치인에 대한 설득을 통해서만 정치가 가능하다는 제도화된 다원주의의 틀을 한국 대통령제와 연관하여 연구하였다.[18]

이들의 리더십 연구와 유형분류는 정치적 환경과의 상호작용관계 속에서 체제 내의 역학관계를 분석하고 있으며, 이러한 관계 속에서 나타나는 리더십을 상호작용의 개념으로 인식하고 있다는 공통점이 있다. 바버의 정치적 리더십 유형은 현대 사회의 리더십 유형을 가장 명확하게 정의할 수 있는 대표적 유형분류이다. 이 연구는 이러한 점에

---

16 이강노, "대통령제와 제14대 대통령 선거의 전망: 대통령의 지도력과 정책결정요인의 비교─박정희·전두환·노태우 대통령과 비서실─", 한국정치학회, 『선거와 한국정치』, 1992, 494면.

17 함성득, 『대통령학』, 나남출판, 1999 ; 함성득, "대통령학의 이론적 고찰과 우리의 연구과제", 『한국행정학보』(제31권 제1호), 1997 ; 함성득, "의회, 정당, 대통령의 새로운 관계", 『의정연구』(제4권 제1호), 1998 ; 함성득·김동욱, "생산성을 기준으로 인식한 국회의 현실", 『의정연구』, 2000 ; 함성득, "대통령학의 이론적 고찰과 우리의 연구과제", 『한국행정학보』(제31권 제1호), 1998.

18 구세진, "한국 대통령의 대중호소 전략: 제왕적 대통령제의 쇠퇴와 대중적 리더십의 부상에 관한 제도적 접근" 서울대학교 대학원 논문, 2006, 10면.

서 바버의 네 가지 리더십 유형에 초점을 맞춰 복잡한 현대의 정치적 리더십을 분류하고자 한다. 특히 이종범은 한국에서 대통령들이 국가 운영에서 행사하는 영향력은 어느 다른 나라의 수반들보다도 강하다고 지적하였는데,[19] 지도자 개인의 리더십이 항상 체제를 압도해 온 한국의 상황에서, 바버의 리더십 유형은 한국 대통령의 리더십을 유형화하는데 큰 도움을 줄 것이다.

이 연구는 기존 연구에서 대통령의 정치적 리더십을 설명할 수 있는 번즈와 바버의 연구를 창조적으로 결합하여 분석틀을 제시하고자 하였다. 이 연구의 해밀턴, 매디슨, 제퍼슨 모형에 따라 미국과 한국의 대통령들에 대해 교차분석을 시도하고, 대통령별로 리더십의 동태적 변화과정을 역동적으로 설명하고자 시도하였다. 또한 이러한 대통령과 의회의 상호작용의 과정에 제도 비교를 통해 미국과 한국에서 보이는 정치적 리더십의 다양성에 대한 설명력을 높이고자 하였다. 이 연구의 정치적 리더십의 권력적 상호작용론과 제도주의 분석의 병용竝用은 기존의 대통령학과 리더십 연구들을 보완할 수 있을 것이다.

第2節 이론적 검토

1. 대통령의 정치적 리더십

가. 리더십의 정의와 유형

리더십(leadership)의 개념정의는 제1절에서 간략하게 소개한 바대로 다양하지만, 이를 분류하면 크게 세 가지로 나누어 질 수 있다. 이는

---

19 이종범, "김영삼 대통령의 리더십 특성과 국정관리 유형 : 문민정부 1년의 정책평가", 『한국행정학보』, 1995, 1127-1140면.

버나드(Chester I. Barnard),[20] 데이비스(K. Davis),[21] 스토그딜(R. M. Stogdill)의 연구처럼 특성(자질)이론적 정의와, 상황이론적 정의, 그리고 홀랜더(Edwin Hollander)의 모형처럼 상호작용(행동)이론적 정의가 그것이다.

여기서 상호작용론은 특성론과 상황론의 승수작용을 중시하는 이론으로, 정치가의 자질과 그들이 행동하고 있는 사회 내에서 맞닿을 수 있는 도덕적, 정치적 문화, 그리고 그들이 출현하게 될 수 있었던 사회적인 조건 등이 모두 정치적 리더십의 성공을 설명한다고 본다. 이 이론에서 리더십은 지도자 한사람의 전유물이 아니라 상황, 지도자, 추종자 3자의 공유물이며, 리더십이란 상황의 속성과 피지도자의 속성과 지도자 자신의 속성의 함수라는 것이다. 홀랜더에 따르면, 첫째, 리더십은 영향력을 발휘하는 (1명의 또는 몇 명의) 사람(지도자, leader)과 그 영향력을 따르는 (1명의 또는 몇 명의) 사람들(추종자, follower) 간의 관계이다. 둘째, 리더십은 집단과정의 틀 내에서 가장 잘 연구되는 관계이다.[22]

리더십의 개념은 어느 한 가지 입장이나 인식태도로 규정지을 수 있는 성질의 것이 아니며, 지도자의 개인적 특성 및 조직의 집단효과, 그리고 지도자가 처한 시대상황 등의 상호관련 속에서 접근해야 하는 복합성을 띤다. 에치오니(Amitai Etzioni)는 리더십을 '집단이 처한 상황 속에서 한 개인이 집단의 다른 성원들에게 미치는 사회적 영향력'으로 보고, 리더와 추종자 그리고 리더와 추종자가 처한 공동의 환경에 대한

---

20 그의 견해에 따르면, 지도자는 안정적인 상황 하에서 냉정·침착성이 필요하다는 전제하에 첫째로 기술적인 측면으로 체력, 기술, 지각, 지식, 기억력, 상상력 등의 개인적 우월성을 가진다. 둘째로 정신적인 측면으로 결단력, 지구력, 인내력, 설득력, 책임감, 용기와 같은 우월성을 가진다. Chester Irving Barnard, *The Functions of the Executive* (Cambridge: Harvard University Press, 1971).

21 그는 효율적인 리더의 특성으로서 지능, 사회적 성숙 및 관용, 내적 동기부여 및 성취동기, 인간관계적 태도로 들었다.

22 E. p.Hollander, *Leaders, Groups, and Influence* (New York, 1964), 1.

　148　대통령 대 의회

분석과 이들 요인간의 상관관계를 설명하였다.[23] 그리고 스토그딜(R. M. Stogdill)은 지도자의 특성에 영향을 미치는 신체적 특징, 사회적 배경, 지능과 능력, 인성 등에 대한 상관관계를 분석함으로써 정치적 리더십을 밝히고자 하였다. 쿤즈와 오도넬(H. Koontz & C. O'Donnell)은 리더십을 사람들로 하여금 집단목표를 위하여 자발적으로 노력하도록 그들에게 영향을 주는 기술(art) 또는 과정(process)이라고 기술하였다.[24]

위커(Marcia Whicker)와 무어(Raymond Moore)는 대통령으로서 성공을 거두는 이들의 리더십으로 뛰어난 "경영관리 능력"과 "설득력"을 꼽았다.[25] 정부 조직을 잘 이해하고 그것을 효과적으로 운영할 수 있는 능력과 정부의 정책을 국민에게 이해시키고 관련 집단간 타협을 이끌어내는 설득력을 겸비해야 한다는 것이다. 리더십은 기본적으로 "어떤 조직상황 하에서 어떠한 목적을 달성하기 위하여 집단구성원에게 영향을 주는 과정"이라 정의할 수 있다. 뉴스타트(Richard E. Neustadt)에 의하면 대통령의 권력은 "설득하는 힘 즉 교섭하는 힘"[26]으로 이해된다. 뉴스타트는 권력을 영향력으로 다루고 관계적인 개념으로 파악하지만 또한, "권력은 권위 또는 지위(position)의 기능이고 명령계통의 강한 활용에 의해 행사될 수 있다.[27]

---

23 Amitai Etzioni, "Dual Leadership in Complex Organization", *American Sociological Review*, Vol.30, No.5(1965), p.689.

24 H. Koontz & C. O'Donnell, *Management* (7th eds.) (New York: McGraw-Hill, 1980).

25 Marcia L. Whicker and Raymond R. Moore, *When Presidents Are Great* (Englewood Cliffs: Prentice Hall, 1988), pp.56-65.

26 Richard E. Neustadt, *Presidential Power: The Politics of Leadership from FDR to Carter* (New York: John Wiley & Sons, Inc., 1980), pp.26-43.

27 Stephen J. Wayne, "An Introduction to Research in the Presidency," George C. Edwards III and Stephen J. Wayne. ed. *Presidential Leadership: Politics and Policy Making* (Knowville: The University of Tennessess Press, 1983), p.31. 권력을 갈등상황에서 상호작용으로 관련 당사자의 선택폭에 제약을 가할 수 있는 힘이거나 권력을 조직에 내생적인 것으로 이해하는 견해도 있다. 김영평·신신

학자에 따라서 리더십이란 "조직이 바라는 바람직한 목표를 달성하기 위하여 조직 내의 개인 및 집단을 유도하고 조정하며, 동작하게 하는 기술 및 영향력"[28]이라고 정의되기도 하며, "집단의 임무를 수행하고 목표를 성취하기 위하여 구성원의 행동에 영향을 주는 능력으로서 집단의 결집력과 윤리의 보전능력을 포함한다"[29]고 다양하게 정의되고 있다. 리더와 리더십을 연구한 일부 전문가들은 리더십을 '영향력'으로 정의하기도 한다. 아무리 뛰어난 리더라 할지라도 따르는 사람이 없으면 리더가 아니다. 또 리더와 그를 따르는 사람이 있더라도 추구해야할 목표가 분명치 않다면 리더십은 작용하지 않는다. 게리 윌스(Garry Wills)가 지적한 바와 같이 훌륭한 지도자와 실패한 지도자의 구분은 그가 '추종자'와 '목표'를 명확하게 구성하고 있느냐에 달려 있다.[30]

하지만 아직도 리더십의 정의 및 개념에 대한 규정은 터커(Robert C. Tucker)가 이야기한 것처럼 '정치학자들 사이에서도 의견일치를 보고 있지 못하고 있으며',[31] 체계적인 이론의 틀이 정립되어 있지 않다. 스토그딜(R. M. Stogdill)이 결론 내린 바와 같이 "리더십을 정의하는데 있어서 연구하는 학자들의 수만큼이나 그 정의도 다양하다"고 하겠다.[32] 즉 〈표 3-1〉과 같이 리더십의 개념은 모호하고 광범위하게 정의되고 있는

우, "한국 관료제의 기관 갈등과 정책조성", 『한국행정학회보』(제2225권 제1호), 1991, 309-311면; 이강노, "대통령제와 제14대 대통령 선거의 전망 : 대통령의 지도력과 정책결정요인의 비교-박정희·전두환·노태우 대통령과 비서실-", 한국정치학회, 『선거와 한국정치』, 1992, 496면.

28 박동서 외 4인 공저, 『행정학』, 박영사, 1980, 230면.

29 김광웅, 『발전행정론』, 박영사, 1980, 353면.

30 Garry Wills, *Certain Trumpets: The Nature of Leadership* (1995), 곽동훈 옮김, 『시대를 움직인 16인의 리더』, 작가정신, 1999, 8월호.

31 Robert C. Tucker, *Politics as Leadership* (Columbia: University of Missouri Press, 1981), p.18.

32 R. M. Stogdill, *Handbook of Readership: A Survey of Theory And Research* (New York: Free Press, 1974).

현실이다.[33] 아울러 정치 체제와 정치 지도자 개인이 지닌 특성 등에 의하여 리더십은 종합적으로 정의될 필요가 있다.

〈표 3-1〉 리더십의 정의[34]

학자별	정의내용
허시와 블랜차드 (Hersey & Blanchard)	주어진 상황에서 목표달성으로 지향하는 개인과 집단 활동에 영향력을 행사하는 과정
스토그딜 (R. M. Stogdill)	특정 상황에서 목표달성을 위해 구성원에게 영향을 주는 과정
쿤즈와 오도넬 (H. Koontz & C. O'Donnell)	사람들로 하여금 집단목표를 위하여 자발적으로 노력하도록 그들에게 영향을 주는 기술(art) 또는 과정(process)
탄넨바움 (R. Tannenbaum)	주어진 상황에서 구체적 목표(들)의 달성을 통해 행사되는 대인적 영향력으로 커뮤니케이션 과정을 통해 행사되는 것
햄프힐과 쿤즈 (Hemphill & Coons)	집단의 활동을 고유한 하나의 목표로 집중시키려는 개인의 활동
잰다 (Kenneth F. Janda)	일종의 독특한 형태의 권력관계로서 집단의 한 구성원이 자신의 행동패턴을 또 다른 구성원이 규정할 권리를 갖는다고 느낄 때 발생하는 것
슈미츠와 데코티스 (Kochan, Smidt & Decottis)	영향력을 행사과정으로써 O가 P의 행위를 변화시켰을 때, P가 O의 영향력 행사를 합당한 것으로 생각하고, 야기된 변화가 P 자신의 목표와 일치한다고 여길 때 발생하는 힘
카츠와 칸 (Katz & Kahn)	기계적으로 조직의 일상적 명령을 수행하는 것 이상의 결과를 가져올 수 있게 하는 영향력
피터와 오스틴 (Peter & Austin)	리더십은 비전이요 우렁찬 응원가며, 열정이다
에치오니 (Amitai Etzioni)	리더십이란 집단이 처한 상황 속에서 한 개인이 집단의 다른 성원들에게 미치는 사회적 영향력이며, 이는 공식적으로 상이나 제재를 행사함으로써 집행되는 강제력과 구별되는 개념

---

33 *Ibid.*, p.259.

34 유기현, 『조직행동론』, 무역경영사, 2001, 356-394면을 부분적으로 참조하여 필자가 재구성하였다.

리더십의 개념에 대한 정의는 앞에서 살펴본 것처럼 매우 다양하다.
기존 리더십 연구의 대부분은 리더의 특성, 형태 등을 주요 분석대상으
로 삼는 특성적 접근법이나 행태론적 접근법이 대부분이었다. 하지만
이러한 접근법은 행위자가 처한 환경요인을 배제하고 봄으로써 리더
십을 효과적으로 설명하지 못한 단점이 지적되어왔다. 리더십의 개념
은 어느 한 가지 입장이나 인식태도로 규정지을 수 있는 성질의 것이
아니며, 지도자의 개인적 특성 및 조직의 집단효과, 그리고 지도자가
처한 시대상황 등의 상호관련 속에서 접근해야 하는, 복합성을 띄는 것
이라고 볼 수 있기 때문에, 보다 종합적으로 연구되어야 할 필요가 있
다.[35] 즉, 단순한 개인의 특성이나 지도력, 권력의 세기를 통한 영향력
행사로만 리더십을 연구하는 것은 리더십 자체에 대한 연구만이 가능
할 뿐이지, 상호관계 속에서 변화하고 적용되어지는 리더십의 역할에
대해 논의할 때에는 이러한 다양한 정의 속에서 고찰할 필요가 있다.

나. 자질 중심 평가: 정당성·도덕성·효율성

정치권력의 정당성은 선거를 통한 합법성의 확보와 윤리성과 책임
성을 통한 도덕성의 확보, 입법, 사법, 행정을 통한 체제의 효율성을 확
보하는 것으로부터 나온다. 시머 립셋(Seymour M. Lipset)은 정당성이 정치
적인 안정을 달성하게 해주는 중요한 요소라고 보았다. 그리고 정당성
과 효과성의 긴밀한 상관성을 밝힌 바 있다.[36] 리더십이 갖추어야 할
기본요건으로 권력의 정당성, 도덕성, 효과성을 들면서 정치적 리더십
에서의 정당성 확보, 도덕성과 효과성 확보가 중요함을 지적하였다.[37]

---

35 Chung-kil Chung, "Presidental Decision Making and Bureaucratic Expertise in Korea", *Governance: An International Journal of Policy and Administration* 2(3), pp.267-292.

36 Seymour M. Lipset, *Political Man: The Social Bases of Politics* (Garden City, New York: Doubleday, 1960), pp.77-90.

그 첫째로, 정당성(legitimacy)은 자발적인 동의·복종을 유발하고, 대외적인 구조적 자율성을 부여해준다는 점에서 가장 중요한 요소이다. 하지만 정당성과 효과성은 민주형 리더십뿐만 아니라, 모든 리더십 유형과도 상관성을 가지고 있다. 잰다(Kenneth F. Janda)가 리더십의 본질이 정당성 있는 권력[38]에 있다고 주장한 것처럼, 정치지도자는 어떤 방법으로 정권을 획득했으며 권력행사의 목적과 방법과 성과에 따라 정당성이 있느냐 없느냐의 여부가 결정된다. 보통 권위주의적 리더십은 보통 권력의 양에 치중하고, 정당성처럼 권력의 질을 따지는 것과는 연관이 낮은 것으로 논의되어 왔다. 하지만 정당성의 척도가 무엇이든 정치권력의 정당성 여부에 대한 최종 심판자는 국민이므로 국민다수가 합법성과 합리성, 전통과 관습, 그리고 지도자가 지닌 카리스마를 통해 정치권력의 정당성을 인정해야 그 권력은 유지될 수 있다.

또한 정치지도자가 문제해결능력을 효율적으로 발휘하지 못하면 그 사회는 정체되거나 퇴보하고 새로운 정치지도자를 갈구한다. 이것이 두 번째, 바로 효과성(efficiency)의 문제이다. 리더십의 효과성이란 국가목표설정과 그 실현은 물론 우발적인 각종 문제의 해결과 위기의 극복에 관련된 제반업무를 효율적으로 수행하는 능력을 총칭한다. 정치지도자가 국정운영에 있어 효과를 살리지 못하면 불만의 누적으로 체제는 위기에 직면하고 급기야 체제는 전환되거나 붕괴될 수밖에 없다.

이러한 정당성과 효과성 이외에 번즈는 도덕성을 리더십의 세 번째로 중요한 요소로 인식하고 있다. 페이지(Glenn D. Paige)는 도덕성을 리더십의 본질로 규정하였고,[39] 번즈도 도덕성을 강조하며 책임성과 윤리

---

37 김호진, 『한국정치체제론』, 박영사, 1999, 124-128면.

38 Kenneth F. Janda, "Toward the Explication of the Concept of Leadership in Terms of the Concept of Power", *Human Relations*, Vol. 13, No. 4, 1960.

39 Glenn D. Paige, *The Scientific Study of Political Leadership* (New York: The Free Press, 1977).

성을 도덕적 리더십의 주요 자질요건으로 지적하고 있다.[40]

정당성과 도덕성 및 효율성으로 미국과 한국의 대통령들을 평가해 보면 다음의 〈표 3-2〉와 〈표 3-3〉과 같다.

〈표 3-2〉 미국 대통령의 자질중심 항목별 평가

항 목 \ 대통령	루즈벨트(Franklin D. Roosevelt)	클린턴(William J. Clinton)	부시(George W. Bush)
정당성	A	A	A
도덕성	A	C	B
효율성	A	A	C

〈표 3-3〉 한국 대통령의 자질중심 항목별 평가[41]

항 목 \ 대통령	노태우	김영삼	김대중	노무현
정당성	C	A	A	A
도덕성	C	B	A	A
효율성	C	B	B+	B

루즈벨트 대통령은 국민들로부터 압도적인 지지를 받으면서 당선 되었고(정당성 A), 소아마비에 걸리는 등 많은 장애가 있음에도 스스로 이겨내고 국민들에게 감동을 주었으며 오랜 기간 집권하면서도 권력 형 비리 없이 공정하게 업무를 수행하였다(도덕성 A). 아울러 루즈벨트 대통령은 대공황과 제2차 세계대전의 대내외적 위기를 성공적으로 극 복하였다(효율성 A)는 점에서 모든 영역에서 높은 평가를 받을 자격이 있 다. 클린턴 대통령(William J. Clinton)뿐만 아니라 민주주의 하의 많은 대통

---

40 James M. Burns, *Roosevelt: The Lion and Fox* (New York: Harcourt, Brace, 1956).
41 〈표 3-3〉는 함성득, 『대통령학』, 나남출판, 2003, 300면의 표를 참조하였다. 박정희, 김대중, 노무현 대통령에 대한 평가는 필자가 수정하였다. 효율성 은 대통령의 용인술과 위기관리능력을 통해 분류하였으며, 정당성은 비전 과 합법성, 민주적 리더십을 통해 임의로 분류하였다.

령은 정상적인 절차에 의해 국민으로부터 높은 지지를 받고 당선되고 헌법이 규정하는 범위에서 직무를 수행하였기 때문에 정당성의 측면에서는 A를 받을 수 있다. 클린턴 대통령은 성추문 사건으로 도덕성 (C)에서 심각한 손상을 입었지만 경제성장과 복지의 측면에서 높은 성과를 보였다(효율성 A). 이 연구는 부시 대통령은 테러에 대한 대처와 아프간·이라크전에 대한 도덕성과 정당성에 대해 논란이 제기되었고(도덕성 B), 경제위기에 잘 대처하지 못해서 효율성에 대해 낮은 평가(C)를 내렸다.

〈표 3-3〉에서 정리한 바와 같이, 한국 대통령의 자질을 평가하면 다음과 같다. 노태우 대통령과 그의 정치세력은 쿠데타로 집권하였기 때문에 정당성이 매우 낮다(정당성 C). 노태우 대통령은 직접선거를 받아들여 국민의 평가를 받기는 하였으나 79년 전두환과 함께 국민의 동의를 받지 않고 무력으로 정권을 장악하면서 정계에 진출했다. 주변 친인척과 자신의 권력형 비리가 많았던 노태우 대통령의 도덕성에 대한 평가는 낮을 수밖에 없다(도덕성 C). 노태우 대통령은 집권 이후 한국경제에서 무역적자와 경제성장률 둔화를 고려할 때 효율성도 낮은 평가를 받는다(효율성 C).

한편 독재정권에 대해 오랜 기간 동안 투쟁해왔고 국민들의 직접선거로 당선된 김영삼·김대중·노무현 대통령 모두 정당성에서 A라는 평가가 가능하다. 전임자보다는 심각하지 않았지만 김영삼과 김대중 대통령은 아들 등의 친인척 비리로부터 자유롭지는 못했다(김영삼 : 도덕성 B). 그러나 오랜 기간 민주화에 대해 어떤 정치지도자보다 희생해왔던 김대중 대통령은 다른 전임 및 후임 대통령보다 도덕성에서 더 나은 평가를 내릴 수 있다(도덕성 A). 아울러 노무현 대통령은 권위주의의 청산과 정치개혁 및 지역주의 극복을 위해 정치인생을 투신해왔고, 노사모로 대표되는 자발적인 시민참여를 통해 당내 권력과 기반이 없었던 정치인 노무현을 대통령 후보로, 나아가 대통령으로 만든 것은 드라마와 같은 감동을 주었다(도덕성 A). 김영삼 대통령은 민주화 개혁과 하나회 청산을 통한 군부통치 종식, 경제실명제라는 업적을 많이 남겼지만 임기 말 금융위기를 초래하였다(효율성 B). 그에 뒤이어 당선된 김대중 대통령은 비교적 성공적으로 금융위기를 극복하고 조기에 IMF 관리체제를 종식시켰으며 대북포용정책(햇볕정책)을 통해 남북관계를 비약적으로 발전시켰다. 탁월한 성과를 보여줬던 루즈벨트와 박정희 대통령과 구분하기 위해 김대중 대통령은 B+ 정도의 평가가 가능하다. 노무현 대통령의 집권이 지방분권화와 탈권위주의화 등 의미 있는 개혁은 있었으나 경제적 리더십과 정치적 역량에 있어서 전임 대통령인 김영삼 대통령과 김대중 대통령과 같은 역량을 보여주지 못했다(효율성 B).

정당성과 효율성, 도덕성이 중요한 이유는 이러한 요소들이 정치적 리더십의 안정적 발휘를 가능하게 해준다는 것이다. 또한 이러한 요소들은 적절치 않은 리더십으로 인해 영향을 받을 수 있다는 점에서 중요하다. 대통령의 정당성, 효율성, 도덕성 면에서 어떠한 문제를 노출시켰는지 살펴보고자 한다.

다. 대통령의 정치적 리더십

정치적 리더십은 일반적 리더십의 일부분으로서 권력을 중심으로 이루어지는 것이 특징이다. 정치적 리더십에 관한 정의 또한 매우 다양하다. 정치적 리더십에 관한 문제는 20세기 현대사회에 들어오면서 큰 관심의 대상이 되었다. 제1차 세계 대전 이후 경제적 불안, 전쟁의 위협, 고도의 기술사회, 사회의 급격한 변화, 압력단체의 양적 및 질적 발전 등과 관련하여 이러한 불안정 요인이 팽배한 사회 속에서 리더십의 역할을 중요시되었기 때문이다. 바로 이러한 당시의 시대적 환경에서 이른바 지도자의 정치적 리더십이 나치즘이나 파시즘의 지도자원

리와 지도자국가라는 비민주적인 현상으로 나타났고 이것은 자유민주
주의 체제를 심각하게 위협하였으며 이에 대한 체제수호를 위해 정치
적 리더십에 대한 연구가 활발해졌다. 터커(Robert C. Tucker)는 정치적 리
더십을 종래의 권력 측면에서 접근하는 것에 대해 비판을 가한 후, 정
치적 리더십은 리더가 추종자 또는 국민에게 제공하는 서비스라는 측
면에서 접근해야 한다고 했다. 정치적 리더십은 독재적 리더십 형태에
서부터 민주적 리더십 형태까지 모든 형태의 정치지도자의 리더십이
포함한다. 따라서 정치적 리더십이란 인민대중의 지지를 얻어서 정치
적 목적을 실현시켜 나가는 통치기술을 포함하며, 좁은 의미의 민주적
지도자만을 지칭하는 것은 아니라 지배와 조작적 대중 통치수단을 포
함하는 넓은 의미에서의 정치가의 전반적인 기능을 포함하고 있다.

바버는 미국의 대통령을 네 유형으로 분류하면서, 승부사형인 적극
적 긍정형, 야수형인 적극적 부정형, 장인형인 소극적 긍정형, 사원형
인 소극적 부정형 리더십인 네 유형으로 분류하였다.

바버는 대통령의 욕구를 적극성과 소극성으로 나누고, 정치적 상황
속에서 대통령이 긍정적이거나 부정적으로 대응하는 것을 토대로 나
누고 있다.[42] 개혁적인 지도자는 인본주의, 평화, 평등, 정의, 자유와 같
은 높은 수준의 도덕적인 가치와 이상에 호소하여 추종자들의 의식을
높은 단계로 끌어 올리려 한다. 바버의 분류는 권력의 획득이 민주적
정당성을 갖는가, 권력의 행사가 절차적 정당성을 갖는가, 그리고 권력
행사에 대해 책임을 지는가 여부를 통한 고정된 분류가 아니라는 점과,
환경과의 상호작용관계 속에서 체제 내의 역학관계를 분석해줄 수 있
는 리더십 유형으로 인식되고 있다는 점에서 복잡다기한 현대의 정치
적 리더십을 분류하는데 주로 이용되고 있다.

---

42 James D. Barber, "Passive-Positve to Active-Negative, The Style and Character of
President", in Joseph R Fiszman, and Gene S. Poschman, eds., *The Political Arena*,
3rd ed, (Boston: Little, Brown, and Company, 1972), pp.269-281.

〈표 3-4〉 바버(James D. Barber)의 리더십 4유형[43]

분석	적극적 긍정형	적극적 부정형	소극적 긍정형	소극적 부정형
행태	승부사형	야수형	장인형	사원형
특징	·강한 성취욕 ·환경장악능력 ·과업지향형 ·단기성과 추구 ·정치게임과 도전 의식 ·활동성과 만족도 일치 ·명예와 영광추구 ·활력과 진보성 ·변화지향적	·강한 권력욕 ·치밀하고 꼼꼼 ·권력지향적 ·공격성과 파괴적 ·독점욕 ·정서적 불안정 ·비극과 재앙 ·의심과 가학성 ·출세지향적	·부드러운 성격 ·원만하고 협동적 ·사랑과 칭찬기대 ·우유부단 ·낙천적·보수적 ·윤리관과 겸손 ·조용하고 진실 ·온정주의 ·상황대처 미흡	·비정치적 ·사명감과 윤리 의식 ·정치불신과 몰 이해 ·대인관계 문제 ·유연성 부족 ·무기력 ·두려움과 복종 ·자신감 부족 ·안전주의
미국 대통 령	토머스 제퍼슨 (Thomas Jefferson) 프랭클린 D. 루스벨트(Franklin D. Roo sevelt) 존F. 케네디(John F. Kennedy) 제럴드(Gerald R. Ford) 제임스카터(James E. Carter)	존 애덤스(John Adams) 우드로 윌슨 (Woodrow Wilson) 허버트 후버 (Herbert C. Hoover) 리처드 닉슨 (Richard M. Nixon)	제임스 메디슨 (James Madison) 윌리엄 태프트 (William H. Taft) 워런 하딩 (Warren Harding) 로널드 레이건 (Ronald Reagan)	조지 워싱턴 (George Washington) 캘빈 쿨리지 (Calvin Coolidge) 드와이트 아이젠하우어 (Dwight D. Eisenhower)

---

43 James D. Barber, "The Interplay of Presidential Character and. Style: A Paradigm and Five Illustrations," in Aaron Wildavsky, ed. *Perspectives on the Presidency* (Boston: Little Brown. 1975), pp.62-91; James D. Barber, "Passive-Positve to Active-Negative, The Style and Character of President", in Joseph R Fiszman, Gene S Poschman, eds., The Political Arena 3rd ed. (Boston little, Brown and Company: 1972); James D. Barber, "Analyzing Presidents: From Passive Positive Taft to Active-Negative Nixon," The Washington Monthly 1 (October 1979); 최진, 『대통령 리더십 총론』, 법문사, 2008, 41면.

그런데 바버의 리더십 유형 역시 한계가 있을 수밖에 없다. 리더십의 유형자체가 한 개인의 복잡하고 난해한 심리적 특성을 어느 한 유형으로 정의함으로써 더욱 세부적으로 리더십을 파악할 수 없는 단점을 지닌다.

가드너(John W. Gardner)는 "정치적 리더십이란 정치적 권위의 지위에 있는 자들이나 그들의 경쟁자들이 사회의 다른 구성원들과 상호 작용함에 있어서 과거, 현재 그리고 가능한 미래에 리더로서 현저하게 나타나게 된 행위를 말한다"고 했다.[44] 아담 쉐보르스키(Adam Przeworski)의 말처럼, 정치체제나 리더십의 결정요인 중에서도 사회·경제적인 상황은 선택의 구조"를 이룰 뿐, 결정적인 요소는 결국 관련된 정치행위자들의 상호작용이라 할 수 있다. 이러한 정의를 통해, 정치적 리더십이란 "대중의 지지를 얻어서 정치적 목적을 실현시켜 나가는 통치기술이며 좁은 의미의 민주적 리더십만을 지칭하는 것이 아니라 지배와 조작적인 대중통치수단을 포함하는 넓은 의미의 정치가의 전반적인 역할과 기능 및 영향력"을 의미한다고 할 수 있다. 본 연구에서는 이러한 정의를 기반으로 하여 리더십을 서로 다른 정치적 권력을 지닌 사람들 간의 권력적 상호작용관계를 통해 정의하고자 한다.

베버(M. Weber)는 정치권력의 정당성을 기준으로 리더십 유형을 전통적 리더십, 합법적 리더십, 카리스마적 리더십 등 세 가지로 분류하였다. 여기서 전통적 리더십은 오랜 시일에 걸친 전통과 관습을 배후에 가지고서 오랜 역사적 전통에 대한 신뢰가 지도자 리더십에 정통성의 근거를 부여하는 것이며, 합법적 리더십은 법규화된 질서의 합법성과 또한 그것으로서의 지배권 행사의 권리를 부여받은 지도자의 사회적 질서나 규칙에 적합한 리더십이므로 흔히 가장 정당하고 민주적이라고 인정되는 지배형식이다. 마지막으로 카리스마적

---

44 John W. Gardner, *On Leadership* (New York: Free Press, 1990), p.1.

리더십은 지도자 개인의 능력이나 성격 등을 역사나 시대상황에 비추어 영웅화하여 절대자로 치켜세우는 리더십으로, 어떤 절대적인 특정 개인의 신격화, 영웅적 전력, 이상적 모범성이나 계시, 또는 창조된 질서의 신뢰성 등에 대한 열렬한 신뢰에 기인하는 리더십 형식이다. 구체적으로 윌너(Ann Ruth Willner)는 카리스마적 리더십이 일반적 리더십에 비하여 4가지 차별적인 차원을 내포하고 있다고 했는데, 1) 리더의 이미지 차원, 2) 이념수용의 차원, 3) 복종적 차원, 4) 정서적 차원의 4가지이다. 첫째, 카리스마적 리더의 경우 그의 추종자들은 그들의 리더가 초인간적이거나 아니면 그들 문화에서 특별한 정도의 자질과 능력을 지니고 있다고 믿는 것이다. 둘째, 리더의 이념을 정의롭고 신뢰할 수 있는 것으로 추종자가 내면화하여 동일시하는 것이다. 셋째, 리더에 복종하는 것이 그들에게 유리하고 복종하지 않을 경우 당할 징벌이나 손실을 정당하다고 믿는 것을 의미한다. 넷째, 리더십은 종종 리더와 추종자간의 정서적 일체감이나 유대에 의해 영향을 받는데 보다 강력한 리더십일수록 애정, 존경, 신뢰, 열정 등의 정서적 에너지를 이끌어 낸다.[45]

화이트(Ralph K. White)와 리피트(Ronald Lippit) 역시 리더십을 권위형 리더십, 자유방임형 리더십, 민주형 리더십유형으로 분류하였다.[46] 첫째, 권위형 리더십(authoritarian leadership)은 일반대중으로부터 지도자에 대한 판단이나 저항을 차단시키고, 무조건적인 복종을 요구하며 조직의 안전을 구성원 개인의 욕구충족에 우선하는 지도자의 행동유형을 말한다. 둘째, 자유방임형 리더십(laissez-faire leadership)은 어떤 간섭이나 정치적 통제

---

45 Ann Ruth Willner, "Charismatic Leadership" in Barbara Kellerman, ed., *Political Leadership: A Source Book*, (Pittsburgh: University of Pittsburgh Press, 1986), pp.245-245.

46 Ronald Lippit and Ralph K. White, "An Experimental Study of Leadership and Group Life" in Eleanor E. Maccoby, et. al., *Reading in Social Psychology* (New York: Holt, 1958), pp.405-511.

가 배제된 리더십 유형으로, 지도자의 역할은 조직을 유지하고 제재하는데 그치고 일체의 조직행동은 구성원 각자의 자율에 맡기는 리더십 유형이다. 셋째, 민주형 리더십(democratic leadership)은 지도자의 조언에 따라 집단이 스스로 과업을 결정하고, 지도자는 조직 구성원들과의 합의를 통해 정책을 결정하며, 설득과 토론을 통해 커뮤니케이션을 하는 지도자의 행동유형이라고 할 수 있다.[47]

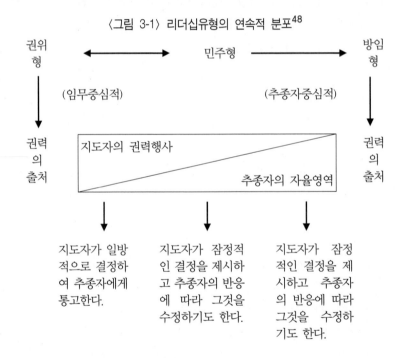

〈그림 3-1〉 리더십유형의 연속적 분포[48]

---

47 Léeon Dion, "The Concept of Political Leadership: An Analysis," *Canadian Journal of Political Science*, Vol. 1, No. 1 (Mar., 1968), pp.2-17.

48 R. Tannenbaum and W. H. Schmidt, "How to Choose a Leadership Pattern," *Harvard Business Review*, Vol. 36, No. 2(March-April 1958), p.96; 오석홍, 『조직이론』, 박영사, 1980, 573면.

탄넨바움과 슈미트(R. Tannenbaum & Warren H. Schmidt)는 〈그림 3-1〉과 같이
권위형과 민주형의 상대적이고 연속적인 분포를 상징적으로 보여 주
고 있다. 이 그림에 나타난 민주형의 극단을 지나쳐 추종자의 자유를
그 이상 허용하는 지도행태는 방임형에 해당하는 것이다.

레윈(K. Lewin) 역시 정치적 리더십 유형을 정치형태에 따라 민주적
리더십, 전체주의적 리더십, 권위주의적 리더십, 관료주의적 리더십 등
네 가지 유형으로 분류하였다.[49] 첫째, 민주적 리더십이란 지도자가 피
치자 가운데에서 선출되고, 공개적으로 행동하고 비판을 받으며, 자신
의 언행에 대해 책임을 지고 끊임없이 경질되는 리더십을 말한다. 둘
째, 전체주의적 리더십은 민주적 리더십과는 대조되는 것으로 이는 역
사적으로 나치즘과 파시즘의 경우에서 찾아볼 수 있다. 셋째, 뢰벤슈타
인(K. Löwenstein)은 "권위주의적 정치체제란 단일의 권력보유자가 일반국
민으로 하여금 국가의사를 형성하는 데 효과적으로 참여할 수 없도록
권력을 독점하는 정치체제"로 정의하였다.[50] 레윈은 이러한 권위주의
체제의 지도자를 기반으로 하여, 권위주의적 리더십을 일반대중보다는
지도자를 중심으로 체제를 안정시키고, 조직의 안전을 무엇보다도 우
선하는 것으로 정의해왔다. 넷째, 관료주의적 리더십이란 사회가 점차
관료화되고 조직화됨에 따라서 등장하게 된 리더십이다. 관료주의적
리더십은 새로이 상황을 타개하려는 적극성이 결여되기 때문에 안정
된 호경기 때에는 환영을 받지만, 경제공황이나 국가 위기 시에 나타날
때 적절한 대응을 못하는 리더십이다.

한편 슈미트(Warren H. Schmidt)는 리더십 유형을 지배형태에 따라 전통
적 리더십(Traditional Leadership), 제도적 리더십(Institutional Leadership), 투기적 리
더십(Inflammatory Leadership), 창조적 리더십(Creative Leadership)의 네 가지 유형으

---

49 박치정, 『현대정치학』, 삼경사, 1995, 112면.
50 Karl Löwenstein, *Political Power and the Governmental Process* (Chicago University
   of Chicago Press, 1965), pp.31-32.

로 분류하였다. 첫째, 전통적 리더십이란 정치를 군주나 귀족, 명망가 등이 독점하는 전근대적인 봉건사회의 정치 리더십을 말한다. 전통사회의 지도자는 세습신분에 의해서 지도적 지위를 차지하며, 전통과 관습에 의해 지배하기 때문에 전통적 리더십은 진정한 의미의 리더십이라고 할 수 없다. 둘째, 제도적(대표적) 리더십은 근대사회와 현대사회와 같은 비교적 안정된 정치사회에 나타나는 전형적인 리더십이다. 근대사회에서 정치는 대중의 동의와 지지를 획득해야만 했다. 정치의 지도자는 일반대중의 대표자로서 등장하였고 이들의 이익을 대변해야 했다. 대표적 리더십은 지도자는 그 사회 내부에 존재하고 있는 다양한 이해와 가치를 대표한다. 셋째, 투기적 리더십은 선동적이며 일반대중의 이익이 제도적 리더십으로 충족되지 못할 경우에 나타나는 리더십이다. 다시 말해 국민대중의 욕구불만을 투기적인 방법으로 해결하는 리더십이다. 투기적 리더십은 일종의 선동적인 행태로 등장하게 된다. 그러나 이러한 투기적 리더십이 사회의 각계 계층을 만족시킬 수 있는 온건한 해답을 찾아내는 일은 실제로 불가능에 가깝다. 파시즘이나 나치즘하의 정권의 선동정치가 투기적 리더십의 예이다. 넷째, 창조적 리더십은 종래의 이익 충족 방법으로는 도저히 국민의 욕구를 만족시킬 수 없다고 판단될 때 나타나는 리더십이다. 이런 형의 리더십 역시 위기적 상황에서 단지 이익의 충족 방법을 변경시키는 것뿐만 아니라 기존의 가치체계 그 자체를 변혁시킴으로써 리더십을 획득하려고 한다.[51]

하지만 이러한 유형분류들은 너무나도 결정론적인 리더십 분류라는 한계를 가지고 있다. 특히 정치형태나 정치권력의 정당성을 통해 고정된 리더십 유형을 정의하는 것은 복잡다기한 현대의 정치적 리더십을 분류하는데 있어서 한계가 있을 수밖에 없다.

---

[51] 박치정, 『현대정치학』, 삼경사, 1995, 115-116면.

2. 대통령 대 의회 관계

이 연구는 번스(James MacGregor Burns)가 지적한 행정부와 의회의 세 가지 관계유형 모형에 이를 대입함으로써, 대통령의 리더십이 의회와의 관계를 어떻게 이끌어 가는가를 분석한다. 행정부에 대한 의회의 통제가 형식화 된다는 해밀턴(Hamilton) 모형, 행정부에 대한 의회우위의 권력 형태로서 행정의 능률성을 확보하는 것보다 의회가 행정의 권력남용을 견제하고 통제하는 데 중점을 둔다는 매디슨(Madison) 모형, 그리고 행정부와 의회가 상호 대등한 관계에서 원내 다수당의 지지를 바탕으로 안정된 정치를 추구하는 제퍼슨(Jefferson) 모형 속에서 대통령의 리더십이 어떻게 발휘되는가를 분석하고, 행정부가 입법과정을 포괄적으로 지배하며 대외정책과 재정 및 경제정책을 독점적으로 결정함으로써 행정부에 대한 국회의 통제가 형식화된다는 해밀턴(Hamilton) 모형, 행정부에 대한 국회우위의 권력형태로서 행정의 능률성을 확보하는 것보다 의회가 행정의 권력남용을 견제하고 통제하는 데 중점을 둔 매디슨(Madison) 모형, 그리고 행정부와 국회가 상호 대등한 관계에서 원내 다수당의 지지를 바탕으로 안정된 정치를 추구하는 제퍼슨(Jefferson) 모형이 바로 그것이다. 하지만 이 유형만으로는 대통령과 의회 간의 관계 변화를 설명해 낼 수 없기 때문에, 유형분류 속에 대통령의 리더십이 어떠한 역할을 하고 있는지를 분석해 볼 필요가 있다.

알렉산더 해밀턴(Alexander Hamilton)은 연방헌법 탄생에 커다란 영향을 미쳤으며 초대 재무장관으로 연방은행 및 보호 관세 설립 등을 통해 미국 정부가 재정적으로 안정되는 데 있어 크게 이바지하였다. 그는 연방주의자라는 측면에서 반연방주의자의 대표격인 토머스 제퍼슨(Tomas Jefferson)과 대립적 위치에 서게 되는 경우가 많았다.[52]

---

[52] Ron Chernow, *Alexander Hamilton* (New York: The Penguin Press, 2004).; 해밀턴

그는 기존의 학자 및 정치가들의 모호한 입장과 달리 행정권에 대해 분명한 견해를 견지하였다. 마키아벨리는 군주의 통치술에 대해서는 많이 저술했지만 대의제적 공화국의 행정부에는 그 이론이 적합하지 않았다. 로크도 왕에 대립하는 국민의회의 권리를 역설했지만 공화제에 있어서의 행정권의 위치에 대해서는 모호한 태도를 취했다. 그러나 해밀턴은 행정부의 활력이야말로 좋은 정부를 정의하는 가장 두드러진 특징이라고 확신하였다. 외침으로부터 사회를 방위하고 법을 꾸준히 집행하기 위해서는 행정부의 활력이 필수적이며, 정의질서를 파괴하는 범법자들로부터 재산을 보호하고, 야심·파벌·무정부상태의 기도와 강탈로부터 자유를 수호하기 위해서도 행정부의 활력이 필수적이라는 것이다. 그는 약한 행정부는 정부의 약한 집행권을 의미한다고 주장하면서 약한 정부는 나쁜 정부라고 했다.[53]

이처럼 해밀턴은 좋은 정부의 심장부로서 대통령직에서 "정력(energy)"적인 역할을 묘사하였다. "허약한 행정부는 정부의 허약한 집행을 의미한다(A feeble executive implies a feeble execution of the government)"는 것이다. 해밀턴의 공식에서 강력한 대통령의 리더십(presidential leadership)은 좋은 정부의

(Alexander Hamilton)은 독립 후 아나폴리스회의, 헌법제정회의에서 뉴욕대표로 참가하여, 강력한 연방정부 조직을 주장하였으나 반발을 초래하였다. 그러나 연방헌법 비준을 성립시키기 위하여 J. 매디슨 등과 함께 헌법을 옹호하는 논문집 The Federalist를 발표하였다. 이 논문집은 미국 건국 주역들의 정치사상을 알기 위한 귀중한 자료가 되었다. 워싱턴 대통령 집권 시기 1789-1795년 재무장관이 되었고, 국채액면상환(國債額面償還), 주채(州債)의 연방정부 인수, 국립은행의 창설, 보호관세의 설립 등 상공업의 발달을 중시한 재무정책을 취하였다. 그가 주장한 현명한 소수자에 의한 정치라는 정치철학은 제퍼슨 등의 반대를 받았지만 그의 정치경제사상, 특히 경제사상은 미국의 발전에 지대한 영향을 미쳤다.

53 James M. Burns, *Presidential Government: The Crucible of Leadership* (Boston: Houghton Mifflin Company, 1965); 권영성 외 역, 『미국형대통령제: 리더쉽의 위기를 중심으로』, 법문사, 1983, 19-20면.

엔진이다.[54] 해밀턴의 모형은 과감한 것이었다. 그는 강력한 대륙국가를 구상했으며 새 연방정부에 권력을 집중시키는 모험적인 발상을 하였다. 그는 각 주로부터 그 권력의 대부분을 빼앗음으로써 각 주를 새로운 연방정부의 지역적인 행정부서나 다름없게 만들려고 했다. 그는 종신직의 대통령을 제의했으며, 대통령이 "법률안거부권, 상원의 자문을 통한 선전포고·강화·조약체결권, 국군통수권, 외교사절파견 및 군장교 임명권, 반역죄를 제외하고는 상원의 자문을 거치지 않는 일반사면권"을 행사할 수 있게 하려고 했다.[55] 해밀턴은 자기의 목표가 공권력과 개인의 안전을 결합하는 것이라고 말했다.

해밀턴은 자기의 제안이 너무 대담하다는 것을 인정했으며, 실제로 효율적인 행정부가 공화제원리를 바탕으로 과연 수립될 수 있을 것인지 의문을 가지기도 했다. 그러나 그는 "우리의 상황은 특이하다. 이 같은 상황은 우리가 적당하다고 생각하는 대로 구상할 수 있도록 많은 여지를 남겨 놓고 있다"고 말했다.[56]

해밀턴은 대통령 재직 당시 법률안 성립에 개입하여 법률의 세부내용을 작성하고 의회에서의 입법 전략을 지배할 수 있는 중요한 계획을 세울 수 있는 권한을 장악하려고 시도하는 등, 대통령의 강력한 권한을 주창하였다. 〈그림 3-2〉는 해밀턴 모형에서 힘의 방향과 행정부와 의회와의 관계, 그리고 의회 내의 여당과 야당의 힘의 관계를 설명한 것이다.

이 모형은 견제와 균형의 체계 안에서 역동적인 행정활동을 펴는 모형이다. 해밀턴은 일찍이 행정권력과 진정한 공화주의가 양립할 수

---

54 Pendleton Herring, *Presidential Leadership: The Political Relations of Congress and the Chief Executive* (New York: Farrar and Rinehart, 1940), pp.ix-x.

55 Harold C. Syrett, ed., *The Papers of Alexander Hamilton*, Vol. 4 (New York: Columbia University Press, 1962), p.201.

56 James M. Burns, *Presidential Government: The Crucible of Leadership*, p.20.

있는지 회의를 품었지만, 그는 후에 워싱턴 행정부가 미국 역사상 진실로 창조적인 대통령제의 하나로서 우뚝 솟아 있는 그런 "입김이 센 정부"를 만드는 데 성공했다.[57]

〈그림 3-2〉 해밀턴 모형[58]

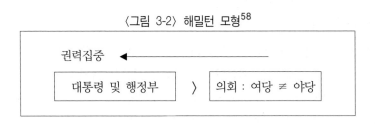

위의 〈그림 3-2〉에서 화살표는 권력의 방향을 묘사한 것으로, 해밀턴 모형은 대통령 중심적 정부 모형으로, 견제와 균형의 체계 안에서 대통령과 행정부는 역동적인 행정 활동을 수행하고, 대통령의 리더십이 입법과정을 포괄적으로 지배하는 모형이다.[59] 여기서 해밀턴 모형은 강력한 대통령이 정국을 주도하고, 행정부가 의회에 대해서 우위의 관계를 유지하는 모형이지만, 의회 내의 여당의 힘이 크지 않거나, 정치적 상황 속에서 대통령이 각 이슈에 대해 부정적으로 대응한다면, 야당과의 관계는 심각하게 악화될 수 있다.

---

57 James M. Burns, *Presidential Government: The Crucible of Leadership*, pp.38-39.
58 지영환, "대통령의 Leadership과 대 의회관계에 관한 연구-민주화 이후를 중심으로-"고려대학교 대학원 석사학위논문, 2004, 34면 ; 현대정치에서 압도적으로 나타나고 있는 현상이라는 것이다. ← 는 의회와 행정부간의 권력균형이 깨지고 대통령과 행정부에 권력이 집중되는 것을 설명한다. 또한 여당 ≠ 야당 및 ≠의 의미는 대통령과 행정부가 정국을 주도하고 의회 본연의 기능인 입법기능까지 주도가 가능한 상황에서는 여야간의 관계가 대결구도로 이어질 가능성이 높으며, 따라서 힘의 관계를 구분할 필요가 없다. 이 논문에서는 이후의 표에서 여야 힘의 관계를 변수로 설명한다.
59 임성호, "민주주의와 관료제: 관료제의 비대화 및 병폐의 정치적 원인", 28-53면. 임성호는 이러한 해밀턴 모형이 현대정치에서 압도적으로 나타나고 있는 현상이라 주장한다.

미국 헌법 초안에 주도적인 역할을 한 매디슨은 신중하고 질서 있는 안정된 정부 및 정돈된 개인의 자유와 책임에 대한 신봉자였다. 매디슨 모형은 대담성과 활동력이 약한 신중한 정부로서 행정부에 대한 의회 우위의 바탕아래, 입법권과 행정권의 권력 균형을 이루는 모형이다.[60]

매디슨 자신은 견제와 균형의 진정한 정신에서 그의 정부를 구성하고 이끌어 나가려고 했다. 그는 워싱턴의 명성, 해밀턴의 민중 조종 능력, 제퍼슨의 정당지도자로서의 힘과 같은 것을 갖추지 못했기 때문에, 정부의 원심력이 자신의 계획을 좌절시키고 있다는 것을 곧 알아차렸다. 매디슨은 자기가 정치적인 회로를 통하여 힘을 행사하지 않으면, 그의 정적들이 똑같은 회로를 통해 자신에게 압력을 가할 것이라는 것을 발견했다. 그의 정치구조는 결코 중립적일 수가 없으며, 사려 깊게 고안된 견제와 균형의 원리도 대립되는 이해관계와 정책 중의 어느 일방을 지지한다는 것도 깨달았다. 매디슨이 원했던 재무장관 임명을 의회세력이 좌절시킴으로써, 행정권의 도구라고 생각됐던 내각은 대통령에게 대항하는 것으로 변모했다. 부통령은 대통령을 반대하여 사실상 자기가 원하는 대로 행동했다. 하원의장직, 비공식 간부회의, 위원회제도 역시 매디슨을 반대하는 것으로 변모했다.[61]

---

60 매디슨(James Madison)은 1787년 헌법제정회의에는 버지니아 대표로 출석하여, 주로 헌법초안 기초를 맡아 핵심적인 역할을 했으며 이를 채택하고 이것에 의미를 부여하고 권리장전을 첨가하였다. 그는 '미국헌법의 아버지'로 일컬어지고 있다. 그는 1801년 T. 제퍼슨 행정부의 국무장관이 되고 1808년 공화당 소속으로 대통령선거에서 당선되었다. 친구인 제퍼슨의 중립정책을 계승하였으나 마침내 1812년 미국-영국전쟁에 휘말려 들었다. 그는 정치학자로서 영국의 정치철학에 조예가 깊고, 그가 헌법옹호론자으로서 집필한 *The Federalist Papers*는 미국 정치학의 고전이 되었다. 매디슨 대통령은 일생을 통해 매디슨 양심의 자유, 다른 사람의 권리, 자유로운 활동, 공화국 형태의 정부, 국민의 의지에 따르는 정부, 연방에 대한 열정적인 헌신적인 열의를 보여주었다.

매디슨이 지적한 바와 같이, 인민들은 현명한 지도자(enlighted leaders)가 항상 군림할 수 없으며, 잘 건설된 정부는 정치적 삶에서 이러한 사실을 인지해야 한다.[62] 매디슨의 지혜가 제시하는 바는 활발한 의회(viable Congress)는 활발한 대통령직(viable presidency)의 필요조건이다.[63]

이 모형은 존 애덤스(John Adams)에 의해 실제로 행사되었다. 그는 상호견제하는 권력으로 장치된 정부의 필요성을 오랫동안 역설했었고, 행정부와 입법부 사이의 관계에서뿐만 아니라 각각 그 자체 내에서도 권력이 균형되도록 훌륭하게 고안된 제도를 매사추세츠주(The Commonwealth of Massachusetts)에 만들었다. 신중하고 질서 있는 안정된 정부 및 정돈된 개인의 자유와 책임에 대한 신봉자로서, 애덤스 대통령은 해밀턴적인 많은 장치를 해체시켰으며 대부분의 헌법기초자들의 희망과 기대에 밀착된 정부모형을 실행한다.[64]

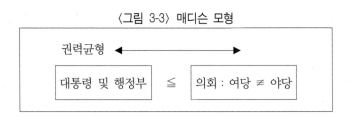

〈그림 3-3〉 매디슨 모형

위의 〈그림 3-3〉은 매디슨 모형에서 힘의 방향과 행정부와 의회와의 관계, 그리고 의회 내의 여당과 야당의 힘의 관계를 설명한 것이다. 위의 화살표는 권력의 방향을 묘사한 것으로, 매디슨 모형은 의회가 중심이 되어 정국을 주로 주도하고, 행정부와 의회가 상호 대등한 관계에서

---

61 James M. Burns, *Presidential Government: The Crucible of Leadership*, p.40.

62 Pendleton Herring, *Presidential Leadership: The Political Relations of Congress and the Chief Executive* (New York: Farrar and Rinehart, 1940), p.xv.

63 *Ibid.*, p.xxiv.

64 James M. Burns, *Presidential Government: The Crucible of Leadership*, p.39.

안정된 정치를 추구하는 모형이다. 즉, 매디슨 모형은 다시 말해서 행정의 능률성을 확보하는 것보다 의회가 행정의 권력남용을 견제하고 통제하는 데 중점을 둔 모형이다. 이러한 모형에서는 대통령과 의회간의 타협과 조화를 위해 안정적이고 신중한 대통령의 긍정적 리더십이 필요하다.

그리고 의회 내의 여당의 힘이 강하다면 행정부를 주장할 것이 아니라 소극적 리더십을 통해 행정력을 효과적으로 발휘할 필요가 있으며, 의회 내의 야당의 힘이 강하다면 적극적 리더십을 통해 정국의 주도권을 가져올 필요가 있을 것이다.

최초의 공화주의자 대통령인 제퍼슨은 헌법이 초안된 지 15년만에 강력한 국민정당을 주재했고, 입법부를 지배했으며, 심지어 연방주의자의 손아귀에 있던 사법부까지 억누르려고 했다.[65] 해밀턴 모형이 대통령직을 중심으로 하고 행정부의 활력·책략·창의력과 철저한 실용주의에 입각한 연방정부를 의미한다면, 매디슨 모형은 대담성과 활동력이 약한 신중한 정부로서 입법권과 행정권의 권력균형에 입각한 정부를 의미했다고 할 것이다. 해밀턴 모형이 보다 책략적이고 융통성 있는 정부였고, 매디슨 모형은 안정적이고 신중한 것이었으며, 제퍼슨 모

---

65 토머스 제퍼슨(Thomas Jefferson)은 1775년 버지니아 대표로서 제1·2차 대륙회의에 참가하였고, 1776년 독립선언문 기초위원으로 선출되었다. 1785년 프랑스 주재공사에 임명되고, 1790년 G.워싱턴 행정부의 초대 국무장관에 취임했다. 그러나 강력한 중앙정부제를 주장하는 재무장관 A.해밀턴과의 정책대립으로 1793년 사임하였다. 해밀턴이 주도하는 연방파(聯邦派)에 대하여 민주공화당을 결성하여 그 지도자가 되었는데, 이것이 현재의 민주당의 기원이다. 1796년 부통령, 1800년 제3대 대통령에 당선되어 새 수도 워싱턴에서 취임식을 거행한 최초의 대통령이 되었다. 재임 중 문관의 무관에 대한 우월, 소수의견의 존중, 종교·언론·출판 자유의 확립 등에 주력하고, 1803년 캐나다 국경에서 멕시코만(灣)에 이르는 광대한 지역을 프랑스로부터 구입하여 영토를 거의 배가(倍加)하는 한편, 나폴레옹전쟁에 의하여 국제긴장에 휩쓸리지 않도록 고립주의 외교정책을 유지하면서 중립을 지켰다.

형은 보다 민주적이고 잠재적으로는 더욱 강력한 것이었다.[66] 19세기에 제퍼슨식 자유주의(Jefersonian liberalism)는 개인의 자율성과 제한정부를 인민에 대한 최선의 보호로 강조하였다.[67]

〈그림 3-4〉는 제퍼슨 모형에서 힘의 방향과 행정부와 의회와의 관계, 그리고 의회 내의 여당과 야당의 힘의 관계를 설명한 것이다.

〈그림 3-4〉 제퍼슨 모형[68]

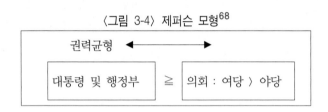

위의 화살표는 권력의 방향을 묘사한 것으로, 제퍼슨 모형은 강력한 대통령의 지도 아래 정국을 주도하고, 원내 다수당의 지지를 바탕으로 행정부와 의회가 상호 대등한 관계에서 안정된 정치를 추구하는 모형이다. 이러한 모형에서는 대통령이 강한 행정부를 주장할 것이 아니라, 소극적 리더십을 통해 행정력을 효과적으로 발휘할 필요가 있으며,

---

66 James M. Burns, *Presidential Government: The Crucible of Leadership*, p.39.

67 David Zarefsky, "The Presidency Has Always Been a Place for Rhetorical Leadership," in Leroy G. Dorsey. ed., *The Presidency and Rhetorical Leadership* (College Station: Texas A&M University Press, 2002), p.36.

68 지영환, "대통령의 Leadership과 대 의회관계에 관한 연구-민주화 이후를 중심으로-"고려대학교 대학원 석사학위논문, 2004, 29면 ; ↔ 화살표 의미는 권력균형으로 위의 모형은 제퍼슨 모형이다. 제퍼슨 모형은 강력한 대통령의 지도 아래 정국을 주도하고, 원내 다수당의 지지를 바탕으로 행정부와 의회가 상호 대등한 관계에서 안정된 정치를 추구하는 모형이다. 화살표의 의미는 서로에게 의회와 대통령 대(對) 행정부가 권력이 적절히 분산되고 있다. ≧ 위의 모형은 제퍼슨모형 임으로 강력한 대통령과 여당이 정국을 주도하고, 행정부와 의회가 상호 대등한 관계에서 안정된 정치를 추구하는 모형이며, 여당 〉 야당 의미는? 제퍼슨 모형은 원내 다수당의 지지를 바탕으로 나타 낼 수 있다.

대통령과 의회간의 타협과 조화를 위해 안정적이고 신중한 대통령의
긍정적 리더십이 필요하다. 즉, 제퍼슨 모형은 강력한 대통령과 여당이
정국을 주도하고, 행정부와 의회가 상호 대등한 관계에서 안정된 정치
를 추구하는 모형이지만, 절대 우위의 권력을 통해 권력의 정점에 서
있는 대통령의 통치스타일에 따라, 야당과의 관계가 악화될 수 있으며,
대통령과 의회와의 관계 역시 왜곡될 가능성이 많다. 특히 직책수행에
있어 의회를 배제할 정도로 대통령의 리더십이 적극적이거나, 정치적
상황 속에서 대통령이 각 이슈에 대해 부정적으로 대응한다면, 여당 및
야당과의 관계를 비롯하여, 의회와의 관계 모두 악화될 수 있다.

〈그림 3-5〉는 제퍼슨 모형에서 이상적인 리더십을 그림으로 나타낸
것이다.

〈그림 3-5〉 제퍼슨 모형에서의 이상적 리더십[69]

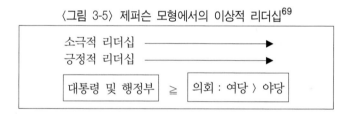

여기서 소극적 리더십과 긍정형의 리더십을 제퍼슨 모형에서의 이
상적 리더십으로 파악한 이유는, 제퍼슨 모형이 비록 강력한 대통령과
여당이 정국을 주도하고 있지만, 임기 및 경제상황, 차기 의회선거에서
의 의석변수에 따라 의회와의 관계가 쉽게 악화될 수 있는 가능성을
가지고 있으며, 이러한 상황에서는 소극적 긍정형의 리더십이야말로

---

69 양 화살표가 의미하는 바는 다음과 같다. 제퍼슨 모형에서는 강력한 대통
령과 여당이 정국을 주도하고, 행정부와 의회가 상호 대등한 관계에서 안
정된 정치를 추구하는 모형이기 때문에 소극적이고 긍정형인 리더십이 있
어야 대통령·행정부 대(對) 의회의 관계가 원만할 수 있다는 것이다. 그리
고 제퍼슨 모형은 여당의 힘이 더 강할 때를 가정한 것이다.

의회와의 관계를 타협을 통해 해결할 수 있게 해주는 리더십이기 때문이다.

소극적 긍정형의 리더십은 의회와의 관계를 타협을 통해 해결할 수 있게 해주는 리더십이지만, 대통령 및 행정부가 자칫 정국주도권을 빼앗길 가능성이 상존한다. 하지만 여당이 의회에서 우의를 점하고 있고 대통령과 행정부가 정국주도의 강력한 기반을 쥐고 있는 상황에서 정국주도권을 빼앗길 가능성은 크지 않다. 한편, 이러한 대통령 리더십의 문제 이외에 대통령과 의회와의 관계를 결정짓는 또 다른 변수들이 존재한다. 이러한 변수들은 의회와 대통령의 관계를 악화시키고 개선시킬 수 있는 중요한 변수이다. 하지만 대통령의 리더십이 이러한 상황에 얼마나 잘 적응하느냐에 따라서 대통령과 의회간의 관계는 조화와 타협의 관계를 만들어 낼 수 있다.

번즈는 혁명적 리더십은 혁명을 수행하는 과정에서 나타나기 쉬우며 혁명적 리더십은 성공하기 위해서는 세 가지 차원의 전제가 필요하다고 하였다. 첫째, 혁명은 대중들의 욕구와 필요를 자극해야할 필요가 있고 대중은 선동과 정치적 행위를 통해 동원되어야 한다. 둘째, 다른 리더십과 마찬가지로 갈등을 필요로 한다. 특히 혁명적 리더십은 보다 극단적인 대립과 갈등 요소가 필요하다. 셋째, 사명감에 대한 강한 의식, 궁극적인 가치, 그리고 초월적인 목적이 있어야 한다. 또한 개혁적 리더십과 혁명적 리더십을 구분하면서 첫째, 개혁적 리더십이 성공하기 위해서는 다양한 형태의 개혁적·비개혁적 목표를 지닌 자들과 연합하는 것이 필요하며 개혁적 지도자는 그들 계급 내에서 끊임없는 분파들을 조정하며 균형 있게 다루어야 한다. 개혁적 리더십은 목적을 달성하기 위해 부적절한 방법을 사용하는 것이 허용되지 않는다. 부적절한 방법은 개혁적 리더십에 대한 추종자의 자발적 동의를 상실케 할 수 있기 때문이다. 셋째, 개혁적 지도자는 점진주의적 인물이어야 한다. 도덕적 원칙을 실현시키고 사회의 전부 또는 일부분을 완만히 변

화시켜야 하기 때문이다.[70]

한국에서 채택하고 있는 대통령제는 운영과정에서 제도적으로 두 가지 딜레마에 봉착한다. 첫째, 대통령 소속 정당이 원내에서 다수의석을 차지할 경우 행정부에 의한 의회지배현상이 나타나게 되어 권력 간의 분립과 견제가 실현되기 어렵게 될 수 있다. 둘째, 대통령 소속 정당이 원내 소수당일 경우, 행정부와 의회를 각각 분점한 정당 간의 대결과 교착으로 인해 국정위기가 초래될 수 있다. '여소야대'로 표현되는 이러한 분점정부(divided government)[71] 상황은 대통령제의 모국인 미국에서도 문제로 인식되고 있으며, 남미 대통령제의 중대한 약점이자 민주화 이후 한국의 정치위기를 낳는 근원이기도 하다. 이 연구는 민주적 제도를 안정적으로 운용하기 위해서는 대통령의 정치적 리더십이 정립되어야 한다고 주장한다. 제도의 상호작용의 관점에서 대통령의 리더십은 행정부와 의회와의 관계를 생산적으로 조율하고, 의회에서 여당과 야당, 다수당과 소수당의 합의를 통해 사회통합을 이루는데 중요한 기제이기 때문이다.

이 연구는 대통령의 정치적 리더십을 개성(personality)의 차원보다는 의회와 행정부 사이에서의 제도적 상호작용에 초점을 맞출 것이다. 정치가로서 개성은 그 정치가 생애 전체를 통해 나타나며, 이 연구의 주안점은 정치적 리더십과 제도적 요인을 포함한 상황변수의 관계이기 때문에, 개성은 상수(constant)로 처리할 수 있다. 미국에서는 분권적 권력구조 하에서 대통령의 제도적 역할이 결정된다. 반면 한국은 중앙집권

---

70 James M. Burns, *Leadership* (New York: Harper & Row Publishers, 1979), pp.202-203.
71 분점정부는 좁은 의미의 여소야대를 지칭한다. 오승용, "한국 분점정부의 대통령-의회관계 연구 — 입법과정을 중심으로 —", 전남대학교 정치학박사 학위논문, 2003, 15-16면 ; 분점정부(分店政府)는 한국의 분할이라는 용어가 어의상 '나누어 진다'는 의미만 갖는 반면, '나누어 차지한다'는 의미이기 때문에 정당이 입법부와 행정부를 차지하지 못하고, 서로 다른 정당이 입법부와 행정부를 나누어 장악하는 상황을 보다 정확히 전달 할 수 있다.

형 국가였으며, 지방자치제가 실시된 이후에도 권력의 분산 정도가 높지 않다. 또한 미국은 대통령과 부통령을 두고 있지만 한국은 한명의 대통령에게 비교적 과다한 권력을 부여한다. 그래서 한국은 미국보다 대통령에게로의 권력집중 정도가 높고 대통령의 재량이 크다.

第3節 분석틀

1. 대통령의 정치적 리더십 유형과 대 의회관계 모형

가. 독립변수

이 연구는 독립변수로서 정치적 리더십이 임기변수, 의석분포, 정치·경제 상황이라는 상황변수와의 결합을 통해 대통령의 대對 의회관계가 어떻게 정립되는가를 밝힌다. 한국 대통령이 국가운영에서 행사하는 영향력은 어느 다른 나라의 수반들보다도 강하다.[72] 그러한 점에서 한국에서 대통령의 리더십에 대한 객관적 논의와 올바른 의회와의 관계설정이 무엇보다 필요하다. 한국 사회에서는 국민들의 정치적 만족을 위한 이러한 기관들이 오히려 정치적 불만족을 증가시키는 최대 장애 요인으로 인식되기도 한다. 이것은 바로 대통령과 의회의 유기적인 견제와 균형(checks and balances), 그리고 조화가 이루어지지 않고, 이들의 역기능 내지는 기능 부족 현상이 나타나고 있기 때문이라 할 수 있다.

그리고 한국은 여대야소의 안정적인 정치 행정구조가 만들어졌어도, 지도자의 권위주의적 리더십으로 인해,[73] 그리고 민주화 이후의 적

---

72 이종범, "김영삼 대통령의 리더십 특성과 국정관리 유형 : 문민정부 1년의 정책평가", 『한국행정학회보』(제1권), 1995, 1127-1140면.
73 김명기, 『한국행정론』, 한국방송통신대학출판부, 1992, 209-210면.

합한 리더십의 한계로, 오랫동안 국회의 기능이 원활히 이루어지지 못한 측면이 있다. 민주화 이후에는 지역을 기반으로 한 보스중심의 파벌정치 속에서 대통령과 의회와의 관계가 대결적인 국면으로 전환되어, 상당기간 불안정이 노정되기도 하였다. 이제 이러한 대통령의 국정운영 중심축은 변화하고 있으며 그 방향은 '대통령과 관료'에서 '대통령과 국회'로 향하고 있다.

대통령과 의회의 국정운영 축에서는 대통령의 국정이 대화를 통한 타협과 양보에 기초한 설득에 의해 운영됨으로써, 권위주의적인 카리스마 리더십의 효용성이 현저히 저하된다.[74] 민주주의의 헌법적 원리는 대통령은 국민을 통합하며, 국가적 위기나 정치적인 문제를 해결하고 미래를 조정하는 행정부의 수반이며, 의회는 다양한 이해관계를 조정해서 사회구성원이 지향하는 정치적 만족을 구현하는 입법기관이라 할 것이다. 정치적 안정을 도모하기 위해서는 독립변수인 정치적 리더십을 통해 대통령과 의회의 유기적인 견제와 균형, 그리고 조화가 이루어져야 한다.

나. 상황변수

대통령의 대對 의회관계에서 독립변수인 정치적 리더십에 동행하는 상황변수는 임기변수, 의석분포, 정치·경제 상황의 세 차원이다. 대통령과 의회와의 관계를 파악하기 위해서는 정치체제의 특징, 국가의 정치적, 경제적, 군사적, 문화적 특징과 기술, 그리고 심리학적 영향뿐만 아니라 개인의 특성을 종합적으로 살펴보는 것이 필요할 것이다. 또한 번즈가 지적한 대로 대통령제 아래서 대통령과 의회의 관계는 이론적으로 엄격한 권력분립을 통한 상호 독립과 견제를 원칙으로 하지만, 대

---

74 함성득, 『새대통령의 새로운 역할 : 명령자에서 조정자로』, 나남출판, 2003, 9-10면.

통령 개인의 정치적 역량이라든지 의회가 행정부를 견제 여부에 따라 세 가지 관계유형을 측정 할 수 있다.[75]

첫째, 해밀턴(Hamilton)[76] 모형은 절제와 균형의 체계 안에서 대통령은 역동적인 행정 활동을 수행한다. 그리고 행정부가 입법과정을 포괄적으로 지배하며 대외정책과 재정 및 경제정책을 독점적으로 결정함으로써 행정부에 대한 의회의 통제가 형식화되는 모형으로써, 흔히 국가 비상사태의 극복이나 국가건설 등 행정의 능률성이 민주적 절차보다 우선시될 때 선호되는 권력 형태라 할 수 있다. 특히 현대에 들어서는 준 입법 기능과 준 사법 기능이 행정부에 광범위하게 위임되면서, 해밀턴 모형을 따라서 행정부의 권한이 점점 확대되어가고 있다.[77] 둘째, 매디슨 모형은 대담성과 활동력이 약한 신중한 정부로서 입법권과 행정권의 권력 균형에 입각한 정부를 의미한다. 행정부에 대한 의회우위의 권력 형태로서 행정의 능률성을 확보하는 것보다 의회가 행정의 권력남용을 견제하고 통제하는 데 중점을 둔다. 셋째, 제퍼슨모형은 강력한 대통령의 지도 아래 고도의 경쟁적인 양당 제도를 갖추고 매디슨 모형보다 더욱 국민적이고 민주적이며 균형감과 추진력을 갖춘 다수결 원리에 위한 정부를 의미한다. 행정부와 의회가 상호 대등한 관계

---

75 권영성, "새 정부하의 국회와 행정부 간의 관계모색: 권력분립의 원리의 구현을 위한 제언", 『국회보』, 2002년 2월호.

76 Haroid C. Syrett(ed), *The Papers of Alexander Hamilton*, vol. 4. New York: Columbia University Press, 1962., p.201.; 그는 자기의 제안이 너무 대담하다는 것을 인정했으며, '우리 상황은 특이하다. 이 같은 상황은 우리가 적당하다고 생각하는 대로 구상할 수 있도록 많은 여지를 남겨 놓고 있다.'고 지적하였다. John C. Miller, *Alexander Hamilton: Portrait in Paradox*, New york: Harper & Brothers, 1959, p.160, James M. Burns, *Presidential Government: The Crucible of Leadership* (Boston: Houghton Mifflin Company, 1965); 권영성 외 역, 『미국형대통령제: 리더쉽의 위기를 중심으로』, 법문사, 1983, 20면.

77 임성호, "민주주의와 관료제: 관료제의 비대화 및 병폐의 정치적 원인", 『한국과 국제정치』(제14권 제2호), 1998, 28-53면.

에서 원내 다수당의 지지를 바탕으로 안정된 정치를 추구한다. 대통령 개인의 정치적 역량이라든지 의회가 행정부를 견제할 수 있는가에 따라, 행정부가 입법과정을 포괄적으로 지배하며 대외정책과 재정 및 경제정책을 독점적으로 결정함으로써 행정부에 대한 의회의 통제가 형식화 된다는 해밀턴모형, 행정부에 대한 의회우위의 권력형태로서 행정의 능률성을 확보하는 것보다 의회가 행정의 권력남용을 견제하고 통제하는 데 중점을 둔 매디슨 모형, 그리고 행정부와 의회가 상호 대등한 관계에서 원내 다수당의 지지를 바탕으로 안정된 정치를 추구하는 제퍼슨 모형이 존재한다면, 그 모형 별로 세 가지 유형의 정부형태가 존재할 것이다.

첫째, 대통령이 속한 정당과 의회의 과반수 의석을 차지한 정당이 동일한 경우, 대통령이 속한 정당과 의회의 과반수 정당이 서로 다른 여소야대의 경우, 다당제하의 대통령제 정부형태에서 어느 정당도 과반수를 획득하지 못하는 경우가 존재한다. 보통 선거주기(electoral cycle)에 따라, 대통령선거와 의회 선거가 동시에 실시(concurrent election)될 때 대통령의 소속 정당이 의회에서도 과반수를 획득하는 경우가 많아 분할된 정부형태가 드물게 나타나지만, 미국의 경우 대통령 취임 이후 실시된 중간선거에서는 상대적으로 야당이 과반수를 획득하는 경우가 보다 많이 나타난다.[78]

그리고 의회의 임기와 대통령의 임기가 일치 하지 않는 경우, 의회의 견제 기능과 대통령의 리더십은 그 시기에 따라 영향력이 달라질 수 있다. 대통령의 레임덕 현상이나 의회의 견제 기능 약화현상은 이러한 상황에서 나타나는 경우가 대부분이다. 또한 정치·경제 환경의 변화에 따라 기민한 대처를 하지 못하는 대통령의 리더십부재, 정치인

---

[78] Matthew Shugart, "The Electoral Cycle and Institutional Sources of Divided Presidential Government,", *American Political Science Review* 89(2)(June, 1995).

들의 낮은 의식수준과 전문성, 정경유착에 따른 정치인들의 부정부패, 의회운영의 문제로 인해 대통령의 리더십과 의회관계간의 문제가 발생할 수 있다.[79] 이러한 상황에 대한 대처에 따라 입법부와 행정부 간의 견제와 균형이 무너지는 경우가 많다. 이 연구는 이러한 논의를 통해 대통령의 리더십과 의회와의 관계를 유형화시키고자 한다.

다. 대통령의 대 의회관계 모형의 분석틀

대통령제 국가의 경우 대통령이 관료제와 의회에 대하여 어떠한 정치적 리더십을 발휘하는가에 따라 의회와 관료제의 관계가 상당히 큰 영향을 받는다.[80] 한국에서는 관료들을 비롯하여 국회 내의 여당 역시 대통령의 정책의지에 절대적인 영향을 받고 있다. 이러한 정당 정부적 성격으로 인해, 의회는 대통령을 지원하고 종속되는 현상이 나타날 수밖에 없었다. 이러한 과정에서 정치 지도자의 리더십은 무엇보다 중요하다. 이 연구는 바버의 지도자의 성향을 기준으로 한 네 가지 리더십 유형을 통해, 대통령의 리더십을 적극적 긍정형 리더십과 적극적 부정형 리더십, 소극적 긍정형 리더십과 소극적 부정형 리더십으로 분류하면서, 의회의 의석분포, 임기의 변수, 경제상황의 변화 속에서, 해밀턴 모형, 매디슨 모형, 제퍼슨 모형 등 대통령과 의회와의 세 가지 관계유형을 살펴본 후, 대통령의 리더십에서 정당성, 효과성이 어떻게 변화되었는가를 고찰할 것이다. 대통령은 사회가 현재 놓여 있는 상황이 어떠한지를 진단하고 주어진 여건과 정보의 의미를 정확하게 해석할 수 있어야 한다. 또한 대통령은 구체적인 과제와 해결방법을 제시해야 한

---

79 윤영오, "국회개혁에 관한 연구", 『한국정치학회보』(제29권 제4호), 1995, 234면.

80 함성득, "의회·정당, 대통령의 새로운 관계", 『의정연구』(제4권 제1호), 1998, 29면.

다. 그리고 전폭적인 지지를 획득하고 사회적 통합을 이루어 나가야 한다. 대통령이 정책수행 및 관리에 필요한 각종의 자원을 얼마만큼 효율적으로 동원하고 배분할 수 있느냐에 따라 대통령의 지도역량은 평가받게 된다.[81] 대통령이 국정을 성공적으로 수행하느냐의 여부는 그들의 역사의식, 비전, 통찰력, 관리능력으로 이어지는 정치적 리더십에 달려 있다. 그리고 이러한 정치적 리더십은 의회와의 상부상조 관계를 유지시켜줄 것이며, 설득과 타협으로 의회와의 관계를 원만하게 이끌 수 있게 해줄 것이다. 따라서 대통령의 정치적 리더십의 정당성, 효과성이 어떻게 변화하는지를 분석한다. 홀랜더(E. Holander)는 리더십이라는 것이 지도자 한사람의 전유물이 아니라, 상황, 지도자, 피지도자 3자의 공유물이며, 리더십이란 상황의 속성과 피지도자의 속성과 지도자 자신의 속성의 함수(상호작용의 산물)라고 정의하였다. 또한 페이지(Glenn D. Paige)도 상호작용론적 접근법에 입각하여 다음과 같은 이론 모형을 제시했다. 정치지도자의 행태(PLB)는 지도자의 개성(P), 역할(R), 조직망(O), 과업(T), 가치관(V), 상황(S) 및 기타변수(e)와 함수관계에 있다는 것이다. PLB = f (P, R, O, T, S) + e라는 공식이 바로 그것이다.[82] 이 연구는 이러한 페이지의 함수관계를 참고하여, 다음과 같은 이론모형을 제시하고자 한다.

〈그림 3-6〉 대통령과 의회의 함수관계

대통령의 대 의회관계
= f (대통령의 리더십+상황변수(의석분포, 임기변수, 정치·경제상황))

---

81 Light, Paul C, *The Presidents Agenda* (Baltimore: The Johns Hopkins University Press, 1982).

82 Glenn D. Paige, *The Scientific Study of Political Leadership* (New York: The Free Press, 1977).

그리고 이를 바탕으로 이 연구에서의 분석틀을 도해로 표시하면 다음과 같다.

〈그림 3-7〉 이 연구의 분석틀[83]

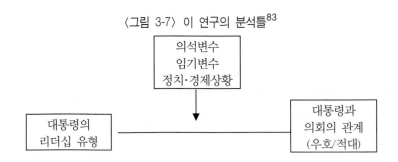

리더십이론에서 상황변수의 중요성은 피에들러(Fred E. Fiedler)의 연구에서 비롯된다.[84] 리더십의 개념에는 항시 작용적인 영향력이 행사되는데 그 변수로서는 다음과 같은 요소가 포함되어 있다. 첫째, 지도자(Leader)로서, 이는 다른 구성원들에게 영향을 주거나, 영향을 주려고 노력하는 집단구성원을 의미한다. 둘째, 추종자(Follower)로서 영향을 받고 있는 영향의 대상이 되고 있는 구성원을 뜻한다. 마지막으로 상황적 요소(Situation Factor)는 지도자와 추종자 간의 영향 과정을 둘러싼 환경 요소를 지칭한다.

리더십 이론은 연구 방법에서 리더십 과정의 어느 측면을 강조하느냐에 따라, 특성(자질)이론, 상황이론, 상호작용(행동)이론이라는 세 가지 이론으로 구분된다. 여기에서 피에들러는 상황이론의 효시자이며 리더십에 대해서는 가장 먼저 추종자에 대한 영향력 정도를 특정 상황의

---

83 지영환, "대통령의 Leadership과 대 의회관계에 관한 연구 – 민주화 이후를 중심으로–" 고려대학교 대학원 석사학위논문, 2004, 24면; 화살표가 의미하는 바는 대통령의 리더십에 따라 의회와 대통령의 관계가 우호나 적대로 변할 수 있다는 것이고 이에 대한 상황변수로 의석변수, 임기변수, 정치·경제상황 등을 고려할 수 있다는 것이다.

84 Fred E. Fiedler, *A Theory of Leadership Effectiveness* (McGraw-Hill Com, 1969).

조절 변수로 보고 이들에 대한 관심을 가졌다. 그는 상황적합적 이론 (contingent theory)을 제시하면서 대규모의 다양한 집단의 지도자를 대상으로 그들의 리더십 유효성을 측정해본 결과 리더십은 복잡한 상황 변수에 따라 전적으로 좌우된다는 것을 발견하였다. 이러한 상황변수는 상황적 선호도(situational favorability) 또는 상황적 통제(situational control)라고 불린다. 이와 같은 상황변수는 다음과 같은 세 가지 요소로 구성된다.

1. 지도자-구성원 관계(Leader-Member Relationship): 지도자가 집단의 구성원들과 좋은 관계를 갖느냐 나쁜 관계를 갖느냐 하는 상황이 리더에게 호의적이냐의 여부를 결정하는 중요한 요소가 된다.

2. 직위권력(Position Power): 리더의 직위가 구성원들로 하여금 명령을 받아들이게끔 만들 수 있는 정도를 말한다. 따라서 권위와 보상 권한들을 가질 수 있는 공식적인 역할을 가진 직위가 상황에 제일 호의적이다.

3. 과업구조(Task Structure): 한 과업이 보다 구조화되어 있을수록 그 상황은 리더에게 호의적이다. 리더가 무엇을 해야 하고, 누구에 의하여 무엇 때문에 해야하는가를 쉽게 결정할 수 있기 때문이다. 과업의 구조화 정도는 목표의 명확성, 목표에 이르는 수단의 다양성 정도, 의사결정의 검증 가능성이다.

이상의 세 요소의 조합이 리더에 대한 '상황의 호의성'을 결정하게 된다. 피에들러는 상황의 호의성이라는 것을 그 상황이 리더로 하여금 자기 집단에 대해 영향력을 행사할 수 있게 하는 정도라고 정의하고 있다.

앞서 살펴본 대로 피에들러의 연구에서 사용된 상황변수로는 리더와 구성원의 관계, 직위권력, 과업구조가 고려되고 있지만, 본 연구는 대통령과 의회의 관계 유형에 영향을 미치는 대통령의 리더십 유형을 독립변수로, 상황적 호의성(situational favorableness)으로서 의석분포, 임기변수, 정치·경제상황을 상황변수로 도입한다.

2. 대통령의 정치적 리더십의 대 의회관계 결합

이 연구는 대통령의 정치적 리더십이라는 독립변수가 임기, 의석, 정치·경제상황을 포함하는 상황변수와 동행하여 종속변수인 대對 의회관계의 국정운영에 미치는 인과관계를 분석하기 위해 두 가지 가설을 제시한다. 첫 번째 가설로 부정적 리더십은 상황변수들이 유리할 때도 의회와의 관계가 개선보다는 악화되기 쉬울 것이며, 긍정형 리더십은 불리할 때도 악화되기보다는 개선의 여지가 더 많을 것이라는 것이다.

〈그림 3-8〉 연구가설 1의 모형[85]

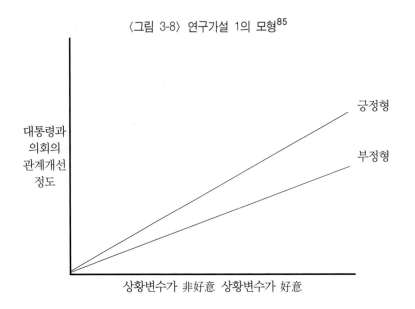

대통령과
의회의
관계개선
정도

긍정형

부정형

상황변수가 非好意　상황변수가 好意

여기에서 상황변수가 호의적이거나 비호의적인 경우의 구별은 대

---

85 지영환, "대통령의 Leadership과 대 의회관계에 관한 연구 - 민주화 이후를
　중심으로 -"고려대학교 대학원 석사학위논문, 2004, 24면; 이 모형은 의석변
　수, 임기변수, 정치·경제상황 등에 따른 대통령과 의회의 관계개선 정도는
　대통령의 리더십이 긍정적인가 부정적인가에 따라 관계개선이 좋아질 수
　도 있고 나빠질 수도 있다는 연구 가설이다.

통령의 정치적 리더십이 발휘되는데 있어 의석분포, 임기변수, 경제상
황 등이 어떻게 정의되느냐에 따라 구별할 수 있다. 즉, 비호의적인 경
우는 여소야대의 의석구조, 대통령의 잔여임기가 의원(한국에서 국회의원,
미국에서 상원·하원의원)의 잔여임기보다 현저히 짧을 때, 그리고 인플레이
션이나 실업 등, 경제위기로 인한 국민들의 정치적 불신증가를 예로 들
수 있다.

〈그림 3-9〉 연구가설 2의 모형[86]

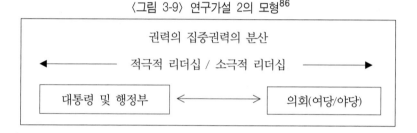

또한 두 번째 가설은 적극적/소극적 리더십에 따라 의회와의 관계
에서 정국의 주도권을 누가 갖게 되는가가 정해진다는 것이다. 적극적
인 리더십은 권력의 집중을 통해 의회에 대한 주도권을 행사하려는 것
이며, 소극적 리더십은 권력의 분산을 통해 의회에 대한 마찰을 줄이려
는 리더십이다. 이러한 가설에 대한 분석의 예를 들어본다면, 여대야소

---

86 지영환 앞의 논문 26면; 권력의 집중 또는 분산의 경우, 권력의 방향을 화
    살표로 설명한 것으로 대통령과 행정부에 권력이 집중되는 것과 의회에 집
    중되는 것으로 나눌 수 있으며, 적극적 리더십은 권력을 대통령에게 집중
    시키는 리더십이고, 소극적 리더십은 권력을 의회로 분산시키는 리더십이
    다. 따라서 ↔ 는 리더십에 따라 대통령/행정부 대(對) 의회가 서로 상충할
    수도 있다는 것을 가정한 것이다. 의회(여당/야당)이 왜 함께 박스 안에 있
    는 지에 대해서는 대통령의 리더십이 적극적(권력의 집중인 경우)이거나,
    정치적 상황 속에서 대통령이 각 이슈에 대해 부정적으로 대응한다면, 여
    당 및 야당과의 관계를 비롯하여, 의회와의 관계 모두 악화될 수 있기 때문
    에 구분하지 않았다.

의 현상에서는 대통령이 권력의 분산을 위해 소극적 리더십을 발휘해야만 의회와의 관계를 원활하게 이끌 수 있을 것이다. 또한 여소야대의 현상에서는 대통령이 적극적인 리더십을 발휘하여 정국의 주도권을 쥐려고 할 것이다. 이러한 가설에 의하면 변수의 불리한 영향이 있을 때, 보다 명확하게 대통령의 리더십과 의회와의 관계를 연구할 수 있을 것이다. 그러한 이유로 이 연구는 다양한 변수에 기준을 맞춰 이러한 관계를 고찰할 것이다.

본격적인 분석에 들어가기에 앞서, 이 연구는 대통령의 리더십이 의회와의 관계를 개선시키고 악화시키는데 주요한 영향을 미칠 것이라는 가설을 설정하였다. 그렇다면 이러한 리더십이 대통령과 의회의 관계모형 속에서 어떠한 영향을 미칠 것인지를 살펴볼 필요가 있다. 미국에서 대통령과 대對 의회 관계가 국정운영에서 생산적이었던 것은 대통령의 정치적 리더십에 대해 경험의 축적과 대통령제의 제도화가 이루어져서 어떠한 통치가 바람직한 리더십의 모형인가가 연구되었기 때문이다.

가령 워싱턴 대통령은 초기 대통령제에서 대통령의 역할이 민주주의와 미국식 연방제와 정부제도에 어떻게 결합할 수 있는지 규정하였다. 링컨 대통령은 노예해방을 통해 사회통합을 이루었고 남북전쟁을 슬기롭게 해결함으로써 연방제를 유지하고 발전시켰다. 그 기간 동안 링컨은 반대파였던 남부연합과 민주당을 포용하였다. 통합적인 리더십과 아울러 의회관계에서의 협력을 강조하는 비전 때문에 미국은 분열되지 않았다. 루즈벨트 대통령은 경제위기와 세계대전을 극복하는데 주도적인 리더십을 발휘하였다.

한국 대통령들은 자신들의 정치적 리더십으로 인해 향후 정국에서 어떠한 형태로 이루어질 것인지에 대한 궁극적인 고려는 부족했던 것으로 보인다. 이승만 대통령은 목적을 위해서 헌법개정과 함께 정치라이벌이나 의회에 대한 탄압도 불사하였다. 박정희 대통령과 전두환 대통령 역시 수많은 야당 지도자 및 일반국민들을 탄압해왔다 결국 이러한 리더십은 한국 역사에서 권위주의가 자리 잡게 하는데 크게 일조를 하였다.

또한 민주화 이후 노태우 대통령은 이러한 리더십에 대한 반동으로, 의회와의 관계를 원만하게 이끌기 위해 노력하였고, 결국은 3당 통합을 통해 정국을 주도하게 되는 계기를 마련했다. 하지만 노태우 대통령의 역할과 직책수행에 있어 원활한 체계를·갖추지 못하였으며, 과거와 같이 과감한 리더십을 발휘할 수 없는 상황에 놓이게 되었다. 한편 김영삼 대통령은 다시 국정을 주도하려고 노력하였다. 하지만 민주자유당의 태생적인 한계로 당의 개혁이나 의회를 중심으로 하는 정치개혁에서는 큰 효과를 이뤄내지 못했고, 권위주의적인 리더십을 통해 의회와의 관계가 원만하지 못했으며, 결국 3당 통합으로 만들어진 거대여당이, 한 순간에 붕괴하는 모습을 보여주었다. 반면에 김대중 대통령은 김영삼 대통령과 비슷한 리더십을 발휘했지만, 의회와의 관계를 과거와는 다르게 압도할 수 있는 힘이 있었다. 특히 IMF를 극복하고, 그동안 잠재되었던 민주화와 통일 요구가 확대되면서 리더십을 발휘할 수 있는 기회가 되었다. 그리고 긍정형의 리더십을 기반으로 하여 의회와의 조화와 타협을 노릴 수 있는 기회를 잡게 되었다. 위의 결과만을 가지고 설명하자면, 권위주의적이거나 너무 소극적으로 정국을 주도하려는 리더십을 표방하는 대통령은 의회와의 관계가 악화되면서 임기 후 정권이 교체되거나 실각되는 현상을 보인다는 점이다. 즉, 대통령의 리더십이 어떠한 특성을 보이느냐에 따라 대통령과 의회의 관계는 변화한다는 것이다. 이 연구는 이러한 이유로 다음과 같이 가설을 설정하고자 한다. 첫째, 적극적 긍정형은 정국주도를 가능하게 하면서도, 의회와의 관계를 타협을 통해 해결할 수 있게 해주는 기반이 될 것이다. 둘째, 적극적 부정형은 정국주도를 가능하게 하지만 자칫 권위주의화로 변질될 가능성을 가지고 있으며, 의회와의 관계도 여소야대인가 야대여소인가에 따라 악화될 가능성이 상존한다. 셋째, 소극적 긍정형은 의회와의 관계를 타협을 통해 해결할 수 있게 해는 리더십이지만, 대통령 및 행정부가 자칫 정국주도권을 빼앗길 가능성이 상존한다. 넷째, 소극적 부정형은 대통령 및 행정부가 정국주도권을 빼앗길 가능성이 상존할 뿐 아니라, 의회와의 관계도 악화될 가능성이 높다. 이러한 이유로 이 연구는 제퍼슨, 해밀턴, 매디슨 모형이라는 세 가지 관계모형 속에서 이러한 가설을 검증하고, 의회와의 관계를 파악하고자 한다.

3. 상황변수에 의한 모형의 변화

가. 해밀턴 모형

해밀턴 모형에서는 종속변수인 대對 의회관계 차원에서 대통령과 의회간의 타협과 조화를 위해, 독립변수인 대통령의 정치적 리더십 차원에서 안정적이고 신중한 대통령의 긍정적인 리더십이 필요하다. 분점정부 하에서 적극적 긍정형처럼 정국주도를 가능하게 하면서도, 의회와의 관계를 타협을 통해 해결할 수 있게 해주는 리더십이나, 또한 단점정부 상황 하에서 의회와의 관계를 타협을 통해 해결할 수 있게 해주는 소극적 긍정형의 리더십이 해밀턴 모형에서는 가장 이상적인 리더십유형이라 할 수 있다. 하지만 이러한 리더십 이외에도 대통령과 의회간의 관계를 변화시킬 수 있는 다양한 변수들이 존재하며, 해밀턴 모형 역시 마찬가지이다. 해밀턴 모형도 대통령의 리더십이 이러한 변수에 얼마나 잘 적응하느냐에 따라서 대통령과 의회 간의 관계가 조화와 타협의 관계를 만들어 낼 수 있는지가 결정될 수 있다.

1) 임기변수

해밀턴모형은 대통령 중심적 정부 모형으로, 대통령과 행정부가 정국주도 및 입법주도가 가능한 상황을 가정하고 있다. 하지만 선거주기에 따라 대통령 취임 이후 실시된 의회선거로 인해, 대통령의 남은 임기보다 국회의원들의 임기가 더 남아 있을 경우에는 레임덕 현상을 불러일으킬 수 있는 계기가 될 수 있다. 역시 해밀턴 모형에서도 의회의 견제 기능과 대통령의 리더십은 시기에 따라 그 영향력이 달라질 수 있다. 하지만 다른 모형들과 마찬가지로 레임덕 현상과 같은 상황에서도 해밀턴 모형 역시 적극적 긍정형처럼 정국주도를 가능하게 하면서도 의회와의 관계를 원활하게 이끌 수 있는 기반이 될 것이다. 적극적 리더십은 대통령이 가진 행정력을 최대화 할 수 있는 것을 말한다. 또한 긍정형 리더십은 의회와의 관계를 조화와 타협의 관계로 만들어 낼 수 있을 것이다.

2) 의석변수

해밀턴 모형은 의회보다 대통령의 힘이 우세한 상황을 가정하고 있다. 하지만 의회에서 대통령의 임기 중 사회적으로 다른 이슈, 즉 경제적 변화와 같은 변수가 발생하면 대통령의 위치는 급격하게 흔들릴 수 있다. 〈그림 3-10〉은 해밀턴 모형에서 여대야소의 의석으로 여당의 힘이 강할 때, 이상적인 리더십을 그림으로 나타낸 것이다. 이것은 의회 내의 여당의 힘이 큰 상황에서, 대통령이 정국을 강력하게 주도하고, 정치적 상황 속에서 대통령이 부정형의 리더십이나 적극적 리더십을 발휘하여, 각 이슈에 대해 의회를 압도하려 한다면, 야당과의 관계를 비롯하여 여당과의 관계도 심각하게 악화시킬 수 있기 때문이라 할 것이다.

〈그림 3-10〉 해밀턴 모형에서 이상적 리더십(여대야소)[87]

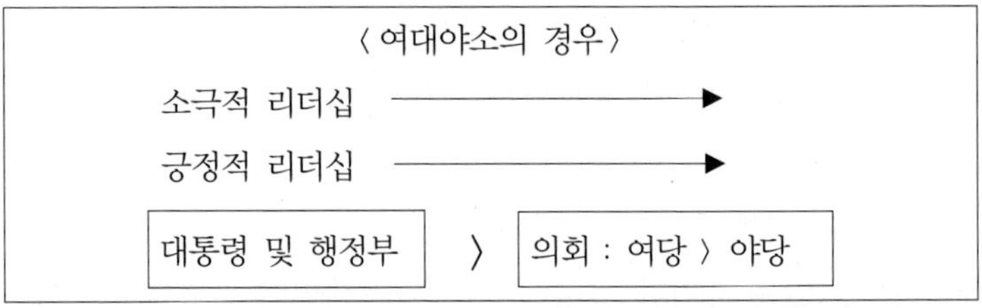

```
┌─────────────────────────────────────────────────────┐
│              〈 여대야소의 경우 〉                      │
│                                                       │
│      소극적 리더십  ─────────────▶                   │
│                                                       │
│      긍정적 리더십  ─────────────▶                   │
│                                                       │
│   ┌─────────────────┐      ┌──────────────────┐     │
│   │ 대통령 및 행정부 │  〉  │ 의회 : 여당 〉 야당 │     │
│   └─────────────────┘      └──────────────────┘     │
└─────────────────────────────────────────────────────┘
```

여대야소의 경우에는 정국을 완벽하게 주도할 수 있는 모형이기 때문에, 소극적인 리더십을 통해 의회의 견제기능을 활성화 시켜주고 긍정형의 리더십을 통해 이를 포용할 필요가 있다. 〈그림 3-10〉처럼 여기서 소극적 리더십과 긍정형의 리더십을 이상적 리더십으로 파악한 이유는, 소극적 긍정형 리더십은 의회와의 관계를 원활하게 이끌 수 있는 기반이 되기 때문이다. 하지만 여당이 과반을 획득하지 못하게 되면, 정권 말기는 의회와 언론의 모진 질타를 헤쳐 나가야 하는 상황에까지 이를 수 있다.

또한, 해밀턴 모형은 강력한 행정부와 대통령이 의회를 압도하는 모형이기 때문에, 여소야대의 상황이 발생했을 경우에는 대통령과 여당이 야당에게 정국의 주도권을 빼앗기고, 이를 만회하기 위한 정책의 집행과 결정에 큰 제한이 생길 가능성이 있다. 〈그림 3-11〉은 해밀턴 모형에서 여소야대의 의석 변수가 발생할 경우, 이상적인 리더십을 그림으로 나타낸 것이다. 여기서 적극적 리더십과 긍정형의 리더십을 이상적 리더십으로 파악한 이유는, 적극적 긍정형 리더십은 정국주도를 가능하게 하면서도 의회와의 관계를 원활하게 이끌 수 있는 기반이 되기

---

87 가운데 〉과 박스 안 〉의 뜻은 다음과 같다. 해밀턴 모형은 대통령 중심적 정부 모형이다. 따라서 〉표시는 기본적으로 의회보다는 대통령과 행정부의 권력이 강하다. 그리고 "여당 〉 야당" 역시 여대야소라는 기본 성격을 말하는 것이다(그리고 위의 화살표는 여대야소의 경우 필요한 리더십을 말하는 것이다).

때문이다.

〈그림 3-11〉 해밀턴 모형에서 이상적 리더십(여소야대) [88]

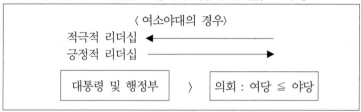

해밀턴 모형에서 여소야대의 상황이 발생했을 경우에는 자칫, 대통령과 여당이, 야당에게 정국의 주도권을 빼앗기고, 이를 만회하기 위한 경제정책의 집행과 결정에 큰 제한이 생길 가능성이 있다. 이러한 상황이 도출된다면 해밀턴 모형에서는 종속변수인 대對 의회관계를 조정하여 생산적인 국정운영을 위해 독립변수인 대통령의 적극적인 리더십이 필요하다. 즉, 이러한 경우에는 정국주도권을 회복할 수 있는 대통령의 적극적 리더십이 독립변수로서 필요하다. 종속변수인 대통령과 의회간의 타협과 조화를 위해 안정적이고 신중한 대통령의 긍정적인 리더십이 존재한다면, 의회와 대통령의 관계는 위험한 상황에까지 이르지는 않을 것이다.

3) 정치·경제상황

정치·경제 환경의 변화에 따라 긴밀한 대처를 하지 못하는 대통령은 리더십 부재현상에 직면할 수 있다. 특히 해밀턴 모형 하에서는 정

---

88 지영환 앞의 논문, 37면; ≦는 여소야대라는 기본 성격을 말하는 것이다. 해밀턴 모형은 대통령 중심적 정부 모형을 의미 한다. 따라서 〉표시는 기본적으로 의회보다는 대통령과 행정부의 권력이 강함을 의미한다. ≦는 여소야대라는 기본 성격을 말하는 것이다. 그리고 위의 화살표는 여소야대의 경우 필요한 리더십을 말하는 것이다.

국주도가 불가능해질 수 있다. 그리고 이러한 상황에 대한 대처에 따라 행정부의 입법부에 대한 우위가 무너지는 경우가 많다. 이러한 경우 역시 정치적·경제적 변화를 극복하고 정국주도권을 회복할 수 있는 대통령의 적극적 리더십이 필요하며, 의회간의 타협과 조화를 위해 안정적이고 신중한 대통령의 긍정적인 리더십이 존재할 필요가 있다.

나. 매디슨 모형

매디슨 모형은 의회와 대통령의 권력이 서로 균형을 이루고 있지만, 본질적으로 정국주도를 두고 대통령과 의회간의 관계가 경쟁적이 될 가능성이 큰 모형이다. 이러한 모형에서는 대통령이 강한 행정부를 주장할 것이 아니라, 소극적 리더십을 통해 행정력을 효과적으로 발휘할 필요가 있으며, 대통령과 의회간의 타협과 조화를 위해 안정적이고 신중한 대통령의 긍정적 리더십이 필요하다. 즉, 정치적 상황 속에서 대통령이 각 이슈에 대해 부정적으로 대응한다면, 여당 및 야당과의 관계를 비롯하여, 의회와의 관계 모두 악화될 수 있다. 따라서 매디슨 모형은 대통령의 리더십이 불리한 상황에 얼마나 긍정적 리더십을 발휘할 수 있는가가 가장 큰 관건이다.

1) 임기변수

매디슨 모형은 행정의 능률성을 확보하는 것보다 의회가 행정의 권력남용을 견제하고 통제하는 데 중점을 둔 모형이다. 그래서 비교적 의회의 견제가 강할 수 있는 모형이라 할 것이다. 선거주기에 따라 대통령의 남은 임기보다 국회의원들의 임기가 더 남아 있을 경우에는 소극적 리더십과 긍정적 리더십은 레임덕 현상을 불러일으킬 수 있는 계기가 될 수 있다. 이러한 상황에서 대통령은 적극적이고 긍정형의 리더십을 통해 정국주도를 가능하게 하면서도 의회와의 관계를 원활하게 이끌 수 있는 리더십을 발휘할 필요가 있다.

2) 의석변수

매디슨 모형은 여야간의 권력이 균형을 이루느냐 이루지 못하느냐
에 따라 서로 다른 리더십은 필요로 한다. 매디슨 모형은 의회가 중심
이 되어 정국을 주로 주도하고, 행정부와 의회가 상호 대등한 관계에서
안정된 정치를 추구하는 모형이다. 〈그림 3-12〉는 매디슨 모형에서 여
대야소의 의석변수가 발생할 경우, 이상적인 리더십을 그림으로 나타
낸 것이다. 여기서 소극적 리더십과 긍정형의 리더십을 이상적 리더십
으로 파악한 이유는, 소극적 긍정형 리더십은 대통령과 여당이 정국을
주도하지만 대통령이 중심이 되는 것이 아니라 대통령과 의회에서의
여당이 정국을 분할하여 주도하고, 야당과의 관계 역시 긍정형의 리더
십을 통해 원활하게 이끌어야 할 필요가 있기 때문이다.

〈그림 3-12〉 매디슨 모형의 이상적 리더십(여대야소)

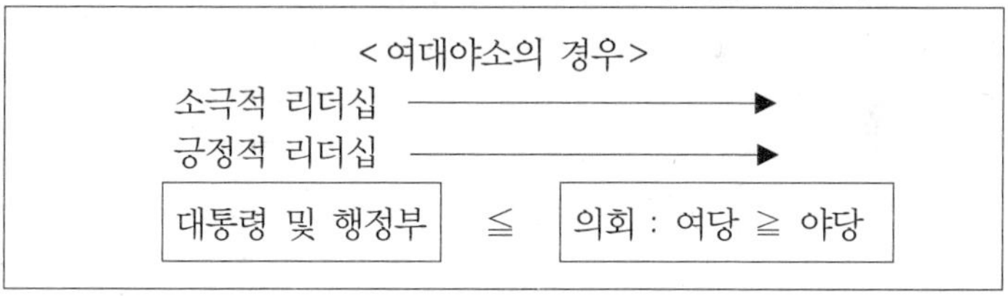

```
┌─────────────────────────────────────────────┐
│            < 여대야소의 경우 >                 │
│      소극적 리더십 ─────────────▶            │
│      긍정적 리더십 ─────────────▶            │
│   ┌──────────────┐      ┌──────────────────┐ │
│   │ 대통령 및 행정부 │  ≦  │ 의회 : 여당 ≧ 야당 │ │
│   └──────────────┘      └──────────────────┘ │
└─────────────────────────────────────────────┘
```

하지만 앞서 살펴보았듯이 대통령 취임 이후 실시된 선거에서 야당
이 과반수를 획득하는 경우가 많이 나타나는데, 이 모형 하에서 의회
내의 야당의 힘이 강하다면, 대통령은 적극적 리더십을 통해 정국의 주
도권을 가져올 필요가 있을 것이다. 다음의 〈그림 3-13〉은 매디슨 모형
에서 여소야대의 의석변수가 발생할 경우, 이상적인 리더십을 그림으
로 나타낸 것이다. 여기서 또한 적극적 리더십과 긍정형의 리더십을
이상적 리더십으로 파악한 이유는 여당이 의회에서의 힘이 약하기 때

문에, 정책의 계속성을 위해서는 강력한 행정부의 힘이 필요하며, 이를
통해 대통령이 정국을 주도하고, 야당과의 관계 역시 긍정형의 리더십
을 통해 원활하게 이끌어야 할 필요가 있기 때문이다.

〈그림 3-13〉 매디슨 모형의 이상적 리더십(여소야대)[89]

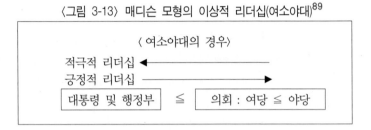

매디슨 모형에서 여소야대의 상황이 발생했을 경우에는 자칫, 대통
령과 여당이, 야당에게 정국의 주도권을 빼앗기고 정책의 집행과 결정
에 큰 제한이 생길 가능성이 있다. 즉, 이러한 상황에서 의회 내의 야
당의 힘이 강하다면, 의회의 행정부 간의 권력균형을 이루기 위해 적극
적 리더십을 통해 행정력을 효과적으로 발휘할 필요가 있다.

3) 정치·경제상황

정치·경제 환경의 변화에 대통령이 적절한 대처를 하지 못한다면,
입법부와 행정부 간의 견제와 균형은 무너지기 쉬우며, 의회가 압도적
으로 정국을 주도할 수 있는 가능성이 크다. 이러한 경우 대통령과 행
정부는 보다 적극적인 리더십을 통해 정국의 주도권을 가져올 필요가
있을 것이다. 그리고 의회간의 타협과 조화를 위해 대통령의 긍정적인
리더십이 존재할 필요가 있다.

---

89 위의 화살표는 여소야대와 의회권력 주도의 상황에서는 대통령의 적극적
　리더십이 요구된다는 것이다. 매디슨 모형은 의회주도의 모형이므로 "대
　통령 및 행정부 ≤ 의회"이다. "여당 ≤ 야당"은 여소야대의 경우를 설명
　한 것이다.

다. 제퍼슨 모형

1) 임기변수

제퍼슨 모형은 원내 다수당의 지지를 바탕으로, 대통령과 행정부가 정국주도의 강력한 기반을 쥐고 있는 상황을 가정하고 있다. 하지만 대통령 취임 이후 실시된 중간선거에서는 비교적 야당이 과반수를 획득하는 경우가 보다 많이 나타난다. 또한 선거주기에 따라, 대통령의 남은 임기보다 국회의원들의 임기가 더 남아 있을 경우에는 소극적 리더십과 긍정적 리더십은 레임덕 현상을 불러일으킬 수 있는 계기가 될 수 있다. 의회의 견제 기능과 대통령의 지도력은 시기에 따라 그 영향력이 달라질 수 있다. 대통령의 레임덕 현상이나 의회의 견제기능 약화현상은 이러한 상황에서 나타나는 경우가 대부분이다.[90] 이러한 상황에서 적극적 긍정형 리더십은 정국주도를 가능하게 하면서도 의회와의 관계를 원활하게 이끌 수 있는 기반이 될 것이다.

2) 의석변수

제퍼슨 모형은 의회에서 여당의 힘이 우세한 상황을 가정하고 있다. 하지만 대통령의 임기 중 경제적 변화와 같은 변수가 발생하여 만약 의회에서 여당의 위치가 흔들리고, 여소야대의 현상이 발생한다면, 이러한 상황에서는 대통령의 적극적인 리더십이 필요할 것이다. 어느 행정부와 대통령이 되든지 여당이 과반을 획득하지 못하게 되면, 일관된 정책을 행사할 수 없다. 특히 이러한 현상이 정권말기에 일어난다면, 행정부는 의회의 정치적 공세를 받으며 헤쳐 나가야 하는 상황에까지 이를 수 있다.

---

90 지영환, "대통령의 Leadership과 대 의회관계에 관한 연구- 민주화 이후를 중심으로-"고려대학교 대학원 석사학위논문, 2004, 31면.

〈그림 3-14〉 제퍼슨 모형에서의 이상적 리더십 : 여소야대

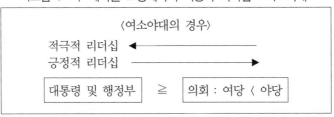

위의 〈그림 3-14〉는 제퍼슨 모형에서 여소야대의 의석변수가 발생할 경우, 이상적인 리더십을 그림으로 나타낸 것이다. 즉, 〈그림 3-14〉는 강력한 대통령과 여당이 정국을 주도하고 있지만, 의회선거에서의 여당과 야당의 의석이 역전될 가능성을 상정한 것이다. 여기서 적극적 리더십과 긍정형의 리더십을 이상적 리더십으로 파악한 이유는, 적극적 긍정형 리더십은 정국주도를 가능하게 하면서도 의회와의 관계를 원활하게 이끌 수 있는 기반이 되기 때문이다. 제퍼슨 모형에서 여소야대의 상황이 발생했을 경우에는 자칫, 대통령과 여당이, 야당에게 정국의 주도권을 빼앗기고 정책의 집행과 결정에 큰 제한이 생길 가능성이 있다. 즉, 이러한 상황에서는 적극적인 리더십이야말로 권력의 집중을 통해 의회에 대한 주도권을 확보, 행사하기 위한 최선의 리더십이며, 부가적으로 긍정형의 리더십은 의회와의 관계를 타협을 통해 해결할 수 있게 해주는 리더십이다. 아울러 긍정형의 리더십은 대통령이 대화와 타협을 통해 의회를 존중하고, 여당과의 당정 협의나 야당과의 정책논의도 원만하게 하여 정부의 정책을 결정하는 경우, 대통령의 리더십을 긍정형의 리더십이라 한다.

3) 정치·경제상황

대통령이 정치·경제 환경에 능동적으로 대처하지 못한다면, 대對 의회관계가 약화될 수 있다. 부시 행정부에서 집권 제2기 말기에는 이라

크 전후처리의 실패와 경제위기의 심화로 부시 대통령의 정국주도권
이 약화되었고, 야당인 민주당이 의회에서 다수당이 되고, 2008년 선거
에서 민주당의 오바마 대통령이 당선되었다. 또한 김영삼 정권 말기에
는 외환위기로 인해, 대통령의 리더십에 대한 비판이 거세게 제기되었
으며, 남은 임기 몇 개월 동안 극심한 레임덕 현상을 겪게 되었다. 그
리고 이러한 사건으로 인해 최초의 여야간 정권교체가 이루어지게 되
는 계기가 되었다. 이러한 예를 통해, 경제적인 문제로 인하여 대통령
의 리더십이 위기에 봉착했을 시에는 여당과 대통령 및 행정부 모두가
위태로울 수밖에 없다는 것을 알 수 있다.

〈그림 3-15〉 제퍼슨 모형에서의 이상적 리더십(정치적·경제적 위기)[91]

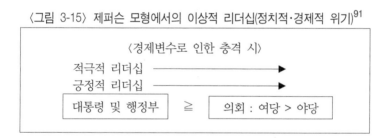

〈그림 3-15〉는 제퍼슨모형에서 정치적 변동이나 경제위기와 같은 변
수가 발생할 경우, 이상적인 리더십을 그림으로 나타낸 것이다. 이 그
림은 강력한 대통령과 여당이 정국을 주도하고 있지만, 경제적 위기로
인해 정권의 기반자체가 흔들리는 경우를 상정한 것이다. 여기서 적극
적 리더십과 긍정형의 리더십을 이상적 리더십으로 파악한 이유는 적

---

91 경제변수로 인한 충격시 제퍼슨 모형에서 경제적인 문제로 인하여 대통령
   의 리더십이 위기에 봉착했을 시에는 여당과 대통령 및 행정부 모두가 위
   태로울 수밖에 없다. 대통령과 여당이, 야당에게 정국의 주도권을 빼앗기
   고, 이를 만회하기 위한 경제정책의 집행과 결정에 큰 제한이 생길 가능성
   이 있으므로, 과거 김대중 정부와 IMF의 처방처럼, 대통령의 적극적인 리더
   십이 요구된다는 것이다.

극적 긍정형 리더십은 정국주도를 가능하게 하면서도 의회와의 관계를 원활하게 이끌 수 있는 기반이 되기 때문이다. 제퍼슨 모형에서 경제위기가 발생했을 경우에는 자칫, 대통령과 여당이, 야당에게 정국의 주도권을 빼앗기고, 정부와 여당의 경제정책의 집행과 결정에 큰 제한이 생길 가능성이 있다. 즉, 이러한 경우에는 대통령이 적극적인 리더십을 통해 이러한 문제를 해결해 나가야 하며, 의회와의 관계 역시 조화롭게 유지할 수 있는 적극적 긍정형의 리더십이 필요한 것이다.

第2章 미국 대통령

　번즈의 이론을 통해 대통령 개인의 정치적 역량이라든지 의회가 행정부를 견제할 수 있는가에 따라서 세 가지 관계유형을 도출한 바 있다. 제3편에서는 이러한 모형 속에서 바버의 정치적 리더십 유형을 통해 미국 역대 대통령과 의회와의 관계를 분석할 것이다. 하지만 이 유형만으로는 대통령과 의회 간의 관계변화를 설명해 낼 수 없기 때문에, 유형분류 속에 대통령의 리더십이 어떠한 역할을 하고 있는지를 분석해 볼 필요가 있다. 이 연구는 대통령의 리더십을 직책수행에 대한 대통령의 욕구로 적극성과 소극성으로 나눈다. 그 다음 정치적 상황 속에서 대통령이 긍정적이거나 부정적으로 대응하는 것을 토대로 긍정형과 부정형으로 나누고 있는 바버의 리더십 유형을 대입하여 대통령의 리더십과 대對 의회관계를 비교분석하는 모형을 설계하고자 한다.

　제2장에서는 클린턴 대통령(William J. Clinton)과 조지 W. 부시(George W. 부시) 대통령의 집권 제1기와 집권 제2기에서의 리더십의 역동적인 변화와 그 국정운영의 리더십 모형을 분석한다. 1절과 2절에서 서술한 바와 같이, 클린턴 대통령은 적극적 긍정형 리더십으로, 부시 대통령은 적극적 부정형 리더십으로 유형화된다. 클린턴 대통령의 집권 제1기에는 제퍼슨 모형으로, 집권 제2기에는 매디슨 모형으로 분석된다. 그리고 부시 대통령의 집권 제1기와 집권 제2기 전반기에는 해밀턴 모형으로, 집권 제2기의 후반기에는 매디슨 모형으로 분석된다. 그래서 대체적인 국정운

영은 클린턴 대통령과 부시 대통령은 상이성을 보이지만, 집권말기에는 모두 매디슨 모형으로 변화하는 공통점이 명확히 분석된다.

第1節 클린턴 대통령

경제와 외교 부문에서 경제성장, 고용창출, 의료 및 복지 개혁, 교육, 국제분쟁 등 중요한 현안들에서 뛰어난 성과를 냈다는 측면에서 클린턴(William J. Clinton) 대통령은 적극적인 리더십을 발휘했다. 대통령으로서의 직무를 잘 이해하고 활동적인 국정운영을 폈다는 점에서 긍정형의 리더십을 가지고 있었다. 클린턴 대통령은 지도자로서 여소야대의 상황에서도 사명감에 넘치고 활동적이었으며, 경제와 외교의 수많은 성과를 실현하는데 생산성을 중시하고 과업 지향적이며 미국의 국가목표를 분명하고도 합리적으로 제시한다. 클린턴 대통령은 정치적 역량을 바탕으로 균형된 여야 간의 관계를 통해 의회와 행정부를 조율하였다. 이러한 적극적 긍정형 리더십은 의회와의 관계를 타협과 조화로 이끌고 관계를 개선시키는데 중요한 리더십인데, 클린턴 대통령이 발휘한 정치적 상호작용으로 정국을 주도적으로 이끌었다. 클린턴 대통령의 집권 제1기는 균형된 여야관계를 통한 제퍼슨 모형의 국정운영을 추구하였고, 집권 제2기는 다수당인 야당에 의회권력을 이양하여 분점정부 하에서의 매디슨 모형의 국정운영으로 분석된다.

1. 정치적 리더십의 특징: 적극적 긍정형

가. 클린턴 대통령의 성과: 경제와 외교

조지 허버트 워커 부시(George Herbert Walker Bush: 이하 조지 부시) 대통령이

대선을 통해 징계될 만큼 충분히 실질적인 변화를 갈망하는 분위기가
속에서 빌 클린턴 백악관에 입성했고 민주당에게 1980년대 이래 권력
을 안겼다.[1]

클린턴 행정부의 다자주의에 근거한 시장 경제와 자유 민주주의의
확대 정책은 대통령의 경제 우선주의에 따라 주로 경제 외교에 치중되
었다. 클린턴은 당선 직후 그의 경제 외교의 모델로서 북미자유무역협
정(the North America Free Trade Agreement; NAFTA)의 성사에 진력하였다. 이 계획
은 상당한 미국 내의 반대에 부딪혔지만 클린턴은 단기적으로는 미국
경제에 손실이 있을지 모르나 장기적으로 보아 미국 경제와 미국의 리
더십을 더욱 튼튼하게 만들 것이며, "더욱 통합되고 상호 협조적인 세
계를 구축"하기 위해 필수적임을 강조하였다.[2] 클린턴 대통령은 WTO
가 세계 경제를 보다 안정된 자유시장 체제로 유도할 것이기에 궁극적
으로 미국 경제에 도움이 될 것이라고 의회를 설득했다. 클린턴 대통
령은 실용주의적 사고에 따라 미국 경제를 위해서 아메리카 대륙뿐만
아니라 아시아 지역의 중요성도 강조하였다. 클린턴 대통령은 실질적
으로 미국 역사상 처음으로 아시아를 미국 경제와 세계 경제를 지탱하
는 주요 축으로 인정하는 대통령이 되었다. 클린턴 행정부는 중국과의
관계에서도 경제 우선 원칙을 고수하였다. 중국의 인권 문제에 대한
미국 행정부의 관심을 유발하려던 인권 단체들과 의회 지도자들, 그리
고 언론의 비판이 쏟아졌지만 클린턴 대통령은 중국이 자본주의 체제
로 정착을 해야만 점진적으로 민주주의와 인권이 향상될 것이라고 믿
고 중국에 대한 경제 우선 정책을 고수하였다.[3] NATO와 동유럽의 문제

---

1 Thomas E. Mann and Norman J. Ornstein, *The Broken Branch: How Congress
Is Failing America and How to Get It Back on Track* (New York: Oxford
University Press, 2006), p.90.
2 Bill Clinton, *My Life: the Presidential Years* (New York: Vintage Books, 2004), p.106.
3 동아시아 담당 차관보 윈스턴 로드(Winston Lord)는 상원의 임명 인준 청문
회에서 중국은 폐쇄적인 정치체제를 유지한 채 자유시장 제도를 도입하는

에 있어서도 클린턴 행정부는 경제적인 면을 우선적으로 고려했다. 클린턴 대통령은 NATO가 이데올로기적이며 군사적인 기구에서 동유럽의 경제를 세계 자본주의 체제 속에 편입시키는 역할을 해야 한다고 보았다. 그래서 NATO가 이전의 방어적이며 수동적인 역할에서 적극적이며 능동적으로 유럽의 경제를 세계 자유시장 체제의 안전을 유도하는 기구로 변화되기를 원했다. 그리고 보수나 진보를 막론하고 외교 싱크탱크는 대체로 "시장 국제주의(market internationalist)" 견해를 지향했다.[4] 국제문제나 미국의 외교는 여전히 국민들의 주요 관심사가 아니었다. 클린턴 대통령은 세계의 민주주의를 확장하며 안정시켜야 한다는 윌슨주의적 이상주의를 설파했지만 그것은 지극히 수사적인 원칙론에 불과했다. 클린턴 대통령은 "민주주의를 확장하는데 소요되는 비용보다는 민주주의를 현상 유지하는 것이 수월한 과제"인 것을 잘 알고 있었고,[5] 이에 대한 국민들의 비판은 지극히 제한적이었다. 대통령은 외교 문제에 대해선 가급적 언급을 회피하였고, 국민들도 대통령의 외교력을 문제 삼지 않았다.

요컨대 클린턴 대통령은 세계에서 경제적으로 그리고 군사적으로 가장 강력한 국가의 대통령이었지만, 경제적 성과가 탁월한 반면 외교에서는 그만큼 기억에 남지 않은 대통령이었다. 분점정부의 의회는 완고했다. 구소련이라는 제국이 사라진 이상 대중들은 그다지 외교에는 무관심했다. 그를 동조하는 자들은 클린턴 행정부가 가지고 있었던 분점정부 상황의 심각한 정치적 제약에도 불구하고 클린턴 행정부의 대외정책 성과는 놀랄만한 것(miraculous)이라고 지적한다. 가령 아시아태평

"도박"을 하고 있는데, 이는 실패할 도박이며, 자유시장 제도가 결국은 중국의 정치를 민주화시킬 것으로 증언했다. Winston Lord, testimony in his Senate confirmation hearings, U.S. Department of State Dispatch, April 5, 1993; Hyland, Clinton's World, p.111.

4 Larry Diamond, "Promoting Democracy," *Foreign Policy* (Summer 1992), pp.25-46.

5 Bert A. Rockman, ed., *The Clinton Legacy* (New York: Chatham House, 2000), p.240.

양경제협력체(Asia-Pacific Economic Cooperation: APEC) 포럼, 북미자유무역협정
(NAFTA), 세계무역기구(World Trade Organization: WTO)에서 미국의 역할은 지대
했다. 그리고 클린턴 행정부의 외교적 성과로 보스니아에서 평화유지
활동과 미·중·일 간의 관계 개선, 북한, 러시아, 우크라이나와 핵위협
감소, 러시아의 평화로운 정치경제 이행, 북대서양조약기구(NATO) 확대
등을 열거할 수 있다. 반면 클린턴 대통령의 비판자의 시각에서는 타
협자(compromiser)였다. 백악관에서 좁은 단기간의 정책목표는 포괄적인
전략적 목표를 달성하는 것보다 항상 우선하였다. 하지만 지지자들은
클린턴 대통령의 외교적 좌절은 약점에 근거한다고 보다는 절망스러
운 정치적 상황에 기인한다고 클린턴 대통령의 외교적 리더십을 두둔
한다. 1994년 의회에서 권력을 상실한 결과 클린턴 대통령의 정치적 어
려움은 더 심각해졌다. 강력한 의지를 가지고 있고 밝은 전망을 제시
하는(visionary) 대통령은 다양한 분절적인 행위자로 구성된 정치적 연합
을 조정하는 능력이 없다면 실패할 것이다. 그런 면에서 지도자는 '뛰
어난 행정가(chief executives)일 뿐만 아니라 뛰어난 조정자(chief coordinators)가
되어야 한다.'[6]는 점은 그의 놀라운 성취에도 불구하고 리더십의 부분
적 한계를 보여주는 것이다.

클린턴 대통령에 대한 국민들의 평가는 찬반양론으로 갈려서 논쟁
적인 부분이 있다. 그럼에도 불구하고 앞에서 열거한대로 클린턴 대통
령의 성과를 종합하면 성공적인 부분들이 더 많았다. 대통령의 임기가
끝난 후에도 60% 이상의 미국 국민들이 클린턴 대통령의 치적에 대해
지지를 표명했고, 가능하다면 삼선에 동의한다고 했다.[7]

---

6 Moisés Norm, "Clinton's Foreign Policy: A Victim of Globalization?" Foreign Policy
Winter, 1998, pp.34-45.

7 David Gergen, *Eyewitness to Power: The Essence of Leadership Nixon to Clinton*
(New York: Simon & Schuster); 서울택 역, 『CEO 대통령의 7가지 리더십』,
스테디북, 2002, 364면.

나. 낮은 도덕성과 높은 지지율

빌 클린턴 대통령은 도덕성의 위기를 불러올 수 있는 성추문에도 불구하고 높은 경제성과와 역량을 발휘하여 비교적 높은 국민의 지지를 유지하였다. 클린턴 대통령은 역설적이게도 가장 대중에게 부끄러운 대통령이면서도 가장 인기 있는 대통령 중의 한 명이 되었다. 클린턴 대통령은 젊은 백악관 인턴과 부적절한 성적 관계(improper sexual relationship)를 가졌음을 시인하였다. 클린턴 대통령은 의회 하원으로부터 그러한 관계에 대해 거짓말을 하고 그 사건의 조사를 방해하고자 시도했다는 이유로 탄핵 고소를 당했다. 동시에 클린턴 대통령이 탄핵 위기를 당한 6년차 시점 기준으로 비교해 볼 때 어떠한 전직 대통령들보다 더 인기 있었다.

〈표 3-5〉 1998년 선거일 빌 클린턴(Bill Clinton) 대통령과
뉴트 깅리치(Newt Gingrich)에 대한 유권자평가[8]

Evaluation	Bill Clinton		Newt Gingrich(%)
	As Person(%)	As President(%)	
Positive	34	56	34
No opinion	8	2	11
Negative	58	42	56
Positive minus negative	-24	+14	-22

참고: 이 조사에서 응답자에게 깅리치에 대해서는 우호/비우호(favorable/ unfavorable) 선택지를 제시했고, 대통령에게는 지지/반대(approve/disapprove) 선택지를 제시했다.

1998년 초에는 클린턴 대통령이 모니카 르윈스키(Monica Lewinsky)와의 성추문 스캔들인 모니카게이트(Monica-gate)로 인해 역사상 두 번째 탄핵받은 대통령이 될 것이 확실해 보였다. 민주당은 당에 미칠 영향력에

---

8 1998 Voter News Service General Election Exit Poll; Benjamin Highton, "Bill Clinton, Newt Gingrich, and the 1998 House Elections," The Public Opinion Quarterly, Vol. 66, No. 1. Spring, 2002.

대해 걱정했으며 공화당은 의회선거에서의 승리를 장담하였다. 그러나 탄핵결정의 중요한 시점에서도 그에 대한 지지율은 하락하지 않았다. 반면 공화당 하원의장은 사임했으며 공화당에 대한 국민의 지지는 그 당시 기준으로 과거와 비교할 때 최저치를 기록하였다. 탄핵 시도가 계속될 때까지도 미국 국민들은 클린턴 대통령을 안정적인 지지율로 지지하였으며, 클린턴 대통령이 물러나기를 원하지 않았다.[9]

클린턴 대통령은 인격적 관점에서 낮은 평가를 받았다고 하더라도, 대통령으로서의 지지는 선거일뿐만 아니라 임기 동안 지속적으로 높은 지지를 유지하였다. 42%가 불신임한 것에 비해, 56%가 분명한 지지 의사표시를 하였다. 클린턴 대통령의 지지자들은 클린턴 대통령의 "사생활(private life)"고 대통령의 성과(presidential performance)를 분명히 구분하였다. 성과에 대해서 경제 이슈가 가장 중요하였다. 예산은 균형을 맞추었고 흑자로 대통령은 사회안전보장을 가장 먼저 조치 할 것으로 기대되었다. 실업과, 인플레이션, 이자율은 낮았으며, 경제성장률은 안정적으로 호조를 보였다.

클린턴 대통령은 미국의 민간의료보험 건강관리기구(HMO: Health Maintenance Organization) 환자를 위해 "소비자 권리장전(Consumer Bill of Rights)"과 같은 개혁을 통해 대중의 지지를 이끌어냈다.[10] 젤러(John R. Zaller)가 요약한 바대로, 초점은 "평화, 번영, 그리고 온건(peace, prosperity, and mod eration)"이었다.[11] 제2차 세계대전 이후의 경제지표와 클린턴 대통령 임기 동안의 경제지표를 비교해보면, 클린턴 대통령의 임기 동안에 인플레이션

9 Molly W. Sonner and Clyde Wilcox, "Forgiving and Forgetting: Public Support for Bill Clinton during the Lewinsky Scandal," PS: Political Science and Politics, Vol. 32, No. 3 (Sep., 1999), p.49.

10 Benjamin Highton, "Bill Clinton, Newt Gingrich, and the 1998 House Elections," The Public Opinion Quarterly, Vol. 66, No. 1. Spring, 2002. pp.3-4.

11 John R. Zaller, "Monica Lewinsky's Contribution to Political Science," PS: Political Science and Politics 31 (June), 1998, p.185.

이 지속적으로 완화되었고 실업률이 개선된 것이 확인된다.

〈그림 3-16〉 인플레이션과 실업률, 1953-2000[12]

클린턴 대통령의 성격적 결함에 대한 논란은 이미 1992년 대통령 선거 전에서부터 시작되었다. 다양한 의혹이 제기되었음에도 불구하고 유권자는 1992년 선거에서 조지 부시(George H. W. Bush) 대통령 대신 클린턴 후보를 선택하였다. 심각한 수준으로까지 떨어진 클린턴 대통령의 도덕성, 정직성 등 개인적 성품에 대한 평가에도 불구하고 클린턴 대통령에 대한 지지는 높은 수준에 머물렀다. 미국인들은 그를 탄핵하려는 의회에 동의하지 않았다. 클린턴 대통령에 대한 지지 유지 요인은 세 가지 측면, 클린턴 대통령이 재임기간 동안 이룬 경제적·사회적 성공, 공화당을 비롯한 여타 클린턴 대통령의 정적들에 대한 국민의 반감에서 이해될 수 있다.[13]

---

12 Brian Newman, "Bill Clinton's Approval Ratings: The More Things Change, the More They Stay the Same," *Political Research Quarterly*, Vol. 55, No. 4 (Dec., 2002). p.794.

13 서현진, "클린턴 대통령의 개인적 자질에 대한 평가가 2000년 대선에서 후보자 선택에 미친 영향", 한국아메리카학회, 『미국학논집』 제39권 2호, 2007, 62-65면.

클린턴 대통령을 향한 강한 대중적 지지기반은 성공적인 경제·사회·외교 정책이다. 존 젤러(John Zaller)에 의하면, 대중의 평가는 대통령의 개인적 품성보다는 업무수행능력에 더 좌우되었다. 클린턴 대통령은 경제상황을 호전(prosperity)시키고, 국가적 평화(peace) 상태를 유지하며, 예산의 운용 면에서도 부족함이 없으면서 동시에 다양한 국가적 문제를 해결하고 사회보장 프로그램들(successful moderate policies)을 성공적으로 수행하는 등 적지 않은 업적을 성취했다. 그래서 대중은 개인적 성품에 대해서는 관대할 수 있었다.[14] 개리 제이콥슨(Gary Jacobson)은 클린턴 대통령을 공격하는 부정적인 내용으로 가득 찬 미디어의 집중 보도는 스캔들이 터진 초기에만 여론에 약간의 영향을 미쳤을 뿐 전반적으로 여론과 지지율 변화에 중대한 영향을 미치지 못했다고 주장했다.[15] 이는 클린턴 대통령 평가에서 가장 중요한 요인은 경제이기 때문인데, 경제상황이 좋지 않았더라면 클린턴 대통령 탄핵에 대한 여론은 변화했을 가능성을 암시한다.

클린턴 대통령은 선거 기간부터 경제계획에 최우선순위를 두었고, 실제로 대통령으로서의 직무에서 많은 역량을 발휘한 것도 경제 부문이었으며, 국민들의 요구를 잘 간파하였다. 그는 재정적자 감소를 위해 관심을 기울였다. 클린턴 대통령의 신경제 계획은 또한 부유층에 대한 세금인상과 예산규제를 포함했다.[16]

로렌스와 베넷(Regina G. Lawrence and W. Lance Bennett)도 스캔들과 이에 대한 매스컴 보도는 아무런 정치적 영향력을 갖지 못했는데 이는 클린턴 대통령의 공공정책 최대 수혜 집단인 흑인과 저소득층의 국민이 정책

---

14 John Zaller, *op. cit.*, pp.182-188.

15 Gary Jacobson, "Impeachment Politics in the 1998 Congressional Elections," *Political Science Quarterly* 114(1), 1999. pp.31-52.

16 선거기간 동안 정치적 구호는 "문제는 경제야, 이 멍청아!(It's the Economy, Stupid!)"이다. Thomas E. Mann and Norman J. Ornstein, *op. cit.*, p.90.

적으로 뿐만 아니라 심리적·상징적으로 그를 지지하여 탄핵결정에 강력히 반대했기 때문이라고 설명했다.[17] 따라서 이들은 클린턴 대통령의 정책이 국민에게 경제적 부와 평화를 가져다 준 시점에서 국민은 매스컴 보도보다는 그들 자신의 경험적 판단에 근거해서 정치적 결정을 내렸다고 본다.

상징적으로 흑인들 사이에 클린턴 대통령은 백인이지만 "흑인성(blackness)"을 대표한다. 코미디언 크리스 록(Chris Rock)과 토니 모리슨(Toni Morrison)과 같은 당시 저명인사들은 클린턴 대통령은 우리들의 첫 번째 흑인 대통령이라고 주장하였다. 클린턴 대통령은 많은 흑인들 사이에 흑인 같은 백인(white-Negro)으로서 여겨져 흑인들과 같은 정체성을 공유하였다. 클린턴 대통령은 존경받는 흑인 클린턴(honorary black Clinton) 대통령으로 인종을 넘어선 친밀도(interracial intimacy)를 가지고 있었다.[18] 전형적인 아프리카계 미국인 유권자들은 최소 9:1의 비율로 공화당 후보보다는 민주당 후보를 지지한다.[19] 이러한 고어 후보의 투표율 높이기 위한 동원노력은 고어 후보가 플로리다에서 강했던 주요한 이유 중의 하나였다.[20]

---

17 흑인과 저소득층의 국민 대다수는 클린턴 대통령이 가난한 가정에서 자라나 대통령이 된 것에 대해 그와 상징적 공감대를 형성했다. Regina G. Lawrence and W. Lance Bennett, "Rethinking Media Politics and Public Opinion: Reactions to the Clinton-Lewinsky Scandal," *Political Science Quarterly* 116 (Fall 2001), p.441.

18 Toni Morrison, "Talk of the Town," *New Yorker*, 5 (October 1998), pp.32; Eric Lott, "The First Boomer: Bill Clinton, George W., and Fictions of State", *Representations*, No. 84, In Memory of Michael Rogin (Autumn, 2003) pp.101-102.

19 부시 대통령은 2000년 대선 캠페인에서 흑인들을 자극하지 않기 위해 매우 노력했다. 고어 후보는 부시에게 인종이슈에 대해 분명한 입장을 밝힐 것을 요구했다.

20 John J. Pitney Jr., "Political Warfare during Wartime: George W. Bush and the Democrats," Steven E. Schier, ed. *High Risk and Big Ambition: The Presidency of George W. Bush* (Pittsburgh: University of Pittsburgh Press, 2004), pp.46-47.

클린턴 대통령의 8년 임기동안의 지지도는 〈그림 3-17〉과 같다. 클린턴 대통령에 대한 지지는 묘한 것(oddities)이었다. 기존의 대통령 지지도 예측 모델들이 대중들은 닉슨과 같이 기존의 역대 대통령을 스캔들에 대해 엄격히 처벌한 반면, 클린턴 대통령은 탄핵 정국 이후에도 인기를 유지하였으며, 오히려 지지율은 탄핵 절차를 밟을 때 실제로 증가하였다.[21]

국민은 정치지도자들의 도덕성에 대해 큰 기대를 갖고 있지 않다. 특히 대통령을 지지함에 있어서 이런 사적 이슈에 근거한 도덕성이나 신뢰성보다는 업적이나 업무수행 능력을 중시하기 때문에 많은 경제적·사회적 업적과 국민과의 소통에 탁월한 능력을 갖춘 클린턴 대통령은 지지 기반을 잃지 않은 채로 리더십을 유지할 수 있었다.

〈그림 3-17〉 다른 경제상황과 클린턴 대통령 시기 경제상황 및 지지도[22]

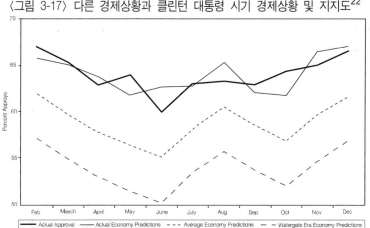

클린턴 대통령처럼 능력이 뛰어나고 성과가 좋았다면 대통령의 사적인 스캔들은 미국에서 공적인 이슈가 되지 못한 것이고 개인이 아닌

---

21 Brian Newman, op. cit., p.782.
22 Ibid., p.795.

제도로서 대통령에게 심각한 영향을 미치지 않았음을 증명한다. 클린턴 대통령의 당선은 미국인들은 가능하면 정직한 대통령을 선호하지만 전임자인 부시 대통령처럼 가정에 충실하고 정직하지만 능력이 없는 대통령을 훌륭하다고 여기지는 않음을 보여준다.[23]

클린턴 대통령은 개인적 성품의 모든 면에서 비슷한 여론의 평가를 받아오다가 1996년 이래 조금씩 다른 평가를 받기 시작했다. 업적과 성품을 비교한 여론의 평가와 유사하게 1998년 이래 클린턴 대통령의 개인적 성품에 대한 여론의 평가는 매우 상반되게 나타났다. 정직성과 신뢰성, 국민과의 공감대 형성 면에서 클린턴 대통령은 1993년에는 55-65% 정도의 높은 평가를 받았으나 점차적으로 이러한 긍정적인 평가는 감소하였다. 특히 1997년에는 이들 항목에서 50%정도 지지율을 얻었으나 1999년에는 30% 이하의 지지율을 보였다. 한편 클린턴 대통령은 임기 중에 국민에 대한 배려와 동정심(compassionate)이 있는 대통령이라는 평가와 더불어 능력과 자질이 있는 대통령이라는 긍정적인 평가를 받아왔다.

능력과 자질 면에 있어서는 시간이 갈수록 긍정적인 평가를 받아 1996년 40% 정도에서 1999년에는 80% 정도의 지지율을 얻은 반면, 배려(care) 면에 있어서는 1996년 65% 정도에서 1999년에는 60% 정도로 약간 떨어지는 현상을 보였다.[24] 이러한 여론조사 결과를 분석한 제프리 코헨(Jeffrey E. Cohen)은 클린턴 대통령의 개인적 성품(personal traits)은 두 가지 측면으로 구분되는데 하나는 대통령으로서의 능력(competence or ability)을 나타내는 성품이고 다른 하나는 정직성과 신뢰성 등 성품(character)을 나타내는 면이라고 했다. 특히 클린턴 대통령에 대한 여론의 변화에 초

---

23 서현진, 앞의 논문, 62-65면.

24 Jeffrey E. Cohen, "The Polls: Change and Stability in Public Assessments of Personal Traits, Bill Clinton, 1993-1999," *Presidential Studies Quarterly* 31 (December 2001), pp.735-737.

점을 두면서 성격적인 면에 대한 평가는 극히 부정적으로 변한 반면 능력적인 면에 대한 평가는 매우 긍정적으로 변했다고 지적했다. 국민들의 인식을 보면, 임기 8년 동안 클린턴 대통령의 리더십, 정치적 지식과 지성에 대한 평가는 매우 긍정적인 방향으로 전환되었거나 높은 수준을 유지하고 있는 것에 반해 도덕성, 정직성, 국민에 대한 배려 등에 대한 평가는 부정적으로 바뀌었다. 이는 임기 초부터 여러 가지 스캔들에 시달려온 클린턴 대통령에 대한 국민의 불신이 르윈스키 스캔들에 의해 더욱 심화된 것으로 보인다. 코헨의 분류처럼 대통령으로서의 능력 면에서는 긍정적 평가를 받았고 개인적 성품 면에서는 부정적 평가를 받았다.[25] 그러나 이러한 클린턴 대통령의 부정적 인식이 고어 후보에게도 영향을 미쳐 고어 후보는 클린턴 정부에 관한 이슈를 가급적 쟁점화 시키지 않으려고 노력했다.

요컨대 건전한 경제호황이 클린턴 대통령의 지지를 강화시켰고, 클린턴 대통령의 높은 경제성과가 도덕성의 위기에도 불구하고 리더십을 공고화시켰다고 평가된다. 실제 경제상황과 예상 수치를 둘 다 비교하여 고려해보면, 워터게이트에 시달렸던 닉슨 대통령의 경제성과와 비교해보면, 그와 유사하게 스캔들에 시달렸던 클린턴 대통령은 평균 인플레이션과 실업률에서 닉슨 대통령보다 우월했다고 보인다. 스캔들로 인해 지지도의 손실이 있었지만, 우호적인 경제성과가 이러한 손실을 충분히 상쇄시키고도 남았다.

2. 대통령 대 의회 관계: 제퍼슨 모형에서 매디슨 모형으로

업무에 대한 강한 열정을 가진 클린턴 대통령의 리더십은 '적극적

---

25 서현진, 앞의 논문, 148면.

긍정형'으로 분석된다. 클린턴 대통령의 집권 제1기 국정운영은 경쟁적
인 양당 체제 하에서 균형감과 추진력을 갖춘 다수결 원리에 입각한
제퍼슨 모형으로 분석되지만, 집권 제2기에는 분점정부 상황에서 강력
해진 야당의 공세 속에 의회와의 합의를 중시하는 매디슨 모형을 추구
하였다. 클린턴 행정부 하에서 민주당과 공화당은 비교적 동등한 의석
수를 가지고 있었으며, 임기 초반에는 단점, 후반부에는 분점 정부를
유지하였다. 임기 중·후반에는 공화당에게 원내 다수당의 지위를 넘겨
주기는 했지만 높은 지지와 경제성과를 바탕으로 안정된 정치를 추구
하였다. 클린턴 대통령의 정치적 리더십과 대對 의회관계의 모형은 집
권 제1기는 제퍼슨 모형으로 분석된다. 그림으로 표현하면 〈그림 3-18〉
과 같다.

〈그림 3-18〉 단점정부(1992-1994) 클린턴 대통령의 대 의회관계 제퍼슨 모형

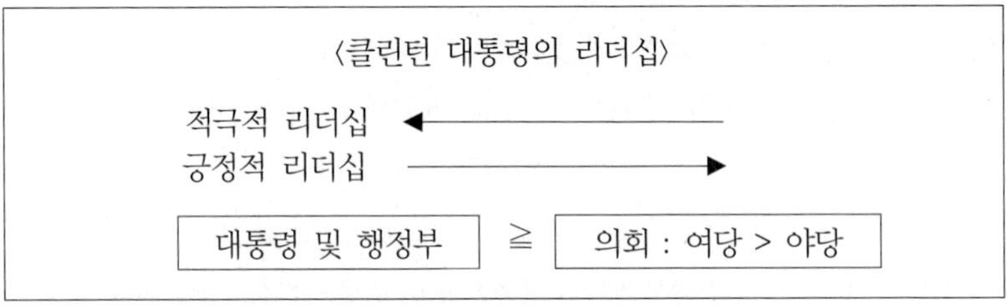

〈클린턴 대통령의 리더십〉

적극적 리더십 ◄─────────────────
긍정적 리더십 ─────────────────►

| 대통령 및 행정부 | ≧ | 의회 : 여당 > 야당 |

클린턴 대통령 재임 기간에는 2년은 단점 정부였고 나머지 6년간은
분점정부로서 다수당의 지위를 공화당에게 넘겨주었다. 클린턴 행정부
는 경제성과의 측면에서 효율성이 높다. 대통령은 의회와의 관계가 원
만하지 못한 측면이 있다. 대통령의 도덕성에 단점이 있었고 탄핵 위
기에 처하기도 하였다. 그런데 분점정부의 상황이라 하더라도 민주당
출신 대통령에 대한 견제로서 국민들은 의회권력은 공화당에게 부여
하였다. 클린턴 대통령의 경제와 외교에서의 성과를 바탕으로 정치적
역량에 힘입어 자신감 있는 국정운영을 지속하였다. 그래서 클린턴 행

정부는 의회와 대등한 관계 속에서 주도적으로 역동적인 성과를 이룩
하였다.

클린턴 대통령의 집권 제2기는 매디슨 모형으로서 다수당이자 야당
인 공화당이 의회를 주도하게 되고 공화당과 협조적 관계에 매우 주의
하게 되는 국정운영이다. 이러한 불리한 의석변수에도 불구하고 우호
적인 정치·경제 상황에 따라 클린턴 대통령은 자신의 자질과 성과에
자신감을 가지고 적극적 긍정형의 리더십을 발휘하였다.

〈그림 3-19〉 분점정부(1996-2000)에서 클린턴 대통령의 대 의회관계 매디슨 모형

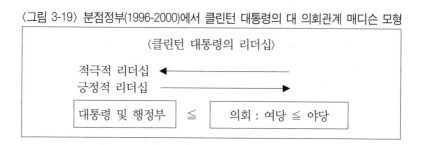

클린턴 대통령은 대對 의회관계에 따라 제퍼슨 모형에서 매디슨 모
형으로의 성격변화에도 불구하고 직무와 관련하여 적극적 긍정형 리
더십이라 평가된다. 클린턴 대통령은 적극적 긍정형의 리더십을 구사
하였다.

클린턴 대통령의 임기 중에서 많은 기간을 공화당이 다수당으로서
의회를 주도하였는데, 대對 의회관계가 그다지 원만하지 못했다. 대통
령의 직무를 잘 수행해서 개인적인 역량과 정책 효율성은 뛰어났다.
그러나 이후 성추문 사건이나 클린턴 대통령의 도덕성 위기는 대통령
의 부정적인 이미지 역할을 하게 된다. 이러한 부정적인 평가는 차후
에 민주당으로부터 공화당으로의 정권교체에 영향을 미친다. 클린턴
대통령의 대對 의회 과정을 표로 표현 하면 다음과 같다.

〈표 3-6〉 클린턴 대통령의 대 의회관계 모형 분석

통치시기	집권 제1기	집권 제2기
의 석	1992-1994: 단점정부 1994-1996: 분점정부	분점정부
정치·경제 상황	- 경제호황	- 경제호황 - 1995년 보스니아 내전 - 1999년 코소보 내전 - 르윈스키 스캔들
대통령 對 의회관계 모형	제퍼슨	매디슨

〈표 3-6〉의 비교분석표와 같이, 클린턴 대통령 재임 기간에는 2년간은 단점 정부였지만 나머지 6년간은 분점정부로서 다수당의 지위를 공화당에게 넘겨주었다. 클린턴 행정부는 경제성과의 측면에서 효율성이 높은 정부였지만, 대통령은 의회와의 관계가 원만하지 못했다. 클린턴 집권 당시 국민들의 주요 관심사는 경제에 초점을 두고 있었다. 클린턴 대통령의 집권 7년 전 기간 동안 미국 경제는 대단히 성공적으로 운영된 것으로 폭넓게 인정되고 있다. 미국 경제가 이전의 경제 추세에서 극적으로 벗어난 것은 의심할 여지없이 클린턴 대통령의 집권 하에서였다. 특히 세 가지 점이 두드러진다. 연방 정부의 균형예산 달성과 재정흑자 달성, 주류 경제이론의 예상과 정면으로 모순되는 현상인 실업과 인플레이션의 동반 하락, 역사적으로 선례를 찾을 수 없을 정도의 주식시장 호황이 그것이다.

클린턴(Bill Clinton) 민주당 대통령 후보가 걸프전쟁의 영웅 부시 대통령을 누르고 대통령에 당선된 것은 미국 현대사의 이정표적인 사건이었다. 외교적 경험이 없었고, 베트남전쟁의 병역기피자로서 비애국자로 낙인찍혔던 클린턴이 제2차 세계대전의 참전영웅이자 CIA국장을 역임한 현직 대통령을 물리쳤고, 그것도 일방적인 승리였다.

클린턴 대통령의 1996년 대통령선거에서 재선에 성공할 수 있었던 데에는 여러 요인들이 있다. 가장 큰 요인은 경제적 리더십을 발휘하여 성공적인 경제성과를 달성한데 있다. 클린턴 대통령은 1996년 초부터 경제정책, 대외정책, 그리고 대통령 직무수행 등에서 국민들로부터 항상 50% 이상의 높은 평가를 받아왔다. 그리고 '미국이 정상괘도를 달리고 있다'는 문항에 긍정적으로 응답한 사람도 50%를 웃돌고 있었고, 부시 패배당시의 20% 미만과는 크게 대조적이다. 이것은 곧 미국 국민 다수가 현실에 만족하고 있으며 이를 이끌어 온 클린턴 행정부에 대해서도 만족함을 의미한다. 클린턴 대통령의 승리를 가능케 한 두 번째 요인으로 탁월한 선거전략을 들 수 있다. 1994년 중간 선거를 통해 유권자의 보수화 경향을 간파한 클린턴 대통령은 자신의 정치노선을 중도온건으로 전환하고 복지제도의 개혁, 재정적자 축소, 작고 효율적인 정부 구현 등 공화당 정책도 상당부분 수용함으로써 공화당의 공세를 무력화시키는데 성공했다. 물론 그러한 전략이 성공할 수 있었던 것은 연방정부 폐쇄 불사 등 잇단 강경책을 구사해온 공화당에 대한 국민의 실망도 있었지만 밥 돌(Bob Dole) 후보가 15% 세금감면 공약을 제외하고는 클린턴 대통령의 정책과 차별화하는데 실패했기 때문이다.

세 번째 승리요인은 '금세기 최고의 정치가적 본능을 가진 대통령', '대중연설의 천재', '선거 전략의 귀재'라고 할 만큼 뛰어난 정치가적 자질을 들 수 있다. 정책차별화가 어려운 상황에서 유권자의 선택기준은 후보자의 이미지가 될 수밖에 없고 그 점에서 유리했다.

클린턴 대통령은 경제성장, 고용창출, 의료 및 복지 개혁, 교육 등 중요한 현안들을 성공적으로 실행에 옮겨 높은 지지를 유지하였다. 여성들로부터 압도적인 지지를 받게 된 것은 여성표를 겨냥한 교육, 의료보호, 환경 등 공약의 영향도 있지만 매력적인 대통령으로서 클린턴 대통령이 가진 이미지상의 이점이 크게 작용했을 것이다.

그렇지만 클린턴 대통령의 임기 중·후반에 상하원 선거에서 야당인 공화당이 우위를 점함에 따라 공화당의 정치적 견제는 계속되었다. 선거과정에서 '21세기로 가는 다리'라는 슬로건 아래 균형예산의 달성, 의료 및 사회보장 개혁, 고용의 지속적 창출, 안정적인 세계질서 유지 등을 내용으로 하는 정책비전을 제시한다. 그러나 재정지출 축소를 추구하는 공화당의 상하 양원 계속 장악과 미국 국민의 전반적인 보수화 경향은 클린턴 대통령의 국정운영에 도전이 되었다. 또한 민주당 내에서 복지개혁법 서명 등, 클린턴 대통령의 중도온건 노선에 불만을 가진 세력이 적지 않아 클린턴 대통령으로서는 민주당의 단합을 유지하는 것도 클린턴 대통령의 과제가 되었다. 더구나 화이트워터 사건 등 기존 의혹사건은 물론 선거과정에서 논란이 된 정치 자금문제를 둘러싸고 공화당의 공세가 지속되어서 클린턴 행정부에 적지 않은 부담이 되었다.

클린턴 대통령은 위기에 처한 재선문제에 적극적으로 대응하기 시작하였으며 그 결과 클린턴 대통령에 대한 직무수행 만족도가 50퍼센트를 넘어서는 등 인기가 다시 상승하게 되었다. ① 상하양원을 장악한 공화당은 세금감면정책, 국방비증액, 복지예산 축소 등 보수적인 "미국과의 계약(Contract with America)"을 입법화 하려 했으나 클린턴 대통령은 거부권 행사를 통해 공화당 공세를 견제하고 있다. ② 클린턴 대통령은 나아가서 평화중재외교 등 대외문제에 적극적인 노력을 기울이고 있으며 미국경제도 전반적으로 상승세를 보이고 있어 대한 국민의 신뢰는 비교적 안정되어 있다. 반면 공화당은 중간선거 10대 공약에 대한 입법활동이 부진하고, 깅그리치(N. Gingerich)의장의 인기추락[26], 공화당 초선의원들에 대한 극단적 이미지 등으로 공화당에 대한 국민의 기대는 실망으로 변하고 있다. 공화당이 주도하는 104대 의회에 대한 국민 지지도는 25%이하로 인기 없고 가장 성공적이지 못한 의회로 평가되었다.[27]

---

26 깅그리치는 대통령과 상원이라는 전략적 행위자를 다루는 방식을 몰랐고, 예산을 둘러싼 클린턴과의 갈등은 결국 대통령이 부활하고 재선되는데 궁극적으로 기여하였다.

가. 임기변수

제퍼슨 모형은 원내 다수당의 지지를 바탕으로, 대통령과 행정부가 정국주도의 강력한 기반을 쥐고 있는 상황을 가정하고 있다. 대통령 취임 이후 2년 후부터 클린턴 대통령은 야당인 공화당에게 계속 의회 권력을 내주었다. 다행히 경제성과와 그에 따른 높은 지지율 덕분에 클린턴 대통령은 역동적으로 국정을 운영할 수 있었으며, 비교적 레임 덕 현상은 심각하지 않았다. 그래서 클린턴 대통령은 재선에 성공하였다. 하지만 도덕성 논란은 차기 정부에서 정권재창출 실패에 미친 요인 중의 하나였다. 그래서 공화당의 부시 대통령이 다음 대통령으로 당선됨으로써 클린턴 대통령의 정책 유산은 다음 정권으로 이어지지 못했다.

1) 1992년 대선: 안보로부터 경제로

1990년 11월 조지 허버트 워커 부시 대통령이 민주당에서 잘 알려지지 않은 후보인 클린턴 후보에게 패배하리라고 예상하지 못했다. 1992년 대선 에서의 승리로 클린턴 대통령은 1980년대부터 지속되어 온 공화당 승자연합으로부터 정권을 민주당에게로 안겼다. 1930년대 루즈벨트 대통령은 경제적 압박으로부터 이전에 우월한 승자연합이었던 공화당으로부터 정권을 가져왔다. 반대로 1960년대가 되면 뉴딜연합이 붕괴되게 된다. 1980년대 레이건 당선 이후에는 공화당이 새로운 승자연합이 된다. 클린턴 대통령의 당선은 선거에서의 의미 있는 변동 중의 하나였다.[28]

---

27 김충남, "예비선거를 통해 본 미국 대통령선거 전망", 외교안보연구원, 1996.
28 Morris p.Fiorina, "A Divider, Not a Uniter—Did It Have to Be?" in Gary C. Jacobson, Colin Campbell, Bert A. Rockman and Andrew Rudaleviege. eds., *The George W. Bush Legacy* (Washington D. C.: CQ Press, 2008), p.109.

미군이 주도한 유엔 연합군은 피로하고 무기력한 이라크군을 압도했고 부시 대통령은 지상전이 시작한 이후 정확히 100시간이 된 시점에 쿠웨이트의 해방과 아울러 종전을 선포했다. 부시 대통령은 전쟁을 냉전 이후 미국이 개입한 전쟁에서 가장 눈부신 승리였다고 자부했으며, 베트남 전쟁 이후 20년 만에 "우리는 드디어 베트남 신드롬을 벗어버렸다"고 평가했다.[29] 쿠웨이트 해방이라는 전쟁의 가장 중요한 목표가 이루어진 이상, 후세인을 제거한다는 명목으로 전쟁을 계속한다는 것은 무리였고, 다가오는 재선을 생각해서도 고려할 수 없었다. 54만 명의 미군은 즉각 본국으로 돌아왔고 국민들은 환호했다. 부시 대통령의 지지율은 89%로 치솟았는데 이는 미국 역사상 최고의 기록이었다. 그러나 결과적으로 걸프전쟁과 이에 따른 부시의 지지율은 부시 대통령의 재선에 아무런 역할을 하지 못했다. 부시 대통령의 "새로운 세계 질서"는 전쟁을 위한 공허한 슬로건에 지나지 않았다. 후세인은 미국인들에게 적과 아군이라는 냉전의 이원론적 단순 사고를 잠시 유지시켜주는 역할만 했을 뿐, 걸프전쟁은 미국인들의 기억에서 쉽게 사라져갔다.[30]

미국인들은 전쟁 후 다시 일상으로 돌아왔고, 그들의 '일상'이란 경제 및 국내 문제였다. 냉전이 종결된 마당에 미국인들은 더 이상 국제 문제에 관심을 두지 않았다. 국민들은 걸프 사태를 항상 존재하는 중동의 골치 아픈 '사건' 중의 하나로 생각했고, 미국이 국제 사회의 협조로 쉽고 빠르게 사건을 해결했다고 안도할 뿐이었다. '다자주의 (multilateralism)'는 자연스럽게 탈냉전의 미국 외교의 원칙이 되었다.[31] 오

---

29 Michael Gellert, *The Fate of America: An Inquiry into National Character* (Washington, D.C.: Brassey's, 2001), p. 223.

30 H. W. Brands, *The Devil We Knew: Americans and the Cold War* (New York: Oxford University Press, 1993), p. 219.

31 Enid Hill, "Rhetoric, Policy, and Politics in the United States," in *The Gulf War and*

랫동안 미국의 적이었던 소련도 사라졌고, 강력한 미국의 리더십과 국제 사회의 협조로 성공적으로 사담 후세인을 물리친 이상 더 이상의 유사한 위기는 없을 듯 했다. 세계는 평화스러웠고 미국인들은 더 이상 미국 밖의 문제에 관심을 갖지 않았다.

조지 부시 대통령은 레이건의 '힘의 외교'의 후광과 화려한 외교 경력으로 대통령에 당선되었고, 걸프전쟁을 성공적으로 수행했지만, 정작 미국 경제를 비롯해서 국내 문제에 리더십을 발휘하지 못한 대통령에 국민들은 등을 돌렸다. 1992년 선거에서 부시 대통령은 처참한 패배를 당하며 재선에 실패했다. 아울러 클린턴 대통령은 루스벨트 대통령 이래 52년 만에 재선에 성공한 민주당 대통령이 되어 21세기로 넘어가는 역사적 시기에 유일 초강대국인 미국의 지도자로서 역사적 업적을 남기고자 하는 열정을 가지고 있었다.[32]

클린턴 행정부는 높은 지지를 바탕으로 연임을 하여 장기적인 정책 방향을 세워 큰 그림으로 정책을 시행할 수 있었지만, 정부와 의회의 균형을 유지하고자 노력해야 했다. 따라서 클린턴 대통령의 리더십 모형은 제퍼슨 모형이다.[33]

근 반세기동안 미국을 사로잡았던 냉전이니 반공이니 하는 이데올로기의 열병이 일순간에 사라져 버렸다. 미국은 이제 냉전의 붕괴와

---

the New World Order, ed., Tareq Y. Ismael and Jacqueline S. Ismael (Gainesville: University of Florida, 1994), pp.201-205.

32 50%의 득표율은 연임에 성공한 역대 대통령에 비해 매우 낮은 것으로 국민으로부터 국정운영에 대한 전폭적인 신임(mandate)을 받았다고 볼 수 없다. 92년 선거에 비하면 43%의 득표율에서 7%정도 상승했으나 선거인단 확보 면에서는 92년의 370명에서 9명 늘어난 것에 불과하다. 상하원 선거에서 공화당이 다수의석을 확보할 수 있었던 것은 미국 유권자의 전반적인 보수화 추세에서 비롯된 점이 크지만 클린턴 대통령의 재선이 기정사실화된 분위기에서 국민의 견제심리도 적지 않게 작용했다.

33 김봉중, "탈냉전, 세계화, 그리고 미국의 외교", 『미국사연구』(제23집), 2006, 123면.

함께 제1차 세계대전 이후의 고립주의 정서와 유사한 정서에 휩싸였
다. 물론 이것을 전통적인 고립주의의 부활이라고 볼 수는 없다. 제1차
세계대전 이후의 고립주의는 '세계 민주주의의 안전'을 위한 미국의 참
전 이상理想이 유럽 제국주의에 농락당했다는 환멸에 기인했다면, 냉전
이후의 유사한 정서는 적敵이 상실된 상태에서 현실주의로의 회귀에
기인한 것이다. 냉전은 순식간에 몽환적 기억으로 남게 되고 그것의
그늘 속에서 가려졌던 미국의 현실적인 국내 문제들이 국민들의 관심
을 사로잡았다.

〈그림 3-20〉 1992년 대통령선거 결과[34]

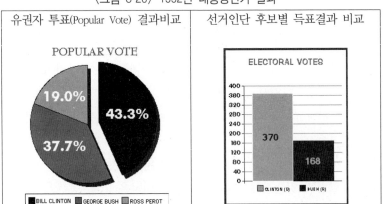

1992년 선거에서 제2차 세계대전 이후 처음으로 외교 문제는 선거의
주요 쟁점에서 국내 문제에 자리를 내주었다. 조지 부시가 민주당의
마이클 두카키스(Michael Dukakis) 후보의 외교적 경험의 부재를 집중적으
로 부각시켜 대통령에 당선되었던 것을 생각할 때 실로 급격한 변화였
다. 그런 점에서 1992년 선거는 "베트남전쟁이 미국 정치의 덧없는 이
슈로 사라지는 새로운 시작"인 셈이다.[35]

---

34 〈www.historycentral.com/elections/1992pop.html〉, 검색일: 2009. 5. 30.

2) 1996년 대선: 경제적 리더십에 대한 재신임

클린턴 대통령은 '신뢰성의 위기'에 직면했음에도 불구하고 '21세기로 가는 다리'라는 구호아래 경제성장, 고용창출, 의료 및 복지 개혁, 교육 등 미래에 대한 비전을 클린턴 대통령의 웅변술, 젊음과 박력을 통해 설득력 있게 유권자에게 전하였다.[36]

그렇지만 상하원 선거에서 공화당이 우위를 점함에 따라(〈표 3-3〉 참조), 공화당의 정치적 견제는 계속되었다. 클린턴 대통령은 균형예산의 달성, 의료 및 사회보장 개혁, 고용의 지속적 창출, 안정적인 세계질서 유지 등을 내용으로 하는 정책비전을 제시했다. 그러나 재정지출 축소를 추구하는 공화당의 상하 양원 장악과 미국 국민의 전반적인 보수화 경향은 클린턴 대통령의 국정운영에 도전이 되었다. 또한 민주당내에서 복지개혁법 서명 등 클린턴 대통령의 중도온건 노선에 불만을 가진 세력이 적지 않아 클린턴 대통령으로서는 민주당의 단합을 유지하는 것도 과제가 되었다. 더구나 화이트워터사건[37] 등 기존 의혹사건은 물

---

35 Melvin Small, *Democracy and Diplomacy* (Baltimore: Johns Hopkins University Press, 1996), p.161.

36 클린턴 대통령은 의회와 법원, 그리고 주정부에서 자신의 정책에 대한 반대에 대해 소수민족에 대한 차별철폐정책을 펼치는 등 적극적인 정치적 리더십을 발휘했다.

37 http://www.kukminilbo.co.kr/event/int/cliton/cliton_scan02.html; 국민일보, 검색일 2009년 7월 20일.; 클린턴 부부는 아칸소 주지사 시절이던 1978년 오랜 친구이자 정치적 후원자인 짐 맥두걸과 함께 아칸소주 지역을 개발하기 위해 택지를 구입하고 나아가 1979년 '화이트워터'라는 부동산 개발회사를 맥두걸과 공동으로 차렸다. 그러나 클린턴은 투자금 2만5천달러를 손해보고 손을 뗐다. 맥두걸은 이와 별도로 매디슨 신용금고를 가지고 있었으며 클린턴과는 계속 우호 관계를 유지했다. 1985년 클린턴이 선거운동 당시 5만 달러의 빚을 지고 어려운 상황에 처해 있을 때 맥두걸은 클린턴을 위해 정치자금을 모금했다. 이후로 맥두걸은 미 연방으로부터 많은 금액을 대출받았는데 이것이 주지사로 있던 클린턴의 직권 남용으로 이루어진 것이라는 여론에 휘말렸다. 클린턴이 대통령에 당선되고 5개월 후인 1993년 6

론 선거과정에서 논란이 된 정치 자금문제를 둘러싸고 공화당의 공세
가 지속되어서 클린턴 행정부에 적지 않은 부담이 되었다.

〈그림 3-21〉 1996년 대통령선거 결과[38]

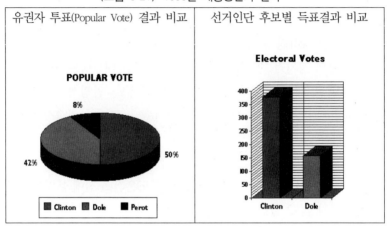

월 화이트워터 관련서류를 보관하던 힐러리의 동료 변호사 빈센트 포스터
가 의문의 자살을 하고, 클린턴 부인 힐러리가 서류를 파기했다는 주장이
일면서 끝내는 클린턴 부부를 청문회에까지 끌고 나오는 큰 사안으로 번
졌다. 이 사건은 1994년 담당 특별검사인 로버트 피크스에 의해 일단 무죄
로 결말이 났다. 이후 미 연방 법원은 1994년 8월 이 사건 특별검사를 로버
트 피크스에서 케네스 스타로 교체되면서 새 국면을 맞이한다. 1996년 5월
28일, 아칸소주 리틀록 법원 배심원단은 이 사건을 평결하면서 맥두걸 부
부를 비롯 당시 아칸소 주지사 터커 등 핵심 측근 3명에 대해 유죄를 결정
했다. 당시 클린턴은 어떤 혐의로도 기소되지 않은 상태였으나 이로 인해
클린턴의 재선길이 큰 난관에 봉착했음은 물론이다. 클린턴이 재선에 성
공한 1997년 2월, 화이트워터 사건의 핵심 인물로 기소된 맥두걸이 자신의
감형을 위해 화이트워터와 클린턴의 관계를 검찰에 진술한 사실이 언론에
대서특필됐다. 그러나 맥두걸은 모든 것을 영구 미제로 남긴 채 1998년 8
월 교도소에서 지병으로 사망했다.

38 〈www.historycentral.com/elections/1996pop.html〉, 검색일: 2009. 5. 30.; 〈www.
historycentral.com/elections/1996elec.html〉, 검색일: 2009. 5. 30.

1996년 11월 5일 실시된 미국 제42대 대통령선거에서 민주당 후보인 빌 클린턴 대통령은 득표율 50%, 선거인단 379명을 획득하여 경쟁자인 공화당의 밥 돌 후보를 압도적으로 누르고 재선에 성공하였다. 공화당의 밥 돌 후보는 41%의 득표를 했으나 159명의 선거인단을 확보하는데 그쳤으며 3당인 개혁당(Reform Party)의 로스 페로 후보는 8%를 득표하는 저조함을 보였다.

나. 의석변수

클린턴 행정부는 의회에서는 집권 초 2년을 제외하고는 6년간 야당인 공화당에 끌려 다녔다. 또한 공화당 인사를 영입하고 균형적인 예산을 집행하는 등 대對 의회관계는 입법적 리더십을 발휘하였다. 민주당·공화당간의 선택적으로 상황에 맞는 정치력을 발휘했다. 그래서 이는 정책의 안정성에 제한적인 요소가 될 수도 있었다. 그런데 클린턴 대통령이 적극적 리더십을 발휘하여 높은 지지와 정책에 대한 우호적 평가를 이끌어 내었다. 강력한 대통령이 정국을 주도하고 있지만, 의회는 공화당이 주도하고 있어서 자주 충돌이 발생하였다. 그래서 클린턴 행정부의 리더십과 정책역량은 절반의 성공이라 하겠다.

〈표 3-7〉은 클린턴 대통령 집권 기간과 그 기간의 상원과 하원에서 민주당과 공화당의 의석분포를 나타낸 것이다. 클린턴 대통령은 높은 개인 지지도에도 불구하고 집권 8년 중 6년은 여소야대의 분점정부를 운영할 수밖에 없었다.

제퍼슨은 "빈약한 다수 위에서 위대한 구상이 건설될 수는 없다"고 말했다. 클린턴 대통령은 세기적인 입법적 개혁을 추진하기에는 지지기반이 너무 약했다. 1992년의 대통령 선거에서는 복수 후보들 중에 43%의 지지를 얻었고, 의회에서는 동반당선자들을 내지 못했다는 점은 견실한 지지기반이 없었다는 것을 뜻했다. 의료보험제도 개혁을 처음

발표했던 1993년 클린턴 대통령은 거대한 과제를 추진하는 데에 필요한 지배력을 확보하고 있지 못했다.[39]

〈표 3-7〉 클린턴 정부형태와 의회 구성변화

의회	선거년	정부형태	행정부		입법부							
			여당	대통령	하원		증감		상원		증감	
					민주	공화	민주	공화	민주	공화	민주	공화
102	1990	분점	공화	G.부시	267	167	+9	-8	56	44	+1	-1
103	1992	단점	민주	클린턴	258	176	-9	+9	57	43	+1	-1
104	1994	분점	민주	클린턴	204	230	-52	+52	47	53	-8	+8
105	1996	분점	민주	클린턴	207	227	+3	-3	45	55	-2	+2
106	1998	분점	민주	클린턴	211	223	+5	-5	45	55	0	0
107	2000	단점	공화	G.W.부시	212	221	+1	-2	50	50	+5	-5

클린턴 대통령은 1993년 취임 초부터의 성과 관련하여 도덕성 문제에 대한 논란으로 리더십 면에서 국민의 높은 기대에 미치지 못하였다. 중간선거 당시 클린턴 대통령에 대한 직무수행 만족도는 40% 정도에 그쳤다. 그 결과 1994년 말 중간선거에서 민주당은 하원의석 52석, 상원의석 9석을 상실하는 등 참패를 당하였으며, 공화당은 상원의석 52석으로 1986년 이후 처음으로 상원의 과반수를 차지하게 되었으며 하원에서도 236석으로 40년 만에 다수당이 되었다. 또한 36명을 새로 뽑는 주지사 선거에서는 25개주에서 공화당이 승리하여 50개주 가운데 31개 주지사직을 공화당 출신이 차지하게 되었다. 그러나 그 후에 클린턴 대

---

39 David Gergen, *Eyewitness to Power: The Essence of Leadership Nixon to Clinton* (New York: Simon & Schuster); 서율택 역, 『CEO 대통령의 7가지 리더십』, 스테디북, 2002, 443-443면.

통령은 위기에 처한 재선문제에 적극적으로 대응하기 시작하였으며 그 결과 클린턴 대통령에 대한 직무수행 만족도가 50퍼센트를 넘어서는 등 인기가 다시 상승하였다. 반면 공화당은 중간선거 10대 공약에 대한 입법 활동이 부진하고, 깅그리치 의장의 인기추락, 공화당 초선의원들에 대한 극단적 이미지 등으로 공화당에 대한 국민의 기대는 실망으로 변하고 있다.

한편 1996년 총의석 100석 중 3분의 1에 해당하는 34석을 뽑는 상원의원 선거에서는 공화당이 21석을 얻어 2석을 추가한 총 55석이 됨으로써 상원의 과반수를 유지하게 되었다. 민주당은 13석을 얻는데 그쳐 기존의석보다 2석 적은 총 45석이 되었다. 그리고 435명을 선출하는 하원선거에서도 공화당은 기존의 235석에서 10석이 줄어든 225석을 얻어 하원의 주도권을 계속 유지하게 되었다. 민주당은 이전 의석보다 11석이 더 많은 208석을 얻었으나 과반수에 못 미치게 되었다. 다른 한편 50개 주중 11개주의 지사를 새로 선출하는 주지사선거에서 민주당이 7개주에서 승리함으로써 4개주에서 승리한 공화당에 앞섰다.

요컨대 의석변수의 변화에 따라 단점정부에서 분점정부로 변화라는 계기에 의해 클린턴 대통령의 리더십은 제퍼슨 모형에서 매디슨 모형으로 변화를 보이게 된다. 하지만 설명한 바와 같이 의회상황이 불리했음에도 불구하고 클린턴 대통령의 직무 성과는 우수했고, 국민들의 평가도 우호적으로 평가된다.

다. 정치·경제상황

전임 부시 행정부 시기부터 눈덩이처럼 불어나던 재정적자와 무역적자, 심각한 사회문제, 상대적인 미국의 국제적 지위하락 등으로 위기의식을 느꼈던 유권자들은 걸프전에서 화려한 승리를 쟁취했던 부시 대통령을 외면하고 '경제제일주의', '국민제일주의(people first)'를 표방했던 클린턴을 대통령으로 선출하였다. 이로써 1992년에 당선된 클린턴 대통령은 정치·경제 환경의 변화에 적극적으로 대응하여 이전보다 무역수지가 개선되었고 경제성장률도 호조를 보였다. 클린턴 대통령은 대내적으로 경제의 경쟁력 회복, 수출확대와 고용창출, 재정적자 감축, 그리고 연방정부 규모 축소를 이룩했으며, 대외적으로는 APEC 정상회담 등 적극적인 정상외교를 통해 미국의 지도적 역할을 재확인하고 중동평화의 진전, 보스니아와 북아일랜드 평화구축노력, 북한 핵개발저지, 아이티 민주화 지원 등 외교적 성과도 거두었다.

경제성과에 대하여 미국 유권자들의 클린턴 대통령에 대한 높은 기대와 역량이 클린턴 대통령 당선과 재선의 가장 중요한 요인이었다. 1989년에 이르러 미국은 이미 채권국가에서 채무국가로 변했지만 조지부시 대통령과 공화당 행정부는 그 문제를 해결할 비전을 제시하지 못했다. 반면 클린턴 대통령은 경제상황을 개선시키고, 국내외적으로 평화 상태를 증진시키며, 재정을 안정시켰다. 아울러 클린턴 대통령은 다양한 국가적 문제를 해결하고 사회보장 프로그램들을 성공적으로 수행하여, 경제·외교·복지 정책에서 상당한 업적을 성취했다.

클린턴 행정부 집권 제1기의 치적은 괄목할 만하다. 미국경제는 4년간 성장, 물가, 실업률, 무역수지 등 여러 면에서 매우 양호한 실적을 보여주었으며 이는 일본, 유럽연합 등 선진국들의 전반적인 경제침체와는 크게 대조적이었다. 또한 미국민의 관심사인 재정적자 감축, 범죄 및 마약추방, 불법이민 단속 등에서도 현저한 성과를 거두었다. 대통령을 지지함에 있어서 이런 사적 이슈에 근거한 도덕성이나 신뢰성보다는 업적이나 업무수행 능력을 중시하기 때문에 많은 경제적·사회적 업적과 탁월한 국민과의 소통 능력을 갖춘 클린턴 대통령은 지지 기반을 잃지 않은 채로 대 對 의회관계에서 제퍼슨 모형을 유지한다.

1996년 대선 시기 정치경제 상황을 다양한 관점에서 평가할 수가 있다.[40] 먼저 보수화 추세는 밥 돌 공화당 후보에게 유리했었다. 1994년

중간선거에서 미국 유권자의 전반적인 보수화 추세에 힘입어 공화당
이 압승하였으며 그 결과 상하양원과 주지사의 다수를 차지하였다. 반
면 번영과 사회평화를 가져왔던 경제상황은 클린턴대통령에게 유리하
게 작용했다. 클린턴 행정부의 경제실적은 성공적인 것으로 평가되었
다. 2-3% 수준의 경제성장이 유지된 가운데 2% 수준의 물가상승률을 유
지하였다. 성공적인 성과 때문에 정책대결은 클린턴 대통령에게 유리
했다. 1996년 선거는 결정적인 쟁점이 없고 클린턴과 돌 간에 정책노선
의 큰 차이가 없었다. 그동안 공화당은 균형예산, 작은 정부, 범죄추방,
불법이민규제, 무역불균형시정 등을 주장해 왔으나 연두교서를 통해
밝혔듯이 클린턴은 중산층의 지지를 겨냥한 중도노선에 서서 이러한
문제들에 대해 이미 적극적인 정책을 추진하고 있었다. 클린턴과 차별
되는 쟁점으로서 낙태문제와 재정적자 축소문제가 있으나 국민여론은
돌에게 불리하게 작용하고 있었다. 그러나 클린턴 대통령은 균형예산
을 둘러싼 의회와의 대결에서 보여주었듯이 복지혜택 축소에 반대함
으로써 정치적으로 약자를 옹호한다는 긍정적 결과를 얻었다.

공화당의 견제로 국내정책에 한계를 느낀 클린턴 대통령은 평화중
재 등 외교적인 성과와 국민과의 직접접촉을 통해 지지를 확보하는 전
략을 추진하였다. 정치경제 상황을 종합적으로 고려하면 클린턴 대통
령이 대선 정국에서 우위를 유지할 수 있었다.[41]

---

40 김충남, 앞의 논문.
41 워싱턴포스트와 ABC 방송조사(3. 19)에 의하면 대통령 자격을 평가하는 질
　문에서 국민에게 봉사할 능력(클린턴 65%, 돌 54%), 미래에 대한 비전(클린
　턴 64%, 돌 57%), 국민고충이해(클린턴 55%, 돌 39%), 위기관리능력(클린턴
　56%, 돌 52%) 등에서 클린턴이 우세한 것으로 나타났다. 클린턴 대통령은
　또한 뛰어난 선거운동가 이기 때문에 당시 정치경제 상황으로는 공화당이
　클린턴 대통령에게 이기기 어려운 구도였다. 김충남, 앞의 논문.

第2節 조지 W. 부시(George W. Bush) 대통령

적극적 부정형 리더십은 야심이 많고 권력적이며, 대단히 공격적인 태도를 가지고 있다. 조지 W. 부시(George W. Bush: 이하 부시) 대통령은 국내 정치와 국제정치에서 일방주의적인 태도를 견지하였다.

테러리즘에 대한 대응에서도 평화적이고 타협을 중요시하는 진보 진영과 민주당 일부의 견해를 무시하고 공격적인 외교적 성향을 폈다. 국민적인 통합보다는 공화당의 자기 진영과 지지자들의 견해에 충실 하는 정당양극화 전략을 고수하였다. 그래서 조지 W. 부시 대통령의 부정적 리더십은 의회와의 관계는 적대적인 상황으로 연출된다. 부시 대통령의 적극적 부정형은 정국주도를 놓고 심각한 혼란을 야기할 수 있는 리더십으로 이전의 대통령보다 합의와 타협을 통해 국정을 조율 하는 모습을 보여주지 못했다. 부시 대통령의 부정적 리더십은 상황변 수들이 유리할 때도 의회와의 관계가 개선보다는 악화되기 쉬울 수 있 는데, 여대야소의 상황과 테러리즘에 대한 국내외의 합의가 있을 때에 도 부시 대통령은 국민의 여론을 충분히 수렴하고 국제적 합의를 이끄 는 리더십을 보여주지 못했다. 부시 대통령은 집권 제1기와 집권 제2기 전반기와 중반기까지 일방 주의적 행태를 가지고 있었고 정당 양극화 상황 하에서 해밀턴 모형의 국정운영을 하였다. 하지만 야당인 민주당 이 2006년 중간 선거를 통해 다수당이 되고,[42] 경제위기와 함께 이라크 전 등 외교정책의 실패로 부시 행정부는 점차 일방주의적인 국정운영

---

[42] Bush and congressional Republicans continued to agree on many issues, the sense of shared electoral fate had dissipated. Congressional Republicans continued to agree on many issues, the sense of shared electoral fate had dissipated. Congressional Republicans no longer believed that supporting Bush would pay off for them in electoral terms - often just the opposite. In 2006 congressional candidates welcomed fund-raising help, and the president and vice president appeared at many private fund-raisers, but few candidates wanted to appear publicly with Bush or Cheney.

의 주도권이 쇠퇴되어서 매디슨 모형의 국정운영을 추구하였다.

1. 정치적 리더십의 특징: 적극적 부정형

가. 선거제도에서 신뢰의 위기

조지 W. 부시 대통령은 2000년 대통령 선거에서 대결했고 테크노라트형 지도자 유형이었던 앨 고어(Al Gore) 대통령 후보와 대비된다. 테크노크라트형 지도자는 정책마인드와 전문성이 돋보이지만 대중성이 약하다. 이들은 전문성과 균형감각이 있어서 정책오류는 적지만 국민의 지지는 미약하다. 이러한 요건에서 대통령이 되기 위한 승부사형에 비해 상대적으로 불리하다. 테크노크라트였던 앨 고어가 서부의 승부사 부시 대통령에게 패한 까닭이다.[43]

2000년 대통령 선거는 미국 대통령선거제도의 제도적 한계, 국정운영에 있어 정당편향성의 연원으로 앨 고어 후보가 일반투표에서 부시 대통령보다 더 많은 득표를 했음에도 불구하고 선거인단 투표에 패배하여 당선되지 못했다.[44] 그 결과 더 많은 국민적 지지를 얻고도 오히

---

43 Gerald M. Pomper, "The 2000 Presidential Election: Why Gore Lost," *Political Science Quarterly* 116 (Summer 2001), pp.201-233. 김호진, 『한국의 대통령과 리더십』, 청림출판, 2006, 50면.

44 1824년 선거에서 민주공화당의 존 퀸시 아담스(John Q. Adams)는 같은 당의 앤드류 잭슨(Andrew Jackson)에게 선거인단 표(84표 대 99표)와 일반투표 (108,740표 대 153,544표)에서 모두 패배하였으나 어느 후보도 과반수를 넘기지 못한 관계로 의회에서 최종 당선자를 결정한 바 아담스가 승리했다. 1876년 선거에서는 공화당의 러더포드 헤이즈(Rutherford Hayes)가 선거인단 표에서 185표로 민주당의 사무엘 틸든(Samuel Tilden)이 득표한 184표보다 1표 앞섰으나 일반투표에서는 틸든이 4,285,992표를 얻어 당선자인 헤이즈가 얻은 4,033,768표보다 많았다. 또 1888년 선거에서 공화당의 벤자민 해리슨 (Benjamin Harrison)은 선거인단 표에서 233표로 민주당의 그로버 클리블랜드

려 낙선자가 될 수 있는 미국의 대통령 선거제도의 논의가 집중적으로 제기되었다.[45] 2000년 대선은 미국정치에서 정당 간 대립이 격화되고 위기를 불러온 기폭제가 되었다. 미국 선거제도의 가장 핵심적인 모순은 전국적 지지율에서는 이기고 선거인단 획득에서는 지는 바람에 유권자들의 지지가 상대적으로 낮은 후보가 집권할 수 있게 되는 기이한 구조적 현실이다. 이것은 특히 전국 유권자들의 지지율이 정확하게 반영되지 않는 선거인단 제도와 관련하여 집중적으로 논란의 대상이 되고 있다. 상하 양원과 같은 수로 선출되는 선거인단 제도는 승자 독식 제도가 가장 큰 문제이다. 근소한 격차로라도 다수를 차지하는 후보가 그 주의 선거인단을 모두 차지하는 방식에서 비롯된다. 그래서 작은 당은 선거인단으로 대표되는 정치적 발언권을 전혀 가질 수 없다. 이러한 상황은 당선된 대통령의 리더십 자체에 정통성의 문제가 발생하여 정치권내 양극화로 발전한다. 그 결과 전국적 규모의 대통령의 리더십을 발휘하는데 영향을 미친다. 그런 점에서 문제는 단지 선거 당시의 문제로 그치지 않고 4년 내내 중대한 정치적 갈등의 소지를 갖게 하는 구조적 모순이 아닐 수 없다. 따라서 부시 대통령의 대(對) 의회관계는 집권 제1기 때 단점정부 해밀턴 모형과 집권 제2기는 이라크전쟁 지연, 경제위기로 메디슨 모형으로 변화된다.

(Grover Cleveland)가 얻은 168표보다 많았으나 일반투표에서는 클리블랜드가 5,538,233표를 얻어 당선자인 해리슨이 얻은 5,440216표보다 더 많았다. Richard C. Remy, *United States: Democracy in Action* (New York: Macmillan, 1993), p.452. 김남균, "미국 대통령 선거제도와 선거문화: 1948년과 2004년 대통령 선거 비교", 『미국사연구』 제22집, 2005, 194면.

45 Matthew Soberg Shugart, "The American Process of Selecting a President: A Comparative Perspective," *Presidential Studies Quarterly* 34:3 (2004), 632-656; Paul R. Abramson, John H. Aldrich, Philip Paolino, and David W. Robe, "Challenge to the American Two Party System: Evidence from the 1968, 1980, 1992, and 1996 Presidential Election," *Political Research Quarterly* 53:3 (2000), pp.495-522.

나. 부시 대통령의 이분법적 세계관과 정당체제의 양극화 심화

1930년대 루즈벨트 대통령 이래 민주당은 남부 보수주의자의 지지를 잃어버리게 되었다. 미국 하원에서 민주당은 대개 남부 보수주의자(Southern conservatives)와 북부 진보주의자(Northern liberals)들로 구성되었다. 이슈 간의 갈등은 정당 노선과 이데올로기에 의해 지역 이익에 의해 추동되었다. 하지만 민주당은 남부 보수주의자 민주당원을 실질적으로 모두 잃어버리고 단일의 중도좌파(homogeneous and left-of-center) 정당으로서 지지를 얻는다. 동시에 공화당은 세금삭감(tax cuts), 공세적 국가방위(assertive national defense), 종교적 전통주의(religious traditionalism)를 포괄하는 야심찬 아젠다와 함께 남부에서 재정렬(realignment)의 결과로 보수화 되었다[46]. 정당 분극화(partisan polarization)는 유권자, 활동가, 선출된 관료로까지 확대되었다.[47]

2007년 1월 제110대 의회가 개원한 이후 애초의 기대와는 달리 이라크 연구집단(Iraq Study Group)의 제안이나 의회 다수당인 민주당의 철군요구를 비웃기라도 하는 듯 부시 대통령은 미군 2만1,500명을 증파하고, 경제지원에 10억 달러를 사용한다는 내용의 새 이라크 정책을 발표했다. 2006년 중간선거 패배 이후의 이러한 태도에서도 알 수 있듯이 부시 대통령의 정책결정 방식은 원내 다수당인 민주당의 반대의사를 개의치 않는 듯 일방적이다. 자신이 필요성과 성공 가능성을 확신하고 있는 정책이 있으면 의회나 여론의 동향 등 객관적인 정치적으로 크게 구애받지 않고 자신이 원하는 리더십을 발휘하는 부시 대통령의 정책결정 방식을 실천하였다.

---

[46] 공화당은 대체로 우측으로 포진하고 있었기 때문에 매우 보수적인 정책을 추구하는 것이 어설픈 타협책 보다 오히려 공화당의 지지를 결집하는데 도움이 될 수 있다는 판단을 한다.

[47] Thomas E. Mann and Norman J. Ornstein, *op.cit.*, pp.11-12.

부시 대통령은 '온정적 보수주의(compassionate conservatism)'라는 자신의
정치적 신념이 가족, 신앙, 도덕성 일치를 강조한다. 정치적인 측면에
서 부시 대통령은 자신의 보수적인 시각이 미국의 모든 가정을 번창하
게 만들 수 있는 최고의 기회를 제공한다고 믿었다.[48] 따라서 미국은
효과적이면서도 온정적인 방법으로 힘을 발휘해 세계의 평화를 지키
고 자유를 확산시켜야 한다는 신념을 가지고 있었다.[49] 원내 공화당의
명운을 좌우했던 부시 대통령은 무엇보다도 자신의 종교적 의지와 개
인적 확신을 상황에 대한 객관적 분석이나 일반적 평가보다 앞세우는
"믿음의 대통령(president of faith)"으로 평가된다.[50] 신앙과 신념에 입각한
이러한 스타일은 다양한 정치적 이슈와 관련하여 이념적으로 매우
보수적이며 공화당, 특히 공화당 우파의 입장을 지원하는 데 기여하
는 것으로 해석되어 왔다.[51]

---

[48] 온정적 보수주의는 불분명하거나 연약한 개념이 아니라 명확하며 강력한
이념이다. 그것은 좋은 의도가 아니라 좋은 결과에 초점을 맞춘다. 온정적
보수주의는 보수적이고 자유로운 시장 원칙을 가난하고 혜택 받지 못하는
사람을 포함한 모든 이를 돕기 위한 정책에 적용하는 것을 말한다. 온정적
보수주의에 대한 비전에는 미국이 국제무대에서 리더십을 확립하는 것도
포함된다.

[49] 캐롤린 톰슨·제임스 웨어, 『CEO 부시 리더십의 천재』, 이원기 옮김, 중앙
M&B, 2003.

[50] "There were Bush's periodic stumbles and gaffes, but for the followers of the faith-bas
ed president, that was just fine. They got it—and "it" was the faith." Ron Suskind,
"Faith, Certainty and the Presidency of George W. Bush." 〈www.nytimes.com/2004/1
0/17/magazine/17BUSH.html?ex=1255665600en= 890a96189e162076ei=5090〉.

[51] Even staunch supporters of the invasion voiced concerns about the way Bush tended
to eschew explaining his position on Iraq and to present his views as articles of faith.
The president's uncommunicativeness suggested again that he had not gone through
an elaborate process before embracing the views put forward by the
neoconservatives. That faith turned into policy: In general, after all, once it is known
that a president has taken a strong position, there is certainty about the outcome.

부시 대통령은 '악의 축(axis of evil)' 발언을 통해 세계 각국을 선한 나라와 악한 나라로 나눴다. 이러한 종교적 편향은 신보수주의(neo-conservatism) 이념과 결부되어 군사정책에 있어서 선제공격을 허용하는 일방주의적 외교정책의 기조가 되기도 하였다. 내 편이 아니라면 오로지 '적'일 수밖에 없다는 이러한 이분법적 사고방식은 적절한 의사결정과정을 무시하여 공화당 다수 의회에서 자신이 원하는 정당편향적 정책을 편다. 국가전체의 차원에서 보면 장기적으로는 의회의 무력화의 결과가 초래된다. 이러한 리더십은 절차나 과정보다는 신속한 행동과 가시적인 결과를 선호한다. 그럼으로써 부시 대통령으로 하여금 의회 내 소수당이었던 민주당과의 적절한 대화나 타협을 소모적인 논쟁으로 생각하였다. 그러다보니 부시 대통령은 정책결정 방식을 일방적이고 독단적인 정책을 펴 결국 민주당과의 타협적인 모습을 보이지 못한다. 결과 지향적인 리더십 스타일이 낳은 정책결과는 대부분 대통령 자신과 공화당의 정책적 입장이 집중적으로 반영된 정당편향적인 것일 수밖에 없었고 궁극적으로 의회의 정책결정 과정은 정당간 대립으로 귀결된다.[52]

2004년 미국 대선에서 '전략적 극단주의'의 성공은 중요한 기존 통념을 깨며 흥미로운 퍼즐을 던진다. 다운즈(Anthony Downs)가 이론적으로 정립한 후 통념으로 굳어져온 명제에 의하면, 양당체제에서 양측 후보는 보다 많은 표를 얻기 위해 극단적 입장을 취하기보단 이념적 중간지대로 수렴한다.[53] 이 명제가 2004년엔 현실로 나타나지 않았다. 부시 대통령은 강한 보수층, 특히 개신교, 가톨릭, 유대교 등 종파를 가리지 않고 종교세력에 호소하고 세속적인 진보 진영을 매도하는 양분화 전

---

52 손병권, "부시(George W. Bush) 대통령의 정당편향적 의회전략: 유권자 성향과 개인적 리더쉽 스타일을 중심으로", 경남대학교 극동문제연구소, 『한국과 국제정치』(제23권 제1호), 2007, 61-62면.
53 Anthony Downs, *An Economic Theory of Democracy* (N.Y.: Harper & Row, 1957).

략에 의존했다. "부시 대통령은 자주 종교적 관점과 용어로 말하고 유권자들, 특히 대도시와 양쪽 해안지역의 진보세력에 속하지 않는 대부분의 일반 유권자는 자기와 마찬가지로 깊은 신앙심, 도덕관, 애국심을 공유한다고 강조하는 전략을 썼다."[54]

부시 대통령의 최측근 전략가 로브(Karl Rove)는 선거운동을 '3G', 즉 총기(guns), 동성애자(gays), 신(God)으로 압축 전개했다. 문화와 이념적 가치관 차원의 쟁점에 집중해 사회분열을 야기하더라도 공화당 지지층을 흥분, 결집, 동원한다는 것이 부시 선거운동의 전략이었다. 한마디로 '전략적 극단주의(strategic extremism)'라 할 수 있다. 선거운동이 본격화되면서 부시 측은 동성결혼, 낙태, 줄기세포 연구, 총기규제 등 갈등적 쟁점을 부각하며 보수층에 호소하고 진보세력을 적대시하는 데에 주력했다. '따뜻한 보수'를 표방하며 중도층에 호소했던 2000년에 비해 2004년 선거에서 부시는 확실한 '선택과 집중'이라는 표 가르기 전략에 의존했던 것이다.[55]

재선 당시 부시 대통령의 선거 전략은 이러한 전략적 양극화에 덧붙여 풀뿌리 동원전략이 병행되었다는 점을 지적해야 할 필요가 있다. 2004년 선거를 일 년이나 앞두고 공화당의 선거 전략을 총지위하는 칼 로브(Karl Robe)는 풀뿌리 차원의 토대 구축을 시도하였다. 부시 대통령이 풀뿌리 차원의 지지자를 동원하는 것에 선거 전략의 핵심을 설정하자 당시 공화당 내 많은 전략가들이 사려 깊은 전략이 아니라고 반발한 적이 있다. 이들은 현직 대통령이 부동층의 지지를 겨냥하지 않고 이긴 적은 없다고 지적하였고 이를 지켜본 민주당 관계자들은 즐거운 비명을 질렀다. 하지만 2004년 대통령선거에서 놀라운 정도로 공화당의

54 *Washington Post* 2004/7/9, A6.
55 임성호, "부시의 전략적 극단주의: 정당양극화, 선거전략 수렴의 부재", 미국정치연구회 편, 『부시 재집권과 미국의 분열: 2004년 미국대통령선거』, 오름, 2005, 84-85면.

동원 전략이 성공적인 것으로 판명되면서 이 당시 칼 로브에게 경멸을 보냈던 많은 이들이 충격에 빠지게 되었다. 사실 사활적인 승부처인 플로리다와 오하이오만 보더라도 공화당의 약진은 눈부시다. 보통 투표율이 올라가면 노동계 등 풀뿌리 조직 동원력이 우세한 민주당이 유리한 것이 정설이다. 그러하기에 정밀한 예측으로 저명한 여론조사 전문가인 조그비(Zogby International)는 출구조사의 초기 결과만 보고도 민주당의 압승을 잘못 예견하기도 하였다.

사실 플로리다와 오하이오에서 민주당의 조직 동원의 힘은 놀라운 것이었다. 예를 들어 케리 후보는 플로리다에서 2000년 선거의 2백90만 표와 비교하여 3백 53만을 기록하는 놀라운 성과를 거두었다. 그리고 보수주의적 성향의 오하이오에서도 50만이나 더 득표하는 성과를 올렸다. 하지만 플로리다에서 공화당이 3백 90만을 득표하고 오하이오에서 부시 대통령이 2000년보다 45만을 더 득표하면서 민주당의 놀라운 성과가 무의미해져 버린 것이다.

다른 한편으로 이러한 공화당의 성공은 이를 주도한 칼 로브라는 전략가가 미국 정치의 최근 추세를 정확히 이해한 것에서 비롯된다고도 평할 수 있다. 예를 들어 1998년 중간선거에서 민주당은 클린턴 대통령 탄핵이라는 불리한 정국 속에서도 승리하였는데 이에는 정치의 극단적 양극화 속에서 부동층이 줄어들고 공화당의 공세에 위기감을 느낀 노동계 및 흑인 등 민주당의 열성적 지지자층인 소수진영을 중심으로 동원력이 크게 빛을 발하였기 때문이다. 이후 여전히 정치적 양극화 속에서 이루어진 2000년 선거에서도 칼 로브는 선거인단 수에서의 승리에도 불구하고 공화당의 전국 득표율에서의 패배한 것이 자신들의 지지자 층인 기독교 근본주의 진영의 열성적인 동원의 실패에서 기인한다고 진단하였다.[56] 사실 미국의 미디어 선거를 선거의 현대적

---

[56] James Moore and Wayne Slater, *Bush's Brain: How Karl Rove Made George W. Bush Presidential* (New York: Wiley, 2003).

추세로 생각하고 이러한 방향으로 선거법 개정을 주도한 한국과 달리 미국의 공화당은 꾸준히 당의 대중적 토대와 직접 접촉면의 강화에 주력해 왔다.[57]

다. 지지율의 점진적 하락과 리더십의 위기

조지 W. 부시 대통령 임기 동안 국민들의 평가는 9·11 테러를 정점으로 상승했다가 점차 하락 한다. 미국의 신보수주의(neo conservatism)가 세간의 집중적인 관심을 끌게 된 것은 2003년 4월 이라크 전쟁이 끝난 직후였다. 9·11테러가 일어난 2001년 후반에도 지식인 사회에서는 간헐적으로 신보수주의에 대한 논의가 진행되고 있었다. 미국의 이라크 전쟁 승리 이면에 신보수주의자라는 특정한 정치 세력이 전쟁 수립과 실행에 깊숙이 개입되어 있다는 사실이 알려지면서 신보수주의에 대한 세간의 관심이 크게 고조되었다. 대부분의 사람들은 미국이 2003년 이라크를 공격한 것은 2001년 알카에다 조직이 9·11 테러를 감행한 것에 대한 직접적인 보복으로 믿고 있다. 하지만 신보수주의자들은 9·11 테러가 일어났을 때 어떤 정치세력이나 정책담당자보다 테러 문제의 처리를 둘러싸고 가장 준비가 잘 되어 있었다는 반증이 신보수주의 세력이 테러 발생을 미리 예상했다는 의문을 증폭시켰다.[58] 신보수주의자

---

57 안병진, "민주당의 특성과 전망", 미국정치연구회 편, 『부시 재집권과 미국의 분열: 2004년 미국대통령선거』, 오름, 2005, 170-172면.

58 9·11 테러와 이에 대한 보복이 이루어진 사실에 관해 제기된 음모론에 대해 의문을 제기하고 테러발생 자체가 신보수주의자들에 의해 충분히 공공연하게 예상되었고 그 대처방식 또한 치밀한 계획에 의해 이루어졌다는 견해는 다음을 참고할 것. Gwynne Dyer, *Future: Tense: The Coming World Order* (Toronto: McClelland & Stewart Ltd, 2004); Helen Caldicott, *The New Nuclear Danger: George W. Bush's Military-Industrial Complex* (New York: The New Press, 2004). Emmanuel Todd, *After the Empire: The Breakdown of the American Order* (New York: Columbia University Press, 2003).

들은 이라크 전쟁을 하나의 정당한 전쟁(just war)[59]으로 포장해서 미국인들에게 그 정당성을 전파시켰다.

부시 대통령은 2001년 9월 20일 의회 연설에서 그 연설 제목이 상기하듯 "우리는 위험으로부터 깨어나 자유를 옹호하도록 요구받았다(We are a country awakened to danger and called to defend freedom)"는 요지의 연설을 하였다. 부시 대통령은 신속한 의회의 대처에 감사해 하면서 또한 공화당

---

[59] '정당한 전쟁 이론(Just War theory)'은 몇 가지 전쟁 가능성의 조건들을 제시하는데, 즉 ① 권한을 갖는 당국이 전쟁개시 결정 ② 정당한 이유 ③ 올바른 의도 ④ 평화적인 해결책을 사용한 끝에 취하는 최후의 수단 ⑤ 발생하는 손해와 달성되어야하는 가치의 균형 ⑥ 승리할 가망성 등이 조건으로 성립되어야 한다.

이라크 전쟁을 정의의 전쟁이론에 적용시켜보면, 미국의 전쟁명분이었던 이라크의 대량살상무기가 발견되지 않음으로써, 전쟁의 정당성에 대한 의문이 제기되고 있다. 또한 미국의 대선과 관련하여 이라크 전쟁의 명분이 중요이슈로 등장하였다. 이에 대하여 부시대통령은 대량살상무기를 발견하지는 못했지만 사담 후세인은 대량살상무기를 제조할 능력이 있다는 사실을 발견했다고 언급하였다. 즉 사담 후세인은 대량살상무기를 제조할 능력이 있는 위험한 인물이라서 만약 그를 제거하지 않았다면 사담 후세인은 무기를 개발하여 미국을 위협했을 것이라고 주장하였다. 이라크 내에서 대량살상무기가 발견되지 않은 점에 대하여 부시 대통령은 미국의 침공전후에 무기를 타국에 은닉했을 가능성을 언급하면서 무기사찰이 완료되기 전까지는 단언할 수 없다고 언급하였다. 이처럼 이라크 전쟁의 정당성에 대한 논쟁은 당분간 계속될 전망이다. 실제로 이라크 전쟁의 결정과정과 배경은 복잡한 외교적 맥락에서 이해하여야 한다. 이는 국제정치에 대한 전문적 식견을 필요로 한다.

현대 국제정치에서 정당한 전쟁 이론은 통상적으로 다음의 3가지 영역으로 분류되어 논의되고 있다. 첫째, 전쟁을 수행하기 전의 고려 사항으로 정당한 전쟁의 조건(Jus ad Bellum)이다. 즉 어떠한 조건하에서 결정된 전쟁이 정당한 전쟁인지에 대한 연구이다. 둘째, 일단 전쟁이 발발한 경우 교전국들은 어떤 수단을 사용하는 것이 정의의 원칙에 부합하는가에 대한 연구이다(Jus in Bello). 셋째, 전쟁이 종료된 후의 전후 처리 과정상의 정의론(Jus post Bellum)이다. Mohammad Taghi Karoubi, *Just or Unjust War?* (Tehran Universities, Iran: Ashgate Publishing Ltd., 2004).

원과 민주당원이 하나가 되어 단결할 것을 주문하였다. 2000년 테러를 계기로 국제사회는 미국에게 대테러전의 정당성을 부여하였고, 부시 대통령의 대 테러 독트린과 일련의 미국의 외교적 행동에 전격적으로 지지와 성원을 보내게 되었다. 또한 부시 대통령은 알 카에다(al Qaeda)가 이 테러의 배후에 있고, 아프가니스탄에 막대한 영향을 미치며, 탈레반 정권을 후원했음을 밝히고, 아프가니스탄에 대한 전쟁을 시작으로 해서 대 테러리즘에 기초한 외교전략을 선포하였다. 그 이후에 발생한 이라크 전쟁도 이러한 대 테러리즘의 연장선상에 있다. 부시 대통령의 연설은 이와 같은 정책기조를 반영하고 있다.[60]

---

60 George W. Bush, Mike Gerson, *Our Mission and Our Moment: President George W. Bush's Address to The Nation Before a Joint Session of Congress, September 20, 2001* (New York: Newmarket Press, 2001). 본문에서 소개한 그 연설의 원문의 주요 내용은 아래와 같다.

Tonight, we are a country awakened to danger and called to defend freedom. Our grief has turned to anger and anger to resolution. Whether we bring our enemies to justice or bring justice to our enemies, justice will be done. ······

I thank the Congress for its leadership at such an important time.

All of America was touched on the evening of the tragedy to see Republicans and Democrats joined together on the steps of this Capitol singing "God Bless America." And on behalf of the American people, I thank the world for its outpouring of support.

America will never forget the sounds of our national anthem playing at Buckingham Palace, on the streets of Paris and at Berlin's Brandenburg Gate.

We will not forget South Korean children gathering to pray outside our embassy in Seoul, or the prayers of sympathy offered at a mosque in Cairo.

We will not forget moments of silence and days of mourning in Australia and Africa and Latin America.

On September the 11th, enemies of freedom committed an act of war against our country. Americans have known wars, but for the past 136 years they have been wars on foreign soil, except for one Sunday in 1941. Americans have known the casualties of war, but not at the center of a great city on a peaceful morning. ······

The leadership of al Qaeda has great influence in Afghanistan and supports the

〈그림 3-22〉에서 보이는 바와 같이 부시 대통령은 취임 후에 바로 실시된 조사에서 57%의 지지율을 얻게 된다. 모든 대통령이 허니문효과로 인해 높은 지지를 얻고 있는 것은 아니지만 취임 후 첫 조사에서 57% 지지율은 상대적으로 높은 지지율이라 말하기에는 무리가 있다.[61] 부시 대통령의 지지율은 상승과 하락을 거듭하다가 9·11 테러 바로 전에 실시된 조사에서 51%의 지지를 얻어 취임 후 가장 낮은 지지율을 국민들로부터 얻게 된다. 하지만 9·11 테러 이후 지지율은 급상승하게 되는데 9·11 테러 이후 첫 조사에서 86%를 기록하고 이후 최고 지지율인 90%를 기록하게 된다. 2002년 7월까지 매우 오랫동안 70%이상의 높은 지지율을 유지하게 된다. 이후 지지율은 점진적으로 하락하여 2003년 3월 중순 58%까지 떨어지지만 이라크와의 교전으로 다시 상승하게 되며 높은 지지율을 유지할 수 있었다.[62] 이후 부시 대통령의 지지율은 조금씩 하락하지만 재선을 위한 충분조건을 만족시켜 민주당 후보인 케리를 넘어 재선에 성공하게 된다. 하지만 재선 후 부시 대통령의 지지율은 지속적으로 하락하여 월별 평균 지지율이 50%를 넘지 못하게 되며 2006년 들어와서는 40% 이하로 떨어지는 모습을 보여준다.

가상준의 연구는 부시 대통령의 지지율을 정당일체감으로 나누어 살펴보았으며 이에 대한 결과를 〈그림 3-22〉을 통해 알 수 있다.[63] 일반 국민들에 의한 형성된 지지율과는 커다란 차이를 보이고 있는데 공화

Taliban regime in controlling most of that country. In Afghanistan we see al Qaeda's vision for the world.

[61] 루즈벨트 대통령 임기 동안 지지율이 처음 조사된 이후 취임 후 조사에서 조지 W. 부시 대통령보다 낮은 지지율을 얻은 대통령은 레이건대통령과 조지 H. 부시 대통령 밖에는 없다. 레이건대통령과 부시 대통령의 첫 지지율은 모두 51%였다.

[62] 이라크와 전쟁이 실시되고 조사된 지지율은 71%로 전쟁 전에 조사된 지지율에 비해 13%가 상승하게 된다.

[63] 안순철·가상준, "조지 W. 부시 대통령의 지지율을 통해 본 미국정치의 양극화", 『세계지역연구논총』(제24권 제3호), 2006, 150면.

당 지지자와 민주당 지지자의 부시 대통령에 대한 평가는 9·11 테러를
계기로 상이한 양상을 보이며 변화하게 됨을 알 수 있다. 이러한 결과
는 9·11 테러 이후 부시 대통령에 대한 평가에 있어 민주당 지지자와
공화당 지지자들은 상이한 태도를 가지고 있음을 보여주는 것으로 대
통령에 대한 평가에 있어 너무나 커다란 차이를 보이고 있는 것이 아
닌가하는 생각을 갖게 한다. 임기 초부터 두 유권자간 평가는 차이를
보이며 시작되지만 9·11 테러를 계기로 국민들의 결집이 이루어지면서
부시는 높은 지지율뿐만 아니라 일률적인 지지를 받게 되었다. 하지만
이러한 평가는 잠시였으며 이후 부시 대통령에 대한 평가는 지속적으
로 차이가 발생하기 시작하여 회복할 수 없는 수준에 이르게 된다.

〈그림 3-22〉 정당일체감으로 본 조지 W. 부시 대통령의 지지율[64]

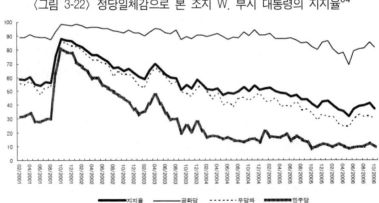

공화당 지지자와 민주당 지지자들의 부시 대통령에 대한 평가를 구
분해 보면 〈표 3-8〉가 보여주는 것과 같다. 무엇보다 부시 대통령에 대
한 평가에 있어 공화당 지지자들의 평균 지지율이 89.8%인데 비해 민
주당 지지자들의 평균 지지율은 29.8%로 커다란 차이가 나타남을 발견
할 수 있다. 또한 민주당 지지자들과 공화당 지지자들 간에 지지율 평

64 안순철·가상준, 위의 글, 150면.

균에 있어 가장 커다란 차이를 보이고 있는 시기는 2004년 대선 이후로 두 유권자 간에 차이는 약 72%로 나타나고 있다. 이와 함께 9·11 테러 이전에도 부시 대통령에 대한 평가에 있어 민주당 지지자와 공화당 지지자들은 매우 상반된 태도를 보이고 있었음을 발견할 수 있다. 이는 2000년 대통령선거 결과에 대한 민주당 지지자들의 불만에 의한 것이라 생각해 볼 수 있다.

〈표 3-8〉 정당일체감으로 구분해 본 조지 W. 부시 대통령 지지율의 특징[65]

분석	지지율 평균	9·11 이전 평균	9·11-2004 대선 평균	2004 대선 이후 평균	최고 지지율	최저 지지율
민주당 지지자	29.8%	30.10%	39.55%	12.68%	84%	4%
공화당 지지자	89.8%	88.81%	92.98%	84.47%	99%	68%
무당파	51.2%	52.48%	60.11%	35.32%	89%	21%
전 체	56.7%	56.48%	64.31%	43.55%	90%	31%

한편으로 〈표 3-8〉을 통해 발견되는 또 다른 사실은 공화당 지지자들의 부시 대통령에 대한 평가는 크게 변화하지 않았는데 비해 민주당 지지자들의 평가는 상대적으로 커다란 변화가 발견된다는 점이다. 공화당 지지자들은 9·11 테러 이전에도 88.81%의 지지율을 보여주고 있었고 2004년 대통령선거 후에도 84.47%라는 높은 지지를 보내고 있었다. 반면 민주당 지지자들은 9·11 테러 이후 상대적으로 높은 지지를 보냈으나 2004년 대통령선거 후 매우 낮은 지지를 보냄으로써 부시 대통령에 대한 반감을 그대로 드러냈다. 대통령에 대해 공화당 지지자들의 최고 지지율은 99%였으며 최저 지지율이 68%였는데 비해 민주당 지지자들의 최고 지지율은 84%였으며 최저 지지율은 4%였음을 〈표 3-4〉를

---

65 안순철·가상준, 위의 글, 152면.

통해 알 수 있다. 이는 부시 대통령에 대한 평가에 있어 민주당 지지자와 공화당 지지자간에 매우 커다란 차이가 나타나고 있다는 점을 보여주는 것으로 부시 대통령에 대한 평가에 있어 두 유권자간에 양극화 현상이 나타나고 있다고 말할 수 있다.

부시 행정부는 2004년 선거를 통하여 반反테러리즘 정책에 대하여 미국인 유권자들의 지지를 받았지만, 부시 대통령의 리더십과 지지율 악화는 2008년 대선에서 맥케인의 패배의 한 요인이 되었다. 부시 행정부가 주도한 반테러정책은 전 지구적 차원에서 미국의 영향력 강화를 가져왔다. 미국은 미국에 반대하는 국가에 대해 테러국가란 국내 여론만 형성할 수 있으면 언제라도 공격할 수 있는 기반을 마련한 것이다. 이것은 미국의 전통적 팽창주의 외교노선이 반테러의 명분을 만나 개입과 간섭을 강화할 소지를 높여 주었다. 따라서 미국의 팽창을 두려워하는 국제 여론과 미국의 대외정책이 정면으로 충돌할 위험요소도 그만큼 커졌으며, 일방주의 외교는 세계사회에서 심한 반발을 불러왔다. 2008년 대선에서 국제사회는 오바마의 다자주의 외교방침에 우호적인 입장을 보였다. 부시 대통령은 국정에 적극적으로 개입하면서도 민주당과 정책대립을 불러일으켜서 적극적 부정형의 리더십을 견지하였다.

2. 대통령 대 의회 관계: 해밀턴 모형에서 매디슨 모형으로

조지 W. 부시 대통령은 취임 초 일반인 투표에서는 지고 선거인단 투표에서 이기는 선거제도 상의 문제 때문에 당선되어서 정당성 논란이 있었지만 다음해 2001년에 발생한 9·11 테러는 대통령과 행정부에게 리더십을 부여할 수 있는 공간을 제공하였다. 이러한 위기 상황은 행정부가 입법과정을 포괄적으로 지배하며 대외정책과 재정 및 경제정책을 독점적으로 결정할 수 있는 계기를 제공하였다. 일부 반테러 조항의 집행과 전쟁과정에서 비민주성이 제기되었지만 국익을 강조함으로써 부시 대통령은 제반 정책결정과정을 정당화하였다.

부시 대통령의 집권 제1기와 집권 제2기의 초반과 중반(2000-2007년)의 부시 행정부는 해밀턴 모형의 일반적인 개요와 같이, 테러라는 위기 국면에서 아프간전과 이라크전에 선제공격을 감행하고 대외관계에서 비우호적인 '악의 축' 국가들에게 공세적으로 대응함으로써 대통령 중심적 정부를 건설하였다. 부시 대통령과 행정부는 그들의 정국 구상과 대외정세에 따라 역동적인 행정 활동을 수행하였고, 부시 대통령의 리더십이 입법과정을 포괄적으로 지배하였다. 부시 대통령은 적극적 부정형 리더십의 전형을 보여주었다. 부시 대통령이 대외적으로 일방 주의적이며, 대내적으로 독선적인 국정운영으로 많은 비판을 받아왔는데, 다자주의적이고 초당적인 협력관계를 맺었더라면 국제적인 테러사태와 대내적인 경제위기를 더 건설적으로 극복할 수 있을 것이다.

〈그림 3-23〉 단점정부(2000-2006)에서 부시 대통령의 대 의회관계
해밀턴 모형

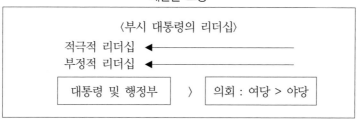

부시 대통령의 집권 제1기, 집권 제2기 임기 내내 열정적이었지만 독선적인 적극적 부정형 리더십을 계속 견지하였다. 부시 대통령이 재임하던 전반기와 중반기의 6년 동안 의석변수 차원에서 여당인 공화당은 의회에서 주도권을 행사할 수 있었고, 정치적 변수에서 9·11테러가

야기한 국제적 안보구조는 부시 행정부에 강한 행정력을 행사할 수 있는 환경을 제공하였다. 그래서 부시 대통령은 전형적인 해밀턴 모형의 리더십을 발휘하였다.

반면 부시 행정부의 집권 후반부는 매디슨 모형으로 분석된다. 부시 대통령의 적극적 부정형의 리더십으로 말미암아 부시 행정부의 일방주의와 독선이 국민들로부터 실망을 야기하게 되었다. 2006년 중간선거에서는 부시 행정부의 지지율이 하락하고 정부신뢰가 약화되었다. 부시 대통령의 임기 말에 국민의 지지도 추락하고 공화당 내에서 맥케인 등 주요 대선후보들이 그와 거리두기를 하고, 부시 대통령이 펼쳤던 여러 정책들이 국민의 신임을 받지 못했다. 더욱이 경제위기가 심화되자 부시 정부의 책임론이 확산되었다.

〈그림 3-24〉 분점정부(2006-2008)에서 부시 대통령의 대 의회관계 매디슨 모형

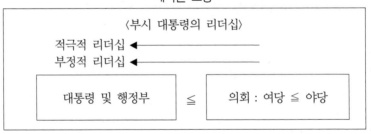

의석변수의 차원에서 민주당이 승리하여 의회의 주도권을 가지게 된다. 이라크전의 정당성 논란이 심해지고, 이라크전이 장기화되면서 인명 및 물질적 피해가 심해짐에 따라 해외 여론뿐만 아니라 국내여론도 부시 대통령에게 불리하게 되었다. 부시 대통령 임기 말에 닥친 금융위기로 인해 국민들의 관심사가 공화당의 주된 강조점이었던 안보로부터 경제로 바뀌게 되었다. 그리고 임기변수의 차원에서 부시 대통령은 다시 연임할 수 없는 집권 제2기차 임기 말에 의회와 행정부에서

주도적인 리더십을 발휘할 수 없었다. 이러한 복합적인 상황변수가 동반되면서, 적극적 부정형의 리더십을 가진 부시 대통령은 대對 의회관계에서 적대적인 매디슨 모형의 리더십을 행사하게 되었다.

〈표 3-9〉 부시 대통령의 대 의회관계 모형 분석

통치시기	집권 제1기	집권 제2기
의석	단점정부	2004-2006년: 단점정부 2006-2008년: 분점정부
정치, 경제상황	9·11 테러, 아프간 및 이라크전	이라크전 지연, 경제위기
대통령 대 의회관계	해밀턴	2004-2006년: 해밀턴 2007-2008년: 매디슨

2000년 대선에 이어 2004년 대선에서는 여유 있게 승리함으로써 부시 행정부는 집권 제2기 행정부에서는 정당성의 논란을 종식시켰고 더욱 역동적인 국정수행 의지를 보여왔다. 집권 8년 중에 초반과 중반의 6년간은 공화당이 의회를 장악함에 따라 의회가 대통령의 국정에 안정적으로 협조하였다. 하지만 이라크에서 대량살상무기가 없는 것으로 판명됨에 따라 이라크 전쟁의 정당성 논란이 불거졌고, 테러범 고문과 이라크 전쟁과 전후처리에서의 인권침해로 민주당과 미국 내 시민사회가 적극적으로 정부와 여당을 비판하였고, 부시 대통령은 이들과 협조적 자세를 보여주지 못했다.[66] 아울러 경제위기와 실업 문제가 심화

---

66 Despite multiple and major shifts in context during the first six years of his presidency, Bush did not modify his legislative strategy significantly. When changes in the political context increased his political capital, as 9/11, the 2002 election results, and to a lesser extent, the 2004 election did, Bush employed that political capital, usually aggressively … All of the president's formidable public relations resources were deployed for damage control but Bush did not move forward toward a more accommodating and bipartisan support.

되자 부시 대통령에 대한 지지가 추락하게 되었다. 의석변수와 정치적·경제적 변수를 고려할 때 앞의 〈표 3-9〉처럼 해밀턴에서 매디슨 모형으로 변화된다.

1990년대 들어와 점차 강화되던 미국인의 국가정체성은 2000년대 들어와 더욱 심화되었다. 그것은 탈냉전시대에 유일한 초강대국으로서의 위상이 미국인들의 일체감 형성에 주요하게 작용했기 때문이다. 여기서 여전히 미국적 자유주의의 가치가 미국 정체성의 핵심이라는 것을 다시 한 번 확인된다. 그 후 9·11사태, 이라크 전쟁, 세계 각지의 반미운동 등으로 미국인들의 일체감형성은 더욱 강화되었으며, 이는 미국사회 내에 배타적 애국주의를 더욱 고조시켰다. 이와 함께 미국 국가정체성의 핵심이라 할 수 있는 미국 예외주의의 바탕이 된 종교적 신념도 더욱 강화되었다. 2004년 선거 직후 실시한 여론조사에 의하면 미국인의 32%가 스스로를 기독교 복음주의자(evangelist) 내지 근본주의자(fundamentalist)로 간주하고 있다. 이는 미국사회에 낙태, 동성결혼, 줄기세포 연구 등 핵심 논란거리를 가져왔으며, 신보수주의자의 십자군적 신념이 사회적 지지를 받을 수 있었던 배경이 되었다.[67]

신보수주의는 미국의 전통보수주의의 관점을 적극적인 자유의 실현이라는 현대자유주의 관점과 접목시켜서 현대자유주의에 보다 효과적으로 대응할 수 있는 사조로 20세기 후반 미국 사회에 등장하게 되었다. 신보수주의적 정책 기조는 이미 1980년대 레이건(Ronald Reagan) 행정부에 의해 채택되어졌고, 미국사회에서 점진적으로 국내정책에 반영되어 왔다.[68] 민주당의 입장이 보다 현대자유주의적인 성격을 띠고 있다

---

67 미국은 신으로부터 선택받은 국가로서 미국의 숭고한 가치인 자유와 민주주의를 힘을 통해서라도 세계에 퍼트려야 한다는 신념을 말한다. 임성호, 앞의 글, 『한국과 국제정치』(제23권 제1호), 경남대 극동문제연구소, 2007년 봄, 15면.

68 Mark Gerson, *The Neoconservative Vision: From the Cold War to the Culture Wars* (Lanham: Madison Books, 1997), Irving Kristol, *Neoconservativism: The*

면, 공화당의 입장은 보다 신보수주의적인 성격이 강하다. 2000년 대통령 선거에서 국민투표에 지고도 우여곡절 끝에 선거인단 선거에서 승리하여 공화당의 부시 후보가 당선된 이후로 감세 정책과 시장경제적 접근 방법을 통한 경제 및 사회 문제 해결과 같은 신보수주의적 정책 기조가 보다 분명하게 미국의 국내정책에 반영되기 시작했다.[69] 2004년 대통령 선거는 이와 같은 신보수주의적인 정책기조를 계속 추진하려고 하는 공화당과 현대자유주의적인 정책 기조 쪽으로 미국의 정책을 다시 끌고 가려고 하는 민주당 간의 경쟁의 성격을 띠었다고 할 수 있다. 이전의 선거들과는 달리 두 정당의 정책들이 뚜렷하게 이념적으로 구분되는 성격을 띠었으며, 두 정당 모두 절충된 입장을 취하거나 모호한 태도로 자신들의 입장을 희석하여 보다 많은 유권자들의 지지를 획득하려는 전략이 아닌, 분명하게 자신들의 입장을 제시하는 가운데 자신들의 입장이 보다 많은 지지를 받고 있음을 증명하려는 선거전략을 취했다.[70]

이렇게 미국인의 국가정체성이 강화된 것에 비례해 정치적 양극화도 심화되었다. 민주공화 양당 간의 이념적 차이는 더욱 크게 벌어지고 각 당 내부적으로는 동질성과 결속력이 높아졌다. 민주당은 더욱 진보적으로, 공화당은 더욱 보수적으로 바뀌며 중간세력이 약해짐으로써 양당은 극단을 향한 원심력이 증가했다. 미국은 건국 초기부터 정

Autobiography of an Idea (Chicago, Elephant Paperbacks: 1995), Irving Kristol, "American Conservatism 1945-1995." *The Public Interest* (Fall, 1995).

[69] The tax cut that was enacted into law was more than 80 percent of the size he proposed and much larger than Democrats have wanted ··· The political victory for Bush was enormous was well: he had achieved his top legislative goal more rapidly than Ronald Reagan had achieved his in 1981, following his landslide election in 1980, with huge coattails in both houses.

[70] 신유섭, "양대 정당의 선거공약과 국내정책 비교", 미국정치연구회 편, 『부시 재집권과 미국의 분열: 2004년 미국대통령선거』, 오름, 2005, 21-22면.

당정치가 발달했으며, 미국 정당의 성격에 따라 정치과정의 성격이 변화해 왔다. 특히 1970년대 이후 빈번한 분점정부의 상황 속에서도 정부의 통치능력이 유지되어온 것은 내적 결집력이 약한 정당의 성격에 기인한다.[71]

그러나 1970년대 이후 이러한 연합의 정치를 위협하는 현상이 급속히 대두되었는데, 다양한 세력들을 포용하는 기존 정당정치와 상반되게 특정한 집단만을 배타적으로 조직화하여 선거는 물론 입법과정에까지 압력을 행사하는 현상이 확산된 것이다. 기존 정당정치를 위협할 뿐 아니라 미국사회의 분열적 성향을 심화시킴으로써 미국 정치체계의 통치와 통합에 부정적 요인으로 기능하고 있다. 특히 선거과정에서 정당의 역할이 약화되었고 이익집단의 폭증 현상과 맞물리면서 더욱 확산되었다. 이러한 현상을 '단일쟁점의 정치(single issue politics)'[72]라 일컫는데, 1970년대부터 나타나 확산되었고 최근 선거와 정책결정 과정에서 중대한 문제로 대두되고 있다. 단일쟁점 집단 중에서 가장 주목을 받았던 집단이 기독교연합(Christian Coalition)이다. 기독교연합은 기독교 우파 혹은 종교적 우파로 분류되는 단체들 중의 하나이지만 그 정치적 활동력과 영향력에 있어서 다른 단체들을 압도해 왔다. 이 단체는 급진적인 사회적·도덕적 보수주의로의 회귀가 목적이기 때문에 낙태를 비롯하여 가족문제(동성애, 매춘, 편모가정)와 전통적 가치(근면, 자조, 국기에 대한 경례) 등을 주된 이슈로 삼아 핵심적인 쟁점으로 만들어 정치적 영향력을 확대시켰다. 기독교연합은 1994년 중간선거에서 정치적 영향력이

---

71 David R. Mayhew, *Divided We Govern: Party Control, Lawmaking, and Investigations, 1946-2002* (New Haven: Yale University Press, 2005).

72 특정한 집단에게 강력한 호소력을 지니는 단일쟁점들을 각 후보들과 단체들 및 이슈사업가들이 개발하여 특정집단을 조직화하고 이들을 기반으로 선거와 정책결정과정에서 영향을 미치는 현상이다. 백창재, "현대 미국의 단일쟁점정치와 정당정치의 변동", 『미국학』(제24집), 서울대학교 미국학연구소, 2001, 30면.

극대화되었는데, 공화당 우파로 하여금 예상을 뛰어넘는 대승을 거두게 한 최대의 공로자였다.

그러나 1996년 대선에서는 유권자들의 일반적 성향보다 지나치게 보수적이었기 때문에 당시 공화당 후보였던 밥 돌이 패배하게 된 원인이 되기도 하였다. 반면, 의회선거에서 공화당은 큰 패배를 겪지 않은 채 양원 다수의석을 유지했는데, 기독교연합이 이에 상당한 공헌을 하였다. 결국 1996년 선거는 기독교연합과 단일쟁점정치의 가능성과 한계를 동시에 보여주었다. 의회에서 선전했던 것은 단일쟁점정치의 성과이기도 하지만, 밥 돌이 보다 많은 유권자를 확보하지 못해 대중적인 인기를 유지하고 있었던 클린턴 대통령을 이기지 못한 것은 단일쟁점정치의 한계였다고 하겠다.

단일쟁점의 정치는 다수연합을 가로막는 걸림돌로 작용한다. 정당의 내적 취약성을 심화시키거나 심지어 양당체제의 분열을 가져올 수 있다. 또한 어느 당이 행정부와 양원 중 어느 하나를 장악하더라도 전국적 다수의 지지기반을 형성할 수 없게 만듦으로써 통치의 위기나 갈등을 증폭시킬 수 있다. 이는 정당의 양극화를 가져오고 미국정치의 분열을 심화시켜 사회적·정치적 통합의 문제를 악화시킬 수 있는 것이다. 또 다른 측면에서 레이건(Ronald Reagan) 행정부의 등장과 함께 미국정치의 양극화 현상이 시작되었고 그 이후 뉴딜연합이 해체되면서 미국 정당체제가 우경화되었던 것이다. 1990년대 들어와서는 민주당의 동반 보수화가 강제됨으로써 미국사회는 더욱 보수화되었으며, 이를 둘러싸고 양당 간 극심한 대립이 이어졌다. 이러한 정당의 양극화 현상은 미국정치의 위기를 배태하고 있었다.

더욱이 대통령 소속 당이 의회다수당 위치를 차지하지 못하는 분점정부의 빈번한 등장은 정당 간의 이분법적 대립을 더욱 격화시켰다. 또한 상반된 가치관에 입각한 여러 사회·문화·종교 단체들이 정당대결에 가세해 양극화된 세력대결의 장을 넓히고 있다. 물론 공화당이 1994

년부터 2006년까지 12년에 걸친 의회집권과 6년간의 단점정부(unified government) 시대를 열었지만,[73] 외적 요인에 의해 정당의 양극화 현상은 더욱 심화되었다. 그 외적 요인의 결정체가 9·11사태와 뒤이은 이라크 전쟁이었다. 2001년의 9·11사태가 아주 짧은 기간 정당간의 양극적 대결을 중단시켰지만, 정파 간 대결의 소강상태는 오래가지 않았다. 2002년에 접어들자마자 양당 간의 경쟁이 본격적으로 재개되었다. 경제 문제, 예산 문제, 교육 문제, 의료정책, 정치자금 등을 중심으로 다시 정파적 대립이 가열되었다. 이처럼 정쟁을 빨리 재개했다는 것은 그만큼 미국사회 저변에 양극적 정당성향이 강하게 자리 잡고 있기 때문이었을 것이다.

정치적 양극화는 2000년 선거에서 뚜렷이 나타났고 2004년 선거에서 절정에 달했다.[74] 양당체제에서 입후보자들은 더 많은 표를 얻고자 중도로 수렴한다는 기존관념을 깨고 부시는 보수적 지지기반을 자극, 흥분, 동원시키는 전략적 극단주의에 의존해 결국 승리를 거두었다. 미국 유권자 모두에게 호소를 하기보다 한 쪽의 유권자 진영만을 호소 대상으로 삼는 부시 대통령의 전략은 미국정치의 양극화를 더욱 심화시킨 하나의 원인이 되었다. 만약 '유권자가 정당구도에 따라 양극화되어 있지 않다면 부시 대통령의 전략적 극단주의를 채택했을까?'라는 질문도 가능하겠지만 인과 관계적 측면에서 보면 부시 행정부가 정당 양극화의 주요 원인 제공자이기 때문에 그럴 개연성은 충분하다. 선거 결과가 부시 대통령의 승리로 끝나면서 세계는 미국의 보수화 현상을 실감하게 되었다. 세계패권국가로서 미국이 세계질서를 자국중심으로 이끌

---

73 1992년 민주당이 12년 만에 백악관을 탈환했지만 공화당은 2년 후인 1994년에 치러진 중간선거에서 소위 '깅그리치(Newt Gingrich) 혁명'을 통해 40년 만에 처음으로 연방 상원과 하원의 과반수 의석을 각각 차지하는 다수당이되었다. 또한 전국인구의 70%를 대표하는 30명의 주지사를 차지하였다. 뿐만 아니라 2000년 선거에서 공화당은 오랜 분점정부 체제를 정리했다.

74 미국정치연구회, 『부시 재집권과 미국의 분열』, 오름, 2005.

어가겠다는 메시지가 명백히 밝혀진 것이다. 뿐만 아니라 미국 내의
보수화 경향도 두드러진 것을 확인할 수 있었다.[75]

한편 감세논쟁에서도 공화당이 주도권을 잡았다. 감세정책은 사회
복지 프로그램을 무력화하는 것이지만 공화당은 이를 '세금구제'라는
긍정적 용어로 표현했고 대중들은 감세정책을 '정부가 대중을 도와준
다'는 프레임으로 이해하게 됐다. 반면 민주당 측은 감세정책을 반대하
는 '진보적'인 이유를 대중들에게 설득시키지 못했고 의원들은 '세금구
제' 같은 공화당의 용어를 사용하는 오류를 범하기도 했다.[76] 부시 대
통령의 개인적 성향과 정당의 관심에 따라 대통령 후보에 투표한 유권
자의 비율과 하원의원 후보에 투표한 유권자 비율이 민주·공화당이 많
은 표차를 보였다는 것을 단적으로 증명하고 있다. 그리하여 이념성향
과 정당지지도의 상관관계가 매우 높아지고 있다. 이념에 따라 양당의
내부 균질성과 단결도의 상승효과는 양당 간 양극적 대립이 전면적인

---

75 당시 선거에서는 가치관 문제를 다룬 이념의 대립이 다른 어느 선거에서보
   다 양당의 차이를 가장 잘 부각시키는 이슈로 등장하였다. 특히 공화당이
   주도권을 잡은 이념논쟁은 선거결과를 공화당에 유리하게 이끄는 데 기여
   한 것으로 보인다. 주요 선거 쟁점이었던 이라크전과 감세문제에 관한 양
   측의 대응을 보면, 공화당은 이라크전의 목적을 '이라크 민주주의 확립, 이
   라크 기업가들의 자유시장 정착' 등으로 선전했고, 전쟁의 전략적 목적인
   '세계 2위의 매장량인 석유사용권 확보', '미국기업의 이라크 경제통제' 같
   은 목적들은 은폐했다. 또한 1972년 베트남 전쟁 이후 전쟁 중에 실시된 첫
   선거이며 9·11 이후 처음 치른 선거로서 안보문제가 유권자들에게는 가장
   중요한 쟁점이었다. 유권자들은 정권 교체에 따른 불확실성이 안보 및 테
   러 위협을 고조시킬 가능성이 있다고 판단한 것 같다. 그 결과 미국인들은
   '인도주의적 임무를 구현한다'는 프레임으로 이라크전을 인식하게 됐고 이
   는 선거승리의 동력이 됐다. 반면 민주당은 이 문제를 강력하게 대처하고
   해결하는 데는 상대적으로 부시보다 약했다.
76 결국 부시 진영은 개인의 선택과 자유를 강조하고 종교적 가치를 옹호함으
   로써 보수층의 표를 결집시켰지만 민주당은 진보층의 표를 끌어 모으는
   데 적절하게 대처하지 못했다.

이념 전쟁으로 비화되어 온 상태로 심화되었을 증명한다. 그리하여 양 정당의 대립은 선거이후에도 서로 협력적이지 못하고 적대적 관계로 발전하게 되었다.[77]

클린턴 대통령이 1996년 대통령 선거에서 승리함에 있어 루즈벨트 이후 재선에 성공한 민주당 대통령이 된 이유가 있다면 경제, 일자리 창출, 사회안전망 등 뉴딜 정책의 원인에 따른다. 2000년 선거에서 앨 고어(Al Gore)가 선거인단 제도에 의해 패했지만 유권자 선거에서 부시 대통령을 물리칠 수 있었던 것도 부시 대통령의 감세정책을 비판으로 분석된다. 고용불안, 사회적 양극화 등 신자유주의의 부작용으로부터 정부가 보호해주기를 원하고 있는 것이다. 경제위기와 함께 미국의 자본들이 보수화되면서 이들을 잡기 위한 미국 정당체제의 보수화가 일어났고, 이와 같은 미국사회 전체의 보수화 경향은 신자유주의 정책에 대한 유권자들의 국가 불신 강화와 다시 신자유주의를 지지하는 악순환이 반복되는 경향이 나타났다. 이러한 유권자들의 보수화는 미국정치의 양극화 확대에도 기여하는데, 이러한 미국정치 양극화의 중심에 부시 대통령이 중심에 서 있었다. 부시 대통령 등장 이후 정당 편향적 의회전략과 양극화는 물론 공화당은 당내지지 기반이 약화되면서 양당 간 의회의 양극화에 몰린다. 따라서 부시 대통령의 정치·경제 상황이 클린턴 대통령과의 관계 모형과 그 변화 영향이 무엇인지 다양한 의견들이 개진되어 왔다.[78]

한편 2000년과 2004년 양대 대선에 참가한 유권자들의 정당일체감, 정치적 이념, 기독교 우파 소속 여부, 사회적 가치를 둘러싼 이슈 등이

---

77 손호철, "현대 미국사회의 변동과 정당정치의 보수화", 『국가전략』(제8권 제1호), 세종연구소, 2002, 127면.

78 필자의 정치학 박사 논문이 통과되어 완성하는 과정에서 손병권 중앙대학교 국제관계학과 교수님과 부시 대통령의 의회관계에 대한 심도 깊은 대화를 많이 나누었고, 외교안보연구원에서 원서 4권을 빌려주고 『강의노트』 미공개 원고까지 보고 배울 수 있는 기회를 가졌다.

다. 백인이면서 기독교 우파에 속한 인물들은 소수파의 사회적 보수주
의자들 역시 압도적으로 부시 후보를 지지한다. 그리고 저소득층에 대
한 차별적 지지와 공화당 중심적이며, 이념적으로 보수적, 기독교 우파
적 가치, 사회적 가치문제에 대해서 보수적인 입장, 동시에 감세의 차
별적 적용을 반대하는 대체로 중상위 이상 소득 수준 유권자들의 성향
이라 판단된다.[79] 2004년 선거에서 유권자들이 신보수주의적 정책 기조
는 민주당의 현대 자유주의 정책 대해 지지를 보낸 유권자들도 48%에
달하는 등 두 이념적 사조 간의 첨예한 갈등이다. 신자유주의를 바탕
으로 뉴딜 정책의 전통을 잇는 현대자유주의적인 입장의 민주당과 미
국의 전통보수주의의 관점을 적극적인 자유의 실현이라는 현대자유주
의 관점과 접목시킨 공화당의 신보수주의적 입장이 갈등의 뿌리가 깊
다 할 것이다. 이러한 연속성으로 볼 때 유권자들이 국가를 불신하면
서도 신자유주의를 지지하는 악순환의 고리다. 미국 정당정치 또는 국
내정치가 위기로부터 벗어날 수 있는 관건이며, 2006년 11·7 중간선거
결과는 그 원인을 제공한 측면이 있다.[80]

---

79 손병권, 앞의 글, 36-48면.

80 부시 대통령 집권 제2기 정권 출범 이후 이라크 사태가 악화되자 공화당
장기집권에 대한 비판 여론이 증가하였다. 특히 이라크전의 장기화에 따
른 미국내외의 반전 분위기가 크게 확산되고 미국인 희생자가 증가하면서
부시 대통령의 지지율은 더 이상 상승할 수가 없었다. 이러한 분위기 가운
데 2006년 11월 7일 치러진 중간선거는 민주당의 28개 주지사 장악과 상하
원에서의 압승으로 끝났다. 2006년 중간선거에서는 하원의원 435명, 상원의
원 33명, 주지사 36명을 새로 선출하였다. 하원에서는 민주당이 33석을 새
로 추가하여 총 234석을 확보하여, 과반석인 218석을 훨씬 상회하였다. 반
면 공화당은 선거 이전 233석에서 201석으로 32석 감소하였다. 상원의 경우
민주당이 총 51석으로 다수당 지위를 확보하게 되었다. 민주당은 하원에서
1995년 이후 경험한 소수당의 지위에서 벗어나 다수당으로 복귀하는 데 성
공하였으며, 상원 역시 제107대 의회를 제외하면 사실상 12년 만에 다수당
의 지위를 되찾게 되었다. 반면 공화당은 12년에 걸친 의회집권과 6년간의
단점정부의 시대를 마감하는 시점에 서게 되었다. 미국의 중간선거에서

민주당에 대한 적극적 지지보다는 이라크 전쟁의 장기화, 부시 행정부의 정책에 대한 불만, 공화당 장기집권에 대한 염증 등으로 중도성향의 유권자들이 공화당에 대한 지지를 철회한 것으로 판단된다.

첫째, 럼스펠드(D. Rumsfeld) 국무장관의 갑작스런 경질[81]로 보아 유권자들의 지루함과 정부에 대한 신뢰성으로 회복되지 않았다. 둘째, 대통령의 업무수행을 포함하여 국정전반에 대한 유권자들의 불만 역시 민주당의 승리에 도움을 주었다는 점이다. 셋째, 공화당 패배는 경제문제로 볼 수 있다. 건전한 경제성장과 높은 생산성 향상에도 불구하고 노동자들은 일자리와 의료혜택을 잃을까봐 크게 불안해하고 있다. 많은 이들이 보기에 지금의 경제 상황은 상대적으로 소수의 부유한 이들만이 돈을 벌 수 있는 반면, 전형적 노동자 계층은 살아가는 데 어려움을 겪게 하고 있다. 극소수 부유층은 공화당과 관계를 끊을 수 없었는데, 이유는 그들 부유층에게 엄청난 혜택을 안긴 세금감면을 밀어붙였기 때문이다. 또한 철강이나 자동차산업 등의 퇴조는 부시 행정부 전부터 시작됐지만, 공화당은 해당 분야의 노동자를 보호하기 위한 어떤 정책도 제시하지 않았다는 점에서 갈등이 고조되었다. 넷째, 미국 언론들의 보도는 무당파와 젊은 층의 민주당에 압도적 지지를 보낸 것으로 드러났다. 공화당은 2004년 대선에서 효과를 발휘했던 똑같은 전략을 쓰면서 권력에 집착했고 테러 위협을 정치적으로 이용하면서 민주당이 권

집권여당이 패한 것은 새삼스러운 일이 아니다. 특히 대통령의 두 번째 임기에 치러진 중간선거에서 여당이 승리한 경우는 이제까지 한번밖에 없었다. 그리고 또 미국에서는 외교 정책이 선거 승패를 좌우한 적은 있어도 선거 결과가 외교 정책을 바꾼 적은 없었다. 그럼에도 중간선거는 1994년 '공화당 혁명'에 버금가는 '민주당 혁명'으로 평가 가능하다.

81 Even worse for the Bush legacy, the intramural conflicts between political appintees in the Pentagon and the uniformed leadership proved devastating to the uniformed military. As a result, the invasions occurred with a woeful lack of consideration of the consequences of poor planning, inadequate force structure, and insufficient latitude for operational commanders to adjust strategy and tactics.

력을 잡으면 안전하지 않을 것이라고 유권자에게 호소했다. 또 동성결혼과 낙태 같은 문제를 논쟁하여 보수 종교인들의 표를 흡수하려 했다가 실패한다.[82] 이에 따라 11·7 중간선거는 부시 대통령에 대한 '불신임투표' 성격을 내포하여 '무엇이든 반대'(Anything But Bush)라는 일종의 '무조건적 부시 혐오증' 성향으로 발전한다. 민주당에 대해 유권자들은 적극적인 지지를 하지 않았는데도 불구하고 민주당이 이라크전쟁 등 외교분야, 건강보험과 최저임금 등 경제 분야에서 부시 행정부의 기존 정치적 차별성 전략이 승리의 동력이 되었다. 이것이 11·7 중간선거의 명확한 함의이다. 또한 민주당의 승리가 부시 정권의 실정에서 비롯된 것임은 자명하지만 민주당의 진보적인 노선도 한 몫을 차지하고 있다.[83]

2005년 사회보장제 개선을 위한 입법 시도가 공화당 일부 의원들과 민주당의 반대로 좌절된 뒤, 백악관의 입법 추진력은 사실상 와해되어 있었다. 차기 대선 주자였던 존 매케인(John McCain) 상원의원을 비롯한 공화당의 일부 유력인사들은 중간선거 이전부터 백악관과 거리를 두려는 움직임을 보였다. 부시 대통령이 비록 재선에 성공을 했지만, 이라크 전쟁의 경우 처음에는 9·11에 대한 적절한 대응이라고 했지만 확신이 사라졌다. 민주당은 양자무역협상에서 중국 등 상대국이 노동기준을 강화할 것을 요구하라고 요구했다. 오하이오에서 민주당은 강력한 힘을 발휘했다. 이 지역은 제조업이 많이 자리 잡고 있는 지역이고 그 동안 세계화의 부정적 여파를 가장 많이 받았던 곳이다.[84] 중간선거

---

[82] 1991년 이라크 전쟁 승리로 한때 지지율이 80% 올라가 재선을 노리던 부시 대통령이 실패한 이유는 민심이 전쟁의 승리보다 경제회복을 원했다는 것을 몰랐기 때문이다.

[83] 민주당은 2차례 대선에서의 패배로 신민주당 노선에서 진보적 노선으로 전략적 선택을 한 것으로 보인다.

[84] 2006년 중간선거 결과 부시 대통령은 외교안보정책을 부분적으로 수정하는 것이 불가피하게 되었다. 민주당에 표를 던진 투표자 가운데 41%가 이라크전 반대를 위해 민주당을 지지했다고 밝혔다. 한편 26%는 일자리 등 경제

의 최대 패배는 본질적으로 부시 행정부가 극단적 보수주의 혹은 우경화로 대외정책으로는 이라크 전 실패에 대한 책임이 가장 크다.[85] 한편 사회적으로 민주당은 부시 행정부 하에서 양극화가 더욱 심각해졌음을 강조했다. 공화당 행정부는 중산층의 생활조차 더욱 어렵게 만들었으며 그 결과 소득불평등이 악화되어 불안정한 경제가 지속되었다.[86]

가. 임기변수

조지 W. 부시 대통령은 이라크 대테러전쟁 외에 뚜렷한 업적을 남기지 않았음에도 불구하고 대외적인 위기상황과 국내정치의 보수화 덕분에 재선에 성공했다. 또한 공화당도 중간선거에서 지속적으로 우위를 점함에 따라 대통령과 행정부의 국정운영에 적극적으로 협조할 수 있었다. 하지만 제2기 행정부에서는 부시의 대외관계에서의 일방주의와 국내정치에서의 전략적 극단주의가 민주당과 시민사회로부터 많은 비판을 받게 되었다. 지지율은 점차 하락해갔고, 리더십은 손상되어 갔다. 아울러 2006년 중간선거에서는 당시 야당이었던 민주당이 의회를 장악하고 2008년 정권교체의 기반을 마련하였다. 부시 대통령의 적극적 리더십은 행정부의 의욕적인 정책성과를 가져왔지만, 부정적 리더십은 의회와 조화로운 관계를 만들어내지 못했다.

문제에 대한 걱정에서 민주당을 지지했고 또 다른 23%는 워싱턴의 부패를 보고 공화당을 심판했다고 한다. 포괄적으로 보면 국내문제를 선거쟁점으로 인식한 층이 49%로 이라크 전을 쟁점으로 본 41%보다도 많다.

85 강명세, "미 중간선거와 부시 행정부의 국내정책", 『정세와 정책』, 2006, 9-10면.

86 오닐 외에 다음과 같은 3명의 온건파가 부시 행정부의 극단적 보수주의를 비판해왔다: 전 환경보호청장 크리스틴 토드 휘트만(Christine Todd Whitman), 뉴저지 주 대선 재선캠페인을 이끌었던 존 이올리오(John DiIulio). 한편 부시 행정부의 외교정책에 대해 리차드 클라크(Richard A. Clarke)가 자신의 저서 Against All Enemies: Inside Americs War Against Terror (Free Press 2004)를 통해 부시의 일방주의적 정책을 비판했다.

1) 2000년 대선과 불안정한 지지

공화당 후보 부시가 일반투표에서는 민주당 후보 앨 고어(Al Gore)보다 적게 얻고도 선거인단 표에서 과반수를 넘긴 탓에 대통령으로 당선되었다. 전체 국민의 직접투표에 의한 득표(Popular Vote)에서는 민주당의 앨 고어 후보가 앞섰(약 54만표)지만, 선거인단 투표(Electoral College Vote)에서 조지 W. 부시가 앞서(271 대 266)서 부시가 대통령이 되었다. 그렇지만 9·11 테러가 발생하자 부시 대통령은 그와 행정부를 중심으로 국력을 결집할 계기를 마련하게 되고 아프가니스탄 전과 이라크 전을 주도하게 된다. 그 당시 임기 초에 부시 대통령은 중요한 국가적 쟁점에 대해 초당적 합의를 손쉽게 이끌어내게 된다.

〈그림 3-25〉 2000년 대통령선거 일반인 투표(Popular Vote) 결과[87]

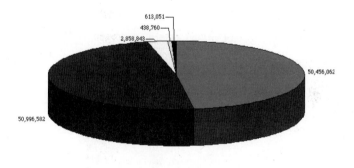

2) 2004년 대선: 지지의 공고화

2004년 대선에서는 2000년 대선과 달리 선거인단 표와 일반투표 다수 득표자가 불일치하지 않는 일이 반복되지는 않았다. 두 후보의 최종 선거 결과는 조지 W. 부시가 51%(60,608,582표)를 얻은 반면 케리는

---

[87] 갤럽/USA 투데이, 2009. 5. 12.

48%(57,288,984표)를 얻었고 선거인단 표에서는 부시가 286표를 얻었으나 케리는 252표를 얻었다. 2004년 대선에서 양대 정당인 공화당과 민주당이 선거를 지배하였고 각 당의 대선 후보는 예비 선거를 통하여 결정되었다. 각 당에서 지명된 대선후보는 격렬한 선거전을 치룬 후 일반투표를 통하여 선거인단을 구성하고 이 선거인단 표에서 과반수(270표) 이상을 확보한 부시가 당선자로 결정되었다.

양 후보의 지지에 대한 지역적 분포도를 보면 부시 대통령의 공화당이 남부 및 중서부 일대에서 승리하였고 케리는 5대호 연안의 북동부와 태평양 연안에서 우세하였다. 특히 남부에서는 케리는 단 1주도 승리하지 못했다. 이는 미국에도 지역 간 정치적 균열이 있으며, 남부는 전통적으로 공화당의 지지기반이 되어가고 있으며, 북부는 민주당의 지지기반이다.

〈그림 3-26〉 2004년 미국의 제43대 대선 결과(투표율 56.7%)

조지 W. 부시(공화당): 일반인 투표 50.7%, 선거인단 투표 286/538표(= 53.2%)
존 케리(민주당): 일반인 투표 48.3%, 선거인단 투표 252/538표(= 46.8%)

2004년 미국 대통령 선거는 현직 대통령의 정치적 정통성과 대외정책에 대한 재신임을 요구하는 선거였다. 부시는 2000년 선거 당시 일반투표에서 고어보다 적은 표를 얻었기 때문에 정통성에 관한 정치적 부채를 안고 있었다. 당선은 되었지만 민주정치에서 국민의 지지를 적게 받았다는 것은 정치적 부담이 아닐 수 없었다. 또한 부시는 강경한 대외정책에 대한 국민적 신임이 필요했다.

이라크 전쟁에 대한 신보수주의자들의 정당성은 2004년 11월 미국 대통령 선거에서 미국 국민으로부터 긍정적으로 심판받았다. 선거 운동 기간에 이라크 전쟁은 후보자들과 유권자들 사이에 가장 커다란 논란거리로 다루어졌다. 이라크 전쟁을 직접적으로 다룬 후보자 간 첫번째 텔레비전 토론에서는 물론, 내정을 주로 토론주제로 다루기로 했던 두 번째 텔레비전 토론에서도 이라크 전쟁의 정당성에 대한 공방은 주된 선거의제였다. 민주당의 케리(John Kerry) 후보는 현직 부시 대통령이 주도한 이라크 전쟁의 부당성을 계속 공격했다. 부시 대통령도 케리 후보의 공격을 피하지 않고 테러 응징과 이라크 전쟁 성공에 대한 공적을 직접적으로 드러냈다. 선거 운동 기간 내내 확실한 당선자를 예상하지 못할 만큼 치열한 접전 끝에 부시 대통령은 재선에 성공했다.

이러한 승리는 부시 대통령 개인에게는 2000년 11월 선거에서 선거인단 수에서는 승리했지만 득표수에서는 패배함으로써 훼손되었던 대통령 직무에 관한 정통성을 만회해 준 의미를 가져다주었다. 또한 부시의 승리는 신보수주의자들에게는 이라크 전쟁 수행과 중동정책에 대한 정당성을 확보해 주는 것이었다.[88]

한편 〈그림 3-27〉이 시사하는 바와 같이, 유권자는 부시 대통령에 대해 종교적 신념이 강하고, 강력한 지도자로 인식하며, 사안에 대해 분명한 입장을 가진 것으로 이해하고 있다. 반면, 유권자는 케리 후

---

88 남궁곤, "신보수주의 연속성 관점에서 본 부시 재집권", 미국정치연구회 편, 『부시 재집권과 미국의 분열: 2004년 미국대통령선거』, 오름, 2005, 46-47면.

보는 지적이고, 복지에 대해 관심을 가지고 있다고 바라보고 있다. 그런데 정치·경제의 상황을 고려할 때, 유권자는 테러로 인한 대외적 위기를 극복하는 강력한 지도자를 희망하고 있었으며, 미국사회가 보수화되고 기독교적 가치가 확산되는 경향을 고려할 때, 2004년 대통령선거는 부시 대통령에게 유리한 정치 지형에서 재선이 가능했다.

부시 대통령은 9·11 테러 이후 모든 핵심적인 역량을 반테러 업무에 집중했다. 국내적으로 국토안보부(Department of Homeland Security)를 창설하였으며 국제적으로는 아프간전쟁을 일으켰다.[89]

〈그림 3-27〉 2004년 대선에서 지도자에게 기대하는 속성[90]

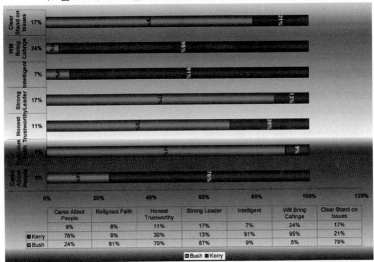

	Cares About People	Religoius Faith	Honest Trustworthy	Strong Leader	Intelligent	Will Bring Cahnge	Clear Stand on Issues
	9%	8%	11%	17%	7%	24%	17%
Kerry	76%	9%	30%	13%	91%	95%	21%
Bush	24%	91%	70%	87%	9%	5%	79%

89 김남균, "미국 대통령 선거제도와 선거문화: 1948년과 2004년 대통령 선거 비교", 『미국사연구』(제22집) 2005, 38면.

90 〈www.historycentral.com/elections/2004/2004mainelec/exitpolls/Attributes.html〉, 검색일: 2009. 5. 30.

뿐만 아니라 국제테러와 관련된 핵심적인 국가로 이라크, 리비아, 이란과 북한을 소위 "악의 축(axis of evil)"으로 지목하였고 이들 "악의 축" 국가 중 이라크를 침공하여 사담 후세인 정권을 붕괴시켰다.[91] 그러나 이라크전쟁은 미국의 예상과 같지 않았다. 정규군 간의 전투는 쉽게 끝났지만 이라크인들은 미국의 통치를 거부하고 치열한 저항을 계속하고 있기 때문이다. 미국의 계획대로 전후 사업이 진행되지 못하자 이라크에서 제2의 베트남전의 수렁에 빠져들고 있다는 비판이 쏟아지기 시작했다. 부시 대통령의 입장에서는 자신의 대외정책에 대한 국민적 신임이 필요했다.[92]

부시 대통령이 이라크전쟁으로 곤경에 빠지자 민주당은 2000년 선거의 패배를 설욕할 기회가 왔다고 판단했다. 예비선거 단계부터 민주당 예선 후보들은 부시 대통령의 대외정책에 대한 비난을 핵심 쟁점으로 삼았다. 그러나 민주당이 이라크전쟁을 처음부터 반대한 것은 아니었다. 부시 대통령의 테러와의 전면전을 선언하였을 때 민주당 역시 부시 대통령의 테러정책을 지지했다.[93]

---

[91] 부시 대통령은 2002년 1월 29일 국정연설(the State of the Union Address)에서 "악의 축"을 언급했다. 〈www.whitehouse.gov/news/releases/2002/01/20020129-11.html〉.

[92] 따라서 2004년 대선은 부시의 대외정책에 대한 논쟁이 핵심 쟁점임이 예고되어 있었다. 물론 테러 이외에 경제문제와 관련하여 감세안이나 사회보장제도 개선 문제 혹은 동성결혼 문제 등 많은 사회 경제적 관심거리도 중요한 이슈였다. 그러나 핵심 쟁점은 안보문제였다.

[93] 부시 대통령이 아프간전쟁을 시작하였을 때나 혹은 이라크전쟁을 시작할 때도 민주당은 부시를 지지했다. 그런데 이라크전쟁이 장기화되면서 전쟁에 반대하는 여론이 높아지자 민주당은 입장을 바꾸었다. 특히 민주당 예비 후보로 거론되던 인물들은 이라크전쟁을 부시 행정부의 아킬레스건으로 판단하고 그에 대한 비판의 화살을 쏘며 후보 경선에 뛰어 들었다. 2000년 선거에서 일반투표에서는 승리하고도 선거인단 득표에서는 패배하였던 앨 고어(Al Gore)가 민주당 후보로 잠재력을 가지고 있었지만 경선에 참여하지 않아서 특별한 우월한 후보 없이 경선이 진행되었다. 예상외로 메사추세츠 상원의원 존 케리(John Kerry)가 아이오와 코커스와 뉴햄프셔 예선에

한편 공화당의 예비선거는 간단했다. 누가 후보로 지명될 것인가 하는 것은 문제가 되지는 않았다. 특별한 변수가 발생하지 않는 한 현직 대통령인 조지 부시가 후보자가 될 것이 분명했기 때문이다. 전반적으로 공화당 내 분위기는 부시를 지지하는 쪽이었다. 양당 후보자가 결정되자 2004년 9월부터 대통령 선거운동이 본격화되며 미국은 정치적으로 달아오르기 시작했다. 전쟁을 지휘하고 있는 현직 대통령과 베트남전쟁의 영웅인 야당 후보 간 쟁점은 자연스럽게 안보문제에 집중되었다. 물론 안보 외에도 동성결혼을 비롯한 여러 가지 쟁점들이 있었다.[94] 특히 부시는 자신이 불리한 이라크전쟁보다는 자신과 케리의 가치관의 차이점을 강조하면서 선거 이슈를 후보자의 가치관으로 돌리려고 노력하였다. 그러나 베트남전쟁 참전 경험을 앞세운 케리는 안보문제를 중심으로 부시의 이라크전쟁에 대한 실정을 드러내는 쪽으로 선거 분위기를 몰아가려고 애썼다.

3) 2007년-2008년: 매디슨 모형

2006년 선거 결과에서 나타난 선거의 실패가 부시 행정부의 정책 및 성과의 실패임을 보여주게 되었고, 조지 W. 부시 대통령의 리더십은 변화를 가져오게 된다. 2006년 선거 결과는 비판적인 미국의 여론이 누적되어서 나타난 것이며, 그 선거 결과 여소야대 정국으로 변화하게 되었다. 부시 대통령은 민주당이 의회에서 주도적 역할을 인정할 수밖에 없었다. 더욱이 2007년부터 찾아온 경제위기는 부시 대통령의 리더십

서 모두 1위를 차지하였고 여세를 몰아 마침내 2000년 7월 29일 보스턴에서 열렸던 민주당 전당대회에서 케리는 민주당 대통령 후보로 정식으로 지명되었다. 케리는 베트남전쟁 참전용사로 무공훈장을 여러 번 받은 전쟁영웅이었다. 그러나 제대 후 케리는 반전데모에 가담하여 베트남전쟁을 정면으로 반대하며 반전운동가로 변신했다. 케리는 상원에서 오랫동안 활동한 정치적 경력이 있었다.

94 〈www.onetheissues.org/Foriegn_Policy.html#John_Kerry〉.

을 약화시켰고, 공화당 내의 주요 대선주자와 정치인들도 그와 거리를 두기 시작하자, 부시 대통령의 대對 의회 영향력이 약해지게 되었다. 9·11 테러 이후와 같은 적극적인 리더십에서 소극적인 리더십으로 그 역할을 조정하게 되었으며, 대對 의회 관계를 의식하게 되어 매디슨 모형으로 부합하게 된다.

부시 대통령은 중간선거 패배가 6년간의 일방주의 외교에 있음을 인정하고 그 주역인 럼스펠드 국방장관을 즉각 경질하고 전 CIA 국장 게이츠를 후임에 임명했다.[95] 민주당은 2006년 명백한 승리를 구가함으로써 12년 동안 잃었던 양원의 다수당 지위를 되찾았다. 민주당은 중간선거의 승리로 의회를 탈환한 후 다음 2008년 대선에서 승리할 수 있다는 희망을 가지게 되었다. 미국 중간선거는(의회에서) '공화당의 12년 지배체제'를 흔들어놓았으며, 부시 행정부의 대내외 정책에 큰 변화를 몰고 왔다. 국가안보 같은 보수적인 의제에서도 민주당 후보들이 더 신뢰받고 있는 상황이다. 부시정부의 선거에서 미국정치의 양극화가 주목을 받고 있다. 뉴딜 이후 오랫동안 미국사회를 지배해온 진보연합은 붕괴되었지만 이를 대신할 새로운 지배적 정치질서는 형성되지 못하고 있다. 이런 배경에서 민주공화 양당의 이념적 간격이 더욱 벌어지고 각 당의 내부 균질성과 연대감이 강해짐에 따라 양당 사이에 완충 지대가 좁아지는 정치적 양극화가 뚜렷하게 목도되고 있다.

나. 의석변수

조지 W. 부시 행정부의 임기 8년 동안 6년은 여대야소의 상황이었다. 9·11 테러는 의회보다 대통령에게 우월한 힘을 부여하는 환경을 제공하였다. 그런데 부시 대통령 임기 말의 경제위기와 미국경제의 침체로 부시 대통령은 위기를 수습할 적합한 대안을 제시하지 못했고 레임

---

95 강명세, 앞의 글, 8면.

덕은 비교적 일찍 찾아왔다. 아울러 부시 대통령의 임기 말에 민주당
이 의회를 주도하게 되었다. 부시 행정부의 임기 초반과 중반의 6년 동
안은 이러한 상황이었는데 적극적 부정형 리더십을 보여주었다. 비교
적 독선적인 국정운영을 해왔고 의회와 시민사회의 목소리를 무시하
고 미국정치의 양극화와 일방주의적 행태를 심화시켰다.

〈표 3-10〉 부시 정부형태와 의회 구성변화

의회	선거년	정부형태	행정부		입법부							
			여당	대통령	하원		증감		상원		증감	
					민주	공화	민주	공화	민주	공화	민주	공화
106	1998	분점	민주	클린턴	211	223	+5	-5	45	55	0	0
107	2000	단점	공화	G.W.부시	212	221	+1	-2	50	50	+5	-5
108	2002	단점	공화	G.W.부시	205	229	-6	+6	48	51	+2	-2
109	2004	단점	공화	G.W.부시	202	232	-3	+3	44	55	-4	+4
110	2006	분점	공화	G.W.부시	233	202	+30	-30	49	49	+5	-6
111	2008	단점	민주	오바마	255	175	+22	-27	55	40	+6	-9

　〈표 3-10〉에서 설명되는 바와 같이 조지 W. 부시 대통령은 두 번 연
임한 가운데 집권 초반과 중반기에는 여당인 공화당이 의회를 장악해
단점정부를 이룰 수 있었으나 집권 후반부에는 야당인 민주당이 집권
함으로써 분점정부를 허락해야 했다. 그래서 부시 대통령은 9·11 테러
를 거치고 2002년 중간선거와 2004년 대통령 선거에 승리하면서 정부
주도의 강력한 리더십을 발휘하였으나 집권 후반부와 말기에는 점차
국정과 의회에 영향력을 발휘하지 못하게 되었다.
　조지 W. 부시 대통령은 2000년 대통령선거에서 민주당 대통령후보
인 앨 고어(Al Gore)를 어렵게 이기고 미국 제43대 대통령으로 당선되었

다.[96] 조지 W. 부시의 승리는 백악관의 주인을 민주당에서 공화당으로 바꾸었으며 1994년 이후 분점정부의 미국 정부형태를 단점정부로 바꾸었다. 하지만 조지 W. 부시는 선거과정에서 불거졌던 문제점으로 정통성을 의심받게 되었다.

그러나 9·11 테러 이후 부시 대통령의 인기는 쟁쟁한 민주당 후보를 물리쳤다. 2002년 중간선거 이전에는 국민들로부터, 그리고 의회로부터 정책 승인을 받았던 시기여서 야심 있는 민주당 정치인들은 2002년 중간선거는 그들의 해가 아니라는 것을 느끼게 되었다.[97]

2000 대선에서 국민들로부터의 낮은 지지는 9·11 테러를 계기로 반전하게 된다. 9·11 테러로 인해 형성된 결집효과는 부시 대통령에 대한 지지가 상승하는 역할을 하였으며 아프가니스탄에서의 전쟁으로 지지율은 지속적으로 70%이상을 기록하게 된다. 이후 다시 지속적으로 하락하던 지지율은 2003년 이라크와 전쟁으로 재상승하였으며 그 덕분에 2004년 재선에 성공하게 된다. 부시 대통령은 9·11 테러, 아프가니스탄 전쟁, 이라크전을 통해 낮은 지지도를 끌어올리고 재선에도 성공하였지만 미국정치에 남긴 상처는 컸다. 부시 대통령의 정책에 대해 민주당과 공화당은 뚜렷한 차이를 보이며 양분되었고, 1990년대부터 서서히 진행되던 미국정치의 양극화는 급속도록 확대되었다고 말할 수 있다.

미국의 양극화와 관련되어 나타난 미국정치의 특징은 정당의 부활(party resurgence)이다. 즉 정당이 유권자 및 의원들에 미치는 영향력이 매우 커졌다는 것이다. 의원들의 의정활동에서 정당의 영향력이 강해졌

---

96 일반투표에서 조지 W. 부시는 47.9%를 얻었으나 고어는 48.4%를 획득했다. 그러나 선거인단 표에서는 부시가 271표를 얻었고 고어는 266표를 얻어 부시가 승리했다. 〈www.fec.gov/pubrec/2000presgeresults.htm〉.

97 Gary C. Jacobson, "The Bush Presidency and the American Electorate," in Fred I. Greenstein, ed. *The George W. Bush Presidency: An Early Assessment* (Baltimore: Johns Hopkins University Press, 2003).

으며 유권자들 중 정당에 대해 충성심을 가지는 사람들이 늘어나고 충성심도 강해지고 있는 현실이다.[98] 피오리나(Fiorina)는 유권자의 양극화가 발견되고 있지 않다고 주장하고 있다.[99] 한편 유권자들을 정당일체감으로 구분하였을 때 도덕성과 관련된 이슈에 한정되어 양극화가 발견되지만 유권자들의 일반적 태도는 양극화되고 있지 않다고 주장한다. 즉, 과거와 비교해 보았을 때 유권자들의 견해가 양극화되고 있다는 주장은 틀리며 다만 정당간 양극화로 인해 유권자들의 정당에 대한 구분이 분명해짐에 따라 정당간 정책적 차이를 이해하는 것이 쉬워졌고 이에 유권자가 그들의 정치적 선호도에 맞춰 정확하게 정당을 접목시키고 있다는 것이다.[100]

한편 공화당은 2002년 중간선거에서 원내 과반수 의석을 모두 확보하고 양원 다수당으로 떠올랐다. 이에 따라 조지 W. 부시 대통령은 향후 의회의 정국 주도권 장악을 비롯해 2004년 대통령 선거에서 유리한 고지를 선점하는 계기를 마련했다. 집권 공화당이 상원선거에서 과반수 의석인 50석, 민주당이 46석을, 그리고 하원선거에서는 공화당이 과반수 의석인 218석을 넘어 당초 223석보다 많은 의석을 늘려 197석을 확보한 민주당을 꺾고 승리를 거뒀다.

그러나 2006년 11월 7일 실시된 미국의 중간선거는 부시 행정부의 참패 그리고 민주당의 대승으로 끝났다. 공화당 정부는 무엇 때문에 패배했는가? 무엇보다도 극단적 보수화에 대한 여론의 심판을 지적해야 할 것이다. 그동안 부시 공화당 정부는 대통령은 물론이고 의회에

98　안순철·가상준, 앞의 글, 144면.

99　Fiorina, p.Morris, Samuel J. Abrams, and Jeremy C. Pope. *Culture War? The Myth of a Polarized America* (New York: Pearson Longman, 2004).

100　Dimaggio, Paul, John Evans, and Bethany Bryson, "Have Americans' Social Attitudes Become More Polarized? *American Journal of Sociology* 102: 1996, pp.690-775; John E. Evans, "Have Americans' Attitude Become More Polarized?-An Update," *Social Science Quarterly* 84-1: 2003, pp.71-90; 안순철·가상준, 앞의 글, 28면.

서 아주 근소한 다수에 의존해면서도 정책내용은 아주 보수적이었다. 이러한 대표성과 정책추진의 괴리는 여론의 방향과 종종 반대로 갔던 부시 행정부의 무리한 대내외 정책 추진에서 드러난다. 이 가운데 부시의 공화당 정부를 패배를 안겨준 가장 주요한 요인은 부시 대통령의 이라크 전 처리에 있다. 두 번째 요인은 국내경제 문제이다. 경제 문제도 이라크 전에 버금가는 핵심쟁점이었다. 특히 두드러진 불만은 유가와 약값 상승이다. 미국 투표자는 부시 대통령이 유가와 약값 상승을 허용함으로써 석유회사들이나 제약회사들에게 특혜를 주었다고 보았다. 부시 행정부는 2001년의 분위기를 이어가기 위해 안보를 핵심 쟁점으로 부각시키려 했으나 이라크 전이 실패했다고 믿는 미국 국민의 마음을 돌릴 수 없었다. 부시의 감세 정책 또한 패배의 요인이다. 미국 중산층은 부시의 감세정책을 부유층에 대한 특혜로 보고 공화당에 등을 돌렸다. 반대로 민주당의 중간선거 전략은 이라크 전 실패를 강력 비판하고 어려워진 살림살이를 내세워 공화당 심판을 강조했다. 또한 때 마침 터졌던 부패 스캔들과 경제적 실정과 연결 지워 공화당정부의 무능을 비판했다.[101]

따라서 부시 대통령은 임기 후반에 정치적 영향력의 쇠퇴에다가 의석변수의 변화, 그리고 정치적·경제적 상황의 약화를 맞이하게 된다.

다. 정치·경제상황

조지 W. 부시 대통령은 테러 이후의 국제정세에 기민하게 대응하였지만 이라크 전과 테러 전에서 정당성 논란에서 자유롭지 못했다. 부시 대통령은 경제현안을 해결하는 데 있어서는 미숙함을 보였고 그에 대처할 만한 능력을 보여주지 못했다. 그리고 전쟁에 의한 재정적자는 심해져갔고 국내 기업이 파산 위기에 내몰리고 미국경제가 침체에 빠

---

101 강명세, 앞의 글, 9면.

졌다. 그러한 상황에서 부시 대통령은 그에 걸맞는 경제리더십을 보여
주지 못했다. 그래서 임기 후반에는 행정부의 입법부에 대한 우위가
무너졌다고 보인다. 이러한 경우 적극적 긍정형 리더십이 필요하지만
부시 대통령은 적극적 부정형의 리더십을 견지하여 경제위기 극복에
서의 초당적인 리더십을 발휘하는데 한계를 노정하였다.

재정적자와 경제위기는 민주당에게 미래 선거에서 기회로 작용하
였다. 이러한 재정적자 문제는 빌 클린턴 후보가 조지 H. W. 부시 대통
령을 이기고 당선되는 데에도 기여하였다. 반면 9·11 테러는 영구적으
로 미국 대외정책의 맥락을 변화시켰으며, 부시 대통령이 그 이후 임기
를 유리하게 이끌어나갈 수 있는 정치적 기회를 제공하였다.[102]

1) 미국정치의 분기점: 9·11 테러

2001년 9·11 테러는 미국정치에서 의회에서 양당 간의 상생적 정치
는 (Hyperbipartisanship)를 가져왔다. 초당적 정치란 여당과 야당 간의 근본
적인 정책적 차이에도 불구하고 중대한 사안에 대해서는 이해(interest)와
신념(belief)을 공유하여, 정부의 사회·경제·외교 정책에서 합의를 실현
하는 것이다. 부시 대통령은 9·11 테러가 부시 대통령의 임기에서 중대
한 방향을 규정하였다고 선언하였고, 실제로 큰 반향을 일으켰다. 강력
한 리더십과 대통령의 수사는 임기 초 정국을 결정하였다. 9·11 테러
이후 몇 개월 동안 중요한 입법 과정에서 투표에서 합의가 이뤄졌다.
대표적으로 당시 의회는 알 카에다 위협에 대처하기 위해 애국자법
(Patriot Act)이라 불리는 테러대책법을 제정하였다.[103] 아울러 2001년 9·11

---

102 Steven E. Schier, "Conclusion: George W. Bush's Prospects," in Steven E. Schier,
ed. *High Risk and Big Ambition: The Presidency of George W. Bush* (Pittsburgh:
University of Pittsburgh Press, 2004), pp.249-250.

103 John C. Fortier and Norman J. Ornstein, "President Bush: Legislative Strategist," in
Fred I. Greenstein, ed. *The George W. Bush Presidency: An Early Assessment*
(Baltimore: Johns Hopkins University Press, 2003).

테러에 대해 부시 행정부는 성공적으로 위기상황을 수습하고 국내의
여론을 결집하고 국제적 리더십을 발휘함으로써 국민의 지지율을 향
상시켰고, 반등된 지지율은 부시 대통령의 전반기 임기동안 안정적으
로 높은 수준을 유지하였다.

조지 W. 부시 행정부의 대외위기 대응 후의 지지율은 케네디 대통
령의 쿠바 미사일 위기와 1990년 조지 허버트 워커 부시(George H. W. Bush)
대통령의 이라크전 시기 지지율의 경우와 다른 점이 있다(〈그림 3-13〉).
부시 대통령의 반등된 지지율은 이전의 경우와 비교해볼 때 더욱 오래
지속되었다. 2001년 9월 22일 90%로 정점을 기록하였다는 점을 볼 때 이
러한 테러 위기는 국제정치와 미국 국내정치의 일대 패러다임의 전환
이라고 볼 수 있다. 또한 민주당 지도자들은 부시 대통령의 테러전의
수행을 비판하는 것을 자제함으로써 9·11 요인에 의한 지지율 효과는
오랫동안 지속되었다. 2002년 10월 초만 해도 95%의 공화당원은 여전히
부시 대통령의 대통령으로서의 성과를 지지하였다. 민주당원은 45%로
떨어졌으나 테러 공격 이전에 민주당원의 대통령에 대한 지지율인 28%
에 비하면 상당히 높은 비율이었다.[104]

역사적 선거로서의 2004년 미국 선거를 지배하는 이슈는 테러로부
터의 위협에 대처하는 안보정책이다. 외교안보정책이 선거에서 중요하
지 않았던 적은 없지만, 2004년 선거처럼 안보 그리고 이와 관련된 대
테러정책을 포함한 외교정책이 선거를 지배하는 것은 실로 수십 년만
의 드문 일이었다. 유권자들의 인식, 후보자들의 연설, 선거공약과 정
당의 강령, TV 광고 등에 있어서 안보 이슈는 확고하게 2004년 선거를
지배하였다.

---

104 Marc J. Hetherington and Michael Nelson, "Anatomy of a Rally Effect: George W. Bush and the War on Terrorism," *PS: Political Science and Politics*, Vol. 36, No. 1 (Jan., 2003), pp.38-39.

〈그림 3-28〉 세 번의 대외위기의 성공적인 대응 동안의 대통령의 지지율[105]

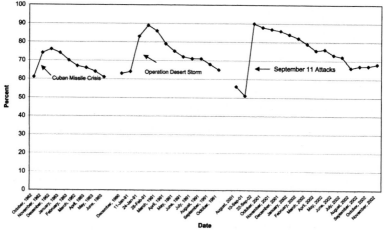

2004년 대선을 지배하고 있는 안보 이슈는 미국의 민주주의와 외교가 안과 밖의 무대에서 안고 있는 이중의 딜레마를 극명하게 보여준다.[106] 딜레마의 한 축은 부시 독트린을 중심으로 수렴하고 있는 안보정책의 국내 기반의 문제이다. 9·11 이후 공화당과 민주당 사이에는 외교정책의 핵심적인 원칙에 대한 상당한 합의가 존재한다. 즉, 냉전시대의 봉쇄정책 중심의 안보관은 이제 테러와의 전쟁에서 중핵을 이루는 선제공격을 포함한 공격적 안보관으로 전환되었고, 전통적인 동맹의 자리는 테러와의 전쟁에 동원되는 전지구적 연합이 대체하게 되었다.[107]

---

105 *Ibid.,* p.38.

106 장훈. "2004 미국 대선과 한반도", 동아시아연구원, EAI 외교안보센터: 국가안보패널 정책보고서, 5면. 〈www.eai.or.kr/korean/upfile/project/pjbbs/NSP_Report_5_1.pdf〉, 검색일: 2009. 5. 2.

107 George W. Bush, Statement by the President in His Address to the Nation, September 11, 2001. 〈www.whitehouse.gov/news/releases/2001/09/20010911-16.html〉. George W. Bush, State of Union Address〉. 2002. January 28. 〈www.whitehouse.gov/news/releases/2002/01/20020129-11.html〉.

부시 독트린을 중심으로 한 새로운 안보정책의 수렴이 안고 있는 두 번째 딜레마는 국제적인 기반의 문제이다. 9·11 이후 부시 독트린 중심의 안보정책이 미국의 전통적인 동맹국 정부 또는 동맹국의 시민들로부터 비판을 받고 있는 것은 널리 알려져 있는 사실이다. 9·11 이후 미국의 동맹국들은 미국의 새로운 안보정책이 보다 안전한 미국과 세계라는 목표에 지나치게 얽매여 있고 미국 안보와 미국적 이상의 확산을 위해서 미국이 일방 주의적 힘의 투사를 마다하지 않는 현실을 불편해하고 있다. 다시 말해, 냉전시대의 반공국제주의가 여타 자유 민주국가들의 폭넓은 동의를 통해서 국제적 기반을 확보했던 것과는 지극히 대조적인 현상이 벌어지고 있다. 이에 따라서 부시 독트린을 중심으로 한 안보정책상의 합의에도 불구하고 민주당은 공화당과 달리 바깥세계로부터 존경받는 방식으로 미국의 안보를 지키고 동맹과의 관계를 구축해갈 것을 추구한다.[108] 따라서 2004년 대선은 미국이라는 초강대국이 외부세계와 맺는 관계의 방식에 대한 미국 민의 선택을 보여주었다. 그리고 그 선택에 따라서 미국의 새로운 안보정책의 국제적 기반은 강화되는 방향으로도 혹은 약화되는 방향으로도 흐를 수 있다.[109]

이른바 부시 혁명 이후에 나타나고 있는 미국 외교정책의 수렴이라는 새로운 현상을 심층적으로 이해하는 데에 있어서, 미국 외교정책의 역사적 전개에 대한 간략한 검토는 반드시 필요하다. 이러한 역사적 맥락에 대한 검토는 가깝게는 냉전의 종식 이후의 시기에서부터 시작될 수 있지만, 멀리는 제2차 대전 이후에 수십 년간 유지되었던 미국 외교정책의 '합의의 시대'로까지 거슬러 올라간다.

---

108 2004년 공화당 선거강령의 제목이 "더 안전한 세계와 더 희망찬 미국(A Safer World and a More Hopeful America)"인데 비해서 민주당 선거강령은 "본토에서의 강함, 세계에서의 존경(Strong at Home, Respected in the World)"이라는 제목을 택한 것은 의미심장한 대비라고 할 수 있다.

109 장훈, 앞의 글, 5-6면.

9·11 이후의 세계에 있어서, 부시 행정부가 추진하고 있는 일련의 외교안보정책에 대한 미국 사회의 이끌림이 심화되면서, 우리는 심지어 새로운 외교정책의 수렴이라고까지 부를 수 있는 현상과 마주하게 되었다. 예컨대 백악관의 주인 자리를 두고 부시 대통령과 처절한 경쟁을 벌이고 있는 민주당의 케리 후보도 이른바 부시의 선제 공격론을 공개적으로 비판할 수는 없다.[110] 또한 알 카에다와 후세인 정권의 연계는 여전히 모호하지만, 이라크 전쟁 자체를 부인할 수는 없다. 다만 케리 후보는 선제공격의 조건과 방식, 이라크 전쟁의 명예로운 수습에 대해서만 논쟁을 벌일 수 있을 뿐이다.

미국 외교는 냉전 이후에 새로운 현실에 걸 맞는 외교이념을 개발하는 데에 실패해왔다는 키신저의 지적이 많은 공명을 얻을 수 있었던 것은 1990년부터 2000년까지 보여 온 미국 외교의 혼란 때문이었다.[111] 부시 대통령의 1세의 전통적인 현실주의 외교나 클린턴 대통령의 민주주의와 시장경제 확산의 외교가 있었지만, 이러한 정책들이 새로운 시대의 등장을 상징할 만큼 일관되고 체계적으로 추진되었던 것은 아니다. 냉전 이후의 10년은 무성한 이론적, 정책적 논의에도 불구하고 사실상 잃어버린 10년이 되고 말았다. 냉전 시대의 이념, 베트남 전쟁의 반대로 상징되는 미국 외교정책의 진보적 이념, 그리고 이러한 역사적 유산에 대해서 무관심하고 무지한 새로운 세대의 생각들이 각축을 벌여왔지만, 새로운 흐름을 주도할 만한 이념과 세력의 등장은 이루어지

---

110 물론 선제공격론이 2000년 대선에서 민주당의 고어 후보에 의해서 제기되었던 정책이라는 '원죄'가 어느 정도 작용하고 있는 것도 사실이다. 10월 1일의 외교안보정책 TV토론에서 케리후보는 "미국을 보호하기 위해서 미국의 역대 대통령은 선제공격의 권리를 양보한 적이 없으며 자신도 그럴 생각이 없다"고 밝히고 있다. 다만 이러한 선제공격은 국제사회의 지지, 국민의 지지를 기반으로 해서 이루어질 수 있음을 언급하고 있다.

111 Henry Kissinger, *Does America Need Foreign Policy?* (New York: Simon and Schuster, 2001), p.19.

지 않았다.

1940-1960년대에 걸쳐서 루즈벨트적 국제주의를 중심으로 냉전외교
에 대한 합의를 수용해 오던 민주당은 1960년대 후반 질풍노도의 시대
에 보수적인 입장을 견지하는 반공주의 세력과 진보적인 세력으로 분
열되었다. 민주당 내의 진보개혁 세력은 기성질서에 대한 도전의 맥락
속에서 반공주의를 강렬하게 비판하였고, 이는 1968년 시카고 전당대
회의 혼란과 1972년의 맥거번의 후보 지명으로 절정을 이루었다.[112] 이
러한 민주당 내의 갈등은 한편으로 민주당 내에서 일단의 반공주의 그
룹이 신보수주의(neo-conservatives)라는 이름으로 독립하고 마침내 공화당
에 합류하는 데에서 보듯이 심각한 내부 분열로 이어졌다. 거시적 차
원에서 제2차 대전 이후 20여 년간 지탱되어 온 반공국제주의 중심의
미국 외교이념의 합의는 붕괴되었다.[113]

좁게는 외교정책의 합의는 공화당과 민주당 사이에 미국의 국가이
익을 규정하고 국제질서를 바라보는 시각과 의지의 수렴을 전제로 한
다고 할 수 있다. 하지만 보다 넓은 관점에서 보면, 외교정책의 합의는
단지 외교안보 이슈에 있어서의 철학과 시각의 수렴만으로 이루어지
는 것은 아니다. 냉전시대의 외교정책의 합의는 국제정치의 차원에서
는 반공국제주의의 기둥 위에 세워졌지만, 국내적으로는 루즈벨트 시
대 이래의 뉴딜 합의 위에 서 있었다. 성장과 분배의 조화, 적극적인
정부의 역할과 복지프로그램의 확대와 같은 일련의 요소들이 미국 내
정치세력들 사이의 타협의 근간을 이루었다.[114]

---

112 Nelson Polsbly, *Consequences of Party Reform* (New York: Oxford University Press, 1983); Austin Ranney, *Curing the Mischiefs of Faction: Party Reform in America* (Berkeley: University of California Press, 1984).

113 John Ehrman, *The Rise of Neoconservatism: Intellectuals and Foreign Affairs, 1945-1994* (New Haven: Yale University Press, 1995).

114 장훈, 앞의 글, 6-8면.

〈표 3-11〉 미국의 공화당, 민주당의 국내정책과 외교정책의 수렴과 분열[115]

냉전시기 1945-1968	국내정책의 수렴 (뉴딜개입국가)	외교안보정책의 수렴 (반공국제주의 중심의 초당적 합의)
혼란과 모색의 시기 969-1989	국내정책의 분열 (레이건의 신우익정책)	외교안보정책 (반공국제주의 합의의 와해)
초기 탈냉전시기 1990~2001	국내정책의 수렴 (클린턴 행정부의 중도정책)	외교안보정책의 혼란 (민주, 공화사이의 유사성은 존재했지만 근본원칙의 결여)
테러전쟁의시기 2001	국내정책의 분열 (민주, 공화는 사회경제정책을 둘러싸고 심각한 대립)	외교안보정책의 수렴 (대테러전쟁,WMD확산저지 안보정책에 있어서의 수렴)

　2004년 대선을 지배했던 것은 안보 정책이었다. 외교안보 정책은 대선의 주요한 행위자들인 정당, 유권자, 후보자의 인식과 언어를 지배하고 있다. 90여 면에 이르는 2004년 공화당 선거강령의 처음 39면은 테러와의 전쟁, 대량살상무기의 확산차단, 국토안보, 군비의 정비, 국제질서와 미국의 리더십 문제에 관한 정책입장을 천명하는 데에 할애되고 있다.[116] 이는 8개의 섹션 가운데 맨 마지막 섹션에서만 외교안보 문제를 간략히 언급했던 2000년 공화당 선거강령과 비교할 때에, 미국의 선거담론과 선거경쟁이 근본적으로 바뀌고 있는 것을 상징적으로 보여주는 것이라고 할 수 있다. 마찬가지로 2004년 민주당 선거강령도 처음의 3분의 1을 외교안보 이슈에 대한 입장을 밝히는 데에 쓰고 있다.[117]

　또한 선거강령뿐만 아니라 부시, 케리 두 후보의 선거캠페인 연설, 인터뷰, TV 광고에서도 모두 외교안보와 관련된 이슈가 경제문제보다 더 많은 비중을 차지하고 있는 것은 분명하다. 실제로 3차례로 예정된

---

115 장훈. 앞의 글, 8면.

116 Republican Platform Committee, *2004 Republican Party Platform: A Safer World and a More Hopeful America*, New York.

117 Democratic Platform Committee. *2004 Democratic Party Platform: Strong At Home, Respected in the World*. Boston.

두 후보 간 TV토론의 첫 번째 주제는 외교안보정책이었다. 또한 특별한 주제를 정하지 않은 채 치러졌던 3번째 TV토론 역시 대부분의 시간은 안보이슈에 할애되었다. 아울러 부통령 후보들 사이의 TV토론에서도 역시 가장 커다란 의제는 외교안보 이슈였다.[118]

이러한 정당의 선거강령의 구성이나 선거운동의 특성은 물론 유권자들의 의식의 변화를 반영하는 것이라고 할 수 있다. 베트남전에 대한 논의가 최고조에 이르렀던 1972년 대선 이래 처음으로 미국의 유권자들의 다수는 외교안보 이슈가 경제문제보다 중요하다고 꼽고 있다. 2004년 8월 퓨 리서치 센터(Pew Research Center)의 조사에 따르자면, 41%의 유권자는 외교안보 이슈가 2004년 대선에서 가장 중요한 이슈라고 응답한 반면, 단지 26%의 유권자만이 경제문제를 가장 주요한 쟁점으로 꼽았다.[119]

이러한 대통령의 자원이 외교안보 분야에서 가장 극명하게 드러나는 것은 이른바 '국기를 중심으로 단결하는 현상(rally round the flag)'이라고 할 수 있다. 외교안보상의 위기가 초래되었을 때, 미국의 국민들은 역사적으로 줄곧 현직 대통령에 대한 지지를 더욱 강화하면서 군의 최고통수권자에게 더 많은 위임과 지지를 보내왔다. 전쟁 중에는 장수를 적극 지지한다는 미국정치의 전통에 따라서, 예를 들자면, 임기 마지막 해의 레임덕에 허덕이던 부시 1세는 걸프전이 시작되면서 90%에 가까

---

118 물론 미국의 선거캠페인이 고상하고 수준 높은 정책대결로만 진행되고 있는 것은 아니다. 8월 이후 부시의 지지율을 높이는 데에 결정적으로 기여한 것은 상대인 케리 후보가 베트남전에서 무공훈장을 받을 당시에 자신의 전과를 과장했다는 의혹을 제기하는 친공화당 계열 인사들—Swift Boat Veterans for Truth—의 흑색 광고였다. 이에 뒤질세라 민주당의 케리 후보 역시 부시 대통령이 1968년-1973년 사이에 공군방위군으로 복무할 때에 근무태만이 심각했음을 제기하는 부정적인 캠페인을 강화하고 있는 실정이다. *New York Times, Washington Post*, 2004년 8월·9월의 많은 기사에서 이러한 사실이 확인된다.

119 장훈. 앞의 글, 8-10면.

운 지지율을 기록한 바 있다. 또한 평범한 지지율을 보이던 조지 W. 부시 대통령 역시 2001년 9·11 테러와 더불어 지지율이 한순간에 35%나 상승하였다. 또한 사담 후세인과 알 카에다의 연계, 이라크에서의 WMD라는 전쟁 명분이 어느 것 하나 명확하게 밝혀지지 않았음에도 불구하고 여전히 이라크 전쟁에 대한 미국 국민의 지지는 과반을 넘었다.[120]

결국 현직 대통령이 주도하는 구심적 경쟁의 구체적인 결과는 2004년 대선을 지배하는 외교안보 이슈에서 현직 대통령이 미세하나마 우위에 서 있는 결과를 가져오고 이는 곧 민주당 케리 후보가 여러 가지 호재에도 불구하고 명확하게 부시보다 우위를 점하지 못하고 있다는 사실이다. 사실 부시 행정부 4년 동안 엄청난 규모의 재정 적자가 축적되어왔고 또한 실업문제의 양상은 심각한 지경에 이르렀지만, 이러한 경제 이슈들이 외교안보 이슈를 누르지 못하는 것이 부시 대통령에게 적지 않은 득이 되고 있다. 경제상황이 그다지 밝지 않음에도 불구하고 이것이 현직 대통령에 대한 부정적인 평가로 바로 이어지지 않는 이유는 그 연계를 외교안보 이슈가 가로막고 있기 때문이다. 미국 국민의 다수는(절대적인 다수는 아니지만) 이라크 전후 처리가 대단히 혼란스러움에도 불구하고, 여전히 테러전쟁을 수행하는 데에 있어서 부시 대통령의 리더십이 보다 효과적이라는 데에 동의하고 있다. 반면에 대테러전, WMD 확산의 저지와 같은 핵심적인 사안에 있어서 부시 대통령과 정면으로 대비되는 정책대안을 내놓기 어려운 케리 후보로서는 다소 답답한 선거전을 치르고 있다고도 할 수 있다. 따라서 케리 후보의 외교안보 정책에 대한 유권자들의 일반적인 인식은 일관된 입장이 부

---

120 아울러 공화당이 민주당보다 외교안보 정책의 처리에 있어서 더욱 신뢰할 만하다는 미국 유권자들의 오래 된(베트남 전에 대한 비판이 본격화된 1960년대 후반 민주당의 혼란과 방향상실의 사태 이래로) 인식도 공화당의 부시 대통령이 외교안보 분야의 정책담론을 주도하는 데에 적지 않은 영향을 미치고 있다.

족하고, 개별 정책이슈들에 대한 명확하고 세밀한 정책대안을 내놓지 못하고 있는 것으로 인식되고 있다. 결국 지배적인 이슈(안보정책)에 있어서는 명확한 대비를 형성하지 못함으로써 부동표를 흡수하는 데에 어려움을 겪고 있고, 비교적 우위에 설 수 있는 이슈(경제문제)는 선거전에서 지배적인 이슈로 부상하지 못하고 있다는 데에 케리 후보의 고민이었다.

하지만 이라크전이 장기화되면서 이라크 전쟁과정과 전후처리 이라크재건 문제 등이 이슈로 점화되면서 부시 정부에 큰 부담이 되었고, 부시 정부의 리더십이 추락했을 뿐만 아니라 공화당의 정권재창출에 큰 부담이 되었다. 이라크 전투(battle)는 끝이 났지만, 전쟁(war) 자체는 끝난 것이 아니었다. 예상치 못한 고통이 뒤이어졌는데, 법과 질서가 파괴되었고, 전쟁저항세력의 보복이 이어졌고 내전이 치열하게 계속되었던 것이다. 부시 행정부가 부족·종교·제도 균열로부터 벗어나 민주적 정부를 세우고자 하는 노력이 허황된 것임을 깨닫게 되었다.[121]

2) 미국사회의 보수화

대선의 결과는 단지 테러전에 나선 부시 대통령에 대한 재신임 여부를 가리는 것보다는 훨씬 크고 중대한 이슈와 흐름에 대한 미국민들의 판단으로 받아들여질 것이다. 그것은 무엇보다도 부시 독트린을 중심으로 한 안보정책 상의 수렴이 갖고 있는 불안정한 기반 때문이다. 9·11 이후 안보정책의 수렴현상이 갖고 있는 역설은 그 같은 수렴이 미국 사회 전반의 이념적 타협의 기반 위에 서있는 것이 아니라는 점이다. 미국 사회 전반의 이념적 구성은 최근에 들어서 이전보다 훨씬 분열이 날카로워지고 있으며 또한 이러한 분열은 매우 대등한 구조(evenly

---

121 Gary C. Jacobson, "George W. Bush, Polarization, and the War in Iraq," in Gary C. Jacobson, Colin Campbell, Bert A. Rockman and Andrew Rudaleviege. eds., *The George W. Bush Legacy* (Washington D. C.: CQ Press, 2008), pp.63-64.

divided)로 나타나고 있다. 보수 성향의 유권자와 진보 성향의 유권자들 사이의 정책적 입장의 차이는 1987년의 조사 이래 가장 심각한 거리를 보이고 있다.[122] 다시 말해 민주당 지지자들은 대기업에 대해서 비판적 인 자세를 강화하고 있으며 동시에 사회적 안전망의 건설에 대한 기대 를 더욱 높이고 있다. 이에 따라서 친기업 정서와 개인의 자유와 책임 을 강조하는 공화당 지지자들과의 이념적 거리는 점차 넓어지고 있다.

이러한 이념적 간격의 확대에 있어서 주목할 만한 양상은 보수와 진보 사이의 세력균형이 매우 균등해져 가고 있다는 사실이다. 뉴딜 체제 이래로 미국의 유권자들 사이에서 민주당 지지자는 오랜 기간 공 화당 지지자들에 대해서 수적인 우세를 유지해왔다. 그러나 2000년 선 거를 전후로 해서 공화당 지지자는 꾸준히 늘어나기 시작해서 공화당 지지자와 민주당 지지자가 거의 비슷한 수적 균형을 이루게 되었다(민 주당 지지자 33% 공화당 지지자 34%).[123] 이러한 보수·진보의 균형과 아울러 또 하나의 주목할 만한 변화는 최근 들어 부동층(independents)의 규모가 눈 에 띄게 감소하고 있다는 점이다. 1970년대 이래로 줄곧 늘어나는 추 세를 보여 온 부동층은 2004년 대선의 국면에 들어서 점차 줄어들고 있는 것으로 나타나고 있다.

부시 독트린이라는 새로운 안보정책의 수렴현상은 여전히 강고한 국내적 기반을 가지지 못한 채 불안하게 유지되는 결과를 낳을 것이다. 두 후보에 대한 대등한 지지의 양상은 곧 부시 독트린에 대한 찬성·반 성 양론이 미국 사회 내에서 여전히 팽팽하게 맞선 것으로 해석될 것 이고 이는 새 대통령이 자신의 안보정책을 세계인에게 뿐만 아니라 미

---

122 2003년 말에 이뤄진 Pew Research Center의 조사에 따르자면, 24개 정책 영역에 대한 보수·진보 성향 유권자의 정책거리는 1987년 이후로 최대인 평균 17%를 보이고 있는데 이는 10여년간 10-11%에 머물던 것과는 큰 대조를 이룬다고 할 수 있다.

123 Pew Research Center, "The 2004 Political Landscape: Evenly divided and Increasingly Polarized," Nov. 5, 2003.

국 국민에게도 성의껏, 효과적으로 설득해야 하는 과제를 안게 되는 것을 의미한다.[124] 부시 독트린이 안정적인 하부구조를 갖추고 장기적인 합의체제로 성장해가기에는 실로 다양한 장애물들이 앞에 놓여 있는 셈이다. 가깝게는 이라크를 매끄럽게 처리해야 하는 문제가 가로막고 있지만, 장기적으로는 미국 사회내의 이념적인 분열과 외교 안보상의 수렴 사이에서 공존의 틀을 찾아야 하는 과제가 남아 있다.[125] 결과적으로 이라크문제가 선거운동의 핵심 쟁점이 되었다.[126] 케리는 이라크 전쟁은 일방주의 외교의 전형으로 우방국들의 지지를 잃어버림으로써 근본적으로 실패한 정책임을 강조하였다. 실제로 이라크전쟁이 끝날 때까지도 대량 살상무기가 이라크에서 발견되지 않았기 때문에 부시 행정부는 곤경에 빠져 있었다. 테러공격 특별조사위원회에서 2004년 7월 22일 9·11 테러에 대한 최종 보고서를 제출하여 사담 후세인과 9·11 테러와는 직접적인 관련이 없다는 사실을 밝혔다.[127] 이렇게 되자 부시

---

124 선거결과는 또한 부시 독트린 중심의 새로운 안보정책의 국제적인 기반에 대한 평결의 의미도 갖게 된다. 9·11 이후 미국의 공세적인 윌슨주의와 공격적인 안보정책으로 인해서 미국과 미국의 동맹국간의 거리가 점차 멀어지고 있다는 것은 다수의 미국인들도 느끼고 있을 정도로 분명하다. 2년 사이 서유럽에서 미국에 대한 호감도가 눈에 띄게 후퇴하고 있으며 서유럽 지식인들 사이에서 미국 외교정책을 비판하는 경쟁이 다시 부활하고 있다는 것은 우리도 이미 알고 있는 바이다. 이에 따라서 부시 독트린의 핵심사항을 지지하면서도, 민주당의 케리 후보는 동맹국들의 지지와 협력, 존경에 기반한 미국의 리더십과 미국의 안보정책을 강조해왔다. 즉 미국 유권자들의 투표는 일방주의적인 부시 독트린(공화당)과 다자주의적 부시 독트린(민주당) 사이의 선택으로 이해될 것이다.

125 장훈, 앞의 글, 11-13면.

126 케리는 부시와의 차별화를 위하여 지나치게 베트남전쟁 참전 경험을 강조한 결과 오히려 베트남전쟁 참전 이외의 경력이 묻혀버리는 결과를 가져왔다. 유권자들은 베트남전쟁 경험 4개월로 케리를 평가한 셈이었다. 전략적 실수였다. Cook, "Did 2004 Transform US Politics", p.181.

127 The 9/11 Commission Report: Final Report of the National Commission on Terrorist Attacks Upon the United States, p.334.

행정부는 이라크전쟁을 변호해야 하는 수세적 입장이 되었다. 그러나 부시는 이라크전쟁은 세계인의 안전과 자유를 지켜내기 위한 것임을 강조했다. 특히 이라크전쟁은 잘못된 결정이 있었으며 우방국의 반발을 사고 있다는 케리의 공격에 대하여 부시 대통령은 이라크전쟁은 우방국들의 거센 반대에도 불구하고 미국과 세계의 미래를 위하여 어려운 결단을 내렸기 때문에 자신을 책임 있는 정치 지도자임을 강조했다. 또한 부시는 케리 후보가 이라크전쟁에 대한 상원의 찬반 투표 과정에서 찬성표를 던졌으면서도 선거전에서 입장을 바꾸어 이라크전쟁을 비판하는 것은 단순히 표를 얻기 위한 정치적 술수에 지나지 않는다는 점을 부각시키고자 노력했다.[128]

부시의 공격에 대하여 케리는 자신이 이라크 전쟁을 지지하는 표를 던졌던 것은 현 행정부가 왜곡된 정보를 의원들에게 제공하였기 때문이라고 반박하며 부시 행정부는 이라크전쟁에 관하여 국민을 속이고 있다고 반격했다. 2004년 대선에서 이라크전쟁은 부시에게 커다란 정치적 부담이었다. 더구나 선거 운동의 절정기인 10월에 실시된 세 차례의 대선후보 토론에서 케리가 모두 승리한 것으로 언론에 보도되자 부시 대통령의 당선은 예측하기 어려워 보였다.[129]

그러나 선거 결과는 부시의 승리로 결론이 났다. 부시 대통령은 전통적인 공화당 표밭으로 인식되던 남부 주에서 압도적으로 승리하였을 뿐 아니라 중서부 주에서도 승리함으로써 재선에 성공할 수 있었다.[130] 이 선거에서 부시 대통령의 예상 밖의 선전에 많은 정치평론가

---

128 *Ibid.*, p.334.

129 〈us.cnn.com/Election/2004/special//debate/presspundits/index.ehtml〉. 부시와 선거 막바지에 이르러 각 후보에 대한 여론 조사는 조사기관마다 통계가 달랐다. 그 중 『타임(Time)』에서 조사한 통계에 의하면 부시가 케리보다 약간 (5포인트) 앞서는 것으로 조사되었다. 『타임』은 케리가 대선 토론에서는 승리하였지만 그것을 표로 연결시키지 못한 것으로 분석했다. *Time* (November 1, 2004), 9.

들이 향후 수년간 공화당 주도로의 안정적 재편을 전망하였다. 공화당
으로의 안정적 재편을 진단했던 것은 성급했으며, 부시 대통령과 공화
당은 장기적 안목에서 유권자들에게 희망을 안겨주지 못했다.

그러한 부시 대통령의 정책실패는 오바마 대통령의 당선에 영향을
미쳤다. 2004년 11월11일 그린버그 여론조사의 결과는 시사점을 제시하
였다. 이 조사는 유권자들에게 당선된 부시 대통령의 최우선 과제를
물었는데 이중 35%가 테러와의 전쟁을 지속하는 것을 선정하였다. 예
상했던 바대로 유권자 관심의 일 순위가 안보에 있음을 보여주는 대목
이다. 하지만 부시 대통령이 그토록 강조하는 동성애 결혼 금지 헌법
수정안은 7번째로 19%의 지지밖에 받지 못했다. 부시 대통령의 소위
민의의 위임이라는 내용이 그리 강하지 않음을 시사해준다. 더욱 중요
한 것은 앞으로 행정부와 의회가 우선순위로 다루어야 할 것이 무엇이
냐는 질문에 대한 유권자들의 응답이다. 첫째는 사회적 연금의 보호이
고 두 번째는 이라크전에서 다자적 지지를 획득하는 것이며 셋째는 건
강보험의 확대이다. 또한 아넨버그 여론조사 회사의보고서에 따르면
정당 일체감 조사에서 31.8%가 공화당 지지자이며 34.6%가 민주당 지지
자로서 비록 2000년 결과(공화당 29.9% 민주당 33.7%)보다는 약간 공화당이
약진하였으나 여전히 민주당으로의 정당 일체감을 보이는 이들이 더
많다고 지적되었다. 사실 2004년 대선에서 보인 저소득 백인층의 보수
화(소위 레이건 민주당원)는 이번 선거에서만 특별한 것이 아니라 이미 1980
년대부터 지속되어온 추세이다. 단 이것이 9·11 테러를 맞으면서 안보
의식, 애국심 등의 가치가 보수주의적으로 강화되었던 것으로 보인다.

---

130 그러나 투표가 끝난 후 실시된 출구조사 결과를 보면 투표자들에게 가장
큰 영향을 미친 요인은 "이라크 문제(15%)"나 "경제 문제(20%)"가 아니라
"도덕적 가치(22%)"로 나타났다. 안보 문제에 지나치게 매달린 케리의 패
인을 설명해주는 부분이다. *Time* (November 15, 2004), 31. 김남균, "미국 대
통령 선거제도와 선거문화: 1948년과 2004년 대통령 선거 비교", 『미국사
연구』(제22집), 2005, 26면.

또한 이러한 9·11 테러라는 심대한 위기감을 창출한 사건은 여타 사회
적 가치에 있어서도 보수주의적 경향을 강화시킨다. 흔히 사회적 위기
의식이 커지면 가족의 가치 이데올로기가 번성하는 것은 그러한 데서
기인한다. 단 80년대부터 지속화된 경향 속에서도 과거 클린턴 대통령
이 예외적으로 1992년, 1996년 연속으로 저소득 백인층 공략에서 공화
당에게 우위를 보일 수 있었던 것은 의제와 정치적 수사(修辭: rhetoric)가
가족의 가치 등 전통적 가치에 경제적 포퓰리즘이 적절히 결합되었기
에 가능하였다.

반면에 민주당은 권력의 연이은 상실 속에서 분파들 간의 이데올로
기적 차이보다는 단결을 더 강조하였다. 선거 이후 민주당은 당내 중
도파와 개혁파들 사이에서 노골적인 내분을 자제하고 있다. 백악관을
잃고 의회 양원에서 소수파인 민주당은 보다 자유로운 입장에서 야당
으로서의 개혁적인 행보를 취할 수 있고 이는 다른 말로 하면 민주당
을 비판하는 3당들이 민주당의 구심력 하에 흡수됨을 의미한다. 미국
대통령들의 의식구조에서 단임과 연임은 엄청난 의미 차이를 지닌다.
오직 연임 대통령만이 역사의 장에서 위대한 대통령으로 평가받을 수
있는 초대장을 발부받을 수 있다고 생각하기 때문이다. 그러하기에 현
부시 대통령은 마침내 재선에 성공하면서 단임 대통령이라는 부시 가
문의 십여 년간의 콤플렉스에서 벗어났다. 사실 부시 대통령이 2000년
대선에서 집권한 바로 다음날 '국민통합'이라는 명분을 손쉽게 팽개치
고 사회적 보수층 결집이라는 2004년을 위한 선거캠페인을 시작한 것
은 바로 이 재선에 대한 집착이 매우 강렬했기 때문이다.[131]

미국 대통령 선거는 2000년과 2004년 박빙의 상황이었지만 결과는
달랐다. 2000년 조지 W. 부시 대통령은 앨 고어 당시 민주당 후보보다
전체 득표수에서 40만표 뒤졌다. 또 '모든 표를 재검표하라'는 플로리

---

131 안병진,"미국 일방주의 Go? Stop?", 『주간동아』(제460호), 2004. 4. 11자, 78면.

다주 대법원의 판결에 대해 연방 대법원이 위법이라며 개입하지 않았
더라면 부시 대통령은 애당초 백악관 주인이 될 수 없었을지도 모른다.
그러나 2004년 대선 결과는 부시 대통령의 정통성 시비를 불러일으켰
던 대선 결과와 대조적이다. 부시 대통령은 선거인단의 과반수(270명)를
넘는 성과를 올렸을 뿐만 아니라 전체 득표수에서도 케리 민주당 후보
보다 350만 표 앞서 예상과 달리 낙승했다.

부시 대통령의 재선 원인은 다음과 같다. 먼저 51%의 미국 국민들은
'테러와의 전쟁'이 진행 중인 상황에서 군 통수권자를 갈아치울 수 없
다고 판단했다. 이라크전쟁의 명분이었던 대량살상무기는 존재하지 않
으며, 후세인 전 이라크 대통령과 알 카에다가 관계없는 것으로 판명되
었다. 1000명이 넘는 미군 사망자와 10만명이 넘을 것으로 추산되는 이
라크인 사망자가 부시 대통령의 일방적이고도 성급한 결정 때문에 희
생되었다는 비판이 제기되고 있다. 그러나 이 모든 게 사실이라 하더
라도, 과반수를 약간 넘는 유권자들은 부시를 계속 따르기로 결정한 것
이다. 부시 진영의 선거 전략가 칼 로브는 케리를 '왔다 갔다 하는 사
람(flip-floper)'으로 몰아붙였고, 월남전 당시 케리가 구출한 것으로 알려진
고속정 선원들을 접촉해 케리가 전투 당시 도망가기 바빴다는 말을 퍼
뜨려 무공훈장에 흠집을 냈다. 이러한 부시 진영의 네거티브 전략은
유권자들에게 케리가 '전쟁을 이끄는 지도자로서 부적격자'라는 인상
을 주는 데 성공한 것으로 보인다.[132] 오사마 빈 라덴이 선거 열흘 전
TV에 모습을 나타냈던 사건도 또한 미국 국민들에게 안보에 대한 불
안 심리를 가중시켰다. 빈 라덴의 부시 대통령 비난 성명은 오히려
부시 대통령의 재선을 돕는 결과를 가져왔다.

그러나 미국 국민이 부시 대통령을 선택한 가장 중요한 배경은 미
국 사회의 보수화 현상에 있다. 대통령 선거와 함께 치러진 연방 상하

---

132 안병진, "미국 2004년 대선을 둘러싼 5가지 쟁점에 대한 단상", 『진보평론』
(제22호), 2004, 12-15면.

의원 선거에서도 공화당은 승리했다. 2004년 대선에서 유권자들의 투표에 영향을 준 중요한 기준 중의 하나는 도덕적 가치관이었다. 연방헌법의 의미를 해석하는 연방 대법원의 영향력은 미국 사회에서 막강한데, 연방 대법원의 진보적인 성향을 막고자 하는 보수 기독교인의 결집이 부시 대통령의 재선을 도왔다. 낙태 반대를 지지하는 보수적인 기독교인들은 부시 행정부와 공화당이 장악한 의회가 자신들의 뜻을 관철해줄 것이라고 기대하며 부시 대통령과 공화당에 표를 몰아주었다. 이처럼 보수적인 기독교인들이 공공연히 독실한 신앙심을 피력하는 부시 대통령을 위태로운 미국의 도덕적 가치관을 회복시켜줄 구원투수로 선택했다는 점이 2004년 대선의 승패를 좌우했다.[133]

3) 무역수지 적자와 일자리 감소

한편 2005년 미국의 무역수지 적자는 약 7258억 달러로 역사상 최대치를 기록했다. 이는 2004년의 6176억 달러보다 무려 17.5%나 증가한 수치이며 4년 연속 사상 최대치를 경신하고 있다. 이 수치는 미국 GDP의 5.8%나 되는데 이 정도 무역수지 적자가 지속된다면 다른 나라라면 벌써 외환위기의 전야가 될 만한 엄청난 액수이다. 2005년 무역적자의 급등은 역시 유가급등으로 인한 석유수입액이 늘어났고 자동차와 전자, 섬유 등 소비재의 수입도 대폭 증가했기 때문이다. 특히 중국과의 적자가 무려 2016억 달러로 늘어나서 2004년보다 24.5%나 증가했고 일본, 유럽 그리고 남미 등 거의 대부분 지역과의 거래에서 적자가 늘어났다. 무역적자를 메우기 위해 매일 20억 달러 정도가 미국에 유입되어야만하는 현실이며 게다가 부시 대통령의 집권과 함께 정부의 재정적자도 눈덩이처럼 불어났다.

미국의 높은 대외투자 수익을 보장하는 것은 기술이나 지식과 같은

---

133 주간동아, 460호 2004. 11. 18.

경쟁력만큼이나 세계경찰이라 불리는 압도적인 군사력과 같은 정치적
요인일 것이다. 급등하는 무역적자와 함께 군비지출로 인한 재정적자
도 급증하고 있다는 것은 이미 예측된 사실이다. 미국의 패권적 지위
를 지키기 위한 이러한 지출이 도리어 미국경제에 큰 부담이 되고 있
다. 미국경제에서 큰 문제 중의 하나는 2000년 이후 무역적자의 급등으
로 미국 제조업의 일자리가 사라지고 있어서 미국경제의 기반을 약화
시키고 있는 것이다.

〈그림 3-29〉 달러가치와 무역적자의 변화[134]

미국 제조업의 고용은 1960년대 중반에서 2000년까지 오랫동안 약
1700만 명 이상을 유지하고 있었으나 2000년에서 2004년 사이 무역적자
의 급등과 함께 전체의 17%나 되는 약 300만의 제조업 일자리가 사라져
버렸다. 무역적자와 일자리 감소는 보다 복잡한 관계가 있겠지만, 세계
화의 충격이 미국인들에게도 예외는 아니며 하층민들에게는 더욱 큰
압박이 되고 있다. IMF조차 작년 세계경제전망에서 미국경제와 세계경
제의 심각한 불균형에 우려를 표명했으며 적절한 조정이 없이는 급작

---

134 Federal Reserve Board of Governors, Bureau of Economic Analysis and Economic
Policy Institute.

스런 붕괴가 나타날지도 모른다고까지 이례적으로 지적했다.[135]

〈그림 3-30〉 미국제조업의 일자리의 수[136]

한편 민주당은 2006년 중간선거에서 승리한 후 대외경제 측면에서는 이전보다 미국은 보호무역과 중상주의를 강화할 것을 부시 정부에 요구하였다. 민주당은 선거캠페인으로 '공정한 무역(fair trade)'과 '미국 먼저(putting Americans first)'를 주창하여 중산층과 서민의 지지를 이끌어내는데 성공했다. 많은 국가들과 FTA를 추진해 온 부시 행정부는 종종 민주당의 의회의 반대에 직면했다. 민주당 의원들은 지역구의 이해와 관련하여 보호주의를 옹호해왔다.[137]

第3節 소결

〈표 3-12〉에서 제시된 바와 같이 기존의 레윈(K. Lewin), 화이트와 리피

---

135 프레시안, 2006. 7. 10. 〈www.pressian.com/article/article.asp?article_num=400607101 14011&Section=02〉, 검색일: 2009. 5. 30.

136 Bureau of Labor Statistics (BLS).

137 앞의 글, 10-11면.

트(White & Lippit), 베버(Max Weber)의 모형은 민주주의 하에서 등장하는 다양한 대통령 유형을 역동적으로 설명하지 못한다.

〈표 3-12〉 미국 대통령의 유형별 리더십 비교[138]

학자별 리더십 유형	대통령					
	워싱턴	링컨	아이젠하워	루즈벨트	클린턴	부시
K. Lewin	민주주의	민주주의	민주주의	민주주의	민주주의	민주주의
White & Lippit	민주형	자유방임형	민주형	민주형	민주형	민주형
Max Weber	합법적	합법적	합법적	합법적	합법적	합법적
James D. Barber	적극적 긍정형	소극적 긍정형	적극적 긍정형	소극적 긍정형	적극적 긍정형	적극적 부정형

〈표 3-13〉 미국 대통령의 리더십과 대 의회관계 모형 변화

구분	대 통 령			
분 석	클린턴 (집권 제1기: 1993-1996) - 1993-1994: 단점정부 - 1995-2996: 분점정부 - 경제호황	클린턴 (집권 제2기 : 2007-2000) - 분점정부 - 경제호황 - 1995년 보스니아 내전 - 1999년 코소보 내전 - 르윈스키 스캔들	부시 (집권 제1기와 집권 제2기 초반: 2001-2006) - 단점정부 - 9·11테러 - 아프간 전쟁 - 이라크 전쟁	부시 (집권 제2기 후반: 2007-2008) - 분점정부 - 거부권 증가 - 공화당의 부시 정책 협력약화
대통령 대 의회 관계 모형	제퍼슨 모형	매디슨 모형	해밀턴 모형	매디슨 모형

레윈(Lewin), 화이트와 리피트(White & Lippit)는 민주주의 제도 하에서 대통령 리더십의 다양성에 주목하지 않았다. 베버는 전통과 현대에서 나

---

138 김석준, 『현대 대통령 연구1』, 대영문화사, 2002 표를 참조하였다.

타나는 리더십의 차이를 체계적으로 설명하였으나 민주주의 하에서는 대통령들이 대개 합법적 리더십을 가지고 있다. 베버도 합법적 리더십 내에서 대통령-의회 관계라는 제도 하에서의 다양성을 고려하지 않았다. 따라서 위에 열거된 학자들의 분류 기준에서 대통령들의 리더십은 유형별로 큰 차이가 없다. 그래서 바버의 분석틀을 개선한 이 연구의 연구는 다양한 대통령들의 다양한 차원에서 다양한 리더십 유형을 제시할 수 있다.

클린턴 대통령은 적극적 긍정형의 리더십을 발휘하였고, 집권 제1기(1993-1996)에는 제퍼슨 모형의 국정운영을, 집권 제2기(2007~2000)에는 매디슨 모형의 국정운영을 행사하였다. 도덕성에서는 낮은 평가를 받았지만 경제성과와 정책역량 덕분에 높은 지지를 유지할 수 있었다. 클린턴 대통령은 실업률 완화, 경제성장률 개선, 무역수지 개선의 측면에서 국가경제를 발전시켰다. 클린턴 대통령은 미국에 심각한 안보위기 없이 국제평화문제에 능동적으로 대처하였을 뿐만 아니라, 사회보장 프로그램들을 성공적으로 수행하였다. 하지만 여소야대 상황에서 의회와의 관계가 원만하지 못했고 스캔들로 탄핵 위기에 몰렸고, 이러한 정치적 부담으로 인해 다음 정권을 야당인 공화당에 넘겨주게 되었다.

클린턴 대통령은 경쟁적인 양당 체제 하에서 평등주의적인 추진력을 갖춘 다수결 원리라는 제퍼슨(Jefferson) 모형에 부합한다. 클린턴 행정부에서 민주당과 공화당은 임기 초반에는 단점, 후반부에는 분점 정부를 유지하였다. 도덕성 논란이 클린턴 대통령의 리더십을 다소 침식시켰지만, 그럼에도 불구하고 정책역량과 성과가 뛰어나서 높은 지지도를 유지했다. 그래서 클린턴 대통령의 임기 중·후반에는 공화당에게 원내 다수당의 지위를 넘겨주기는 했지만 높은 지지와 경제성과를 바탕으로 안정된 정치를 추구하였다. 하지만 임기 말에 클린턴 대통령은 여소야대 상황에서 점차 대對 의회관계를 중요시하는 매디슨 모형의 리더십을 보여주었다.

〈표 3-14〉 미국의 정부형태와 의회 구성변화

의회	선거년	정부형태	행정부		입법부							
			여당	대통령	하원		증감		상원		증감	
					민주	공화	민주	공화	민주	공화	민주	공화
102	1990	분점	공화	G.부시	267	167	+9	-8	56	44	+1	-1
103	1992	단점	민주	클린턴	258	176	-9	+9	57	43	+1	-1
104	1994	분점	민주	클린턴	204	230	-52	+52	47	53	-8	+8
105	1996	분점	민주	클린턴	207	227	+3	-3	45	55	-2	+2
106	1998	분점	민주	클린턴	211	223	+5	-5	45	55	0	0
107	2000	단점	공화	G.W.부시	212	221	+1	-2	50	50	+5	-5
108	2002	단점	공화	G.W.부시	205	229	-6	+6	48	51	+2	-2
109	2004	단점	공화	G.W.부시	202	232	-3	+3	44	55	-4	+4
110	2006	분점	공화	G.W.부시	233	202	+30	-30	49	49	+5	-6
111	2008	단점	민주	오바마	255	175	+22	-27	55	40	+6	-9

　부시 대통령은 적극적 부정형의 리더십을 견지하였고, 집권 제1기와 집권 제2기 초반(2001-2006)에는 해밀턴 모형의 국정운영을, 집권 제2기의 후반(2007-2008)에는 매디슨 모형의 국정운영을 행사하였다. 부시 대통령은 정권 초에는 서민들의 저조한 득표로 당선되어 정당성 논란에 휩싸이기는 했지만 다음 선거에서는 무난한 득표율로 정당성을 공고하게 획득하였다. 부시 대통령의 이분법적 사고는 정당체계의 양극화를 심화시켰고, 일방주의와 이라크 전의 정당성 논란 및 경제위기는 리더십을 점차 된다. 해밀턴 모형의 일반적인 개요와 같이, 부시 행정부는 테러라는 위기 국면에서 아프간전과 이라크전에 선제공격을 감행하고 대외관계에서 비우호적인 '악의 축' 국가들에게 공세적으로 대응함으로써 대통령 중심적 정부를 건설하였다. 부시 대통령과 행정부는 그들의 정국 구상과 대외정세에 따라 역동적인 행정 활동을 수행하였

고, 부시 대통령의 리더십이 입법과정을 포괄적으로 지배하였다. 클린턴 대통령과 마찬가지로 부시 대통령도 임기 말에 분점정부 상황을 맞이하였고, 강력해진 민주당과 협조적 관계를 구사할 수밖에 없었다는 점에서 부시 대통령의 리더십 유형도 해밀턴에서 매디슨 모형으로 리더십의 변화를 보였다.

요컨대 클린턴 대통령의 임기 초는 제퍼슨 모형에, 임기 말은 매디슨 모형에 부합한다. 그리고 부시 대통령의 임기 초반과 중반은 해밀턴 모형에, 임기 말은 매디슨 모형에 부합한다.

第3章 한국 대통령

제2장에서 미국 대통령의 정치적 리더십을 분석하였고, 제3장에서는 한국 대통령의 정치적 리더십과 대 의회관계를 모형화한다. 즉 제2장과 마찬가지로 제3장에서는 한국 대통령의 리더십을, 직책수행에 대한 대통령의 욕구로 적극성과 소극성으로 나누고, 정치적 상황 속에서 대통령이 긍정적이거나 부정적으로 대응하는 것을 토대로 긍정형과 부정형으로 나누고 있는 바버의 리더십 유형을 대입하여 대통령의 리더십과 대 의회관계를 비교분석하는 모형을 설계하고자 한다.

노태우 대통령은 소극적 부정형의 지도자로서 권위주의 정권의 후계자였다. 민주화 열망과 함께 치러진 총선에서 민주화지도자인 김영삼, 김대중이 이끄는 야당이 선전함으로써, 노태우 대통령은 여소야대 상황에서 매디슨 모형의 국정운영을 하였다. 그런데 노태우 대통령은 3당 합당 후 인위적으로 여대야소의 의회관계를 건설함으로써 안정감 있는 제퍼슨 모형에 따라 대對 의회관계를 설정하였다.

김영삼 대통령은 권위주의 영향에 있었던 이전 대통령인 박정희 대통령, 전두환 대통령과 달리 군부 출신이 아닌 대통령으로써 문민정부를 건설한 대통령이었다. 김영삼 대통령은 국민들의 민주화 열망과 정치개혁의 기대에 부응하면서 안정된 의석을 가지고 자신감 있게 국정을 운영하였지만 여당과 야당 간의 합의를 조율할 수 있는 민주적 제도화에 취약하였다. 그래서 김영삼 대통령은 적극적 부정형의 리더십을 견지하였으며, 안정된 여당 의석을 바탕으로 국정을 주도하는 제퍼슨 모형의 정치를 설계하였다.

김대중 대통령은 정치와 경제에 대한 폭넓은 지식을 바탕으로 성취감이 강한 정치가였다. 김대중 대통령은 오랜 정치적 생애 동안 민주화를 위해 투쟁해왔으며, 남북한 평화번영 정책에 대한 확고한 믿음을 가지고 일관되게 통일정책을 추진하였다. 또한 외환위기 상황에서 성공적으로 경제위기를 극복하고 한국경제를 안정시키고 경제변동이 야기한 빈곤층을 지원하는 등의 복지제도를 개선하기 위해 노력했다. 김대중 대통령은 적극적 긍정형 리더십에 기초하여, 추진력 있는 정책대안을 가지고 행정부가 국정을 주도하는 해밀턴 모형과 같은 국정을 전개해 나갔다.

노무현 대통령은 탈권위주의와 탈지역주의 등의 정치개혁에 기여하였던 점에서 긍정적인 측면이 있으나, 포퓰리즘에 의존하였고 정치의 사법화 현상을 야기하였다는 점에서 의회정치에 입각한 리더십을 발휘하지 못했다. 노무현 대통령은 김영삼 대통령과 김대중 대통령의 추진력 있는 정치행태와 달리, 소극적이고 신중한 정치적 스타일을 가지고 있었다. 노무현 대통령은 소극적 부정형 리더십의 소유자였다. 노무현 대통령은 창당 당시 매우 적은 의석수를 가지고 있었던 열린우리당의 지지를 받는 여소야대의 매디슨 모형의 국정운영 행태를 펼치다가, 탄핵 후 국민의 광범한 동정심을 바탕으로 열린우리당이 과반수의 의석을 차지한 제퍼슨 모형의 국정운영을 추진하였다. 그러나 중간평가의 성격을 갖는 보궐선거와 지방자치단체장 선거에서 잇따라 패배하고, 대통령과 열린우리당의 지지율이 추락하여 정권재창출의 전망이 어둡자 노무현 대통령은 매디슨 모형의 국정운영으로 회귀하게 되었다.

第1節 노태우 대통령

노태우 대통령은 소극적 부정형의 지도자로서 자신에게 맡겨진 지도자로서의 역할을 충실히 수행하지만, 지도자의 역할과 책임을 축소지향적으로 인식하였다. 민주화의 열기 속에서 권위주의적 유산을 물려받은 노태우 대통령은 정국주도권도 잃기 쉬웠으며, 실제 총선 결과도 여소야대 정국으로서 주도권을 가지기가 쉽지 않았다. 야권 민주화세력의 분열 덕택에 당선되었을 뿐만 아니라 쿠데타의 주역이었던 노태우 대통령은 정당성이 취약하여, 의회와의 관계 역시 심각하게 악화될 수 있는상황이 분석된다. 노태우 대통령은 개성(personality)의 측면에서 소극적이었고, 상황과 대세를 좇는 행정가적인 결정을 했다. 노태우 대통령은 소극적 상황적응적 지도자로서 신중하고 방어적인 지도자였다. 노태우 대통령이 가졌던 소극적 리더십은 권력의 분산을 통해 의회에 대한 마찰을 줄이려는 리더십이다. 노태우 대통령의 정부의 전신이었던 권위주의 정권인 전두환 정부와는 달리 의회권력과 균형을 맞추었고, 국정운영에서 신중한 스타일을 견지하였다. 이러한 노태우 대통령의 국정운영은 매디슨 모형으로 분석된다.

1. 정치적 리더십 특징: 소극적 부정형

노태우 대통령은 내향적이고 논리적인 반면, 개성이 결여되어 있고, 현실에 안주하며, 우유부단하다는 측면도 있다. 노태우 대통령의 리더십에 대한 평가는 "성원지향형(follower-oriented)을 가미한 현상유지형", "민원봉사형 민원처리적 지도 스타일", "수동적·상징조작적이며 전시적 경향·체제유지적"으로 이러한 리더십 형태는 제6공화국의 정책표류를 가속화시켰다고 평가되었다.[1] 노태우 대통령은 국민들의 직접선거에 의해 선출되었지만 야당 후보의 분열에 의해 집권하였다. 노태우 대통령은 전두환 대통령과 경쟁관계에 있으면서 애정과 적의가 같은 서로 상반된 감정이 있듯이 강온强溫 양면성 전략을 구사했다.

노태우 대통령은 1979년 쿠데타에 의한 전두환 군부 권위주의 정권을 창출했던 인물이다. 당시 국민들 사이에는 1987년 민주화와 정권교체에 대한 여망이 커서 많은 유권자들이 노태우 후보를 지지하지 않았지만, 야당 후보인 김영삼과 김대중의 분열로 당선되었다. 노태우 대통령의 집권은 정당성이 취약했고 리더십에 있어서 국민의 신임을 크게 받지 못해 부정형의 리더십을 가지고 있었다. 김영삼, 김대중, 김종필 등의 야당지도자로부터 반대에 많이 부딪쳤으며, 3당 합당 하에서도 김영삼과 김종필의 이해관계 속에서 주도적인 국정운영을 발휘하지 못했다. 이러한 측면에서 노태우 대통령은 소극적 부정형의 리더십 범주에 속한다.

제13대 국회의 여소야대 정국에서 대통령과 여당은 국정운영에 있어서의 어려움 속에서 청문회와 같이 의회의 권리를 신장시킬 수 있는 다양한 민주화조치가 뒤따르게 되었으며, 정부 여당에 의한 독주가 사라지고 국정감사가 16년 만에 부활되는 등, 국회의 위상이 제고되었다.[2] 하지만 노태우 정부 시기에는 여당이 과반수의석 확보에 실패함으로써, 이 시기의 국정상황은 평화민주당, 통일민주당, 신민주공화당

---

1 김호진, 『한국의 도전과 선택』, 나남출판, 1997, 281면, 한승조, 『리더십 이론과 한국정치』, 민족지성사, 116면, 안병영, '노태우 대통령 지도력의 세가지 특징'『신동아』, 1991. 4. 154-156면, 김정길, 『대통령의 경제리더십』, 한국경제신문사, 1992.

2 정통성을 겨냥한 리더십 지향으로 인하여, 노태우 대통령은 정책입안에 있어 여론수렴에 적극적이었던 것으로 평가되고 있다. 관련논문은 한승조, 『리더십이론과 한국정치』, 민족지성사, 1988, 79면, 정정길, "대통령의 정책관리 스타일", 1992, 안병만, "역대통치자의 자질과 정책성향연구", 한국행정학회 춘계학술 심포지움, 1992.

등 야당의 상호 협조가 없다면, 의회와 행정부와의 관계가 악화될 가
능성이 높았기 때문이다.

노태우 대통령은 개성의 측면에서 2인자 유형이었다. 평생 1인자의
뒤를 뒤따라다니는 2인자는 열등감(inperiority)에 사로잡혀 있기 마련이다.
전두환 대통령의 위세에 눌려 지냈던 노태우 대통령의 상황이 그랬다.
노태우 대통령은 6·29 선언이라는 충격작전을 구사해 자신의 정치적
이미지(political image)를 제고하고 이후 정국의 주도권을 행사할 수 있었
다. 그러나 3당 합당과정만 보더라도 연합과 합당 그리고 김영삼과 김
대중 사이를 오락가락하다가 급기야 김영삼 총재의 적극적인 제의에
이끌려 3당통합이 이루어지게 되었다. 중간평가의 경우도, 국민들에게
여러 차례 천명해놓고 여론에 휘둘리다가 결국 김대중 총재의 지원으
로 유보하게 되었다. 국민과 야당의 민주화요구를 수용한 과정을 보면,
노태우 대통령의 리더십 스타일은 '선先 상황주시, 후後 적절한 대응'으
로 요약할 수 있다.[3]

노태우 대통령의 '모호한 리더십'(vague leadership)은 남의 의견과 참모
의 의존도가 높을 수밖에 없어 정치적 영향이 감소한 측면도 있다. 그
결과 1990년 3당 합당을 시도, 야당인 평민당과의 관계를 더욱 악화시
켰고, 민주화에 대한 요구와 함께, 소극적 리더십은 정국의 주도권이
야당에게 넘어갈 수 있는 계기를 제공해 주었다. 즉, 이러한 상황에서
노태우 대통령은 매디슨 모형처럼 입법권과 행정권의 권력 균형에 입
각한 정부를 추구하였으나, 정치적 이슈충돌에 대한 대처가 부정적이
거나, 정국의 주도권을 빼앗기기 쉬운 리더십인 소극적 부정형 리더십
을 발휘하였다. 노태우 대통령은 전두환 대통령과 함께 쿠데타를 모의
했고 광주민주화운동에 대해 유혈 진압에 책임이 있으나, 전두환과는
달리 소극적이고 야심차지 않은 통치자였다.

---

3 정윤재, "노태우 대통령의 정치적 리더십에 관한 연구", 한국정치학회 편,
『선거와 한국정치』, 2002.

2. 대통령 대 의회 관계: 매디슨 모형에서 제퍼슨 모형으로

의석변수의 영향으로 노태우 대통령의 리더십은 여소야대의 매디슨 모형에서 여대야소의 제퍼슨 모형으로 변화하게 된다. 군부 권위주의 정부의 후계자인 노태우 정부는 국민들의 신뢰가 높지 않아 많은 의석을 확보하지 못했다. 리더십의 위기를 느낀 노태우 정부는 인위적인 3당 합당을 통해 안정적인 국정 동력을 확보하고자 하여 3당 합당 후에는 압도적인 다수당의 협조를 받는 제퍼슨 모형의 리더십을 발휘하게 된다. 노태우 대통령의 리더십은 취임 초부터 비非카리스마적 지도자(noncharismatic leader)로 우유부단하다는 비판과 아울러 여론을 수렴하는 지도자이며 때를 참고 기다리는 인내형의 민주적 지도자상이라는 상반된 평가를 받고 있다.

1988년 2월 25일 취임한 노태우 대통령의 제6공화국 출범 이후, 4월 26일 실시된 제13대 국회의원 총선거에서는 여당인 민주정의당이 전체 의석의 42%에 해당하는 125석을 확보함에 따라 한국 헌정사상 최초로 여소야대 국회가 등장하였다. 매디슨(Madison) 모형은 대담성과 활동력이 약한 신중한 정부로서 행정부에 대한 국회우위의 바탕아래, 입법권과 행정권의 권력 균형을 이루는 모형이다. 즉, 매디슨 모형은 다시 말해서 행정의 능률성을 확보하는 것보다 의회가 행정의 권력남용을 견제하고 통제하는 데 중점을 둔 모형이다.[4]

민주화 열기 속에 치러진 1988년 총선에서 김대중과 김영삼이 이끄는 야당들의 의석이 여당의 의석보다 더 많았고, 노태우 대통령은 여소야대 상황 하에서 신중하게 국정을 추진하였다. 그런데 3당합당 후에

---

4 한국은 외형상 권력분립과 견제균형의 대통령제를 운영하였지만 대통령을 중심으로 한 권위주의적 정치문화 속에서 대통령을 수반으로 한 행정부가 입법부에 큰 영향력을 행사해 왔다. 박종민, "행정부의 입법부 지배: 변화와 지속", 「의정연구」(제4권 2호), 1998, 6-29면.

여대야소의 단점정부로 변화한 것은 노태우 대통령의 국정운영을 힘 있게 추진할 수 있도록 하는 큰 원동력이 되었다. 〈그림 3-31〉과 〈그림 3-32〉와 같이 노태우 대통령은 매디슨 모형에서 제퍼슨 모형으로 달라진 리더십을 발휘할 수 있게 되었다.

〈그림 3-31〉 여소야대(1988-1990)에서 노태우 대통령의 대 의회관계 매디슨 모형

노태우 대통령의 정당성의 한계 때문에 소극적 리더십을 견지하였고, 국민의 동의를 구하지 않은 인위적 합당 등의 방법으로 민주적 절차에 의한 리더십을 보여주지 못했다. 그래서 노태우 대통령은 기본적으로 소극적 부정형 리더십을 견지하였다. 민주화의 열망 속에 치러진 대선에서 노태우 대통령은 쟁쟁한 야당 후보들의 난립 덕분에 당선되었고, 의석변수 차원에서 1988년 4·26 총선에서도 여소야대 상황이 연출되어 임기초반 2년 동안은 매디슨 모형의 리더십으로 분석 된다.

국정운영의 한계를 실감한 노태우 대통령은 주도권을 회복하기 위해 3당 합당을 단행하였다. 이러한 1990년 여당인 민주정의당과 제2의 야당인 통일민주당, 제3야당인 신민주공화당이 통합해 민주자유당(민자당)을 결성하였던 인위적인 방법으로 의석변수 차원에서 여대야소 상황을 만들어내었다. 노태우 대통령은 의회에서 신생여당인 민자당은 노태우 대통령의 국정운영을 지지할 수 있는 제도적 장치를 만들어내었다. 3당 합당 후의 노태우 대통령의 대 의회관계는 변화하여 제퍼슨 모형으로 분석된다.

〈그림 3-32〉 여대야소(1990-1993)에서 노태우 대통령의 대 의회관계
제퍼슨 모형

노태우 대통령은 여소야대의 상황을 타개하기 위해 김영삼, 김종필에게 3당 합당을 제의하게 되었다. 그래서 거대 여당이 출현하게 된 후, 노태우 대통령은 안정적인 국정운영기반을 마련하게 된다. 하지만 그 민자당은 이질적인 정파 간의 연합이었으며, 필연적으로 갈등을 내재할 수밖에 없었다. 정책과 이념의 연합이 아니었기 때문에 정파 간에 권력 갈등이 민주적으로 해소될 수 있는 메커니즘이 없었다. 민자당에서 김영삼 대통령 집권 기간에 박철언, 박태준 등 민정계와 김종필 등의 공화계는 탈당하였다. 또한 민자당은 군부 정치세력과 일부 민주화세력 간의 연합이어서 김영삼 대통령의 당선은 군부 정치세력의 청산을 완전히 해소시키지 못했다는 한계를 노정하게 되었다.

〈표 3-15〉 노태우 대통령의 대 의회관계 모형변화 분석

통치시기	임기 초반	임기 중반	임기 후반
의석	여소야대 불안정	여대야소 안정, 당내균열	여대야소, 대통령 탈당
정치, 경제 상황	3당 합당 (1990년 1월 22일)	―	―
대통령 對 의회관계	매디슨	제퍼슨	제퍼슨

노태우 대통령의 정치적 리더십과 대 의회관계 비교에 있어 모형의

변수의 영향에 대한 분석의 결과를 요약하면 여소야대 정국과 노태우 대통령의 개성(personality), 그리고 정치적 상호작용의 결과 노태우 대통령의 임기 초반은 매디슨 모형에 적합하다. 하지만 3당 합당 이후에는 정국운영의 스타일이 많이 달라졌고 의회와 정부 간의 비교적 균형이 있는 통치가 이뤄졌다. 임기 중반과 후반에는 노태우 대통령의 리더십 모형은 제퍼슨 모형으로 변화된 것으로 평가된다.

〈표 3-16〉 헌법에서 규정한 입법부-행정부 관계[5]

정권	제·개정 일시	입법 행정	내 용
전두환 정부	1980. 10. 27	행정부	대통령 간선: 대통령선거인단이 선출, 임기 7년 단임, 외교·국방·통일 기타 국가안위에 관한 중요정책을 국민투표에 붙임. 비상조치권(국회승인), 국회의 국무총리 해임의결시 국무총리와 국무위원 전원해임
			국무총리: 국회의 동의를 얻어 대통령이 임명
		입법부	국무총리 또는 국무위원 해임의결, 대통령·국무총리·국무위원·행정각부의장·헌법위원회위원·법관·중앙선거관리위원회위원·감사위원 탄핵소추권
노태우 정부	1987. 10. 29	행정부	대통령: 직선제 선출, 국회해산권 폐지, 임기 5년 단임.
			국무총리: 국회의 동의를 얻어 대통령이 임명
		입법부	국정감사권 부활, 국무총리 또는 국무위원 해임건의, 대통령·국무총리·국무위원·행정각부의장·헌법재판소재판관·법관·중앙선거관리위원회 위원·감사원장·감사위원 탄핵소추권(재적의원 과반수 발의, 재적의원 2/3 찬성)

　　권위주의 시대 한국에서는 정당이 제 기능을 못하는 수가 많았다. 정당은 사회집단들의 이해를 결집하고 표출하는 통로의 기능도 제대

---

5 박찬욱·원시연, "한국행정 60년: 입법부-행정부 관계", 『국회입법조사처』 (국회보통권 제498호), 2008, 30-33면.

로 하지 못했고 또 정책결정과정에서 핵심적 역할을 수행하지도 못했다. 합당 이후, 민주자유당은 국회의 막강한 여당의 힘을 통해 안정적인 정권유지와 다음 대통령선거에서의 승리를 만들었지만, 궁극적으로는 군부출신 지배세력의 근본적 속성을 벗어나지 못하게 되었다.[6] 지역을 기반으로 한 정당들의 연합을 통해 정권을 획득하면서, 기본적으로는 민주화에 대한 요구가 계속해서 분출될 수밖에 없는 정치적 한계를 벗어나지 못하였다.

전두환 대통령과 노태우 후보의 정치세력과 야당과 시민사회의 요구가 절충되어 1987년의 제6공화국 헌법이 만들어졌다. 이 헌법의 민주적 제도화는 노태우 정부, 김영삼 정부, 김대중 정부, 노무현 정부, 그리고 이명박 정부에 이르기까지 지속되고 있다. 대통령은 국민직선으로 선출되며, 임기는 5년 단임이다. 국회가 갖는 지위는 제4공화국이나 제5공화국의 헌법과 비교할 때 강화되었다. 대통령의 국회해산권이 철폐되고 국회의 국정감사권은 회복되었다. 임시회 소집을 요구할 수 있는 요건도 재적의원 3분의 1에서 제3공화국 헌법에서와 같이 재적의원 4분의 1로 환원되었다. 정기회와 임시회를 합하여 연150일을 초과할 수 없도록 했던 종전의 규정도 변경되어 현행헌법에서는 연간 회기일수의 제한이 없다. 이와 같이 국회의 헌법적 위상이 종전보다 제고된 것은 사실이지만 대통령과 행정부가 국회에 대하여 갖는 영향력이 매우 취약하게 되었다고 판단할 수는 없다. 왜냐하면 대통령의 국회해산권 철폐는 정상적인 대통령제로의 복귀이며 대통령은 여전히 긴급명령권과 법률안거부권을 갖고 있기 때문이다.[7]

---

6 이남영, "전두환·노태우 정권의 성격과 리더십", 한국정치학회 편, 『한국현대정치사』, 1995, 321면.

7 박찬욱·원시연, 위의 글, 30-33면.

가. 임기변수

노태우 대통령은 3당 합당을 통해 안정적인 정권기반을 만드는데 성공하였으며, 다음 대통령 선거에서 당선이 유력했던 민주자유당의 김영삼 후보가 대통령으로 당선되어 안정적으로 국정을 운영할 수 있었다. 그러나 결론적으로 노태우 대통령은 그로 인해 정국상황과 국제 정서에 맞물려 권위주의적 요소들을 점차 완화해나가는 등 민주화조치들이 취하기도 하였으며, 과거의 지도자들처럼 강력한 권위주의 권력을 발휘할 수는 없었다. 또한 노태우 대통령의 부정형의 리더십은 3당 합당에도 불구하고, 정국의 주도권을 얻어내는 데 실패하게 만들었으며, 이러한 인위적인 개편을 둘러싸고 1990년 3당 합당에 반대하여 평민당 의원 전원이 의원직 사퇴서를 제출하는 등 합당을 거부한 야당과의 관계를 더욱 악화시키게 되었다. 기무사와 안기부도 정권의 정치적 목표수행에 이용되었고 군부도 인사를 통하여 상층부를 자신의 인맥으로 충원하였다. 이런 경향은 노태우 대통령의 권력기반에서 정보기구와 군부가 차지하는 비중이 3당 합당으로 거대화된 민자당 못지않게 계속 중요함을 시사한다. 대통령 리더십 행사에서 초기의 대국민 설득 중시에서 권력기관의 조직적 힘으로 변화된 것은 3당 통합으로 제도적 힘이 강화되었을 뿐 아니라 레임덕 현상을 최초로 맞이한 대통령으로서 권력누수 방지라는 목적 때문에 더욱 강화되었다.[8]

나. 의석변수

의석변수의 영향에 의해 노태우 대통령의 리더십은 여소야대의 매디슨 모형에서 여대야소의 제퍼슨 모형으로 변화하게 된다. 노태우 대

---

8 이강노, "대통령제와 제14대 대통령 선거의 전망 : 대통령의 지도력과 정책 결정요인의 비교 −박정희·전두환·노태우 대통령과 비서실−", 『한국정치 학회 선거와 한국정치』, 1992, 504-506면.

통령은 인위적인 3당 합당을 통해 압도적인 다수당의 협조를 받는 제 퍼슨 모형의 리더십을 발휘하게 된다. 1987년 6월 항쟁 당시 각계의 요구가 봇물처럼 분출돼 자유방임적 리더십 형태를 보여 무정부상태 (anarchy)를 방불케 하였다.[9] 군정 종식과 민주화, 그리고 직선제 개헌을 요구하는 국민들의 시위가 전국적으로 확산되었다. 이에 민정당의 노태우 대통령 후보는 대통령 직선제 개헌을 골자로 하는 이른바 6·29선 언[10]을 발표하게 되었고 이에 따라 대통령선거가 실시되었다. 이 시기는 국민들의 민주화 열기가 폭발하는 시기로, 그 어느 때보다 정권교체에 대한 국민들의 여망이 큰 시기였다. 그러나 야당인 통일민주당의 김영삼 후보와 평화민주당의 김대중 후보가 후보 단일화에 실패함으로써, 민정당의 노태우 후보가 당선되었고 제13대 대통령에 취임하게 되었다.[11] 이러한 상황이었기 때문에, 대통령선거에 이은 국회의원선거에서는 대통령 선거와는 다르게 여당인 민정당이 과반수의석 확보에 실패함으로써 국회는 평화민주당·통일민주당·신민주공화당과 함께 4당 체제로 운영되었다. 이는 여당의 일당 독재를 막고 의회 민주 정치를 실현할 수 있는 좋은 기회였다. 한국 헌정사상 최초로 여소야대 국회가 등장하고, 평화민주당, 통일민주당, 신민주공화당 등 야당과의 상호 협조를 통해 국정 현안이 다루어졌으며, 정부 여당에 의한 독주가 사라지고 국정감사가 16년 만에 부활되는 등 이 시기는 국회의 위상이

---

9 Ronard Lippit and Ralph K. White, "An Experimental Study of Leadership and Group", Eleanor et al, *Readings in Social Psychology* (New York: Holt, 1958), pp.405-408.

10 이러한 특성은 대세 편승 형 리더십의 한 행태로 볼 수도 있을 것이다. 대세편승형의 지도자는 권력을 획득하는 과정에서 사회의 분위기에 의존하는 경우가 많고, 권력을 획득한 이후에도 사회적 요구에 반하는 결정을 하지 못하는 특징이 있다. Kellerman, ed, Political Leadership : A source Book (Pitsburg: University of Pittsburgh Press), 1996, p.4, 27, 34.

11 김호진, 『한국정치 체제론』, 박영사, 1990, 17-28면., 김호진은 직선제 대통령 선거의 결과와 과도기적 특수성을 고려해 노태우대통령을 어느 정도의 정당성을 띤 리더십으로 평가하고 있다.

제고된 시기라 할 수 있다.

여소야대로 출발한 제13대 국회는 의정사상 최초로 청문회제도를 도입, 이에 따라 국회는 신군부의 등장배경 및 5·18광주민주화운동 등 과거사의 진실 규명을 위하여 정치 권력형 비리조사 특별위원회와 5·18 광주민주화운동 진상조사 특별위원회를 구성하여 청문회를 개최하였고, 문교공보위원회에서도 80년 이후의 언론통제 및 80년 언론인해직에 관한 청문회가 개최하였다.

〈표 3-17〉 제13대 국회의 득표율과 의석수[12]

정당/단체	득표수(율)	의석수(비례대표)
민주정의당	6,670,494(34.0)	125(38)
평화민주당	3,783,279(19.3)	70(16)
통일민주당	4,680,175(23.8)	59(13)
신민주공화당	3,062,506(15.6)	35(8)
무 소 속	933,161 (4.8)	9
한겨레민주당	251,236 (1.3)	1
합계(비례대표)	299(75)석	

하지만 여소야대 정국에서의 대통령과 여당은 국정운영에 있어서 어려움을 겪게 되었다. 특히 중요한 정책을 수립 추진하는데 있어 한계에 직면한 여당은 뜻을 같이하는 세력과의 연합을 추진하였다.[13] 이 당시 노태우 대통령의 리더십은 정치적 역할에 대해 소극적이어서 정국의 주도권을 이끌지 못했으며, 정치적 유연성이 부족하여 막연한 원칙에 집착하게 되면서, 전형적인 소극적 부정형의 리더십을 보여주고

12 이 표는 국회 홈페이지에서 확인한 정당별 의석 및 득표현황(당선 시 기준)이다. 신한민주당, 민주한국당 등 의석이 없는 군소정당의 득표율은 생략하였다. 〈www.assembly.go.kr:8000/ifa/html/1_1_2.html〉의 제13대 국회 표.
13 안청시, "한국정치문화의 특성과 변화",『한국정치문화』, 서울대학교 한국정치연구소, 1991, 203-209면.

있다. 제13대 국회는 각 정당의 지지 기반이 지역적으로 극심하게 편중
됨으로써 지역감정의 심화라는 새로운 정치·사회적 문제를 안겨 주었
고, 지역출신 지도자에 대한 지역민들의 압도적 지지가 생길 수밖에
없는 모순을 보여주었다.

그리고 이러한 모순은 결국 정치적 신념이 다른 정당이더라도 정권
획득을 위해 여당과 야당이 서로 합당을 하거나 연합을 하는 비정상적
인 전례를 남기기에 이르렀다. 이에 자극받은 야당은 김대중의 평화민
주당(약칭 평민당)이 신민당으로 개편되고, 또 다시 1991년에 민주당 잔류
파와 합당해 민주당을 결성함으로써 정계는 민자당과 민주당으로 나
뉘게 되었다. 그리고 1992년에는 정주영이 통일국민당을 만들어 3당 체
제가 형성되었다.

〈표 3-17〉 제14대 국회의 득표율과 의석수[14]

정당/단체	득표수(율)	의석수(비례대표)
민주자유당	7,923,719(38.5)	149(33)
민 주 당	6,004,577(29.2)	97(22)
통일국민당	3,574,419(17.4)	31(7)
무 소 속	2,372,005(11.5)	21
신정치 개혁당	369,044 (1.8)	1
합계(비례대표)	299(62)석	

매디슨 모형은 의회 내의 여야 간의 권력이 균형을 이루느냐 이루
지 못하느냐에 따라 서로 다른 리더십이 필요하다. 하지만 제13대 국회
에서는 중요한 정책을 수립 추진하는데 있어 뜻을 같이하는 세력과의
연합을 추진할 수밖에 없는 상황이었다.

---

14 이 표는 국회 홈페이지에서 확인한 정당별 의석 및 득표현황(당선 시 기준)
이다. 공명민주당, 민중당 등 의석이 없는 군소정당의 득표율은 생략하였
다. 〈www.assembly.go.kr:8000/ifa/html/1_1_2.html〉의 제14대 국회 표.

〈표 3-19〉 제13대 국회 동의안/결의안 처리현황[15]

구 분	접수	처리	계	원안	수정	부결	폐기	철회	반려
동의안	230	230	146	141	5	81	1	2	
결의안	143	143	118	118		1	24		

위 〈표 3-19〉와 같이, 제13대 국회에서는 행정부의 동의요청안에 대한 부결이 81회나 되는 것으로 나타나고 있는데, 이는 여당의 힘이 강하긴 하지만 의회 내에서 야당을 압도할 만한 능력을 가지지 못한 것을 알 수 있다. 하지만 노태우 대통령과 여당은 민주화에 대한 요구와 강력한 야당의 힘을 의도적으로 분산시키면서 자신들의 정권을 연장하려고 시도하였다. 노태우 대통령은 합당 후 제14대 국회에서 전체의석의 72%에 해당하는 216석을 차지하게 됨으로써 여소야대 정국은 2년여 만에 여대야소의 정국으로 반전시켰고, 반공과 지역주의에 기반한 반호남연합(3당통합)의 결성을 통해 그들에게 생소한 여소야대를 친숙한 여대야소 구조로 재편함으로써 곤경을 벗어나게 되었다.[16] 그러나 이는 국민들이 총선을 통해 만든 여소야대 구도를 비밀 협의와 정치논리로 이를 깨뜨렸다는 비난에서 벗어나기 힘들었다. 여소야대 정국에서의 대통령과 여당은 국정운영에 있어서 어려움을 겪게 되었다. 특히 중요한 정책을 수립 추진하는데 있어 한계에 직면한 여당은 뜻을 같이하는 세력과의 연합을 추진하였다. 제13대 국회는 각 정당의지지 기반이 지역적으로 극심하게 편중됨으로써 지역감정의 심화라는 새로운 정치·사회적 문제를 안겨 주었고, 지역출신 지도자에 대한 지역민들의 압도적 지지가 생길 수밖에 없는 모순을 보여주었다.

---

15 국회사무처 홈페이지, 〈nas.assembly.go.kr〉.

16 임혁백, "지연되고 있는 민주주의의 공고화," 최장집, 임현진 공편, 『한국사회와 민주주의: 한국 민주화 10년의 평가와 반성』, 나남출판, 1997, 37-38면.

다. 정치·경제상황

노태우 대통령의 리더십을 분석할 때 상황적 여건으로 먼저 고려되어야 할 점은 1987년 6월 이후 "민주화" 이행에 따른 한국 정치체제의 성격이다. 노태우 정부를 군부지배체제의 변형된 연장으로 보는 사람들은 박정희 대통령·전두환 대통령과의 리더십 비교에서 개인적 성향의 차이에 초점을 둔다. 이들의 의견이 어떠하든, 1987년 6월을 전후한 정치·경제구조와 지배이념의 변화과정은 직선제 선출과 더불어 노태우 대통령의 리더십에 많은 영향을 미쳤다. 한승조는 산업화 후기시대 노태우 대통령의 정치적 리더십은 "정통성을 겨냥한 리더십으로 특징" 짓고,[17] 정정길은 제6공화국의 정치적 민주화와 통치이념의 갈등은 노 정권의 경제정책이 표류하게 된 외적 여건이었다고 지적하였으며,[18] 안병만도 역대 지도자의 정책운영 스타일을 비교하면서 노태우 대통령은 정책입안에 있어 여론 수렴이 가장 잘 된다고 하였다.[19] 이러한 구조적·이념적 변화가 노태우 대통령의 리더십에 외적 구속력으로 작용하였으니 특히 노태우 정부는 초기에 여론에 민감한 리더십과 정책집행을 강조한 것이 그 경우다. 즉 1987년 6·29선언과 제13대 대통령선거에서 노태우 대통령의 승리는 민주화의 가능성에 대한 국민의 정권에 대한 높은 기대치와 더불어 노태우 대통령으로 하여금 리더십 행사에서 개인적 여론을 의식한 인기관리에 경주하도록 하였다.

제6공화국 정부는 새로운 개혁 정치의 의지를 표명하였다. 우선 군정에 대한 국민의 불만을 불식하기 위해 민간 주도형의 민주 정치를 실현하고, 지역감정 해소를 통한 국민 화합의 풍토를 조성하는 데 힘쓰

---

17 한승조, 『한국의 정치지도자들』, 대정진, 1992.
18 정정길, 『대통령의 경제리더십』, 한국경제신문사, 1994.
19 안병만, "역대 통치자의 자질과 정책성향 연구", 한국 행정학회 춘계학술 심포지엄, 1992. 4. 16, 62면.

며, 경제 발전과 사회 안정을 추구할 것임을 표명하였다. 또한 1988년
의 올림픽대회를 성공적으로 치러, 국력 신장의 획기적인 계기를 마련
하였다. 또 중국 및 소련 등 동유럽 공산권 국가와의 외교에 주력해 커
다란 성과를 거두었다. 정치·경제 환경의 변화에 대통령이 적절한 대
처를 하지 못한다면, 입법부와 행정부 간의 견제와 균형은 무너지기 쉬
우며, 의회가 압도적으로 정국을 주도할 수 있는 가능성이 크다. 노태
우 대통령 정권에서는 물가 상승이 임금 인상을 부르고 임금 인상이
물가 상승으로 이어지는 악순환의 고리 속에 빠져 있었다. 하지만 이
러한 경제적 문제를 선진국 진입을 위한 과정으로 돌리면서 구소련 및
중국과의 외교관계를 확대, 미래의 시장 확보에 전력하였고 이러한 경
제적 문제는 다음 정권의 해결과제로 넘어가게 되었다.

第2節 김영삼 대통령

김영삼 대통령은 낙관적이고 야심이 많고 권력적인 성향을 가진 지
도자로서 독선적인 성향을 가진 적극적 부정형 리더십을 가지고 있었
다. 김영삼 대통령의 정치적 역정과 대통령 직무 과정에서 특유의 정
치적 감각을 가지고 승부사로서의 특성을 보여주었다. 김영삼 대통령
은 수많은 정치개혁을 일궈냈고 문민정부의 대통령이면서도, 대對 의
회관계에서 국민통합의 측면에서 화합을 보여주기보다는 대결적인 국
면을 이끌어내어서, 민주적 지도자로 평가되기보다는 권위적인 지도자
로 평가된다. 코르니스(Gyula Kornis)가 정치를 '타협의 예술'이라 했고, 비
스마르크는 '가능성의 예술(art of the possible)'이라 했는데, 정치의 핵심적
요인은 정치력이다. 이것이 있어야 협상과 타협을 주도할 수 있기 때
문이다.[20] 이러한 점에서 김영삼 대통령의 적극적 부정형 리더십은 많
은 장점과 한계에도 불구하고 정치력의 한계를 보여주고 있다. 하지만

김영삼 대통령은 민주화 시대를 연 대통령으로서 대통령과 대對 의회 관계의 민주적 제도화를 실천하였다. 김영삼 대통령의 국정운영은 제 퍼슨 모형으로 분석 가능하다.

1. 정치적 리더십의 특징: 적극적 부정형

가. 민주화 지도자

김영삼 대통령의 성장과정과 성격유형은 부잣집 외아들 콤플렉스 (only son complex), 에이고즘(egoism), 영웅심리(bigman complex), 큰 인물 콤플렉스가 작용하였다. 콤플렉스(complex)는 정상적인 사고체제를 방해하고 감정적 혼란을 유발시킨다. 따라서 김영삼 대통령의 외아들 콤플렉스는 정상적인 남아男兒의 사고체계를 방해하여 자기중심적이고 배타적인 성격유형이다.[21]

김영삼 대통령은 권위주의 시절에는 민주화투쟁의 상징으로 민주화시대에는 문민정부를 연 최초의 민간출신 대통령이었다. 김영삼 대통령은 보수적 군부 권위주의 정당에 대항하며 성장해 왔다. 김영삼 대통령은 성격적으로 볼 때 순발력과 재치, 낙관주의적 성향이 강한 동시에 극도의 예민함과 모험성·저돌성·도박성·공상성의 특징이 두드러진 외향적 감각형에 가깝다.[22]

김영삼 대통령의 리더십은 문민정부로서 비군부 통치시대를 열었으나, 정당내 민주화 등 제도적 민주주의는 성숙되지 못했다. 리더십 행태의 측면에서 권위주의적 요소도 남아 있었다. 김영삼 대통령의 리

---

20 김호진, 『한국의 대통령과 리더십』, 청림출판, 2006.

21 최진, 『대통령 리더십 총론』, 법문사, 2008, 385면

22 최진, 위의 글, 384면. 김영삼 대통령은 순발력·임기응변·재치·충동적·낙관적인 특징이 강하다. Carl Jung, *Psychological Types*(London and Herley: Routledge & Kegan Paul, 1979).

더십은 위기의 국면에서 선택과 승부로 발현되었다. 혹자는 김영삼 대통령의 리더십을 '승부사형 리더십'으로 표현하기도 한다.[23] 이러한 평가는 김영삼 대통령의 개인적인 특성을 부각시킨 것이다. 김영삼 대통령의 승부사적 기질을 정치적 맥락 혹은 상황은 정치적 승부를 걸 때마다 그것이 가지는 정치적 메시지를 명확하게 내세우면서 자신의 정당성을 확고히 했다는 점이 두드러진다.

김영삼 대통령이 젊은 민주화지도자의 상징으로 등장한 것은 1969년 '40대 기수론'을 내걸고 신민당 대통령후보 지명대회에 나서면서부터다. 또한 유신종말의 계기 중의 하나였던 'YH사건'으로 김영삼 대통령은 국회에서 제명되었지만, 이는 오히려 김영삼 대통령의 타협하지 않는 야당 지도자로서의 위상을 확고하게 해주는 토대가 되었다. 반유신투쟁을 통해 형성된 김영삼 대통령의 대중적 리더십의 원천은 민주화 투사, 정면돌파의 소신과 결단의 정치행태가 시대적 상황과 대중의 민주화열망과 맞물리면서 얻은 결과였다. 어떠한 측면에서 정치적 경쟁자인 김대중 대통령과 함께 저항적 리더십은 김영삼 대통령이 가졌던 특유의 정치적 감각과 승부사로서 결단의 연속을 통해 형성된 것이었다. 반민주적 권위주의 시대의 야당지도자로서의 김영삼 대통령의 리더십은 신군부 시대인 전두환 정부시기에도 계속되는데, 신군부에 의해 가택연금 상태에 있던 1983년 5월 18일 광주민중항쟁 3주년을 시작으로 단행한 23일의 단식투쟁은 언론보도마저 봉쇄당했지만, 분산되어 있었던 민주화 세력의 결집을 유도하는 중요한 계기를 마련했다.

나. 문민정부와 정치개혁

김영삼 대통령은 수십 년 동안 야당 지도자라는 특징 때문인지 독자적 결정을 하는 경향이 많았다. 권위주의 독재 정부에 투쟁하다 보

---

23 강병익, "김영삼, 김대중 그리고 노무현의 리더십", 『미래공방』, 2007, 79면.

니 비밀주의와 권위주의적 요소가 더 강화되었으며 이 과정에서 법령
이나 제도를 초월하는 행동도 나타나게 되었다. 특히 국가통치의 효율
성을 살리지 못하고, 국정이념과 방향은 혼란을 겪음으로써 김영삼 대
통령은 문민정부의 대통령이면서도 민주적 지도자로 평가되기보다는
권위적인 지도자로 평가되기도 하였다.[24] 이러한 점에서 이 시기 김영
삼 대통령의 리더십은 매우 권력욕이 강했고, 정치적 대립이슈에 대해
서는 야당을 투쟁의 대상으로 인식하였으며, 강력한 통치력을 통하여
스스로 사회전반을 이끌어 가려는 적극적 부정형의 전형적인 모습을
보여주고 있다. 이러한 리더십은 대통령과 국회의 관계 역시 그리 원
만하지 못하도록 만들었다.

그리고 김영삼 정부는 과거의 정권처럼 의사결정의 폐쇄성과 비공
개 성향에서 벗어나지 못했다. 그리고 대통령 역시 정보 수집 및 결정
과 관련하여, 다양한 원천에서 많이 듣지만 결정은 독자적으로 하는 권
위주의적인 면모를 보여주었다. 이러한 체제상의 문제는 결국 아시아
의 경제적 위기에 정부가 적절한 대응을 하지 못하도록 만들었으며, 김
영삼 대통령의 집권 5년은 말기에 IMF에 구제 금융을 신청하는 사태로
전환되면서, 국민들에게 실망만을 안긴 채 실정으로 끝나게 되었다.[25]

---

24 김석준, 『현대 대통령 연구 1』, 대영문화사, 2002, 240-241면.; 1993년의 김영
   삼 정부는 국민들의 커다란 기대 속에, 과거 32년간의 군사 정권에서 벗어
   난 문민정부로 출범하였고, 변화와 개혁, 세계화·국제화, 역사 바로 세우기
   운동 등의 기치를 내걸고 개혁정치에 착수하였다. 1993년 2월 25일 출범한
   김영삼 대통령의 문민정부 초기, 국회는 과거 비민주적이고 권위적인 군
   사정권의 잔재를 청산하고자 국가보안법과 국가안전기획부법을 개정하였
   다. 또한 깨끗한 정치, 돈 안드는 선거풍토를 조성하기 위하여 공직선거
   및 선거부정 방지법, 정치자금에 관한 법률 등 정치관계법을 개정하였고,
   금융실명제 및 부동산실명제의 실시, 공직자의 재산공개를 통한 공직사회
   의 기강 확립 등 각 분야에 걸친 개혁 작업을 뒷받침하였다.

25 최장집, 『시민사회의 도전 : 한국의 민주화와 국가자본 노동』, 나남출판,
   1993.

종합적으로 볼 때, 김영삼 대통령의 성과에 대한 평가는 매우 다양하다. 김영삼 대통령 정부 출범 이후 개혁성과에 대한 평가는 각각의 사안에 따라 공과가 교차하고 있기 때문에 복합적 성향을 띤다. 김영삼 정부의 개혁에 대한 연구는 민주주의 공고화라는 측면에서의 정치개혁에 대한 평가와 개혁의 실패 원인을 분석한 연구들로 나누어 고찰할 수 있다. 민주주의 공고화에 대한 개혁성과를 분석하는 연구들은 대부분 초기 개혁은 성공적이었으나 이후 개혁이 변질되기 시작했다고 분석한다.[26] 개혁의 성격이 경쟁을 강조하는 경제 논리에 사회통합성을 강조하는 정치논리를 종속시키는 신자유주의 논리와, 분배의 평등성 대신 전통적 가족윤리 등을 결합한 신보수주의 내지 신 발전주의로 전환되었다는 주장도 제기되었다.[27] 이에 따라 김영삼 정부의 개혁의 목표는 민주주의를 정치제도적인 측면에서만 접근하려 했지, 의회나 정당 등의 자율성과 제도화를 통한 민주주의 공고화나 실질적 민주주의의 실현에는 놓여있지 않았다는 주장이 제기되었다.[28] 김영삼 대통령의 정치개혁은 권위주의적 군사정권의 등장으로 야기된 지역적 권력구조를 단지 지역적 네트워크와 연결된 정치엘리트의 구조다원화로 대체 했을 뿐이며 지배구조의 근본적인 변혁과 실질적 민주주의의 공고화라는 개혁은 단행하지 못하고, 법규의 실행보다는 개정자체로서 과시효과를 내는 수준의 제도적 개혁에 머물렀다고 분석한다.[29]

김영삼 대통령의 개혁실패의 원인을 분석한 연구는 대부분이 개혁 방향이나 내용 자체에 대한 것보다 개혁의 결과나 추진방법에 초점이

---

26 손호철, "문민정부와 정치개혁", 『해방 50년의 한국정치』, 샛길, 1995.
27 선학태, "세계화와 한국정치개혁의 제도화", 『한국정치학회보』(제30집 제2호), 1996.
28 윤영찬, "이상주의와 현실정치", 『신동아』(9월호), 1996.
29 서기준, "한국의 정치권력구조 개편에 관한 재고찰", 『한국정치학회보』(제30집 제2호), 1996.

맞추어져 있다. 즉 개혁원론에는 동의하나 개혁의 방법에 문제가 있다는 것이다. 예를 들면, 너무 범위가 넓은 개혁대상을 선정함으로써 일반 국민들에게 강력한 개혁의지를 심어주는데 실패했으며, 개혁추진세력을 일부 측근에 한정시킴으로써 개혁성공에 필수적인 조건인 개혁연합세력의 구축에 실패했다는 것이다. 또한 독선적이고 즉흥적이며 편파적으로 비추어진 개혁추진방법상의 문제가 김영삼 정부의 개혁에 대한 비판적 논의의 주류를 차지한다.[30]

김영삼 정부의 개혁의 한계와 실패에 대한 분석에서 김영삼 정부의 권력의 태생적 한계를 지적하는 견해는 김영삼 정부 자신의 보수적 경향과 권력기반, 특히 3당 합당을 통한 집권이 가져온 보수적인 권력 기반 등을 강조한다. 최장집은 김영삼 정부의 개혁정책의 한계를 "보수연합에 의한 집권"에서 찾고 있다.[31] 김영삼 정부의 개혁정책에 대한 이러한 비판은 개혁 그 자체의 어려움과 문제점들을 정확하게 설명해주지 못하며, 또한 개혁의 과정이 어떻게 굴절되고 왜곡되는지에 대해서도 별다른 분석을 제공하지 못한다. 김영삼 정부의 집권 토대와 지지기반은 구조적 한계를 지닌 채 출발했으며 집권적 토대였던 선거과정에서의 지역적 균열과 3당 합당 그리고 이후 지지기반의 무정형성은, 김영삼 정부의 체제화는 물론 민주주의 공고화에 심각한 장애 요인이 되었다는 주장이 많이 제기되었다.[32]

---

30 초기의 개혁은 민주적 공고화의 가능성을 크게 고양시킬 수 있을 만큼 성공적이었다. 하지만 개혁이 경제 분야로 넘어갈 때 적지 않은 저항과 반발이 야기 되었다. 이와 더불어 세계화 정책은 장기적 비전이나 구체적 프로그램의 부재, 성격의 모호성으로 인해 개혁을 유보시키고 퇴행시키는 결과를 가져왔다고 주장한다. 이러한 개혁 정책의 실패는 개혁철학의 빈곤과 김영삼 대통령의 특유의 표플리즘적 스타일, 여론몰이, 보안위주의 개혁추진 방식 등이 주요한 원인이 된다. 강문구, "한국의 민주적 공고화와 개혁의 한계", 『21세기 정치학회보』, 12권, 2002, 1-19면.

31 최장집, "김영삼 정부 초기 개혁과 한국민주주의의 성격", 『한국민주주의의 조건과 전망』, 나남출판, 1996.

강원택은 김종필의 이탈로 인한 불안정을 극복하기 위해 여론의 지지를 얻을 수 있는 개혁정책을 추진하였지만 이는 대구, 경북 지역의 세력을 압박하는 결과를 가져왔고 이러한 집권 연합의 갈등 및 분열은 김영삼으로 하여금 자신에 대한 여론의 지지에 보다 의존하게 하는 결과를 가져왔다. 따라서 김종필의 이탈은 민주계의 애당초 예상과는 달리 김영삼 정부에 대한 "실질적인 정치적 지원세력"을 잃게 하였고 보다 강력한 야당과 상대하게 되는 결과를 초래하였다고 주장하였다.[33] 백종국은 개혁의 실패는 개혁을 주도하는 개혁 연합의 부재를 중요시하며 김영삼-김대중의 개혁 연합의 필요성을 강조하였다.[34] 김영삼 정부의 개혁정책의 한계와 실패에 대해 김영삼 정부의 권력의 태생적 한계를 지적하는 견해는 김영삼 정부 자신의 보수적 경향과 권력기반, 특히 3당 합당을 통한 집권이 가져온 보수적인 권력 기반 등을 강조한다. 그러나 김영삼 정부보다 훨씬 진보적이라 평가할 수 있는 김대중 정부의 개혁정책이 성공적이지 않았다는 사실은 개혁 정책의 실패를 권력 기반의 보수적 성격으로 간주하는 것도 그리 설득력이 없다고 생각된다.

김병문은 김영삼 대통령의 개혁을 〈표 3-20〉과 같이 위로부터의 개혁→ 단계적 개혁→ 사회 틀을 바꾸는 개혁이라는 3단계 특징으로 요약하였다. 김영삼 대통령은 집권 초기 김영삼 정부는『신한국 창조』를 국정지표로 삼고 개혁조치를 단행하였다. 잘못된 관행 혁파와 21세기에 대비한 새로운 제도 및 의식 건설이 김영삼 정부가 추진하는 3단계 개혁 정책의 특징이며 목표라 할 수 있다.

---

32 김석준, "한국의 정치개혁", 『한국정책학회보』(제4권 제1호), 1995.
33 강원택, "김영삼 정부시기의 정당정치와 개혁의 한계: 집권연합내의 변화를 중심으로", 『국가전략』(제8권), 1998.
34 백종국, "김영삼 개혁 연합의 선택", 『사회비평』(제14권), 1996.

〈표 3-20〉 3단계 개혁 정책[35]

단계	주요 특징
1) 위로부터의 개혁	-정치자금을 받지 않겠다고 선언함 -재산 공개를 비롯해 개혁을 주도하며 몸소 실천함 -주요 개혁정책이 대통령 자신의 결단과 실천으로 추진 됨
2) 단계적 개혁	-군부통치와 고도성장 과정에서 야기 된 잘못 된 관행, 의식, 제도를 개혁하고 사회기강을 바로 잡는 "정상화"를 위한 개혁에 초점을 둠 -군의 정치개입 방지, 권력비리 등 각종 사회비리, 정경유착 비리 근절을 위해 법·제도적 장치를 마련함 -공직자 재산공개, 공직자 윤리법 강화 및 경제정의 기틀 마련을 위한 금융실명제 단행
3) 사회 틀을 바꾸는 개혁	-세계화 개혁에 착수 -한국경제의 경쟁력 제고를 위한 개방과 경제구조 조정 등 경제 질서 개편, 지식정보 시대를 준비하는 정보화 추진 전략, 사회복지 구상, 사법 개혁 교육 개혁 등이 추진됨 -세계화 개혁을 한국사회의 근본을 바꾸는 개혁으로 추진 됨

김종필의 탈당과 김대중의 복귀로 인한 신 3김 시대의 등장으로 정치는 마치 과거로 회귀하여 퇴색되는 분위기였다. 이러한 상황에서 김영삼 대통령은 그 동안의 개혁의 성과를 기반으로 하여 강력한 도덕성과 정당성을 바탕으로 국민의 지지를 유도하여 개혁을 마무리하기가 어려웠다. 더구나 3김 정치의 부활로 인한 지역기반 정치의 부활은 김영삼 대통령의 경쟁의식을 자극하게 되어 과거 투쟁의 정치로 회귀되는 현상을 불러 일으켰고 김영삼 대통령은 신뢰를 바탕으로 개혁을 마무리하기에는 지지 세력이 미미했으며 국민들 사이에서 개혁에 대한 기대감도 그다지 크지 않았다. 이는 신뢰의 시기에 김영삼 대통령이 리더십을 제대로 발휘할 수 없는 환경을 조성하였다. 더구나 대통령

---

35 김병문, "개혁의 성패요인 분석- 김영삼 대통령 리더십을 중심으로-",『한국행정논집』(제17권 제4호), 2005, 1168면.

아들의 권력남용과 친인척 비리 문제가 흘러나오자, 그동안 추진한 김영삼 대통령의 개혁노력을 무산시키게 된다. 또한 대통령 아들의 권력남용으로 법적 구속되었으며, 경제정책의 미숙으로 위기상황이 발생하여 개혁은 효율성은 급속 하강하게 된다.[36]

김영삼 대통령은 개혁의 절차상의 문제와 과거 기득권층의 저항에 맞닿는다. 국민의 지지로 인해 군부개혁, 정치개혁법 제정, 금융실명제 등의 가시적인 정책의 성과가 있었다. 그러나 개혁의 제도화를 위한 개혁의 관리의 시기에 3당 합당을 통해 형성된 김영삼 정권의 집권연합이 김종필의 탈당으로 한 축을 잃게 된다. 3당 합당은 또 4당 체제하에서 3당이라는 현실과 오랜 경쟁적 동지인 김대중의 정치적 정책에 밀리고 있다는 현실을 깨닫지 못하고 외부 탓으로 돌리는 '투사심리'(projection) 측면이 있다.[37] 또한 5·18 특별법 처리 과정을 통해 또 다른 한 축인 민정계 기반을 잃게 된다. 더구나 1996년 12월 노동법 개정으로 인해 진보세력마저도 김영삼 정부에 등을 돌리는 정치적 현상이 발생한다. 이는 대구-경부지역의 유권자, 야당 및 진보세력, 과거 권위주의 세력의 정치인들로부터 김영삼 정부의 개혁정책은 지지의 상실이며, 결국 개혁 추진력의 약화로 이어질 수밖에 없었다. 이는 김영삼 대통령이 개혁의 관리의 시기에 실기하였음을 증명 된다. 즉, 개혁-반개혁 세력 간의 이해관계를 잘 이해하고 양 세력을 조화시켜 개혁으로 이끌 수 있는 합리적인 리더십을 발휘하지 못했다. 더구나 기아사태, 한보사태 등을 겪으면서 김영삼 대통령에 대한 정치적 정당성과 도덕성에 훼손이 오면서 김영삼 대통령의 개혁은 더 이상 국민의 지지를 받을 수 없는 상태가 되었다.[38] 이는 결국 김영삼 대통령의 개혁리더십

---

36 김병문, 앞의 논문, 1178면.
37 최진,『대통령 리더십 총론』, 법문사, 2008.
38 김병문, "김영삼 대통령의 개혁리더십에 관한 고찰", 2001년도 한국정치학회 하계학술회의, 2001년.

의 실패를 의미하며 이러한 원인에는 개혁을 위한 시기의 선택과 방법에 문제가 있었다고 보인다.

김영삼 대통령은 민주화의 시대에 정치·경제·사회의 방대한 개혁을 단행하면서 결단의 리더십을 통해 많은 업적을 성취하였다. 김영삼 대통령에 취임하자 "누구로부터 한푼도 받지 않겠다"고 명명하고 5년 내내 이를 실천에 옮기려 했다. 김영삼 대통령이 칼국수를 즐겨 먹었던 것은 청렴한 정치를 하겠다는 상징과도 같았다. 김영삼 대통령의 아들인 김현철을 비롯한 홍인길 등 측근관리에 소홀해서 이들의 부정부패를 막지 못한 측면이 정치적 위기로 봉착하게 된다. 김영삼 대통령은 청와대 앞 도로의 개방, 안가 철거, 공직자 재산 등록, 수도방위사령관과 보안사령관의 전격 고체, 지방 청와대의 주민 환원, 고강도 사정 등 일련의 국정개혁 국정을 펴 대통령 재임 초반 국민지지도가 90%를 넘었다. 또한 과거 정권에서 손도 대지 못한 옛 총독부 건물을 철거하는 현장이 일본을 비롯한 세계 언론의 주목을 받았다. 금융실명제도 전격적으로 단행했다. 1996년의 2002년 월드컵 유치는 아벨랑제 국제축구연맹 회장의 지원을 받은 일본에게 이미 기선을 빼앗겨 사실상 어려웠으나 추진력으로 밀어부쳐 공동개최를 이끌어냈다. 1996년 선진국 모임인 경제협력개발기구(OECD) 가입 실현은 김영삼 대통령의 정치적 리더십을 볼 수 있다. 김영삼 대통령은 2년간의 끈질긴 노력 끝에 OECD에 가입했다. 김영삼 대통령은 국민들을 제대로 설득하지 못한 채 노동법 개정 등 후속정책을 무리하게 추진한 결과가 위기를 몰고 왔다. 국민소득 1만달러시대의 성과적 정책의 난발로 비밀스럽게 외환방어에 급급한 끝에 결국 IMF를 초래했다.[39]

요컨대 김영삼 대통령이 국정목표는 '개혁과 세계화'였다. 하지만 국민들과 소통되는 것이 아니라 '개혁집착증'으로 귀결된다. 문민정부

---

39 김인수, 『시대정신과 대통령 리더십』, 신원문화사, 2003, 8장.

의 개혁담론은 본질적으로 신자유주의에 기본을 함께 하지만 김영삼 대통령은 자신의 개혁 밑그림을 세계화로 진두지휘하면서 '신한국'이라는 구호를 편다. 이때부터 '국가경쟁력'이란 구호가 언론과 확성기를 타고 퍼져 나가기 시작한다. 1996년 한국의 OECD 가입도 이러한 정권의 '국가경쟁력' 이데올로기 속에서 많은 논란에도 밀어 붙였다. 김영삼 대통령은 우리 사회를 민주주의로의 이행이후 시기에 있어 어디로 안내해 나갈 것인지에 대한 철학과 비전을 갖지 못했고 이를 실천할 수 있는 합리적 리더십을 갖지 못했다.[40]

다. 지역주의

김영삼 대통령은 김대중 대통령과 마찬가지로 지역주의가 정치적 자원이다. 김영삼 대통령은 '상도동'이라는 오랜 민주화 투쟁을 통해 형성된 특정 파벌의 지도자였다. 이른바 '1인 보스체제'를 기반으로 성장한 하향형 리더십은 권위주의적 리더십으로부터 완전히 탈피하지 못했다. 문제는 김영삼 대통령이 '민주화' 이후 기존의 정치구도의 전환에 직면할 때 새로운 국정목표를 통한 대중과의 소통에는 무관심했던 정치적 리더십의 한계에 있었다는 점이다.[41]

그러나 한국정치는 김영삼 대통령의 개혁은 실패로 민주주의의 공고화과정에서 지체와 혼란에 빠지게 되었다. 이 지체와 혼란이 어느 때보다 심각한 것은 그것이 역사적 전환점에서 민주주의의 중대한 실험에서의 리더십실패(leadership failure)의 결과이기 때문이다.[42] 계층 간 갈

---

40 최장집, "한국 민주주의 공고화와 새로운 지도자상", 『한국정치학회』, 1997년도 충청지회 학술회의, 1997, 10면.

41 강병익, "김영삼, 김대중 그리고 노무현의 리더십", 『미래공방』(창간호), 2007, 82면.

42 최장집, "한국 민주주의 공고화와 새로운 지도자상", 『한국정치학회』(1997년도 충청지회 학술회의), 1997, 9면 ; 국민들이 초기 김영삼 정권에 보여준

등뿐만 아니라 호남배제를 중심으로 한 지역 간 균열을 치유하는 것이 사회통합의 중심적 이슈이다. 3당 통합(1990년 1월)은 바로 이러한 호남배 제를 제도화한 것이며, 김영삼 정부의 성립을 가능케 한 것이다. 이러 한 지역배제의 정치가 1987년 이래 민주주의로의 이행과정에서 심화되 고 제도화되기에 이른 것은 한국 민주주의 발전의 치부의 하나이다. 이로 인하여 정치적 경쟁의 분획선이 민주개혁이슈를 둘러싼 민주주 의 대 권위주의, 개혁 대 반개혁이 아니라 비호남이냐 호남이냐를 둘러 싼 지역 간 경쟁을 중심으로 한, 개혁과 반개혁을 가로질러 반호남승자 연합과 호남중심 패자연합으로 나눠지게 된 것이다. 이러한 현장은 양 자의 공동책임이라고 할 수 있다. 3당 통합이 한국정치사에 있어서 지극 히 퇴행적이었지만, 그것이 의미를 갖기 위해서는 구체제의 권위주의 적 유산을 개혁하고 새로운 질서를 건설할 때일 것이다. 김영삼 정부 의 책임은 이 문제를 만들었다는데 있다기보다 민주정부로서 이를 해 소하는데 실패했다는 점에 있다. 3당 통합이 야당을 호남에 국한된 소 수당으로 전락시킨 측면이 있다. 그것이 집권여당 자체에 가져온 부메 랑효과로 인하여 김영삼 정부 자체를 호남중심의 패자연합 못지않게 피해자로 만들었다. 즉 호남 문제에서 볼 수 있듯이 그것은 작은 갈등 과 불신을 증폭시키는 분열과 불신, 비타협의 정치로 특징되며, 이러한 정치는 모두를 피해자로 만들었다.

김영삼 대통령의 반호남주의 멘탈리티는 김영삼 정부의 정치와 사 회를 경영해 나가는 비전과 철학을 제약하고, 개혁을 실패하게 하고 종 국에는 정치의 위기를 가져오게 하는데 중요한 요인이었다. 호남문제

열렬한 지지도에 잘 반영되듯이, 국민들이 바랐던 개혁의제는 i) 군부 권위 주의의 해체와 그 유산의 청산, ii) 민주적 경쟁의 규칙의 제도화와 실천, iii) 호남배제를 핵심으로 하는 지역문제의 완화와 해소, iv) 생산체제의 구 조조정과 생산과 정치의 과정에 노동의 통합을 통한 권위주의적 경제운영 원리의 전환, v) 남북관계와 통일정책의 전향적 전환 등이었다.

를 우회하고서는 민주화개혁이 어렵다는 사실이다. 이 문제는 대통령의 권력에 대한 지나친 자존과, 개혁을 위한 지지기반의 제약, 허약한 정당체제와 그 아래에서의 허약한 야당이라는 문제와 복합적으로 얽혀있기 때문이다. 호남문제는 개혁의 정치적 사회적 지지기반을 지역을 가로질러 확대할 수 없도록 만듦으로써, 정부의 국정목표의 효율성을 떨어뜨리게 된다. 밖으로부터의 제약은, 야당을 호남의 지지기반에 한정시키게 되는 결과로 여당은 강력하지만 허약한 야당을 대면하게 된다. 개혁은 지지기반을 확대하기보다 반대로 축소하도록 했다. 처음 대통령은 그 자신과 측근, 그리고 부산경남(PK) 중심의 민주계를 주축으로 하는 대통령 1인 중심의 개혁을 추진했다. 그러나 그러한 개혁이 제도개혁으로 발전되기는 어려운 것이었다. 김영삼 정부 후기에 이르러 "정권재창출"을 위한 지지기반의 확대를 꾀하면서 초기의 그것들은 개혁의 번복과 자기부정으로 귀결되고, 여권과 야권 간에, 그리고 여권내부에서 분열만 심화되었다. 호남을 배제하는 엘리트충원의 불균등은 이러한 과정을 통하여 김영삼 정부 하에서 그 어느 때보다 악화되었다.

2. 대통령 대 의회 관계: 제퍼슨 모형

제14대 국회에서 여당이 압도적인 다수를 차지하면서, 김영삼 대통령은 원내 다수당의 지지를 바탕으로 행정부와 국회가 상호 대등하게 협력하는 안정된 정치를 추구하고자 하였으며, 강력한 대통령의 지도 아래, 민주적인 정부를 만들고자 하였는데, 이러한 특징은 전형적인 제퍼슨 모형의 관계를 보여준다. 과거 한국에서 권위주의적 리더십을 가진 지도자들은 압도적 다수를 차지하는 여당을 통해 자신의 권력을 강화시키거나 의회의 기능을 무력화함으로써 야당을 견제해 왔다. 〈그림 3-33〉처럼 김영삼 대통령의 시기에는 적극적 부정형의 리더십의 영향으로, 정당과 의회가 소외되었으며, 문민정부의 개혁은 청와대를 중심

으로 한 위로부터의 개혁이었기 때문에, 대통령이 국민과 역사에 직접
호소하는 모습[43]을 보여준다.

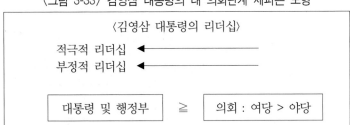

〈그림 3-33〉 김영삼 대통령의 대 의회관계 제퍼슨 모형

대통령의 리더십이 이러한 상황에 얼마나 잘 적응하느냐에 따라서
대통령과 의회간의 관계는 조화와 타협의 관계를 만들어 낼 수 있다.
어느 행정부와 대통령이 되든지 여당이 과반을 획득하지 못하게 되면,
일관된 정책을 행사할 수 없다. 특히 이러한 현상이 정권말기에 일어
난다면, 행정부는 국회와 언론의 모진 질타를 헤쳐 나가야 하는 상황에
까지 이를 수 있다. 제15대 국회는 여당인 신한국당이 과반을 획득하지
못하게 되면서, 김영삼 대통령의 정권 말기는 국회와 언론의 모진 질타
를 헤쳐 나가야 하는 상황에까지 이르게 된다.

반유신투쟁을 통해 형성된 김영삼 대통령의 대중적 리더십의 원천
은 민주화 투사, 정면돌파의 승부사라는 소신과 결단의 정치행태가 시
대적 상황과 대중의 민주화열망과 맞물리면서 얻은 결과였다. 김영삼
정부는 국민들의 커다란 기대 속에, 과거 32년간의 군사 정권에서 벗어
난 문민정부로 출범하였고, '변화와 개혁', '세계화·국제화', '역사 바로
세우기' 운동 등의 기치를 내걸고 개혁 정치에 착수하였다. 김영삼 대
통령은 수십 년 동안 야당 지도자라는 특징 때문인지 독자적 결정을

---

43 최장집, 『한국 민주주의의 조건과 전망』, 나남출판, 1996, 253-258면.

하는 경향이 많았다. 권위주의 독재 정부에 투쟁하다 보니 비밀주의와 권위주의적 요소가 더 강화되었으며 이 과정에서 법령이나 제도를 초월하는 행동도 나타나게 되었다. 특히 국가통치의 효율성을 살리지 못하고, 국정이념과 방향은 혼란을 겪음으로써 김영삼 대통령은 문민정부의 대통령이면서도 민주적 지도자로 평가되기보다는 권위적인 지도자로 평가되기도 하였다. '1인 보스체제'를 기반으로 성장한 김영삼 대통령의 하향형 리더십은 권위주의적 리더십으로부터 완전히 탈피하지 못했다. 이러한 배타적 집단의 수장이었던 김영삼 대통령이 '민주화' 이후 기존의 정치구도의 전환에 직면할 때 새로운 비전을 통한 대중과의 소통에는 인색했던 데서 도출될 수밖에 없었던 '정치지도자'로서의 한계에 노출되었다.

김종필의 탈당과 김대중의 복귀로 인한 신 3김 시대의 등장으로 정치는 마치 과거로 회귀하여 퇴색되는 분위기였다. 이러한 상황에서 김영삼 대통령은 그 동안의 개혁의 성과를 기반으로 하여 강력한 도덕성과 정당성을 바탕으로 국민의 지지를 유도하여 개혁을 마무리하기가 어려웠다. 더구나 3김 정치의 부활로 인한 지역기반 정치의 부활은 김영삼 대통령의 경쟁의식을 자극하게 되어 과거 투쟁의 정치로 회귀되는 현상을 불러 일으켰고 김영삼 대통령은 신뢰를 바탕으로 개혁을 마무리하기에는 지지 세력이 미미했으며 국민들 사이에서 개혁에 대한 기대감도 그다지 크지 않았다. 이는 신뢰의 시기에 김영삼 대통령이 리더십을 제대로 발휘할 수 없는 환경을 조성하였다. 더구나 대통령 아들의 권력남용과 친인척 비리 문제가 증폭되자, 그동안 추진되었던 김영삼 대통령의 개혁노력을 일시에 무산시키는 결과를 가져왔다. 또한 대통령 아들의 권력남용과 사법처리가 정치 쟁점화 되고, 경제 관리의 미숙으로 전 국가적인 위기상황이 닥침으로써, 김영삼 대통령의 개혁정책은 더 이상 진척되기가 어려웠다.

김영삼 대통령은 집권 기간에 김대중, 김종필 및 박태준 등 야당 지

도자와 오랜 역사 속에서 경쟁 관계를 형성해왔고 그들과 협력하려고
하지 않았다. 김영삼 대통령이 대통령 후보자로 확정된 후, 민자당 내
에 있었던 박태준 등의 민정계를 배제하였고, 집권 후에 김종필 등의
공화계를 소외시켰다. 김영삼 대통령이 정당 민주주의와 합의제 정치
를 보여주지 못한 것은 민주적 가치를 실현하고자 노력하지 않았다는
것을 말한다. 김영삼 대통령이 여러 정파의 야당들과 당내 인사들과
협의하고 그들을 국정운영에 참여시키고 그들에게 자율성을 부여하여
권력을 분점하여 소극적 긍정형 리더십을 발휘하였더라면 김영삼 대
통령의 개혁은 더욱 성공적이었을 것이다. 김영삼 대통령이 바람직한
리더십 설계를 했더라면 임기 말에 있었던 금융위기에 대해서도 더욱
효과적으로 대처했을 것이라 판단된다.

<표 3-21> 김영삼 대통령의 대 의회관계 모형 분석

의석	여대야소
정치, 경제 상황	공직자 재산공개(1993년 2월), 정치자금 수수 거부선언(1993년 3월), 하나회 숙청(1993년 4월), 금융실명제(1993년 8월), 김일성 주석 사망(1994년 7월), 12·12 사태 쿠데타로 규정(1994년 10월), 북미 제네바 핵 기본합의문 서명(1994년 10월), 김대중과 김종필의 정계복귀(1995년 7월), 전두환·노태우 대통령구속 수감(1995년 11월), 한총련 사태와 연세대사태(1996년 8월), OECD 가입(1996년 12월), 한보철강 부도(1997년 1월), 기아자동차 부도 위기(1997년 7월 부도유예협약), 금융위기와 IMF 구제금융(1997년 12월)
대통령 對 의회관계	제퍼슨

최초로 문민정부 시대를 열어간 김영삼 대통령은 초기 압도적인 지
지를 받으면서 국정을 운영해 나갔다. 김영삼 대통령은 그동안 누적되
어 온 권위주의 및 군부정치제도 청산, 정치부패 척결 등의 일련의 개
혁을 진행해 나갔으며 임기 초만 해도 90%가 넘는 높은 국민의 지지를

얻었다. 공직자 재산공개(1993년 2월), 정치자금 수수 거부선언(1993년 3월), 하나회 숙청(1993년 4월), 금융실명제(1993년 8월) 등을 실시했고, 각자의 개혁마다 국민들은 높은 성원을 정부에 보냈다. 그리고 김일성 주석 사망(1994년 7월)을 계기로 남북 관계가 경색되었고, 북한은 체제보장을 위해 핵무기 개발을 시도하자 북한과 미국은 제네바 핵 기본합의문에 서명하게 된다(1994년 10월). 그리고 김영삼 대통령은 12·12 사태를 쿠데타로 규정(1994년 10월)하고, 전두환·노태우 대통령을 구속 수감(1995년 11월)하는 등 역사바로세우기 작업을 실시하였다. 과거 민주화 운동가였던 학생운동 집단들을 연세대사태(1996년 8월)를 계기로 탄압하게 된다. 김영삼 대통령이 임기 내내 내세웠던 개혁 중의 하나는 세계화였다. 한국은 OECD에 가입(1996년 12월)하여 선진국의 지위를 국제적으로 인정받았으나 구조적인 경제모순과 국제적 환경의 악화로 한보철강 부도(1997년 1월), 기아자동차 부도 위기(1997년 7월 부도유예협약), 금융위기와 IMF 구제금융(1997년 12월)이 이어져서 김영삼 대통령의 임기 말 지지도는 급격히 추락하게 되었다. 김영삼 대통령의 임기 중반에 정치적 라이벌이었던 김대중은 정계복귀(1995년 7월)하게 되고 김종필과 연대하여 정권교체를 이룩하였다. 김영삼 대통령의의 임기 동안 지지도의 부침은 있었지만 대체로 여대야소라는 의회구조를 유지하였으며, 김영삼 대통령의 리더십은 제퍼슨 유형을 유지한다.

가. 임기변수

정당의 영향력이 배제된 탈 정치화된 정치공간에서 언론의 힘에 의존하거나 대통령과 청와대가 중심이 된 위로부터의 개혁은 청와대의 관료기구(대통령기관)을 현저히 강화시킴과 동시에 관료기구에 크게 의존하면서 개혁정책이 추진되었다.[44] 결국 국정운영에 있어서 기득권세력이 광범하게 흡수됨과 동시에 개혁의 힘은 약화될 수밖에 없었다.

시간이 흐를수록 민주계 역시 보수화되어 갔고, 재야의 협조세력들도 외부연대가 단절되면서 김영삼 정부의 개혁추진력은 점진적으로 퇴색의 기미를 보였다.[45] 제15대 국회에서는 여당인 신한국당이 139석을 차지해 1당의 체면을 지켰으나, 과반수 의석 확보에 실패함으로서 안정적인 정권 유지가 힘들었다. 이러한 상황에서 김영삼 대통령과 여당은 통합민주당의 의원 및 무소속 의원들에 대한 영입을 시도하면서, 야당과의 불협화음을 일으켰으며, 국회의 장기간 파행이 거듭되었다.[46] 또한 야당은 검찰과 경찰의 정치적 중립보장을 위한 법률제정 및 정비에 대한 요구가 제기 되면서 상당기간 논쟁이 이루어졌으며, 제15대 들어서는 국회의 다수를 점하지 못한 상황에서 국정의 주도권을 확보하지 못하였다.

나. 의석변수

제퍼슨 모형은 의회에서 여당의 힘이 우세한 상황을 가정하고 있다 하지만 여당이 국회 내의 압도적 의석을 확보하지 못할 경우, 제퍼슨 모형에서는 적극적 긍정형 리더십이 정국주도를 가능하게 하면서도 의회와의 관계를 원활하게 이끌 수 있는 기반이 될 것이다. 김영삼 대통령은 비공식적인 사조직이나 비선秘線조직에 기대어 국정을 처리해옴으로써, 행정에 대한 정치(의회와 정당)의 기능회복은 과거에 비해 별반 나아진 게 없는 것이 되었다. 3당 합당으로 만들어진 민자당은 김영삼 대통령의 개혁 정책과 1인중심의 리더십으로 인해, 자유민주연합(약칭 자민련)의 김종필 등이 탈당, 내부 분열이 일어났고, 결국 민자당은 민심을 수습하기 위해 신한국당으로 개명해 분위기를 일신하려 하였다. 하

---

44 이종범, 앞의 책, 1130-1131면.
45 이종범, 앞의 책, 1133면.
46 김현우, 『한국국회론』, 을유문화사, 2001, 665면.

지만 분열의 여파는 그 후 정권의 변동에까지 미치게 되었다.

<표 3-22> 제15대 국회의 득표율과 의석수[47]

정당/단체	득표수(율)	의석수(비례대표)
신한국당	6,783,730(34.5)	139(18)
새정치국민회의	4,971,961(25.3)	79(13)
자유민주연합	3,178,474(16.2)	50(9)
무 소 속	2,328,795(11.9)	16
통합민주당	2,207,695(11.2)	15(6)
합계(비례대표)	299(46)석	

또한 제14대 국회는 최다 당적 변경국회로 이름이 나 있다. 김종필이 창당한 자유민주연합과 김대중이 결성한 새정치국민회의(약칭 국민회의)등 잦은 정계개편으로 인해, 75명의 의원들이 모두 118회에 걸쳐 당적을 변경, 역대 국회 중 가장 많은 당적변경을 기록하고 있다.[48] 이러한 현상은 결국 행정부와 대통령의 정책에 대한 국회에서의 안정적이고 장기적인 지원이 불가능하도록 만들었고 제15대 국회의원선거에서는 다시 여소야대 현상이 재현되는 현상을 낳았다.

<표 3-23> 제11대 국회 이후 국회공전 일수

대별	11	12	13	14	15(-98.4.20)
일수	10	38	103	130	157

<표 3-23>, <표 3-24>과 같이 제14대 국회에서는 국회의 공전일수가 예전에 비해 증가하였고, 국회의 결의안에 대해서는 부결 4, 폐기 16,

---

47 대한민국 국회 홈페이지에서 입법부 소개 정당별 의석 및 득표현황(당선시 기준)을 참조. 무당파국민연합, 대한민주당, 21세기한독당, 친민당 등 의석이 없는 군소정당의 현황은 생략하였다. <www.assembly.go.kr:8000/ifa/html/1_1_2.html>의 제14대 국회 표.

48 김현우, 『한국국회론』, 을유문화사, 2001, 161-163면.

철회 4, 반려 1의 결과가 나온 것으로 볼 때, 의회 내에서 여당의 힘은 야당을 압도할 만한 능력을 가지지 못하였다는 것을 알 수 있다.

〈표 3-24〉 제14대 국회 동의안/결의안 처리현황[49]

구 분	접수	처리	계	원안	수정	부결	폐기	철회	반려
동의안	191	191	190	187	3	1			
결의안	199	199	174	174		4	16	4	1

또한 제14대 국회에서는 야당에 의한 정부 관료의 해임건의안이 자주 상정됨으로써 대통령과 행정부에 대한 견제가 매우 활발했음을 알 수 있다.

〈그림 3-34〉 제14대 국회 발의 주요 해임건의안

- [국무총리(황인성)해임건의안발의-부결
- [국무위원(김양배)해임건의안발의-부결
- [국무위원(국방부장관 이병태)해임건의안발의-철회
- [국무위원(부총리 정재석)해임건의안 등 22건 미표결-폐기
- [국무총리(이영덕)해임건의안 등 23건 발의-부결

그러한 가운데, 다음 선거가 다가오자 반호남연합(3당 통합)인 민주자유당은 급속하게 분열되고 대통령을 중심으로 재편되어 신한국당으로 변모하게 되었다. 김종필을 비롯한 여러 의원들은 민주자유당을 이탈, 자유민주연합을 만들게 되었고, 김대중은 평화민주당의 당명을 다시 새정치국민회의로 변경, 특정지역을 기반으로 하는 3당의 지역패권 유지가 다시 한 번 시도되었다. 이러한 변화를 통해 결국 제15대 국회에서는 여대야소 구조가 무너지는 결과를 낳았으며, 김영삼 대통령의 정권 말기에는 국회의 모진 질타를 헤쳐 나가야 하는 상황에까지 이르게 되었다.

---

49 국회사무처 홈페이지, 〈nas.assembly.go.kr〉.

다. 정치·경제상황

김영삼 대통령 정권초기 개혁의 전반적인 방향은 정치개혁 혹은 개혁정치가 다른 분야를 지배했다. 경제정책분야까지도 정치개혁의 논리가 지배함으로써 경제정책의 흐름을 왜곡시켰다는 비판을 받는다.[50] 그럼에도 불구하고 경제실명제, 공직자 재산공개, 군대 내 사조직인 하나회 척결 등은 군부 권위주의의 기반을 뿌리 뽑았다. 이러한 정치적 행위는 다시 과거처럼 쿠데타로 군부독재로 회귀를 막는 장치로 판단된다. 또한 민주화에 필요한 수많은 정치개혁들을 단기간 내에 이뤄냈다.

김영삼 정부는 집권 후반부에서 개혁정책의 실패, 개혁방향의 혼선과 불일치는 지배연합세력의 분열과 같은 개혁의 추진이 점화하지 못한 채 정치적 리더십이 미약해 진다. 청렴함을 강조했던 것과 대조적으로 투명성을 강조했지만 그 역시 실패적 요인이다. 경제적 위기로 IMF 구제 금융을 받게 되어 치욕스러운 정부 신뢰도와 국가는 상처를 입어 임기 말에는 레임덕이 빠르게 다가왔고 독주에 개혁의 성과는 보이지 못한 결과는 국민들의 비판을 받게 된다.

김영삼 대통령은 문민 대통령이지만 권위적인 면이 부각되는 '문민독재'라는 리더십을 발휘하였다. 개혁과정에서의 공론화 부족과 정책혼선, 그리고 국민들이 느끼는 체감개혁이 이룩하지 못함으로서 개혁에 대한 냉소주의가 퍼지게 된다. 김영삼 대통령은 임기 말이 가까워지자 금융 및 노동개혁법을 추진하게 되나 실제로 보수 및 진보양 세력으로부터 지지를 받지 못하여 치명적인 정치적 리더십 손상을 보여준다.[51]

이러한 경제적 위기 상황에서 외환위기 사태가 발생하면서 IMF의

---

50 이종범, "김영삼대통령의 리더십 특성과 국정관리유형: 문민정부 1년의 정책평가", 『한국행정학보』(제28권 제4호), 1994, 1133면.
51 김병문, 앞의 글, 1178면.

긴급구제금융을 신청하게 되는 초유의 사태와 여당과 행정부에 대한 국민들의 신뢰도는 급격히 하락한다. 그 후 자유민주연합과 국민회의가 연대한 김대중 후보가 당선됨으로써, 한국 최초의 여야간 정권교체가 이뤄진다. 이후 국회에서 IMF 구제금융에 대한 국정조사가 이루어지는 등, 행정부의 실책에 대한 국회차원의 진상조사가 이루어지도록 하였다.

第3節 김대중 대통령

김대중 대통령은 적극적 긍정형의 리더십을 가진 지도자로서 역동적인 행정부의 역할을 수행하여 민주주의 강화, 남북화해협력의 증진, 경제위기 극복 등의 성과를 이끌어냈다. 김대중 대통령은 여소야대의 상황임에도 불구하고 이전 정권인 김영삼 정부와 한나라당이 경제위기를 초래해서 다수당인 한나라당의 견제로부터 자유로울 수 있었다. 김대중 대통령 자신의 추진력과 역량을 바탕으로 해밀턴 모형의 국정운영을 추진할 수 있었다.

김대중 대통령은 오랜 민주화투쟁과정에서 군사정권의 혹독한 탄압을 이겨내고 네 번째 대통령선거 도전 끝에 수평적인 정권교체를 이뤄냈다. 김대중 대통령의 정치적 생애는 청·장년기 정계진출 도전과 실패의 고난으로 점철되어 있다.[52] 따라서 절차적 민주주의가 더 성숙해지는 계기를 만들었지만, 후천적 카리스마(acquired charisma) 지도자로서 김대중 대통령의 국정운영방식에는 권위적인 성향이 내재되어 있다. 정해진 절차나 제도에 따르기보다는 주로 개인적이 신뢰에 기초한 내

---

52 S. Freud, *The Ego and the Mechanism of Defence* (New York: International Univ. Press, 1998).

집단에 의존하는 경향이 나타났고 대북 문제나 국내 문제 추진 시에 공식적인 의사결정 라인은 실세 참모들에 의한 비밀스러운 추진이 흔히 발생했다. 하지만 이 시기 김대중 대통령의 리더십은 매우 성취욕이 강했고, 결과중심적인 국정운영을 추구하였으며, 남북화해의 필요성을 제시하고 햇볕정책을 자신 있게 추진하는 등 적극적 긍정형의 전형적인 모습을 보여주고 있다. 김대중 대통령은 경제위기 극복, 지역 및 국민통합, 남북한 통일을 위한 획기적 기반 조성 등 많은 국정과제들을 목표로 삼아 이를 자기 임기 내에 모두 이룩하고자 하는 강한 의지를 갖고 있었다. 그리고 IMF 극복이라는 국가적 과제의 수행으로 인해, 여소야대 상황임에도 불구하고 김대중 대통령은 적극적인 리더십을 통해 권력을 집중시킬 수 있었고 정국을 주도할 수 있었다. 또한 이러한 환경조건 완성을 위해서는 야당의 협조가 필요했기 때문에, 김대중 대통령은 긍정적 리더십을 통해 과거의 정권보다는 국회에 대한 관계를 원만히 이끌어가려 하였다.

1. 정치적 리더십의 특징: 적극적 긍정형

가. 민주화 지도자

김대중 대통령의 리더십은 반공질서 속에서 낙인을 새긴 색깔론과 박해받는 민주주의를 통해 성장했다. 김대중 대통령의 리더십을 평가할 때 항상 비교대상이 되는 것이 김영삼의 리더십이다. 이는 독재 권력에 대항한 동시대의 대표적 야당지도자였다는 시대적 배경과 민주화 세력 내부의 주도권을 둘러싼 끊임없는 암투와 경쟁 상대였다는 점에서 당연하다고도 볼 수 있다. 한국사회에서 친북 세력과 민주화 세력은 엄연한 분리의 대상이었다. 이는 정권차원에서뿐만 아니라 대중의 인식에서도 마찬가지로 드러났다. 즉 친북과 민주화의 경계 구분

은 민주화 세력에 대한 독재 정권의 분할관리 정책이었고, 국민 역시
이러한 경계 구분에 능동적으로 동원되었다. 김대중과 김영삼은 정계
입문 출발부터 달랐다. 김영삼이 자유당을 탈당하고 민주당 구파에
'젊은 세대'로 본격적인 야당생활을 시작했다면, 김대중은 민주당
신파의 젊은 세대로 정치에 발을 들여놓게 된다.[53]

나. 경제적 리더십: 외환위기 극복

'한국전쟁이후 최대의 국난'이라고 불리기도 하는 외환·금융위기가
폭발하고, 이로 인해 한국이 IMF 관리체제 하에 놓이게 된 조건 속에서
김대중정권은 '민주주의와 시장경제의 병행 발전', '생산적 복지', '남북
화해' 등을 국정의 제1목표로 제시하는 가운데 위기를 극복하고 한국
사회의 새로운 발전을 담보하기 위한 제반 '개혁'을 착수하였다. '6·25
이후 최대의 국난'으로 여겨질 만큼 외환위기는 한국 경제구조에 큰 도
전이었으나, 1999년에 이미 김대중 정부는 IMF위기를 1년 반만에 극복
했다고 선언한 바 있고 2001년 8월에는 IMF로 빌린 자금을 조기 상환하
면서 위기의 극복을 공식적으로 재확인하였다. 또 김대중 정부 집권기

---

53 강병익, "김영삼, 김대중 그리고 노무현 대통령의 리더십", 『미래공방』,
    2007, 84면; 김대중 대통령은 이승만 정권의 야당탄압이 1952년 부산정치파
    동 등으로 절정에 이르자 정계에 입문하게 된다. 그는 1960년 민의원에 당
    선된 후 1971년까지 6·7·8대 국회의원을 역임하였다. 김대중 대통령이 본격
    적으로 유력한 야당정치지도자 반열에 오르게 된 계기는 바로 1970년에 당
    시 당 총재인 유진산의 지원을 등에 업은 김영삼을 제치고 신민당 대통령
    후보로 선출되는 순간이었다. 또한, 이 시기는 영원한 정치적 라이벌로서
    의 '양김시대'의 시작이기도 했다. 김대중 대통령이 야당의 대선후보 경쟁
    에 쏠렸던 유권자의 관심으로 1971년 대선에서 박정희 후보에게 70여만 표
    차이로 석패하기는 했지만, '야당돌풍'으로 이어나가는 데는 성공했다. 1971
    년 대선은 김대중을 정권교체의 '희망'으로 만들어 주었던 반면, 유신체제
    가 막을 내릴 때까지 연금과 망명, 죽음직전까지 몰리며 억압 받는 재야민
    주인사로 살 수밖에 없었던 고난의 시작이기도 했다.

간 중 우리 사회 스스로의 문제인식과 실천 능력에 비추어 거의 불가능하다고 생각했던 수많은 개혁과 구조조정 과제를 김대중 대통령의 리더십을 통해 위기의 극복과정에서 다양한 국가정책이 성공적으로 추진되었다.

다. 외교적 리더십: 남북 화해협력

국가의 안보를 위해서 평화유지(Peace Keeping)는 기본으로 필요하지만 민족의 통일을 위해서는 평화 건설(Peace Building)이 필요하고, 이를 위해서는 북한을 포용하는 자세로 통일정책을 추진해 나가야 한다는 것이 햇볕정책의 철학이었다. 그러나 50여년의 냉전시대, 분단시대를 살아오는 동안 안보와 평화유지(Peace Keeping), 대북불신에 더 익숙한 절대다수의 국민들에게 평화건설(Peace Building)과 대북포용은 낯설고 위험한 일이 아닐 수 없었다. 북한도 김대중 정부 초기에는 햇볕정책에 대해서 방어적이었다.

김대중 대통령의 통일정책은 화해협력정책이다. 이 정책을 계승·발전시키겠다고 공언한 노무현 정부의 통일정책은 평화번영정책이다. 평화 지키기(Peace Keeping)을 게을리 하지 않되 북한을 포용하는 자세로 평화 만들기(Peace Building)도 추진해야한다는 같은 철학에 토대를 둔 이 두 정책은 추진전략도 같다. 첫째, 기본적으로 기능주의적 접근과 인도주의적 지원을 하는 동안 남북 간 접촉점·선·면·공간을 넓혀나가고 상호의존성을 키워 나감으로써 남북관계 개선과 한반도 평화부터 정착시키려고 한다. 둘째, 교류·협력·왕래 과정에서 북한의 개방점·선·면·공간이 넓어지고 북한이 변화하는 동안 남북 간 동질성을 키워나감으로써 통일의 기반을 닦아 나가려고 한다. 셋째, 남북이 통일문제를 주도하되 주변국들과 긴밀하게 협의하고 그들의 지원을 최대한 끌어낸다는 것이다.

차이점은 정책의 외연과 내용이 다소 확대된 데서 찾을 수 있다. 첫째, 김대중 정부에서는 경제·사회분야 남북관계 개선에 주력한 반면, 노무현 정부에서는 전 정부의 성과를 토대로 경제·사회분야 이외에 군사·안보분야에서도 관계 개선을 추구하고 있다. 둘째, 김대중 정부가 남북화해·협력에 주력했다면, 노무현 정부는 '화해를 평화로, 협력을 번영으로' 개념을 확장하고, 정책의 지역적 무대도 동북아로 확장하여 남북 간 평화번영과 동북아 평화번영을 연계시키려는 것이다. 셋째, 이 전보다 정책결정과정에서 국민적 참여를 강화하는 것이다.

라. 지역주의

김대중 대통령의 리더십의 또 다른 원천 중 하나는 바로 '지역주의'이다. 주요 지지층은 계급적으로는 도시 지식인층과 전라도 지역민들이었고, 지역적으로 호남이었다. 냉전을 배경으로 한 정치적 고난과 지역주의에 의해 고통 받는 지역민들의 일체화, 즉 지역주의와 분단이라는 정치사회균열의 중첩에 의해 박해받는 리더십의 상징을 형성했고, 민주화투쟁과 중첩되면서 김대중 대통령의 '저항적 리더십'을 형성하게 된 것이다. 김대중 대통령은 지역주의의 한계를 벗어나지 못했던 것은 물론 지배 세력의 집요한 공작에 의한 것이기도 했지만, 그 역시 대통령의 꿈을 이루기 위한 계획으로 지역연합을 적극적으로 활용했다는 점에서 지역주의 최대의 '수혜자'이기도 하다. 김영삼 대통령은 '상도동계'라는 정치자원부대가 있었다면, 김대중 대통령은 '동교동계'라는 정치파벌이 있었고, 이는 김대중 대통령의 '1인 보스체제'를 견고하게 유지시켜 주는 권위주의적 리더십의 원천이었다. 이와 함께 이른바 '재야'라고 통칭되던 70-80년대 민주화운동 세력이 김대중의 리더십 형성과 정치에 유력한 충원세력 역할을 했다. 물론 김영삼 역시 재야와의 소통구조를 가지고 있었다. 이러한 김대중 대통령과 재야와의 관계는 '4자필승론'에 안주했던 1987년부터 줄곧 '비판적 지지'라는 슬로건으로 이어져 왔는데, 이는 김영삼 대통령과는 대비되는 한반도문제 해결방안의 상대적 급진성에서 연유한다.[54]

2. 대통령 대 의회 관계: 해밀턴 모형

김대중 대통령은 '준비된 대통령'의 슬로건을 내세웠다. 안정의 이미지를 주는 마이너스형 리더십[55](minus leadership)으로 한국 최초의 여야간 정권교체를 이뤄냈다. 그 당시 제15대국회에서는 기존의 여당인 신한국당이 거대야당으로 존재하는 가운데, 여소야대 현상이 지속되고 있었고 처음부터 많은 어려움 속에서 놓여 있었다. 김대중 대통령이 한나라당과의 관계에서 야당의 협력이 절실했음에도 불구하고 이회창 총재와 밀월蜜月기간이 없었던 것은 서로 상극相剋인 마이너스형 리더십 스타일이었기 때문으로 분석된다.[56] 또한 정치적으로 성향이 전혀 다른 세력과 연합하여 집권한데서 오는 부담과 원내에서의 여소야대 정치구도가 그들의 행동반경을 제약하고 있었다. 하지만 IMF 관리체제라는 국가적 위기상황이 역설적으로 김대중 정권의 행보를 가볍게 해주었다. 즉, 김대중 정권은 IMF사태로 인한 국가 비상사태의 극복이라는 절체절명의 목표와 요구가 있었으며, 이러한 시기에는 행정의 능률성이 민주적 절차보다 우선시 될 수밖에 없었다.

이러한 이유로 김대중 대통령과 대對 의회간의 관계는 행정부가 입법과정을 포괄적으로 지배하고 대외정책과 재정 및 경제정책을 독점적으로 결정함으로써 행정부에 대한 국회의 통제가 형식화되는 해밀

54 강병익, "김영삼, 김대중 그리고 노무현의 리더십", 『미래공방』, 2007, 86면.
55 H. Blanchard, Management, of Organizational Behavior: Utilizing Human Resources, 6th ed., Englewood Cliff, 1993.
56 최진, 『대통령 리더십 총론』, 법문사, 2008, 422면.

턴(Hamilton) 모형이 성립될 수 있을 것이다. 해밀턴 모형은 대통령 중심
적 정부 모형으로, 절제와 균형의 체계 안에서 대통령과 행정부는 역동
적인 행정 활동을 수행하고, 대통령의 리더십이 입법과정을 포괄적으
로 지배하는 모형이다. 또한 대외정책과 재정 및 경제정책을 독점적으
로 결정함으로써 행정부에 대한 국회의 통제가 형식화 되는 모형이다.
이러한 해밀턴 모형에서는 대통령과 의회간의 타협과 조화를 위해 안
정적이고 신중한 대통령의 긍정적인 리더십이 필요하다. 김대중 정부
의 경제위기상황은 그 동안 불가능하게 여겨졌던 많은 일들을 가시권
내에 들어오게 했다. IMF의 요구로 한국은 정부는 물론이고 재벌, 금융,
노동 등 모든 부문에서 근본적 변신을 강요받았다. 이러한 요구는 김
대중 대통령의 적극적 긍정형 리더십과 맞물리면서 의회와의 관계를
강화시킬 수 있는 좋은 기회로 작용하게 되었다.

〈그림 3-35〉 김대중 대통령의 대 의회관계 해밀턴 모형

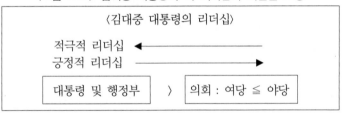

김대중 대통령의 리더십은 '박해받는 민주주의'를 통해 성장했다.
IMF(국제통화기금) 관리체제의 외환위기를 재정·금융 긴축과 대외개방, 금
융 및 기업의 구조조정 등을 통해 위기를 극복하였다. 김정일 국방위
원장의 초대로 평양을 방문하여 6·15남북공동선언을 이끌어냈다. 또한
50여 년간 지속되어 온 한반도 냉전과정에서 상호불신과 적대관계를
청산하고 평화에의 새로운 장을 여는 데 크게 기여한 공로로 2000년 노
벨평화상을 받았다. 김대중 대통령의 리더십은 매우 성취욕이 강했고,
결과중심적인 국정운영을 추구하였으며, 남북화해의 필요성을 제시하

고 햇볕정책을 자신 있게 추진하는 등 적극적 긍정형의 전형적인 모습
을 보여주고 있다.

〈그림 3-35〉처럼 김대중 대통령은 IMF사태로 인한 국가 비상사태의
극복이라는 절체절명의 목표를 적극적 리더십으로 강력하게 수행하였
고, 이 당시 행정의 능률성이 민주적 절차보다 우선시 될 수밖에 없었
기 때문에 발생할 수 있는 거대 야당과의 어절 수 없는 충돌을 긍정적
리더십을 통해 해결하려 하였다. 경제위기가 한나라당(신한국당의 전신)이
집권하던 시기에 있었기 때문에 한나라당이 국정운영에 대해 수많은
비판을 할 수 있는 처지가 되지 못했다.

〈표 3-25〉 김대중 대통령의 대 의회관계 모형 분석[57]

의석	여소야대
정치, 경제 상황	·현대 정주영 명예회장 소떼 5백마리와 함께 북한 방문(1998년 6월) ·금강산 관광선 첫 출항(1998년 11월) ·국민연금 적용대상이 전국민으로 확대(1999년 4월) 서해 연평도 남한-북한 제1연평해전(1999년 6월) ·'약사법 개정법률안'이 국회 통과로 의약분업 시행(1999년 12월) ·분단 이후 처음으로 남북정상회담(김대중 대통령, 김정일 국방위원장) 개최(2000년 6월 15일) ·경의선 철도 및 도로 연결 기공식(2000년 9월) ·국민기초생활보장제도 시행(2000년 10월) ·김대중 대통령 노벨평화상 수상(2000년 12월) ·여성부 신설(2001년 1월) ·IMF 지원자금 195억불을 전액 상환(2001년 8월) ·2002년 한·일월드컵 개최(2002년 5-6월) ·남한-북한 제2연평해전(2002년 6월)
대통령의 대 의회관계	해밀턴

---

57 국민의 정부 최대 업적으로 꼽히는 6·15 남북정상회담이 성사된 것도 김대
　중 대통령의 마이너스형 리더십·과업지향형·행정가형, 김정일 국방위원장
　의 선동가형·인간중심형·플러스형 리더십이 서로 들어맞았기 때문이라는
　심리학적 분석이 있다; C. Jung, "a modern myth of things seen in the skies", 1964.

1997년 12월 18일에 행해진 제15대 대통령선거는 한국정치사상 처음
으로 선거에 의한 여당과 야당의 정권교체라는 의미 있는 선거였다.
한국 국민들은 국가자존까지 위태롭게 한 김영삼 정부의 경제실정과
국제통화기금(IMF) 경제위기에 분노하면서 야당후보인 김대중을 선택하
여 헌정사상 50여 년 만에 처음으로 야당후보가 대통령에 당선되게 되
었다. 1998년 2월 25일 헌정사상 최초로 여·야간 정권 교체된 김대중 대
통령의 "국민의 정부"는 여소야대로 인해, 정권인수의 안정성이 가장
낮았고, 많은 어려움이 봉착해 있었다.

<표 3-26> 정권인수의 안정성[58]

분 석	대통령당선자의 근소한 승리	대통령당선자의 큰 승리
대통령당선자와 재임 대통령이 동일정당	—	정권인수의 안정성이 가장 높음
대통령당선자와 재임 대통령이 다른 정당	정권인수의 안정성이 가장 높음	—

김대중 대통령 정부시절 국회의 기능향상은 이전보다 개선된 것으
로 평가받고 있다. 15대 국회는 외환위기에 대한 국정조사와 함께 정치
개혁 입법을 통해 국회의 기능을 강화시키고, 공직선거법을 개정하였
으며, 투명한 의정활동의 기초를 세우고자 하였다.[59] 또한 제15대 국회
4년 동안 발의된 의원법안은 1,144건으로 역대국회 중 가장 활발한 입
법 활동실적을 보였으며, 이는 제16대 국회로 이어져, 16대 국회 전반기

---

58 함성득, 『대통령학』, 나남출판, 2003, 252면의 표를 참조하여 필자가 재작성
   하였다.
59 제15대 국회는 국회법을 개정하여 국회의원 정수 축소, 연중 사시개원체제
   확립, 예산결산 특별위원회의 상설화, 전원위원회 및 인사청문회제도의 도
   입 등 정치개혁법안을 마련하였고 이러한 개혁법안은 국회개혁을 위해 요
   구되고 있다. 김현우, 『한국국회론』, 을유문화사, 2001, 164면.

2년 동안 발의된 의원법안이 900건에 이를 정도로 이 당시의 의원 입법 활동 역시 활발하게 이루어졌음을 알 수 있다.

〈표 3-27〉 제16대 국회 전반기 법률안 현황(2000. 5. 30 - 2002. 5. 29)

구분		제안	처리내용(본회의)				미처리
			계	가결	폐기	철회	
의원 법안	의원 20인 이상	797	331	78	229	24	466
	위원회	103	103	103	-	-	-
	소　계	900	434	181	229	24	466
정부법안		353	293	253	40	-	60
계		1,253	727	434	269	24	526

가. 임기변수

김대중 대통령은 제15대 국회에서 비록 신한국당이라는 거대야당에 비해 힘이 미약하였지만, 적극적 리더십의 특성으로 인해 정권 내내 대통령과 행정부가 정국을 주도할 수 있는 기반을 만들어 냈으며, 긍정형의 리더십으로 인해 제16대 국회에서는 국회에서 과반수는 차지하지 못했지만 여야균형상황을 만들어 냈다. 김대중 대통령은 다른 단임제 대통령과 똑같은 임기를 부여받았지만, 집권에는 특별한 정치적·경제적 의미를 가지고 있어서 임기 동안 리더십이 공고화 될 수 있는 조건이 있었다. 김대중 대통령은 오랜 권위주의 정권 이후에 최초의 정권교체를 이룩하였다. 그리고 환란 위기 이후 김영삼 정부와 집권정당인 한나라당(이전에는 신한국당)은 그에 대한 책임을 안고 있었기 때문에, 강력하게 김대중 정부의 주요 정책을 반대하지 못했다. 그리고 이러한 정치적 경제적 상황을 고려할 때 여론은 비교적 김대중 정부에게 우호적이었다. 그래서 같은 임기라 하더라도 김대중 정부에서는 대통령이 주도적인 리더십을 발휘하여 국정운영을 할 수 있었다.

나. 의석변수

해밀턴 모형 하의 의회에서 여당이 다수의 위치에 서있지 않다면, 대통령의 위치는 급격하게 흔들릴 수 있는 가능성이 많다. 특히 제15대 국회는 그 어느 때보다 국민회의와 자민련 집권연합그룹 간의 분열도 심각했고, 특히 정권 교체 이후에는 야당의 여당에 대한 공격이 강해서 제15대 국회의 정회율은 73%에 이른다. 제15대 국회 제193회 임시회는 1998년 5월 25일에 집회되었으나 후반기 원구성에 관한 교섭단체 간 이견으로 의사일정이 협의되지 못하여 폐회일(1998. 6. 23)까지 회의를 열지 못하였다. 또한 제211회 임시회는 2000. 2. 15에 집회되었으나 의사일정이 협의되지 못하여 폐회일(2000. 3. 15)까지 회의를 열지 못하였다. 하지만, 김대중 대통령은 민감한 문제에 대해서 관여를 하지 않거나, 긍정적인 리더십을 통해 의회와의 타협을 모색함으로써 국회의 역할증대와 기능강화에 노력하였다.

그러나 김대중 대통령의 집권초기에는 야당인 한나라당이 집권 초기 김종필 국무총리 임명에 대해 거부를 함에 따라 정부 임명이 늦춰지는 사태도 발생했고, IMF 극복 이후에는 자민련과 연합도 느슨해지고 한나라당의 공세로 많은 어려움을 당했다. 또한 2000년의 제16대 국회의원 선거에서도 여당인 민주당이 과반이상을 확보하지 못하면서 집권 내내 여당의 공격에 노출되어 있었다. 〈표 3-28〉에서 제시되는 바처럼 당시 새정치국민회의는 김대중이 복귀했을 무렵에 국민회의가 창당되었을 때보다는 많은 의석수를 확보했으나 호남을 주요 지지기반으로 하던 국민회의는 의회 내에서 소수파였다.

〈표 3-29〉를 보면, 제15대 국회에서는 행정부의 동의요청안에 대한 부결이 1회, 폐기 15, 철회 2에 이를 정도로 의회와 행정부 간의 경쟁이 활발한 것을 알 수 있다. 또한 국회의 결의안에 대해서는 부결 1, 폐기 28, 철회 5의 결과가 나온 것으로 볼 때, 의회 내에서 여당의 힘은 야당

을 압도할 만한 능력을 가지지 못하였다는 것을 알 수 있다. 하지만 김
대중 정부는 정권 내내 대통령과 행정부가 정국을 주도할 수 있는 기
반을 만들어 냈으며, 〈표 3-30〉에서처럼, 제16대 국회에서는 여야균형상
황을 만들어 냈으며 안정적인 정권후기를 맞이할 수 있었다.

〈표 3-28〉 제16대 국회의 득표율과 의석수

정당/단체	득표수(율)	의석수(비례대표)
한나라당	38.96	133(21)
새정치국민회의	35.87	115(19)
자유민주연합	9.84	17(5)
민주국민당		2(1)
한국신당		1
무 소 속		5
합계(비례대표)	273(46)석	

〈표 3-29〉 제15대 국회 동의안/결의안 처리현황[60]

구 분	접수	처리	계	원안	수정	부결	폐기	철회	반려
동의안	212	212	194	188	6	1	15	2	
결의안	222	222	188	185	3	1	28	5	

〈표 3-30〉 총선결과와 여당 과반미달 분석[61]

분 석	대통령 소속당	대통령 소속당의 의석	여당 과반미달 의석
1988년 총선	민주정의당	125석(41.8%)	25석
1992년 총선	민주자유당	149석(48.9%)	1석
1996년 총선	신한국당	139석(43.5%)	11석
2000년 총선	새천년민주당	115석(42.1%)	22석

---

60 국회사무처 홈페이지, 〈nas.assembly.go.kr〉.

61 김용호, "21세기 새로운 의회정치의 모색 : 분점정부 운영방안", 2002, 3면의
   표.

또한 〈표 3-30〉처럼, 제16대 국회의 전반기 2년 동안은 국회의 기능이 전반적으로 강화되고, 타협과 조화의 모색을 통해 행정부와 국회간의 마찰이 과거보다 현저히 줄어들었음을 보여준다.

〈표 3-31〉 국회 대별 전반기 법률안 제안현황[62]

구분 대수	총 계	의원법안		정부법안	
		건 수	비 율	건 수	비 율
제13대국회 전반기	628	468	75%	160	25%
제14대국회 전반기	374	120	32%	254	68%
제15대국회 전반기	785	452	58%	333	42%
제16대국회 전반기	1,253	900	72%	353	28%
계	3,040	1,940	64%	1,100	36%

〈표 3-31〉처럼 제16대 국회에서는 의원법안 발의건수를 보더라도 과거 어느 국회보다 왕성한 활동을 보여 주었다. 이는 국회의 기능이 전반적으로 강화되고, 타협과 조화의 모색을 통해 행정부와 국회간의 마찰이 과거보다 현저히 줄어들었음을 보여준다. 김대중의 리더십의 또다른 원천 중 하나는 바로 '지역주의'이다. 김대중 대통령의 주요 지지층은 계급적으로는 도시 지식인층과 전라도 지역민들이었고, 지역적으로 호남이었다. 냉전을 배경으로 한 정치적 고난과 지역주의에 의해 고통 받는 지역민들의 일체화, 즉 지역주의와 분단이라는 정치사회균열의 중첩에 의해 박해받는 리더십의 상징을 형성했고, 이것이 다시 민주화투쟁과 중첩되면서 김대중의 '저항적 리더십'을 형성하게 된 것이다. 김대중 대통령이 지역주의의 한계를 벗어나지 못했던 것은 물론

---

62 국회사무처 법제실,『제16대 국회 전반기 2000. 5. 30-2002. 5. 29 의원입법현황』, 국회사무처, 2002, 7면.

지배 세력의 집요한 공작에 의한 것이기도 했지만, 그 역시 대통령의 꿈을 이루기 위한 계획으로 지역연합을 적극적으로 활용했다는 점에서 지역주의 최대의 '수혜자'이기도 하다. 전국적으로 고른 지지를 받지 못했다. 또한 소수집단에 속하는 호남 유권자의 지지만으로 김대중 대통령의 리더십과 국정운영은 다수세력의 한나라당과 영남 및 보수집단의 반대로부터 제한을 받기도 하였다.

다. 정치·경제상황

앞서 살펴본 것처럼, IMF 관리체제라는 국가적 위기상황이 역설적으로 김대중 정부의 행보를 가볍게 해 주었다. 김대중 정부는 이러한 문제의 해결만이 자신들의 정치적 정당성을 확보해준다는 것을 인식하고, IMF사태로 인한 국가 비상사태의 극복이라는 절체절명의 목표와 요구를 정치적 책임으로 인정하였다. 이러한 이유로 김대중 정부와 의회간의 관계는 행정부가 입법과정을 포괄적으로 지배하고 대외정책과 재정 및 경제정책을 독점적으로 결정하는 것이 가능하였으며 정치적 기반을 안정적으로 유지시킬 수 있었다.

당시 쟁점 중의 하나였던 것 중의 하나는 '국민기초생활보장법'의 시행이다. 이 법안의 목적은 국민의 생존권 보장을 위한 구체적이고 최후의 보루로서 기능하는 법이 되며, 가능한 도움을 받는 사람들이 자활. 자립할 수 있도록 돕는 법이 되겠고, 그 특성으로는 무각출 급여제공, 재원이 조세라는 점(사회보험제도의 경우 갹출 또는 기여금으로 운영되는 반면 '국민기초생활보장법'의 재원은 조세, 즉 세금으로 운영된다)이다. 또한 기존의 생활보호법의 국가에 의한 보호적 성격에서 저소득층의 권리적 성격으로 바뀌었다는 것 역시 하나의 특성이다. 1961년 생활보호법의 제정 이후에 1999년 IMF 경제위기로 인하여 생계유지가 어려운 저소득층의 생활안정을 위하여 생활보호, 실업급여, 공공근로, 노숙자보호, 한시생활보호, 생업자금융자 등 사회안전망 사업이 실시되었지만 많은 저소득층이 사회보장의 혜택을 전혀 받지 못하는 사각지대가 존재하여 국가가 모든 국민의 기본적인 생활을 제도적으로 보장해야할 필요성이 대두되면서 단순생계지원이 아닌 수급자의 자립자활을 촉진하는 생산적 복지 지향의 종합적 빈곤대책이 필요하게 되면서 여·야의 합의로 생활보호법을 대체하는 '국민기초생활보장법'이 제정되고 2000년 10월부터 시행되게 되었다.

第4節 노무현 대통령

노무현 대통령은 탈지역주의와 탈권위주의 상징이었다. 또한 노무현 대통령은 도덕성을 무기 삼아 정치개혁을 위해 노력해왔다. 그러나 노무현 대통령의 소극적 부정형 리더십은 집권당과 행정부 간의 정책합의를 이끌어내지 못했고, 야당을 포용하지 못했다. 그럼에도 불구하고 노무현 대통령이 추진한 지역균형발전, 검찰과 국정원 등의 권력기관의 중립화, 선거제도개혁 등은 한국 민주주의가 제도화를 통해 실질적 민주주의로 발전할 수 있는 중요한 가치를 가지고 있었다. 노무현 대통령의 정치적 리더십의 미숙함은 탄핵 등의 정치적 이슈와 선거에서의 유동성(flexibility)에 따라 다양한 국정운영 행태를 보여 왔다. 노무현 대통령의 리더십 모형은 소극적인 리더십의 매디슨 모형에서 출발하여, 의회에서 균형된 의석을 확보한 제퍼슨으로 안정된 국정운영을 하다가, 임기 말에 집권당인 열린우리당의 붕괴로 매디슨 모형으로 회귀하였다. 노무현 대통령의 임기 동안 정치적 변동이 어느 대통령보다 심했고, 노무현 대통령은 일관된 리더십을 보여주지 못했기 때문에 리더십 모형도 다양하게 변화하였다.

1. 정치적 리더십의 특징: 소극적 부정형

가. 탈脫권위주의와 도덕성 및 정치개혁

노무현 대통령의 성장과정과 성격유형은 최악의 환경, 학창시절 반항심리, 반권위주의적 리더십, 소수자(minority) 콤플렉스, 천대 피해의식 등으로 볼 수 있다. 노무현 대통령은 자연스럽게 가난콤플렉스를 등반항아, 분노와 슬픔의 눈물을 흘리는 선동가형 표출방식으로 대통령이 되기 위한 욕구는 클 수밖에 없었다.[63]

한국은 김영삼 대통령으로부터 김대중 대통령 집권기를 거쳐오면서 '민주화' 이후 권위주의 정치와는 점차 결별하였지만, 정당체제·정당민주화·제왕적 대통령제라고 불리는 중앙집권적 권력구조형태에서 과거 권위주의시대에 형성된 구조와 리더십이 그대로 유지되어 왔다. 예컨대 정치개혁은 소위 정치관계법의 개정을 통해 단속적으로 진행되는 데 그쳤을 뿐, 제도정치구조의 핵심을 이루고 있는 정당과 정부, 그리고 정치행태는 과거질서를 넘어서지 못했다.

이런 와중에 '개혁정치인' 노무현은 3김 체제(1인 보스체제), 지역주의, 권위주의라는 한국정치 발전의 세 가지 영역의 총체적 변화에 대한 국민적 기대에 조응하면서 등장하였다. 인터넷을 주요 활동무대로 했던 '노사모'라는 지지 세력의 출현 또한 과거 계파와 파벌을 충원기제로 하는 기성 정치지도자들의 정치행태와는 차원이 다른, 탈권위주의 코드와 정확하게 맞아떨어지는 새로운 정치현상이었다. 노무현 대통령은 참여정부 초기부터 권력중심의 권위주의 정치로부터 국민중심의 참여정치로의 전환, 배타적 국정운영으로부터 토론과 합의에 의한 국정운영체계 확립, 그리고 권력과 언론의 합리적 관계설정을 주창했다. 이러한 생각은 '분권형 국정운영', 국가정보원·검찰·경찰·국세청 등 '권력

---

63 최진, 『대통령 리더십 총론』, 법문사, 2008, 440면.

기관의 자율성 증대', '당정분리'로 구체화하면서 '권위주의 정치'에 대한 개혁의지를 보여주기도 했다. '분권형 국정운영'은 총리실의 인적·물적 기반확대라는 제도적 변화를 수반하기는 했지만 이보다는 총리라는 개인적 능력에 의해 좌지우지되는 양태를 보여줬고, 권력기관의 자율성 증대는 권력기관 내부개혁으로 연결되지 못하고 있으며, 당정분리는 정당정부와 정부능력의 측면에서 효과적인 국정운영에 오히려 걸림돌로 작용하였다. 또한, 참여정치는 청와대 부속기구로 존재하는 각종 위원회설치라는 또 다른 제도의 벽에 갇혔고, 토론과 합의에 의한 국정운영체계는 상호소통이 아니라 일방적 호통과 독선적 정치행태로 변질되고 말았다. 그러나 언론과의 관계는 임기 동안 원만하지 못했지만, 흠집 내기에 골몰하며 소통에는 무관심한 한국 보수언론의 행태 역시 합리적 관계설정의 중요한 장애요인이었다는 점도 고려해야 할 것이다.

노무현 대통령은 재임 동안 어깨에 힘을 주는 게 아니라 국민과 진정성 있는 소통을 해야 진짜 권위를 인정받을 수 있다는 관념을 항상 품고 있었다. 하지만 많은 사람들은 노무현 대통령의 언행에 대해 '경박하고 품격 없다'는 평가를 내렸다. 참여정부의 최대 공적 중의 하나는 '탈권위주의'이나 최악의 국정운영 지지도와 각종 민생정책에 대한 민심이반은 정부가 가져야 할 최소한의 권위조차 위협받으며 대통령의 리더십이 '희화화'되는 지경에 이르게 되었다. 노무현 대통령은 탈권위주의[64]라는 시대정신에 맞추어 수평적 리더십을 강조했지만, 내용적으로는 일방적이고 교훈적 정치행태에 머물러 있다. 노무

---

64 무권위 상태는 대통령의 공식적인 권위(formal authority)에서 비롯되는 합법적 권위조차 인정받지 못하거나 붕괴된 상황을 의미 한다. 결과적으로 권위주의→ 탈권위주의→반권위주의→무권위→권위주의의 악순환을 되풀이하게 된다. 공식적인 권위는 직위와 관련된 의무와 책임에 기초한 권력을 뜻한다. 최진, 『대통령 리더십 총론』, 법문사, 2008, 483면.

현 대통령은 카리스마적 리더십을 강하게 비판하지만 대통령 자신
도 카리스마적 요소가 많다.[65] 노무현 대통령은 리더십을 직관이라
고 정의했다.[66] 대통령을 쉽게 비난하는 정치문화는 노무현 대통령
의 업적이 나쁘거나 리더십 한계로 볼 수 있지만, 감성을 움직이는
'영감적 호소력靈鑑的 呼訴力(inspirational appeal)'이 뛰어났다.[67]

임기 동안 해를 거듭하면서 노무현 대통령의 지지도도 추락해갔지
만, 당선과 정치적 인생은 많은 국민들에게 희망이었다. 지지자들이 비
주류이던 그를 민주당의 대선 후보로, 나아가 대통령으로 만드는 드라
마는 국민적인 감동을 선사한 바 있다. 케네디가 TV 덕분에 대통령이
됐다면, 인터넷의 힘으로 대통령이 된 최초의 인물이 노무현이다. 민주
화운동가이자 정치개혁가인 당선에는 역사적 의미까지 있다. 사회 곳
곳에서 '권위주의'를 무너뜨린 것은 가장 큰 업적이다.

그러나 노무현 대통령은 국가의 최고 지도자이자 대표로서 품격과
권위를 지니고 있지 못했고, 정치적 언행이 지나치게 가벼웠다. 대통령
에 대한 비난이 일상사가 된 것은 노무현 대통령의 탈권위주의의 성과

---

65 최진,『대통령 리더십 총론』, 법문사, 2008, 479면; 비윤리적 카리스마를 지
  닌 대통령들은 자신의 카리스마를 비윤리적으로 활용하는 통치자로서, 권
  력을 개인적 이익에 사용하고 비판적인 관점을 거부하며, 자신의 결정을
  의문 없이 수용하도록 요구 한다. J. M. Howell and B. J. Avolio, "The Ethics
  of Charismatic Leadership: Submission or Liberation?", Academy of Manegement
  Exective, 1992, p.45.
66 즉 리더십이란 미래에 대해 확신을 갖게 하는 것인데, 이것은 논리로 설명
  되는 것이 아니라, 영감과 같은 직관을 통해서 가능하다는 것이다. 리더십
  에는 분명 직관과 같은 개인의 능력이라는 성격이 존재하지만, 리더십의
  관계적 측면, 즉 대중과의 소통을 통해 지탱되지 않은 리더십은 자기애착
  이상이 되지 못할 것이다. 탈권위주의와 수평적 리더십은 소통과 설득이
  전제될 때 진정한 '권위'를 가질 수 있다.
67 영감적 호소력은 상대방의 이데올로기적 신념과 가치관을 파악하여 큰 영
  향을 발휘할 수 있다; D. McClelland, Power: The Inner Experience (New York:
  Irrington, 1975), p.285.

이기도 하나 노무현 대통령의 리더십 한계에 기인한다. 그동안 노무현 대통령처럼 노골적으로 무시당한 대통령은 없다. 노무현 대통령이 내세웠던 지역주의 극복, 정치개혁을 노무현 대통령과 함께 실천하고자 했던 초기 노사모에는 진정성과 순수성 및 건강함이다. 하지만 대통령을 감시하겠다는 약속을 어김으로서 노사모는 친위대로 변질되었다. 과거의 인터넷은 노무현 대통령의 가장 든든한 기반이었지만 과거와 그 두텁고 공고화된 지지층은 붕괴되었다.[68]

노무현 대통령은 해체라는 단어를 자주 사용한다. 해체론적 사고와 행동이다. 해체는 단순한 부정이나 파괴가 아니라 새로운 출발을 의미하였으며,[69]이러한 창조적 파괴주의는 파괴력(destructive) 사실과 연관 된다.[70] 기득권을 스스로 포기한 '탈권위의 상징'이었다. "저는 이번 선거를 통해 낡은 정치가 종언을 고하고, 새로운 대한민국을 이끌어갈 새로운 정치의 시대가 개막될 것임을 선언합니다." 2002년 대선을 이틀 앞둔 12월17일 기자회견에서 노무현 대통령은 '노무현 시대'를 이렇게 규정했다. 노무현 대통령은 기득권을 포기함으로써 정치개혁을 시도했다. 여당이었던 열린우리당과의 관계가 대표적이다. 공천권과 당직자 임명권을 통해 당에 전권을 휘두르는 총재이던 역대 대통령과 달리 평당원이었다. 노무현 대통령은 당정 분리를 실행했다. 2006년 지방선거 참패에 이어 한나라당과의 대연정 제안, 아파트값 폭등 등으로 민심 이반이 가속화되자, 노무현 대통령은 급기야 탈당까지 요구받았다. 노무현 대통령은 "섣부른 당정 분리 때문에 국정운영이 안 된다"는 비판도

---

68 서울신문, 2007. 8. 2. 30면; 『미디어오늘』, 2009. 5. 23., ⟨www.mediatoday.co. kr/news/articleView.html?idxno=79881⟩, 검색일: 2009. 5. 23.

69 J. Derrida, *Writing and Diference*, tr Alan Bass (Chiago: The University of Chiago Press, 1978), p.280.

70 최진, 『대통령 리더십 총론』, 법문사, 2008, 486면; M., Heidegger, Being and Time, tr. Macquarrie & Robinson (New York: Haper & Row, Publishers, 1962) p.44.

받았다. 이를 두고 이준한 교수는 "여당이 청와대의 거수기가 되는 걸 막고 국회의 독립성을 보장하는 당정 분리는 역대 대통령 누구도 시도하지 못했던 것"이라고 평가하면서도 "문제는 당정이 소통까지 끊어버리는 바람에 양쪽 다 고립돼 최악의 경우가 됐다"고 지적했다.[71]

또한 노무현 대통령을 평가할 때 도덕성과 정치개혁을 언급하지 않을 수 없다. '노무현식 정치개혁'을 가장 든든하게 뒷받침했던 것이 바로 도덕성이었다. '비주류 정치인 노무현'을 대통령으로 세운 것도 도덕성이고, 숱한 정치적 위기에서 구해낸 힘도 도덕성에서 비롯됐다. 노무현 대통령은 2002년 대선 이전부터 차원 높은 도덕성을 강조했다. 2002년 대선에서 노무현 대통령이 당선될 수 있었던 요인 가운데 하나도 보수진영을 대표한 이회창 당시 한나라당 후보의 아들 병역비리 의혹이었다.[72]

노무현 대통령은 2004년 국가보안법을 폐지하고자 공론화를 하였으나,[73] 한나라당과 우파 진영의 엄청난 반발에 부닥쳤다. 한나라당은 보안법 폐지 거부를 위해 예산안 처리를 위한 임시국회도 거부했다. 우파 단체들은 거리로 쏟아져 나왔다. 결국 국가보안법을 폐지하기는커녕 개정하지도 못했다. 아울러 노무현 대통령이 『조선일보』를 비롯한 보수 거대언론과 신문방송의 언론개혁을 위해 다퉜다.

아울러 노무현 대통령은 스스로 '진보'를 표방했다. 노무현 대통령

---

71 "노무현 전 대통령 서거", 『한겨레21』 2009. 5. 25.
72 대통령이 된 뒤인 2003년 10월 최도술 당시 청와대 총무비서관이 SK그룹에서 11억원을 받은 사실이 드러났을 때는 "내가 모른다고 할 수 없다"며 재신임을 묻겠다고 했다. 2004년 대선자금 수사 때도 "불법자금이 한나라당의 10분의 1을 넘으면 대통령직을 사퇴하겠다"고 말했다.
73 "국가보안법은 한국의 부끄러운 역사의 일부분이고 독재시대의 낡은 유물이다. 국민주권·인권존중의 시대로 간다고 하면 그 낡은 유물은 폐기하는 게 좋지 않겠느냐. 칼집에 넣어서 박물관으로 보내는 것이 좋지 않겠느냐." 2004년 9월 5일 문화방송 대담에서 나온 노무현 대통령의 발언은 구시대 청산이라는 목표의식을 극명하게 보여준다.

이 진보세력 전체를 대표하지는 않는다고 하더라도 진보 진영 내에서 노무현 대통령의 비중은 과소평가할 수 없다. 노무현 대통령에 앞서 최고 권력자가 된 김영삼·김대중 대통령은 군사독재에 반대하는 민주화세력이었다. 이념적 스펙트럼 측면에서 보면 두 전직 대통령을 진보로 규정하는 데는 무리가 따른다. 진보란 기존의 법이나 틀에서 벗어나 새로운 개혁과 변화를 추구하는 것이다. 개혁과 변화에 대한 국민적 기대는 엄청난 에너지를 만들어냈다. 그 에너지는 다름 아닌 자발적인 국민의 지지와 참여다. 노무현 대통령 탄생은 물론 집권 초기 보수 진영의 탄핵공세 때 이 같은 국민의 힘은 그 위력을 여실히 보여줬다. 국민의 자발적 지지와 참여가 노무현 정권의 '대중 참여정치'라는 실험을 가능하게 했던 측면도 있다는 게 정치권의 시각이다. 노무현 대통령의 자기희생과 도덕성에 대한 국민적 기대가 국민의 정치참여를 폭발시켰다. 그러나 노무현 대통령이 스스로 '좌파신자유주의자'로 명명하면서 이념적 정체성에 혼란을 주었고 그때부터 노무현 대통령식 대중 참여정치의 의미는 퇴색하기 시작했다. 노무현 대통령은 또 집권 말기 대연정을 제안하면서 스스로 표방했던 진보조차 자기부정하고 말았다.

　노무현 대통령은 집권 과정에서 민주주의를 앞당기고 서민 복지를 증진시키려 애를 썼고 성과도 거뒀다. 노무현 대통령은 법대로 한다는 것을 강조하면서 국정원, 검찰 등 권력기구를 대통령이 개인적으로 이용했던 관행을 청산했다. 노무현 대통령은 권위주의 청산, 당정 분리, 정치와 경제 분권화, 책임총리제, 지방분권을 촉진하고, 재벌개혁과 기업경영의 투명성을 높이며, 교육과 조세제도를 개혁하고, 노사 관계를 증진하기 위해 노력했다. 정치 문화를 개혁하려는 그런 노력은 극심한 논란을 야기했다.

　노무현 대통령은 구습을 끊어내고자 하는 열정은 강했지만, '그 다음'을 내놓지 못했다. 구시대의 관습과 지역주의 타파, 당정 관계 변화

등 중요한 화두를 던졌지만, 그러고 나서 어떻게 하겠다는 것인지 준비된 내용을 보여주지 못해 스스로 입지를 약화시켰다. 전시작전통제권 환수, 지역 균형발전, 행정수도 이전 등의 문제가 손쉽게 '이념 문제'로 비화될 수 있었던 것도, 이해관계가 충돌하거나 의견이 첨예하게 맞설 수 있는 사안을 당위로 밀어붙이려 했기 때문이다.[74]

정치적으로도 노무현 대통령은 과거의 참여민주주의, 견제와 균형[75]이라는 수사修辭에서 중후반기로 가면 통합, 책임을 더 강조하는 것으로 전환된다. 이는 그간 야당, 언론 등의 강력한 저항 속에서 국정이 어려워지면서 한국 정치의 구조적 결함 극복에 관심을 기울이면서 철학적 기조가 변화된 것으로 보인다. 따라서 미국식 견제와 균형의 철학 대신에 대연정이라는 유럽식 융합의 기조나 각 시민사회의 책임정치, 책임 있는 정치를 위한 개헌론 등이 강조되었다.[76] 결국 노무현

---

74 "노무현 전 대통령 서거",『한겨레21』2009. 5. 25.

75 노무현 대통령이 강조한 철학적 기조는 견제와 균형이다. 이는 "더불어 사는 균형발전 사회"라는 국정목표로 표현된다. 이는 지역 간 균형발전, 정치 체제 내 견제와 균형, 동북아내 새로운 균형형성, 경제 성장과 분배의 균형 등의 국정목표에 암묵적으로 흐르는 철학적 지향이다. 지역 간 균형 발전은 수도 이전, 전국적 혁신도시 건설 등에 대한 강한 집착으로 나타난 바 있다. 그리고 정치권내의 견제와 균형의 체제는 집권 초기 미국식 대통령제에 대한 큰 관심 및 정치사찰 등의 대통령의 기존 권력자원의 자발적 포기, 분권형 국정운영 등으로 나타났다. 동북아 균형 발전은 초기에 동북아 중심 국가론에서 균형자론으로 발전되면서 전면화된 바 있다. 경제 성장과 분배의 균형은 정부 내 개혁파인 이정우 정책위원장 등에 의해 강조되었지만 언론 및 관료진영의 강력한 공격에 포위되면서 구체적 정책 관철로까지 나아갔다고 보기는 어렵다. 오히려 집권초기부터 법인세 인하, 기업도시 건설, 국민소득 2만불 시대 목표 등에서 일관되게 보이듯이 성장주의적 철학 기조가 더 강하였다. 결국 참여나 균형의 문제의식은 일관된 정합성을 가지기보다는 주로 정치적인 차원에 집중되고 그것도 포퓰리즘적 성격이 강했던 것으로 요약할 수 있다.

76 2007년 연두교서에서도 노무현 대통령은 다음과 같이 책임의 정치를 매우 강조하고 있다. "성숙한 민주주의 사회, 국민이 주인인 사회로 가자면, 책

대통령의 국정철학은 일관된 가치 지향과 노선 체계를 가지기보다는 혼란된 특성을 지닌다고 결론내릴 수 있다. 이는 비단 노무현 대통령에게만 국한되는 것이 아니라 아직 한국의 정당과 정치인들이 자유주의적 가치와 장기적 훈련과정을 거치지 못하는 미성숙한 발전수준을 그대로 반영하는 현상이다. 다만 노무현 대통령의 경우에 그 변화의 진폭이 특히 큰 점은 지적할 수 있을 것이다.

　　노무현 대통령의 통치 전략의 준비는 보다 거시적 정치지형이나 현대적 조건 등에 대한 종합적 시야보다는 비서실, 대변인 등의 조직을 미국식으로 개편하는 기술주의적이고 미시적 관점으로 국한되었다. 정작 현대적인 견제와 균형의 복잡하고 난관을 가진 구조 하에서 어떻게 대통령의 지지를 일관되게 유지할 것이며, 획득된 정치자본을 가지고 어떠한 방식으로 의제를 실현할 것인가에 대해 그림을 가지고 있지 못했다. 특히 취약한 이해가 두드러지는 것은 미디어 정치의 문제이다. 현대적 거버넌스에서 가장 초보적 원칙은 어떠한 정책성과를 남겼는가의 사실보다 어떻게 시민들에게 인식되고 있는가의 개념이 더 중요하다. 하지만 노무현 정부는 현대적 사회에서 이러한 사실과 개념 간극의 필연적 현실을 인정하고 이 현실 속에서 합당한 통치전략을 구상하지 못했다. 반대로 시민들에게 크게 어필하지 않는 인사개혁, 경제성과를 반복적으로 강조하면서 오히려 시민들과의 소통에서 결정적으로 멀어지고 말았다.[77] 현대적 대통령은 상징조작(symbolic manipulation)을 통해 지지율이 오르고 지지율에 따라 획득된 정치적 자본을 필요한 의

　　임있는 정부, 책임있는 언론, 책임있는 국민-시민주권의 시대, 소비자주권의 시대, 주권을 행사할만한 의지와 역량이 있는 시민, 성공한 대통령에 매달리지 않고, 남은 기간 책임을 다하겠습니다." 노무현, 2007, "참여정부 4년 평가와 21세기 국가발전전략: 2007년 연두교서", 『오마이뉴스』.

77 안병진, "보수적 포퓰리즘의 부분적 성공과 자유주의의 새로운 민주주의 모델 정립의 실패", 『노무현 정부의 국가관리 중간평가와 전망』, 연세대학교 국가관리연구원, 2006.

제에 지출한다. 즉 정치적 자본을 일단 형성시키는 것은 단지 포퓰리
즘이 아니라 현대적 통치전략의 필수적 구성요소이다.

통치전략에서 또한 중요한 것은 '희망소구(hope appeal)'를 특별히 강
조해야만 하는 선거 캠페인 시절과 달리 구체적 성과를 보여야 한다는
점에서 '기대치 게임(expectation game)'에 능해야 한다는 점이다. 기대치 게
임이란 흔히 선거 캠페인의 중요한 도구인 텔레비전 토론에서 가장 중
요한 전략으로 언급된다. 이는 미리 시민들의 기대치를 낮추어 이후
기대치보다 잘 수행하면 승리한 것으로 '개념적으로' 인식됨을 말한다.
마찬가지로 현대적 통치도 기본적으로는 기대치 게임이다. 이는 선거
과정에서 다소 과열된 시민들의 기대감을 진정시키고 작은 성과를 장
기적으로 축적해나가면서도 그 개념적 효과는 극대화시킴을 말한다.
예를 들어 클린턴 행정부는 1995년 하락된 정치자본을 만회하고 보다
더 야심찬 의제 실현의 준비기간으로서 2005년 일년간 작은 의제들을
꾸준히 실천하고 효과적으로 홍보하여 이후 정부 신뢰도를 증진시켰
다. 하지만 노무현 정부는 180도 반대로, 기대치를 최고로 높이고 이후
정책적으로는 큰 정책에서 실패하며 작은 정책들에 대한 치밀한 배려
를 하지 못했다. 예를 들어 "헌법적 수준으로 고치겠다."는 부동산 문
제에서 극한적 기대치 증가는 이후의 실패를 더욱 치명적으로 만들었
다.[78]

노무현 대통령 재임 시절 종합 부동산세 도입과 사학법 등 4대 개혁
법 추진으로 보수 세력의 공격을 받았고 한미 FTA 추진, 이라크 파병
등으로 진보세력도 그에게 등을 돌려 지지율이 20% 밑으로 떨어졌다.
노무현 대통령의 인생은 과거의 권위주의형 정치인과는 달리 소탈하
고 서민적인 모습을 보였다. 그러나 개혁 의지는 다 성공을 거두진 못

---

78 안병진, "노무현 대통령의 리더십 특성: 토플러주의와 포퓰리즘의 모순적
   공존", 관훈포럼, 〈www.kwanhun.com/upload/%BE%C8 %BA%B4%C1%F8. hwp〉,
   검색일: 2009. 5. 2.

했다. 대통령 시절 추진했던 국가보안법 개정 등 4대 개혁입법은 보수
층의 반발로 인해 이뤄지지 못했다. 집권 말기 시도했던 개헌 시도 역
시 정치지형을 흔들려는 시도로 간주되면서 실패했다. 노무현 대통령
은 자신의 지지층이었던 진보와 보수 양쪽에서 비판을 받으면서 100년
정당을 표방하면서 세웠던 열린우리당의 분열과 해체를 눈앞에서 지
켜봐야 했다. 노무현 대통령은 열린우리당의 해체과정에서 여러 번 좌
절감을 표현하기도 했다.

나. 탈脫지역주의

노무현 대통령은 지역주의라는 한국 사회의 오랜 병폐들을 퇴치하
고 지역 균형발전을 위해 타협하지 않고 싸워 왔다. 노무현 대통령의
정치적 투쟁과 경력은 지역주의에 항거하여 지역 통합, 국민통합을 위
해 노력한 측면이 있다. 1992년 부산동구의 국회의원 선거, 1995년 부산
시장 선거, 1996년 서울 종로 국회의원 선거에서 잇달아 낙선했지만 지
역주의 해소를 위한 뚝심은 변하지 않았다. 이 과정에서 '바보 노무현'
이라는 별명으로 국민들은 민주화 경력과 정치적 도전에 매력을 느끼
고 공감하게 되면서 노사모라는 팬클럽이 생긴다. 노무현 대통령은 '지
역주의 타파'를 제일의 정치적 동원기제로 활용해왔고, 기회 있을 때마
다 지역주의 문제를 자신의 '신념'으로 간주하였다. 대통령의 리더십이
손상되는 과정에서 지역주의 해소를 위한 정치적 선택도 큰 역할을 했
다. 바로 '대연정 프로젝트'다. 지역주의는 한국정치의 주요 한 균열구
조이다. 노무현 대통령이 제안할 당시에 여당인 열린우리당 내에서 충
분한 협의가 없었고, 한나라당은 이에 대해 회의적이었고 의심을 떨쳐
내지 못했기 때문에, 노무현 대통령의 '상생의 정치' 구상은 현실에 반
영되지 못한 채, 이상주의에 그치고 말았다.

다. 관계적 리더십의 결여와 포퓰리즘

번즈는 "나쁜 리더십이란 없다. 나쁜 리더십은 리더십 없음을 의미한다"고 했다. 리더십에 가치중립은 없으며 어떠한 리더십도 도덕적 필연성을 가진 것으로 평가해야 한다는 것이다. 이와 연관 지어 본다면 김영삼 대통령과 김대중 대통령의 리더십은 민주화투쟁을 통해 형성되었고, '민주주의'라는 정치적이고 도덕적 필연성을 가지고 구축되었다. 반면 노무현 대통령의 리더십은 실질적인 민주주의의 진전과 탈권위주의라는 시대의 전환기적 인식 속에서 요구되는 것이었다. 정치의 위기, 정치의 불확실성 시대에 한국은 새로운 정치주체의 형성이라는 측면에서 정치적 리더십과 정당 리더십을 요구하고 있다. 이런 의미에서 현재 야기되고 있는 리더십의 부재는 대중들에게 과거로의 회귀본능을 자극하고, 마치 개인적 특성이라는 리더십의 일면만을 부각시킨다는 데 문제의 심각성이 있다. 흔히 카리스마로 상징되는 박정희의 리더십에 대한 향수는 당시 사회의 균열과 모순, 그리고 인민과의 소통이라는 관계성을 사장시켜버린다. 시대적 가치와 조응하고 한발 앞선 비전의 제시, 인민과의 소통을 통한 자발적이고 적극적인 정치참여의 유도, 이것이 시대가 요구하는 정치의 '관계적 리더십'이다.[79]

---

79 관계적 리더십은 리더십이 갖는 사회적 의미에 충실한 개념이라고 할 수 있다. 즉 개인적 특성과 자원, 그리고 능력에 기반한 동원형 리더십이 아니라, 사회적 기반과 관계 속에서 형성된 '정체성의 리더십'인 것이다. 진보는 진보대로, 보수는 보수대로 기존에 주어진 조건에 안주하지 않고, 진보는 더욱 진보시키고, 보수는 더욱 보수(補修)하면서 대중의 자발성을 더욱 활성화하며 정치적 주체성을 명확히 하고 소통과 수렴을 통한 원심력을 확대시키는 리더십이다. 권위주의 시대에 형성된 김영삼 대통령과 김대중 대통령의 리더십 자원은 권위주의적 요소를 가지고 있었지만 민주주의를 정착시키는데 기여했고, '민주화' 과정과 그 이후에 이들의 리더십은 지역주의에 기반하였다. 노무현 대통령 역시 수평적 리더십과 탈권위주의 리더십이라는 시대적 요구에 부응하는 데는 성공했지만, 참여정부의 수립과 동시에

노무현 대통령은 임기 초기부터 보수적인 언론들에 의해 인기영합주의적인 포퓰리스트라는 집요한 공격을 받아 왔다.[80] 노무현 대통령의 국정 철학은 두 가지 이유 때문에 일관된 체계를 이루고 있지 못하고 포퓰리즘[81]의 경향을 보여 왔다. 하나는 매우 실용주의적인 기질 때문에 구체적 현실의 변화에 따라 철학적 가치 지향의 진폭이 매우 크다는 사실이다. 또 하나의 이유는 아직 한국 정치의 수준이 장기간 집권을 정책연구소 등을 통해 준비하고 검증해오는 서구의 선진 정치체제만큼 정책 지향적이지 못하기에 노무현 대통령 또한 일관된 자유주의 이념체계, 정책의 기조를 내면화하고 있지 못하기 때문이다. 하지만 철학적 지향점은 집권 초기에는 참여민주주의, 견제와 균형, 포스트모더니즘의 핵심 개념인 투명성(transferency) 등을 강조한다. 집권 중후반기로 넘어가면 통합, 책임의 공동체주의로 이행해가는 것으로 보인다. 필자의 이러한 구분은 현 정부가 어떠한 철학적 가치를 내세웠는가의 기준으로 판단하는 것은 아니다. 왜냐하면 아직 발육부진의 한국 정치는 내세우는 가치 지향과 실제적 노선이 괴리된 경우가 많기 때문이다.

우선 정부는 스스로를 '참여정부'라 일컬으며 집권 초기에는 참여민주주의적 기조를 매우 강조하였다. 이는 양승함이 분석한 것처럼 선

리더십은 '청와대' 안에 갇히고 말았다. 소통은 '국민과의 대화'라는 이벤트로도, 수많은 '위원회' 만들기로도 해결될 수 없다. 이러한 의미에서 갈등과 소통의 구조가 중첩된 지점에서 '관계적 리더십'의 부족으로 인해 대통령 지지율의 하락과 총선과 지방자치단체장 선거와 2007년 대선, 2008년 총선에서 패배가 초래되었다.

80 안병진, "한국정치의 미국화 과정에 대한 분석과 조망: 노무현 대통령의 최근 대연정 발언을 중심으로"『미국학논집』(제37권 제3호), 2005, 129면.

81 여기서 말하는 개념은 정치학계에서 사용하는 민주주의의 한 유형이다. 그 광의의 의미로는 주로 자신을 국민일반 의지의 구현자로 호명하며 기존의 권력 블록과 적대적으로 대립시키는 것을 말한다.; Margaret Canovan, "The People, the Masses, and the Mobilization of Power, the Paradox of hannah Arendt's Populism", Socal Research, 2002, Vol. 69, No. 2, Summer.

거과정에서의 "국민의 자발적이고 능동적인 참여의 힘"의 승리를 강조
해왔기에 자연스러운 논리적 귀결이다. 하지만 실제 정책상에서 참여
민주주의적 철학이 전면적으로 구현되었다고 보기는 어렵다. 단지 인
터넷 인사추천제도, 검사와의 대화, 일부 시민단체들과의 정책협의 등
상징조작 차원에서의 활동을 넘지 못하였다. 그리고 정부의 참여 민주
주의적 철학은 현실에서 나타날 때는 주로 시민들의 직접적 참여라기
보다는 국민 대변을 자임한 개혁 정치 엘리트의 포퓰리즘적 기조로 변
질되어 구현되었다. 예를 들어 정부는 "기성체제, 기득권층의 이익을
대변하기 보다는 국민의 관점을 대변하고 국민의 요구에 응답한다."는
포퓰리즘적 언술 하에 과거사 청산, 정치개혁 등을 주도해왔다.[82]

결국 앞에서 열거한 통치전략의 미비와 국민들의 실망감은 노무현
대통령이 가지는 즉흥적인 포퓰리즘적 특성과 결합하면서 불필요한
갈등들을 양산하고 스스로를 고립시키고 말았다. 최근 연두교서는 노
무현 대통령이 대 시민 설득의 정치가 가지는 전략적 중요성을 과거보
다 더 분명히 인식해 나가는 증거로 보인다. 그리고 이 연설에서 공세
적 화법의 삼가는 것을 통해 문제의 본질을 전달하고자 하는 것도 진
전된 커뮤니케이션 전략이다. 하지만 여전히 경제적 지표 등에 대한
과학적 설명으로 시민들과 소통할 수 있다고 믿는 것은 미디어에서의
상징적이고 감성적 정치에 대한 현대적 이해에 도달하고 있지 못함을
시사해준다. 그리고 연설에서의 공세적 화법에 대한 자제에도 불구하
고 전직 대통령들에 대한 불필요한 자극적 발언들은 포퓰리즘적 개성
이 여전히 많은 갈등들을 만들 수 있음을 보여주었다. 국정철학의 비
일관성, 통치전략의 부재는 궁극적으로 정책수행능력이란 점에서 필연
적으로 큰 한계를 노정시키고 말았다. 물론 노무현 대통령이 집착하거
나, 이미 정치적으로 합의수준이 높은 이슈들에서는 정부의 정책능력

---

82 양승함, "노무현 정부의 국정철학과 국가관리원칙", 『노무현 정부의 국가관
리 중간평가와 전망』, 연세대학교 국가관리연구원, 2006, 35-37면.

은 긍정적으로 평가할 수 있을 것이다. 예를 들어 정치영역도 정책의 범주에 포함시킨다면 정치개혁법등에서 노무현 대통령은 강한 수행능력을 보였다. 그리고 정부가 최대의 업적으로 자랑하는 행정 개혁, 인사 체제 개혁 등에서도 대통령이 강한 집착을 보인만큼 업무 프로세스 혁신, 개방형 직위제 등의 적잖은 성과를 만들어냈다.

라. 정치의 사법화

노무현 대통령은 대 의회 관계에 취약했다. 그리고 여당은 물론 야당과 충돌해왔다. 수도이전 문제에 대해 정치적 합의를 거치지 않고 헌법재판소에 위임하는 등 임기 동안 정치적 사법화를 초래했다. 이는 진보적이고 투쟁적인 386 출신들을 등용하고 정당정치를 신뢰하지 않은 측면이 있다.[83] 정치의 사법화의 긍정적인 측면은 입헌주의, 즉 헌법에 의한 지배를 강화하는 점이 있지만 양 칼날과 같은 위험성도 내포하고 있는 측면도 있다. 통치자의 자의적 지배를 부정하고 공동체의 기본가치를 구현하는 헌법에 입각한 통치를 실현하는 입헌주의는 '정

---

83 김종철, "정치의 사법화'와 의의와 한계", 『공법연구』(제33집 제3호), 2005, 235-238면; 정치의 사법화는 국가의 주요한 정책결정이 정치과정이 아닌 사법과정으로 해소되는 현상을 의미한다. 그 현대적 성격을 분명히 하기 위하여 좀 더 엄격하게 정의하자면 전통적으로 정치문제는 간주되어 오던 국정현안에 대하여 사법권력이 법의 논리체계에 의존하여 해결하려는 경향을 의미한다. 일반적으로 정치의 사법화라는 표현 자체는 부정적 뉘앙스를 풍기지만 원론적으로 볼 때 정치의 사법화는 긍정적 측면과 부정적 측면을 동시에 가진다. 이렇듯 정치권력에 대한 사법적 통제를 통해 정치의 헌법화를 실현하기 위한 입헌주의의 기본원리가 법치주의 혹은 법의 지배의 원리이다. 법치주의는 국민의 자유와 권리의 재한을 위한 국가권력의 행사는 국민의 위임을 받아 국민대표기관인 국회가 제정하는 법률에 근거하여야만 한다는 헌법적 원리이다. 즉, 법치주의란 권력자에 의한 자의적 지배를 거부하고 합리적이고 예견가능성을 가진 법에 의해 공동체의 기본적인 질서가 형성되고 공동체생활이 이루어져야 한다는 원리를 말한다.

치과정의 헌법화'를 추구하는 정치이념이다.[84] 그러나 정치의 헌법화
라는 입헌주의적 가치를 구현하기 위한 정치의 과도한 사법화는 오히
려 또 다른 형태의 독재인 사법적 전제(judicial tyranny) 내지 제왕적 사법지
배(imperial judiciary),[85] 즉 법의 중립성을 가장한 정치적 소수자의 지배를
정당화하는 민주적 정치과정의 왜소화로 정치적 지배형태가 전환될
수 있는 위험성을 내포하고 있다. 이것이 정치의 사법화의 부정적 측
면이다. 좀 더 구체적으로 그 긍정적 실현의 원리인 법치주의는 입헌
주의의 또 다른 기본원리인 민주주의의 실현과 긴장관계를 형성할 수
있다. 특히 위헌법률심사제도를 예로 볼 때, 정치과정에서 다수결의 원
리에 따라 민주적으로 결정된 사항을 민주적 정당성이 취약한 사법권
력이 무효화할 수 있다는 것은 민주적 정치과정의 왜소화를 초래하는
것이 분명하다. 정치의 사법화의 부정적 우려는 정치과정에 대한 사법
적 통제의 방식이 모든 권력 작용이 헌법에 근거하여야만 법적으로 이
루어져야 한다는 입헌주의의 이상을 실현하는 필연적 선택이 아니라
는 점에 기초한다.[86]

헌법은 국가적 과제실현의 구체화를 가능하게 하는 실체적이고 절
차적인 규칙을 정하는 정치적 법으로서 입헌주의가 이미 선험적으로
주어진 정치적 결정의 기계적 실현을 정치권력에게 요구하고 있는 것
이 아니다. 따라서 정치의 헌법화는 그러한 결정에 이르는 과정과 정
치적 결정이 헌법이 지향하는 가치, 특히 기본적 인권으로 유형화된 가
치에 부합하도록 요구하는 합법성을 요구하고 있다. 따라서 그 합법성

---

[84] Jan-Erik Lane, *Constitutions and Political Theory* (Manchester: Manchester Univ. Press, 1996), 19-40면.

[85] Frank R. Strong, *Judicial Function in Constitutional Limitation of Governmental Power* (Durham: Carolina Academic Press, 1997), p.157.

[86] Alec Stone Sweet, *Governing With Judges: Constitutional Politics in Europe* (Oxford: Oxford Univ. Press, 2000).

의 준수여부에 사법적 권력에 부여하는 것에 불과하다. 따라서 사법권력이 헌법과 법률의 해석이라는 주어진 권한을 적극적으로 행사하여 정치의 사법화가 정치과정의 재량적 판단의 여지를 최소화시키는 방향으로 진행될 때 정치의 실종이 초래되고 자기지배(self-government)를 위한 민주적 결정의 가능성을 축소하고 그 의미를 왜곡시키게 된다.

아울러 정치의 사법화는 사법 권력의 헌법적 비전, 전통적으로 검증되지 아니한 해석론으로 헌법 그 자체를 대체한 후 법적 통제 없이 관철시킨다는 점에서 위험하다.[87] 정치적 권력과 사법권력 또한 오류를 낳을 수 있다. [88] 따라서 신중한 대책이 필요하며 정치과정에 대한 과도한 개입은 위험 그 자체이며 이는 헌법과 이념을 전취할 수 있는 가능성이 크다.

정치의 사법화의 양면성은 입헌주의의 기본원리인 법치주의와 민주주의의 갈등관계로 포장되는 경향이 있다. 노무현 대통령이 정치의 사법화를 특징으로 하게 된 것이나 이러한 입헌주의에 내재하는 기본원리의 갈등현상으로 비춰지는 것이 전혀 근거 없는 현상은 아니다. 노무현 대통령과 그 정치적 반대세력이 상징적으로 선점하고 있는 이념적 정향에 차이가 있기 때문에 정치의 사법화가 담론화되어 이에 대한 평가도 긍정과 부정으로 극명하게 대비되어 표출된다. 노무현 대통

---

[87] Frank R. Strong, 앞의 책, 155-157면; John Agresto, *The Supreme Court and Constitutional Democracy* (Ithaca: Cornell Univ. Press, 1984), pp.156-157.

[88] 이 점에서 미국헌법의 아버지인 Hamilton이 사법심사를 옹호하면서 칼(sword)을 통제하는 행정권력과 지갑(purse)을 통합하는 의회권력에 비하여 칼도 지갑에 대한 영향력도 없고 오로지 판결만을 할 뿐인 사법권력이 '가장 덜 위험한'(the least dangerous) 권력이라고 명명한 것은 시사하는 바가 크다(Alexander Hamilton, The Federalist Paper No.78, in Alexander Hamilton et al. The Federalist Papers (Champaign: Project Gutenberg eBook edition), 505면., 그러나 가장 덜 위험하다는 것이지 전혀 위험하지 않다는 것은 아니며 사법권력이 스스로 칼과 지갑에 영향력을 행사하려 할 때 사법권력은 더 이상 비판으로부터 자유로운 성역에 머무를 수 없게 된다.

령의 이념적 성향은 국정목표에 있듯이 다양한 민주주의의 유형 가운데 참여민주주의 설정과제를 두고 있는 반면, 반대 세력은 정치과정에서 소수화된 정책에 대한 헌법적 보호를 기본적 인권이나 국가 권력 작용에 필요한 합법성의 요건을 들어 달성하는데 용이한 법치주의담론을 내 밀면서 정치세력을 형성하는 성향을 보였다.

노무현 대통령의 국정 목표인 참여민주주의는 정치적 반대세력 특히 해방이후 한국사회의 정치적 지배엘리트들과 엘리트 민주주의론과 정면으로 대치했다. 흔히 자유민주적 기본질서로 불리는 우리 헌정질서는 기본적으로 대의민주주의를 지향하고 있다. 대의민주주의는 정치권력을 정책형성권은 국민을 대표하는 위정자에게 위임하는 체제이다.[89] 1987년 6월의 시민항쟁 이후 성립된 제6공화국 헌법체제에서 민주주의의 공고화를 표방한 김영삼 대통령, 김대중 대통령, 노무현 대통령이 모두 의회중심의 개혁보다는 국민에게 직접 호소하는 정치를 추진해 온 것은 대통령과 의회의 관계가 원만하지 못한 것을 증명한다. 그러나 정치적 함의는 2004년 국회의원선거에서 의회권력마저 친노 개혁 정치세력에 의해 장악되고 상징적으로 국가보안법, 사립학교법, 과거사청산법, 언론개혁법 등의 개혁입법이 추진되면서 이들 개혁이 기존의 지배엘리트층의 정치적·사회적·경제적 기반을 실질적으로 붕괴시킬 것이라는 위기론이 보수정치세력에 퍼진다. 따라서 노무현 정부 전반기에 두드러진 정치의 사법화는 표면적으로는 법치주의를 내세우지만 기성지배엘리트의 고답적 민주주의관, 즉 엘리트 민주주의와 동전의 양면을 이루는 것임을 간파할 필요가 있다.[90]

---

89 엘리트주의의 핵심적인 징표는 지배자와 피지배자의 구별이다. 간접적 국민주권의 실현원리인 대의민주주의는 이러한 엘리트주의화의 위험성을 내재하고 있다.

90 김종철, "정치의 사법화'와 의의와 한계", 『공법연구』(제33집 제3호), 2005, 235-238면.

2. 대통령 대 의회 관계: 매디슨 모형으로부터 제퍼슨 모형; 매디슨 모형으로

노무현 대통령은 제16대 국회와의 관계는 매디슨 모형 하에서 분석이 가능할 것이다. 제17대 총선을 거치면서 임기 중반에 집권당인 열린우리당이 다수당이 됨으로써 임기 중반에는 노무현 대통령의 리더십은 제퍼슨 모형으로 분석된다. 하지만 지방선거에서 참패하고 열린우리당과 노무현 대통령의 지지가 추락하면서 열린우리당 내에 균열이 심화되었고 분열되었다. 열린우리당은 다수당으로서의 동력을 확보하지 못했다. 노무현 대통령의 집권 말기는 매디슨 모형으로 볼 수 있다.

〈그림 3-36〉 여소야대(2003년)에서 노무현 대통령의 대 의회관계
매디슨 모형

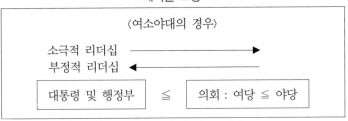

노무현 대통령 임기 초에 여소야대 상황에서 출발하였다. 게다가 노태우 대통령을 당선시킨 민주당은 구주류인 동교동계와 신주류인 친 노무현 세력으로 양분되었다. 2003년 11월 11일에 새천년민주당 탈당파 40명, 한나라당 5명, 그리고 개혁국민정당 출신 2명의 의원을 주축으로 하여 열린우리당이 창당되었다. 그 이후 민주당은 스스로를 야당임을 선언하였다. 2004년 1월 11일 임시 전당 대회를 통해 정동영 의원이 첫 당의장에 당선되었으며 김근태 의원이 첫 원내대표가 되었다. 두 사람 모두 개혁적인 색채를 띠고 있었던 데다 부패에서도 자유로웠기 때문에, 한나라당과 민주당에 밀려 3위를 기록하던 열린우리당의

지지율은 수직 상승하여 1위가 되었다. 높은 지지율에도 불구하고 열린우리당은 47석의 미니 여당이어서, 노무현 대통령은 의회에서 한나라당과 민주당에 주도권을 내주게 되었다. 그래서 매우 취약한 의회권력을 가지고 있어서 노무현 대통령 임기 초의 리더십은 매디슨 모형으로 분석된다.

〈그림 3-37〉 여대야소(2004-2006)에서 노무현 대통령의 대 의회관계
제퍼슨 모형

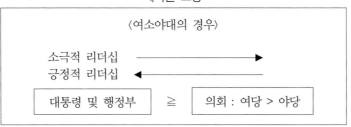

한편, 같은 해 3월 9일 노무현 대통령 탄핵소추안이 제출되고 열린우리당은 이를 저지하고자 하였으나 결국 3월 12일 탄핵소추안은 통과되었다. 이로써 노무현 대통령의 직무수행이 정지되었다. 그러나 한나라당과 민주당의 연합을 통해 진행된 탄핵소추안 통과로, 열린우리당에겐 국민의 동정표가 주어졌고, 결국 열린우리당은 과반수 국민의 지지를 얻을 수 있게 되었다. 열린우리당은 제17대 국회의원 선거에서 152석을 차지하여, 의회 과반수 정당으로 발돋움하게 되었다. 이어 헌법재판소는 5월 14일 노무현 대통령에 대한 탄핵소추안가결안을 기각하였다. 이 판결에 따라 노무현 대통령은 국정운영의 권한을 회복하게 됨으로써 국정운영이 정상화되었다. 그리고 노무현 대통령은 열린우리당의 수석 당원 자격으로 입당하여 우리당은 명실상부한 집권여당으로 자리잡았다. 이러한 의석변수에서 여대야소 상황을 연출할 수 있게 됨으로써 노무현 대통령은 이전보다 자신감을 가지고 국정을 추진력

을 가지고 운영할 수 있게 되었다. 그래서 노무현 대통령 임기 중반은 제퍼슨 모형으로 분석된다.

〈그림 3-38〉 여소야대(2007년)에서 노무현 대통령의 대 의회관계
매디슨 모형

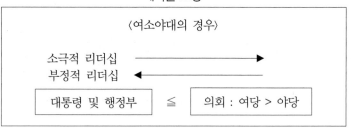

의회의 과반수를 차지한 거대여당의 탄생은 재보궐선거에서 유권자의 자연스러운 견제심리를 불러일으켰다. 그리고 서민경제 활성화·개혁완수에 대한 국민적 요구에 신속하게 부응하지 못하고 있다는 당의 반성에도 불구하고 이후 열린우리당은 재보궐선거에서 승리하지 못했다. 열린우리당은 2006년 5월 31일 지방선거를 앞두고 2월 18일 임시전당대회를 개최하여 새로운 당 지도부를 구성하고 국민적 지지회복에 전력을 다하였다. 2006년 5·31 지방선거는 부패한 지방정부를 심판하라는 중차대한 과제를 부여받고 있었다. 우리당과 국민들은 한나라당 소속 지방자치단체장이 절대다수를 차지하고 있었던 지방정부의 부패청산을 요구하였으나 결과적으로 열린우리당은 2006년 5월 31일에 열린 지방선거에서 전북 한곳만 얻고, 참패를 당했다. 이에 정동영 의장이 물러나고 김근태 의원이 당의장직을 승계하였다. 김근태 의장은 '서민경제회복추진위원회'를 구성하고 서민경제회복과 기업의 투자활성화, 일자리창출을 위한 정책을 추진하였다. 그러나 같은 해 7월과 10월의 재보궐 선거에서도 우리당은 연패했으며, 정당의 지지도는 여전히 회복되지 못한 채 고전을 면치 못하였다.

대선을 1년여 앞두고 열린우리당은 2006년 하반기부터 본격적으로 민주당과의 재통합, 시민사회 등 다양한 연대 등이 변화를 모색하기 시작하였다. 평화민주개혁세력의 대통합에 대한 다양한 의견과 대통합신당 건설을 앞당기고자 하는 고민 속에 당의 일부는 탈당을 선언하였다. 그때부터 국회의원들이 개별적으로 또는 단체로 탈당을 순차적으로 결행하여[91] 열린우리당은 의회 제2당으로 변모하였으며 2007년 6월에는 추가적으로 16명이 탈당하면서 2004년 4월 15일 총선때 152석이었던 의석수는 73석으로 줄게 되었다. 2007년 8월 20일 열린우리당은 손학규 전 경기도지사와 김한길을 비롯한 구 중도통합민주당 탈당파, 열린우리당 탈당파, 그리고 시민단체가 주축이 된 대통합민주신당에 흡수 합당되어 역사의 뒤안길로 사라지게 되었다. 그래서 노무현 대통령과 친노무현지지 세력이 만든 열린우리당은 노무현 대통령의 임기 말에 소수당으로 전락하였고, 나아가 소멸되었다. 이러한 의석 상황에서 노무현 대통령은 다시 제퍼슨 모형에서 매디슨 모형의 리더십을 실행할 수밖에 없었다.

이 당시 노무현 대통령의 리더십은 정치자체에 대해서 자신감이 부족하여 소극적이어서, 능동적으로 정국을 주도하지 못했다. 정치적 유연성이 부족하여 개혁이라는 원칙에 집착하게 되면서, 전형적인 소극적 부정형의 리더십을 보여주고 있다. 즉, 제16대 국회와 대통령의 관계는 매디슨 모형처럼, 의회가 행정부와 대통령의 권력남용을 견제하고 통제하는 상황에 이르렀으며, 대통령과 의회간의 타협과 조화를 위해 안정적이고 신중한 대통령의 리더십이 필요한 상황이 조성되었다. 2002년 제17대 대통령 선거에서 당선된 노무현 대통령은 입법권과 사법권, 행정권의 권력 균형에 입각한 정부를 지향해왔으며, 정치권의 부패

---

[91] 2007년 1월 22일 임종인 의원을 시작으로 1월 23일 최재천, 이계안, 1월 28일 천정배, 1월 30일 염동연, 2월 3일 정성호 의원이 연이어 탈당하였다. 2월 6일에는 소속 국회의원 23명 집단 탈당하였다.

와 권위주의 세력에 대한 심판을 부르짖어 왔다. 그리고 노무현 대통령은 당선 직후부터 대선기간 노출된 민주당 지도부와의 불협화음으로 여당인 민주당의 지원 역시 받지 못하였다. 또한 경제난과 청년실업, 잦은 말실수, 측근들의 삽음, 주요 사회갈등 조장과 대처 미흡, 탈권위와 토론을 통한 설득리더십의 미숙함으로 국정위기에 직면했고,[92] 결국 야당에 의해 정국주도권을 뺏기게 되었다. 노무현 대통령은 민주당 지도부와의 불협화음과 구 정치세력과의 대결구도를 만들어 민주당과의 결별수순에 들어간 후, 한나라당에 의해 끌려 다니다가, 민주당에서 친親노무현 세력인 열린우리당이 분당하자, 곧바로 신 주류의 열린우리당 지지입장을 밝히고 거대 야당에 대한 대결구도를 더욱 강화하였다.

그런데 제17대 총선을 승리로 이끌면서, 노무현 대통령은 원내 다수당의 지지를 바탕으로 안정된 정치를 추구할 수 있고, 강력한 대통령의 지도 아래 국민의 지지를 결집하여 행정복합도시, 지방분권화 등의 개혁을 역동적으로 추진한다. 그래서 임기 중반에서는 노무현 대통령은 제퍼슨 모형의 리더십을 보여주었다. 제17대 총선의 승리에도 불구하고 이러한 리더십이 가지는 문제는 여전하다. 첫째, 소극적 리더십으로 인해 여당과의 협조가 원만하지 않을 때에는 대통령과 여당이 원만한 조화의 관계를 만들어 내지 못할 가능성이 있으며, 부정형의 리더십은 비록 여당이 과반 이상을 획득하고 있더라도, 임기 및 기타 변수에 의해 여당과 대통령 사이의 균열뿐만 아니라, 야당과의 관계 역시 심각하게 악화될 수 있는 가능성을 가지고 있다.[93]

---

92 김인수, 『새시대 정신과 대통령 리더십』, 신원문화사, 2005, 312-313면.

93 노무현의 대통령 당선은 정치사적 측면뿐만 아니라 리더십의 측면에서도 몇 가지 의의를 갖는다. 먼저 한국이 '민주화' 이후 권위주의 정치와는 결별한 듯하지만, 정당체제·정당민주화·제왕적 대통령제라고 불리는 중앙집권적 권력구조형태에서 보면 과거 권위주의시대에 형성된 구조와 리더십이 그대로 유지되어왔다. 이런 와중에 '개혁정치인' 노무현은 3김체제(1인

참여정부 초기부터 권력중심의 권위주의 정치로부터 국민중심의 참여정치로의 전환, 배타적 국정운영으로부터 토론과 합의에 의한 국정운영체계 확립, 그리고 권력과 언론의 합리적 관계설정을 주창했다. 이러한 생각은 '분권형 국정운영', 국가정보원·검찰·경찰·국세청 등 '권력기관의 자율성 증대', '당정분리'로 구체화하면서 '권위주의 정치'에 대한 개혁의지를 보여주기도 했다. '분권형 국정운영'은 총리실의 인적·물적 기반확대라는 제도적 변화를 수반하기는 했지만 이보다는 총리라는 개인적 능력에 의해 좌지우지되는 양태를 보여줬고, 권력기관의 자율성 증대는 권력기관 내부개혁으로 연결되지 못하고 있으며, 당정분리는 정당정부와 정부능력의 측면에서 효과적인 국정운영에 오히려 걸림돌로 작용하고 있다. 또한, 참여정치는 청와대 부속기구로 존재하는 각종 위원회설치라는 또 다른 제도의 벽에 갇혔고, 토론과 합의에 의한 국정운영체계는 상호소통이 아니라 일방적 호통과 독선적 정치행태로 변질되고 말았다. 요컨대 참여정부의 최대 공적 중의 하나는 '탈권위주의'이나 최악의 국정운영 지지도와 각종 민생정책에 대한 민심이반은 정부가 가져야 할 최소한의 '권위'조차 위협받으며 대통령의 리더십이 '희화화'되는 지경에 이르게 되었다.

민주당 후보로 당선된 노무현 대통령은 민주당의 구파(주로 동교동계: 김대중 측근그룹)와 신진세력(노무현 후보 지지세력) 간의 갈등을 야기했다. 그리고 정치개혁을 명분으로 민주당의 신진세력과 한나라당의 탈당파 의원들은 열린우리당을 창당하였다. 한나라당과 (야당임을 선언한) 민주당은 함께 탄핵을 주도하여 의회에서 가결시켰다. 그러나 국민들은 이를

보스체제), 지역주의, 권위주의라는 한국정치 발전의 세 가지 영역의 총체적 변화에 대한 국민적 기대에 조응하면서 등장하게 된다. 인터넷을 주요 활동무대로 했던 '노사모'라는 지지 세력의 출현 또한 과거 계파와 파벌을 충원기제로 하는 기성 정치지도자들의 정치행태와는 차원이 다른, 탈권위주의 코드와 정확하게 맞아떨어지는 새로운 정치현상이었다.

의회 쿠데타라고 인식하였고, 곧이어 실시된 총선에서 열린우리당은 압도적인 지지 속에 과반수이상의 의석을 확보하게 되었다. 헌법재판소에서 탄핵이 위헌으로 판결남에 따라 노무현 대통령은 다시 대통령업무에 복귀하게 되고 과반수이상의 의석을 가진 다수당이 된 열린우리당과 함께 국정을 주도하게 된다. 그 당시 행정수도 건설 등의 중요한 개혁입법을 주도하게 된다. 그러나 노무현 대통령은 대통령 4년 중임제를 골자로 하는 개헌과 선거제도 개혁 등의 정치개혁을 추진하는데 한나라당의 협조가 불가피하다는 것을 인식하고 권력 분할을 제시하면서 한나라당에게 대연정을 제안한다. 이는 정치개혁을 위한 노무현 대통령의 승부수였으나 한나라당의 협조도 얻지 못하고, 진보성향의 많은 지지자들은 등을 돌리게 된다. 아울러 한미 FTA와 이라크전 파병 등에 있어서도 노무현 대통령은 지지자와 소속 정당인 열린우리당과 갈등을 겪게 된다.

〈표 3-32〉 노무현 대통령의 대 의회관계 모형변화 분석

통치시기	임기 초반	임기 중반	임기 후반
의석	여소야대 불안정	여대야소 안정 한나라당의 대연정 제의 거부(정부와 열린우리당 간의 균열)	여대야소, 대통령 탈당
정치, 경제상황	국회 탄핵 소추안 가결(2004년 3월12일), 총선(2004년4월 15일)	대연정(2005년 7월)	열린우리당 해체 (2007년)
대통령 對 의회관계	매디슨	제퍼슨	매디슨

비주류로서 정치역정을 보냈던 노무현 대통령은 대선후보가 되기전에는 당 내에서도 자기 세력이라는 것이 거의 없었다. 노무현 대통령은 임기 초반에는 의회에서도 소수였던 열린우리당 소속으로서 의회에서 주도적인 역할을 하지 못했다. 그러나 탄핵정국과 총선을 거치

면서 노무현 대통령은 화려하게 부활하게 되고 여대야소의 단점정부 하에서 열정적으로 정치개혁을 실현하기 위해 모색한다. 그러나 임기 말에 열린우리당이 분열하게 되고 대연정, 한미 FTA, 이라크전 파병 등 을 거치면서 지지층이 이반되고 지지율이 하락하면서 노무현 대통령 은(국민들의 지지와 당내 지지세력이라는) 정치적 자원을 상당부문 상실하고 국정에서 정치적 동력을 잃게 되었다.

　2003년 취임 100일 만에 노무현 대통령은 국정위기에 직면했다. 경 제난, 노조의 발목, 잦은 말실수, 측근들의 잡음, 주요 사회갈등 조장과 대처 미흡, 탈 권위와 토론을 통한 설득리더십의 미숙함으로 결국 화를 부른 셈이다.[94] 노무현 대통령의 국정 개혁 작업은 50년 동안 유지해왔 던 보수중심의 주류사회를 386세대 중심의 민주화 개혁세력들로 근본 부터 바꾸어보자는 데 있다. 과거 법과 원칙보다 인치에 의존했던 국 정운영을 통해 정상화시켜 조화롭게 움직여 나가자는 것이었다. 하지 만 대선 당시의 민주당 지도부와의 불협화음과 구 정치세력과의 대결 구도를 만들어 민주당과의 결별수순에 들어갔다. 노무현 대통령은 국 회 과반수 137석에 훨씬 미달한 102명의 민주당 소속으로서 다수를 차 지하고 있는 한나라당에 의해 끌려 다니다가, 민주당이 친 노무현 계인 열린우리당과 분당하자, 곧바로 신新주류의 열린우리당 지지입장을 밝 히고 대결구도를 더욱 강화해 왔다. 노무현 대통령은 실리적 타협보다 는 국민에게 심판받기를 원하는 대결을 통해 국정을 이끌어 왔다. 하 지만 열린우리당의 의석은 48석으로 야당이 반대하면 어떤 법안도 통 과가 불가능했고, 저돌적인 리더십으로 인해 여야를 초월한 상생의 정 치를 만들어 내지 못하였다. 또한 야당을 중심으로 대통령의 친인척 비리 의혹과 대선과 관련된 의혹이 일어나면서 결국 야당과의 타협과 상생의 정치는 불가능하게 되었다. 그리고 취임 1년 만에 국회에서 탄

---

94 김인수, 『새시대정신과 대통령 리더십』, 신원문화사, 2005, 312-313면.

핵안이 통과, 역사상 유래가 없는 대통령 탄핵사건이 발생했으며, 이로
인해 대통령의 국정공백상태가 지속되는 초유의 사태가 발생했다.

비록 헌법재판소의 탄핵기각으로 국정공백은 멈추게 되었지만, 결
론적으로 제16대 국회 시기는 의회와 대통령과의 관계가 가장 악화된
사례를 남겨주었다. 그리고 대통령 탄핵은 제17대 국회의원 선거를 통
해 야당을 심판하는 결과를 가져왔다. 국민들은 대통령 탄핵에 불만이
표출, 열린우리당 소속 후보자를 과반 이상으로 당선되면서, 노무현대
통령의 정치행보에 힘을 불어넣어 주었다.[95]

참여정부의 출범을 전후 한 그 동안의 각종 여론조사의 결과를 보
면, 정치개혁은 참여정부가 다른 어떤 분야보다도 우선적으로 추진하
여야 할 분야로 지적되어 왔다. 또, 국민들은 참여정부가 가장 잘 할
수 있는 분야로 정치개혁을 꼽는 데 주저하지 않았다. 무늬만 경선을
통과한 자천후보가 아니라 국민경선이라는 진정한 의미의 경선을 통
과한 최초의 대통령 후보라는 점에서, 그리고 돼지저금통으로 상징되
는 큰돈에 빚지지 않은 후보라는 점에서 국민들은 노무현 대통령이 공
약했듯이 정치개혁이 시작될 것이고, 또 그것이 성공하리라고 믿고 있
었던 것으로 생각된다.[96] 노무현 대통령의 인식은 3김 정치 폐해의 핵

---

95 노무현 정부시기 제17대 국회에 제출된 의원발의 법률안을 통해 국회의 자
    율성과 직능화 및 전문화가 향상되었다는 것이 확인된다. 이러한 의회의
    자율성은 對 의회관계에서 바람직하다고 보인다. 그러나 의원발의 법률안
    의 가결률을 살펴보면, 제15대 국회는 40%, 제16대 국회는 27%, 제17대 국회
    는 21%로 나타나, 그 비율이 계속 감소하였다. 정부제출 법률안의 가결률이
    51%에 달하는 것과 비교하면 가결률이 저조한 편이라 볼 수 있다. 그러나
    의원발의 법률안의 특성상 국회의원은 전체 국민의 대표자이면서도 사실
    상 지역의 대표자로서의 지위를 동시에 가지고 있음으로 인해 지역 및 사
    회적 소수자를 대변하는 법률 또한 다수 제출하기 때문에 정부 부처 합의
    를 거친 정부안에 비해 가결률이 낮은 것은 불가피하다고 볼 수 있다.
96 김민전, "참여정부 하에서의 정치개혁", 문화일보·학술단체협의회·한국정
    당학회 공동주최 참여정부 100일 기념 학술토론회, 『참여정부 정부 100일

심에는 보스중심의 사당적 구조가 있었다는 점에서 노무현의 당정분리는 상당히 평가받을 부분이 있다.

그리고 정치 전략의 측면에서 봐도 국민의 전폭적인 지지를 받고 있는 정치개혁을 전면에 내세워서 같이 추진한 북핵문제, 한미동맹문제 등은 조용한 외교를 통해서 해결하고자 했지만 남남갈등으로 인한 국민들의 분열은 심각하게 나타났다. 이는 군 관계자들을 만날 때마다 '자주국방과 미군철수대비'를 강조함에 따라 보수층은 주한미군철수를 노무현 정부가 바라고 있는 것이 아닌가 하는 불안감을 만들었고, 미국 방문 시에는 그 이전의 일련의 언급과는 다른 모습을 보임에 따라 진보층을 분노하게 만들었다는 점을 생각하면, 노무현 정부는 발생하는 현안에 대해서 그때그때 언급하는 방식이 아니라 보다 장기적인 국정 우선순위와 그에 대한 전략을 가지고 대응하는 것이 훨씬 바람직했을 것이다.

이전 정권과 비교하면 의원초청 정치, 당정분리 정치 등의 노무현 정부가 보여주고 있는 정치에는 긍정적인 평가를 받아 마땅한 요소가 있다. 그 예로 2003년 한나라당의 지지로 이라크 파병동의안이 문제없이 통과하였으며, 또 한나라당이 통과시킨 대북송금 특검제를 노무현 정부가 받아들이는 등 그 이전에는 보지 못하였던 국회와 대통령의 관계가 정립되고 있었다.

이렇게 국회와 행정부의 관계가 새롭게 정립되는 되고 있는 것은 여당 야당이 모두 제왕적 총재의 퇴장으로 일사 분란한 행동이 어렵기 때문에 정당간의 대결이 과거보다 완화되기 시작한 데에 그 원인이 있지만, 노무현 행정부의 새로운 시도 역시 매우 중요한 원인이 되었다. 여·야 정당 대표와의 잦은 회동은 물론이고 이라크 파병 동의안의 제출 때에는 국방위원회 소속 의원들을 모두 청와대로 초청하여 설명하

평가와 바람직한 정책방향』, 2003. 6. 2.

는 새로운 정치를 시도하였다. 이러한 의회와 행정부간의 변화는 국회
내부에서의 긍정적인 변화 역시 초래하였다. 이라크 파병 동의안 처리
를 앞두고는 2000년 국회법 개정에서 도입된 이래 한 번도 열리지 않던
전원위원회가 개최되었으며, 의원들은 자신의 양심에 따라서 찬반 투
표에 임하였고, 그 결과 당적을 뛰어 넘어서 찬반 표결이 이루어지는
크로스 보팅이 이루어졌다. 헌법이 의원들의 양심에 따라서 의정활동
을 하는 것을 보장하고 있음에도 그것으로 모자라 국회법에 크로스 보
팅에 대해 또 언급을 하고 있음에도 당의 거수기 노릇만 하던 의원들
이 처음으로 진지하게 자신의 생각을 토론하고 또 표결하는 광경이 연
출된 것이다.

노무현 대통령이 새로운 당정관계를 모색한 것은 기존의 대통령제
를 제도적으로 개선할 수 있는 의미 있는 시도였다. 과거 대통령들은
국회와 직접 협상하거나 대화하는 것은 기피하였던 것은 물론, 여당의
원도 직접상대하지 않았다. 당을 피라미드 구조로 만들어서 몇몇 당직
자를 통하여 대통령의 뜻을 여당의원들에게 전달하는 소위 원격조정
(remote control)정치를 하였다. 여당의원들로 하여금 누르면 누르는 대로
행동하게 하는 대신, 장관으로 기용하기도 하고 다음 선거에서 공천을
주고 또 선거에서 떨어지면 정부산하단체의 임원으로 내보내는 등의
보상을 해왔다. 그러나 노무현 정부는 행정부의 안을 지지하도록 민주
당의원들에 대해서 압력을 행사하지 않는 대신, 민주당의원의 입각을
최소화하는 하는 등의 방식으로 반대급부를 제공하지도 않는 방식으
로 당과 내각의 거리를 두는 입장을 취하고 있는 것도 대통령제 민주
주의의 발전을 위한 바람직한 방향설정이라고 할 수 있다.[97]

그러나 여기에도 한계가 있다. 특검법의 처리과정을 보면, 한나라당

---

97 김민전, "참여정부 하에서의 정치개혁", 문화일보·학술단체협의회·한국정
   당학회 공동주최 참여정부 100일 기념 학술토론회, 『참여정부 정부 100일
   평가와 바람직한 정책방향』, 2003. 6. 2.

이 통과시킨 법안을 사후에 거부권을 행사할 것인가의 여부를 고민하였고, 또 특검법을 받아들이기로 한 이후에는 재협상을 하기로 합의한다. 통과된 법에 대해서 재협상을 하는 모습을 보이는 것보다는 한나라당이 법안을 제출할 당시부터 어떤 부분은 받아들일 수 없는지를 명백히 하고 그러한 내용이 포함되는 경우에는 거부권을 명백히 하여 법안의 통과 이전에 청와대와 의회 사이에 협상이 일어나도록 하는 것이 더 바람직하다고 생각할 수 있다. 앞으로 국회가 주도하는 정책이 늘어날 가능성이 크다는 점을 감안하면, 국회가 통과한 법에 대해서 사후적으로 받아들일 것이나 혹은 거부권을 행사할 것이냐를 두고 고민하는 모습을 연출하는 것보다는 국회가 논의를 하고 있는 과정에서 대통령의 정책적 선호를 명백히 하고 국회와 청와대간의 협상이 일어나도록 하는 관행, 그리고 국회에서 법이 통과되고 난 이후에는 대통령들이 의원들을 초청해서 서명식을 하는 새로운 관행을 만들어 가는 것이 바람직할 것이다. 특히 우리의 경우 법이 만들어지는 과정이나 법이 공포되는 과정이 국민들에게 잘 알려지지 않고 있기 때문에 국민의견의 수렴이 잘 이루어지지 않아 정책이 결정되고 난 이후, 혹은 정책이 집행되고 난 이후에 각종 이익집단의 반발이 끊이지 않는다는 점을 감안하면 새로운 관행의 정립은 매우 절실하다고 할 수 있다.

가. 임기변수

매디슨 모형에서는 대통령이 적극적이고 긍정형의 리더십을 통해 정국주도를 가능하게 하면서도 의회와의 관계를 원활하게 이끌 수 있는 리더십을 발휘할 필요가 있다. 노무현 대통령은 제17대 국회의원 선거를 앞두고 개혁을 위해서 열린우리당이 국회의 다수가 되어야 한다고 주장하였다. 이는 물론 해석에 따라 공무원의 정치적 중립의무를 위반한 것으로 볼 수도 있으며, 일반적인 자신의 견해를 밝힌 것으로 해석될 수도 있다. 하지만 이러한 지지발언은 결국 국회 내의 야당과의 관계를 극도로 악화시키면서 탄핵[98]의 빌미를 제공하여 2004년 3월 12일 한나라당, 민주당, 자민련 등 야 3당이 발의한 노무현 대통령 탄핵[99]소추안이 국회 본회의를 통과하였다. 헌법재판소(이하 헌재)는 국회가 제출한 노무현 대통령 탄핵소추안에 대해 2004년 5월 14일 '기각' 결정을 내렸다. 이에 따라 노무현 대통령은 헌재가 기각 결정을 공식 발표한 이날 오전 10시 29분부터 직무 정지 상태에서 벗어나 대통령 권한을 회복했다.[100] 제17대 국회에서는 비록 여당이 과반 이상을 확보했으나, 선거주기에 따라 대통령의 남은 임기보다 국회의원들의 임기가 더남아 있을 경우에는 소극적 리더십과 긍정적 리더십은 레임덕 현상을불러일으킬 수 있는 계기가 되었다.

　이 탄핵안 가결을 계기로 한국의 정치지형과 노무현 대통령의 국정스타일에는 상당한 변화가 있었다. 우선, 헌정사상 초유의 대통령 탄핵후유증은 정치지형의 틀을 완전히 뒤바꿔 놓았다. 노무현 대통령은 탄핵의 불명예를 감수해야 했지만 탄핵 소추안 가결된 이후에 탄핵 소추안 의결을 의회쿠데타로 간주한 과반의석의 집권여당과 의회권력까지

98　노무현 대통령 탄핵 심판 일지 2004년 3월 9일=국회, 대통령 탄핵소추 발의 2004년 3월 12일=국회, 탄핵소추 의결, 헌재 접수, 2004년 3월 18일=헌재 재판관 첫 평의 2004년 5월 14일=노무현 대통령 탄핵 기각.

99　헌법재판소 결정 사건 2004헌나1 대통령 노무현 탄핵, 청국인 국회, "노무현 대통령 탄핵 기각 결정".

100　헌법재판소는 이날 오전 대심판정에서 재판 과정이 TV로 중계되는 가운데 이같이 최종 선고를 내렸다. 결정 내용은 다음과 같다. "탄핵 사유 안된다.; 대통령의 일부 기자 회견 발언 등이 선거법 중립 의무 및 헌법 수호 의무를 위반했지만 대통령을 파면시킬 만한 '중대한 직무상 위배'라고 보기 어렵다. 탄핵 사유 중 대통령 측근 비리는 취임 전 일이거나 대통령의 연루 여부가 드러나지 않았다. 또 국정 및 경제 파탄 사유는 탄핵 심판의 대상이 될 수 없다. 소수 의견 비공개=재판관 평의를 통해 소수 의견을 공개하지 않는 것이 옳다고 판단, 소수 의견은 물론 파면·기각·각하 등 재판관 9명의 의견이 어떤 식으로 나누어졌는지도 공개하지 않았다."

확보함으로써 오히려 안정적 국정운영의 기반을 구축할 수 있었다. 반면 탄핵풍의 직격탄을 맞은 한나라당은 원내 제1당에서 제2당으로 내려앉았고, 정통야당의 명맥을 유지해온 민주당은 쇠락을 재촉했다. 여당은 과반의석(152석)을 바탕으로 행정수도 이전과 개혁입법에 집중했으나, 이에 야당이 강력 반발하면서 여야 간에는 '행정수도 특별법' 위헌논란과 국가보안법 등 '4대 개혁입법'[101] 논쟁이 지속되기도 했다.[102]

노무현 대통령은 탄핵위기를 극복하고 탄핵 후 동정여론에 힘입어 집권당인 열린우리당이 다수당이 된 후에, 소극적 국정운영 스타일이던 매디슨모형에서 다수당을 기반으로 역동적인 국정운영 스타일인 제퍼슨모형으로 지도력을 쇄신하게 된다. 즉 균형된 의회관계를 모색하면서, 노무현 대통령은 적극적인 국정운영을 발휘하였다. 노무현 대통령은 행정수도 이전, 정치개혁, 선거제도 개편에 대해 야당과 적극적으로 대화하고 국민에게 직접 설득하려고 노력하였다.[103]

---

101 4대 개혁 입법은 노무현 대통령의 참여정부가 추진한 네 가지 법안을 반드시 개혁하겠다고 거론한 것을 말한다. 구체적인 대상은 국가보안법, 사립학교법, 과거사진상규명법, 언론관계법이다.

102 노무현 대통령의 탄핵 후 국정운영에서 국민통합 부분이 거론되는 것도 이와 같은 맥락이다. 노무현 대통령은 탄핵사태를 계기로 집권당 총재의 지위를 포기, 당·정분리를 실현한 데 이어 정치권의 오랜 관행인 영수회담를 폐지했다.

103 노무현 대통령의 탄핵 이후 2004년 4월 총선에서는 열린우리당이 압승했다. 당시 민주노동당이 10석을 차지하면서 진보는 대약진했다. 그러나 노무현 대통령이 지지했던 국가보안법 폐지 등의 개혁 법안은 국회에서 통과되지 못했으며, 열린우리당은 재·보궐 선거에서 번번이 패했다. 노무현 대통령은 급기야 2005년 7월 위기 돌파와 권력 재창출을 위한 제안으로 대연정을 제안했다. 연정 파트너가 되길 기대했던 한나라당과 아무런 사전교섭이 없었을 뿐만 아니라 집권여당인 열린우리당에게도 일언반구 알리지 않은 연출이었던 것이다. 2006년 지자체 선거에서도 열린우리당은 참패했다. 참여정부의 말기에 이르러 노무현 대통령의 국정에 대한 평가는 더욱 가혹해졌다.

한편 노무현 대통령은 과거역사와 권위주의에 대한 청산을 착수하여 '과거사 진상규명에 대한 특별위원회'를 구성했고, 관련된 특별법 제정을 국회에서 추진함으로써 과거역사에 대한 정리를 시작했다. 2005년 12월 29일「친일반민족행위자 재산의 국가귀속에 관한 특별법」(법률 제7769호)이 공포되었다. "제1조(목적)는 이 법은 일본제국주의의 식민통치에 협력하고 우리 민족을 탄압한 반민족행위자가 그 당시 친일반민족행위로 축재한 재산을 국가에 귀속시키고 선의의 제3자를 보호하여 거래의 안전을 도모함으로써 정의를 구현하고 민족의 정기를 바로 세우며 일본제국주의에 저항한 3·1운동의 헌법이념을 목적으로 한다." 16곳 과거사委 중 2006년 7월 13일 '대통령 소속 친일반민족행위자재산조사위원회[104]'가 설치되어 본격적인 친일파 재산을 환수하여 국가에 귀속하는 업무가 시작되었다. 친일반민족행위자재산조사위원회 김창국

---

[104] 1948년 9월 22일 친일반민족행위자들을 처벌하기 위하여 「반민족행위처벌법」이 제정되었으나, 1951년 2월 14일 폐지됨으로써 친일과거청산 작업이 중단되었다. 2005년 2월 24일 열린우리당 최용규 의원 등 국회의원 169명이 「친일반민족행위자 재산의 국가귀속에 관한 특별법안」을 발의하여 2005년 12월 8일 「친일반민족행위자 재산의 국가귀속에 관한 특별법」 국회 의결, 2006년 2월 13일 '친일반민족행위자재산조사위원회' 설립준비단 구성(국무총리훈령 제476호), 2006년 6월 29일 '친일반민족행위자 재산의 국가귀속에 관한 특별법 시행령' 공포(대통령령 제19557호), 2006년 7월 13일 '친일반민족행위자재산조사위원회'가 발족되었다. 위원장(장관급)1인·상임위원, 사무처장(차관급) 2인 포함 위원은 9인 위원장은 국회동의를 거쳐 대통령이 임명하며 위원회 기능은 친일반민족행위자의 조사 및 선정, 친일반민족행위자의 재산조사 및 친일재산 여부의 결정, 일본인 명의로 남아 있는 토지에 대한 조사 및 정리, 그 밖에 대통령령이 정하는 사항으로 국가귀속이 불가능한 친일재산의 조치와 이의신청 처리, 조사 자료의 보존·열람 등 이며, 조직은 사무처, 기획단, 조사단(2007-2008년 재직 조사단장 강여찬 현 대구지방검찰청 형사2부장검사), 법무담당관실, 조사연구관실, 운영지원과 기획총괄과, 기록관리과, 조사총괄과, 조사1과, 조사2과, 조사3과로 정원은 107명으로 자체충원 54명, 부처파견 45명, 지방자치단체 8명이다.

위원장은 2009년 6월 현재 총 21차례에 걸쳐 친일재산을 국가에 귀속했다. 친일행위자 이완용, 민영휘, 송병준, 송종헌, 이재각, 김한승, 김두찬, 이달용, 서상훈[105], 장헌식, 고희경 등 93명, 1,123 필지, 면적 7,743,844㎡, 시가 1,349억원(공시지가 733억원)상당으로, 국가귀속을 위한 조사개시 결정은 177명, 4,993필지, 면적 2,180만㎡ 공시지가 1,680억 상당이며, 일본인 토지 귀속재산 확인결정은 12차에 걸쳐 881필지, 면적 343,070㎡, 공시지가 2,288,797,715원이다.

나. 의석변수

매디슨 모형은 의회 내의 권력이 균형을 이루느냐 이루지 못하느냐에 따라 서로 다른 리더십이 필요하다. 의회 내의 여당의 힘이 강하다면 소극적 리더십을 통해 행정력을 효과적으로 발휘할 필요가 있다. 이모형 하에서 의회 내의 야당의 힘이 강하다면, 대통령은 적극적 리더십을 통해 정국의 주도권을 가져올 필요가 있을 것이다. 노무현 대통령은 열린우리당의 의석이 48석으로 국정주도가 불가능한 상황에서, 오히려 제퍼슨 모형식의 의회와의 관계를 지향한 것이라 할 수 있다.

---

105 2008구합 40806; 서울행정법원은 친일파 서상훈 후손에게 "주의적 청구 및 예비적 청구는 모두 이유 없으므로 기각하기로 주문과 같이 판결한다." 아울러 판결문은 "피고 소속의 친일반민족행위자재산조사위원회 조사단 정해익, 지영환, 심철기 조사관은 2008. 4. 3.부터 2008. 4. 4.에 걸쳐 이 사건 임야 및 원고의 장남으로부터 상속 받은 경기도 여주군 여주읍 오금리 95 전 3,347㎡ 등 여러 재산에 대하여 실지조사를 하였다. 그러나 이 법정에 이 사건 임야가 사패지(賜牌地)라는 사실을 입증할 만한 자료를 제출한 바 없다."는 내용을 담았다. 서상훈은 1910년 10월 1일 조선총독부 중추원 부찬의로 임명되어 매년 800엔(圓)의 수당을 받았으며, 1921년 4월 28일부터 조선총독부 중추원 참의로 임명된 후 1943년 7월 31일 사망할 때까지 9회에 걸쳐 계속적으로 조선총독부 중추원 참의로 임명되어 1928년 11월 2일에는 종 4위에 이르렀다.

이러한 모형지향과 정면 돌파는 야당과의 타협과 상생의 정치를 더욱
불가능하게 만들었다.

〈표 3-33〉제16대 국회 동의안/결의안 처리현황[106]

구 분	접수	처리	계	원안	수정	부결	폐기	철회	반려
동의안	235	235	204	196	8	11	17	3	
결의안	283	283	229	222	7	1	52	1	

〈표 3-33〉를 보면, 제15대 국회에서는 행정부의 동의요청안에 대한
부결이 11회, 폐기 제17대, 철회 3에 이를 정도로 의회와 행정부 간의
관계가 좋지 않았으며, 여당이 힘이 미약했다는 것을 증명해주고 있다.
또한 국회의 결의안에 대해서는 부결 1, 폐기 52, 철회 1의 결과가 나온
것을 알 수 있다. 그리고 〈표 3-34〉은 제16대 국회 후반기의 본회의 동
의안 처리 결과이다.

〈표 3-34〉제16대 국회 본회의 동의안 처리 결과(2003년 12월 30일)

의 안 명	처리일	처리결과
국회의원(최돈웅) 체포동의안	2003-12-30	부결
국회의원(이훈평) 체포동의안	2003-12-30	부결
국회의원(박주천) 체포동의안	2003-12-30	부결
국회의원(박재욱) 체포동의안	2003-12-30	부결
국회의원(정대철) 체포동의안	2003-12-30	부결
국회의원(박주선) 체포동의안	2003-12-30	부결
국회의원(박명환) 체포동의안	2003-12-30	부결

이 표로 볼 때, 행정부처의 요구로 인한 비리 연루 국회의원에 대한
체포 동의안에 대해서 국회는 여야를 막론하고 부결[107]시킴으로써, 행

---

106 국회사무처 홈페이지, 〈nas.assembly.go.kr〉.
107 같은 날 처리된 비리 연루 의원들에 대한 체포동의안을 모두 부결시킨 것
    은 여야를 막론하고 비리에 연루되어 있었기 때문으로 볼 수도 있다.

정부의 요구를 묵살하였다. 그리고 급기야는 취임 1년 만에 국회에서 경제파탄과 측근비리, 그리고 선거중립의무 위반 등으로 인해 탄핵안이 통과, 역사상 유래가 없는 대통령 탄핵사건이 발생시켰다.

노무현 대통령은 국회 과반수 137석에 훨씬 미달한 102명의 민주당 소속으로서 다수를 차지하고 있는 한나라당에 의해 끌려 다니다가, 민주당이 친 노무현 대통령 계인 열린우리당과 분당하자, 곧바로 신新주류의 열린우리당 지지입장을 밝히고 대결구도를 더욱 강화해 왔다. 노무현 대통령은 실리적 타협보다는 국민에게 심판받기를 원하는 대결을 통해 국정을 이끌어 왔다. 하지만 열린우리당의 의석은 48석으로 야당이 반대하면 어떤 법안도 통과가 불가능했고, 저돌적인 리더십으로 인해 여야를 초월한 상생의 정치를 만들어 내지 못하였다. 취임 1년 만에 국회에서 탄핵안이 통과, 역사상 유래가 없는 대통령 탄핵사건이 발생했으며, 이로 인해 대통령의 국정공백상태가 지속되는 초유의 사태가 발생했다. 비록 헌법재판소의 탄핵기각으로 국정공백은 멈추게 되었지만, 결론적으로 제16대 국회 시기는 의회와 대통령과의 관계가 가장 악화된 사례를 남겨주었다.

〈표 3-35〉 제17대 국회의 득표율과 의석수

정당/단체	득표수(율)	의석수(비례대표)
열린우리당	8,145,824(39.2)	129(23)
한나라당	7,613,660(36.7)	100(21)
민주노동당	2,774,061(13.3)	2(8)
새천년민주당	1,510,178 (7.2)	5(4)
자유민주연합	600,462 (2.9)	4
국민통합21	119,746 (0.6)	1
무 소 속		2
합계(비례대표)	299(56)석	

　　대통령 탄핵은 제17대 국회의원 선거를 통해 야당을 심판하는 결과를 가져왔다. 국민들은 대통령 탄핵에 불만이 표출, 열린우리당 소속 후보자를 과반 이상으로 당선시키면서, 노무현대통령의 정치행보에 힘을 불어넣어 주었다〈표 3-35〉 참조).

　　그런데 2006년 5·31 지방선거는 한나라당의 압승과 집권당의 완패로 규정되는 이론의 여지없는 압도적 결과였고 그것의 정치적 의미는 분명했다. 노무현 대통령은 국민들로부터 정치적 지지를 상실하고, 대통령의 리더십이 흔들리고 여당인 열린우리당의 의회 주도권은 상당 부문 상실하게 되었으나, 대통령과 열린우리당은 변화된 민심에 대해 적극적으로 대응하고 변화된 리더십과 국정운영방향을 보여주지 못했다.

〈표 3-36〉 각급 단체장 선거 결과[108]

	광역단체장				기초단체장			
	1995	1998	2002	2006	1995	1998	2002	2006
열린우리당	-	-	-	1	-	-	-	21
한나라당	5*	6	11	12	70*	74	140	159
민주당	4	6**	4	2	84**	84	44	19
자민련	4	4	1	0	23	29	16	6***
민주노동당	-	-	0	0	-	-	2	0
무소속	2	0	0	1	53	44	30	25
합계	15	16	16	16	230	231	232	230

* 민자당 ** 국민회의 *** 국민중심당
자료: 중앙선거관리위원회

　　〈표 3-37〉에서 확인되는 바와 같이 노무현 대통령은 민주당 후보로 당선되었으나 열린우리당과 민주당이 분열되고 노무현 대통령을 지지

---

108 정상호. "5.31 지방선거에 대한 또 하나의 해석: '지역'없는 정당체제와 풀뿌리 민주주의의 위기", 〈blog.grasslog.net/archive/attachment/1864532907.hwp〉, 검색일: 2009. 5. 2.

하는 열린우리당은 신생정당으로서 여당이 되고, 민주당은 스스로 야
당임을 선언하였다. 열린우리당은 군소정당이었기 때문에 노무현 대통
령은 국정을 운영하는데 많은 한계를 느꼈다. 탄핵 이후에 동정여론에
힘입어 열린우리당은 제1당이 되고, 민주당은 열린우리당과 한나라당
간의 양당 대결구도 하에서 17대 총선에서 많은 의석을 빼앗기게 되었
다. 2007년에는 열린우리당의 탈당과 분열로 다시 열린우리당은 다수
당의 지위를 넘겨주게 되었다. 그리고 열린우리당은 민주당과 다시 합
당을 추진하였다. 이러한 의석수의 변화로 노무현 대통령은 수도이전,
지방균형발전, 국가보안법 개정논의 등의 주요 정책에 있어서 국정을
안정적으로 추진력 있게 행사하는데 많은 한계를 겪었다.

〈표 3-37〉 노무현 대통령 임기 동안의 의석변수(2003-2007년)

| 대 수 | 대통령 임기 | 연 도 | 교섭단체 | 의석분포(무소속제외) | | 상황변수 |
				여	야	
제16대	김대중	2000	여1 야1	119(43.6)	133(48.7)	여소야대
		2001	여2 야1	134(49.4)	131(48.7)	여야균형
		2002	여2 야1	112(41.0)	130(47.6)	여소야대
제17대	노무현	2003	여2 야2	149(54.5)	101(36.9)	여소야대
		2004	여1 야3	151(50.5)	145(48.8)	여대야소
		2005	여1 야3	144(48.1)	150(50.1)	여야균형
		2006	여1 야4	139(46.4)	153(51.1)	여소야대
		2007	여1 야2	73(24.4)	162(54.1)	여소야대

다. 정치·경제상황

정치·경제 환경의 변화에 대해 대통령이 적절한 대처를 하고 대통
령과 행정부는 보다 적극적인 리더십을 발휘함으로써 정국의 주도권
을 가져올 필요가 있다. 그리고 의회간의 타협과 조화를 위해 대통령
의 긍정적인 리더십이 존재할 필요가 있다. 야당은 노무현 대통령을

탄핵하면서 탄핵사유 중 하나로 국정파탄과 경제파탄의 책임을 물었다. 탄핵소추안은 '세계경제가 호황인 가운데 노무현 대통령이 총선 올인 전략으로 국민경제를 파탄시켰다'는 점을 사유로 꼽았다. 야당은 그동안 노무현 정권이 1년 가까이 총선 준비에 선넘하는 바람에, 주변국은 경기회복세가 뚜렷한데도 2003년 한국 경제성장률은 외환위기 극복 이후 5년 만에 다시 마이너스 성장을 기록, 국민복리가 오히려 후퇴했다고 주장해왔다. 그러나 노무현 대통령은 '경제파탄'은 원천적으로 탄핵사유가 되지 않는다는 입장에서 물러서지 않았고 경제란 흐름이어서 특정 시기의 경제난에 대해 정권이 법적으로 책임을 져야 한다는 것은 말이 되지 않다고 주장했다. 사실 경제난은 전임 정부 시절부터 비롯된 측면이 강하고 실질적으로는 탄핵사유가 될 수 없었다. 하지만 이러한 논란은 걷잡을 수 없는 혼란을 불러일으켰고, 비록 헌법재판소의 탄핵기각으로 국정공백은 멈추게 되었지만, 결론적으로 제16대 국회 시기는 의회와 대통령과의 관계가 가장 악화된 사례를 남겨주었다 할 것이다.

第5節 소결

이 연구의 이론적 검토를 통해 대통령의 리더십을 분류하면 다음의 〈표 3-38〉와 같을 것이다. 레윈(K. Lewin)의 유형으로 한국 역대 대통령들 중 권위주의와 민주주의 유형을 효과적으로 분류할 수 있으나 노태우 대통령부터 노무현 대통령의 리더십의 다양성을 구체화하지 못하는 단점이 있다. 화이트와 리피트(White & Lippit), 막스 베버(Max Weber)의 연구도 민주주의 하에서의 대통령의 다양한 정치적 리더십은 구분하지 못한다. 이 연구는 바버의 분류를 일부 원용하여, 노태우 대통령으로부터 노무현 대통령에 이르기까지 대통령의 다양한 유형을 구체화하는데 연구목적을 가지고 있다.

〈표 3-38〉 한국 대통령의 리더십 유형 비교[109]

학자별 리더십 유형	한국 대통령						
	이승만	박정희	전두환	노태우	김영삼	김대중	노무현
K. Lewin	권위주의	권위주의 관료주의	권위주의	권위주의 민주주의	민주주의	민주주의	민주주의
White & Lippit	권위형	권위형	권위형	자유방임	민주형	민주형	민주형
Max Weber	카리스마	카리스마	카리스마	카리스마	합법적	합법적	합법적
James D. Barber	적극적 부정형	적극적 부정형	적극적 부정형	소극적 부정형	적극적 부정형	적극적 긍정형	소극적 부정형

지금까지 이 연구는 대통령의 리더십이 의회와의 관계를 만들어 내
는 주요한 변수였으며, 대통령의 리더십이 어떠한 특성을 보이느냐에
따라 대통령과 의회의 관계는 변화한다는 것을 밝혔다. 하지만 제퍼슨,
해밀턴, 매디슨 모형이라는 세 가지 대對 의회 관계모형 속에서 한국의

---

109 안병만, "역대 통치자의 리더십 연구",『한국 행정학회 세미나』, 1998의 논
  문을 참조. 위 표의 분류는 필자가 한국의 역대 대통령 리더십에 대한 각
  종 평가와 논문을 근거로 분석, 작성한 것이며, 이 연구는 박정희 대통령
  에 대해 적극적 긍정형의 리더십으로 평가한 안병만과는 다르게, 박정희
  대통령을 적극적 부정형의 리더십으로 정의하고자 한다. 박정희 대통령
  은 근대화를 제시하고 자신 있게 정책을 추구하였기 때문에 긍정형의 리
  더십으로 인식될 수도 있지만, 박정희 대통령은 매우 권력욕이 강하며, 야
  심적이어서 재야인사들이나 야당인사들을 탄압하거나 투쟁의 대상으로
  인식하였고, 모든 일에 치밀하게 준비하며 꼼꼼하게 집행을 통제하는 등
  적극적 부정형의 전형적인 모습을 보여주고 있기 때문이다. 이에 대해서
  는 함성득,『대통령학』, 나남출판, 2003, 93면 참조. 아울러 노무현 대통령
  의 평가와 모형은 필자가 분석한 것이다.

민주화 이후 역대 대통령의 리더십을 살펴보면, 한국의 역대 대통령들은 자신들의 리더십을 효과적으로 발휘하지 못했다는 결론을 내릴 수가 있다. 물론 적절한 리더십을 통해 정국의 주도권을 확보하고 야당과의 협력구조를 만들어 낸 리더십도 있었다. 하지만 때에 따라서는 대통령의 리더십이 권위주의적으로 흘러 의회와의 관계 역시 악화되기도 했으며, 정국의 주도권을 뺏기면서도 의회와의 관계 역시 악화되는 사례가 확인된다. 또한, 비록 의회의 입장에서 대통령과의 관계를 살펴본 것은 아니지만, 이 연구의 연구에 의하면 소극적 부정형은 정국 주도권도 잃기 쉬울 뿐 아니라, 의회와의 관계 역시 심각하게 악화될 수 있는 리더십이며, 제16대 국회와 대통령의 관계는 이러한 사례의 전형적인 예라는 것을 알 수 있었다. 하지만 앞서 논의한 것처럼, 시머 립셋(Seymour M. Lipset)는 리더십이 정당성 및 효과성과 긴밀한 상관성을 가지고 있다 밝힌 바 있으며,[110] 리더십 역시 국민 다수가 인정하는 정치권력의 정당성의 범위 안에서만 허용될 수 있다는 것을 알 수 있다.[111]

〈표 3-39〉 한국 대통령의 리더십과 대 의회관계 모형변화 비교분석

의회와의 관계모형	임기 초반	임기 중반	임기 후반	비 고
노태우 대통령	매디슨 모형	제퍼슨 모형	제퍼슨 모형	변화
김영삼 대통령		제퍼슨 모형		일정
김대중 대통령		해밀턴 모형		일정
노무현 대통령	매디슨 모형	제퍼슨 모형	매디슨 모형	변화

---

110 Seymour M. Lipset, *Political Man: The Social Bases of Politics* (Garden City, New York: Doubleday, 1960), pp.77-90.

111 Juan J. Linz & Alfred Stepan, *The Breakdown of Democratic Regimes* (Baltimore: Hopkins University Press, 1978).

노태우 대통령은 과거의 지도자들과는 달리 대통령의 역할과 직책 수행에 있어 원활한 체계를 갖추지 못했고, 민주지향적인 리더십 역시 부족하여 소극적 부정형의 리더십을 가진 인물로 분류할 수 있을 것이다. 선동가형 국정운영스타일로 볼 때 노무현 대통령은 김영삼 대통령의 동일시현상(YS identification phenomenon)이 적잖게 작용하였다.[112] 김영삼 대통령과 국민의 정부 김대중 대통령은 일단 기본적으로 둘 다 민주적 리더십 이다. 또한 이들은 권력의 획득 과정에서 도덕성과 정당성을 겸비하고 있었다. 김영삼 대통령은 국회와의 관계를 상호 대등한 입장으로 이끌기보다는 강력한 리더십을 통해 의회를 압도하고자 하였고, 그 결과 대통령과 여당 내부의 관계 역시 조화롭게 이끌기 힘든, 적극적 부정형의 리더십을 가질 수밖에 없었다. 행정부에 대한 권력집중이 가능한 국가적 경제위기 상황에서, 김대중 대통령은 적극적인 리더십을 통해 이를 돌파해 나갈 수 있는 사회 경제적 기반을 가질 수 있었다. 이러한 긍정적인 리더십을 통해 적극적 리더십이 가질 수 있는 권력의 집중을 보완하고 의회와의 협력을 이끌어내기 위해 긍정적 리더십을 발휘하였다. 노무현 대통령 역시 민주적 리더십의 특성을 보인다. 특히 과거의 정권과는 다르게 노무현 정권의 특징은 시민사회가 팽창하고 시민의 참여의 폭이 대폭 확대되어 정치에 작용하게 되었다는데 있다.

물론 이러한 상황은 과거 김영삼 대통령, 김대중 대통령 정권시절 이미 시민사회의 힘이 축적되는 과정을 거쳤기 때문이기도 하다. 국민들의 개혁욕구에 부응하여, 이를 적극적으로 해내겠다는 의지를 밝힘

---

112 최진, 『대통령 리더십 총론』, 법문사, 2008, 511면 ; 프로이드(Freud)의 동일 시현상은 자신이 이루고자 하는 목표를 위해 특정인의 언행을 닮고자 하는 심리상태를 의미 한다; Freud, "Project for a Scientific Psychology, in M. Bonapart, A. Freud and E. Kris(eds), the Orgins of Psychoanalysis, New York: Basic Books.

으로서, 과거 권위주의적 리더십과는 다른 민주적 리더십을 보여주었다. 야당과 정책상의 문제에 대한 대결구도에서 서로에게 지나치게 대항 자세를 보임으로서, 결국 정국불안 등 노무현 대통령의 리더십은 소극적 부정형의 리더십이다.

민주화 직전 전두환 정부는 유신체제 이상 가는 강압적인 통제력을 발휘하였지만, 민주화를 요구하는 시민들의 저항에 끊임없이 직면하지 않을 수 없었다. 다행히 집권세력 내부의 강온파의 정치적 균열 때문에 여당내 차기 대통령 후보로 지명되었던 노태우 후보의 6·29 선언이 나올 수 있었다. 이후 한국 정부는 덜 강압적인 6공화국을 거쳐, 3당 합당을 통한 문민정부의 출범, 그리고 1997년 대통령 선거를 통한 실질적인 최초의 평화적인 정권교체를 경험하는 민주주의의 성숙을 경험하게 된다. 당시 국민들 사이에는 1987년 민주화와 정권교체에 대한 여망이 커서 많은 유권자들이 노태우 후보를 지지하지 않았지만, 야당 후보인 김영삼과 김대중의 분열로 당선되었다. 아울러 노태우 대통령은 쿠데타로 집권한 전두환 대통령의 주축세력이었다. 이러한 점 때문에 노태우 대통령의 집권은 정당성이 취약했다.

노무현 대통령은 리더십에 있어서 국민의 신임을 크게 받지 못해 부정형의 리더십을 가지고 있었고, 김영삼 대통령, 김대중 대통령, 김종필 등의 야당지도자로부터 반대에 많이 부딪쳤으며, 3당 합당 하에서도 김영삼과 김종필의 이해관계 속에서 주도적인 국정운영을 발휘하지 못했다. 이러한 측면에서 노무현 대통령은 소극적 부정형의 리더십 범주에 속한다. 전두환 대통령과 노태우 후보의 정치세력과 야당과 시민사회의 요구가 절충되어 1987년의 제6공화국 헌법이 만들어졌다. 이 헌법의 민주적 제도화는 노태우 정부, 김영삼 정부, 김대중 정부, 노무현 정부, 그리고 이명박 정부에 이르기까지 지속되고 있다. 대통령은 국민직선으로 선출되며, 임기는 5년 단임이다. 국회가 갖는 지위는 제4공화국이나 제5공화국의 헌법과 비교할 때 강화되었다.

김영삼 대통령은 권위주의 시절에는 민주화투쟁의 상징으로 민주화시대에는 문민정부를 연 최초의 민간출신 대통령이었다. 김영삼 대통령은 보수적 군부 권위주의 정당에 대항하며 성장해 왔다. 김영삼 대통령의 리더십은 문민정부로서 비군부 통치시대를 열었으나, 정당 내 민주화 등 제도적 민주주의는 성숙되지 못했으며, 리더십 스타일 면에서 권위주의적 요소도 남아 있었다. 김영삼 대통령의 리더십은 위기의 국면에서 선택과 승부로 발현되었다. 그래서 혹자는 김영삼 대통령의 리더십을 '승부사형 리더십'으로 표현하기도 한다.

김대중 대통령은 정권교체라는 희망을 국민들에게 안겨주면서 민주주의의 공고화에 기여하였다. 김대중 대통령은 연금과 망명 죽음직전까지 몰리며 억압 받는 재야민주인사로 고난을 겪기도 하였다. 김영삼처럼 김대중의 리더십의 또 다른 원천 중 하나는 바로 '지역주의'이다. 아울러 김영삼 대통령의 '상도동계'라는 정치자원부대가 있었다면, 김대중에게는 '동교동계'라는 정치파벌이 있었다. 김영삼 대통령 김대중 대통령의 등장으로 민주화 이후 권위주의 정치와는 결별한 듯하지만, 정당체제·정당민주화·제왕적 대통령제라고 불리는 중앙집권적 권력구조형태에서 보면 과거 권위주의시대에 형성된 구조와 리더십이 그대로 유지되어왔다. 김대중의 리더십은 반공질서 속에서 낙인을 새긴 색깔론과 박해받는 민주주의를 통해 성장했다. 김대중 대통령의 리더십을 평가할 때 항상 비교대상이 되는 것이 김영삼의 리더십이다. 이는 독재 권력에 대항한 동시대의 대표적 야당지도자였다는 시대적 배경과 민주화 세력 내부의 주도권을 둘러싼 끊임없는 암투와 경쟁 상대였다는 점에서 당연하다고도 볼 수 있다. 김대중 대통령은 수평적인 정권교체를 이뤄냈고, 따라서 절차적 민주주의가 더 성숙해지는 계기를 만들었지만, 카리스마적 지도자로서 김대중 대통령의 국정운영방식에는 권위적인 성향이 내재되어 있었다. 정해진 절차나 제도에 따르기보다는 주로 개인적이 신뢰에 기초한 내집단에 의존하는 경향이 나타났고 대북 문제나 국내 문제 추진 시에 공식적인 의사결정 라인은 실세 참모들에 의한 비밀스러운 추진이 흔히 발생했다. 하지만 이 시기 김대중의 리더십은 매우 성취욕이 강했고, 결과중심적인 국정운영을 추구하였으며, 남북화해의 필요성을 제시하고 햇볕정책을 자신 있게 추진하는 등 적극적 긍정형의 전형적인 모습을 보여주었다. 김대중 대통령은 경제위기 극복, 지역 및 국민통합, 남북한 통일을 위한 획기적 기반 조성 등 많은 국정과제들을 목표로 삼아 이를 자기 임기 내에 모두 이룩하고자 하는 강한 의지를 갖고 있었다. 그리고 IMF 극복이라는 국가적 과제의 수행으로 인해, 여소야대 상황임에도 불구하고 김대중 대통령은 적극적인 리더십을 통해 권력을 집중시킬 수 있었고 정국을 주도할 수 있었다. 또한 이러한 환경조건 완성을 위해서는 야당의 협조가 필요했기 때문에, 김대중 대통령은 긍정적 리더십을 통해 과거의 정권보다는 국회에 대한 관계를 원만히 이끌어가려 하였다.

노무현의 대통령은 권력의 분산, 정당체제의 제도화, 정당 민주화, 제왕적 대통령제 해체 등에 기여하였다. 노무현 대통령 당선은 정치사적 측면뿐만 아니라 리더십의 측면에서도 몇 가지 의의를 갖는다. 먼저 한국이 '민주화' 이후 권위주의 정치와는 결별한 듯하지만, 정당체제·정당민주화·제왕적 대통령제라고 불리는 중앙집권적 권력구조형태에서 보면 과거 권위주의시대에 형성된 구조와 리더십이 그대로 유지되어 왔다. 이런 와중에 '개혁정치인' 노무현 대통령은 3김 체제(1인 보스체제), 지역주의, 권위주의라는 한국정치 발전의 세 가지 영역의 총체적 변화에 대한 국민적 기대에 조응하면서 등장하게 된다. 인터넷을 주요 활동무대로 했던 '노사모'라는 지지 세력의 출현 또한 과거 계파와 파벌을 충원기제로 하는 기성 정치지도자들의 정치행태와는 차원이 다른, 탈권위주의 코드와 정확하게 맞아떨어지는 새로운 정치현상이었다. 노무현 대통령[113]은 참여정부 초기부터 권력중심의 권위주의 정치로부터 국민중심의 참여정치로의 전환, 배타적 국정운영으로부터 토론과 합의에 의한 국정운영체계 확립, 그리고 권력과 언론의 합리적 관계 설정을 주창했다. 이러한 노무현 대통령은 '분권형 국정운영', 국가정보원·검찰·경찰·국세청 등 '권력기관의 자율성 증대', '당정분리'로 구체화하면서 '권위주의 정치'에 대한 개혁의지를 보여주기도 했다. '분권형 국정운영'은 총리실의 인적·물적 기반확대라는 제도적 변화를 수반하기는 했지만 이보다는 총리라는 개인적 능력에 의해 좌지우지되는 양태를 보여줬고, 권력기관의 자율성 증대는 권력기관 내부개혁으로 연결되지 못하고 있으며, 당정분리는 정당정부와 정부능력의 측면에서 효과적인 국정운영에 오히려 걸림돌로 작용하였다. 노무현 대통령의 탈권위주의는 노무현 대통령의 치적 중의 하나이나, 대통령다운 품위와 정치적 행동, 포용력을 보여주지 못함으로서 권위의 상실을 가져왔다. 아울러 노무현 대통령의 지지가 하락함과 함께 진보 진영의 몰락도 재촉되었다.

〈표 3-40〉 민주화 이후 국회의 의석분포

대 수	연 도	교섭단체	의석분포(무소속제외)		정회율	상황변수
			여	야		
제13대	1988	여1 야3	125(41.8)	146(55.8)	-	여소야대
	1990	여1 야1	217(73.1)	70(23.6)	31%	여대야소
제14대	1992	여1 야2	156(52.2)	128(42.8)	25%	여대야소
	1993	여1 야1	167(56.4)	95(32.1)	26%	여대야소
	1995	여1 야2	171(57.2)	120(40.1)	26%	여대야소
	1996	여1 야3	162(55.9)	118(40.7)	26%	여대야소

---

113 최진은 자신의 저서『대통령 리더십 총론』에서 노무현 대통령을 인간중심형 리더십으로 분류한다. 감성브랜드: 인간적인 면모, 청와대의 인간중심적 배치: 점령군의 무혈쿠테타, 행정부의 사적 잡근: 불안감과 자기방어심리, 노사모의 열정: 게릴라식 확산, 심리적 고독감: 정치적 스트레스, 역(逆)공포반응으로 소개하고 있다.

	1996	여1 야2	151(50.5)	128(42.8)	26%	여대야소
제15대	1997	여1 야2	158(53.0)	123(41.4)	29%	대 선
	1998	여2 야1	121(41.1)	162(54.9)	28%	여소야대
	1999	여2 야1	160(53.5)	135(45.2)	73%	여대야소
	2000	여1 야1	119(43.6)	133(48.7)	29%	여소야대
제16대	2001	여2 야1	134(49.4)	131(48.7)	29%	여야균형
	2002	여2 야1	112(41.0)	130(47.6)	-	여소야대
	2003	여2 야2	149(54.5)	101(36.9)	-	여소야대
	2004	여1 야3	151(50.5)	145(48.8)	-	여대야소
제17대	2005	여1 야3	144(48.1)	150(50.1)	-	여야균형
	2006	여1 야4	139(46.4)	153(51.1)	-	여소야대
	2007	여1 야2	73(24.4)	162(54.1)	-	여소야대
제18대	2008	여1 야4	153(51.1)	120(40.1)	-	여대야소
	2009	여1 야5	170(56.8)	119(39.7)	-	여대야소

　　민주화 이후인 제6공화국 시기에도 여전히 김영삼 대통령은 당 총재를 겸하면서 공천권 등 강력히 당권을 소유하고 있었다. 노태우 정부와 김대중 정부시기에 분점정부를 타개하기 위해 인위적인 정계개편을 통해 단점정부를 이루었고 그 이후 국회 내 파행이 거듭되었다는 점에서, 민주화가 국회의 자율성을 급격히 신장시켰다고 평가할 수는 없을 것이고 대통령의 정치적 리더십과 정당정치에 국회의 자율성과 정치발전을 기대할 수 있을 것이다. 그리고 노무현 정부의 제17대 국회의원 경우도 노무현 대통령의 탈권위주의와 박근혜 대표의 당내 민주주의와 정책정당화 노력에 의해 이전보다는 개혁적인 국회운영 방식이 모색되었다. 노무현 대통령의 탈권위주의 과정에서 비의도적인 결과가 목도되기도 했는데, 이는 권위주의와 권위 간의 차이를 제대로 인식하지 못한 결과 탈권위주의와 대통령의 권위하락이 동시에 발생했다는 점에서 그러하다. 이전 정부까지 대통령 고유의 권한으로 인식되어 오던 조치들이 비판의 대상이 되면서, 다시 대통령의 권위를 찾으려

는 노력과 시도가 또 다른 형태의 권위주의를 강화시키는 악순환이 지속되기에 이르렀다. 대통령의 공식담화가 즉흥적이고 감성적으로 이루어짐으로써 미디어를 통해 국민에게 전달되는 대통령의 메시지는 야당, 언론뿐만 아니라 국민들로부터도 감성적 반감을 불러일으켰다. 이는 대통령이 정부의 국정운영 방식과 제도개혁의 구체적인 내용에 대해 완전한 정보를 갖지 못하는 국민들로부터 지지를 획득하는 데 부정적으로 작용했다.

노무현 대통령 집권 초 제16대 국회와 대통령의 관계는 한국 역사상 그 관계가 가장 악화된 사례이지만, 대통령의 탄핵기각과 제17대 총선에서의 여당의 승리는 국민대다수가 의회보다는 대통령과 행정부에 대한 정당성을 더욱 인정하고 있었음을 보여주는 사례이다. 이러한 정당성의 문제 역시, 한국의 역대 대통령들은 올바른 판단을 하지 못하였다. 정당성을 인정받지 못하고 있으면서도 적극적 부정형의 리더십을 통해 자신의 권위를 강화시키고 의회를 탄압하였던 대통령들의 리더십은 결국 실각하거나 정권이 교체되는 결과를 낳았으며, 여소야대의 현상 같은 의회 내의 권력변화를 만들어 냈던 것이다. 또한 이들은 국정운영에 있어 효과성(efficiency)을 살리지 못하는 경우가 많았고, 의회와의 관계가 악화되고 권위주의적인 권력을 통해 리더십을 발휘했을 때, 더욱 더 효과성은 한계를 보여주었다. 또한 이들은 권력을 획득하는 시점에서 도덕성 역시 부족했다. 정당성, 효과성, 도덕성은 대통령의 정치권력적 리더십을 유지시켜주고 지탱해주는 핵심적인 요소이다. 비록 노무현 대통령과 제16대 국회의 관계는 의회와 대통령의 관계가 가장 악화되었던 사례로 남았지만, 리더십을 지속적으로 유지시킬 수 있고 대결구도를 만들어 낼 수 있는 정당성과 도덕성을 국민들에게 인정받고 있었기 때문에 제17대 총선에서의 승리를 만들어 낼 수 있었다.[114]

---

114 박찬욱·원시연, 앞의 글, 30-33면.

한국의 민주화 이후 역대 대통령의 리더십을 분석하면, 첫째, 해밀턴(Hamilton) 모형은 국가비상사태의 극복이나 국가건설 등 행정의 능률성이 민주적 절차보다 우선시될 때 선호되는 권력 형태로 절제와 균형의 체계 안에서 대통령이 입법과정을 포괄적으로 지배하며 대외정책과 재정 및 경제정책을 독점적으로 결정함으로써 행정부에 대한 국회의 통제가 형식화되는 모형이라 정의한 바 있다. 이러한 모형은 김대중 정부의 경우와 유사한데, 김대중 정부는 원내에서의 여소야대 정치구도가 행동반경을 제약하고 있었지만, IMF 관리체제라는 국가적 위기 상황으로 행정의 능률성이 민주적 절차보다 우선시 될 수밖에 없는 상황이 있었고, 입법과정을 포괄적으로 지배하고 대외정책과 재정 및 경제정책을 독점적으로 결정함으로써 행정부에 대한 국회의 통제가 형식화되는 해밀턴 모형이 성립될 수 있었다. 해밀턴 모형은 의회보다 대통령의 힘이 우세한 상황을 가정하고 있다. 하지만 여당이 과반을 획득하지 못할 때에는 정국주도권을 회복할 수 있는 대통령의 적극적 리더십이 필요하며, 의회 간의 타협과 조화를 위해 긍정적인 리더십이 필요하다. 김대중 대통령은 적극적 리더십의 특성으로 인해 정권 내내 대통령과 행정부가 정국을 주도할 수 있는 기반을 만들어 냈으며 긍정형의 리더십으로 인해 제16대 국회에서는 국회에서 과반수는 차지하지 못했지만 여야균형상황을 만들어 냈다.

둘째, 매디슨(Madison) 모형은 대담성과 활동력이 약한 신중한 정부로서 입법권과 행정권의 권력 균형에 입각한 정부를 의미하며, 행정부에 대한 국회우위의 권력형태로서 행정의 능률성을 확보하는 것보다 의회가 행정의 권력남용을 견제하고 통제하는 데 중점을 두는 모형이다. 매디슨 모형은 의회 내의 여당의 힘이 강하다면 소극적 리더십을 통해 행정력을 효과적으로 발휘할 필요가 있다. 하지만 의회 내의 야당의 힘이 강하다면, 대통령은 적극적 리더십을 통해 정국의 주도권을 가져올 필요가 있을 것이다.

노태우 대통령의 제6공화국은 초기 여소야대의 상황에서 야당과의 대결을 통해 원활한 국정운영을 할 수 없었고, 소극적 리더십을 통해 정국의 주도권을 의회가 가질 수 있게 되었으며, 권위주의적 요소들을 점차 완화해갔다. 하지만 정국운영이나 정책집행을 위해서는 다른 세력과의 연합이 필요했고, 결국 야당세력과의 연합을 추진, 야당과 불필요한 대결구도를 만들어 내는 부정형의 리더십을 보여 주었다. 결국 노태우 대통령은 정국을 2년여 만에 여대야소의 정국으로 반전시켰고, 다음 대통령 선거에서 민주자유당의 김영삼 후보를 대통령으로 당선시킬 만큼 성공하였지만, 임기 내내 민주화에 대한 요구와 함께 야당의 공격에 노출되어 있었다. 의석변수의 영향에 의해 노태우 대통령의 리더십은 여소야대의 매디슨 모형에서 여대야소의 제퍼슨 모형으로 변화하게 된다. 쿠데타에 의해 집권한 군부 권위주의 정부의 후계자인 노태우 정부는 국민들의 신뢰가 높지 않아 많은 의석을 확보하지 못했다. 리더십의 위기를 느낀 노태우 정부는 인위적인 3당 합당을 통해 안정적인 국정 동력을 확보하고자 하여 3당 합당 후에는 압도적인 다수당의 협조를 받는 제퍼슨 모형의 리더십을 발휘하게 된다.

한편, 노무현 대통령의 제16대 국회와의 관계는 의회와 대통령과의 관계가 가장 악화된 사례로, 여소야대의 상황으로 인해 정국의 주도권을 위한 대통령의 적극적 리더십이 요구되고, 대통령과 의회간의 타협과 조화를 위해 대통령의 적극적 긍정형의 리더십이 필요한 상황이 조성된 매디슨 모형 하에 있었다. 노무현 대통령은 소극적이고 부정적인 리더십을 통해 야당에 의해 정국주도권을 뺏기게 되었고 타협과 상생의 정치를 더욱 불가능하게 만들었다. 그리고 급기야는 취임 1년 만에 탄핵위기에 몰렸으며, 한동안 국정공백상태가 지속되는 초유의 사태가 발생했다. 하지만 탄핵위기에서 벗어난 노무현 대통령은 탄핵시도를 의회쿠데타로 인식한 국민들의 분노와 함께 노무현 대통령과 여당인 열린우리당에 대한 동정여론에 힘입어 제17대 총선에서는 압도적인 승리를 거두게 된다. 노무현 정부의 제16대 국회와의 관계는 매디슨 모형 하에서 분석이 가능할 것이다. 하지만 제17대 총선을 거치면서 임기 중반에 집권당인 열린우리당이 다수당이 됨으로써 임기 중반에는 노무현 대통령의 리더십은 제퍼슨 모형으로 분석된다. 하지만 지방선거에서 참패하고 열린우리당과 노무현 대통령의 지지가 추락하면서 열린우리당 내에 균열이 심화되었고 분열되었다. 아울러 열린우리당은 다수당으로서의 동력을 확보하지 못했다. 노무현 대통령의 집권 말기는 매디슨 모형으로 볼 수 있다. 따라서 이 연구는 노태우 대통령과 노무현 대통령은 각각 매디슨 모형으로부터의 제퍼슨 모형으로, 매디슨 모형으로부터 제퍼슨 모형으로 거친 후 다시 매디슨 모형으로 회귀하는 리더십 성격을 변동을 확인할 수 있었다.

  김영삼 정부는 제퍼슨 모형으로 분석된다. 김영삼 정권의 시기에는 적극적 부정형의 리더십의 영향으로, 정당과 의회가 소외되었으며,[115] 대통령의 리더십에 대한 비판이 거세게 제기되는 계기를 마련하였고 결국 정권말기에 이르러서는 외환위기로 인해, IMF의 구제금융을 신청하게 되는 초유의 사태를 맞게 되면서, 다음 대통령선거에서 한국 최초의 여야간 정권교체가 이루어지는 계기를 낳았다.

  이 연구는 지금까지 리더십과 의회와의 관계를 파악하기 위해서 번즈가 지적한 세 가지 관계유형 속의 대통령 리더십을 살펴보았다. 이러한 한국에서의 분석 적용은 다음 표와 같은 결론을 제시해주고 있다. 〈표 4-27〉과 같이, 첫째, 대통령과 의회와의 관계에서 대통령의 리더십은 매우 중요한 변수였다. 둘째, 긍정적 리더십은 의회와의 관계를 타협과 조화로 이끌고 관계를 개선시키는데 중요한 리더십이었으며, 그 중에서도 적극적 긍정형은 정국주도가 가능한 리더십이며, 소극적 긍정형 역시 정국주도권을 뺏길 가능성은 있지만 화합이 가능한 리더십

---

115 최장집, 『한국 민주주의의 조건과 전망』, 나남출판, 1996, 253-258면.

으로 결론지을 수 있다. 셋째, 부정형의 리더십은 의회와의 관계를 부정적으로 만들 수 있다. 특히 적극적 부정형은 정국주도를 놓고 심각한 혼란이 가능한 리더십이며, 소극적 부정형은 정국주도권도 잃기 쉬울 뿐 아니라, 의회와의 관계 역시 심각하게 악화될 수 있는 리더십이라 할 수 있다.

〈표 3-41〉 한국의 정부형태와 의회 구성변화

국회	시기	정부형태	행정부		입 법 부				총의석
			여당	대통령	다수당	제1당	제2당	3당	
제13대 국회	1988. 5. - 1990. 1.	분점	민정당	노태우		민정당 (125석) (41.8%)	평민당 (70석) (23.4%)	통일민주당 (59석) (19.7%)	299
	1990. 1. - 1992. 5.	단점			민자당 (216석) (72.7%)		평민당 (70석) (23.6%)	무소속 (11명)	297
제14대 국회	1992. 3 (총선).	분점	민자당	김영삼		민자당 (149석) (49.8%)	민주당 (97석) (29.2%)	통일국민당 (31석) (10.4%)	299
	1992. 5. - 1996. 5.	단점			민자당 (155석) (51.8%)		민주당 (97석) (29.2%)	통일국민당 (31석) (10.4%)	299
제15대 국회	1996. 4 (총선)	분점	신한국당			신한국당 139석 (43.5%)	국민회의 (79석) (26.4%)	자민련 (50석) (16.7%)	299
	1996. 5. - 1998. 2.	단점			신한국당 (157석) (52.5%)		국민회의 (79석) (26.4%)	자민련 (46석) (15.4%)	299
	1998. 2. - 1998. 8.	분점	국민회의	김대중		한나라당 (161석) (53.8%)	국민회의 (78석) (26.1%)	자민련 (43석) (14.4%)	299
	1998. 9. - 2000. 5.	단점			국민회의 +자민련 (153석) (51.2%)	한나라당 (140석) (46.8%)	국민회의 (101석) (33.8%)	자민련 (52석) (17.4%)	299
제16대 국회	2000. 5. - 2004. 4.	분점	새천년민주당			한나라당 (133석) (48.7%)	새천년민주당 (115석) (42.1%)	자민련 (17석) (6.2%)	273

제17대 국회	2004. 4. - 2008. 4.	단점	열린 우리 당	노 무 현	열린우리 당 (152석) (50.8%)	한나라당 (121석) (40.4%)	민주노동 당(10석) (3.4%)	새천년민주당 (9석, 0.16%), 자유민주연합 (4석), 무소속(2석), 국민통합21 (1석), 무소속(2석)	299
제18대 국회	2008. 5. - 2011. 3.21.현 재	단점	한나 라당	이 명 박	한나라당 (선거직후: 153석- 51.1%, 현재171석)	민주당(81 석-29.4%, 현재85석)	자유 선진당 (18석-6%, 현재16석)	미래희망연대 (13, 현재8석), 민주노동당(5석), 창조한국당 (3, 현재2석), 국민중심연합 (0, 현재1석), 진보신당 (0, 현재1석), 무소속 (26, 현재7석)	299

결론적으로 민주화 이후 한국의 역대 대통령이 가진 리더십은 의회와의 관계를 비교적 원만하게 이끌지 못했다. 여당이 다수를 확보하더라도 대통령의 리더십은 여당과의 협조와 공조를 통해 원만한 의회관계를 이룩하지 못했으며, 경제적 위기를 잘 해결하지 못하거나, 불필요한 대결구도를 통해 여당과 야당 모두의 협조를 구하는데 실패한 경우도 발생하였다. 그리고 상황변수가 유리할 때, 무리하게 강력한 리더십을 발휘하려고 하여 임기 말기에는 여당의 반발과 비협조로 불안감을 던져주기도 하였으며, 상황변수가 불리할 때도 역시 소극적인 리더십을 발휘함으로써 정국의 주도권을 잃는 일이 발생하였다.

제18대 국회는 총선을 통해 한나라당이 총 153석을 차지하여 단점정부를 구성하게 되었다. 한나라당이 과반을 넘어섰다고는 하지만, 안정과반수 확보에는 실패한 상황에서 2009년 4월 26일 현재, 친박 연대와친박 성향의 무소속 의원들의 한나라당으로 일부 복당하고 그 후 있었던 보궐선거 이후의 현재 한나라당 의석수는 171석이다.

第4章 미국과 한국의 비교

第1節 미국과 한국의 제도적 비교

이 연구는 제2장과 제3장을 통해 미국과 한국에서 대통령의 정치적 리더십은 대 의회관계에 따라 변화됨을 분석했다. 아울러 정당하고 효과적으로 운용되는 데에는 미국과 한국에서 제도적 차이에 대해 밝혀야 할 것이다. 미국과 한국의 대통령제에서는 공통적으로 승자독식, 정치권력의 안정성, 정치적 책임성을 가져온다. 그렇지만 신뢰존중과 관용이라는 사회자본의 측면에서 미국의 합의제적 문화와는 달리 한국의 경쟁적 문화를 가지고 있다. 한국의 대통령제는 미국과 같이 민주적 제도가 공고화되지 못해 미국에서 최초로 논의된 제왕적 대통령제가 빈번히 나타난다.

미국은 대선과 총선이 함께 치러지고 대통령 임기 중반에 중간선거가 있어서 중간평가가 가능하다. 미국은 대통령 임기가 4년 중임제이며, 상원의원은 6년, 하원은 2년이다. 미국은 지방분권화되어 있는 반면 한국은 집중적이다. 또한 한국은 미국과 달리 단수의 대통령을 가지고 있다. 한국과 미국의 대통령제에서 이러한 제도의 공통점과 차이점들을 밝히는 것이 이번 장의 목적이다. 이러한 정치제도의 비교는 제2장과 제3장에서 밝힌 대통령의 정치적 리더십이라는 독립변수와 상황변수인 임기변수, 의석변수, 정치·경제 상황변수와 동행하여 대통령

의 대 의회관계라는 종속변수에 미치는 인과관계 연구에 보완적인 역
할을 한다.

1. 공통점

가. 승자독식(winner takes all)

미국과 한국의 대통령 선거에서는 대체로 한 후보자와 한 정당만이
승리할 수 있는데, 이러한 승자독식 제도에서는 정치가 제로섬 게임이
되어 관용과 타협이 어려워진다. 사회의 양극화로 분열과 갈등이 심화
되고 융합적이기보다 배타적인 정치가 전개되어 패배한 반대자를 수
용하고 역할을 부여해 주기가 쉽지 않다. 이에 비하여 의원내각제는
정당연합에 의해 다수가 집행부를 운영하므로 권력의 공유와 합의적
정치의 가능성이 높아지게 된다.[1]

나. 대통령제의 임기보장성

대통령제에서 대통령은 일정한 임기를 보장받기 때문에 강력하고
안정된 행정부를 책임 있게 운영할 수 있다. 비록 대통령이 자기 당의
신임을 상실하거나, 그 정당이 의회의 소수당이더라도 대통령은 직위
를 보유한다. 중대한 비행으로 탄핵소추를 받지 않는 한 임기 중 대통
령은 해임되지 않는다. 정부가 의회의 신임에 의존하는 내각제에 비해
서 이 특성은 특히 국회의원의 질이 저하되었을 경우 다수결에 의한
졸속입법을 방지할 수 있다는 점에서 제3세계나 신생민주국가에서 대
통령제의 장점으로 통한다. 지금까지 대통령제의 옹호론자들은 이 경

---

[1] Juan J. Linz, "The Perils of Presidentialism," *Journal of Democracy*, Vol. 1, No. 1, 1990, pp.62-64.

직성이야말로 오히려 대통령제의 장점이라고 주장한다. 왜냐하면 내각제에서는 다수의 정치행위자가 중대한 정치변화를 어느 때고 야기시킬 수 있는 불안정성이 내포되어 있기 때문이다. 다시 말해서 강력한 권력과 정권변동의 예측가능성이야말로 대통령제의 가장 중요한 장점이라는 것이다.[2] 그러나 이 장점이 또한 문제가 될 수 있다. 강력하고 안정된 정부는 권력의 인격화와 정치과정의 경직성을 초래하여 내각제의 유연성에 대비되기 때문이다. 내각제에서는 상황이 변하거나 내각이 심각한 정책실패를 초래할 경우 새로운 리더십을 출현시키는 유연성을 갖지만, 대통령제는 상황의 요구에 부응하는 적응의 여지가 적어 시의적으로 비탄력적인 경직성을 가질 수 있다는 것이다.[3] 대통령이 정해진 임기 동안 집권하도록 선출되도록 짜여진 정치과정은 정해진 기간들로 단절되고 경직적이게 되며, 정치, 사회, 경제적 상황변화가 요구하는 지속적인 재조정의 가능성은 배제되게 된다. 나아가 정치과정상의 모든 행위자들은 그 시간표에 따라 정치행위를 조정해야 하며, 이에 따라 중요한 결과가 야기된다.

반면에, 내각제에서는 총리는 어떤 급작스러운 상황변화에 처하게 되면 언제든지 국회에 신임투표를 요구할 수 있고, 그 신임을 토대로 자신의 권위와 민주적 정통성을 강화할 수 있기 때문이다. 특히 불확실성이 특징인 권위주의로부터 민주주의에로의 정치체제의 이행 및 공고화의 시기에는 변화 상황에 유연하게 대응할 수 있는 내각제보다는 경직된 대통령제 헌법이 더욱 문제를 야기한다는 것은 의심의 여지가 없다.[4]

---

2 *Ibid.*, p.50.

3 이명남, "한국에서 대통령제의 적실성", 『한국정치학회보』(제30권 제4호), 2006, 176면.

4 라틴아메리카에서 대통령제가 선호되는 이유 중의 하나는 프랑스 제3공화국, 제4 화국의 경험, 2차 세계대전 후의 이탈리아 등에서 나타난 정부불안정 사례 때문이다. 하지만 대개 이러한 주장들은 현실의 서구유럽 내각제

내각제에서는 표면적으로는 불안정한 것처럼 보이지만, 실제로는 집권당이 지속적으로 정권을 장악하면서 내각을 개편하며, 동일한 총리 하에서 연립정권이 지속되며, 잦은 내각의 위기에도 불구하고 핵심적인 부서의 장관들은 계속 자리를 유지하는 일이 빈번하다는 사실이 제대로 알려지지 않은 경향이 있다.[5]

실제 영국에서 대처수상이 장기 집권한 것을 보면 국민의 지지가 전제된다면 의원내각제가 더 안정적일 수 있다. 또한 내각제에서는 총리가 여당을 통제하는데 실패하거나 스캔들에 휘말리게 되어 심각한 정치적 위기를 맞게 되면, 그 총리를 제거할 수 있는 장점이 있다. 반면에 대통령제에서 대통령은 임기 동안에 어떤 상황의 변화로 말미암아 정부가 위기에 빠지더라도 이에 따라 행정부의 수반을 바꿀 가능성은 전혀 없다. 제도상의 경직성이 변화하는 상황에 정치적으로 대처하는 능력을 대단히 약화시킨다. 정치적 양극화가 극에 달하여 폭력과 비합법적인 방법에 의한 국가전복의 사태가 임박하게 될 때에도, 반대세력과 협상할 수 있는 능력을 갖춘 사람으로 대통령을 교체할 수가 없다. 비록 헌법조문에는 탄핵제도가 포함되어 있지만 내각제에서의 불신임투표에 비한다면 그 적용은 훨씬 어려운 것이다. 대통령과 의회가 극단적인 대치국면에 놓임에 따라 야당이 대통령의 임기 말까지 기다릴 수 없는 극단적인 상황에서만 탄핵제도가 적용될 가능성이 높다. 그러나 만약 대통령이 스스로 사임할 의사가 없을 경우에는 헌법을 어

민주주의 국가들이 안정된 정부를 계속 유지하는데 성공적이었다는 사실을 무시한 채 일정시기의 불안정한 사례를 집중 부각시켜 대통령제의 독재를 합리화하기 위해서 주장하는 경우가 많다 (Linz, op.cit. p.72). 한국에서도 제2공화국의 불안정성을 집중 부각시키지만 역시 과거 대통령제하에서도 지속된 불안정성을 보면 이러한 도식적 이해는 문제가 있다고 보인다.

5 이에 대한 반대견해로는 Giovanni Sartori, Neither Presidentialism nor Parlia mentarianism, 1989. 신명순·조정관 공역, 『내각제와 대통령제』, 나남출판, 1995, 237면.

기지 않고는 대통령을 몰아낼 수 있는 어떤 방법도 없다.[6]

다. 정치적 책임성의 한계

대통령제에서 대통령은 국민으로부터 직접 책임을 부여받았다는 민주적 책임성이 커다란 자랑이다. 이는 정부의 정책수행에 대한 국민의 기대가 대통령에게 초점이 맞춰진다는 의미이며, 그러한 정책수행 실적에 대한 평가는 차기 선거를 통해 이뤄진다는 것을 가리킨다. 이런 점에서 대통령의 중임제한은 대통령제 본래의 취지에 어긋난다고 평가된다.[7] 이에 비하여 의원내각제에서는 수상이 국민에게 직접 책임지는 것이 아니라 의회에 대해 책임진다. 따라서 집행부의 국민에 대한 민주적 책임성 측면에서는 대통령제보다 논리적 열등성을 보인다.[8] 특히 의원 선거후 다당 난립으로 정당간의 복잡한 타협과정을 거쳐서 연립 내각이 구성될 경우, 그 연립 내각 구성 정당들 간의 이합집산, 합종연횡으로 수상이 바뀌거나 각료가 교체되는 것도 국민이 참여하는 선거절차 없이 이루어진 것이므로 정부의 민주적 책임성은 크게 약화된다.[9]

다음으로 선거에서 유권자의 판단정보 여부를 중심으로 대통령제와 내각제를 비교하면, 대통령제 하에서 유권자는 자신이 찍은 후보가 당선된다면 그가 집권할 것이라는 것을 알면서 투표한다. 내각제하에서 유권자는 정당이 추천한 지역구 후보를 대상으로 투표한다. 따라서

6　Linz, *op. cit.* p.51.

7　이명남, "한국에서 대통령제의 적실성", 「한국정치학회보」, 1997, 234면.

8　전후 유럽에서 가장 유명하고, 강력하고 장수한 수상으로 평가받던 영국 대처가 당권 경쟁에서 실패하자 하루 아침에 수상 자리를 메이저에게 물려준 것은 6천여만 영국 유권자와는 상관없이 단 몇 백명의 보수당의원들만으로 이루어진 사건이다(이명남, 앞의 논문, 234면).

9　Linz, *op. cit.* pp.54-58.

이론적으로 유권자들은 누가 총리로 추대될 지 알 수 없다. 또 어느 한 정당이 과반수 의석을 차지할 가능성이 희박한 다당제의 내각제에서는 유권자들은 최종적으로 어떤 형태의 정당연합이 내각을 구성하게 될 지 않지 못한 채 투표하게 된다.[10]

2. 차이점

가. 재임기간과 연임여부: 4년 중임제 대 5년 단임제

미국 대통령의 4년 중임제는 책임정치를 구현할 제도적 장치라 할 수 있다. 아울러 대통령 임기 중간에 있는 중간선거는 대통령의 직무에 대한 중간평가의 의미를 가지고 있어 미국의 선거는 적절한 견제장치가 되고 있다. 초선의 대통령과 재선된 대통령들은 다른 정치적 행동을 보이고 있다. 초선의 대통령은 재선에 대한 강한 의지를 가지고 있기 때문에 국민들의 평가와 지지에 매우 민감하고 위험을 수반하는 사업은 꺼려할 것이다. 재선된 대통령은 더 이상 선거에 대비하여 유권자의 환심을 사야 할 필요가 없기 때문에 선거공약에 지나치게 구애되지 않는다. 그들은 여론과 상관없이 장기적으로 업적에 남을 만한 일을 하고자 한다. 그리고 초선의 대통령은 임기 말이라 하더라도 다음 집권 제2기가 있기 때문에 소속정당과 의회와 행정부에 대한 영향력을 여전히 강하게 가지고 있지만, 재선된 대통령의 임기 말에는 레임덕 현상이 찾아온다.

일반적으로 대통령제의 중임금지는 대통령직을 완수할 시간적 부족을 초래한다.[11] 또한 이는 대통령에 대한 책임을 다음에 물을 수 없게 함으로써 책임정치의 구현에도 반한다고 할 수 있다. '5년 단임제'

---

10 *Ibid.*, p.53.
11 *Ibid.*, p.68.

하의 한국 대통령제는 대통령과 정책 집행에서 영향력을 가지고 있는
관료 간의 정책적 연결을 실질적으로 약화시켰다. 박정희, 전두환 대통
령 시기에는 대통령과 관료의 관계는 강력한 '위임자 대리' 또는 '주종
관계(principal-agent relationship)'가 존재하였다. 따라서 당시 관료는 대통령의
정책지도의 일관성을 전제로 하여 장기적이고 안정된 계획 하에 정책
을 수행함으로써 정책의 계속성과 안정성을 유지하였다.[12] 하지만 정
치의 민주화 및 경제의 자유화와 함께 '5년 단임 대통령제'가 도입되면
서 관료들이 야심적인 대통령의 정치·경제 리더십 행사를 단기적이고
잠정적인 것으로 인식하고 정책의 구체화 및 집행에 있어 소극적으로
대응하기 시작한 것이다. 왜냐하면 대통령에 대한 충성이 이제 더 이
상 실적관료의 장래를 보장해 주지 못하기 때문이다.[13] 국가의 정책결
정을 정책 결정자의 합리적 선택 접근에 따르면 집권 제1기에서 국제
적 지지 상실 등의 손해가 너무 크고 집권 제2기는 더 이상 재선의 목
표가 없는 대신 역사적 업적에 대한 동기가 크다고 볼 수 있다.

　5년 단임제가 가져온 책임정치의 회피는 노무현 정부 국정운영의
한계와 열린우리당의 해체 및 참여정부에 대한 불신임에서 여실히 보
여준다. 강원택은 노무현 대통령의 취약한 리더십과 낮은 평가의 원인
을 정치제도의 문제점에서 찾았다. 즉 이런 정치 제도의 문제점이 극
복하지 않는다면, 앞으로도 제2, 제3의 노무현 대통령은 언제든지 나올

12　Wade, Robert. 1992. "East Asia's Economic Success: Conflicting Perspectives, Partial
　　Insights, Shaky Evidence." *World Politics* 45(2).

13　Hahm, Sung Deuk, "Presidential Politics in South Korea: An Interim Asse ssment
　　for the Kim Dae Jung Presidency and Prospects for the Next Presid ential
　　Election," *Korea Review of International Studies* 4(1), 2001; Hahm, Sung Deuk and
　　Chris Plein, *After Development: The Transformation of the Korean Presidency and
　　Bureaucracy* (Washington, DC: Georgetown University Press, 1997); Hahm, Sung
　　Deuk and Chris Plein, "Institutions and Technol ogical Development in Korea: The
　　Role of the President," *Comparative Politics* 1996, p.27.

수 있다는 것이다. 노무현 정부 실책의 원인은 그것을 막을 수 있는 제도적 닻을 통해 견고하게 고정되지 못한 데에 있다. 이런 표류를 막을 수 있는 닻으로는 '정당'과 '대중적 압력'이 있다. 노무현 정부는 이 두 가지 닻이 모두 제대로 작동하지 않았다. 즉, 노무현 대통령의 실패의 원인은 '정당'과 '지지자'라는 두 가지 동아줄을 놓은 데에 있다. 정당은 권력을 추구하면서 이념적으로 뜻을 같이하는 사람의 집단이다. 대통령제에서 정당은 대통령의 정책이 상황과 필요에 따라 우왕좌왕하지 않고 당원과 지지자들이 공유하는 이념과 가치에 부합하도록 이끌어주고 견제하는 중요한 역할을 한다. 노무현 대통령은 이런 정당의 중요성을 간과했다. 노무현 대통령은 사실상 열린우리당을 만들었지만 정작 국회 과반 의석을 얻은 이 당과도 관계가 그리 원만하지 않았다. 노무현 대통령은 당정분리를 주장하면서 열린우리당을 국정 운영의 중요한 파트너로 간주하지 않았고 대부분의 정치 결정에서도 당을 소외시켰다.

이렇게 집권당이 권력에서 소외되면서 득세한 것이 바로 관료 조직이었다. 노무현 대통령은 2004년부터 관료 조직에 크게 의존하기 시작했다. 관료는 대통령이 하고 싶은 일에 언론, 정당처럼 반대 의견을 내세우며 대항하거나 간섭하지 않아 쉽게 정책을 추진할 수 있지만, 그만큼 정치적 의사소통은 폐쇄적이고 정치적 공감대를 확대해 나가기 어렵게 되며, 대對 의회, 특히 대對 야당 관계가 원만해지기 어렵다. 이렇게 관료 조직에 득세하면서 노무현 대통령은 관료들에 의해 포획되었다. 바로 한미 자유무역협정(FTA)은 대통령, 소수 측근, 관료 조직에 의해 기획되고 추진된 대표 사례라고 볼 수 있다. 집권당 지도부인 김근태 전 의장, 천정배 전 장관이 단식으로 한미 FTA에 항의한 것은 노무현 대통령과 당의 관계를 상징적으로 보여준다. 관료 집단은 정책 결과에 정치적 책임을 질 필요가 없기 때문에 시민사회의 목소리에 예민하게 귀 기울일 필요가 크지 않다. 대통령이 관료 집단에 의존할수록 정치권, 시민사회의 비판에 둔감해질 수밖에 없다. 노무현 대통령의 정책이 좁게는 지지자의 열망에, 넓게는 국민의 기대에 부응하지 못한 채 표류하게 된 가장 중요한 원인은 바로 노무현 대통령의 정책 선택에 영향을 미칠 외부와의 정치적 의사소통 창구가 단절되었기 때문이다.[14]

재임이 불가능한 노무현 대통령으로서는 2004년 총선에서 승리한 이후에는 유권자에게 다시 표를 달라고 할 필요가 없는 입장이었다. 이것은 단임제 대통령제에서 대통령이 자신을 대통령으로 만들어준 지지자의 여론에 끊임없이 반응하면서 그에 책임을 지는 모습을 제도적으로 보장할 수 없는 한국정치 제도의 문제점을 보여준다. 결국 노무현 대통령은 임기 중 지지율의 반등을 지지층의 복원이나 일관성 있는 정책 추진이 아니라 탄핵 사태(2004년 3월), 독도 문제(2005년 3월, 2006년 4월), 한미 FTA(2007년 4월), 남북정상회담(2007년 10월) 등 주목을 끌 만한 사건을 통해 이루려 했다. 이런 행태는 민주주의의 제도화와 안정성을 해치는 (민주주의의 위기와 같은) 심각한 문제를 낳는다.[15]

한국은 미국과 유사한 대통령제를 가지고 있지만, 한국 대통령이 임기 말이 되면 무無 정당통치를 반복해 왔다는 것은 한국정치의 특수성을 보여주는 것일 뿐만 아니라 5년단임제의 제도적인 한계를 보여주는 것이다. "1987년 이후 한국에서는 정당정치의 소멸을 주기적으로 반복하고 있다는 점, 즉 한국 민주주의는 정당 민주주의가 아니라 무정당 민주주의, 탈정당 민주주의, 비정당 민주주의를 반복해 왔다. 노태우 대통령 통치 시기 이래 대통령의 탈脫정당으로 인해 네 정부 아래에서 네 번 모두 '반드시' 무정당 통치(non-part rule)를 지속하였다. 이는 결국 심각한 정당무책임제와 대통령 무책임제로 귀결되고 있다. 상호간에

---

14 강원택, "방향 감각의 상실과 표류", 『황해문화』(봄 제58호), 2008, 31면.

15 강원택, "노무현 이래서 실패했다 … 그럼, 이명박은?", 프레시안, 2008. 2. 24. 〈www.pressian.com/scripts/section/article.asp?article_num=60080224152256〉, 검색일: 2008. 2. 25.

지배와 야당의 위치를 교환해가며 지배당의 위치에 있을 때 동일한 현상이 반복된다는 점이다. 이는 정부, 내각, 각료는 주권자인 국민과 헌법, 법률에 대해 책임진다는 민주주의 원리에 위배된다."[16] 대의민주주의에서, 정당에 의해 가능한 대의(representation)의 단계를 생략하고 우회하는 국민투표제적 민주주의(plebiscitarian democracy) 통치, 위임민주주의 통치를 말한다. 아울러 의회-정당의 강력한 요구로 대통령과 각료가 탈당을 한다는 점이다. 또한 대통령-지배당, 현재권력과 미래권력 갈등이 재연된다는 점이다. 노태우 대통령-김영삼 갈등(노태우 대통령 정부 하), 김영삼-이회창 갈등(김영삼 대통령 정부 하), 김대중 대통령-노무현(친노세력 갈등, 김대중 대통령 정부 하), 노무현 대통령-열린우리당 주류(정동영/김근태) 갈등(노무현 대통령 정부 하), 이명박 대통령·이명박계-박근혜·박근혜계 갈등 등이 민주정부의 통치에 영향을 주었고, 주었다. 현재 이명박 정부는 3당 합당 직후의 상황을 재연하였다. 민주정의당(노태우)-민주자유당(김영삼)-새정치국민회의(김대중)-새천년민주당(노무현) 대통령을 배출한 정당은 소멸과 집권상실이 반복되고 있다. 그 내용을 표로 나타내면 〈표 3-42〉과 같다.

〈표 3-42〉 한국 대통령의 무無정당 통치 현재권력 대 미래권력 관계[17]

대통령	무정당 통치	기 간	현재 권력 대 미래 권력
노태우	1992. 9. 18. - 1993. 2. 25.	160일	노태우 대 김영삼
김영삼	1997. 11. 7. - 1998. 2. 25.	110일	김영삼 대 이회창
김대중	2002. 5. 6. - 2003. 2. 25.	295일	김대중 대 노무현
노무현	2007. 2. 28. - 2008. 2. 25.	362일	노무현 대 열린우리당 (정동영/김근태 등)
이명박	—	—	이명박 대 박근혜 등

---

16 박명림, "헌법개혁, 민주주의, 그리고 한국 국가관리의 비전", 연세대학교 국가관리연구원 춘계학술회의, 2008, 6-7면.
17 박명림, "헌법개혁, 민주주의, 그리고 한국 국가관리의 비전", 연세대학교 국가관리연구원 춘계학술회의, 2008, 6~7면.

나. 대선과 총선 선거주기: 일치 대 불일치

1987년 민주화 이후 대통령과 국회의원의 선거주기가 일치하지 않아 집권여당이 국회에서 다수 의석을 확보하지 못하여 초래되는 지속적인 여소야대 또는 분할 정부 아래서 대통령의 국정운영과 관련 국회의 상대적 자율성이 높아지고 국회의원의 영향력이 증대되었다. 구체적으로 김대중 정부와 노무현 정부 집권 초기 '여소야대 정국' 아래서 행정부와 비교하여 국회의 법률 발의 및 가결 비율 등을 살펴볼 때 국회의 자율성은 더욱 높아졌다.[18]

이러한 국회의 자율성은 '3김 정치'의 종언과 대통령과 국회의원의 임기가 일치하지 않는 점과 함께 더욱 높아질 것이다. 구체적으로 지금까지 한국 정치를 지배해 왔던 김영삼, 김대중, 김종필의 3김정치가 김대중 대통령과 김종필이 자신들의 소속당 국회의원 후보자들에게 마지막 공천권을 행사했던 2000년 국회의원 선거를 거치면서 그 영향력이 사라졌다. 노무현 대통령은 당권·대권 분리와 상향식 공천이 제도화된 2004년 국회의원 선거에서는 그 영향력을 자제하였다. 실질적으로 탄핵정국 아래서 노무현 대통령이 영향력을 발휘하기도 어려웠다. 따라서 새로이 선출된 제17대 국회의원들의 임기는 노무현 대통령보다 길어서 여당 국회의원들의 경우 소속정당과 대통령에 대한 자율성이 상대적으로 높아졌기 때문이다.

역대 대통령들 중 박정희, 전두환, 노태우 등 군인출신 대통령들은 무력, 정경유착에 기초한 막대한 정치자금, 그리고 집권당의 총재로서 여당 국회의원 후보에 대한 공천권에 기초하여 막강한 권력을 행사하며 제왕적 대통령으로 군림하였다. 이후 문민 대통령이었던 김영삼, 김대중 대통령들도 군사정권과 30년간 투쟁한 야당의 총재들로써 국회의

---

18 함성득·김동욱, "생산성을 기준으로 인식한 국회의 현실", 『의정연구』, 2000.

원 공천권과 무력 대신 자신들이 가지고 있는 경상도와 전라도의 지역
적 대표성, 이에 따른 정치자금이라는 막강한 권력을 휘두르며 과거 군
인 출신 대통령들과 별로 다를 바 없는 제왕적 대통령으로 군림하였다.

이에 반해 노무현 대통령은 대통령 선거 이전 대권과 당권 분리 선
언을 통해 대통령으로서 여당 국회의원 후보에 대한 공천권 행사 포기,
또한 지역적 대표성도 없고 아울러 선거문화를 바꾸어 정치 투명화에
따른 정치자금 전무 등 대통령으로서의 정치적 영향력의 원천이 전혀
없다. 결과적으로 노무현 대통령은 제왕적 대통령이 될 수도 없었고 도
리어 취임과 동시에 대선에서 힘겨운 승리로 인한 약한 지지층과 함께
여소야대의 국회 등 '레임덕 대통령'이 될 요소를 모두 가지게 되었다.[19]

다. 양원제 대 단원제

미국이 채택하고 있는 양원제(bicameral system)는 국회가 각기 독립된 2
개의 합의체로 구성되어, 두 합의체의 의사가 일치하는 경우를 국회의
의사로 간주하는 제도이다. 양원제의 장점은 ① 신중한 입법 심의가 가
능하고, ② 의회와 행정부의 충돌을 완화하며, ③ 지방(주정부, states)의 이
익을 옹호하는 것이 가능(연방국)하다는 것이다. 반면 이의 단점은 ① 양
원의 의견이 일치할 경우는 실효성이 없고, ② 양원의 의견이 수렴되지
못하고 극단으로 흐를 경우에는 국론의 분열이 우려된다는 점이다.

한국이 따르고 있는 단원제(unicameral system)는 의회가 민선의원으로
구성되는 단일 합의체 제도를 말한다. 이 제도는 국민주권의 원칙에

---

19 실제로 2004년 3월 노무현 대통령에 대한 탄핵소추는 2002년 대선의 2차전
으로서 정치적 지지층이 약한 노무현 대통령을 대통령으로 인정하지 못하
겠다는 보수세력과 노무현 대통령을 지키려는 진보세력간의 충돌에서 파
생되었다고 해석되기도 한다. 조선일보, 2005년 2월 7일. 함성득, "노무현 대
통령의 집권 전반기 리더십 평가", 서울대학교 한국행정연구소, 『행정논총』
(제43권 제2호), 2005, 421-422면.

비추어 국민의 단일·불가분의 주권은 이원적으로 대표될 수 없다는 논리에 따른다. 단원제의 장점은 ① 신속하게 의안(국정)을 처리할 수 있으며 의회경비가 절감되며, ② 국민의 의사를 직접 반영할 수 있으며, ③ 의회의 책임 소재가 명확하고, ④ 의회의 지위가 강화된다는 것이다. 반면 이의 단점은 ① 국정심의가 소홀해질 수 있으며(경솔 부당한 입법 심의), ② 행정부에 대한 의회의 횡포를 방지할 수 없고(다수당의 횡포 우려), ③ 지역 대표의 한계가 노출될 가능성이 높다는 점이다.

잦은 헌법 개정에서 보듯이 한국의 정치제도는 변동이 심하고, 선거에서 유동성(volatility)이 다른 나라보다 크다. 2004년 총선에서 열린우리당이 압도적 지지를 받아서 제1당으로 부상했다가 몇 년 지나지 않아 열린우리당이 몰락한 것은 국민의 정당지지에서 유동성이 크고, 정당체계가 매우 허약하다는 것을 입증한다. 그래서 한국정치의 제도화와 정책의 영속성을 위해서는 단원제보다는 양원제가 더 효과적인 것으로 분석된다.

라. 연방제 대 단방제

권력을 분립하는 연방제는 미국 정치제도이다. 건국 무렵부터 정치적 변화에 중대한 영향을 미쳐왔다. 예컨대 독립 직후 13개의 주가 하나의 국가로 통합될 수 있었던 것은 연방제에 의해 정부권력이 지리적으로 분립될 수 있었던 것에 결정적으로 작용되었다. 미국은 상·하 양원이 대등한 권한을 지닌 독특한 의회제도로 단순히 중앙정부와 하위정부가 권력을 나누어 갖는 것이 아닌 중앙정부의 구성원리이기 때문이다. 미국의 공화·민주 양대 정당은 각 주 정당들의 느슨한 연합과 같은 성격을 강하게 띠고 있다. 이런 면에서 미국의 정당체계는 양당체계가 아니라, 1백 개의 정당이 존재한다. 양당이 각 주 정당들의 느슨한 연합으로 존재하는 것은 미국 정당체계의 가장 큰 특성이며, 이는

연방제를 채택한 결과이다. 주의 정당들은 각기 독자적인 이해를 대표
하기도 하고, 이념이나 정책이 다를 수 있기 때문에, 정당 전체가 특정
한 이념과 정강정책을 수립하기는 쉽지가 않다. 서구 정당들과 비교할
때, 미국의 정당들이 일관된 이념과 정책을 결여하고 있는 원인이 바로
여기에 있다. 책임정당정부(responsible party government)를 이상으로 생각하는
사람들은 이것을 미국 정치의 중대한 폐단으로 이해한다. 연방의회는
이와 같이 상이한 지역에서 선출된 의원들이 모여 다양한 이해관계를
대표하는 곳이다. 정당 역시 그들의 이해관계를 포용할 수밖에 없기
때문에, 미국의 정당체계는 느슨하게나마 통합된 양당체계인 것이다.

　미국의 정치체계는 권력은 지리적·기능적으로 분립되어 있다. 행정
부·의회·사법부, 정당 내부에서도 분립·공유되어 있다. 이러한 법제도
적인 틀 속에서 펼치는 정치는 첫째, 정치과정이 대단히 복잡하다는 것
이다. 정책결정체계의 제도적 틀로 구성되어 있고, 이 틀 안에 분립된
권력을 점유한 시민이 존재한다. 둘째, 분립된 권력을 점유한 행위자들
사이에는 견제와 균형(checks and balances)을 이룬다. 따라서 견제와 균형은
정치적 안정을 가져온다. 셋째, 다수(majority)의 의지라 할지라도 일방적
으로 관철되기는 어렵다. 분산된 권력의 대부분을 장악하지 않는 한,
다수가 소수(minority)에게 특정한 정책을 강요하기 어렵다. 반면에 소수
는 분립된 권력 가운데 어느 하나만 장악하면 거부권(veto power)을 행사
할 수 있다. 그렇기 때문에 이러한 제도는 보다 타협(compromise) 지향적
인 결과를 가져온다. 소수의 의사를 무시할 수 없으므로 다수는 자신
의 입장만을 관철하기 보다는 일정한 양보를 통한 조정을 이뤄낸다.
아울러 타협지향적인 정책의 집행은 중장기적으로 급격한 변화보다는
점진적(incremental)으로 발전한다. 생성된 다수가 권력을 장악하고 자신의
의지에 따라 기존 체제를 변화시키는 정치체제와는 달리, 다수와 소수
간의 타협에 따른 변화의 구성 원리이기에 심각한 위기 상황이 아니라
면, 변화는 부분적이고 동시에 점진적으로 이뤄진다.[20]

마. 수직적 권력배분: 낮음 대 높음

한국 대통령제와 대통령의 정치적 특징은 '제왕적 대통령제'와 '제왕적 대통령'으로 규정될 수 있다.[21] '제왕적 대통령(imperial presidency)'이란 슐레진저(Arthur Schlesinger, Jr.)가 미국이 베트남전에 개입하면서 존슨과 닉슨 두 대통령은 가히 '황제적 지위'에까지 올랐다고 규정하면서 사용되었다. 그는 1970년대 초에 대통령의 권능이 너무 확대되고 남용된 나머지 국가 헌정질서를 위험하게 하였다고 주장하였다.[22] 구체적으로 비난받아야 할 두 가지 사항은 대통령의 최고사령관으로서 지위남용과 대통령 기밀사항이었다. 대통령의 최고사령관으로서의 지위는 외적의 침략이나 미국민의 생명과 재산을 보호하기 위해 행동해야 할 때만 인정되는 것이지 선전포고도 하지 않은 전쟁까지 일방적으로 수행할 수 있는 권한을 부여한 것은 아니라는 것이다. 대통령의 기밀사항과 관련하여 헌법학자들인 대법원, 의회도 일본 본토에 원자폭탄 투하 같은 중요한 외교 군사기밀을 대통령이나 측근 보좌관들이 독점하는 것은 모두 인정하였지만 닉슨 대통령과 같이 비밀스러운 군사지원이나 캄보디아 원조 5개년 계획 같은 것까지 기밀사항으로 독점하는 것은 강력하게 반대하였다. 슐레진저는 권력의 '남용(abuse)'과 '권한횡령(usurpation)'을 명백히 구분하였다. 관점에 의하면 링컨, 프랭클린 루즈벨트, 트루먼 대통령은 전시체제 하에서 일시적으로 권한을 침해하였지만 평화 시에까지 그 권한을 계속 행사할 의도는 갖고 있지 않았다는 것이다. 그에 비해 존슨, 닉슨 대통령은 절대적 권력이 대통령에게 본래적으로 부여된 특권으로 간주하고 심지어 평화 시에까지 권력을 남용 또는 횡

20 최명·박창재, 『현대 미국정치의 이해』, 서울대학교출판부, 2000, 6-8면.

21 박명림, "헌법, 헌법주의, 그리고 한국민주주의," 『한국정치학회보』, 박세일 외, 『대통령의 성공조건』, 나남출판, 2002.

22 Arthur M. Schlesinger Jr. *The Imperial Presidency* (Boston: Houghton Mifflin, 1973).

령했다. 결국 헌법상 규정된 미국 대통령제는 제왕적 대통령제가 아닌 철저한 입법·사법·행정 등 삼권분립의 견제와 균형 속에서 제도화된 정치제도이다. 다만 실제 운용에 있어서 개별 대통령들이 직면한 특정한 시대적 상황 아래서 그들의 권위주의적인 정치적 리더십에 기인하여 제왕적 대통령으로서 민주적 절차와 과정을 경시하면서 권력을 남용하였던 것이다.[23]

이승만 대통령부터 김대중 대통령, 그리고 이명박 대통령까지 한국의 제왕적 대통령들은 '권위주의적 리더십'에 안주해왔다. 이러한 권위주의적 리더십은 정치적 리더십에서 카리스마에 기초한 '개인적 리더십(personal leadership)'과 명령과 통제에 기초한 '행정 리더십(administrative leadership)'에 많이 의존하였다. 한국의 경우 이러한 카리스마 리더십은 국가형성 과정에서 독립운동을 통하여 국민에게 일체감(이승만)을 형성하고, 경제발전(박정희)에 매진하며, 아울러 독재에 대항하여 민주화(김영삼과 김대중)를 추구하는 데 기여하였다.[24]

또한 한국은 미국과는 달리 대통령제에서 채택하여 국민의 정당성을 받은 필수적인 부통령제를 인정하지 않고 총리의 권한대행을 인정한 것도 문제라고 지적된다. 그래서 한국의 총리를 미국의 부통령제와 비교할 때 총리의 위상이 애매하다. 한국의 대통령제 역사에서 대통령의 자기 의지에 따라 총리의 위상이 매우 달랐다.

바. 합의제적 문화 대 경쟁적 문화: 사회자본의 차이

미국에서는 건국 이래 신뢰존중과 관용의 문화가 형성되어, 민주적 제도를 가능케 하는 사회자본이 정착되어 왔다. 제도적으로 권력구조

---

23 함성득, "노무현 대통령의 집권 전반기 리더십 평가", 서울대학교 한국행정연구소, 『행정논총』(제43권 제2호), 2005, 413-414면.
24 안병만, "역대 통치자의 리더십 연구," 한국행정학회 세미나, 1998.

속에서 작동 할 수 있었다. 미국과 한국에서 정치제도의 차이와 그러한 제도에서 내생적인 리더십의 차이를 이해하고자 할 때에는 신뢰와 상호존중이 다르게 나타나는 사회자본의 차이를 밝혀야 할 것이다. 한국에서 합의의 문화와 상호존중의 정치적 행위가 부족하기 때문에 한국의 대통령의 정치적 리더십이 효과적으로 신뢰를 얻지 못했다.

따라서 한국은 미국보다 합의제적 문화가 약해서 대對 의회관계, 정당 간 관계, 정당 내의 파벌 대립에 있어서 더욱 갈등의 여지를 가지고 있다. 정당은 정권을 창출하는 것이 그 본래의 기능인 데 대통령제에 있어서는 정권창출이 대통령 한사람에게 의존하는 만큼, 정당이 대통령 내지 대통령 후보자에 기생할 수밖에 없으며 대통령을 배출하지 못한 야당은 국정참여의 길이 봉쇄되어 극한투쟁으로 일관할 수밖에 없다. 또한 대통령은 국민의 직접 신임을 받았으므로 정책을 입안하거나 집행하는 데 의회나 정당의 통제나 간섭을 받을 필요가 없으므로 결국 야당뿐만 아니라 여당도 실질적으로는 소외되게 된다. 또한 대통령의 임기동안 정권교체의 가능성이 없어 정책대결 보다는 차기 대통령 선거를 위한 선거운동의 일환으로서 극한적 상호 정치공세를 되는 것이다.[25] 한국에서 대통령이 의회관계를 소홀히 해 집권당도 정치적 소외감을 느끼고 여당과 행정부가 종종 대립하는 경우를 볼 수 있다.

이처럼 대체로 승자독식의 권력구조라는 공통점을 가지고 있지만 미국과 한국의 제도는 일부분 차이를 노정하였다. 2007년 한국과 2008년 미국의 대선과정을 비교해보면 미국의 오바마 후보는 민주당 예비선거에서 당시 힐러리 클린턴 후보와 매우 치열한 접전을 벌였지만 경쟁자를 국무장관에 발탁하고 그에게 많은 권한을 위임하였다. 또한 대통령 선거에서 경쟁했던 공화당 맥케인 후보와 대선이 끝난 후 협조를

---

25 장석권, '한국의 대통령제와 그 문제점에 관한 고찰', 『서주실화갑논문집』, 1992.; 장용근, "바람직한 정부형태개정방향에 대한 연구", 『세계헌법연구』 (제14권 제1호), 2008, 284면.

요청하고 종종 공화당과 파트너십의 관계를 유지하였다. 하지만 이명박 대통령은 국정을 이끌어나감에 있어 경쟁자였던 하였다. 의원과 적극적인 협력관계를 맺고 있지 않고 있다. 당내 화합이 정당정치의 출발점이 될 수 있지만 당내 균열은 국정운영까지 발목을 잡고 있다. 이명박 계보의원들은 총선에서 박근혜 계파의원들을 공천에서 대거 탈락하여 당내 심각한 불협화음을 야기하였다. 그리고 국정을 운영하는 과정에서 주요 당직자와 정부와 청와대 인사에서 친박근혜 인사들을 소외시켰다.

사. 민주적 제도 성공가능성: 미국의 예외주의?

한국의 대통령제에서 권위주의에서 매우 강력한 대통령을 경험하였지만, 탄핵당한 노무현 정부에서 보듯이 취약할 수 있는 제도적·문화적 여건을 가지고 있다. 한국과 미국은 안정성에 있어서 유사한 대통령제라 하더라도 부분적인 차이를 노정하였다. 미국 대선에서 소수파가 당선된 적이 있다. 링컨은 정치적 엘리트에 속하지 못하는 인물이었고, 케네디 대통령은 미국의 주류인 개신교파가 아닌 가톨릭 출신이며, 오바마는 노예제가 폐지되었음에도 불구하고 현재에 이르기까지 보이지 않는 사회적 차별을 겪고 있는 집단인 흑인 출신으로서 유색인으로는 최초로 당선된 대통령이다. 그러나 미국의 정치문화와 정치제도는 매우 성숙되어 있어서 대통령으로서 최선의 직무를 하도록 안정적인 정치권력과 합의와 동의의 기제를 부여한다. 그러나 한국의 정치문화는 다른 정치세력과 다른 배경에 대해 매우 배타적인 경향이 있다. 호남의 압도적 지지를 받은 김대중 대통령은 영남의 지역민과 영남을 대표하는 한나라당으로부터 많은 비판에 노출되었다. 또한 노무현 대통령은 많은 한나라당 의원들과 보수적 지식인·대중과 영남 지역민으로부터 외면 당한 측면이 있다. 이에는 노무현 대통령의 탈권위주의와 권위의 상실의 영향과 정치적 리더십의 상실에서 비롯된다. 또한 한국의 정치문화에 내재되어 있는 배타성이 정치권력의 안정성에도 큰 영향을 미친다고 이해해야 할 것이다.

아울러 미국 대통령이 효과적인 리더십을 발휘할 수 있는 배경에는 미국정치의 제도화와 법치에 대한 존중을 들 수 있다. 법치와 제도화는 서로 상승작용을 해서 미국정치에서 지도자가 효과적인 리더십을 발휘하게 한다. 미국 연방대법원의 스티븐 브레이어(Steven Brayer) 대법관은 시카고에서 열린 미국변호사협회 연례 총회에서 대통령 선거의 승자를 가린 대법원 판결을 이렇게 평가했다. "승자는 물론 패자도 판결에 승복하고 그에 따라 미국민 모두가 선거결과를 인정하게 됐다는 점에서 당시 대법원 판결은 주목할 만한 것이었다." 브레이어 대법관은 대신의 최대 쟁점이었던 플로리다주 수삭업 재검표 문제에 대해 대법원이 5대 4의 판결로 공화당 조지 W. 부시 후보의 손을 들어 부시 대통령의 당선을 확정지을 때 소수의견을 냈다. 당시 소수 의견을 낸 대법관들은 플로리다주 정부가 누구에게 투표했는지 판독하기 어렵다는 이유로 무효처리한 표들에 대한 수작업 재검표 결과를 인정하지 않는 것은 유권자들의 표심票心을 확인하지 않으려는 처사라며 비난했다. 재검표를 주장했던 브레이어 대법관이 인식의 변화를 보인 것은 미국의 법치에 대한 국민의 신뢰를 반영한 것이다. 사법부의 판결을 모두가 받아들였기 때문에 미국은 대선 실시 후 36일간 승자가 가려지지 않는 최악의 상황에서 빚어진 심각한 국론 분열의 후유증을 무난히 극복할 수 있었다. 특히 민주당의 앨 고어 후보가 패배를 인정하며 국민에게 화합을 촉구한 것은 감동적인 페어플레이(fair play)였다. "나는 대법원의 판결에 결코 동의하지 않지만 이를 수용하겠다. 우리는 국가에 대한 사랑으로 실망을 극복해야 한다. 미국 민주주의의 힘은 우리가 극복할 수 있는 난관을 통해 분명히 확인된다. 이것이 미국이다. 우리는 치열하게 싸웠지만 일단 결과가 나온 만큼 화합해야 한다." 국가가 위기에 처했을 때 더욱 빛을 발휘하는 미국의 법치주의 전통은 미국의 오랜 역사적 전통과 그에 따른 미국정치의 제도화가 있었기 때문에 가능하다. 법 앞에서는 만민이 평등하고, 법을 통해 공동체를 운영하겠다는 국민적 합의가 200여년 역사를 통해 이루어졌기 때문에 미국은 오늘날 세계가 부러워하는 법치국가가 될 수 있었다. 마틴 루터 킹 목사 등이 주도했던 60년대 인권운동이 성공할 수 있었던 것은 철저하게 법의 테두리 내에서 비폭력 시위를 전개했기 때문이었다.

법치주의 외에 리더를 중심으로 단결하고 리더십을 강조하는 전통도 미국의 강점으로 꼽힌다. 미국에서는 초등학교 때부터 올바른 리더십을 중요한 사회적 덕목으로 강조해서 가르친다. 한국처럼 학급에 반장은 없지만 많은 학생들이 특별활동 등을 할 때 돌아가면서 리더가 될 수 있는 기회를 갖는다. 미국의 지도자는 '우리 가운데 한 사람'일 뿐 군림하지 않는다. 어떤 조직에서든 리더가 조직원보다 우월하다고 허세를 부리는 경우는 거의 없다. 대통령도 여러 리더 중 한 사람일 뿐 절대적 통치자는 아니라는 것이 일반적인 인식이다. 워싱턴 한국경제연구소의 피터 벡(Peter M. Beck) 국장은 "법치주의와 올바른 리더십에 대한 사회적 인식이 확립된 미국에선 누가 대통령이 되든 큰 상관이 없다"며 이런 점에서 미국은 인치人治적인 한국정치와 다르다. 미국 브루킹스 연구소의 E. J. 디온 주니어 박사는 민주당의 앨 고어 후보가 사실상 연방대법원 판결에 의해 당선된 조지 W. 부시 대통령의 승리를 인정하고 자신의 패배를 인정한 대법원 판결을 수용한 이유에 대해 다음과 같이 설명하였다. "법치주의에 대한 존중과 현실적인 정치판단이 복합적으로 작용했다고 생각한다. 고어 후보와 민주당은 대법원 판결에 많은 불만을 갖고 있었지만 이미 유권해석이 내려진 만큼 더 이상의 이의 제기는 비생산적이라고 판단했을 것이다. 당시 여론은 당파싸움은 그 정도로 충분하다는 쪽이었다.[26]

미국에서 대통령의 중요성을 과소평가할 수는 없으나 미국에선 입

법 사법 행정의 3권 분립과 법치주의가 확립돼 있는 만큼 대통령이 혼
자서 통치한다고는 말할 수 없다. 국민도 권력의 분립에 익숙해 있기
때문에 대법원 판결에 만족하지 않으면서도 이를 수용한 것이다. 정당
하게 선출된 리더를 국민이 존중하는 것 못지 않게 리더에 대해 강력
한 비판과 견제를 하는 것이 미국의 일관된 전통이다. 역사적으로 볼
때 프랭클린 루스벨트나 로널드 레이건처럼 강력한 대통령이 통치했
을 때일수록 그에 대한 의회의 반대 목소리가 높았다. 강력한 야당은
미국 민주주의의 중요한 전통이다.[27]

성공한 대통령제의 예는 미국 이외에는 찾기 어려우며 미국에서 연
방제에 의한 권력의 분산, 대통령을 견제할 수 있는 의회의 존재, 사법
부의 우월적 위치, 언론의 견제, 높은 시민의식 등 미국의 고유한 정치
제도가 대통령제에 결합되었기 때문에 성공할 수 있었다. 한국의 대통
령제에는 민주적 제도를 가능케 할 수 있는 제도들이 뒷받침되어 있지
못하다. 특히 정당제와 접목되었을 경우 국가권력의 1인 집중화는 가
속되며 대통령제 하에서의 선거는 당선인에게 권력집중을 가져오고
야당에는 타협이나 권력분산 내지 연립의 가능성을 전혀 남기지 않는
다는 단점이 있다. 또한 주기적으로 대통령 선거와 국회의원 선거를
치러야 하는 막대한 경제적 부담이 있다. 일부 학자들은 대통령제는
미국 특유의 정치 경제 문화적 조건하에서만 가능한 예외적 제도이며
특히 미국의 경우 교차투표가 활성화되었고 정당규율이 엄하지 아니
한 비정상적인 정당제가 오히려 대통령제의 단점을 보완하는 기능을
하고 있다고 주장하기도 한다.[28]

---

26 또 대선 패배가 집권능력 결여를 의미하는 것은 아니므로 기약할 수 있다
는 계산도 있었을 것이다. 대선 만큼 치열했던 1824년과 1876년 대선에서
패자가 그 다음 선거에서 승리한 역사적 사실도 고려했을 것 같다."
27 "6개국 리더십 집중분석: 국가적 혼란 어떻게 푸나", 『동아일보』 2001. 8. 13-
8. 27.
28 서주실, "대통령제 권력구조에 있어서의 몇 가지 문제", 『변재욱화갑기념

미국과 달리 한국은 연방제도 및 양원제들을 취하지 않을 뿐만 아니라 중앙집권적인 정당구조를 가지고 있기 때문에 권력구조상 국회가 여대야소의 형태로 이뤄진다면 대통령은 행정부의 수반임과 동시에 의회의 실질적 의안처리 주도자로서 양부간의 권력 융합현상이 발생할 수 있다.

한국 헌법 제86조에 따라 국무총리는 국회의 동의(재적의원 과반수 출석과 출석의원 과반수 찬성)를 얻어 대통령이 임명한다. 이때 대통령은 현역을 면하지 아니한 군인을 국무총리에 임명할 수 없다. 그리고 국회는 임명동의에 앞서, 인사청문회법에 따라 국회법 제46조의3의 규정에 의한 인사청문특별위원회(국회법 제65조의2의 규정에 의한 인사청문회를 열어, 공직후보자를 출석하게 하여 질의를 행하고 답변과 의견을 청취하는 방식으로 진행)에 의한 심사를 행한다. 특히 대법관·대법원장 및 헌재재판소장 등의 사법기관의 핵심인선으로 인하여 사법부에 대해서도 실질적인 영향력을 행사하여 삼권을 통합하는 '국민에 의해서 선출된 현대판 군주'로서의 대통령의 지위를 누리게 된다는 것이다. 한편 국회 내에서는 대화·타협을 통한 의안처리가 실종되고 다수의 힘에 의한 이른바 '날치기'식 의안 처리가 일상화되었다는 점을 지적할 수 있다.

대통령제의 경우에는 그 권위적 성격에 기하여 대통령의 특별한 노력 없이는 여권의 핵심을 제외하고는 일반여권은 물론 야당이나 일반국민과의 건설적인 접촉을 위한 기회를 가지기 어려워 민주주의 원칙에 따른 폭넓은 정치적인 합의 형성이 어려울 뿐만 아니라, 정당의 여론 매개기능이 소외됨에 따라 비헌법적인 기관이 대통령비서실이 헌법기관인 국무총리와 행정각부를 장악하는 정치관행이 생겨났다. 또한 의회나 정당 내에서 정치적으로 해결할 수 있는 문제도 이에 의하지 않고 법적인 문제로 강하시켜 자신의 기관(검찰과 경찰)을 통하여 이를 해결하게 하는 소위 공안정치 내지 표적수사의 관행이 만연했고, 이는 형식적인 법리로는 외견상 문제없어 보이나 실질적인 법치주의를 후퇴시키는 결과를 낳는다.

대통령제는 이원적 정통성의 문제를 가지고 있다. 대통령과 입법부 모두 국민의 선출에 의해 당선되어 이들 각각은 민주적 정통성을 가지고 있다. 이원적 민주정통성 문제로부터 야기되는 대통령과 입법부 다수당의 정책적, 정치적 대결을 해소할 수 있는 민주정치적 원칙은 존재하지 않으며(즉 대통령 또는 의회의 어떤 편이 더 정확하게 국민을 대표하는가를 결정할 수 있는 어떠한 민주주의의 원리도 존재하지 않는다) 많은 대통령중심제를 채택하고 있는 국가의 정치적 혼란은 이 문제로부터 기인한다. 대통령제의 기본 성격은 대통령이 대통령으로서 독점적 정통성을 주장하는 데 있다. 즉 대통령은 자신이야말로 지역적으로 분할된 선거구 주민이 아니라 전체 국민들에 의해 민주적으로 선출되어 전적으로 정통성 있는 정권을 부여받은 유일한 존재라고 주장하는 것이다.

의회와의 정치적 충돌상황에서 대통령은 자주 국민투표(plebiscite)를 이용하여 정치적 딜레마 상황을 타개해 나가고자 한다. 국민투표는 대통령이 의회와의 협상이나 야당과의 토론 등 적정한 정치과정을 통하지 않고 정치적, 정책적 쟁점을 국민투표에 붙여 여기에서 나온 국민적 지지를 토대로 정책의 정통성을 주장하는 것으로서, 대표적인 예는 프랑스 드골대통령이나 우리의 경우 박정희 대통령 정부 하에서의 잦은 국민투표를 들 수 있다. 또한 노무현 대통령도 의회에서 한나라당과 자주 충돌할 때, 직접 국민에게 신임을 묻겠다고 공언함으로써 의회와 야당을 존중하지 않고 대화하려고 노력하지 않았다.

한국에서 민주주의의 제도화를 저해하는 여러 요인들이 있어왔다. 그 중의 하나는 군부의 쿠데타와 그로 인한 장기집권이었다. 이러한 요인들은 노태우와 김영삼 정부를 거치면서 해소되었다.

한국 민주주의의 제도화를 가로막는 요인이자 현재에도 내재되어 있는 요인 중의 하나는 지역주의이다. 지역 간의 갈등과 대립은 어느 나라에나 있지만 문제는 우리 지역갈등은 다른 나라와 달리 민족 통합과 국가 발전의 장애 요소로 작용하는 심각한 수준이라는 점이다. 선거 때마다 지역감정이 날카롭게 대립하고 되풀이되는 것은 지역주의에 기반한 정당들과 정치인들이 지역감정을 유발하여 정치적 이익을 얻기 때문이다. 또한 지역주의는 산업화 과정에서 나타난 소외와 차별의 결과이기도 하다. 정치적 갈등 구조가 이념이 아니라 지역을 중심으로 형성된 것이 바로 지역주의이다.

〈그림 3-39〉 정권교체와 집권엘리트

집권 기간	1948 -1961	1962 -1979	1980 -1987	1988 -1992	1993 -1997	1998 ~2002	2003 ~2007
대통령	이승만	박정희	전두환	노태우	김영삼	김대중	노무현
정치체제	권위주의	권위주의	권위주의	민주주의	민주주의	민주주의	민주주의
지지세력	지주· 친일파	군부· 재벌, 영남	군부· 재벌, 영남	군부· 재벌, 영남	舊민주화 집단, 영남	舊민주화 집단, 호남	新민주화 집단, 진보·개혁 세력, 호남

민주적 제도화를 저해하는 또 다른 요인은 정치부패가 여전히 만연하다는 것이다. 정치의 부패, 오염은 일차적으로 정치에 돈이 너무 많이 들어가기 때문에 나타난다. 아울러 지적해야 할 요인은 공권력의 인권 침해이다. 노무현 대통령은 권력기관을 대통령과 정부로부터 독립시키고 탈 권위를 실천했지만, 이명박 정부는 검찰과 세무기관의 중립화가 침해되었다는 비판이 있었다. 이러한 통치방식은 민주주의가 후퇴한 것을 보여주는 것이다. 그리고 마지막으로 한국정당의 비민주성을 지적해야 한다. 지금까지 한국 정당들은 정책이나 이념, 노선이 아니라 특정한 지역에 압도적인 지지기반을 갖고 있는 카리스마적 1인 보스를 중심으로, 보스와의 연줄(지연, 혈연, 학연, 도움을 주고받음)로 모인 무원칙한 인맥집단의 성격이 강했다. 정책대결이 실종된 지역대결구도 아래서 노선과 정책보다 지역주의와 연고주의에 기대어 움직이는 전

근대적·후진적 정당이었다. 지역연고성을 중시하다보니 정당의 이념적 정체성이 흔들려 모든 정당에 진보와 개혁, 보수와 수구가 특별한 갈등 없이 공존하는 정당이 되고 말았다.[29] 또한 한국의 정당체제는 민주노동당이 등장하기 전까지 오랫동안 진보 없는 보수 정당 체제였다. 분단구조를 빌미로 보수정당으로 구성된 경직된 이념체제 아래서 진보와 개혁을 거부하고 새로운 사회세력의 정치참여를 거부해 왔다. 진보정치세력인 민주노동당이 원내 3당의 위치를 점하고 있는 지금도 우리 정당체제는 보수-진보 정당체제가 아니라 보수가 중심이 된 정당체제이다.[30]

第2節 미국·한국 대통령의 대 의회관계 모형 비교분석

1. 미국 대통령의 정치적 리더십과 대 의회관계 모형 비교분석

클린턴 대통령은 경쟁적인 양당 체제 하에서 입법부와 행정부 간의

---

29 한국정당들이 공통적으로 갖고 있던 또 하나의 특성은 일인 주도의 불안정한 휘발성 정당(one-man, unstable, volatile party)이라는 점이다. 1인 보스에 의한 정당의 사당화와 당내민주주의 실종으로 정당의 운영과 의사결정이 비민주적이었다. 정당의 창당과 해산, 정당간 이합집산과 합종연횡, 정치인의 당적 이동도 아무런 견제장치 없이 무원칙하게 일어났다. 당원의 지지와 참여 없이 정경유착과 사조직에 기초해서 소수 기득권층에 의해 운영되는 역사 없고 뿌리 없는 과두정당(oligarchical party)인 것이다. 그러면서 우리 정당은 국민의 대표를 선출하는 선거정치를 사실상 독점하는 선거정당의 성격을 띠었다.

30 손혁재, "6월 항쟁 이후 한국사회의 변화와 경기지역 시민사회운동의 진로-반성과 미래", 6월 항쟁 20주년 기념 경기지역 시민토론회, 2007. 5. 2. 〈civilforum.org/file/forum/6%BF%F9%C7%D7%C0%EF%2020%C1%D6%B3%E2%20%C5%E4%B7%D0%C8%B8%20%C0%DA%B7%E1%C1%FD%20070502.hwp〉, 검색일: 2009. 5. 31.

균형을 이루면서, 대통령이 추진력을 갖춘 제퍼슨 모형에 부합한다. 클린턴 행정부 하에서 민주당과 공화당은 임기 초반에는 단점, 후반부에는 분점 정부를 유지하였다. 클린턴 정부에서 성추문 스캔들이 클린턴 대통령을 괴롭히기는 했지만, 그럼에도 불구하고 정책역량과 성과가 뛰어나서 높은 지지도를 유지했다. 그래서 클린턴 대통령의 임기 중·후반에는 공화당에게 원내 다수당의 지위를 넘겨주기는 했지만 높은 지지와 경제성과를 바탕으로 안정된 정치를 추구하였다. 해밀턴 모형의 일반적인 개요와 같이, 부시 행정부는 테러라는 위기 국면에서 아프간전과 이라크전에 선제공격을 감행하고 대외관계에서 비우호적인 '악의 축' 국가들에게 공세적으로 대응함으로써 대통령 중심적 정부를 건설하였다. 부시 대통령과 행정부는 그들의 정국 구상과 대외정세에 따라 역동적인 행정 활동을 수행하였고, 부시 대통령의 리더십이 입법과정을 포괄적으로 지배하였다.

　클린턴 대통령의 임기 초는 제퍼슨 모형에, 임기 말은 매디슨 모형에 부합한다. 이 모형은 의회에서 여당의 힘이 우세한 상황에서, 행정부와 국회가 상호 대등한 관계에서 안정된 정치를 추구하는 모형이다. 클린턴 행정부는 성과 면에서 뛰어난 대통령이었으나 그러나 의회관계가 원만하지 못했다. 클린턴 대통령 집권 기간에 정치적으로 여소야대 상황에서 수세에 몰렸고 성추문 등의 개인 자질에서 시비가 일었지만, 높은 경제성과를 보여주었다. 부시 대통령은 9·11 테러라는 사상초유의 위기 상황 속에서 국가안보의 위기를 잘 극복하였고 집권의 6년 동안 안정적인 집권당의 의석을 바탕으로 의회의 지원을 받을 수 있었다. 그러나 테러 대응과 전쟁 등에서 미국의 위상을 저하시켰고, 국제적으로 신뢰를 약화시켰다. 아울러 부시 대통령은 對 의회관계를 원만하게 조정하는 능력이 부족했다. 집권 말기에 들어서 민주당이 다수당이 되고 야당이었던 민주당은 정권교체의 발판을 마련한다. 부시 대통령의 임기 말에는 미국의 경제위기가 세계에 강력한 영향력을 미쳤다.

이러한 정치와 경제의 상황 약화로 인해 부시 대통령의 리더십이 많이 상실되었고, 공화당 내의 비판과 민주당으로의 정권교체를 허용하게 되었다. 요컨대 클린턴 대통령은 열정적으로 대통령의 직무를 수행하고 대통령의 역할을 잘 이해하였던 적극적 긍정형의 리더십을 가진 대통령으로서 제퍼슨에서 매디슨으로의 리더십으로의 변화를 보여주었다. 부시 대통령은 적극적으로 대통령의 역할을 수행하고자 했으나 대(對) 의회관계를 잘 조정하지 못했던 부정형의 리더십을 가진 부시 대통령의 재임 시에 해밀턴에서 제퍼슨 모형으로 변화된 것으로 분석된다.

〈표 3-43〉 미국 대통령의 대 의회관계 모형 비교분석

분 석	미국 대통령			
	클린턴		부 시	
대통령 대 의회 관계 모형	제퍼슨 모형 (1993~1994)	매디슨 모형 (1995~2000)	해밀턴 모형 (2001~2006)	매디슨모형 (2007~2008)
의석분포	1992~1994 : 단점정부	19994~2000 : 분점정부	2000~2006 : 단점정부	2006~20008 : 분점정부
임기변수	+	—	+	—
정치상황	+	-	+	—
경제상황	+	+	—	—
대통령의 실제유형	적극적 긍정형		적극적 부정형	
우호/적대 여부	적 대		적 대	

2. 한국 대통령의 정치적 리더십과 대 의회관계 모형 비교분석

한국의 현대 대통령의 리더십 분석은 노태우 대통령은 권위주의적 리더십의 유형으로 분류할 수 있으나, 전두환 대통령의 군부 권위주의 리더십에서 민주형 리더십으로의 과도기적 특성을 보여주고 있다. 민간 주도형의 정치에 힘쓰며, 뜻을 같이하는 야당과의 연합을 추진하는

등 과거와는 다른 면모를 보여 주었다. 하지만 노태우 대통령 역시 이전의 지도자들과 마찬가지로 결단성은 있었으나, 과거의 지도자들과는 달리 대통령의 역할과 직책수행에 있어 원활한 체계를 갖추지 못했고, 민주지향적인 리더십 역시 부족하였다. 그리고 노태우 대통령도 태생적으로 군부 쿠데타로 집권한 전두환 정부의 핵심인물이었고 광주 민주화운동을 무자비하게 탄압해서 정당성과 도덕성은 낮은 상태였다. 이러한 이유로 노태우 대통령은 소극적 부정형의 리더십을 가진 인물로 분석된다.

한편 문민정부의 김영삼 대통령과 국민의 정부 김대중 대통령은 민주화 투쟁의 지도자로서 직접선거를 통해 정당한 권력을 획득하였으므로 도덕성과 정당성을 겸비하고 있었다. 하지만 이들의 정당정치는 지역주의에 기반을 둔 카리스마적 지도자로서 한계점을 내포하고 있었다. 국회와의 관계 역시 이러한 한계로 서로 다를 수밖에 없었다. 또한 김영삼 대통령은 통치그룹이었던 군부 쿠데타 정치세력과의 연합을 통해 집권할 수 있었다. 김영삼 정권의 민주자유당은 강력한 여당을 구성하고 있었지만, 과거권위주의 시대의 정치세력이 잔존하고 있다는 점에서 태생적인 한계성을 가지고 있었다. 이로 인해 당의 개혁이나 국회를 중심으로 하는 정치개혁에서는 큰 효과를 이뤄내지 못했다. 이러한 이유로 김영삼 대통령은 국회와의 관계를 상호 대등한 입장으로 이끌기보다는 강력한 리더십을 통해 의회를 압도하고자 하였고, 그 결과 대통령과 여당 내부의 관계 역시 조화롭게 이끌기 힘든, 적극적 부정형의 리더십을 가질 수밖에 없었다.

또한 김대중 대통령은 초기 김종필의 자유민주연합과 공동정권으로 행정부를 구성, 정국주도를 노렸지만 이념과 정책이 다른 두 정당의 연합은 오래 가지 못하였으며, 국회에서의 의석 역시 부족한 시점에서 여당의 힘을 통한 정국주도가 불가능 하였다. 하지만 행정부에 대한 권력집중이 가능한 국가적 경제위기 상황에서 김대중 대통령은 적극적인 리더십을 통해 이를 돌파해 나갈 수 있는 사회 경제적 기반을 가질 수 있었다. 또한 이러한 긍정적인 리더십을 통해 적극적 리더십이 가질 수 있는 권력의 집중을 보완하고 의회와의 협력을 이끌어내기 위해 긍정적 리더십을 발휘하였다.

노무현 대통령은 이러한 상태에서 이들이 활발하게 활동할 수 있는 시 공간을 확보할 수 있는 전기를 마련해 주었다. 또한 국민들의 개혁 욕구에 부응하여, 이를 적극적으로 해내겠다는 의지를 밝힘으로서, 과거 권위주의적 리더십과는 다른 민주적 리더십을 보여주고 있다. 제16대 국회와의 관계에서만 볼 때, 노무현 대통령의 개혁구상은 아직까지 국회에서 전반적인 지지를 받지 못하고 있으며, 제16대 국회에서는 국회에서의 주도권을 쥐지도 못한 채, 야당과 정책상의 문제에 대한 대결 구도에서, 결국 정국불안 야기와 책임이 따른다. 이러한 면에서 노무현 대통령의 리더십은 소극적 부정형의 리더십으로 분석된다.

권위주의 이래 한국 대통령들은 그 동안 수많은 야당 지도자 및 일반국민들을 탄압해 온 적극적 부정형의 리더십을 가진 인물들이 많았는데, 이러한 적극적 부정형의 리더십은 결국 한국 역사에서 권위주의가 자리 잡게 하는데 크게 일조를 하였다. 민주화 이후에도 노태우, 김영삼, 김대중 대통령으로 이어지면서 권위주의적 리더십은 점차 일소되고 있지만, 권위주의 청산이 완전히 제도화되지 않았다. 노무현 대통령이 권위주의를 청산한 것은 매우 큰 공적이지만, 이명박 대통령이 집권한 후로 검찰과 세무권력을 통한 정치행태는 민주주의의 질이 하락되었고 권위주의로 일정 부분 회귀한 것을 보여준다.

이 연구의 연구결과 대통령의 리더십이 국회와의 관계를 개선시키고 악화시키는데 주요한 영향을 미치고 있음을 알 수 있었다. 적극적 부정형은 정국주도를 가능하게 하지만 자칫 권위주의화로 변질될 가능성을 가지고 있으며, 의회와의 관계도 여소야대인가 야대여소인가에 따라 관계를 악화시킬 수 있는 중요한 변수가 되었다. 특히 대통령의 지위나 활동, 권력행사에 적극적인 리더십은 이를 더욱 심화시킬 수 있는 리더십이었다. 긍정형의 리더십은 의회와의 관계를 원만하게 이끌 수 있으나, 부정형의 리더십은 의회와의 관계를 원만하게 이끌지 못했으며, 한 순간에 정국주도권 및 의회에서의 우위가 붕괴하는 모습을 보여주었고, 적극적 리더십을 가지면 정국을 주도할 수 있는 유리한 위치를 점할 수 있지만 긍정형이냐 부정형이냐에 따라 상황을 심화시킬 수 있는 리더십이라 할 수 있다.

대통령이 국정을 성공적으로 수행하느냐의 여부는 대통령과 의회의 관계는 개선될 수 있으며 악화될 수도 있다. 한국은 대통령의 강력한 리더십으로 인해 국가에 득이 되기보다 해가 되는 경우가 많았다. 즉 한국 대통령들은 자신의 권력만을 극대화하기 위해 노력하고, 다른 사람을 지배하려고 하는 경향이 많았으며, 이로 인해 입법부와 행정부 간의 견제와 균형을 무너뜨리는 경우가 비일비재하였다. 하지만 정치·경제 환경의 변화에 따라 이제는 새로운 리더십이 필요한 시점이다. 피에들러는 구성원들이 리더를 지지하거나 신뢰하게 되면 부하에 대한 리더의 영향력이 증대되고, 성공적인 과업달성을 위한 표준적인 운영절차가 존재하여 의사결정을 쉽게 내릴 수 있으면, 과업의 구조화 정도가 높으며, 과업의 구조화가 높으면 리더가 부하의 과업행동을 감독하고 영향력을 행사하기가 매우 쉽다고 보았다. 즉, 지도자가 리더가 처해 있는 상황의 호의성을 높일 수 있을 때 리더십의 영향력이 촉진된다는 것이다.[31] 이것을 바꿔 해석해보면, 국정관리의 효율성을 증대시키기 위해서는 대통령의 훌륭한 리더십이 필수라는 것을 알 수 있다.

그동안 한국의 대통령에 의한 국정운영은 명령의 역할에 충실한 지도자 역할에 있었으며, 그 리더십의 기본은 권위주의적인 카리스마 리더십이었다. 대통령 중, 특히 박정희, 전두환 대통령의 시기에는 군인들이 직업상 갖게 되는 정치이념정향으로 인해, 군사적 권위주의형의

---

31 Fred E. Fiedler, *A Theory of Leadership Effectiveness* (McGraw-Hill Com, 1969), p.3.

리더십이 발휘되었고, 당시 국회는 대통령의 정책성공과 기조유지를
위해 장기적이고 안정된 계획 하에서 이를 지원하고 정책의 계속성과
안정성을 유지하였다. 즉, 대통령과 의회의 관계가 강력한 '위임자 또
는 주종관계'로 형성되어 있었다.[32] 한때 국회가 대통령의 결정에 종속
되고 견제기능이 취약한 이유는 앞에서 설명한 바와 같이 대통령이 집
권당의 총재로써 공천권을 행사하면서 정당의 운영을 장악하고 있었
기 때문이다. 그리하여 대통령을 견제해야 할 국회가 대통령의 의사를
그대로 따르는 거수기 역할을 할 수밖에 없었던, 1인 정당들로 구성되
어 있었고 국회는 심각하게 그 위상과 역할이 왜곡되고 약화될 수밖에
없었다. 〈표 3-44〉은 한국의 국회 의정사에서 국회의원의 역할과 권한
이 훼손되었던 해산사례를 보여주고 있다.

〈표 3-44〉 한국 국회의 임기 단축과 국회해산사례[33]

대별	선거일	임 기			비 고
		개 시	종 료	기 간	
제4대	1958. 05. 02	58.05.31	1960. 07. 28	2년 1월28일	제3차 개정헌법(60.6.15) 부칙 제4조에 의해 임기단축
제5대	1960. 07. 29	60.07.29	1961. 05. 16 (민선)	9월18일	군사혁명위원회 포고령 제4호에 의해 국회해산
제6대	1963. 11. 26	63.12.17	1967. 06. 30	3년 6월14일	제5차 개정헌법 부칙 제2조 에 의해 67.6.30에 임기종료
제8대	1971. 05. 25	1971. 7. 1	1972. 10. 17	1년 3월17일	대통령특별선언에 의한 국회해산
제10대	1978. 12. 12	1979. 3. 12	1980.10. 27 (민선)	1년 7월16일	10.26사태와 관련에 의하여 80년 10월 27일 임기종료

---

32 Morris Janowitz, *The Military in The Political Development of New State: An Essay
in Comparative Analysis* (Chicago & London: The University of Chicago Press, 1964).

33 대한민국 국회 홈페이지 〈www.assembly.go.kr:8000/ifa/html/1_3.html〉에서의 표
를 참조하여 필자가 재작성 하였다. 한국의 의회 정치는 군부 쿠데타에 의
해 두 번이나 정지되었으며, 10·26 사태 이후에도 국회가 해산되고 기능이
마비되었다.

| 제12대 | 1985. 02. 12 | 1985. 4. 11 | 1988. 5. 29 | 3년 1월18일 | 제9차개정헌법(88.2.15) 부칙 제3조제2항에 의해 이 헌법에 의한 국회의 최초 집회일 전일(88.5.29)에 임기 종료 |

〈표 3-44〉를 설명하면 여당 국회의원은 각기 지역을 대표하는 독립된 기관이지만 국회에 나가기만 하면 당의 방침대로 행동하고 투표하는 등 거의 자율성이 없었다. 그렇지 않을 경우 당과 총재의 뜻에 거슬려 정치생명이 위태롭게 되기 때문이다. 그러나 국회는 대통령의 권한 행사를 견제할 수 있는 여러 가지 제도적 장치를 가지고 있으며 민주화 이후 과거와 같은 문제들은 점차 해결되어 가고 있다. 정치적 민주화의 요구로 인해, 단임 대통령제가 도입되고 군부출신 정치지도자에 대한 교체요구가 높아지면서, 상대적으로 과거보다는 국회의 영향력이 증대되게 되었다.

또한 여소야대의 현상이 오래 동안 지속되면서 행정부에 의한 정책의 계속성과 안정성은 그 효율 면에서 크게 저하되었지만, 전반적으로는 약화되어 있던 국회권력의 신장이 이루어짐으로써 궁극적으로는 좀 더 민주적인 리더십이 필요해지는 상황으로 변모시키는 절대적인 계기가 되었다. 그리고 여소야대 시기에는 국회의원 선거와 대통령의 선거가 동시에 이루어지지 않고 임기도 달라서, 국회의원의 소속정당에 대한 자율성이 크게 향상된 것으로 평가할 수 있다. 결국 대통령의 국정이 국회와의 관계에서 대화를 통한 타협과 양보에 기초한 설득에 운영될 수 있게 됨으로써 권위주의적인 카리스마 리더십의 효용성이 크게 저하된다. 특히 민주화 이후에는 점차 당권과 대권 분리의 원칙 아래 대통령이 집권당의 총재직을 겸임하지 않아서, 상대적으로 대통령에 대한 국회와 정당의 자율성이 높아져 왔으며, 대통령, 국회, 그리고 정당과의 새로운 발전적 관계의 정립을 위해 노력해왔다.

의회와의 관계에 있어 대통령 리더십의 스타일은 매우 중요한 변수이며, 대의 민주주의의 본 뜻에 어울리는 관계를 창출해 내야할 의무가 있다.[34] 이러한 이유로 한국은 이에 적합한 대통령의 긍정적인 리더십의 실현이 요구된다할 것이다. 대통령의 리더십이 부정정적이고 권위주의적인 성향을 가졌다면 야당과 대통령의 사이를 대립관계로 고착시킬 뿐만 아니라 정책과정에서 관료제가 국회를 압도하도록 만드는 촉매역할을 한다. 이러한 리더십은 의회로 하여금 관료제에 대한 통제력을 강화하도록 자극하며, 이에 따라 국회와 행정부 및 대통령과의 긴장관계를 형성시킬 수 있다는데 주목할 필요가 있다.[35]

〈표 3-45〉 한국 국회 정당별 의석분포 변화도

대 수	연·월·일	제1당 의석수	제2당 의석수	3당 의석수	제4당 의석수
제16대	2002. 7. 4.	한나라당 130	새천년민주당 112	자유민주연합 14	민주국민당 1
제16대	2003. 7. 31.	한나라당 149	새천년민주당 101	자유민주연합 10	개혁국민정당 2
제17대	2004. 8. 27.	열린우리당 151	한나라당 121	민주노동당 10	새천년민주당 9
제17대	2005. 12. 9.	열린우리당 144	한나라당 127	민주당 11	민주노동당 9
제17대	2006. 12. 9.	열린우리당 139	한나라당 127	민주당 12	민주노동당 9
제17대	2007. 7. 3.	한나라당 128	열린우리당 73	중도통합민주당 34	-

34 Frederick, W. Gibson, Fred E. Fiedler, and Kelley M. Barrett, "Stress, Babble, and the Utilization of the Leader's Intellectual Abilities," Leadership Quarterly, Vol. 4, 1993, pp.189-208; Fred Dansereau, Francis J. Yammarino, and Steven E. Markham, "Leadership: The Multi-Level Approaches", Leadership Quarterly, 6(2) 1995, pp.97-109; Gary A. Yukl, *Leadership in Organization*, 4th edition (Englewood Cliffs, New Jersey: Prentice-Hall, 1998).

35 박찬욱, "미국과 영국의회의 정책집행 감독 활동", 『한국정치학회보』(제29권 제3호), 1995, 467-491면.

　　노태우 대통령과 노무현 대통령은 상황변수에 따라 리더십의 변화를 많이 겪었다. 노태우 대통령에게 민주화의 열망으로 여소야대 정국에서 매디슨 모형으로부터 3당 합당 후의 제퍼슨 모형으로 리더십의 변화가 있었고, 노무현 대통령은 소수 여당으로부터 출발해, 탄핵으로 인한 대통령직 일시 정지, 그리고 지지도의 하락과 권위의 상실 후에 열린우리당의 순차적 해체를 겪으면서 매디슨에서 제퍼슨으로, 그리고 매디슨 모형으로의 변화를 보였다. 김영삼 및 김대중 대통령은 민주화 운동가 출신의 대통령으로서 김영삼 대통령은 군부정부로부터 벗어나 최초의 문민정부 시대를 열었으며, 김대중 대통령은 민주적 선거에 의한 최초의 수평적 정권교체를 이룩한 대통령이었다. 그들은 오랜 수십년 간의 한국정치사에서 정치적 열정과 카리스마와 함께 각자 충성심 높은 지역기반을 가지고 있었다. 그들은 적극적인 리더십을 보여주었으나 김영삼 대통령보다는 김대중 대통령이 대통령의 직무와 대(對) 의회 관계에서 민주적이고 긍정적인 역량을 보여주었다. 그래서 김영삼 대통령은 제퍼슨 모형으로, 김대중 대통령은 해밀턴 모형으로 분석된다.

〈표 3-46〉 한국 대통령의 리더십과 대 의회관계 모형 비교분석 결과

분 석	한국 대통령(임기 초·중·후반)			
	노태우	김영삼	김대중	노무현
대(對) 의회관계	매디슨 모형 ↓ 제퍼슨 모형	제퍼슨 모형	해밀턴 모형	매디슨 모형 ↓ 제퍼슨 모형 ↓ 매디슨 모형
의석분포	임기초: 여〈야 중후반: 여〉야	여〉야	여〈야	여〈야(제16대) 여〉야(제17대)
임기변수	+	―	+	― (제16대)
정치상황	―	―	―	― (제16대)
경제상황	―	―	+	― (제16대)
실제유형	소극적 부정형	적극적 부정형	적극적 긍정형	소극적 부정형
우호/적대여부	적대	적대	우호	적대

제5장의 2절에서 밝힌 바와 같이 미국과 한국은 같은 대통령제를 공유하고 있음에도 불구하고 다양한 제도적 차이를 가지고 있다. 합의제의 사회자본이 미국은 조성되어 있는데 반해 한국은 취약하다. 미국은 오랜 민주주의 역사에서 민주적 제도가 운용하고 있는데 반해 한국은 제왕적 대통령제의 가능성이 높다. 대통령과 부통령을 두고 있고 지방분권화되어 있는 미국은 권력이 분산되어 있다면, 권력이 1인에게 집중된 대통령제와 중앙집권형의 체제인 한국은 권력이 집중되어 있다. 이러한 제도적 차이에서 나오는 리더십은 한국의 민주주의의 질에 대해 평가를 가능케 할 것이다.

슈미터와 칼(Schmitter & Karl)은 민주주의의 다양성과 민주주의의 조건을 제시한 바 있다. 그들의 논지 중의 하나는 이익결사와 사회운동이 보장될 때 소수의 권리가 보장될 수 있다. 또한 로버트 달(Robert Dahl)이 제시한 민주주의의 최소한의 절차적 조건 중의 하나는 시민들은 엄격한 처벌의 위험 없이 그들 스스로를 표현할 권리를 가지고 있다는 것이다. 아울러 달(Dahl)은 시민은 독립적 정당과 이익집단을 포함하여, 상대적으로 독립적 결사 내지 조직을 형성할 권리를 가지고 있어야 한다는 조건을 제시하였다.[36] 그렇다면 민주주의를 가능케 하는 원리

---

36 "법의 지배(rule of law)"를 따르는데 실패한 어떠한 정체도 민주적이라고 간주될 수 없다. 이러한 절차는 홀로 민주주의를 규정하지 않지만, '법의 지배' 절차의 존재는 민주주의 유지에 필수불가결(indispensable)하다. 본질적으로 법의 지배는 필요조건이지만 충분조건이 아니다. 달(Robert Dahl)은 다음과 같이 현대적 정치민주주의(내지 "다원민주주의(polyarchy)")를 위해 존재하는 "절차상의 최소(procedural minimal)" 조건을 제시하였다. 1) 정부결정에 대한 통제는 헌법상 선출된 관료에게 보장된다. 2) 선출된 관료는 강제가 비교적 희박한 상황에서 자주 치러지고 공정하게 수행되는 선거에서 뽑힌다. 3) 실제상 모든 성인은 관료 선거에서 투표할 권리를 가지고 있다. 4) 실제상 모든 성인은 정부에서 선출직 관료에 출마할 권리를 가지고 있다. 5) 시민들은 엄격한 처벌의 위험 없이 그들 스스로를 표현할 권리를 가지고 있다. 6) 시민들은 정보의 대안적 요소를 찾을 권리를 가지고 있다. 더구

(Principles that Make Democracy Feasible)에 대한 정의는 "인민의 동의에 의해" 민주주의 기능이 운영된다는 것이며, 더 복잡한 대답은 "제한된 불확실성 (bounded uncertainty)"의 조건 하에 행동하는 정치가들의 조건적 동의 (contingent consent)에 의해서이다. 민주주의에서 대표자들(representatives)은 선거의 지지 내지 정책에 대한 영향력을 더 많이 가진 자들은 실패한 패자(losers)가 관직을 차지하는 것 또는 미래에 영향력을 발휘하는 것으로부터 막는데 일시적인 우위를 사용하지 않는다는 것에 최소한 동의한다. 그리고 그들은 권력과 관직에 대해 경쟁하는 기회에 대한 교환으로 일시적인 우위를 사용하지 않는다는데 동의한다. 그리고 일시적인 패자는 구속적인 의사결정을 하는데 승자(winners)의 권리를 존중한다. 시민들은 그 정치적 결과가 공정하고 정기적인 선거 내지 공개적이고 반복된 협상을 통해 표현된 바로서 집합적 선호(collective preferences)를 유지한다면, 경쟁의 과정에서 추구된 결정을 따른다고 기대된다. "민주적 협상(democratic bargain)"은 사회마다 각각 상당히 다를 수 있다. 그것은 사회균열(social cleavages)과 상호신뢰(mutual trust)와 같은 주관적 요소, 공정성의 기준, 타협할 의지에 의존한다. 모든 민주주의는 누가 선출되는가와 선출된 대표가 어떠한 정책을 추구할 것인가에 대한 불확실성(uncertainty)의 정도를 수반한다.

　　민주주의에서 승자는 패자(losers)가 관직을 차지하는 것 또는 미래에

나 정보의 대안적 요소는 존재하고 법에 의해 보호받는다. 7) 시민은 독립적 정당과 이익집단을 포함하여, 상대적으로 독립적 결사 내지 조직을 형성할 권리를 가지고 있다. 슈미터와 칼(Schmitter & Karl)은 이 7가지 조건에 두 조건을 덧붙인다. 8) 대중에 의해 선출된 관료는 헌법의 권한을 선출되지 않은 관료의 반대에 제약받지 않을 수 있어야 한다. 9) 정체는 자율적으로 통치되어야(self-governing) 한다. 즉 이 정체는 다른 정치체제에 의한 제한조건에 독립적으로 행사할 수 있어야 한다. 현대 민주주의이론가들은 주권 국민국가이므로 이 조건은 당연하게 여겨 왔다. Philippe C. Schmitter and Terry Lynn Karl, "What Democracy Is...and Is Not," *Journal of Democracy* 2(3), 1991, pp.81-82.

영향력을 발휘하는 것으로부터 막는데 일시적인 우위를 사용하지 않는다는 것에 동의한다. 이명박 정부의 승자그룹은 같은 정당 내의 패자그룹의 정치적 영향력을 인정하지 않았고 패자그룹을 총선에서 퇴출시키고자 많은 노력을 기울였다. 또한 이 승자그룹은 야당과 협상하거나 대화를 통해 합의를 이끌어내려고 하지 않았다. 그래서 이명박 정부의 승자그룹은 정당 내에서 정당 간에서 민주주의의 원리에 따라 행동하지 않았다. 이명박 대통령과 집권세력은 당내 비주류인 박근혜 의원집단들과 대화하고 권력과 정치적 역할을 분담하고자 노력해야 한다. 또한 정당의석분포로는 한나라당이 압도적 다수를 차지하고 있지만 이명박 대통령은 국민 각 계층의 이해관계를 대변하기 위해서는 야당과 협조적 관계를 유지해서 상생의 정치를 하고자 노력해야 할 것이다. 한국에서 이명박 대통령과 전임 노무현 대통령과의 관계는 미국에서 오바마 대통령과 전임 부시 대통령과의 관계와 매우 다르다. 한국도 미국과 같이 전임자는 후임자를 존중하고 후임자는 전임자의 정치적 가치를 존중하면서 후임 정권의 장점을 발휘하여 국가 정책과 경영을 개선하도록 해야 할 것이다.

　미국과 한국의 대통령에게는 좀 더 장기적이고 포괄적인 전망을 가지고 대통령과 의회관계, 언론·이익단체들 간의 갈등을 풀어나갈 수 있는 대통령의 정치적 리더십이 요구된다.

　의회 외부에서 정치경력을 쌓았거나 제도권에서 오래 활동하지 못했던 외부자(outsider) 출신의 대통령이라도 의회주의자일 수 있으며, 그러해야 대통령이 여야 간, 보수와 진보 간, 정치권과 사회세력 간의 합의에 의한 정당성 있는 초당적인 리더십을 발휘할 수 있다. 야심에 찬 모든 대통령들은 시간이 자신의 편이 아니라면서 역사에 업적을 남기려고 하다보면 의회를 성가신 존재로 생각할 수 있으며, 제왕적 대통령의 유혹을 떨쳐내지 못했다. 과거 '상원의 현자'로 불렸던 조 바이든 현 부통령이 증언했듯, 미국에서도 대부분의 대통령은 어느 당이냐를 떠나 의회를 성가신 방해물로 간주했다. 사실 미국의 상하 양원이야말로 한국의 제왕적 대통령들은 상상할 수 없을 정도로 성가신 존재이다. 잘 알려진 것처럼 미국 '건국의 시조들(Founding Fathers)'이 상원의 의사진행방해(필리버스터) 등 수많은 방식을 통해 의회를 일부러 '느리고 성가신' 기관으로 만들어 잘못된 실용과 효율이 주는 위험성을 예방하려 했기 때문이다. 그러하기에 그토록 혁명적 변화를 만들어낸 것처럼 생각되는 로널드 레이건 전 대통령조차 사회보장연금 삭감 등 수많은 핵심 의제에서 의회의 굳은 장벽에 직면해야 했다. 더구나 한국의 이명박 대통령과 같이 미국의 외부자(outsider) 출신 대통령들도 그러했다. 지미 카터, 빌 클린턴 대통령도 공화당은 물론이고 사사건건 발목을 잡는 민주당 의원들과 자주 냉전 기간을 가졌다. 심지어 카터 정부 실패의 일등공신은 민주당 진보파 의원들이라는 말이 나돌 정도였다.

하지만 클린턴 대통령 등과 유사하게 외부자 출신이면서 상원 초선 의원 출신인 오바마 대통령은 상원의 산 역사라고 할 수 있는 바이든 부통령을 놀라게 할 정도로 의회 중심주의적 태도를 보이고 있다. 오바마 대통령은 루즈벨트와 레이건 전 대통령을 닮아 가려는 것처럼 보인다.[37] 오바마는 선거 기간 동안 민주당 진보파들의 비난을 받아가면서도 레이건을 높이 평가한 바 있다. 그 발언은 클린턴 대통령의 초당적인 면모에서 나온 것이다. 레이건은 공화당의 외부자 출신 포퓰리스트이자 동시에 집권 초기 당시 민주당 지배 의회를 존중한 것으로 널리 알려져 있다.

오바마 대통령이 레이건 스타일 행보를 보인다는 한 증거로 개별 의원들과의 밀착 외교를 든다. 사실 클린턴 정부는 의회 지도부와의 '거래적 관계'를 너무 중시했다. 예를 들어 클린턴 대통령은 집권 초기

---

37 "Obama's Bipartisan Mentors: F.D.R. and Reagan," New York Times, 2009년 2월 24 일자. 〈100days.blogs.nytimes.com/2009/02/24/obamas-bipartisan-mentors-fdr-and-reagan〉, 검색일: 2009. 6. 29.

민주당 의회 지도부들과 선거자금 개혁 포기 등을 둘러싸고 거래를 추진했다. 반면 오바마 대통령은 클린턴 대통령 시대의 지도부 패러다임에서 의원 개별 외교 패러다임으로 바꿨다. 클린턴 대통령은 의료보험 개혁 투쟁에서 공화당 의회의 협조를 받지 못해 실패했고, 레이건은 민주당 의회와의 타협을 통해 세금 개혁에 성공했다.[38]

이명박 대통령이 "성공적인 정책 집행을 위해 각 사회집단들 간의 효과적인 정치적 연합 및 제휴를 이끌어낼 수 있는 것은 대통령의 '조정자'(the broker) 역할이다. 특히 조정자로서의 대통령의 새로운 역할은 대통령이 결정한 정책의 안정적이고 빠른 입법화를 위해타협과 협상에 기초한 원만한 대여야 관계 구축을 강조하는 '입법적 리더십'(legislative)을 중요시 하였다. 그러므로 이명박 대통령은 이러한 입법적 리더십을 펴기 위해 국민에게 국가운영에 대한 명확한 비전을 제시하고, 정책결정 및 실행을 민주적인 절차에 따라 행해져야 한다. 통치행위의 직접적인 주체로서 철학이 있는 입법적 소통하는 모습을 보여야 한다. 아울러 겸허한 자세로 타협과 협상의 능력을 높여 원만한 대對 여야관계를 중시한 국정과 올바른 인사정책을 펴야한다. 따라서 이명박 대통령은 효율성을 중요시하는 '기업경영'보다 조정적 리더십을 발휘하는 안정적인 통치행위 기반을 구축하여 경제 살리기와 국민 대통합을 이룩하여야 한다."[39]

---

38 안병진, "오바마의 '의회제일주의'와 MB의 '의회무시주의'", 『프레시안』 2009. 6. 26.
39 함성득, '이명박 대통령 취임 6개월을 회고하며', 시론, 고시계 2008. 10, 5면.

第5章 결 론

第1節 연구의 결론

이 연구는 대통령의 정치적 리더십 특성에 따라 대통령과 대對 의회 관계가 변화하고 적대(악화)·우호(개선)인지 주요한 영향을 미치고 있음을 번즈(James M. Burns)가 제시한 해밀턴 모형(Hamiltonian model), 매디슨 모형(Madisonian model), 제퍼슨 모형(Jeffersonian model)이라는 세 가지 이상형(ideal types)에 대입하여 분석하였다.

이 연구는 바버(James D. Barber)의 분류에 따라, 대통령의 리더십을 네 가지로 구분하였으며, 지도자로서 사명감에 넘치고 활동적이며, 생산성을 중시하고 과업 지향적이며 목표를 분명히 하는 적극적 긍정형(active-positive) 리더십, 야심이 많고 권력적이며, 대단히 공격적인 적극적 부정형(active-negative) 리더십, 그리고 진실하고 윤리관이 강하며, 활달하고 개방적이지만, 지도자로서의 사명감이 부족한 소극적 긍정형(passive-positive) 리더십, 마지막으로 자신에게 맡겨진 지도자로서의 역할을 충실히 수행하지만, 지도자의 역할과 책임을 축소 지향적으로 인식하는 소극적 부정형(passive-negative) 리더십으로 대통령의 리더십을 분류하였다. 본 연구는 피에들러(Fred E. Fiedler)의 상황변수를 수정하여, 대통령과 의회의 관계 유형에 영향을 미치는 대통령의 리더십 유형을 독립변수로, 상황적 호의성(situational favorableness)으로서 의석분포, 임기변수, 정치·경제상황을 상황변수로 도입한다. 이 연구는 '대통령과 의회의 관계= f (대통령의 리더십 + 상황변수(의석분포, 임기변수, 정치·경제상황))'라는 대통령과 의회와의 함수관계를 설정하였다. 이 연구는 심리적 접근법인 개인적 접근법과 정치권력적 접근법을 중심으로 대통령 리더십을 권력적 상호작용론의 차원에서 분석하였다. 이 연구의 주된 분석틀은 권력적 상호작용론이며, 미국과 한국의 제도적 다양성을 설명하는 제도 비교 분석이 보완적으로 제시된다.

첫 번째 가설로 부정적 리더십은 상황변수들이 유리할 때도 의회와의 관계가 개선보다는 악화되기 쉬울 것이며, 긍정형 리더십은 불리할 때도 악화되기보다는 개선의 여지가 더 많을 것이라는 것이다. 두 번째 가설은 적극적/소극적 리더십에 따라 의회와의 관계에서 정국의 주도권을 누가 갖게 되는가가 정해진다. 적극적인 리더십은 권력의 집중을 통해 의회에 대한 주도권을 행사하려는 것이며, 소극적 리더십은 권력의 분산을 통해 의회에 대한 마찰을 줄이려는 리더십이다. 이 연구는 독립변수로서 정치적 리더십이 임기변수, 의석분포, 정치·경제 상황이라는 상황변수와의 결합을 통해 대통령의 대對 의회관계가 어떻게 정립되는가를 밝혔다.

대통령과 의회의 관계는 엄격한 권력분립을 통한 상호 독립과 견제를 원칙으로 하지만, 대통령 개인의 정치적 역량이라든지 의회가 어느 정도 행정부를 견제할 수 있는가에 따라서 해밀턴, 매디슨, 제퍼슨 모형이라는 세 가지 관계유형이 도출될 수 있다. 이 연구는 역사적 검토와 교차국가 분석을 통해 세 모형에 따라 분석틀을 설계하고, 미국과 한국 대통령의 대 의회관계의 모형화를 시도하여 그 모형의 변화를 설명하였다. 미국과 한국의 대통령들의 리더십에 대해 분석결과는 다음과 같다.

첫째, 해밀턴 모형은 절제와 균형의 체계 안에서 대통령은 역동적인 행정 활동을 수행한다. 그리고 행정부가 입법과정을 포괄적으로 지배하며 대외정책과 재정 및 경제정책을 독점적으로 결정함으로써 행정부에 대한 의회의 통제가 형식화되는 모형으로써, 흔히 국가비상사태의 극복이나 국가건설 등 행정의 능률성이 민주적 절차보다 우선시될 때 선호되는 권력 형태라 할 수 있다.

　미국 정치에서 부시(George W. Bush) 대통령은 적극적 부정형 리더십을 가지고 해밀턴 모형의 국정운영을 행사하였다. 부시 행정부는 테러라는 위기 국면에서 아프간전과 이라크전에 선제공격을 감행하였다. 대對 의회관계에서 비우호적인 '악의 축'이라 발언한 대상 국가들에게 공세적으로 대응함으로써 대통령 중심적 정부를 건설하였다. 부시 대통령과 행정부는 그들의 정국 구상과 대외정세에 따라 역동적인 행정 활동을 수행하였고, 부시 대통령의 리더십이 입법과정을 포괄적으로 지배하였다. 부시 대통령은 정권 초에는 저조한 일반인 득표로 당선되어 정당성 논란에 휩싸이기는 했지만 다음 선거에서는 무난한 득표율로 정당성을 공고하게 획득하였다. 부시 대통령의 이분법적 사고는 정당 체계의 양극화를 심화시켰고, 일방주의와 이라크 전의 정당성 논란 및 경제위기는 부시 대통령의 리더십을 점차 약화시켰다. 부시 대통령의 집권 제1기부터 집권 제2기의 중반기까지(2000~2007)는 해밀턴 모형에 전형에 속한다. 그러나 집권 제2기 후반인 2007년부터 2008년 사이에는 분점정부와 거부권이 증가하면서 공화당의 부시 대통령에 대한 정책의 협력이 약화되어 부시 대통령의 리더십은 해밀턴 모형에서 매디슨 모형으로 변화된 것으로 분석된다.

　이러한 모형은 김대중 대통령 모형과 유사하다. 적극적 긍정형의 리더십을 가진 김대중 대통령은 원내에서의 여소야대 정치구도가 행동반경을 제약하고 있었지만, IMF 관리체제라는 국가적 위기상황으로 행정의 능률성이 민주적 절차보다 우선시될 수밖에 없는 상황에 있었다. 김대중 대통령은 적극적 리더십의 특성으로 인해 통치 기간 동안 대통령과 행정부가 정국을 주도할 수 있는 기반을 구축하였다. 긍정형의 리더십으로 인해 제16대 국회에서과반수를 차지하지 못했지만 여야 균형 상황을 만들어 냈다. 김대중 대통령의 대對 의회관계는 우호적이며 해밀턴 모형으로 분석된다.

아울러 김대중 대통령은 수평적 정권교체를 실현하면서 민주주의의 공고화에 기여하였다. 김대중 대통령은 김영삼 대통령처럼 오랜 민주화 투쟁의 경력을 가지고 있고 김영삼 대통령이 상도동계로 대표되는 정치파벌의 수장이었다면, 동교동계라는 정치파벌과 지역주의에 기반한 패권적인 정치적 영향력을 김대중 대통령의 정치적 경력에서 오랜 세월 유지해왔다. 김영삼 대통령과 김대중 대통령의 등장으로 '민주화' 이후 권위주의 정치와는 결별한 듯 보였지만, 정당체제·정당민주화·제왕적 대통령제라고 불리는 중앙집권적 권력구조형태에서 보면 과거 권위주의시대에 형성된 구조와 리더십이 그대로 유지되어왔다. 카리스마적 지도자로서 김대중 대통령의 국정운영방식에는 권위적인 성향이 내재되어 있었다. 정해진 절차나 제도에 따르기보다는 주로 개인적이 신뢰에 기초한 내집단에 의존하는 경향이 나타났고 대북 문제나 국내 문제 추진 시에 공식적인 의사결정 라인은 실세 참모들에 의한 비밀스러운 추진이 흔히 발생했다.

하지만 이러한 일부분의 국정운영 방식에도 불구하고 김대중 대통령은 성취욕이 강한 해밀턴 모형의 결과중심적인 국정운영을 추구하여 경제위기 극복과 민주화, 남북화해협력에 기여하였다. 김대중 대통령은 절차적 민주주의가 더 성숙해지는 계기를 만들었다. 남북화해의 필요성을 제시하고 햇볕정책을 자신 있게 추진하는 등 적극적 긍정형 리더십의 전형적인 모습을 보여주었다. 김대중 대통령은 경제위기 극복, 지역 및 국민통합, 남북한 통일을 위한 획기적 기반 조성 등 많은 국정과제들을 목표로 삼아 이를 자기 임기 내에 모두 이룩하고자 하는 강한 의지를 갖고 있었다. 그리고 IMF 극복이라는 국가적 과제의 수행으로 인해, 여소야대 상황임에도 불구하고 김대중 대통령은 적극적인 리더십을 통해 권력을 집중시킬 수 있었고 정국을 주도할 수 있었다. 또한 이러한 환경조건 완성을 위해서는 야당의 협조가 필요했기 때문에, 김대중 대통령은 긍정적 리더십을 통해 과거의 정권보다는 대對 의회관계를 원만히 유지하였다.

둘째, 매디슨 모형은 대담성과 활동력이 약한 신중한 정부로서 입법권과 행정권의 권력 균형에 입각한 정부를 의미한다. 행정부에 대한 의회우위의 권력 형태로서 행정의 능률성을 확보하는 것보다 의회가 행정의 권력남용을 견제하고 통제하는 데 중점을 둔다.

클린턴(William J. Clinton) 대통령과 부시 대통령의 임기 말에도 의석변수와 정치·경제 상황변수에 따라 각각 제퍼슨 모형과 해밀턴 모형에서 매디슨 모형으로 변화된 모형으로 분석된다. 클린턴 대통령 집권 제1기의 1993년에서 1996년은 경제호황의 영향을 받아 제퍼슨 모형으로 분석되었다. 하지만 집권 제2기는 분점정부 상황 하에서 1997년부터 2000년까지 의회와의 관계가 원만하지 못했다. 르윈스키 스캔들로 탄핵위기에 처하기도 했지만, 높은 지지와 경제성과를 바탕으로 안정된 정치적 리더십을 발휘하여 임기 말에 클린턴 대통령은 분점정부 상황에서 점차 대對 의회관계를 중요시하는 매디슨 모형의 국정운영을 펼치게 되었다. 클린턴 대통령과 마찬가지로 부시 대통령도 임기 말에 분점정부 상황을 맞이하였다. 경제적 위기와 국제적 신뢰의 약화로 국내외적으로 적극적인 리더십을 발휘하기 어려웠다. 강력해진 민주당과 협조적 관계를 구사할 수밖에 없었다.

소극적 부정형 리더십을 가지고 있었던 노태우 대통령의 제6공화국은 초기 여소야대의 상황에서 야당과의 대결을 통해 원활한 국정운영을 할 수 없었다. 국민들 사이에는 1987년 민주화와 정권교체에 대한 여망이 커서 많은 유권자들이 노태우 후보를 지지하지 않았지만, 야당 후보인 김영삼과 김대중의 분열로 당선되었다. 노태우 대통령은 상황과 대세를 좇는 행정가형의 의사결정을 하였으며, 권위주의적 요소들을 점차 완화해갔다. 여소야대 상황에서 의회가 정국의 주도권을 가졌다. 노태우 대통령은 쿠데타로 집권한 전두환 대통령의 주축세력으로 정당성과 도덕성에서 한계를 노정하고 있었다. 매디슨 모형 하에서 노태우 대통령은 의회의 주도권이 야당에게 있어서 리더십의 한계로 정국운영이나 정책집행을 위해서는 다른 세력과의 연합을 필요로 했다. 결국 노태우 대통령은 야당세력과의 연합을 추진하여, 합당에 동참하지 않은 김대중 주도의 야당과 불필요한 대결구도를 만들어 내는 부정형의 리더십을 편다. 노태우 대통령은 2년여 만에 여대야소의 정국으로 반전시켰고, 다음 대통령 선거에서 민주자유당의 김영삼 후보를 대통령으로 당선시켜 정권재창출에 성공하였지만, 임기 내내 민주화에 대한 요구와 함께 야당의 공격에 노출되어 있었다.

노태우 대통령은 리더십에 있어서 국민의 신임을 크게 받지 못한데다 대(對) 의회관계를 민주적으로 운영하지 않고 국민의 신임을 받지 않은 인위적 합당으로 정국의 주도권을 창출하여 부정형의 리더십을 실천하였다. 노태우 대통령은 집권 초기부터 김영삼, 김대중, 김종필 등의 야당지도자로부터 반대에 많이 부딪혔으며, 3당 합당 이후에도 김영삼과 김종필의 이해관계 속에서 주도적인 국정운영을 발휘하지 못했다. 아울러 의회 내에 여당과 야당의 권력관계를 노태우 대통령 자신에게 우호적으로 변화시켜서 임기 초 여소야대의 매디슨 모형에서 벗어나 여대야소의 제퍼슨 모형의 리더십을 발휘하였다. 리더십의 위기를 느낀 노태우 정부는 인위적인 3당 합당을 통해 안정적인 국정 동력을 확보하고자 하여 3당 합당 후에는 압도적인 다수당의 협조를 받았다. 시대적 역할에 있어 민주주의로의 전환 과정에서 조정자로서의 역할을 하였다. 노태우 대통령의 대(對) 의회관계는 의석분포, 임기변수, 정치상황, 경제상황으로 볼 때 모형은 매디슨 모형에서 제퍼슨 모형으로 변화하는 적대적 관계로 분석된다.

소극적 부정형 리더십을 가지고 있었던 노무현 대통령은 임기 초반

과 후반에 제16대 국회와의 관계에서 여소야대의 상황으로 야당이 주
도했던 의회권력이 강해서 대통령과 행정부가 주도력을 확보하지 못
해 매디슨 모형의 국정을 행사하였다. 노무현 대통령은 야당에 의해
정국주도권을 뺏기게 되었고 타협과 상생의 정치에 미숙했다. 노무현
대통령은 취임 1년 만에 탄핵위기에 몰렸으며, 한동안 국정공백상태가
지속되는 초유의 사태가 발생했다. 하지만 탄핵위기에서 벗어난 노무
현 대통령은 탄핵시도를 의회쿠데타로 인식한 국민들의 분노와 함께
노무현 대통령과 여당인 열린우리당에 대한 동정여론에 힘입어 제17대
총선에서는 압도적인 승리를 거두게 된다. 노무현 대통령 임기동안 대
對 의회관계는 임기 초반에는 여소야대의 불안정 상황에서 국회에서
탄핵소추안이 가결되는 등 매디슨 모형으로 분석되고, 여대야소의 의
회상황 하에서는 제퍼슨 모형으로 분석된다.

　　노무현 대통령의 집권 후반에는 여대야소 상황으로부터 여소야대
상황으로 변화하게 되었다. 선거로 인한 의석변화가 아니라 열린우리
당의 분열로 여당의 의석이 줄어들고 야당인 한나라당과 민주당의 의
석이 늘어났다. 국민들로부터의 지지율의 하락과 지방선거와 국회의원
재보선 참패로 열린우리당은 해체의 수순을 밟기 시작하여 임기 말에
노무현 대통령은 열린우리당을 탈당하고, 열린우리당은 해체되었으며,
열린우리당과 민주당이 합당을 추진하여 통합민주당이 탄생되었다. 이
러한 임기 말의 특수한 상황, 의석 변화와 정치적 배경에 따라 노무현
대통령의 리더십은 제퍼슨 모형에서 매디슨 모형으로 회귀한다.

　　마지막으로 셋째, 제퍼슨모형은 강력한 대통령의 지도 아래 고도의
경쟁적인 양당 제도를 갖추고 매디슨 모형보다 더욱 국민적이고 민주
적이며 균형감과 추진력을 갖춘 다수결 원리에 위한 정부를 의미한다.
행정부와 의회가 상호 대등한 관계에서 원내 다수당의 지지를 바탕으
로 안정된 정치를 추구한다. 클린턴 대통령의 임기 제1기는 제퍼슨 모
형에 부합한다. 클린턴 행정부 하에서 민주당과 공화당은 비교적 동등

한 의석수를 가지고 있었으며, 임기 초반에는 단점, 후반부에는 분점 정부를 유지하였다. 클린턴 정부에서 성추문 스캔들이 클린턴 대통령을 괴롭히기는 했지만, 그럼에도 불구하고 정책역량과 성과가 뛰어나서 높은 지지도를 유지했다. 클린턴 행정부는 성과 면에서 뛰어난 대통령이었으나 대對 의회관계가 원만하지 못했다. 클린턴 대통령은 도덕성에서는 낮은 평가를 받았지만 경제성과와 정책역량 덕분에 높은 지지를 유지할 수 있었다. 클린턴 대통령은 경제상황을 호전시키고, 평화 상태를 유지하며, 예산의 운용 면에서도 부족함이 없으면서 동시에 다양한 국가적 문제를 해결하고 사회보장 프로그램들을 성공적으로 수행하는 등 적지 않은 업적을 성취하였다. 그래서 클린턴 대통령의 집권 제1기는 양당 체제 하에서 균형감과 함께 추진력을 갖춘 제퍼슨 모형에 부합한다.

노태우 행정부의 임기 중반에 노태우 대통령은 3당 합당을 통해 의회 내에 여당과 야당의 권력관계를 우호적으로 변화하여 임기 초의 여소야대의 매디슨 모형에서 벗어나 여대야소의 제퍼슨 모형의 리더십을 발휘하였다. 리더십의 위기를 느낀 노태우 대통령은 인위적인 3당 합당을 통해 안정적인 국정 동력을 확보하고자 하여 3당 합당 후에는 압도적인 다수당의 협조를 받는 제퍼슨 모형의 리더십을 발휘하게 되었다.

김영삼 대통령은 권위주의 시절에는 민주화투쟁의 '상징'으로, 민주화시대에는 문민정부를 연 최초의 민간출신 대통령이었다. 김영삼 대통령은 보수적 군부 권위주의 정당에 대항하며 성장해 왔다. 김영삼 대통령의 리더십은 문민정부로서 비군부 통치시대를 열었으나, 정당내 민주화 등 제도적 민주주의는 성숙되지 못했으며, 리더십 스타일 면에서 권위주의적 요소도 남아 있었다. 김영삼 대통령의 리더십은 위기의 국면에서 선택과 승부로 발현되어서 '승부사형 리더십'으로 표현된다. 최초의 문민대통령으로서 실질적 민주화에 대한 강한 열망과 추진력을 가지고 있어 김영삼 대통령의 임기 동안 수많은 개혁을 일궈냈으나, 야당과 협조적으로 국정을 운영하지 않았다. 김영삼 대통령의 정치개혁에 대한 높은 치적에도 불구하고 금융위기로 IMF관리체제로 편입되면서 김영삼 대통령의 성과는 빛이 바랬다. 이러한 정치경제적 상황으로 인해 김영삼 대통령은 야당인 김대중 후보에게 권력을 이양하게 되었다. 적극적 부정형 리더십을 견지했던 김영삼 대통령은 대통령과 의회관계에 대해 적대적인 제퍼슨 모형으로 분석된다.

노무현 대통령의 임기 중반은 여대야소 상황에서 열린우리당은 의회에서 주도권을 행사하게 되고, 노무현 대통령은 당정분리의 원칙을 세우고 대통령과 국무총리 간의 역할분담의 정치적 리더십을 펼쳐, 제퍼슨 모형의 국정을 실행하였다. 따라서 노무현 대통령의 대한 의회관계는 매디슨 모형으로부터 제퍼슨 모형으로, 다시 매디슨 모형으로 변화되었다.

아울러 정당하고 효과적인 정치적 리더십의 운용에 배경적 차이를 보완적으로 설명하기 위해서 한국과 미국의 제도적 차이를 고려할 필요가 있다. 성공적인 정치적 리더십은 대통령의 권력구조와 제도적인 상호작용 하에서 산출될 수 있다. 미국과 한국의 대통령제에서는 승자독식, 정치권력의 안정성, 정치적 책임성을 가져온다는 공통점을 가지고 있다.

반면 미국과 한국의 제도적 차이점은 다음과 같다. 미국은 4년 단임제를, 한국은 5년 단임제를 채택한다. 미국에서는 대선과 총선이 함께 치러지고 대통령 임기 중반에 중간선거가 있어서 중간평가가 가능하다. 하지만 한국에서는 대선과 총선의 주기가 불규칙적이다. 미국은 양원제를, 한국은 단원제를 채택하였다. 미국은 지방분권화되어 있는 연방제를 채택하고 있는 반면, 한국은 중앙집중적인 단방제를 따른다. 또한 한국은 대통령과 부통령을 가지고 있는 미국과 달리 단수의 대통령을 가지고 있다. 미국의 합의제적 문화와는 달리 한국은 경쟁적 문화

적 측면에서 승자인 대통령은 야당과 비판적인 국민들을 포용하고자
하는 정치적 리더십이 제대로 작동하지 못했다. 한국의 대통령제는 미
국과 같이 민주적 제도의 공고화의 측면에서 성공하지 못했음을 이 연
구에서 분석되었다.

이러한 다양한 차이를 보이는 정치제도는 정치적 리더십과 이에 동
행하는 상황변수와 맞물려 대對 의회관계에서 다양한 대통령의 국정운
영을 산출한다. 국정운영은 다시 제도에 투사되어 환류(feedback)과정을
거치게 된다. 그래서 제도의 개선은 성공적인 정치적 리더십을 강화하
는 긍정적인 환류(positive feedback)을 가능하게 한다.

第2節 적용과 한계

본 연구는 다양한 연구의 한계가 있음에도 불구하고 대통령의 리더
십과 대對 의회관계 모형 비교분석에서 다음과 같은 의미가 있다. 첫
째, 대통령과 의회와의 관계를 연구한 기존의 연구들은 대통령 아니면
의회의 입장 어느 한 편을 대상으로 하였다. 여태까지 리더십 논문들
은 정태적이고 평면적이어서 대통령의 정치적 리더십과 대對 의회관계
의 역동성을 분석하는데 한계에 이르러 이러한 비교 연구가 어떤 결과
와 어떤 함의가 있었는지 명확히 밝혀 내지 못한 측면이 있었다. 또한
인물 중심으로 연구되었고 한 대통령의 경우 한 유형으로 분류하고 그
치는 경우가 대부분이었다.

둘째, 기존의 연구는 대통령의 정치적 리더십을 역동적으로 고찰하
지 못한 한계를 드러내고 있다는 이론적 문제의식을 반영하였다. 주로
인물중심, 성격에 초점을 맞춘 제한적인 관점을 채택하고 있는 기존의
연구와 달리 이 연구에서는 독창성·창의력을 발휘하였다. 복합적·동태
적 관점에서 리더십 변화의 과정을 유형론에 입각하여 입체적으로 분

석함으로써 대통령의 정치적 리더십이 어떠한 특성으로 작동하고 발휘되느냐에 따라 대對 의회관계가 적대/우호로 변화하는 과정을 심층적으로 분석하였다. 본 연구는 상호작용 속에서 의회와 대통령이 어떠한 영향을 주고받는가를 중심으로 연구를 함으로써, 다른 기존의 연구와는 다른 특성을 갖고 있다고 할 수 있다. 이 논문은 실천적인 측면에서 학자들의 이론적인 틀을 빌어서 이 논문에 적용해 보았다. 서양의 바버와 번스의 대표적 연구를 종합 하여 대통령의 리더십 특성에 의한 대對 의회관계를 비판적으로 접근하여 이 문제를 다루기 위한 틀을 만들고 미국과 한국에 적용해 봄으로써 새 모형 및 정치방향을 제시하는 데 목적을 삼았다.

이 연구는 번스가 지적한 행정부와 의회의 세 가지 관계유형 모형에 이를 대입하여 대통령의 리더십과 대對 의회 관계의 바람직한 모형 제시는 이 분야의 연구에 기여할 것으로 판단된다. 그 성과는 독립변수 리더십의 중요성, 상황변수의 유용성은 정태적에서 동태적인 가변성으로의 발전과 그 변화를 밝혔으며, 단순 논리에서 복합적으로 분석함으로써 인물중심에 그치지 아니하고 제도적, 환경적 요인들까지 살펴보았다. 또한 시간과 환경의 변화를 고려하여 리더십의 독립변수를 통해 대對 의회관계가 변화하는 모형을 분석하였다. 셋째, 위의 연구는 상호작용의 영향요인으로 상황변수 속에서 의회와 대통령이 갖는 특성을 함께 연구한 점이다. 이는 기존 연구들이 어느 한 쪽을 연구대상으로 한 점과 이 논문의 입체적 접근은 구별된다.[1]

그러나 위와 같은 연구의 결과와 시사점에도 불구하고, 본 연구는 여러 가지 한계점을 가지고 있다. 첫째, 한정된 몇몇 상황에 국한되어 다양한 대對 의회관계의 특성을 담아내지 못했다는 점이 한계로 작용한다. 세 가지의 유형 및 개념만으로 의회와의 관계 모형을 확정지어

---

1 지영환, 앞의 논문, 108면.

설명하기에는 여러 가지 주변적 환경변수를 무시할 수밖에 없는 평가라는 한계가 있다. 둘째, 개인의 리더십은 고정되어 있지 않으며, 확정지어 설명할 수 없는 것이지만, 이를 살펴보기 위해 유형화를 시도한결과, 설명력이 부족해질 수밖에 없는 원천적인 문제점을 내포하였다.[2]셋째, 또한 다양한 변수의 도입이 아닌 리더십, 임기변수, 의석분포, 정치·경제상황 등의 네 가지로 의회와의 관계변수를 단정 지어 평가함으로써 유의미성의 한계와 성과측정의 어려움을 내포함으로써 실증분석의 한계를 보였다. 넷째, 실제적인 문제로 본 연구가 한국과 미국 간교차국가 연구와 통시적 연구를 하는데 충분히 많은 대통령들을 연구하는 데에는 한계가 있다.

이러한 일련의 문제점을 극복하기 위한 방법으로, 본 연구가 가질수 있는 앞으로의 연구방향은 다음과 같다. 첫째, 자료의 수집에 있어서 역대 대통령에 대한 리더십의 조사가 필요할 것이며, 의회 구성원들을 통한 다양한 조사가 필요할 것이다. 또한 각 상황에 맞는 표본 수집을 통해, 다양한 변수의 수집이 필요할 것이다. 둘째, 대對 의회관계에대한 다양한 시뮬레이션 등의 기법개발과 경험적 실험을 통해 다양한결과를 분석할 수 있는 다양한 측정 도구와 방법의 개발, 객관화된 기준값 설정 등의 체계가 필요하며, 이에 대한 연구의 확대가 필요하다.셋째, 대통령 리더십에 대한 연구를 확대하여 이러한 연구의 기틀과 중요한 의제를 설정하는 것이 필요하다할 것이다.[3] 한국정치의 개혁을

---

2 함성득, "대통령학의 이론적 고찰과 우리의 연구과제",『한국행정학보』(제1집), 1997, 211-216면., 바버의 분류는 너무 단순하여 복잡하고 이중적인 대통령의 리더십을 분석하기에는 한계가 있으며, 단지 대통령의 국정운영과대통령의 심리적 요소와의 상관성을 이해하는데 도움을 줄 수 있을 뿐이라는 지적이 있다.

3 이러한 연장선상에서 김호진 교수는 한국의 역대 대통령들의 리더십 유형을 한국적으로 해석하고 좀 더 자세히 분류하였다. 김호진 교수는 이승만대통령을 가부장적 권위주의형, 박정희 대통령을 교도적 기업가형, 전두환

위해서는 민주적 리더십의 제도화가 필요하다. 이러한 점에서 대통령의 리더십에 대한 연구는 이러한 필요성에 적용할만한 중요한 준거 틀을 만들어 내야 한다. 즉, 다양한 측정 도구와 방법을 개발하고 객관화된 기준 값 설정을 통해 이러한 연구가 더욱 활발해 질 수 있는 계기를 마련해야 한다. 또한 자료의 수집에 있어서 역대 대통령과 의회 구성원들에 대한 리더십의 객관적 통계조사와, 다양한 변수의 수집하여 대통령의 중심적 가치지향을 정확하게 분석하는데 노력해야 할 것이다.[4] 또한 대통령의 리더십을 판별하는데 있어서는 배경사회의 성격 여하에 따라 구체적인 적용 기준이 달라지는 바, 그에 상응하는 별도의 기준이 적용될 필요가 있다. 국가경영을 담당할 대통령의 리더십은 국가의 장래를 만들어내는 중요한 요소이다. 이러한 점에서 적절한 정치구조를 만들어 낼 수 있는 대통령의 리더십을 연구하는 것은 특별한 중요성을 갖는다. 한국정치는 시대상황의 변화에 적응하지 못하는 명령자로서 카리스마 리더십의 본질적인 한계점과 이에 따른 국정운영 경험의 부족으로 대체적으로 좋은 국정운영 결과를 낳지 못했다. 특히 연구를 토대로 한 리더십 분석은 국민들이 적절한 대통령의 리더십을 판별하는 정치적 판단력을 신장시켜줄 수 있다는 점에서 크게 기여할 것이며, 또한 대통령 역시 적절한 리더십을 통해 정치적 직무수행능력의 폭을 넓혀주는 중요한 지표가 될 수 있을 것이다.[5]

앞으로의 연구 방향은 이러한 점에서 이제는 새로운 네트워크형 리더십이 필요하다 할 것이다. 여기서 네트워크는 가치관과 시각이 유사

대통령은 소극적 상황 적응형, 김영삼 대통령은 공격적인 승부사형으로 분류하였다. 김호진, 『한국의 도전과 선택』, 나남출판, 1997.

4 특히, 함성득 교수는 한국의 경우 민주정치의 역사가 짧고, 연구대상의 대통령숫자가 적어서 연구결과의 일반화 내지는 객관화가 상대적으로 어렵다고 지적하였다. 함성득, "대통령학의 이론적 고찰과 우리의 연구과제", 『한국행정학보』(제31권 제1호), 2006.

5 지영환, 앞의 논문, 109면.

하고 정책이나 패러다임, 이익과 인식을 같이 하는 공동체를 추구의 모형이다. 이는 곧 제왕적 대통령이 아닌 "함께 일하는 대통령"으로 행정각 부처와 국회, 정당, 시민단체, 기업, 언론, 외국국가 및 초국가 기업등과 함께 일하는 리더십 모형[6]이다. 새로운 지도자 상을 정립하는데이러한 대통령의 리더십이 필요한 시점이다. 마지막으로 플레이쉬먼(E. A. Fleishman)은 '리더십은 어떤 목표나 목표들의 달성을 향하도록 의사소통과정을 통해서 개인 간의 영향력을 행사하려는 시도'라고 하였는데,[7] 이제는 상호간의 의사소통을 통하여, 상생의 구조를 만들어가야 할 시점이라 할 것이다. 그리고 과거의 사례처럼 상생의 구조를 만들어 내지 못한다면, 그리고 동일한 실패를 반복하게 된다면, 이는 무엇보다도주권자인 국민의 책임이 더욱 크다고 할 것이다. 이 연구는 '루소(Rousseau)'도 주권자로서의 시민은 투표 때 이외에는 주인 행세를 하지못한다고 지적한 바 있지만, 주권자로서의 시민의 자격과 그 수준이 궁극적으로 정치지도자를 바로 선출하는 변별력에 의해서 좌우된 점을다시 강조해 두고자 한다. 주권자 스스로의 시민적 각성이 전제되지않으면, 정치권의 변혁은 물론이고 올바른 대통령상을 정립하기도 힘들다.

민주주의 하에서 대통령은 대對 의회관계에 따라 다양한 유형의 리더십을 낳을 수 있다. 민주주의의 다양성 하에서 리더십의 다양성 모형이 제시되어야 할 필요가 있기 때문에 이 연구의 연구가설에서 해밀턴, 매디슨, 제퍼슨 모형을 설정하였다. 미국과 한국의 역사적 고찰을통해 이 연구에 적용함으로써 각각의 대통령의 리더십 특성을 구체화하고 모형 분석이 가능한 것이다.

---

6 김석준, 『현대 대통령 연구 1』, 대영문화사, 2002, 324면.

7 E. A. Fleishman, "Twenty years of Consideration and Structure", in E. A. Fleishman, and J. G. Hunt eds., *Current Development in the Study of Leadership* (Southern Illinois University, 1973), p.3.

제4편 현직 대통령의 대 의회 관계

第1章 현직 대통령의 정치적 리더십

第1章 현직 대통령의 정치적 리더십

第1節 오바마(Barack Obama) 대통령의 정치적 리더십

1. 리더십의 특징: 적극적 긍정형

가. 적극적 리더십: 변혁적 리더십

변화와 통합을 외치는 47세의 첫 흑인 대통령의 개방적이고 정직한 태도는 정치학자 제임스 번스가 주창한 '변혁적' 리더십을 보여주고 있다. 미국 사회의 비전과 목표 의식을 제시하고 동기부여를 통해 국민들 삶의 근본적인 변화를 꾀한다. 오바마 행정부는 향후 경기회복, 의료보험 개혁, 신에너지 정책 등 비록 어려운 과제를 앞두고 있지만, 대통령과 바이든 부통령의 초당적 국정운영을 위한 노력이 부분적으로 성과를 거두고 있다.[1]

선거운동 기간에 오바마와 메케인 핵심전략에서 양 후보 모두 기존의 신자유주의와의 차별화를 모색하고 있으나, 그 결별의 강도는 오바마가 훨씬 큰 것으로 파악된다. 오바마의 핵심전략으로 서민과 취약계

---

[1] 윤종빈, "변혁적 대통령 리더십", 경향신문, 2009. 5. 8.

층 보호를 위해 국가의 역할 확대를 적극적으로 모색하는 반면, 매케인은 정부개혁 및 감세와 규제완화를 통한 국가경쟁력 제고를 내세우며 국가의 제한적 수준의 역할 강화를 주장하고 있다〈표 4-1〉 참조).

〈표 4-1〉 각 대선후보의 비전 및 주요 핵심전략[2]

항목	버락 오바마(민주당)	존 매케인(공화당)
비전	변화(Change)	개혁(Reform), 번영(Prosperity), 평화(Peace)
전략	- 서민과 취약계층 보호 및 지원강화 - 국가의 역할 확대 - 국제협력을 통한 평화달성과 리더십 복원	- 힘에 의한 국가안보와 평화 달성 - 정부개혁을 통한 효율성 극대화 - 감세와 규제완화를 통한 국가경쟁력 고
특징	- 민주당 전통노선을 계승 - 조세, 사회복지 부문에서 보다 진보적	- 공화당 전통노선을 계승 - 부시에 비해 환경, 사회정책에서 다소 진보적

나. 긍정형 리더십: 진보적 가치의 재건과 화합

순탄치 않은 미국 흑인 역사 과정에서 링컨의 노예해방 선언이나 오바마 대통령 당선과 취임은 그 자체가 역사의 의미를 지니고 있다. 물론 흑인 최초 대통령 취임이 당장 취업이나 승진 등 현실적인 흑백 인종차별 문제를 해소하지는 못할 것이다. 그러나 과거보다 더 많은 미국인들은 이제 오바마 당선을 계기로 흑백 간 인종 평등을 외쳐온 킹 목사의 꿈이 실현됐다고 믿는다.

현재 미국에서 이념을 떠나 미국 지식계와 시민들 대다수의 평가는 매우 긍정적이다. 보수 일각에서는 소위 불량국가 지도자들에게 대통령이 너무 유화적이라는 불만이 존재하지만 그간 인사 조치나 소말리아 해적 진압 등 일련의 위기 대처를 지켜보며 그 누구도 그가 준비된

---

2 자료: 곽병열, 2008, "미 대선을 통한 희망찾기", 대신증권, 글로벌 포커스, 10.31.

대통령이라는 사실을 부정하지 않는다. 시민들도 어려운 살림살이 속에서도 놀랍게도 5년 만에 처음으로 미국이 올바른 방향으로 가고 있다는 평가를 하고 있어 부정적 평가보다 우위를 차지하였다. 하지만 높은 평가에는 다소 거품이 존재하는 것도 사실이다. 왜냐하면 평가는 상대적이기 때문이다. 즉 전임 정권인 부시 행정부의 실패가 워낙 두드러져 그만큼 오바마 정부에 대한 기대나 평가가 후하게 나올 수밖에 없다.

오바마는 링컨과 케네디처럼 국민들에게 희망을 안겨주는 대통령 상을 실현하였다. 그는 집권 이후에도 시장질서 내 견제력의 회복, 노동 힘의 강화, 사회적 갈등을 은폐하지 않고 이를 드러내고 쟁투를 통해 합의를 이끌어내는 '갈등적 합의'의 정신, 사회적 힘에 기반을 둔 민주당 구축 등을 통해 일관된 방향을 제시하였다.

2. 대통령 대 의회 관계

의회 내에서 민주당과 공화당의 양당 간에 갈등이 야기될 수도 있지만 일부 정부 각료를 공화당 인사를 임명하는 등 매우 정당간 합의 국가적 화합에 노력을 기울이고 있다. 2009년 주중대사를 임명하면서 공화당 출신 주지사이며 차기 경쟁자로서 대선주자로 꼽히는 존 헌츠먼 유타주 지사를 지명했다. 베이츠 국방부 장관을 그대로 유임시키는 등 공화당 인사들을 정부 내 장관에 일부 임명하기도 하였다.

가. 임기변수

오바마 대통령이 현재와 같은 국민들의 지지를 유지해 나갈 수 있다면 재선에도 성공할 수 있을 것이다. 지난 대선에서 인종 변수는 큰 변수가 아니었으며, 백인들로부터 상당한 지지를 받았다. 그리고 인종

변수를 상쇄할 만큼 미국의 시민사회도 성숙된 것처럼 보인다. 미국 갤럽 조사에 따르면 도덕성에 기반한 오바마는 아지도 60%를 웃도는 높은 국민 지지율을 유지하였다. 그동안의 경제 및 사회 위기 대처와 업무수행을 보면서 정치경력이 짧은 상원의원 출신의 대통령이라고 보이지 않는다. 오바마 대통령에 대한 현재 평가로 보면 그의 임기의 안정성과 재선 여부는 낙관적일 것으로 기대된다.

민주당은 부시 행정부의 2기 때의 중간선거부터 다수당의 지위를 점유하였다. 제퍼슨 모형은 의회에서 여당의 힘이 우세한 상황을 가정하였다. 오바마 행정부가 현재의 미국경제를 회생시킨다면 여대야소의 여야구도가 지속될 것이고 민주당 주도의 의회는 행정부와 협조적이고 생산적인 관계를 유지해 나갈 수 있을 것이다. 오바마 대통령의 국정운영 기조와 신념을 고려할 때 여대야소 상황에서 소극적 긍정형 리더십을 견지해 나갈 것으로 보인다.

존 케네디 암살 이후 40여년간, 북부주 기반으로 재편된 민주당은 남부주 출신 정치인을 내세우지 않는 한 대선에서 공화당을 이길 수 없었다. 반면에, 남부주 기반으로 재편된 공화당은 남부주 출신 부시 부자父子를 내세우고도 대선에서 민주당을 3번이나 이길 수 있었다. 2008년의 대선결과는 그런 의미에서 상당히 특별하다. 버락 오바마는 존 케네디 암살 이후 (민주당이 북부주 기반으로 재편된 이후) 민주당이 (그리고 미국이) 배출한 최초의 북부주 출신 대통령이다. 버락 오바마는 북부 일리노이주(= 약 160년 전 에이브러햄 링컨(공화당)이 하원의원을 지낸 주) 상원의원 출신으로서, 케네디 암살 이후 민주당이 배출한 린든 존슨, 제임스 얼 카터, 빌 클린턴 3명과는 지역기반이 완전히 다르다.

민주당은 버락 오바마의 출신지인 일리노이주를 중심으로 5대호 연안의 북동부를 휩쓸었고, 태평양 연안을 장악했다. 반면, 공화당은 존 매케인의 출신지인 애리조나주를 중심으로 중서부 및 남부에서 강세를 보였다.

〈그림 4-1〉 2008년 미국의 제44대 대선 결과(투표율 64.1%)[3]

버락 오바마(민주당) : 일반인 투표 52.8%, 선거인단 투표 365/538표(67.8%)
존 매케인(공화당) : 일반인 투표 45.9%, 선거인단 투표 173/538표(32.2%)

2008년 대선에서 남부 주요 9개 주들(노스 캐롤라이나주, 루이지애나주, 미시시피주, 버지니아주, 사우스 캐롤라이나주, 아칸소주, 앨라배마주, 켄터키주, 테네시주)에 위치한 410개 카운티 가운데, 버락 오바마가 이긴 곳은 불과 44곳에 지나지 않는다. 미국 전체적으로 볼 때, 전체 백인 중 43%가 버락 오바마를 지지했지만, 이들 남부 주들에선 많은 경우 30%를 넘기지 못했다. 이는 케네디 암살 이후 40여년 만에, 북부주 기반의 민주당이 남부주 출신 후보의 지역배경 없이 심지어, 통계상 뚜렷이 나타난 남부에서의 인종차별이라는 악재까지 극복해 가며 공화당을 상대로 대선에서 자력으로 이길 수 있는 역량을 회복했다는 반증이 될 수 있다.

미국 대통령 선거와 함께 4일 치러진 연방 상하원 의원 및 주지사 선거에서도 민주당 돌풍은 거셌다. 민주당은 이번 선거를 통해 8년 만에 정권교체를 이룬 데 이어 상하원까지 장악하는 데 성공했다.

---

3 〈http://www.historycentral.com/elections/12008/popularvote2008.html〉, 검색일: 2009. 4. 12.

〈표 4-2〉 1960-2008년간 공화-민주당별 대선후보 출신지[4]

연도별 대선	공화당 대선후보 출신지	민주당 대선후보 출신지
1960년	서부 캘리포니아(리처드 닉슨)	북부 매사추세츠(존 케네디)
1964년	남서부 애리조나(배리 골드워터)	남부 텍사스(린든 존슨)
1968년	서부 캘리포니아(리처드 닉슨)	북부 미네소타(휴버트 험프리)
1972년	서부 캘리포니아(리처드 닉슨)	중부 사우스 다코타(조지 맥거번)
1976년	북부 미시간(제럴드 포드)	남부 조지아(제임스 얼 카터)
1980년	서부 캘리포니아(로널드 레이건)	남부 조지아(제임스 얼 카터)
1984년	서부 캘리포니아(로널드 레이건)	북부 미네소타(월터 먼데일)
1988년	남부 텍사스(조지 H. W. 부시, 父)	북부 매사추세츠(마이클 듀카키스)
1992년	남부 텍사스(조지 H. W. 부시, 父)	남부 아칸소(빌 클린턴)
1996년	중부 캔자스(로버트 돌)	남부 아칸소(빌 클린턴)
2000년	남부 텍사스(조지 W. 부시, 子)	남부 테네시(앨버트 고어)
2004년	남부 텍사스(조지 W. 부시, 子)	북부 매사추세츠(존 케리)
2008년	남서부 애리조나(존 매케인)	북부 일리노이(버락 오바마)
지역-당선/출마횟수	북부-0/1번 중부-0/1번 남부(남서부 포함) -3/6번 서부-4/5번 --------- 소계 - 7/13번	북부-2/6번 중부-0/1번 남부-4/6번 서부-0/0번 --------- 소계-6/13번

민주당은 상원에서 55석을 확보하고 40석을 확보하였다. 기존에는 양당이 49석씩 나눠가졌고 민주당 성향의 무소속이 2석이었다. 하원 선거에서는 민주당이 재적 435석 중 과반이상인 255석을 무난히 차지했고 공화당은 175석에 그쳤다. 기존의 하원 의석분포는 민주당 235석, 공화

4　1) 13번의 대선 중 북부출신들은 7번 출마했으나, 공화-민주 양당후보 모두 북부출신인 적은 단 한 번도 없었다. 2) 13번의 대선 중 남부(남서부 포함) 출신들은 9번 출마했고, 공화-민주 양당후보 모두 남부출신인 적도 3번이나 된다. 3) 공화-민주 양당의 26번(= 13번 X 2명) 출마횟수 중, 북부출신인 건 7번이었으나 그 중 2번만을 승리했다. 4) 공화-민주 양당의 26번(= 13번 X 2명) 출마횟수 중, 남부(남서부 포함) 출신인 건 12번이었고 그중 7번을 승리했다. 출처: 〈http://blog.daum.net/platanus2005/15759655〉, 검색일: 2009. 5. 5.

당 199석이었다. 주지사 선거에서도 이날 선거가 치러진 11개 주 가운
데 워싱턴, 미네소타, 미주리, 웨스트버지니아, 노스캐롤라이나, 뉴햄프
셔, 델라웨어 등 7개 주에서 민주당이 승리했다. 공화당은 유타, 노스다
코타, 인디애나, 버몬트 등 4개 주를 건지는 데 그쳤다. 민주당은 전체
50명의 주지사 점유율에서도 지난 선거의 28 대 22에서 29 대 21로 격차
를 벌렸다.

　대중성과 도덕성과 혁신적인 이상을 가지고 있는 오바마는 2009년
미국 갤럽 조사에서 60%를 웃도는 높은 국민 지지율을 유지하고 있었
다. 집권3년차인 2011년 현재는 46%의 지지도를 보고 있고 공화당의 잠
재적인 경쟁자보다 큰 격차로 지지율에 앞서서 재선 가능성이 높아 보
인다. 미국 대통령선거에서 현직 대통령의 재선 가능성은 80%를 웃돈
다. 상대 당이 후보 확정까지 진통을 겪는 동안 재선 도전에 나선 현직
대통령은 일찌감치 선거자금 모금에 나서는 한편 조기에 대선캠프를
가동하고 선거운동을 시작할 수 있기 때문이다. 1980년 이후 재선 도전
에 실패한 현직 대통령은 조지 H. W. 부시(아버지 부시)가 유일하다.

〈그림 4-2〉 오바마 대통령의 지지율[5]

5 『동아일보』 2011. 03. 11.

나. 의석변수

종합해보면, 〈표 4-3〉와 같이 오바마의 당선과 함께 입법부에서 하원과 상원 모두 넉넉한 표차로 민주당이 다수당이 되었다. 의회와 정부의 협조가 원만할 것이고, 오바마의 관료인사 스타일과 대화와 합의를 우선시하는 태도를 볼 때 오바마 정부는 제퍼슨 모형의 이상적인 유형이 될 것으로 전망된다.

〈표 4-3〉 오바마 정부형태와 의회 구성변화

의회	선거년	정부형태	행정부		입법부							
			여당	대통령	하원		증감		상원		증감	
					민주	공화	민주	공화	민주	공화	민주	공화
110	2006	분점	공화	G.W.부시	233	202	+30	-30	49	49	+5	-6
111	2008	단점	민주	오바마	255	175	+22	-27	55	40	+6	-9

　물론 여당인 민주당과 야당인 공화당 사이에 힘의 균형이 민주당에 있다 하더라도 공화당의 협조가 없으면 여론 수렴과 중요한 정책결정과 집행에 균열이 생길 수도 있다. 따라서 정치경력이 길지 않은 오바마는 미숙한 리더십을 보여줄 경우 아마추어리즘에 빠질 수도 있으며, 그는 숙련된 리더십을 보여줘야 할 필요가 있다. 버락 오바마가 의회에 보낸 3조5000억달러 규모의 2010 회계연도 예산안이 29일(현지시간) 하원에서 찬성 233표, 반대 193표로 통과됐다. 오바마 대통령 취임 100일째인 이날 통과된 예산안은 그에게는 값진 성과이자 커다란 승리임은 분명하다. 하지만 이번 예산안 통과는 일견 당연히 예상된 결과였다. 하원은 민주당이 절대 다수의 의석을 차지하고 있기 때문이다. 실제로 공화당 소속 의원 전원과 민주당 의원 17명도 반대표를 던졌음에도 대다수 민주당 의원들의 찬성으로 별 무리없이 통과됐다. 이와 함께 예

산안의 상원통과도 유력하다. 상원도 민주당이 절대 다수인 59석을 확
보하고 있기 때문이다. 최근 오바마는 결정적인 정책들의 의회 승인
과정에서 초당적인 협력을 전혀 이끌어내지 못하고 있다는 점이 마음
에 걸린다. 이른바 정치 신인의 한계로 지적할 수 있다. 공화당은 오바
마의 예산안의 대규모 재정지출로 인해 연방정부의 재정적자를 크게
늘릴 것이라며 비난을 계속하였다. 오바마는 지난 2월 7870억달러 규모
경기부양안 입법과정에서도 소수의 공화당 의원들의 지원에 힘입어
간신히 통과에 성공했었다. 아무리 뛰어난 지도자라 해도 상대방의 의
견을 존중하고 귀 기울이지 않는다면 자격이 없다. 자신의 정치가 합
의가 아닌 일방적인 경향으로 치우치는 것은 아닌지 취임 100일을 맞
은 오바마는 한번쯤 되돌아볼 필요가 있다.[6]

다. 정치·경제상황

테러와 안보 및 보수적 가치가 주된 이슈였던 지난 대선과 달리 지
난 대선에서는 국민들은 공화당에 대한 지지를 철회하고 대통령과 의
회에 대하여 민주당에게 상당히 높은 지지를 부여하였다. 민주당은 부
시 임기 말부터 의회를 주도하였으며, 오바마 대통령은 당선자 시절부
터 경제회복을 가장 중요한 의제로 설정하고 경제회생과 함께 중산층
을 재건하기 위한 사회정책 프로그램을 제시하였다. 정책 입안단계에
서는 오바마 행정부의 평가가 긍정적인 것처럼 보인다. 정책결과를 평
가하기에는 좀 더 긴 시간이 요구되겠지만 정책성과가 높은 기대치에
부응한다면, 오바마의 리더십은 이전보다 더 큰 영향력을 행사할 것이
다. 오바마 행정부는 대 의회관계에서는 소극적 긍정형 리더십을 보이
고 있지만, 경제위기 극복에 있어서 기업과 노동계 및 사회 각 단체와
협의할 때에는 매우 적극적으로 개입하였다.

---

6 『아시아경제』 2009. 4. 30.

〈그림 4-3〉 제퍼슨(Jefferson) 모형에서의 이상적 리더십(경제변화)

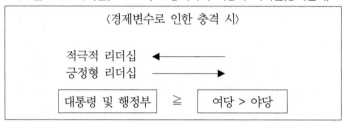

〈경제변수로 인한 충격 시〉

적극적 리더십 ◄————————
긍정형 리더십 ————————►

| 대통령 및 행정부 | ≧ | 여당 > 야당 |

버락 오바마 차기 미 행정부가 추진하는 집권 초기 2년간 경기부양책 비용이 1조달러에 달할 것으로 알려졌다. 〈워싱턴포스트(WP)〉가 12월 22일 보도한 바에 따르면, 물가상승분과 미 달러화 가치 등을 감안해 미국 정부가 단일 프로젝트에 투입한 재정지출과 비교할 경우 8500억 달러 규모의 경기부양책은 제2차 세계대전 전비 다음으로 큰 규모이다. 현재 가치로 환산하면, 2차대전 전비 다음 2차대전 당시 전비는 2900억 달러였으나 물가변동과 실제 달러화 가치 등을 감안하면 현 시점에는 3조6000억 달러에 상당한다. 역대 두 번째로 큰 지출은 베트남전 전비로 현재가치로는 6980억 달러에 해당한다. 이에 따라 이번에 논의될 경기부양책은 베트남전 전비를 능가하는 2위에 해당하지만, 〈워싱턴포스트〉는 미국의 경제 규모 대비 비중은 그렇지 않다고 지적했다. 최근 수십년간 미국 경제가 급속히 성장한 탓에 8500억달러가 넘는 경기부양책에 따른 재정적자 부담이 상대적으로 덜할 수 있다는 것이다. 하지만 2010년 미국의 재정적자가 사상 최대인 1조 달러에 이를 것으로 예상되고 있고, 이에 따른 국가채무도 12조 달러 선인 미국의 국내총생산(GDP) 대비 100%가 넘은 상황에서 경제위기와 대규모 경기부양책은 오바마 행정부에게 큰 도전임에 틀림없다.[7]

버락 오바마 대통령은 당선인 시절부터 반세기 만에 최대 규모의 재정을 도로와 교량 등 사회간접자본(SOC)에 투입하기로 하는 등 경제

---

7 『프레시안』 2008. 12. 23.

회생 계획 5대 골자를 내놨다. 이는 이른바 오바마의 '21세기판 신新뉴딜(New Deal) 정책'이다. 당초 약속한 250만개 일자리를 창출하고 미국의 경쟁력을 강화하는 게 목표다. 오바마 당선인은 6일 주례 라디오 연설을 통해 "지난 11월 34년 만의 최대인 53만3000명이 일자리를 잃어 우리는 당장 행동을 취할 필요가 있다"며 이 같은 경제회생 계획을 제시했다. 그가 이날 회생 계획에 필요한 구체적인 금액을 제시하지는 않았으나, 민주당에서는 5000억~7000억달러에 이르는 경기 부양 법안을 추진 중이다. 오바마 당선인은 도로 및 교량 개선에 대해 "1950년대(드와이트 아이젠하워 대통령 당시) 연방고속도로 체계가 구축된 이후 단일 최대 규모의 투자를 통해 수백만 개 일자리를 만들겠다"고 강조했다. 정부 관계자는 "의회가 643억달러 정도를 승인해도 곧바로 5000개 이상의 고속도로 개선 프로젝트에 착수할 수 있다"고 전했다.

오바마는 미 NBC방송의 대담 프로그램인 '언론과의 만남'을 통해 "미국 자동차산업이 무너지도록 내버려 둘 수 없다"며 "하지만 어떤 구제금융도 완전한 구조조정을 요구한다"고 강조했다. 이와 관련, 미국 의회와 연방정부는 단기 구제금융을 지원해 제너럴모터스(GM) 크라이슬러 포드 등 자동차 '빅3'의 파산을 막기로 잠정 합의했다고 뉴욕타임스가 보도했다. 그는 또한 금융시장 규제에도 적극 나설 계획이다. 오바마는 NBC방송과의 인터뷰에서 "경제 회생 프로그램의 일환으로 차기 정부가 내놓는 강력한 새 금융권 규제를 보게 될 것"이라며 "그 규제에 따라 은행, 신용평가사, 모기지(주택담보대출) 업체 등이 보다 책임 있게 행동하기 시작할 것"이라고 밝혔다. 오바마의 규제 관련 발언은 지난달 4일 당선 소감을 통해 "100년 만에 찾아온 금융 위기가 가르쳐준 교훈이 있다면 메인스트리트(실물 경제)가 고통을 겪는 동안 월스트리트가 번창하게 해서는 안 된다는 것"이라고 월가 개혁을 시사한 이후 처음이다.[8]

미국 역사에는 뉴딜 정책을 통한 경제회생의 전통이 있었다. '뉴딜

정책'이란 말은 1933년 취임한 프랭클린 루스벨트 대통령이 당시 1929
년 시작된 대공황의 영향으로 거대한 수렁에 빠졌던 미국 경제를 살리
기 위해 일련의 경기 부양책을 실시하면서 등장했다. 루스벨트는 '구제
(Relief)·부흥(Recovery)·개혁(Reform)'을 3대 슬로건으로 내세우며 의회로부터
비상 대권을 인정받아 공황 타개책 마련에 나섰다. 주요 내용은 ① 은
행 및 통화를 국가가 통제해 은행을 정부의 감독 하에 두며 ② 파산 직
전에 있는 회사 및 개인에게 신용 대출과 보조금을 지원해 주고 ③ 농
업조정법(AAA)을 통과시켜 농민들의 생산을 조정하면서 생산 감소로 나
타나는 농민의 손해를 보전해 줬으며 ④ 전국산업부흥법(NIRA)을 통과
시켜 'T. V.A(Tennessee Valley Authority·테네시 계곡 개발공사)'를 실시해 테네시 계
곡에 댐을 건설하는 대규모 토목공사를 일으켰고 ⑤ 사회복지정책으로
노동자의 단결권과 단체교섭권을 인정하고 실업보험과 최저임금제를
실시한다는 것이었다. 두 번째 뉴딜 정책은 1953년 취임한 아이젠하워
대통령의 경기 부양책이었다. 루스벨트의 정치철학을 이어받은 아이젠
하워는 1956년 '연방지원고속도로법(Federal Aid Highway Act)'을 통해 '아이젠
하워 고속도로'로 불리는 주간州間 고속도로 체계(Interstate Highway System)
구축에 나섬으로써 루스벨트 대통령에 이은 뉴딜 정책을 전개했다.
2004년까지 7만5376㎞에 달하는 고속도로를 낸 이 프로그램은 미국 역
사상 가장 성공한 공공 사업으로 평가받고 있다. 미국 대륙을 오가는
물적·인적 이동이 빠르면서도 대규모로 이뤄졌고 이에 따라 맥도날드,
월마트 등의 업체들이 뻗어 나갔으며 일자리 창출 등 경제적인 효과는
상당히 컸다.[9]

　아울러 미국 노동계는 대선 기간 내내 천문학적 액수의 정치자금을
기부하는 등 오바마에게 전폭적인 지지를 보냈다. 오바마의 당선으
로 부시 집권 8년 동안 '친기업-반노동' 색채가 두드러졌던 미국의 노

---

8 『한국경제신문』 2008. 12. 12.
9 『한국경제신문』 2008. 12. 12.

사관계와 노동정책에 큰 변화가 예상된다. 대선과 동시에 치러진 의회 선거에서도 민주당이 승리를 거두며 상하원을 확실하게 장악했다. 이런 상황에서 내년 1월 오바마가 대통령에 취임한 뒤 첫 번째로 취할 노동정책은 노동조합 결성권과 단체교섭권을 획기적으로 개선한 '노동자자유선택법(Employee Free Choice Act)' 제정이 될 것으로 보인다.[10]

버락 오바마 미국 대통령은 당선자 시절부터 대대적인 경기부양에 취임 직수 즉각 착수할 것이라고 강조했다. 이를 위해 상·하원을 장악한 민주당은 취임식 이전에 경기부양과 관련한 법안들을 신속히 처리하고 당선자는 취임선서 직후 곧바로 이들 법안에 서명함으로써 취임과 동시에 경기부양안이 실행되도록 한다는 계획이다. 단 하루도 허비할 수 없다는 게 그동안 오바마 당선자의 일관된 지적이었다. 신 뉴딜 정책은 오는 2011년까지 최소한 250만개 일자리 창출을 목표로 도로, 교량 등 사회기간시설 확충 등이 포함된 대규모 사업이 위주가 된다.[11]

라. 모형: 분석의 소결

버락 오바마 대통령이 통치 한지 6개월 되는 시점이라 그에 대한 분석은 시론적이고 전망적일 수도 있다. 그의 후보자 시절과 임기 초의 국정운영을 바탕으로 오바마 정부를 평가해보면, 오바마 정부는 구조적인 경제 위기 상황에서 그에게 많은 권한과 영향력이 부여된 것처럼 보인다. 따라서 의회와 야당인 공화당과 시민사회가 국정운영에 발목을 잡기 보다는 그가 리더십을 발휘할 수 있도록 자율성을 부여하였다. 또한 미국 국민들은 유색인종이라는 내재적 한계요인이 있음에도 불

---

10 『프레시안』 2008. 11. 24.

11 파이넨셜뉴스, "오바마 '新뉴딜' 윤곽. 50년대 이후 최대 경기부양", 2008년 12월 8일자., 〈http://www.fnnews.com/view?ra=Sent0701m_View&corp=fnnews&arcid=081207211420&cDateYear=2008&cDateMonth=12&cDateDay=08〉, 2008. 12. 8.

구하고 오바마에게 압도적인 지지를 표명하였고, 민주당에게도 많은 의석을 보장하였다. 미국의 시민사회와 미국 국민들은 경제위기를 극복하기 위해 루즈벨트와 같은 리더십을 기대하고 있는 것처럼 보이며, 그도 또한 루즈벨트의 뉴딜 정책을 연상케 할만큼 많은 사회기반 투자와 경제 재건 프로그램 및 사회보장 정책을 내놓고 있다. 하지만 오바마는 정국을 안정적이고 효율적으로 관리하기 위해서 야당의 협조가 중요하다고 여기고 의회와 매우 협조적인 관계를 설정하였다. 그래서 오바마 행정부는 강력한 대통령의 지도 아래 정국을 주도하고, 원내 다수당의 지지를 바탕으로 행정부와 국회가 상호 대등한 관계에서 안정된 정치를 추구한다는 제퍼슨 모형의 전형을 보여주고 있다. 아래의 〈그림 4-4〉는 제퍼슨(Jefferson) 모형에서 힘의 방향과 행정부와 의회와의 관계, 그리고 의회 내의 여당과 야당의 힘의 관계를 설명한 것이다.

〈그림 4-4〉 제퍼슨(Jefferson) 모형

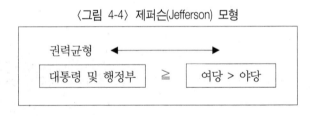

다음 〈그림 4-4〉는 제퍼슨(Jefferson) 모형에서 이상적인 리더십을 그림으로 나타낸 것이다. 현재까지는 매우 협조적인 의회관계를 유지하고자 하는 오바마 대통령은 소극적 리더십의 전형이 된다. 그가 경제위기를 극복하는데 적극적으로 개입하고 대외관계에서 일방주의 대신 다자주의적인 협력관계를 적극적으로 전개해나가고 있는 국정운영 방식은 긍정형 리더십이라 하겠다. 그래서 현재 보여주고 있는 오바마 대통령은 제퍼슨 모형에서 바람직한 리더십 전형이 될 수 있다. 제퍼슨(Jefferson) 모형에 따르면 강력한 대통령과 여당이 정국을 주도하고 있

지만, 임기 및 경제상황, 차기 의회선거에서의 의석변수에 따라 의회와의 관계가 쉽게 악화될 수 있는 가능성을 가지고 있으며, 이러한 상황에서는 소극적 긍정형의 리더십이야말로 의회와의 관계를 타협을 통해 해결할 수 있게 해주는 리더십이기 때문에 오바마 행정부의 정책성과도 긍정적이라 기대된다.

〈그림 4-5〉 제퍼슨(Jefferson) 모형에서의 이상적 리더십

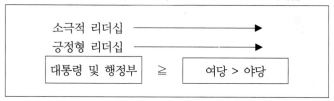

오바마 행정부가 현재의 위기를 타개하기 위해 주도적인 리더십을 발휘하고 국정과 경제를 안정화하고자 한다면 적극적 긍정형 리더십에서 점차 소극적 긍정형 리더십으로 옮겨가게 되는 것이 가장 바람직한 제언이 될 것이다.

第2節 이명박 대통령의 정치적 리더십

1. 리더십의 특징: 적극적 부정형

이명박은 2002년 민선 서울특별시장으로서 괄목할 만한 성과를 전 국민에 알려 예비 대통령의 이미지를 구축하였다. 그는 만만치 않은 경쟁력을 가졌던 박근혜 후보를 물리치고 2007년 8월에 경선을 통해 한나라당 제17대 대통령 후보로 선출되었고, 12월 19일 치러진 선거에서 유효투표총수 2373만 2854표 가운데 1149만 2389표(48.7%)를 얻어 617만

4681표(26.1%)를 얻은 대통합민주신당 정동영 후보를 넉넉히 제압하고 제17대 대통령으로 당선되었다. 이명박 대통령과 여당과의 관계는 노무현 대통령의 '당정분리' 고수와 달리 '행정부와 의회의 동반자 관계'를 지향하는 구상은 미국식 모델을 염두에 둔 것으로 받아들여진다. 이에 대해 당청 분리를 외쳐왔던 노무현 정부가 당과 의사소통 부족으로 정책현안에 대해 당청의 의견이 엇갈리는 경우가 흔한 일이었고, 이는 국민들에게 불신을 사는 이유가 되었기 때문에 노무현 정부와는 다른 당청 간의 새로운 협력 모델을 만들어야 한다는 주장이 있는가 하면 당권-대권 분리 문제는 단순히 당헌을 개정하며 명시했다는 문제를 떠나, 행정권과 입법권을 분리하는 3권 분립의 민주주의의 기본 문제이며 당·정·청을 일치시키자는 주장은 과거와 같이 대통령을 중심으로 당이 거수기로 전락, 일사불란하게 움직이는 '제왕적 대통령제'를 부활시키자는 말과 다를 바 없다는 주장도 있다.

그는 도덕성에 손상을 입힐 수 있는 수많은 정치적 공격과 비리의 혹에도 불구하고 후보자 시절부터 임기초반까지 높은 지지도를 유지하였다. 클린턴 대통령과 비교해보면, 이명박 대통령도 마찬가지로 도덕성에 대한 위기에도 불구하고 높은 지지를 유지할 수 있었다. 이는 클린턴 대통령은 경제성과가 좋았고 뛰어난 업무수행능력을 보여주었다. 한편 한나라당 내 이명박 반대세력과 열린우리당의 공세 속에서도 이명박 대통령의 후보시절의 높은 지지는 국민들이 경제에 대한 강한 열망에 기인한다고 보인다.

가. 적극적 리더십: 효율성 강화, 명령자적 CEO

이명박 대통령은 'CEO 리더십'의 효율성을 강조했지만, 결과에 도달하는 과정을 경시했다. 이명박 대통령이 지금까지 보여준 리더십의 효율성과 스피드를 강조하는 '지식적·성취지향적' 측면의 CEO 리더십이다. 하지만 지시적 리더십은 대통령이 모든 업무에 직접 관하기 때문에 자신이 할 일과 하지 말아야 할 일을 구분하기 어려우며, 나아가 국정운영이 독선적으로 흐르게 될 경향을 더욱 증가시킨다. 또한 성취지향적 리더십은 결과를 너무 중요시하기 때문에 의사결정과정에서 의견 수렴이나 민주적 절차를 소홀하게 취급하여 국민에게 불신을 야기시키는 부작용을 초래하기 쉽다. 결국 이명박 대통령은 취임 후 지금까지 정책결정에 있어서 제반 이해 당사자들의 타협과 협상을 기반으로 설득하기 보다는 효율적인 정책결정과 집행을 강조하며 한번 결정하면 과감하게 밀어붙이는 '지식적·성취지향적' 경향만을 보여주었다.[12] 학계와 사회에서 이명박 대통령의 최고경영자(CEO)형 리더십이 국민권리 침해와 절차 위반, 상업화로 이어질 가능성이 높다는 지적을 해왔다. 김태룡은 "정부의 가장 중요한 가치인 능률성은 국민의 권리를 침해하거나 정당한 절차를 어길 가능성이 높고, 민주성의 원리를 훼손할 가능성이 많다"면서 "기업형 아이디어를 적용함에 있어 야기될 수 있는 일종의 한계로, 경영성을 지나치게 강조할 경우 형평성에 부정적인 영향을 미쳐 갈등과 비능률을 초래할 수 있다"고 우려했다. 다만 그는 "정부관료제가 지닌 한계들을 극복하지 못하는 한, 이명박 정부의 시장지향적인 정부개혁은 지속될 수밖에 없는 정당성을 확보해나갈 것"이라고 전망했다.[13]

이명박 대통령은 주요국가정책의 정책결정을 둘러싸고 '명령자(the commander)'로서 의도적으로 중앙통제를 강화하여 인사, 정책, 당정관계를 자신이 독단적으로 모두 처리하려 함으로써 인사지연, 정책조정기능 혼란을 초래하였다. 나아가 이러한 중앙통제적 CEO 리더십은 당·정·청간의 유기적 정책 공조체제를 지해시켜 모든 정책결정과정의 갈등이 대통령에게 집중되는 '갈등의 과부하 및 집중화 현상'을 초래하였

---

12 함성득, '이명박 대통령 취임 6개월을 회고하며', 시론, 고시계, 2008. 10, 3면.
13 "이명박 CEO리더십 국민권리 침해 우려", 『데일리안』 2009. 4. 1.

다.[14] 이명박 대통령의 이러한 국정운영 혼란은 집권 초기 그 자신이 짧은 시간에 '너무 많은 국정운영 목표를 세우고'(overscheduled), 이들의 개혁목표들의 문제에 '너무 많이 관여'(overhandled)하였기 때문이라고 함성득은 말하였다. 예를 들어 미국산 쇠고기 수입에 따른 촛불집회, 공기업 민영화 및 종교편향 등사회적 갈등들이 많은데 오로지 CEO 리더십으로 국민의 눈에 비친 것은 경체분야에만 초점을 두고 있어 대통령의 권력도 헌법에 규정된 공식적 권한에 맞추어 점차 약화되고 있다.

나. 부정적 리더십: 국민과 소통 부족, 민주적 과정·제도 경시

이명박 대통령은 중도실용주의를 내세우면서 임기 중반을 넘어서서도 기묘하게도 40%대의 지지율을 유지해오고 있다. 민주화 이후 역대 정부는 임기 중반에 높은 지지를 보이는 경우가 드물었는데, 이명박 정부가 임기 중반에 받은 51.7%의 지지율은 놀랄 만한 것이다. 이는 이명박 정부가 천안함·경제살리기 등에서 긍정적 평가 받았다고 평가된다. 천안함 사고와 유럽 금융위기 등 국내외 악재에도 불구하고 이명박 대통령의 국정 지지도가 다시 50%를 넘어섰다. 2010년 5월 9일 전국 성인 남녀 1000명을 대상으로 한 청와대 자체조사에서 '국정 수행을 잘하고 있다'는 응답이 51.7%에 달했다. 2009년 말 아랍에미리트(UAE) 원전 수주 직후 지지율에 육박하는 수준이었다. 청와대는 국정 지지도 상승의 원인으로 ① 천안함 사고에 대한 침착한 대응 ② 확실한 대북 정책 원칙 견지 ③ 경제 회복 가시화 ④ 주요 20개국(G20)·핵안보 정상회의 등 외교적 성과 △꾸준한 민생 정책 추진 등을 꼽았다. 국정 지지도는 여론 조사 전문기관인 리얼미터가 2010년 4월 26~30일 전국의 성인 5000명을 대상으로 실시한 조사에서도 47.9%로 나타났다. 한나라당 싱크탱크인 여의도연구소의 2010년 5월 6일 여론 조사에서는 47.2%를 기록했다.[15]

---

14 함성득, '이명박 대통령 취임 6개월을 회고하며', 시론, 고시계, 2008. 10, 3면.

하지만 중간평가의 성격을 가지고 있는 재보선과 지방선거에서 한
나라당이 민주당과 야권에 패배함으로써, 이명박 대통령의 리더십은
종종 위기를 맞이했다. 현 정권에 대한 중간평가의 의미가 있는 4·29
재·보선에서 여당인 한나라당은 단체장과 광역의원까지 포함해 1 대
15의 초라한 성적표를 받았다. 또한 지난 2010년 지방선거에서 민주당
이 많은 지방자치단체에서 승리를 거뒀다. 2007년 말 대선에서 531만표
차이로 대승하고, 2008년 총선에서 국회 과반 의석 점령과는 대조된다.
재·보선 결과에 반영되었듯이 민심이 정부와 여당으로부터 떠나고 있
지만 정작 당사자들은 이를 심각하게 받아들이지 않고 있다.

집권 초기부터 이명박 대통령은 '거래적(transactional)' 리더십에 의존해
실용주의 노선을 견지했지만 국민들은 아직 경기회복과 일자리 창출
등 구체적인 보상을 받지 못했다. 취임 후 3년이 지났지만 서민경제는
나아지지 않고 오히려 악화되고 있다. 이는 한국 사회를 지탱하는 서
민과 중산층을 붕괴시킬 것으로 우려되고 있다. 세계 경제의 악화 탓
으로 책임을 전가하기에는 가시적인 정책성과가 너무 빈약하다. 한반
도 대운하처럼 설익은 정책 아이디어가 돌발적으로 제시되었다 없던
일로 되는 현상이 반복되어서는 안 된다. 이는 대통령의 일방주의 국
정운영 방식이 투영된 결과라는 것을 인정해야 한다. 이명박 대통령의
리더십이 변혁적이지 못한 가장 큰 이유는 도덕성의 한계에서 출발한
다. 지금까지의 각료 인선 과정에서 나타난 도덕 불감증이 정책 추진
동력을 약화시키는 가장 큰 걸림돌로 작용하였다. '거래적' 리더십 의
존한 이명박 대통령 또한 현 정부의 열린 소통의 부족은 이미 일반 국
민들도 감지할 정도에 이르렀다. 청와대 참모와 내각이 대통령에게 직
언하기를 점차 꺼린다는 사실은 정권 위기까지 초래할 심각한 문제다.
노무현 전 대통령도 'No'를 외치지 못하는 참모들에게 둘러싸여 국민과

---

15 『매일경제』 2010. 05. 12.

의 의사소통에 실패했다. 한나라당 내부의 권력 투쟁 또한 대통령 리더십을 훼손하는 요인이다. 한나라당은 대통령 후보 경선 이후 한 번도 친이·친박(親이명박·親박근혜)의 싸움에서 벗어나지 못했다. 국민들의 눈에는 이것이 구태 정치권의 권력 나눠먹기로 비쳐질 뿐이다.[16]

촛불집회가 남긴 한국 민주주의의 정치제도 과제 중 하나는 제왕적 대통령제의 권위주의를 어떻게 극복할 것인가 하는 것이다. 이명박 정부는 출범 직후부터 권위주의적인 성격을 보여줘서 실질적 민주주의를 후퇴시켰다. 하지만 주요국가정책을 둘러싸고 국회의 여당과 야당뿐만 아니라 각 이익단체들도 저마다 다른 목소리를 내는 민주화된 우리 사회에서 이들의 의견을 귀담아 듣고 서로 조화로운 의사소통을 통해 설득력과 조정이 이루어지지 않아서 국정운영자체도 힘들 뿐만 아니라 국민들의 정부에 대한 반감이 심해지고 있다. 어느 시기나 대통령이 국민의 소리에 귀 기울여야 우리 사회가 안정되며 정부가 원활하게 행정력을 미칠 수 있을 것이다. 성숙한 민주주의를 이루기 위해서는 집권보다는 분권, 권위주의보다는 자유주의의 리더십으로 나아가야 한다. 촛불집회는 한국 민주주의가 단순 민주화에서 성찰적 민주화로 나아갈 것을 요구했다. 단순 민주화가 민주주의 절차와 제도가 도입되는 단계라면, 성찰적 민주화는 그 절차와 제도가 책임성을 갖는 동시에 경제·사회·문화적 영역으로 확장하는 단계다. 성찰적 민주화의 목표는 대의민주주의와 참여민주주의를 생산적으로 결합하려는 이중적 민주화의 활성화에 있다.[17]

그리고 노무현 전前대통령과 친인척, 측근 정치인 및 후원자에 대한 무리한 수사와 그에 뒤이은 2009년 5월 23일 노무현 전 대통령의 서거로 인해 이명박 정부의 리더십은 더욱 손상될 것이고 국정운영에 큰

16 윤종빈, "변혁적 대통령 리더십", 경향신문 2009. 5. 8.
17 김호기, "제왕적 대통령제의 권위주의 극복이 과제", 『경향신문』, 2009. 4. 30.

부담이 될 것이다. 비교적 도덕적이라 여겨지던 전직 대통령이 불행하게 생을 마감한 것은 온 국민에게 엄청난 충격과 슬픔을 주었다. 노무현 전 대통령은 임기 이후 고향인 봉화에 내려가서 새로운 형태의 정치를 펴겠다는 포부와 의지를 밝힌 후 1년 여 만에 생을 마감했다. 그는 특유의 논리와 달변으로 봉화 정치를 시도하려다가 경제비리 혐의에 대한 수사 대상이 되면서 꿈을 접었다. 잃어버린 10년을 외치는 이명박 정권, 청와대의 충실한 수족처럼 움직이는 검찰, 죽은 권력과 살아있는 권력을 차별하는 사법권 발동이라는 부적절한 정치상황에서 전직 대통령이 비상한 방법으로 생을 마감했다. 죽은 권력에 대해서는 성역 없는 수사가 발 빠르게 이뤄지면서 살아있는 권력에 대한 수사기피 또는 축소수사의 의혹이 제기되었다. 자연히 정치 수사라는 논란이 증폭되었다. 특히 이명박 정권이 '잃어버린 10년'을 말하면서 과거 정권을 송두리째 부인하고 심지어 적대시 하였다.

　민주주의는 선거에 의해 정권이 선택이 되는 제도로 선거 절차가 지속되려면 정치적 보복은 용납되지 않아야 하지만, 이명박 정권이 들어선 뒤 집권층은 과거 정권에 대해 한풀이식 정치를 해왔다. 현 정권은 심지어 전 정권에 의해 임용되어 법적으로 임기가 보장된 공공기관 임직원들을 줄줄이 불법적으로 내몰았다. 특히 학자와 정치인들은 청와대의 제왕적 정치에 대해 검찰, 경찰, 정보기관 등이 전위대 역할을 담당해 한국 민주주의가 후퇴했다고 주장한다. 박연차 사건에 대한 검찰 수사는 처음부터 노무현 대통령 쪽을 겨냥했다. 노무현 대통령 쪽에 대한 수사는 대대적인 언론 플레이 속에 진행되어 노무현 전 대통령이 퇴임 후 새로운 정치적 인생을 펼치고자 했던 봉화마을을 정치적으로 매장시켰다.

　또한 이명박 대통령은 '의회 정치 혐오증'을 가지고 있어 야당과의 소통도 소극적이었을 뿐만 아니라 국회와 여당과의 협의도 적극적이지 않았다. 정당 구조가 탄탄하지 않은 한국의 정치 풍토 하에서 대통령에 취임하면 누구라도 의회를 무시하는 등 권위주의적 속성이 표출될 수밖에 없다. 이명박 대통령은 후보 시절 "정치 혐오한다"는 말을 자주 했는데, 윤여준은 "이명박 대통령의 후보 시절, 정당 정치의 기본적인 역할에 대한 인식을 하고 있는 것 같지 않았다. '정치를 혐오한다'는 말만 자꾸 했는데 결국 '나는 여의도 정치가 싫다'는 것"이라며 "대통령이 된 후에는 정당 정치에 관심 갖지 않는다는 것을 느꼈다"고 비판했다.[18]

정당 정치의 부재가 대통령의 대 의회관계 무시 및 무정치적 사고의 원인이 된다. 윤여준은 이어 "대통령에 당선된 사람은 선거할 때는 정당의 후보가 되는 게 유리했지만 당선이 되고 나면 정당 역할에 중요성을 부여하지 않고, 무력화 시키고 통치 수단으로 생각"하였다고 평가하였다. 그는 4대강사업 등 '속도전' 등으로 상징되는 일방적 국정 운영을 우회적으로 비판하였다. 권위주의 시대 이후에는 대통령의 권력이 상대적으로 약화되었지만 그 틈을 국회가 정책 기능으로 메우지 못하고 정치 공세적으로 운영했다. 그래서 한국정치에서 민주적 가치가 결여된 '외부자(outsider)'를 대통령 및 주요정치지도자가 등장하게 되었다.

여당인 한나라당은 대통령의 권력 견제와 대통령을 돕는 책임 정치라는 두 가지 임무에서 중심을 못잡고 있으며, 민의를 반영해서 대통령을 비판할 때 청와대와 불협화음을 내면 여당은 정치적 존재감을 잃어버렸다. 한나라당은 거대 여당이지만 규모에 걸맞지 못하게 혼란스럽고 무력한 모습을 보여왔다.

최장집은 민주정부의 실패와 한나라당 정부의 재등장에 대해 민주정부들이 실패한 반작용의 결과가 이명박 정부의 등장을 낳았다고 평가했다. 이명박 대통령은 민주적으로 선출된 대통령이지만, 권위주의적인 행태를 보여주고 있다. 최장집은 김대중, 노무현 정부는 한국 민

18 『프레시안』, 2009. 06. 12.

주주의를 실제로 한 단계 업그레이드 시키는 역할을 했어야 하며, 지난 정부가 체계적으로 일을 잘했더라면 지난 대선, 총선에서 저렇게까지 참패하지는 않았을 것이라고 평가했다. 그러면 한국 보수 세력들도 민주적 변화에 적응했을 것이며, 재벌 중심의 성장 정책이나 민주사회 속의 권위주의적 구조와 행동 양식, 가치관까지 변화했을 것이라고 보았다. 그는 (보수가) 그렇게 변화한 위에서 보수, 진보가 경쟁을 했다면 훨씬 더 질 높은 정치가 이루어지게 되지 않았을까 생각했다.

한국의 민주화는 짧은 시간 안에 이뤄졌다. 반대로 해방, 분단으로 시작해 산업화를 거치고, 민주화에 이르는 긴 시기 동안 한국 사회의 구조의 틀이 만들어졌다. 이명박 정부 이전에 진보를 대표했던 정부들이 이런 한국 사회의 구조를 면밀하게 자각한 위에서 정책을 심도 있게 펴 나갔다면 지금보다 훨씬 많은 것을 변화시킬 수 있었을 것이다. 그러지 못했기 때문에 민주화라는 충격이 보수 세력에 오히려 경각심을 주고 그게 강화되는 '역진(backlash)' 현상이 생긴 것이라고 최장집은 분석했다. 이명박 정부는 역사적으로 볼 때 앞선 민주화 정부들이 오랜 야당생활로 정부운영의 경험이 미숙하고 여러 가지가 부족했던 까닭에 보수 세력의 반작용으로 태어난 정권이라는 것이다.

그러나 보수 세력, 이명박 정부도 정치적 성과에서 보여주는 것이 아무것도 없다. 이점에서 현재의 보수정부와 앞선 정부들의 관계는 하나의 거울이미지(mirror image)에 비유할 수 있다. 야당이 실패한 것은 보수 세력에 대한 안티테제만 추구했던 결과로 보인다. 마찬가지로 지금 이명박 정부를 보면, 지난 정부의 모든 것을 반대하는 것이 보수라고 생각하는 것 같다.

최장집에 의하면, 친서민 중도실용주의는 촛불 시위나 노무현 전 대통령 조문 정국 등을 경험하면서 이명박 정부가 여론에 반응한 하나의 표현이다. 악화됐다고 볼만한 지표나 경험적 자료는 가지고 있지 않다. 세계경제의 차원에서 볼 때 한국경제는 위기를 극복했지만, 성장

과 발전의 혜택은 중산층과 하위계층에게 돌아가고 있지 않다.[19]

2. 대통령 대 의회 관계

이명박 대통령은 현대건설 최고경영자(CEO) 출신으로 기업경영의 경험을 바탕으로 국정을 가장 효율적으로 운영할 것 같았고, 국민들은 2007년 대선에서 그에게 압도적인 지지를 부여하였다. 나아가 2008년 총선에서는 한나라당에게 높은 정치적 신뢰를 부여하였고 야당인 민주당은 이명박 정부의 정책에 대해 대안을 제시하지 못했고 국민들은 이에 공감하지 못했다.

그러나 이명박 행정부의 국정에서 시행착오가 늘어나면서, 국정운영의 성과는 매우 부정적인 평가를 받고 있다. 이러한 평가는 성공한 리더십을 발휘했던 'CEO 리더십'의 한계가 존재한다. 이명박 대통령은 실용주의를 표방하면서 경제살리기와 '국민통합'에 매진하기 위해 낮은 자세로 국정을 살피겠다는 '겸손과 섬김의 리더십'을 강조했다.[20] 하지만 '스피드'와 '효율성'을 강조하는 그의 'CEO 리더십'은 다양한 가치와 이익들이 서로 충돌하는 민주화 된 우리 사회에서 갈등을 조정하고 통합시키는 역할을 수행해야 할 대통령의 정치력을 제고시키는데 한계가 있었다.

실제로 그의 CEO 리더십의 한계는 '고소영·강부자'로 지탄받았던 집권 초기 청와대 수석 및 내각 인선, 미국산 쇠고기 수입파동, KBS 정연주 사장 해임, 종교편향으로 인한 불교계와의 갈등, 경제위기설 등 끊이지 않는 국정운영상의 혼란을 노정했다.

---

19 최장집 명예교수 인터뷰, 『프레시안』, 2010. 06. 25.
20 함성득, '이명박 대통령 취임 6개월을 회고하며', 시론, 고시계, 2008. 10, 2면.

〈그림 4-6〉 이명박 대통령과 노무현 전 대통령의 지지도 추이비교[21]

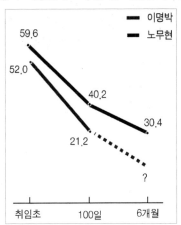

2008년 6월에 실시된 리얼미터 여론 조사에 이명박 대통령의 지지도는 16.9%였다. 노무현 대통령이 기록한 최저 지지도는(12.6%), 유권자 1,149만여명의 지지를 받아 대통령에 당선된 전례 없는 급락이다. 대통령 중심제 국가에서 대통령의 권위가 서지 않는 것은 국가적으로 불행한 일이다. 이명박 대통령이 후보자 시절에는 국민들의 희망을 실현할 지도자로서 인식되었으나 임기 이후 국민들의 실망은 점점 커져가고 있다. 노무현 대통령과 닮은 꼴의 지지율을 얻고 있으며 지지도 추락은 전임 노무현 대통령보다 더 심각한 수준이다. 이러한 지지율 하락은 국정운영을 추진하는 동력을 훼손시킬 것이다.

이명박은 야당과 시민사회와의 소통이 부족해서 국민들에게 오만, 독선이라는 이미지를 심어주게 되었다. 이명박 대통령은 소통과 통합을 거부하면서 대립의 정치, 갈등의 정치를 더 부추기는 모습을 보이면서 민주주의의 질이 저하되고 있다. 대통령과 여당은 노무현 전 대통령의 비극을 직시해야 한다. 선출직 대통령은 언젠가 임기가 끝난다.

---

21 한국일보, '힘 세진 인터넷 대중 … 추락하는 대통령 권위', 2008. 6. 7, 3면.

이명박 대통령은 선진화를 말해왔다. 민주주의를 질적으로 선진화해야 할 시점에서 권위주의의 법의 권력도구화로 회귀하였다. 청와대가 밀어붙이는 가진 자 위주의 정책은 심각한 양극화를 초래한다. 이명박 대통령은 민주주의를 진전시키고 인권 보호를 최우선시해야 한다. 그것이 이명박 대통령과 검찰 등 살아있는 권력이 명심해야 할 지상과제이다.[22]

가. 임기변수

한국 대통령의 임기는 5년 단임제이므로 한국 대통령들에게 어느 누구에게나 임기변수는 동일하다. 이명박 대통령은 대통령 집권 이후에 실시된 2008년 총선에서 상당한 영향력을 발휘하여 친 이명박 국회의원들을 대거 당선시켰다. 그가 대통령후보가 되기 이전에만 해도 주류였던 박근혜 측근의원들은 이제 당내 소수파가 되었다. 2010년에 있을 지방선거에서도 이명박 대통령은 강한 영향력을 발휘할 것이다. 그러나 한국의 5년 단임제 하에서는 임기 말에 레임덕 현상을 필연적으로 겪게 되며, 이명박 대통령도 예외가 아닐 것이다. 그리고 그의 임기 후반에 대선주자에게 권력의 쏠림 현상이 나타난다. 박근혜 의원 측근 그룹들이 소수파로 전락했지만 높은 국민들의 지지를 바탕으로 상당한 영향력을 발휘하였다. 그리고 그만한 잠재적 대선후보 주자도 없다. 그래서 이명박 대통령은 박근혜 의원과 협조관계를 설정해야 할 필요가 있다.

나. 의석변수

이명박 대통령은 대선에서 압도적인 지지를 받았고 그 여세를 몰아

---

22 『미디어오늘』 2009. 5. 23.

한나라당은 2008년 총선에서 과반에 육박하는 의석을 확보하게 되었다. 그리고 무소속이나 친박연대로 당선된 친박계 의원들이 합류하면서 170석에 육박하는 거대정당으로 탈바꿈하게 되었다. 이명박 대통령은 거대한 여당의 지지를 받아 안정적인 국정운영을 할 수 있는 정치적 자원을 확보하였다. 그러나 더 중요한 문제는 당내 화합인데 이명박 대통령은 다른 정파 지도자와 야당들에게 편협한 자세를 보이고 있다. 국민들에게 가장 큰 인기를 받고 있는 박근혜 의원과 진정으로 정치적 동반자 관계를 인정해주고 있지 않다. 또한 민주당과의 대결적인 행동도 부담으로 작용할 것이다. 그래서 이명박 대통령은 여당을 통해 많은 의석수를 확보했다 하더라도 합의를 통한 정치력을 발휘하지 못하였다. 한나라당의 해밀턴 모형은 의회보다 대통령의 힘이 우세한 상황을 가정하였다. 하지만 의회에서 대통령의 임기 중 사회적으로 다른 이슈, 즉 경제적 변화와 같은 변수가 발생하면 대통령의 위치는 급격하게 흔들릴 수 있다. 〈그림 4-7〉은 해밀턴(Hamilton) 모형에서 여대야소의 의석으로 여당의 힘이 강할 때, 이상적인 리더십을 그림으로 나타낸 것이다. 이것은 의회 내의 여당의 힘이 큰 상황에서, 대통령이 정국을 강력하게 주도하고, 정치적 상황 속에서 대통령이 부정형의 리더십이나 적극적 리더십을 발휘하여, 각 이슈에 대해 의회를 압도하려 한다면, 야당과의 관계를 비롯하여 여당과의 관계도 심각하게 악화시킬 수 있기 때문이다.

〈그림 4-7〉 해밀턴(Hamilton) 모형에서 이상적 리더십(여대야소)

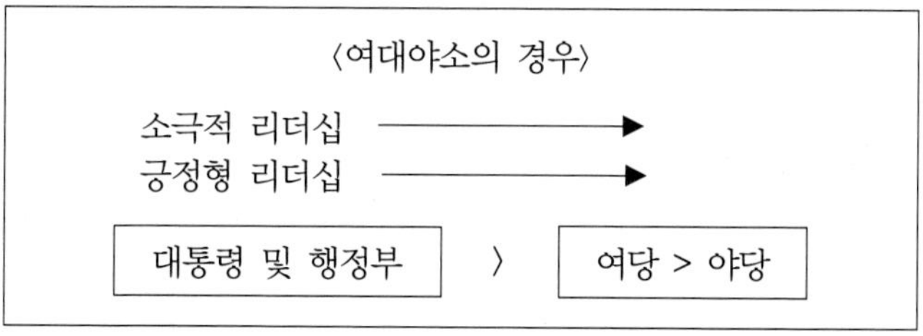

〈여대야소의 경우〉

소극적 리더십 ──────▶
긍정형 리더십 ──────▶

| 대통령 및 행정부 | 〉 | 여당 > 야당 |

여대야소의 경우에는 정국을 완벽하게 주도할 수 있는 모형이기 때문에, 소극적인 리더십을 통해 의회의 견제기능을 활성화 시켜주고 긍정형의 리더십을 통해 이를 포용할 필요가 있다. 〈그림 4-7〉처럼, 여기서 소극적 리더십과 긍정형의 리더십을 이상적 리더십으로 파악한 이유는, 소극적 긍정형 리더십은 의회와의 관계를 원활하게 이끌 수 있는 기반이 되기 때문이다.

국민들은 2007년 대선에서 그에게 압도적인 지지를 부여하였다. 나아가 2008년 총선에서는 한나라당에게 높은 정치적 신뢰를 부여하였고 야당인 민주당은 이명박 정부의 정책에 대해 대안을 제시하지 못했고 국민들은 이에 공감하지 못했다.

〈표 4-4〉 제18대 국회의 득표율과 의석수

정당/단체	득표율	의석수(비례대표)
한나라당	37.48	131(22)
통합민주당	25.17	66(15)
자유선진당	6.90	14(4)
친박연대	13.18	5(8)
민주노동당	5.68	2(3)
창조한국당	3.80	1(2)
무 소 속		26
합계(비례대표)	299(80)석	

그러나 이명박 행정부의 국정에서 시행착오가 늘어나면서, 국정운영의 성과는 매우 부정적인 평가를 받고 있다. 현 정권에 대한 중간평가의 의미가 있는 4·29 재·보선에서 여당인 한나라당은 단체장과 광역의원까지 포함해 1 對 15의 초라한 성적표를 받았다. 2007년 말 대선에서 531만표 차이로 대승하고, 2008년 총선에서 국회 과반 의석 점령과는 대조된다.

다. 정치·경제상황

정치·경제 환경의 변화에 따라 기민한 대처를 하지 못하는 대통령
은 리더십 부재현상에 직면할 수 있다. 특히 해밀턴 모형 하에서는 정
국주도가 불가능해질 수 있다. 그리고 이러한 상황에 대한 대처에 따
라 행정부의 입법부에 대한 우위가 무너지는 경우가 많다. 이러한 경
우 역시 경제적 변화를 극복하고 정국주도권을 회복할 수 있는 대통령
의 적극적 리더십이 필요하며, 의회간의 타협과 조화를 위해 안정적이
고 신중한 대통령의 긍정적인 리더십이 존재할 필요가 있다. 이명박
대통령의 경제성과에 따라 남은 임기 3여년의 리더십은 크게 달라질
수 있다. 국민들이 이명박 대통령을 지지한 중요한 이유들은 그가 구
조적인 경제 불황을 타개해서 경제성장, 경기회복, 일자리 창출에 해
결책을 제시할 것이라 믿기 때문이다.

〈그림 4-8〉 지난 10년 김대중 및 노무현 정부 평가[23]

정기국회가 지난 10년 동안 이뤄진 주요 법령들에 대한 대충돌의
장이 되고 있다. 2008년 5월 한국사회여론연구소(KSOI) 조사에서 국민 다

---

23 한국사회여론연구소. 2008. Weekly Opinion. 9. 3. 〈http://www.ksoi.org/down/
opinion_6th.pdf〉, 2009. 5. 2.

수는 '민주주의와 복지향상 등 잘된 점이 더 많다'는 긍정적 평가(44.3%)를 내렸다. '좌편향 정책으로 잘못된 점이 더 많다'는 의견은 38.3%에 그쳤다.

'잘된 점이 더 많다'는 긍정평가는 인천/경기와 호남지역, 남성, 30대 이하 젊은층에서 특히 높았다. 반면 '잘못된 점이 더 많다'는 부정평가는 TK지역, 40대 이상에서 상대적으로 높았다. 과거 10년에 대한 평가가 노무현 정부 말기에 조사된 결과(나빠진 점 더 많다 49.3%, 좋아진 점 더 많다 39.7%, 2006. 11. 28 KSOI)와 달리 긍정평가가 더 높게 나타나 주목된다. 조사 당시 정부의 신뢰도 및 대통령 지지도가 조사결과에 큰 영향을 미친 것으로 보인다. 정부여당이 주도하는 '좌파정책 수정' 등 이념논쟁에 국민들의 거부감이 커지면서 오히려 과거 10년에 대한 호의적 평가가 높아진 것으로 보인다.[24]

이명박 대통령은 경제문제 보다 이념논쟁을 통해 지지층을 회복하려 해서, 사회갈등의 원인제공자로서의 이미지가 높아지면서 지지도 회복에 어려움을 겪고 있다. 종교편향논란, 대규모 불교집회, 촛불집회와 노무현 대통령 서거는 지지도 면에서 이명박 정부에게 직격탄으로 작용했다고 볼 수 있다. 촛불정국을 거치면서 진보와 보수 간 갈등이 최고조에 이르렀고 그 정점에 이명박 대통령이 있었다. 이명박 대통령은 베이징 올림픽을 통해 간신히 사회통합자로서의 이미지를 확보했으나 올림픽이 끝난 후 일주일도 안돼 터진 대규모불교집회는 이명박 대통령을 갈등의 원인제공자로서 다시 격하시켰다. 그동안 종교는 사회갈등을 조정하고 국민을 통합하는 중요한 기제였다. 나라가 위기에 처하거나 정부가 어려운 상황에 직면할 때 종교지도자들을 통해 도움을 구하는 것이 그동안의 관례였다. 그런데 사회통합의 기제로 작용했던 종교가 사회갈등의 원인이 되고 있으며 그 직접적 원인제공자가 이

---

24 한국사회여론연구소, 2008, Weekly Opinion. 9. 3.

명박 정부라는 점에서 다소 아이러니하다.

게다가 좌편향 바로세우기는 이념갈등의 불씨가 될 가능성이 높다. 노무현 정부와 김대중 정부 관련 인사들에 대한 대대적 사정, 방송을 통한 편가르기도 사회갈등을 증폭시키는 요인들이다. 무엇보다 거대 야당을 앞세워 2008년 9월 정기국회를 지난 10년 동안의 좌편향을 바로 잡는 계기로 만들겠다는 현 정부의 야심은 이념갈등으로 비화될 가능성이 적잖다. 2008년 5월 한국사회여론연구소(KSOI) 조사에서 지난 10년에 대한 평가로 '민주주의와 복지향상 등 잘된 점이 더 많다' 44.3%, '좌편향정책으로 잘못된 점이 더 많다' 38.3%로 나타나 국민들의 인식과 정부의 인식간 적잖은 괴리가 있음이 드러났다. 지난 10년 평가를 명분으로 삼아 정부가 의도적으로 이념갈등을 부추기고 결과적으로 여론상으로 불리한 위치에 처하게 되었다. 굳이 분란을 들쑤셔내어 갈등을 유발하고 다시 비판을 받는 악순환의 고리에 갇힌 것이다. 문제는 대통령이 사회통합자로서의 지위를 상실하고 갈등의 원인제공자로 인식될 때 결과적으로 그 부담은 대통령으로 돌아오게 된다는 것이다. 대통령 후보 시절엔 내편과 상대편을 갈라 내 편을 결집시키는 것이 표 획득에 도움이 된다. 하지만 대통령은 지지층이 아닌 전체 국민을 상대로 통치를 해야 한다.

노무현 정부 때도 비슷한 선례들이 있었다. 노무현 정부에서도 의도적인 정치적 편가르기가 결국 부메랑으로 작용했다. 노무현 대통령이 지지층 결집을 위해 의도적으로 이념갈등을 유발하거나 정치적 편가르기를 시도할 때마다 그 결과는 지지도 하락으로 이어졌다. 2004년 하반기 국가보안법 개폐 등 4개 개혁법안을 놓고 여야가 심하게 충돌했을 때 개혁성향의 지지층이 일시적으로 결집하는 효과가 나타났다. 그러나 결과적으로는 사회통합자로서 이미지에 상처를 입으면서 지지도가 하락했다. 대부분의 정책은 어느 정도 갈등이 내포되어 있다. 그 정책을 통해 이익을 얻는 사람이 있으면 손해를 보는 사람도 있기 마련이다. 유능한 대통령이라면 이러한 과정을 매끄럽게 조정하여 손해를 보는 사람이 덜 불만을 가지도록 해야 한다. 유능한 대통령은 갈등을 최소화시켜 반대진영이 비판할 수 있는 명분을 약화시키는 인물이다.[25]

2009년 5월 노무현 전 대통령의 서거를 두고 대중들은 정치적 탄압에 의한 자살이라고 인식하며 국민들은 이에 분노하고, 비극적인 노무현 대통령의 서거는 이명박 정부에 큰 부담이 될 것이다. 전문가들은 국민들이 평소 권위를 부정하고 소탈했던 '서민 대통령'을 그리워하며, 그가 꿈꿨던 가치를 새삼 인정한 데 따른 현상으로 보고 있다. 또 조문객들이 가장 많이 한 말이 '미안하다'는 것에서 드러나 듯 극단적인 선택으로 내몬 상황을 안타까워하는 마음도 깔려 있다. 끝이 보이지 않는 경제난에 지친 서민들은 분향소를 찾아 눈물로 답답함을 호소하고 서로를 위로했다. 중앙대 사회학과 이병훈 교수는 "일국의 지도자였던 분이 비극적으로 삶을 마감한 것에 대해 국민들이 애통해하는 마음이 크다"며 "여기에 부자를 위하고 일방적으로 독주하는 현 정권에 대한 반발이 서민을 위해 살았던 노 전 대통령에 대한 그리움으로 이어지고 있다"고 말했다. 이 교수는 "추모 열기가 현 정부에는 부담스러울 수 있겠지만 국민들이 지금 원하는 게 무엇인지 되짚어 볼 수 있는 계기가 될 것"이라고 덧붙였다. 특히 대통령이라는 최고의 자리에 올랐지만 평범한 서민으로 삶을 마감한 노 전 대통령 일생은 서민들 마음을 끌어당겼다. 권위주의를 무너뜨리고 모든 것을 포용할 수 있는 리더십도 새삼 주목받았다. 박명규 교수는 "국민들 사이에서 탈권위적이고 모든 것을 포용할 수 있는 리더십을 원하고 있었다"면서 "진정성이나 삶의 원칙에서 존경을 이끌어낸 노 전 대통령에 대한 그리움이 추모 열기로 이어진 것"이라고 설명했다.[26]

---

25 한국사회여론연구소, 2008, Weekly Opinion. 2008. 5.
26 『국민일보』 2009. 5. 29.

노무현 전 대통령의 서거에서 나타난 추모열기의 원인은 '미안함'과 '재평가', 그리고 '반反 이명박 정서'이 세 가지 키워드로 분석해볼 수 있다. 먼저 '미안함'이다. 노 전 대통령의 비극적 죽음이 국민들에게 강한 충격파를 던지면서 감정선을 뒤흔든 것이다. 참여정부가 마감될 즈음 국민들의 반 노무현 정서는 극에 이르렀다. 한미 FTA와 비정규직 법안으로 지지층마저 등을 돌리고 종합부동산세로 대변되는 부동산 정책은 뜻하지 않게 중산층과 서민들의 비난을 사는 결과를 초래했다. 개혁 피로도가 누적된 국민들은 보수층의 노무현 비판에 동참했고 노무현 비판은 술자리의 단골메뉴가 됐다. 그런데 노 전 대통령이 퇴임 이후 목을 죄어오는 검찰 수사 앞에 스스로 목숨을 끊는 초유의 사태가 일어나자 약자에 대한 연민과 동정심이 작용하면서 노무현을 다시 바라보게 된 것으로 보인다. 자신도 노무현 죽이기에 한몫을 한 것이라는 자책감과 부채의식이 집단적 속죄의식으로 발현된 것으로 해석할 수 있다. 이런 흐름 속에서 자연스럽게 노 전 대통령은 대통령이 아닌 인간 노무현의 모습으로 다가왔고, 국민들은 그의 삶이 보여준 정신을 새삼 되새기게 된 것으로 보인다. 여기서 서민적이고 탈권위적인 지도자, 지역구도와 기회주의 타파, 인권과 민주주의를 위해 평생을 바친 삶의 궤적에 눈물을 흘리는 '노무현 재평가'가 이뤄졌다. 노 전 대통령의 실패와 이후 정치적 압박, 죽음으로 이어진 희생양적인 모습에서 대통령 재임시절 잊혀졌던 노무현이 지향한 가치와 정신, 고뇌 등이 깊이 각인된 것이다. 부활한 노무현은 곧바로 현재의 대통령을 비춰보는 거울이 됐다. 죽음으로 부활한 이른바 '바보 노무현'은 취임 초 강부자 내각과 촛불 집회 등 이명박 대통령의 이미지와 대비되면서 反이명박 정부 정서를 되살리고 있다. 서민 대통령과 부자 대통령, 두 상반된 이미지의 투영이 가져다준 현실에 대한 불만과 박탈감이 국민들에게 노 전 대통령에 대한 향수와 그리움을 확산시켜 거대한 추모 열기를 형성하게 된 이유가 된 것으로 분석된다.[27]

나아가 이명박은 촛불시위를 경찰을 동원해 물리력으로 억압하고 노무현 전대통령을 표적수사한다는 인식이 확산되고 나아가 노무현 전대통령이 자살로 서거하면서 국민들로부터 오만, 독선이라는 이미지를 가지게 되었다. 이명박 대통령은 소통과 통합을 거부하면서 대립의 정치, 갈등의 정치를 더 부추기는 모습을 보이면서 민주주의를 얼룩지게 하였다.

라. 모형: 분석의 소결

이명박 대통령은 대선의 높은 지지와 총선에서의 과반 이상 의석점유를 통해 추진력 있는 국정관리 구도를 만들 수 있었다. 또한 이명박 대통령은 당과 정부의 유기적 관계를 강조함으로써 행정부의 정책을 효율적이고 신속하게 추진하는 경향을 보여왔다. 〈그림 4-9〉는 해밀턴(Hamilton) 모형에서 힘의 방향과 행정부와 의회와의 관계, 그리고 의회 내의 여당과 야당의 힘의 관계를 설명한 것이다.

〈그림 4-9〉 해밀턴(Hamilton) 모형

```
권력집중 ─────────────▶
┌─────────────────┐      ┌─────────────┐
│ 대통령 및 행정부 │  〉  │  여당 ≠ 야당 │
└─────────────────┘      └─────────────┘
```

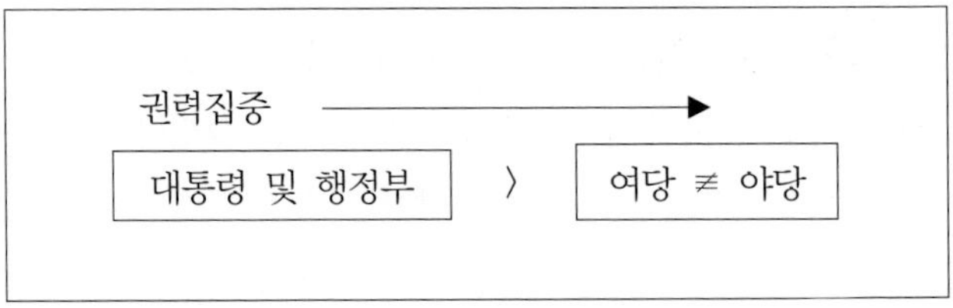

이명박 정부 시기 의회 내에서 여당은 야당보다 힘이 크지만, 한나라당 내에서 친이명박 및 친박근혜 의원집단 간에 균열이 국정운영에 장애가 되고 있다. 그래서 당내 심각한 균열은 이명박 대통령이 안정적이고 지속적인 리더십을 발휘하는데 한계요인이 되고 있다. 해밀턴

---

27 『노컷뉴스』 2009. 5. 30.

모형은 강력한 대통령이 정국을 주도하고, 행정부가 의회에 대해서 우위의 관계를 유지하는 모형이지만, 의회 내의 여당의 힘이 크지 않거나, 정치적 상황 속에서 대통령이 각 이슈에 대해 부정적으로 대응한다면, 야당과의 관계는 심각하게 악화될 수 있다. 이러한 해밀턴 모형에서는 대통령과 의회간의 타협과 조화를 위해 안정적이고 신중한 대통령의 긍정적인 리더십이 필요하다. 적극적 긍정형처럼, 정국주도를 가능하게 하면서도, 의회와의 관계를 타협을 통해 해결할 수 있게 해주는 리더십이나, 또한 의회와의 관계를 타협을 통해 해결할 수 있게 해주는 소극적 긍정형의 리더십이 해밀턴 모형에서는 가장 이상적인 리더십 유형이라 할 수 있다. 하지만 이러한 리더십 이외에도 대통령과 의회간의 관계를 변화시킬 수 있는 다양한 변수들이 존재하며, 해밀턴 모형 역시 마찬가지이다. 하지만 제퍼슨 모형에서도 언급하였듯이, 해밀턴 모형도 대통령의 리더십이 이러한 변수에 얼마나 잘 적응하느냐에 따라서 대통령과 의회간의 관계가 조화와 타협의 관계를 만들어 낼 수 있는지가 결정될 수 있다. 그런데 이명박 대통령은 'CEO 리더십'의 효율성을 강조했지만, 결과에 도달하는 과정을 경시했다. 이명박 대통령이 지금까지 보여준 리더십의 효율성과 스피드를 강조하는 '지식적·성취지향적' 측면의 CEO 리더십이다. 이명박 대통령은 주요국가정책의 정책결정을 둘러싸고 '명령자(commander)'로서 의도적으로 중앙통제를 강화하여 인사, 정책, 당정관계를 자신이 독단적으로 모두 처리하려함으로써 인사지연, 정책조정기능 혼란을 초래하였다. 나아가 이러한 중앙통제적 CEO 리더십은 당·정·청간의 유기적 정책 공조체제를 지해시켜 모든 정책결정과정의 갈등이 대통령에게 집중되는 '갈등의 과부하 및 집중화 현상'을 초래하였다.

참고문헌

I. 국문문헌

1. 단행본

강봉균, 『열린세상 유연한경제』, 한국개발연구원, 2001.

강창희, 『열정의 시대』, 중앙북스, 2009.

고기석, 김부겸, 『캠페인 전쟁 2012』, 폴리테이아, 2011.

고승덕, 『고승덕의 ABCD 성공법』, 개미들출판사, 2011.

고하승, 『박근혜 조용한 혁명』, 프런티어, 2012.

고하승, 『왜 박근혜인가』, 시민일보, 2008.

곽병선, 『교육과정 및 교수학습 이론과 실제』, 학지사, 2009.

곽병선, 『디지털시대와 인간 존엄성』, 나남, 2001.

곽병선, 『한국교육의 쟁점과 전망』, 한국학중앙연구원, 1992.

구광모, 『대통령론 : 지도자의 개성과 유형』, 고려원, 1984.

구본학 외, 『세계외교정책론』, 을유문화사, 1995.

국회사무처, 『의정자료집』, 국회사무처, 2002.

권영세, 『통일독일 동구제국 몰수재산 처리 개관』, 1994.

권용립, 『미국 대외정책사』, 민음사, 1997.

김광웅, 『발전행정론』, 박영사, 1980.

김비환, 『포스트모던 시대의 정치와 문화』, 박영사, 2005.

김석준, 『현대 대통령 연구1』, 대영문화사, 2002.

김성주, 『나는 한국의 아름다운 왕따이고 싶다』, 랜덤하우스코리아, 2000.

김영선, 『위기의 중심에서 바라본 금융산업의 미래』, 에프케이아이미디어, 2011.

김영선, 『첨단 한국으로 가는 행진곡』, 이진출판사, 2005.

김용호, 『21세기 새로운 의회정치의 모색 : 분점정부 운영방안』, 박영사, 2002.

김용호, 『한국 정당정치의 이해』, 나남출판, 2003.

김인수, 『새시대정신과 대통령 리더십』, 신원문화사, 2005.

김인수, 『시대정신과 대통령 리더십』, 신원문화사, 2003.

김정길, 『대통령의 정책관리 스타일』, 조선일보사, 1992.

김종인, 『지금 왜 경제민주화인가(한국 경제의 미래를 위하여)』, 동화출판사, 2011.

김진웅, 『냉전의 역사』, 비봉출판사, 1999.

김철수, 『현대헌법론1』, 박영사, 1977.

김충남, 『성공한 대통령 실패한 대통령』, 전원, 2002.

김형오, 『길 위에서 띄운 희망편지』, 생각의나무, 2009.

김형오, 『사랑할 수 밖에 없는 이 아름다운 나라』, 생각의나무, 2010.

김형오, 『술탄과 황제』, 21세기북스, 2012.

김호진, 『한국의 대통령과 리더십』, 청림출판, 2006.

김호진, 『한국의 도전과 선택』, 나남출판사, 1997.

김호진, 『한국정치체제론』, 박영사, 1997.

대통령 총무비서실, 『대통령비서실편람』, 1997.

맹형규, 『도시 비타민 M』, 나무와숲, 2006.

목영준, 『상사중재법』, 박영사, 2011.

미국정치연구회 편, 『부시 재집권과 미국의 분열: 2004년 미국대통령선거』, 오름, 2005.

박근혜, 『결국 한 줌 결국 한 점』, 부산일보출판국, 1998.

박근혜, 『나의 어머니 육영수』, 사람과사람, 2000.

박근혜, 『절망은 나를 단련시키고 희망은 나를 움직인다』, 위즈덤하우스, 2007.

박동서·함성득·정광호, 『장관론』, 나남출판, 2003.

박병석, 『이 기사를 조간에 꼭 실어야겠는데요』, 지원미디어, 1999.

박선규, 『미국 왜 강한가 내가 본 미국인, 미국 의회』, 미다스북스, 2003.

박선규, 『박선규 대변인 희망과 맞팔하다』, 미다스북스, 2012.

박선규, 『선생님 당신이 희망입니다』, 미다스북스, 2009.

박세일 외, 『대통령의 성공조건』, 나남출판, 2002.

박영선, 『자신만의 역사를 만들어라』, 마음의숲, 2012.

박종준, 『박종준이 열어가는 도전의 길, 섬김의 꿈』, 2012.

박준영, 『평화의 길』, 에쎈에스, 2003.

박중훈, 『대통령비서실의 조직과 기능』, 한국행정연구원, 1999.

박찬욱 외 2인, 『미래 한국의 정치적 리더십』, 미래인력연구센터, 1997.

박찬표, 『한국의회정치와 민주주의(비교의회론의 시각)』, 오름, 2002.

박치정, 『현대정치학』, 삼경사, 1995.

박효종,『국가와 권위』, 서울대학교출판문화원, 2005.

박효종,『아들에게 건네주는 인생의 나침반』, 아라그네, 2003.

박효종,『한국 민주정치와 삼권분립』, 자유기업센터, 1998

서승환,『미시경제학』, 홍문사, 2011.

서청원,『카리스마의 시대는 끝났다』, 답게, 1998.

서청원,『쿼바디스 코리아』, 답게, 2002.

서현진·손병권·신유섭·이현우·임성호·정진민,『미국 의회선거의 변화와 지속성: 2002년 중간선거 분석』, 오름, 2002.

손병권,『미국 정치의 분열과 통합(엘리트·유권자·이슈·양극화와 정치과정)』, 오름, 2003.

손병권,『부시 재집권과 미국의 분열: 2004 미국 대통령선거』, 오름, 2005.

손병권,『한국의 의회정치와 민주주의(비교의회론의 시각)』, 오름, 2002.

송의달,『세계를 움직이는 미국 의회』, 서울, 2000.

심지연 외,『현대 정당정치의 이해』, 백산서당, 2004.

심지연,『한국정치제도의 진화경로』, 백산서당, 2006.

심지연,『한국현대정당론』, 창비, 1984.

안병만,『한국정부론』, 다산출판사, 1999.

안병진,『마이크로소프틱스』, 동방미디어, 2001.

안철수,『안철수의 생각』, 김영사, 2012.

안해균,『한국행정체제론』, 서울대출판부, 1988.

양동안,『국가상황과 리더십』, 서울대출판부, 1994.

양성철,『한국정부론』, 박영사, 1994.

오성삼,『그치지 않는 비는 없다』, 두레, 2009.

오성삼,『메타분석의 이론과 실제』, 건국대학교출판부, 2002.

오성삼·권순달,『핵심 교육평가』, 쿠북, 2010.

옥동석 외,『한국의 공공부문 현황과 과제』, 한국경제연구원, 2007.

옥동석·백웅기·김필헌·이종욱,『지속성장을 위한 정부 역할의 재조명』, 한국경제연구원, 2010.

우윤근,『한국정치와 새로운 헌법질서』, 리북, 2009.

유기현,『조직행동론』, 무역경영사, 2001.

유민봉,『인사행정론』, 박영사, 2012.

유민봉,『한국 행정학』, 박영사, 2012.

유승민 외,『한국 기업의 운명을 바꿀 21세기 미래경영』, 김영사, 2000.

유승민, 『과연 위기의 주범인가』, 비봉출판사, 2000.

유일호·안종범·박기백·손원익, 『건강한 복지를 꿈꾼다』, 열린아트, 2012.

유호열, 『북한의 사회주의 건설과 좌절』, 생각의 나무, 2004.

윤상현, 『국민은 나를 움직인다』, 도서출판이부키, 2012.

윤상현, 『윤상현의 세상읽기』, 길컴, 2007.

윤재옥, 『첫 번째 펭귄은 어디로 갔을까』, 큰곰, 2011.

윤창중, 『국민이 정치를 망친다』, 해맞이미디어, 2012.

윤창중, 『만취한 권력』, 해맞이, 2007.

윤창중, 『윤창중의 촌철』, 해맞이, 2009.

윤창중, 『정치 통탄한다』, 해맞이, 2010.

윤창중, 『청와대 뒷산에 다시올라가라』, 해맞이, 2008.

윤홍희, 『현대 미국대통령선거론 수정증보판』, 청림, 2005.

윤홍희, 『현대 미국정치론』, 청림, 2006.

이건희, 『생각 좀 하며 세상을 보자』, 동아일보사, 1997.

이남영, 『21세기의 새로운 정치지도자상』, 한국정치학회 한국정치포럼, 1996.

이남영, 『전두환, 노태우 정권의 성격과 리더십』, 한국정신문화연구원, 1995.

이남영, 『전환시대의 행정가 : 한국형 지도자론』, 나남출판, 1997.

이삼성, 『세계와 미국: 20세기의 반성과 21세기의 전망』, 한길사, 2001.

이삼성, 『현대 미국외교와 국제정치』, 한길사, 1993.

이상돈, 『대통령제』, 대학출판사, 1989.

이송호, 『대통령과 보좌관』, 박영사, 2002.

이승종, 『정부의 국제지원사업의 운영개선 방향에 관한 연구』, 한국행정연구
　　　원, 2003.

이승종, 『지방자치론』, 박영사, 2005.

이승종·강명구·강철구·금재덕·김익식, 『지방정부의 역량과 정책혁신이론과
　　　실제』, 박영사, 2003.

이완구, 『약속을 지키는 사람』, 조선앤북, 2011.

이우영, 『미국 연방민사절차 (I)』, 경인문화사, 2007.

이우영, 『해외법률문헌조사방법』, 서울대학교출판원, 2005.

이인제, 『출발선에 다시 서서』, 따뜻한손, 2003.

이인제, 『한라에서 백두를 보네』, 시사미디어, 2007.

이재술, 『최고의 정치컨설턴트가 말하는 선거전략의 법칙』, 서우, 2010.

이정현, 『진심이면 통합니다』, 크리에이티브 창인, 2011.

이종범, 『전환시대의 행정가 : 한국형 지도자론』, 나남출판, 1997.

이학재 외 공저, 『청년지도자의 현실과 꿈 "우리는 알고 싶다"』, 2012.

이학재, 『햇님은 코 자는데 아빠는 또 나가?』, 2012.

이한구, 『21세기 한국국부론』, 매일경제신문사, 1993.

이한구, 『세계를 보고 뛰어라』, 동아일보사, 1994.

이해영, 『정책균형이론』, 영남대학교 출판부, 2008.

이해영, 『정치지도자의 정책리더십』, 집문당, 2003.

임우순·소영일, 『경영관리론』, 박영사, 1997.

임종훈, 『한국입법과정론』, 박영사, 2012.

임종훈, 『한국헌법요론』, 홍익대학교 출판부, 2008.

장훈, 『한국 정당정치 연구방법론』, 박영사, 2012.

장훈·이숙종, 『세계화 제2막(한국형 세계화의 새 구상)』, 동아시아연구원, 2011.

전성철, 『청와대가 보인다 대통령이 보인다』, 조선일보사, 2001.

정관용·윤여준·이해찬·김종인·남재희, 『문제는 리더다』, 메디치미디어, 2010.

정만희, 『헌법과 통치구조』, 법문사, 2003.

정윤재, 『김대통령의 개혁 리더십의 정치적 성격연구, 문민정부와 정치개혁』,
      한국정치학회 편, 1993.

정정길, 『대통령의 경제리더십』한국경제신문사, 1994.

정진민, 『후기 산업사회 정당정치와 한국의 정당발전』, 한울아카데미, 1998.

제18대 대통령선거 새누리당 정책공약, 『세상을 바꾸는 약속 책임 있는 변화』,
      2012, 2018면.

조윤선, 『문화가 답이다』, 미호, 2011.

조윤선, 『미술관에서 오페라를 만나다』, 시공사, 2007.

조지형, 『헌법에 비친 역사』, 도서출판 푸른역사, 1999.

진념, 『경제 살리기 나라 살리기』, 에디터, 2002.

최 명·백창재, 『현대 미국정치의 이해』, 서울대학교출판부, 2000.

최 진, 『대통령 리더십 총론』, 법문사, 2008.

최경환, 『NATO정권 내버려진 경제』, 20

최영보 외 공저. 『미국현대외교사』, 비봉출판사, 1998.

최외출, 『세계의 지역개발』, 영남대학교 출판부, 1995.

최장집, 『시민사회의 도전 : 한국의 민주화와 국가자본 노동』, 나남출판,
      1993.

최장집, 『유럽민주주의와 노동정치』, 법문사, 1997.

최장집, 『한국 민주주의의 조건과 전망』, 나남출판, 1996.

최장집·임현진 공편, 『한국사회와 민주주의: 한국 민주화 10년의 평가와 반성』, 나남출판, 1997.

최진욱, 『통일한국의 권력구조』, 민족통일연구원, 1994.

최평길, 『대통령학』, 박영사, 2002.

추미애, 『중산층 빅뱅』, 플래닛, 2011.

추미애, 『한국의 내일을 말하다』, 매일경제신문사, 2008.

한광옥, 『곧은 길에 미래가 있다』, 중앙 M&B, 2002.

한광옥, 『선택(포용과 결단의 리더십)』, 우진애드, 2010.

한승조, 『리더십이론과 한국정치』, 민족지성사, 1988.

한승조, 『한국의 정치지도자들』, 대정진, 1992.

한승조, 『한국정치의 지도이념』, 서향각, 1977.

한승주 편, 『리더십과 한국정치』, 서울대출판부, 1994.

한태연, 『헌법과 정치체제』, 법문사, 1987.

함성득, 『대통령학』, 나남출판, 2003.

홍문종, 『조선에서 일본 식민지 교육정책(1910-1945)』, 학지사, 2003.

홍문종, 『투명거울』, 기역, 2011.

홍문종, 『한국 다문화사회의 쟁점과 진단』, 역락, 2011.

홍사덕, 『나의 꿈 나의 도전』, 삼여재, 2003.

홍사덕, 『지금 잠이 옵니까?』, 베스트셀러, 1996.

황우여, 『지혜의 일곱 기둥』, 한국기독교정치연구소, 2005.

EU연구센터, 유럽민주주의와 노동정치, 법문사, 1997.

2. 논문

강명세, "미 중간선거와 부시 행정부의 국내정책", 『정세와 정책』(12월호), 2006.

강문구, "한국의 민주적 공고화와 개혁의 한계", 『21세기 정치학회보』(12권), 2002.

강병익, "김영삼, 김대중 그리고 노무현의 리더십", 미래공방, 2008.

강승식, "국가적 안정성 관점에서 바라본 대통령제", 『중앙법학』(제6집 제3호), 중앙법학회, 2004.

강승식, "대통령제에 관한 연구", 『법과 정책연구』(제4집 제1호), 한국법정책학회, 2004.

강승식, "대통령제를 위한 변론", 『세계헌법연구』(제11권 제1호), 2005.

강원택, "김영삼 정부시기의 정당정치와 개혁의 한계: 집권연합내의 변화를 중심으로", 『국가전략』(제8권), 1998.

강원택, "방향 감각의 상실과 표류", 『황해문화』, 2008.

구세진, "한국 대통령의 대중호소 전략: 제왕적 대통령제의 쇠퇴와 대중적 리더십의 부상에 관한 제도적 접근" 서울대학교 대학원 논문, 2006.

권영성, "새 정부하의 국회와 행정부 간의 관계모색 : 권력분립의 원리의 구현을 위한 제언", 『국회보』, 2002.

김종철, "'정치의 사법화'와 의의와 한계", 『공법연구』(제33집 제3호), 2005.

김주리·남궁곤, "미국 중동정책에서 의회의 역할: 중동평화촉진법(1993) 제정 과정을 중심으로", 『한국정치외교사논총』(제29권 제2호), 2008.

김남균, "미국 대통령 선거제도와 선거문화: 1948년과 2004년 대통령 선거 비교", 『미국사연구』(제22집), 2005.

김병문, "김영삼 대통령의 개혁리더쉽에 관한 고찰", 2001년도 한국정치학회 하계학술회의, 2001년.

김병문, "개혁의 성패요인 분석 – 김영삼 대통령 리더십을 중심으로 – ", 『한국행정논집』(제17권 제4호), 2005.

김봉중, "탈냉전, 세계화, 그리고 미국의 외교", 『미국사연구』(제23집), 2008.

김비환, "김대중 정권 과연 좌파인가?", 『개혁시대』(제1권 제4호), 2002.

김비환, "한국 민주주의의 진로와 자유주의", 『한국의 전망』(제1호, 봄), 2006.

김용철, 박정희의 정치적 리더십, 『한국정치과정론』, 윤형섭·신명순 외, 서울, 법문사, 1988.

김용호, "새 대통령, 새 국회 정당개혁의 방향", 『국회보』(1월호)2003.

김일영, "한국에서 국무총리의 제도적 위상과 정치적 위상간의 괴리: 역대 국무총리와 대통령, 국회, 집권당 사이의 관계를 중심으로", 『한국정치외교사논총』(제24집 제3호), 2006.

김일영, "한국에서 보수와 진보의 의미 변화와 현상: '뉴라이트', '뉴레프트' 그리고 자유주의", 『철학연구』(제100집), 2006.

김일영, "한국 대통령제의 성공과 헌법의 권력구조 조항 수정", 『세계헌법연구』(제14권 제1호), 2008.

김정배, "부시 행정부의 대외정책: 지구 위에 '언덕 위의 도시' 건설", 『미국사연구』(제18집), 2003.

김종림, "대통령의 정치역할론", 한국행정학회 춘계학술 심포지움, 1992. 4. 16.

김종환, "의회중심에서 대통령중심으로 미국정치제도의 변천", 세종연구소, 1999.

김충남, "예비선거를 통해 본 미국 대통령선거 전망", 외교안보연구원, 1996.

김 혁, "대통령의 리더십과 비서실 조직구조에 관한 연구", 『한국행정학보』(제35권 제3호), 2001.

김 혁, "대외 정책에서의 대통령 정책의제설정에 대한 연구: 연두교서에서 표출된 미 대통령의 대외정책 의제설정 양태를 중심으로", 『세계지역연구논총』(제25권 제1호), 2008.

김호균, "장관의 역할에 관한 연구: 전두환·김대중 정부를 중심으로", 서울대학교 박사학위논문, 2001.

남궁곤, "신보수주의 연속성 관점에서 본 부시 재집권", 미국정치연구회 편, 『부시 재집권과 미국의 분열: 2004년 미국대통령선거』, 오름, 2005.

마인섭, "왜 민주화 이후 한국 민주주의는 위기에 처하게 되었나?: 민주화 이후의 민주주의: 한국 민주주의의 보수적 기원과 위기", 최장집 著 〈書評〉 評 『한국정치학회보』(제36집 제4호), 2002.

마인섭, "국회의원 선거와 후보선출제도 개혁방안", 『한국정당학회보』(제3권 제1호), 2004.

박경효, "김영삼 정부의 장·차관(급) 충원정책", 『한국행정학보』(제29권 제2호), 1995.

박대식, "정부조직개편에 대한 제도-선택적 분석", 『한국행정학보』(제35권 제3호), 2001.

박대식, "제도적 대통령에 관한 비교분석: 미국과 한국을 중심으로", 『한국행정학보』(제41권 제4호), 2007.

박명림, "헌법, 헌법주의, 그리고 한국 민주주의", 『한국정치학회보』, 2005.

박명림, "헌법개혁, 민주주의, 그리고 한국 국가관리의 비전", 연세대학교 국가관리연구원 춘계학술회의, 2008.

박병석, "통일한국의 정당체제와 선거제도", "통일한국의 새로운 이념과 질서의 모색", 『한국정치학회』, 1993.

박병석, "권력분산의 민주주의-협의제 민주주의의 한국적 수용에 관한 연구", 『성균관대 사회과학』(제37권 제1호), 1998.

박인숙, "미국역사가들과 '아이젠하워 수정주의(Eisenhower Revisionism)'", 『대구사학』(제77집), 2004.

박일경, "대통령제국가의 국가원수", 『한태연박사회갑기념논문집』, 1999.

박종민, "한국에서의 장관선택의 기초: 변화와 연속성", 『행정과 정책』, 1996.

박종민, "행정부의 입법부 지배: 변화와 지속", 『의정연구』(제4권 제2호), 1998.

박종민·배병룡·유재원·최승범·최흥석, "한국 지방정치의 특징", 『한국행정학보』(33권 제2호), 1999.

박찬욱, "미국과 영국의회의 정책집행 감독 활동", 『한국정치학회보』(제29권 제3호), 1995.

박찬욱, "한국 통치구조의 변경에 관한 논의: 대통령제의 정상적 작동을 위하여", 『한국정치연구』(제13집 1호), 2004.

박찬욱·원시연, "한국행정 60년: 입법부-행정부 관계", 『국회입법조사처』(국회보통권 제498호), 2008.

박천오, "기존 장관임면 관행의 정책 행정상 폐단과 시정방안", 『한국행정학보』(제29권 제4호), 1995.

배정훈, "대통령비서실 개편과 구성에 관한 연구", 중앙대학교 박사학위논문, 1999.

백종국, "김영삼 개혁 연합의 선택", 『사회비평』(제14권), 1996.

서기준, "한국의 정치권력구조 개편에 관한 재고찰", 『한국정치학회보』, 30(2), 1996.

서현진, "클린턴 대통령의 개인적 자질에 대한 평가가 2000년 대선에서 후보자 선택에 미친 영향", 『미국학논집』(제39권제2호), 2007.

선학태, "세계화와 한국정치개혁의 제도화", 『한국정치학회보』, 30(2), 1996.

손병권, "부시(George W. Bush) 대통령의 정당편향적 의회전략: 유권자 성향과 개인적 리더십 스타일을 중심으로", 경남대학교 극동문제연구소, 『한국과 국제정치』, 23권, 1호, 2007.

손호철, "문민정부와 정치개혁", 손호철, 『해방 50년의 한국정치』, 샛길, 1995.

신유섭, "양대 정당의 선거공약과 국내정책 비교", 미국정치연구회 편, 『부시 재집권과 미국의 분열: 2004년 미국대통령선거』, 오름, 2005.

안병만, "역대 통치자의 자질과 정책성향 연구", 『한국 행정학회 춘계학술 심포지엄』, 1992.

안병만, "역대 통치자의 리더십 연구", 한국 행정학회세미나, 1998.

안병진, 2006, "보수적 포퓰리즘의 부분적 성공과 자유주의의 새로운 민주주의 모델 정립의 실패", 『노무현 정부의 국가관리 중간평가와 전망』, 연세대학교 국가관리연구원.

안청시, "한국정치문화의 특성과 변화", 『한국정치문화』(서울대학교 한국정
　　치 연구소), 1991.

안병영, "노태우 대통령 지도력의 세가지 특징", 『신동아』, 1991. 4..

안병진, "미국 2004년 대선을 둘러싼 5가지 쟁점에 대한 단상", 『진보평론』(제
　　22호), 2004.

안병진, "미국 일방주의 Go? Stop?", 『주간동아』(제460호) 2004. 11. 18.

안병진, "민주당의 특성과 전망", 미국정치연구회 편, 『부시 재집권과 미국의
　　분열: 2004년 미국대통령선거』, 오름, 2005.

안병진, "보수적 포퓰리즘의 부분적 성공과 자유주의의 새로운 민주주의 모
　　델 정립의 실패", 『노무현 정부의 국가관리 중간평가와 전망』, 연세
　　대학교 국가관리연구원, 2006.

안순철·가상준, "조지 W. 부시 대통령의 지지율을 통해 본 미국정치의 양극
　　화", 『세계지역연구논총』(제24권 제3호), 2006.

양 건, "정부형태론－대통령제냐 의원내각제냐", 『헌법연구』, 법문사, 1995.

양승태, "똘레랑스, 차이성과 정체성, 민족 정체성, 그리고 21세기 한국의 민
　　족주의", 『정치사상연구』(제13집 제1호), 2007.

양승태, "대통령이란 무엇인가? 한 공직의 실체에 대한 새로운 접근을 위한
　　시론", 『한국정치학회보』(제42집 제1호), 2008.

양재진, "대통령제, 이원적 정통성, 그리고 행정부의 입법부 통제와 지배: 한
　　국행정국가화 현상에 대한 함의를 중심으로", 『한국행정연구』(제11
　　권 제1호), 2000.

오승용, "한국 분점정부의 대통령-의회관계 연구－입법과정을 중심으로-",
　　전남대학교 정치학박사학위논문, 2003.

윤영오, "국회개혁에 관한 연구", 『한국정치학회보』(제29권 제4호), 1995.

윤영찬, "이상주의와 현실정치", 『신동아』(9월호), 1996.

이강노, "대통령제와 제14대 대통령 선거의 전망 : 대통령의 지도력과 정책결
　　정요인의 비교: 박정희·전두환·노태우 대통령과 비서실", 『한국정치
　　학회 선거와 한국정치』, 1992.

이강혁, "미합중국대통령의 지위와 권한", 『미국헌법연구』(제8호), 1997.

이명남, "한국에서 대통령제의 적실성", 『한국정치학회보』, 1997.

이선우·박중훈, "장관의 역할과 직위수행에 관한 연구", 한국행정학회 하계
　　학술대회 발표논문, 2000.

이시원, "우리나라 역대정부의 장관임용 실태분석", 한국행정학회 하계기획

세미나 발표논문, 2002.

이종범, "김영삼 대통령의 리더십 특성과 국정관리 유형 : 문민정부 1년의 정책평가", 『한국행정학보』, 1995.

이종선, "미국대통령제의 한국헌법에의 수용", 『미국헌법연구』(제2호), 1991.

이헌환, "미국대통령의 권한과 그 한계", 『세계헌법연구』(제9권), 2004.

이현우, "미국선거의 이해", 서현진·손병권·신유섭·이현우·임성호·정진민, 『미국 의회선거의 변화와 지속성: 2002년 중간선거 분석』, 오름, 2002.

임성호, "민주주의와 관료제: 관료제의 비대화 및 병폐의 정치적 원인", 『한국과 국제정치』(제14권 제2호), 1998.

임성호, "국회 활성화와 정치개혁: 상호모순의 패러독스와 개혁과정의 중요성." 『평화논총』(3권 제1호), 1999.

임성호, "'이익집성적' 권력모델의 한계와 '이익통합적' 모델의 모색", 『한국정치연구』(제4집), 1999.

임성호, "의회와 거버넌스: 거버넌스의 저해 및 촉진 기제로서의 의회", 거버넌스연구회, 『거버넌스의 정치학』, 법문사, 2002.

임성호, "원내정당화와 정치개혁" 한국의회발전연구회 제44차 의정연구논단, 2003.

임성호, "부시의 전략적 극단주의: 정당양극화, 선거전략 수렴의 부재", 미국정치연구회 편, 『부시 재집권과 미국의 분열: 2004년 미국대통령선거』, 오름, 2005.

임혁백, "지연되고 있는 민주주의의 공고화", 최장집·임현진 공편, 『한국사회와 민주주의: 한국 민주화 10년의 평가와 반성』, 나남출판, 1997.

장석권, "미국 의회의 국가에 있어서의 대통령제와 그 문제점, 현대 행정과 공법이론", 『서원우교수 화갑기념논문집』, 1991.

장석권, "한국의 대통령제와 그 문제점에 관한 소고", 『서주실화갑기념논문집』, 1992.

장석권, "현행헌법상 의원내각제적 요소에 대한 비판적 고찰", "현대법의 이론과 실제", 『금랑김철수교수화갑기념논문집』, 1993.

장석권, "정부형태와 정당기능의 상이에 관한 연구", 『공법연구』(24권 제4호), 1996.

장석권, "미국정당제도의 특수성", 『미국헌법연구』(8호), 1997.

장선희 외, "행정부와 의회간 재정권한의 배분에 관한 외국 입법례 연구", 한국법제연구원, 2006.

장용근, "바람직한 정부형태개정방향에 대한 연구", 『세계헌법연구』(제14 권 제1호), 2008.

정만희, "미국헌법상 권력분립의 원리", 『미국헌법연구』(제4호), 1993.

정민의, "미국헌법의 현실과 통치구조의 분석, 『미국헌법연구』(제8호), 1997.

정성화, "미국의 대소 핵정책: 트루먼, 아이젠하워 시대"『미국사연구』(제9집), 1995. 5.

정윤재, "노태우 대통령의 정치적 리더십에 관한 연구", 한국정치학회 편, 『선 거와 한국정치』, 2002.

정윤재, "김대통령의 개혁 리더십의 정치적 성격연구", 월간 『사회평론 길』 (제93권 12호), 1993.

정진민, "정당개혁의 방향: 정당구조의 변화를 중심으로", 한국정당학회, 2003.

정진민, "생산적 국회운영을 위한 대통령-국회 관계와 정당", 『한국정당학회 보』(제7권 제1호), 2008.

정창화, "한국 대통령비서실과 독일 연방수상실의 조직 및 기능에 관한 비교 분석", 『한국사회와 행정연구』(제14권 제3호), 2003.

조현연·조희연, "한국 민주주의의 이행", 조희연 편, 『한국 민주주의와 사회 운동의 동학』, 나눔의 집, 2001.

지영환, "대통령의 Leadership과 대(對) 의회관계에 관한 연구-민주화 이후를 중심으로-" 고려대학교 대학원 석사학위논문, 2004.

주성수, "한국시민사회의 특성: 서비스, 사회자본, 권익주창," 주성수 편, 『한 국시민사회지표: CIVICUS 국제공동연구 한국보고서』, 아르케, 2006.

차상철. "아이젠하워, 이승만, 그리고 1950년대의 한미관계", 『미국사연구』(제 13집), 2001. 5.

최대권, "헌법개정논의-정부형태를 중심으로", 『공법연구』(제26권 제3호), 1998.

최장집, "김영삼 정부 초기 개혁과 한국민주주의의 성격", 『한국민주주의의 조건과 전망』, 나남출판, 1996.

최장집, "한국 민주주의 공고화와 새로운 지도자상", 『한국정치학회』(1997년 도 충청지회 학술회의), 1997.

최평길·박석희, "대통령 비서실의 조직, 정책, 관리기능 비교연구", 『한국행 정학보』(제28권 제4호), 1994.

함성득, "대통령학의 이론적 고찰과 우리의 연구과제", 『한국행정학보』(제31 권 제1호), 1997.

함성득, "대통령학의 이론적 고찰과 우리의 연구과제", 『한국행정학보』(제31

권 1호), 1998.

함성득, "의회, 정당, 대통령의 새로운 관계", 『의정연구』(제4권 제1호), 1998.

함성득, "노무현 대통령의 집권 전반기 리더십 평가", 『서울대 행정논총』(제
43권, 2호), 2005.

함성득·김동욱, "생산성을 기준으로 인식한 국회의 현실", 『의정연구』, 2000.

홍성욱, "의원내각제의 기본 이론에 관한 비판적 연구", 한국외국어대학교
석사학위논문, 1990.

II. 외국문헌

1. 단행본

Agranoff, Robert. ed. The New Style in Election. Boston: Holbrook Press, 1972.

Agresto, John. 1984. The Supreme Court and Constitutional Democracy. Ithaca:
Cornell Univ. Press.

Bacevich, Andrew J. 2002. American Empire. Cambridge: Harvard University Press.

Bailey, Thomas A. 1966. Presidential Greatness: The Image and the Man from George
Washington to the Present. New York: Appleton-Century.

Barnard, Chester Irving. 1971. The Functions of the Executive. Cambridge: Harvard
University Press.

Bender, Thomas. 2002. Rethinking American History in a Global Age. Berkeley:
University of California Press.

Brands, H. W. 1993. The Devil We Knew: Americans and the Cold War. New York:
Oxford University Press.

Burke, John p.2000. The Institutional Presidency: Organizing and Managing the White
House from FDR to Clinton. Baltimore: The Johns Hopkins University Press.

Burns, James M. 1956. Roosevelt: The Lion and Fox. New York: Harcourt, Brace.

Burns, James M. 1973. Presidential Government: The Crucible Of Leadership.
Cambridge, England: Houghton Mifflin.

Burns, James M. 1979. Leadership.New York: Harper & Row Publishers.

Burns, James M. 1984. The Power to Lead: The Crisis of The American Presidency.
New York: Simon and Schuster.

Bush, George W. & Mike Gerson. 2001. Our Mission and Our Moment: President George W. Bush's Address to The Nation Before a Joint Session of Congress, September 20, 2001. New York: Newmarket Press.

Caldicott, Helen. 2004. The New Nuclear Danger: George W. Bush's Military-Industrial Complex. New York: The New Press.

Campbell, Colin. 1986. Managing the Presidency: Carter, Reagan, and the Search for Executive Harmony. Pittsburgh, Pennsylvania: The University of Pittsburgh Press.

Campbell, Colin, and Bert A. Rockman. 1991. The Bush Presidency: First Appraisals. New York: Chatham House.

Campbell, Colin, Bert A. Rockman and Andrew Rudaleviege. eds. 2008. The George W. Bush Legacy. Washington D. C.: CQ Press.

Chernow, Ron. 2004. Alexander Hamilton. New York: The Penguin Press.

Clinton, Bill. 2004. My Life: the Presidential Years. New York: Vintage Books.

Cohen, Jeffrey E. 2001. "The Polls: Change and Stability in Public Assessments of Personal Traits, Bill Clinton, 1993-1999." Presidential Studies Quarterly 31. December.

Collins, Jim. Good to Great: Why Some Companies Make the Leap and Others Don't. Colorado: Collins, 2001.

Cook, Rhodes. 2000. Race for the Presidency: Winning the 2000 Nomination. Washington, D.C.: Congressional Quarterly Press.

Corvey, Stephen R. The 7 Habits of Highly Effective People. New York: Free Press, 1994.

Crossman, R.H.S., The Myths of Cabinet Government. Harvard University Press, 1972.

Democratic Platform Committee. 2004 Democratic Party Platform: Strong At Home, Respected in the World. Boston.

Diamond, Jared M. 1997. Guns, Germs, and Steel: The Fates of Human Societies. New York: W. W. Norton.

Dyer, Gwynne. 2004. Future: Tense: The Coming World Order. Toronto: McClelland & Stewart Ltd.

Edwards III, George C. and Stephen J. Wayne. 2003. Presidential Leadership: Politics and Policy Making. Belmont, C.A.: Wadsworth/Thompson.

Ehrman, John. 1995. The Rise of Neoconservatism: Intellectuals and Foreign Affairs,

1945-1994. New Haven: Yale University Press.

Evans, Peter. 1995. Embedded Autonomy: States & Industrial Transformation. Princeton: Princeton University Press.

Fiedler, Fred E. 1969. A Theory of Leadership Effectiveness. McGraw-Hill Com.

Fiorina, Morris. 1995. Divided Government. 2nd ed. Wesley Pub. Co.

Freud, S. 1998. The Ego and the Mechanism of Defence. New York: International Univ. Press.

Gardner, John W. 1990. On Leadership.New York: Free Press.

Gellert, Michael. 2001. The Fate of America: An Inquiry into National Character. Washington, D.C.: Brassey's.

Gerson, Mark. 1997. The Neoconservative Vision: From the Cold War to the Culture Wars. Lanham: Madison Books.

Ghiselli, E. E. 1971. Explorations in Management Talent. Santa Monica, Cal.: Goodyear.

Greenstein, Fred I. ed. 2003. The George W. Bush Presidency: An Early Assessment. Baltimore: Johns Hopkins University Press.

Greider, William. 1997. One World, Ready or Not: The Manic Logic of Capitalism. New York: Simon & Schuster.

Hahm, Sung Deuk and Chris Plein. 1997. After Development: The Transformation of the Korean Presidency and Bureaucracy. Washington, DC: Georgetown University Press.

Halper, Stefan and Simon, Jonathan Clarke. 2004. America Alone: The Neo-Conservatives and the Global Order. Cambridge: Cambridge University Press.

Hardin, Charles M. 1974. Presidential Power and Accountability: Toward a New Constitution. University of Chicago Press.

Hardin, Charles M. 1989. Constitutional Reform in America. Iowa State University Press.

Hart, John. ed. 1987. The Presidential Branch. New York: Pergamon Press.

Hazlitt, Henry. 1974. A New Constitution Now. Arlington House.

Herring, Pendleton. 1940. Presidential Leadership: The Political Relations of Congress and the Chief Executive. New York: Farrar and Rinehart.

Hersey, p. & K. H Blanchard. 1993. Management of Organizational Behavior: Utilizing Human Resources. 6th ed. Englewood Cliffs: Prenticehall.

Hollander, E. p.1964. Leaders, Groups, and Influence. New York.

Hyland, William G. 1999. Clinton's World: Remaking American Foreign Policy. New York: Praeger.

Jamieson, Kathleen Hall. 1996. Packaging the Presidency. New York: Oxford University Press.

Janowitz, Morris, 1964. The Military in The Political Development of New State: An Essay in Comparative Analysis. Chicago & London: The University of Chicago Press.

Johnson, Richard Tanner. 1974. Managing the White House: An Intimate Study of the Presidency. New York: Harper & Row, Publishers.

Jung, Carl. 1979. Psychological Types. London and Herley: Routledge & Kegan Paul.

Karoubi, Mohammad Taghi. 2004. Just or Unjust War? Tehran Universities, Iran: Ashgate Publishing Ltd.

Kellerman, Barbara. ed. 1996. Political Leadership: A Source Book. Pitsburg: University of Pittsburgh Press.

Kim, Young Rae, Hochul Lee & In-Sub Mah. 2002. Redefining Korean Politics: Lost Paradigm and New Vision. Seoul: Oreum.

Kissinger, Henry. 2001. Does America Need Foreign Policy? New York: Simon and Schuster.

Knott, Jack H. and Miller, Gary J. 1987. Reforming Bureaucracy: The Politics of Institutional Choice. Englewood Cliffs, N.J.: Prentice-Hall, Inc.

Koontz, H. & C. O'Donnell. 1980. Management. 7th eds. New York: McGraw-Hill.

Kristol, Irving. 1995. Neoconservativism: The Autobiography of an Idea. Chicago. Elephant Paperbacks.

Landy, Marc and Sidney M. Milkis. 2000. Presidential Greatness. Kansas: University Press of Kansas.

Lane, Jan-Erik. 1996. Constitutions and Political Theory. Manchester: Manchester Univ. Press.

Laski, Harold, J. 1940. The American Presidency: An Interpretation. New York: Harper & Brothers.

Light, Paul C. 1982. The Presidents Agenda. Baltimore: The Johns Hopkins University Press.

Linz, Juan J. & Alfred Stepan. 1978. The Breakdown of Democratic Regimes.

Baltimore: Hopkins University Press.

Lipset, Seymour M. 1960. Political Man: The Social Bases of Politics. Garden City, New York: Doubleday.

Löwenstein, Karl. 1965. Political Power and the Governmental Process. Chicago University of Chicago Press.

Macedo, Stephen. 1999. Deliberative Politics. Oxford: Oxford University Press.

Mann, Thomas E. and Norman J. Ornstein. 2006. The Broken Branch: How Congress Is Failing America and How to Get It Back on Track. New York: Oxford University Press.

Mansfield, Jr. Harvey C. 1989. Taming the Prince: The Ambivalence of Modern Executive Power. New York: Free Press.

Mayhew, David R. 1992. Divided We Govern: Party, Control, Lawmaking, and Investigations, 1946-1990. Yale University Press.

Maxwell, John. 1998. The 21 Irrefutable Laws of Leadership.Tennessee: Thomas Nelson.

McDonald, Forrest 1994. The American Presidency: An Intellectual History. Lawrence: Uni. Presss of Kansas.

Mclaurin, Ann M. and Williaam D. Pederson. 1987. The Rating Game in American Politics: An Interdisciplinary Approach. New York: Peter Lang.

Moe, Terry. 1990. The Politics of Structural Choice: Toward a Theory of Public Bureaucracy. Williamson, Oliver. ed. Organization Theory: From Chester Barnard to the Present and Beyond. New York: Oxford University Press.

Moe, Terry. 1990. Political Institutions: The Neglected Side of the Story. Journal of Law, Economics, and Organization, 6.

Moe, Terry. 1991. Politics and the Theory of Organization. Journal of Law, Economics, and Organization, 7.

National Commission on Terrorist Attacks Upon the United States. 2004. The 9/11 Commission Report: Final Report of the National Commission on Terrorist Attacks Upon the United States. New York: W.W. Norton, 2004.

Newhouse, John. 2003. Imperial America: The Bush Assault on the World Order. New York: Alfred A. Knopf.

O'Donnell, G. A. 1973. Modernization and Bureaucratic-Authoritarianism. Berkeley: University of California.

Paige, Glenn D. 1977. The Scientific Study of Political Leadership. New York: The Free Press.

Pious, Richard M. 1979. The American Presidency. New York: Basic Books.

Polsbly, Nelson. 1983. Consequences of Party Reform. New York: Oxford University Press.

Przeworski, Adam. 1991. Democracy and the Market: Political and Economic Reforms in Eastern Europe and Latin America. Cambridge: Cambridge University Press.

Putnam, Robert. 1993. Making Democracy Work. Princeton, NJ: Princeton University Press.

Putnam, Robert. 2000. Bowling Alone: The Collapse and Revival of American Community. New York: Simon and Schuster.

Ranney, Austin. 1984. Curing the Mischiefs of Faction: Party Reform in America. Berkeley: University of California Press.

Republican Platform Committee. 2004. Republican Party Platform: A Safer World and a More Hopeful America. New York.

Robinson, Donald. 1985. ed. Reforming American Government: The Bicentennial Papers of the Committee on the Constitutional System. Westview.

Rockman, Bert A. ed. 2000. The Clinton Legacy. New York: Chatham House.

Rubin, Irene and Irene S. Rubin. 2000. The Politics of Public Budgeting: Getting and Spending, Borrowing and Balancing. 4th ed. Seven Bridges Press, LLC.

Rubinstein, Alvin Z. et al, eds. 2000. The Clinton Foreign Policy Reader: Presidential Speeches with Commentary. Armonk, N.Y.: M.E. Sharpe.

Sartori, Giovanni. 1976. Parties and Party Systems: A Framework for Analysis. Cambridge: Cambridge University Press.

Schier, Steven E. ed. 2004. High Risk and Big Ambition: The Presidency of George W. Bush. Pittsburgh: University of Pittsburgh Press.

Schlesinger, Arthur M. Jr. The Imperial Presidency. Boston: Houghton Mifflin, 1973.

Schmitt, Carl 1985. The Crisis of Parliamentary Democracy. Ellen Kennedy trans. Cambridge: MIT Press.

Sellers, M. N. 1994. American Republicanism. New York: New York U. Press.

Skowronek, Stephen. 1993. The Politics Presidents Make: Leadership from John Adams to George Bush. Cambridge: Belknap Press.

Small, Melvin. 1996. Democracy and Diplomacy. Baltimore: Johns Hopkins University Press.

Stogdill, R. M. 1974. Handbook of Readership : A Survey of Theory And Research. New York: Free Press.

Strong, Frank R. 1997. Judicial Function in Constitutional Limitation of Governmental Power. Durham: Carolina Academic Press.

Sundquist, James L. 1992. Constitutional Reform and Effective Government rev.ed. Brookings Institution Press.

Sweet, Alec Stone. 2000. Governing With Judiges: Constitutiomal Politics in Europe. Oxford: Oxford Univ. Press.

Syrett, Harold C. ed. The Papers of Alexander Hamilton, Vol. 4. New York: Columbia University Press, 1962.

Todd, Emmanuel. 2003. After the Empire: The Breakdown of the American Order. New York: Columbia University Press.

Tucker, Robert C. 1981. Politics as Leadership.Columbia: University of Missouri Press.

Walcott, Charles E. and Hult, Karen M. 1995. Governing the White House: From Hoover Through LBJ. Lawrence, Kansas: University Press of Kansas.

Weko, Thomas J. 1995. The Politicizing Presidency: The White House Personnel Office, 1948-1994. Lawrence, Kansas: The University Press of Kansas.

William J. Ridings, Jr., and Stuart B. McIver, 1997. Rating the Presidents. Secaucus., NJ: Citadel Press.

Yukl, Gary A., Leadership in Organization. 4th edition, Englewood Cliffs, New Jersey: Prentice-Hall. 1998.

2. 논문

Abramson, Paul R., John H. Aldrich, Philip Paolinep, and David W. Rohde. 2000. "Challenge to the American Two Party System: Evidence from the 1968, 1980, 1992, and 1996 Presidential Elections." Political Research Quarterly 53: 3.

Barber, James D. 1972. "Passive-Positve to Active-Negative, The Style and Character of President", in Joseph R Fiszman, Gene S Poschman. eds. The Political Arena. 3rd ed. Boston little, Brown and Company.

Barber, James D. 1975. "The Interplay of Presidential Character and. Style: A

Paradigm and Five Illustrations." in Aaron Wildavsky, ed. Perspectives on the Presidency. Boston: Little Brown.

Barber, James D. 1979. "Analyzing Presidents: From Passive Positive Taft to Active-Negative Nixon," The Washington Monthly 1. October.

Berman, Larry and Emily Goldman. 1996. "Clinton's Foreign Policy at Midterm." Colin Campbell and Bert Rockman. eds. The Clinton Presidency: First Appraisals. Chatham, N.J.: Chatham House.

Boot, Max. 2004. "Neocons." Foreign Policy. January/February.

Bunce, Valerie. 2000. "Comparative Democratization: Big and Bounded Generalizations." Comparative Political Studies 33 (Aug/Sep).

Chung, Chung-kil, "Presidential Decision Making and Bureaucratic Expertise in Korea." Governance: An International Journal of Policy and Administration 2(3).

Cook, Charles E. 2005. "Did 2004 Transform U.S. Politics." Washington Quarterly 28:2. Spring.

Dansereau, Fred, Francis J. Yammarino, and Steven E. Markham. 1995. "Leadership: The Multi-Level Approaches." Leadership Quarterly. 6(2).

Diamond, Larry. 1992. "Promoting Democracy." Foreign Policy. Summer.

Dickinson, Matthew J. 2005. "The Executive Office of the President: The Paradox of Politicization." in Joel D. Aberbach and Mark A. Peterson. eds. Institutions of American Democracy: The Executive Branch. New York: Oxford University Press.

Dion, Léeon. 1968. "The Concept of Political Leadership: An Analysis," Canadian Journal of Political Science. Vol. 1, No. 1. Mar.

Etzioni, Amitai. 1965. "Dual Leadership in Complex Organization." American Sociological Review Vol. 30, No. 5.

Fleishman, E. A. 1973. "Twenty years of Consideration and Structure", in E. A. Fleishman, and J. G. Hunt. eds. Current Development in the Study of Leadership.Southern Illinois University.

Gibson, Frederick, W., Fred E. Fiedler, and Kelley M. Barrett, "Stress, Babble, and the Utilization of the Leader's Intellectual Abilities." Leadership Quarterly. 4, 1993.

Hahm, Sung Deuk. 2001. "Presidential Politics in South Korea: An Interim Assessment for the Kim Dae Jung Presidency and Prospects for the Next Presidential

Election." Korea Review of International Studies 4(1).

Hahm, Sung Deuk and Chris Plein. 1996. "Institutions and Technological Development in Korea: The Role of the President." Comparative Politics 27.

Hetherington, Marc J. and Michael Nelson. 2003. "Anatomy of a Rally Effect: George W. Bush and the War on Terrorism." PS: Political Science and Politics, Vol. 36, No. 1. Jan.

Highton, Benjamin. 2002. "Bill Clinton, Newt Gingrich, and the 1998 House Elections," The Public Opinion Quarterly, Vol. 66, No. 1. Spring.

Horowitz, Donald L. 1990, "Comparing Democratic Systems", Journal of Democracy. Vol. 1. No. 4.

Howell, J. M. and B. J. Avolio. 1992. "The Ethics of Charismatic Leadership: Submission or Liberation?", Academy of Manegement Exective.

Ikenberry, G. John. 1998/99. "Institutions, Strategic Restraint of American's Postwar Order," International Security 23. Winter.

Jacobson, Gary. 1999. "Impeachment Politics in the 1998 Congressional Elections," Political Science Quarterly 114(1).

Janda, Kenneth F. 1960. "Toward the Explication of the Concept of Leadership in Terms of the Concept of Power." Human Relations. Vol. 13, No. 4.

Kettle, Donald F. 2005. "Reforming the Executive Branch of the U.S. Government." in Joel D. Aberbach and Mark A. Peterson. eds. Institutions of American Democracy: The Executive Branch. New York: Oxford University Press.

Kristol, Irving. 1995. "American Conservatism 1945-1995." The Public Interest. Fall.

Linz, Juan J. 1990. "The Perils of Presidentialism," Journal of Democracy. Vol. 1, No. 1.

Lippit Ronald, Ralph K. White. 1958. "An Experimental Study of Leadership and Group Life", in Eleanor E. Maccoby, et al. Reading in Social Psychology. New York : Holt.

Lott, Eric. 2003. "The First Boomer: Bill Clinton, George W., and Fictions of State." Representations. No. 84, In Memory of Michael Rogin. Autumn.

Magee, Christopher S. p.2003. "Third Party Candidates and the 2000 Presidential Election." Social Science Quarterly 84:3.

Moe, Terry. 1985. "The Politicized Presidency." in John E. Chubb and Paul E. Peterson. eds. The New Direction in American Politics. Washington, D.C.:

The Brookings Institution.

Moe, Terry. 1989. "The Politics of Bureaucratic Structure." in Chubb, John E. and Peterson, Paul E. eds. Can the Government Govern? Washington, D.C.: The Brookings Institution.

Moe, Terry. 1993. "Presidents, Institutions, and Theory." Edwards III, George C., Kessel, John H., and Rockman, Bert A. eds. Researching the Presidency. Pittsburgh: University of Pittsburgh Press.

Moe, Terry, and Caldwell, Michael. 1994. "The Institutional Foundation of Democratic Government: A Comparison of Presidential and Parliamentary Systems." Journal of Institutional and Theoretical Economics (JITE). 150/1.

Moore, James, and Wayne Slater. 2003. Bush's Brain: How Karl Rove Made George W. Bush Presidential. New York: Wiley.

Morrison, Toni. 1998. "Talk of the Town." New Yorker. 5 October.

Nelson, Michael. ed. 2002. Guide to the Presidency. Washington, D.C.: A Division of Congressional Quarterly Inc.

Nelson, Michael. 2005. "The Psychological Presidency", in The Presidency and The Political System. 8th Edition. Washington, D.C.: CQ Press.

Newman, Brian. 2002. "Bill Clinton's Approval Ratings: The More Things Change, the More They Stay the Same," Political Research Quarterly. Vol. 55, No. 4. Dec.

Norm, Moisés. 1998. "Clinton's Foreign Policy: A Victim of Globalization?" Foreign Policy. Winter.

Pew Research Center, "The 2004 Political Landscape: Evenly divided and Increasingly Polarized," Nov. 5, 2003.

Pomper, Gerald M. 2001. "The 2000 Presidential Election: Why Gore Lost," Political Science Quarterly 116. Summer.

Ra, Jong Yil. "The Politics of Caesarism: Modern Korean Politics Since 1948-The Conflict Between Caesarist Rule and Parliamentary Democracy", Paper Presented at Research Workshop on 'Towards a Theory of Governance and Democracy in Asia : Indicators and Criteria for Research'(Brussels), November 11-13, Organized by European Institute for Asian Studies(EIAS), 1999.

Schmitter, Philippe C., and Terry Lynn Karl. 1991. "What Democracy Is...and Is Not." Journal of Democracy 2(3).

Shugart, Matthew Soberg. 2004. "Elections: The American Process of Selecting a President: A Comparative Perspective." Presidential Studies Quarterly 34:3.

Shugart, Matthew Soberg. 1995. "The Electoral Cycle and Institutional Sources of Divided Presidential Government." American Political Science Review. 89(2), June.

Sonner, Molly W. and Clyde Wilcox. 1999. "Forgiving and Forgetting: Public Support for Bill Clinton during the Lewinsky Scandal," PS: Political Science and Politics. Vol. 32, No. 3. Sep.

Tannenbaum, R. & W. H. Schmidt. 1958. "How to Choose a Leadership Pattern." Harvard Business Review Vol. 36, No. 2. March-April.

Tulis, Jeffrey. 1984. "The Two Constitutional Presidencies", in The Presidency And The Political System. Michael Nelson ed. Washington D.C.: Congressional Quarterly Inc.

Wade, Robert. 1992. "East Asia's Economic Success: Conflicting Perspectives, Partial Insights, Shaky Evidence." World Politics 45(2).

Wayne, Stephen J. 1983. "An Introduction to Research in the Presidency." George C. Edwards III and Stephen J. Wayne. ed. Presidential Leadership: Politics and Policy Making. Knowville: The University of Tennessess Press.

Willner, Ann Ruth. 1986. "Charismatic Leadership." Barbara Kellerman. ed. Political Leadership: A Source Book. Political Leadership: A Source Book. Pittsburgh: University of Pittsburgh Press.

Wolfson, Adam. 2004. "Conservatives and Neoconservatives." Public Interest. Winter.

Zaller, John R. 1998. "Monica Lewinsky's Contribution to Political Science." PS: Political Science and Politics 31 June.

Zarefsky, David. 2002. "The Presidency Has Always Been a Place for Rhetorical Leadership." in Leroy G. Dorsey. ed., The Presidency and Rhetorical Leadership.College Station: Texas A&M University Press.

III. 번역자료

Burns, James MacGregor. 1965. Presidential Government: The Crucible of Leadership.Boston: Houghton Mifflin Company; 권영성 외 역, 『미국형대

통령제: 리더쉽의 위기를 중심으로』, 법문사, 1983.

Burns, James MacGregor, J. W. Peltason, Thomas E. Cronin, David B. Magleby. 1996. State and Local Politics: Government by the People. 8th edition. Prentice Hall; 김진호·강영훈·이현출·한석지·고경민 공역, 『미국지방정치론』, 대왕사, 2001.

Dougherty, James E. and Robert L. Pfaltzgraff, Jr. 1986. American Foreign Policy: FDR to Reagan. New York: Harper & Row; 이수형 역, 『미국외교정책사: 루스벨트에서 레이건까지』, 한울 아카데미, 1997.

Gergen, David. 2000. Eyewitness to Power: The Essence of Leadership Nixon to Clinton. New York: Simon & Schuster; 서율택 역, 『CEO 대통령의 7가지 리더십』, 스테디북, 2002.

Sartori, Giovanni. 1989. Neither Presidentialism nor Parliamentarianism; 신명순·조정관 공역, 『내각제와 대통령제』, 나남출판, 1995.

아렌트 레이파트, 조해경 譯, 『내각제 대 대통령제』, 이진출판, 1999.

찰스 F. 파버 l 리처드 B. 파버, 김형곤 옮김, 『대통령의 성적표』, 혜안, 2003.

IV. 기타자료

1. 신문

김일주. "이승만의 평화선 선포일, 국가 행사로 기념을",『조선일보』 2013. 1. 16 A33면.

『매일경제』 2009. 2. 13.

동아일보사, 『동아연감』, 2003.

동아일보 인물정보 검색사이트. www.donga.com.

중앙일보, 일간신문기사, 2003.

"강준만 "이해찬의 독설은 킹메이커 전략""『데일리 서프라이즈』, 2005. 6. 21.

"노무현 전 대통령 서거",『한겨레21』 2009. 5. 25.

New York Times.

Washington Post.

2. 인터넷검색

〈www.whitehouse.gov/news/releases/2002/01/20020129-11.html〉.

〈us.cnn.com/Election/2004/Special/presidenr/campaignads〉.

〈www.fec.gov/pubrec/2000presgeresults.htm〉.

〈www.mytholyoke.edu/acad/intrel/bush/wspeech.htm〉.

〈www.lewrockwell.com/north180.html〉.

〈www.whitehouse.gov/news/releases/2001/09/20010920-8.html〉.

〈www.hankyung.com/news/app/newsview.php?aid=2009021144031〉.

〈www.whitehouse.gov/news/releases/2002/01/20020129-11.html〉.

〈us.cnn.com/Election/2004/Special/presidenr/campaignads〉.

〈www.fec.gov/pubrec/2000presgeresults.htm〉.

〈www.mytholyoke.edu/acad/intrel/bush/wspeech.htm〉.

〈www.lewrockwell.com/north180.html〉.

〈www.whitehouse.gov/news/releases/2001/09/20010920-8.html〉.

〈www.pressian.com/article/article.asp?article_num=40060512135631&Section=02〉, 프레시안, 2006. 5. 12. 검색일: 2009. 5. 23.

〈www.pressian.com/article/article.asp?article_num=40060710114011&Section=02〉, 프레시안, 2006. 7. 10. 검색일: 2009. 5. 23.

"6개국 리더십 집중분석: 국가적 혼란 어떻게 푸나", 『동아일보』 2001. 8. 13~8. 27. 〈www.kssline.pe.kr/book%28other%29/6%B0%B3%B1%B9%2%B8%AE%B4% F5%BD%CA%20%C1%FD%C1%DF%BA%D0%BC% AE.hwp〉, 검색일: 2007년 4월 1일.

강원택, "노무현 이래서 실패했다…그럼, 이명박은?", 프레시안, 2008. 02. 24. 〈www.pressian.com/scripts/section/article.asp?article_num=60080224152 256〉, 검색일: 2008. 2. 25.

김호기, "제왕적 대통령제의 권위주의 극복이 과제", 『경향신문』, 2009. 4. 30. 〈news.khan.co.kr/kh_news/khan_art_view.html?artid=200904301805095&code =940702〉, 검색일: 2009. 5. 10.

안병진, "노무현 대통령의 리더십 특성: 토플러주의와 포퓰리즘의 모순적 공존", 관훈포럼, 〈www.kwanhun.com/upload/%BE%C8%BA%B4%C1%F8.hwp〉, 검색일: 2009. 5. 2.

손혁재, "6월 항쟁 이후 한국사회의 변화와 경기지역 시민사회운동의 진로-

반성과 미래", 6월 항쟁 20주년 기념 경기지역 시민토론회, 2007. 5. 2. ⟨civilforum.org/file/forum/6%BF%F9%C7%D7%C0%EF%2020%C1%D6%B3% E2%20%C5%E4%B7%D0%C8%B8%20%C0%DA%B7%E1%C1%FD%20070502.hwp⟩, 검색일: 2009. 5. 31.

안병진, "오바마의 '의회제일주의'와 MB의 '의회무시주의'", 2009. 06. 26. ⟨www.pressian.com/article/article.asp?article_num=40090626161751 &section=05⟩, 검색일: 2009. 6. 29.

정세현, "남북관계의 현재과 전망", 경남대학교 극동문제연구소, ⟨ifes.kyungnam.ac.kr/admin/education/woman/uploadfiles/1%C1%D6%C2%F7 %20%B0%AD%C0%C7%BE%C8%20-%20%B3%B2%BA%CF%B0%FC%B0%E8%C0 %C7%20%C7%F6%C8%B2%B0%FA%20%C0%FC%B8%C1%28%C1%A4%BC%BC %C7%F6%29.hwp⟩, 검색일: 2009. 6. 7.

장 훈, "2004 미국 대선과 한반도", 동아시아연구원. EAI 외교안보센터: 국가 안보패널 정책보고서, ⟨www.eai.or.kr/korean/upfile/project/pjbbs/NSP_ Report_5_1.pdf⟩, 검색일: 2009. 5. 2.

"Obama's Bipartisan Mentors: F.D.R. and Reagan," New York Times, 2009 년 2월 24일자. ⟨100days.blogs.nytimes.com/2009/02/24/obamas-bipartisan- mentors-fdr-and-reagan⟩, 검색일: 2009. 6. 29.

George W. Bush, Statement by the President in His Address to the Nation, September 11, 2001. ⟨www.whitehouse.gov/news/releases/2001/09/20010911-16.html⟩. George W. Bush, State of Union Address. 2002. January 28. ⟨www.whitehouse.gov/ news/releases/2002/01/20020129-11.html⟩.

3. 기타자료

노무현, 2007, "참여정부 4년 평가와 21세기 국가발전전략: 2007년 연두교서", 『오마이뉴스』.

Federal Reserve Board of Governors. Bureau of Economic Analysis and Economic Policy Institute.

강승식, "大統領制를 위한 辯論", 『세계헌법연구』 제11권, 139-166, 2006.

박찬욱, " 한국 통치구조의 변경에 관한 논의: 대통령제의 정상적 작동을 위 하여", 『한국정치연구』 제13집 1호, 83-126, 2004.

양승태. " 똘레랑스, 차이성과 정체성, 민족 정체성, 그리고 21세기 한국의 민
　　족주의", 『정치사상연구』 13집 1호, 53~77, 2007.

한태연. 『憲法學』, 서울: 법문사, 1983.

함성득. 『대통령학』, 서울: 나남, 2003.

허 영. 『한국헌법론』, 서울: 박영사, 2005.

Kant, Immanuel 1968. der Kritik der praktischen Vernunft. Werkausgabe VII
　　Frankfurt: Suhrkamp.

Laski, Harold, J. 1940. The American Presidency: An Interpretation. New York:
　　Harper & Brothers.

Mansfield, Jr. Harvey C. 1989. Taming the Prince: The Ambivalence of Modern
　　Executive Power. New York: Free Press.

McDonald, Forrest 1994. The American Presidency: An Intellectual History. Lawrence:
　　Uni. Presss of Kansas.

Meinecke, Friedich 1990. Die Idee der Staatsraeson in der neueren Geschichte, 이광
　　주 옮김, 『국가권력의이념사』, 서울: 민음사.

Schmitt, Carl 1985. The Crisis of Parliamentary Democracy. Ellen Kennedy trans.
　　Cambridge: MIT Press.

Schmitt, Carl. 1985. Politische Theologie: Vier Kapitel zur Lehre von der
　　Souveränität. Berlin: Uncker & Humblot.

Sellers, M. N. 1994. American Republicanism. New York: New York U. Press.

부 록

대통령직 인수에 관한 법률

[시행 2012.10.22] [법률 제11490호, 2012.10.22, 일부개정]

제1조(목적) 이 법은 대통령당선인으로서의 지위와 권한을 명확히 하고 대통령직 인수를 원활하게 하는 데에 필요한 사항을 규정함으로써 국정운영의 계속성과 안정성을 도모함을 목적으로 한다.

[전문개정 2012.10.22]

제2조(정의) 이 법에서 사용하는 용어의 뜻은 다음과 같다.

1. "대통령당선인"이란 「대한민국헌법」 제67조와 「공직선거법」 제187조에 따라 당선인으로 결정된 사람을 말한다.

2. "대통령직"이란 「대한민국헌법」에 따라 대통령에게 부여된 직무를 말한다.

[전문개정 2012.10.22]

제3조(대통령당선인의 지위와 권한) ① 대통령당선인은 대통령당선인으로 결정된 때부터 대통령 임기 시작일 전날까지 그 지위를 갖는다.

② 대통령당선인은 이 법에서 정하는 바에 따라 대통령직 인수를 위하여 필요한 권한을 갖는다.

[전문개정 2012.10.22]

제4조(예우) 대통령당선인과 그 배우자에 대하여는 다음 각 호에 따른 예우를 할 수 있다.

1. 대통령당선인에 대한 교통·통신 및 사무실 제공 등의 지원

2. 대통령당선인과 그 배우자에 대한 진료

3. 그 밖에 대통령당선인에 대하여 필요한 예우

[전문개정 2012.10.22]

제5조(국무총리 후보자의 지명 등) ① 대통령당선인은 대통령 임기 시작 전에 국회의 인사청문 절차를 거치게 하기 위하여 국무총리 및 국무위원 후보자를 지명할 수 있다. 이 경우 국무위원 후보자에 대하여는 국무총리 후보자의 추천이 있어야 한다.

② 대통령당선인은 제1항에 따라 국무총리 및 국무위원 후보자를 지명한 경우에는 국회의장에게 「국회법」 제65조의2 및 「인사청문회법」에 따른 인사청문의 실시를 요청하여야 한다.

[전문개정 2012.10.22]

제6조(대통령직인수위원회의 설치 및 존속기한) ① 대통령당선인을 보좌하여 대통령직 인수와 관련된 업무를 담당하기 위하여 대통령직인수위원회(이하 "위원회"라 한다)를 설치한다.

② 위원회는 대통령 임기 시작일 이후 30일의 범위에서 존속한다.

[전문개정 2012.10.22]

제7조(업무) 위원회는 다음 각 호의 업무를 수행한다.

1. 정부의 조직·기능 및 예산현황의 파악
2. 새 정부의 정책기조를 설정하기 위한 준비
3. 대통령의 취임행사 등 관련 업무의 준비
4. 그 밖에 대통령직 인수에 필요한 사항

[전문개정 2012.10.22]

제8조(위원회의 구성 등) ① 위원회는 위원장 1명, 부위원장 1명 및 24명 이내의 위원으로 구성한다.

② 위원장·부위원장 및 위원은 명예직으로 하고, 대통령당선인이 임명한다.

③ 위원장은 대통령당선인을 보좌하여 위원회의 업무를 총괄하며, 위원회의 직원을 지휘·감독한다.

④ 위원장이 부득이한 사유로 직무를 수행할 수 없는 경우에는 대통령당선인이 지명하는 사람이 그 직무를 대행한다.

[전문개정 2012.10.22]

제9조(위원회의 직원) ① 위원회의 업무를 효율적으로 수행하기 위하여 위원회에 전문위원·사무직원 등 직원을 둘 수 있다.

② 위원장은 위원회의 업무 수행을 위하여 필요하다고 인정하는 경우에는 관계 기관의 직원을 소속 기관의 장의 동의를 받아 전문위원·사무직원 등 직원으로 파견근무를 하도록 요청할 수 있으며, 요청을 받은 관계 기관의 장은 특별한 사유가 없으면 요청에 따라야 한다.

[전문개정 2012.10.22]

제10조(위원 등의 결격사유) 「국가공무원법」 제33조 각 호의 어느 하나에 해당하는 사람은 위원회의 위원장·부위원장·위원 및 직원이 될 수 없다.

[전문개정 2012.10.22]

제11조(위원회의 예산 및 운영 등) 이 법에 규정된 사항 외에 위원회의 예산·
직원 및 운영 등에 필요한 사항은 대통령령으로 정한다.
[전문개정 2012.10.22]

제12조(위원회 활동에 관한 협조 등) ① 행정안전부장관은 위원회가 원활하게
운영될 수 있도록 업무 지원을 하여야 한다.
② 관계 기관의 장은 위원회의 효율적인 운영을 위하여 자료·정보 또는 의
견의 제출, 예산의 확보 등 필요한 협조를 하여야 한다.
[전문개정 2012.10.22]

제13조(직원의 직무 전념) 위원회의 직원은 위원회의 업무에 전념하여야 한다.
[전문개정 2012.10.22]

제14조(비밀누설 및 직권남용의 금지) 위원회의 위원장·부위원장·위원 및 직
원과 그 직(職)에 있었던 사람은 그 직무와 관련하여 알게 된 비밀을 다른
사람에게 누설하거나 대통령직 인수업무 외의 다른 목적으로 이용할 수 없
으며, 직권을 남용하여서는 아니 된다.
[전문개정 2012.10.22]

제15조(벌칙 적용 시의 공무원 의제) 위원회의 위원장·부위원장·위원 및 직원
과 그 직에 있었던 사람 중 공무원이 아닌 사람은 위원회의 업무와 관련하여
「형법」이나 그 밖의 법률에 따른 벌칙을 적용할 때에는 공무원으로 본다.
[전문개정 2012.10.22]

제16조(백서 발간) 위원회는 위원회의 활동 경과 및 예산사용 명세를 백서(白
書)로 정리하여 위원회의 활동이 끝난 후 30일 이내에 공개하여야 한다.
[전문개정 2012.10.22]

　　부칙 〈제11490호, 2012.10.22〉
이 법은 공포한 날부터 시행한다.

대통령기록물 관리에 관한 법률

[시행 2010.8.5] [법률 제10009호, 2010.2.4, 일부개정]

제1장 총칙

제1조(목적) 이 법은 대통령기록물의 보호·보존 및 활용 등 대통령기록물의 효율적 관리와 대통령기록관의 설치·운영에 관하여 필요한 사항을 정함으로써 국정운영의 투명성과 책임성을 높이는 것을 목적으로 한다.

제2조(정의) 이 법에서 사용하는 용어의 정의는 다음과 같다. 〈개정 2010.2.4〉

1. "대통령기록물"이란 대통령(「대한민국 헌법」 제71조에 따른 대통령권한대행과 「대한민국 헌법」 제67조 및 「공직선거법」 제187조에 따른 대통령당선인을 포함한다. 이하 같다)의 직무수행과 관련하여 다음 각 목의 기관이 생산·접수하여 보유하고 있는 기록물 및 물품을 말한다.

    가. 대통령

    나. 대통령의 보좌기관·자문기관 및 경호업무를 수행하는 기관

    다. 「대통령직인수에 관한 법률」 제6조에 따른 대통령직인수위원회(이하 "대통령직인수기관"이라 한다)

1의2. 제1호의 기록물 및 물품이란 다음 각 목에 해당하는 것을 말한다.

    가. 「공공기록물 관리에 관한 법률」 제3조제2호에 따른 기록물(이하 "기록물"이라 한다)

    나. 국가적 보존가치가 있는 대통령상징물(대통령을 상징하는 문양이 새겨진 물품 및 행정박물 등을 말한다. 이하 같다)

    다. 대통령선물(「공직자윤리법」 제15조에 따른 선물을 말한다. 이하 같다)

2. "대통령기록관"이란 대통령기록물의 영구보존에 필요한 시설 및 장비와 이를 운영하기 위한 전문인력을 갖추고 대통령기록물을 영구적으로 관리하는 기관을 말한다.

3. "개인기록물"이란 대통령의 사적인 일기·일지 또는 개인의 정치활동과 관련된 기록물 등으로서 대통령의 직무와 관련되지 아니하거나 그 수행에 직접적인 영향을 미치지 아니하는 대통령의 사적인 기록물을 말한다.

제3조(소유권) 대통령기록물의 소유권은 국가에 있으며, 국가는 대통령기록물을 이 법으로 정하는 바에 따라 관리하여야 한다.

제4조(다른 법률과의 관계) 대통령기록물의 관리에 관하여는 다른 법률에 우

선하여 이 법을 적용하되, 이 법에 규정되지 아니한 사항에 관하여는 「공공기록물 관리에 관한 법률」(이하 "공공기록물관리법"이라 한다)을 적용한다.

제2장 대통령기록관리전문위원회 〈개정 2010.2.4〉

제5조(대통령기록관리전문위원회) ①대통령기록물의 관리에 관한 사항을 심의하기 위하여 공공기록물관리법 제15조제1항에 따른 국가기록관리위원회(이하 "국가기록관리위원회"라 한다)에 대통령기록관리전문위원회를 둔다. 〈개정 2010.2.4〉

②제1항에 따른 대통령기록관리전문위원회(이하 "전문위원회"라 한다)는 다음 각 호의 사항을 심의한다. 〈개정 2010.2.4〉

1. 대통령기록물의 관리 및 전직 대통령의 열람에 관한 기본정책
2. 대통령기록물의 폐기 및 이관시기 연장의 승인
3. 제17조제1항에 따른 대통령지정기록물의 보호조치 해제
4. 비밀기록물 및 비공개 대통령기록물의 재분류
5. 개별대통령기록관의 설치에 관한 사항
6. 대통령기록관의 운영에 관한 주요 사항
7. 그 밖에 대통령기록물의 관리와 관련한 사항

③전문위원회는 위원장 1인을 포함한 9인 이내의 위원으로 구성하며, 위원은 다음 각 호에 해당하는 자 중에서 국가기록관리위원회 위원장이 임명 또는 위촉한다. 다만, 위원의 2분의 1 이상은 제3호에 규정된 자 중에서 위촉하여야 한다. 〈개정 2010.2.4〉

1. 국가기록관리위원회의 위원
2. 대통령기록관의 장
3. 대통령기록물의 관리에 관한 학식과 경험이 풍부한 자

④전문위원회의 위원장은 제3항에 따른 위원 중에서 국가기록관리위원회 위원장이 지명한다. 〈개정 2010.2.4〉

⑤공무원이 아닌 위원의 임기는 3년으로 한다.

⑥전문위원회의 사무를 지원하기 위하여 전문위원회에 간사 1인을 두되, 간사는 대통령기록관의 소속 공무원 중에서 전문위원회의 위원장이 지명하는 자가 된다. 〈개정 2010.2.4〉

⑦제2항제2호부터 제4호까지, 제6호 및 제7호의 사항에 대하여 전문위원회의 심의를 거친 사항은 공공기록물관리법 제15조에 따른 국가기록관리위원회의 심의를 거친 것으로 본다. 〈개정 2010.2.4〉

⑧전문위원회의 구성 및 운영 등에 관하여 필요한 사항은 대통령령으로 정한다. 〈개정 2010.2.4〉

[제목개정 2010.2.4]

제6조(위원의 정치적 중립성 유지 등) 전문위원회의 위원은 그 권한에 속하는 업무를 수행함에 있어서 정치적 중립성과 업무의 독립성 및 객관성을 유지하여야 한다. 〈개정 2010.2.4〉

제3장 대통령기록물의 관리

제7조(생산·관리원칙) ①대통령과 제2조제1호나목 및 다목의 기관의 장은 대통령의 직무수행과 관련한 모든 과정 및 결과가 기록물로 생산·관리되도록 하여야 한다.

②공공기록물관리법 제9조에 따른 중앙기록물관리기관(이하 "중앙기록물관리기관"이라 한다)의 장은 대통령기록물을 철저하게 수집·관리하고, 충분히 공개·활용될 수 있도록 하여야 한다.

제8조(전자적 생산·관리) 제2조제1호나목 및 다목의 기관(이하 "대통령기록물생산기관"이라 한다), 대통령기록물생산기관의 기록관 및 대통령기록관의 장은 대통령기록물이 전자적으로 생산·관리되도록 하여야 하며, 전자적 형태로 생산되지 아니한 기록물에 대하여도 전자적으로 관리되도록 하여야 한다.

제9조(대통령기록물생산기관의 기록관) ①대통령기록물생산기관의 장은 대통령기록물의 체계적 관리를 위하여 대통령령으로 정하는 바에 따라 기록관을 설치·운영하여야 한다. 다만, 기록관 설치가 곤란한 대통령기록물생산기관에 대하여는 대통령보좌기관이 설치한 기록관이 제2항제1호부터 제3호까지, 제5호 및 제6호의 업무를 수행한다.

②대통령기록물생산기관의 기록관의 장은 다음 각 호의 업무를 수행한다.

1. 당해 기관의 대통령기록물 관리에 관한 기본계획의 수립·시행
2. 당해 기관의 대통령기록물 수집·관리·활용 및 폐기
3. 중앙기록물관리기관으로의 대통령기록물의 이관
4. 당해 기관의 대통령기록물에 대한 정보공개의 접수
5. 관할 대통령기록물생산기관의 대통령기록물 관리에 대한 지도·감독 및 지원
6. 그 밖에 대통령기록물의 관리에 관한 사항

제10조(생산현황의 통보) ①대통령기록물생산기관의 장은 대통령기록물의 원

활한 수집 및 이관을 위하여 매년 대통령기록물의 생산현황을 소관 기록관의 장에게 통보하고, 소관 기록관의 장은 중앙기록물관리기관의 장에게 통보하여야 한다. 다만, 임기가 종료되는 해와 그 전년도의 생산현황은 임기가 종료되기 전까지 통보하여야 한다.

②대통령기록물 생산현황의 통보방법 및 시기 등의 절차에 관하여 필요한 사항은 대통령령으로 정한다.

제11조(이관) ①대통령기록물생산기관의 장은 대통령령으로 정하는 기간 이내에·대통령기록물을 소관 기록관으로 이관하여야 하며, 기록관은 대통령의 임기가 종료되기 전까지 이관대상 대통령기록물을 중앙기록물관리기관으로 이관하여야 한다. 다만, 대통령직인수기관의 기록물은 「대통령직인수에 관한 법률」 제6조에 따른 존속기한이 경과되기 전까지 중앙기록물관리기관으로 이관하여야 한다.

②제1항에도 불구하고 대통령 경호업무를 수행하는 기관의 장이 대통령 경호 관련 기록물을 업무수행에 활용할 목적으로 이관시기를 연장하려는 때에는 대통령령으로 정하는 바에 따라 중앙기록물관리기관의 장에게 이관시기의 연장을 요청할 수 있다. 이 경우 중앙기록물관리기관의 장은 대통령 경호기관의 장과 협의하여 이관시기를 따로 정할 수 있다.

③중앙기록물관리기관의 장은 제1항 및 제2항에 따라 대통령기록물을 이관받은 때에는 대통령기록관에서 이를 관리하게 하여야 한다.

④대통령기록물생산기관의 기록관의 장은 대통령 임기종료 6개월 전부터 이관대상 대통령기록물의 확인·목록작성 및 정리 등 이관에 필요한 조치를 강구하여야 한다. 이 경우 중앙기록물관리기관의 장은 기록물정리인력 등 대통령기록물의 이관에 관하여 필요한 사항을 지원할 수 있다.

제12조(회수) 중앙기록물관리기관의 장은 대통령기록물이 공공기관 밖으로 유출되거나 제11조제1항 및 제2항에 따라 이관되지 아니한 경우에는 이를 회수하거나 이관받기 위하여 필요한 조치를 강구하여야 한다.

제13조(폐기) ①대통령기록물생산기관의 장은 보존기간이 경과된 대통령기록물을 폐기하려는 때에는 전문위원회의 심의를 거쳐 폐기하여야 한다. 〈개정 2010.2.4〉

②대통령기록물생산기관의 장은 제1항에 따라 대통령기록물을 폐기하려는 경우에는 폐기대상 목록을 폐기하려는 날부터 60일 전까지 대통령기록관의 장에게 보내야 하며, 대통령기록관의 장은 목록을 받은 날부터 50일 이내에 전문위원회의 심의를 거쳐 그 결과를 대통령기록물생산기관의 장에게 통보

하여야 한다. 이 경우 대통령기록물 생산기관의 장은 폐기가 결정된 대통령
기록물의 목록을 지체 없이 관보 또는 정보통신망에 고시하여야 한다. 〈개
정 2010.2.4〉

③대통령기록관의 장은 제11조제1항 및 제2항에 따라 이관된 대통령기록물
중 보존기간이 경과된 대통령기록물을 폐기하려는 경우에는 전문위원회의
심의를 거쳐야 한다. 이 경우 대통령기록관의 장은 전문위원회의 심의를 거
쳐 폐기가 결정된 대통령기록물의 목록을 지체 없이 관보 또는 정보통신망
에 고시하여야 한다. 〈개정 2010.2.4〉

④대통령기록의 폐기 절차 등에 관하여 필요한 사항은 대통령령으로 정
한다.

제14조(무단파기·반출 등의 금지) 누구든지 무단으로 대통령기록물을 파기·손
상·은닉·멸실 또는 유출하거나 국외로 반출하여서는 아니 된다.

제15조(보안 및 재난대책) 대통령기록물생산기관의 장 및 대통령기록관의 장은
소관 대통령기록물의 보호 및 안전한 관리를 위하여 대통령령으로 정하는
바에 따라 대통령기록물에 대한 보안 및 재난대책을 수립·시행하여야 한다.

제4장 대통령기록물의 공개·열람

제16조(공개) ①대통령기록물은 공개함을 원칙으로 한다. 다만, 「공공기관의
정보공개에 관한 법률」 제9조제1항에 해당하는 정보를 포함하고 있는 경우
에는 이를 공개하지 아니할 수 있다.

②대통령기록물생산기관의 장은 소관 기록관으로 대통령기록물을 이관하려
는 때에는 당해 대통령기록물의 공개 여부를 분류하여 이관하여야 한다.

③대통령기록관의 장은 비공개로 분류된 대통령기록물에 대하여는 이관된
날부터 5년이 경과한 후 1년 내에 공개 여부를 재분류하고, 그 첫 번째 재분
류 시행 후 매 2년마다 전문위원회의 심의를 거쳐 공개 여부를 재분류하여
야 한다. 〈개정 2010.2.4〉

④비공개 대통령기록물은 생산연도 종료 후 30년이 경과하면 공개함을 원칙
으로 한다.

⑤제4항에도 불구하고 대통령기록관의 장은 공개될 경우 국가안전보장에
중대한 지장을 초래할 것이 예상되는 대통령기록물에 대하여는 전문위원
회의 심의를 거쳐 당해 대통령기록물을 공개하지 아니할 수 있다. 이 경
우 제2조제1호나목의 기관의 장의 의견을 들을 수 있다. 〈개정 2010.2.4〉

제17조(대통령지정기록물의 보호) ①대통령은 다음 각 호의 어느 하나에 해당

하는 대통령기록물(이하 "대통령지정기록물"이라 한다)에 대하여 열람·사본
제작 등을 허용하지 아니하거나 자료제출의 요구에 응하지 아니할 수 있는
기간(이하 "보호기간"이라 한다)을 따로 정할 수 있다.

1. 법령에 따른 군사·외교·통일에 관한 비밀기록물로서 공개될 경우 국가
   안전보장에 중대한 위험을 초래할 수 있는 기록물

2. 대내외 경제정책이나 무역거래 및 재정에 관한 기록물로서 공개될 경우
   국민경제의 안정을 저해할 수 있는 기록물

3. 정무직공무원 등의 인사에 관한 기록물

4. 개인의 사생활에 관한 기록물로서 공개될 경우 개인 및 관계인의 생명·
   신체·재산 및 명예에 침해가 발생할 우려가 있는 기록물

5. 대통령과 대통령의 보좌기관 및 자문기관 사이, 대통령의 보좌기관과
   자문기관 사이, 대통령의 보좌기관 사이 또는 대통령의 자문기관 사이
   에 생산된 의사소통기록물로서 공개가 부적절한 기록물

6. 대통령의 정치적 견해나 입장을 표현한 기록물로서 공개될 경우 정치적
   혼란을 불러일으킬 우려가 있는 기록물

②보호기간의 지정은 각 기록물별로 하되, 중앙기록물관리기관으로 이관하
기 전에 하여야 하며, 지정 절차 등에 관하여 필요한 사항은 대통령령으로
정한다.

③보호기간은 15년의 범위 이내에서 정할 수 있다. 다만, 개인의 사생활과
관련된 기록물의 보호기간은 30년의 범위 이내로 할 수 있다.

④보호기간 중에는 다음 각 호의 어느 하나에 해당하는 경우에 한하여 최소
한의 범위 내에서 열람, 사본제작 및 자료제출을 허용하며, 다른 법률에 따
른 자료제출의 요구 대상에 포함되지 아니한다.

1. 국회재적의원 3분의 2 이상의 찬성의결이 이루어진 경우

2. 관할 고등법원장이 해당 대통령지정기록물이 중요한 증거에 해당한다
   고 판단하여 발부한 영장이 제시된 경우. 다만, 관할 고등법원장은 열람,
   사본제작 및 자료제출이 국가안전보장에 중대한 위험을 초래하거나 외
   교관계 및 국민경제의 안정을 심대하게 저해할 우려가 있다고 판단하는
   경우 등에는 영장을 발부하여서는 아니 된다.

3. 대통령기록관 직원이 기록관리 업무수행상 필요에 따라 대통령기록관
   의 장의 사전 승인을 받은 경우

⑤대통령기록관의 장은 전직 대통령 또는 전직 대통령이 지정한 대리인이
제18조에 따라 열람한 내용 중 비밀이 아닌 내용을 출판물 또는 언론매체

등을 통하여 공표함으로 인하여 사실상 보호의 필요성이 없어졌다고 인정되는 대통령지정기록물에 대하여는 전문위원회의 심의를 거쳐 보호조치를 해제할 수 있다. 〈개정 2010.2.4〉

⑥제4항에 따른 열람, 사본제작 및 자료제출의 방법과 절차 등에 관하여 필요한 사항은 대통령령으로 정한다.

제18조(전직 대통령에 의한 열람) ①대통령기록관의 장은 제17조제4항에도 불구하고 전직 대통령이 재임 시 생산한 대통령기록물에 대하여 열람하려는 경우에는 열람에 필요한 편의를 제공하는 등 이에 적극 협조하여야 하며, 편의 제공에 관한 협의 진행상황 및 편의 제공의 내용 등을 문서로 기록하여 별도로 관리하여야 한다. 〈개정 2010.2.4〉

② 제1항에 따른 열람을 위하여 전직 대통령은 「전직대통령 예우에 관한 법률」 제6조제1항에 따른 비서관 중 1명을 포함하여 필요한 범위에서 대리인을 지정할 수 있다. 〈신설 2010.2.4〉

③ 대통령기록관의 장은 제1항에 따라 대통령지정기록물 및 비밀기록물을 제외한 기록물에 대하여 「정보통신망 이용촉진 및 정보보호 등에 관한 법률」 제2조제1항제1호에 따른 정보통신망을 이용한 열람(이하 "온라인 열람"이라 한다)을 위한 편의를 제공할 수 있다. 〈신설 2010.2.4〉

④ 제1항부터 제3항까지의 규정에 따른 전직 대통령과 대리인의 열람 방법·절차 및 온라인 열람에 대한 보안대책 등에 관하여 필요한 사항은 대통령령으로 정한다. 〈신설 2010.2.4〉

제19조(대통령지정기록물의 누설 등의 금지) 대통령기록물 관리업무를 담당하거나 담당하였던 자 또는 대통령기록물에 접근·열람하였던 자는 그 과정에서 알게 된 비밀 및 보호기간 중인 대통령지정기록물에 포함되어 있는 내용을 누설하여서는 아니 된다. 다만, 전직 대통령 또는 전직 대통령이 지정한 대리인이 제18조에 따라 열람한 대통령지정기록물에 포함되어 있는 내용 중 비밀이 아닌 사실에 대하여는 그러하지 아니하다.

제20조(비밀기록물의 재분류) ①대통령기록관의 장은 보존 중인 비밀기록물에 대하여 비밀을 해제하거나 보호기간 등을 연장하려는 경우에는 대통령령으로 정하는 바에 따라 전문위원회의 심의를 거쳐 재분류를 실시하여야 한다. 이 경우 관계 기관의 의견을 들을 수 있다. 〈개정 2010.2.4〉

②제1항의 경우에 그 대통령지정기록물이 비밀기록물인 경우에는 그 보호기간이 종료된 후에 재분류를 실시하여야 한다.

제5장 대통령기록관의 설치·운영

제21조(대통령기록관의 설치) 대통령기록물의 효율적 보존·열람 및 활용을 위하여 중앙기록물관리기관의 장은 그 소속에 대통령기록관을 설치하여야 한다.

제22조(대통령기록관의 기능) 대통령기록관은 다음 각 호의 업무를 수행한다.

1. 대통령기록물의 관리에 관한 기본계획의 수립·시행
2. 대통령기록물의 수집·분류·평가·기술(記述)·보존·폐기 및 관련 통계의 작성·관리
3. 비밀기록물 및 비공개 대통령기록물의 재분류
4. 대통령지정기록물의 보호조치 해제
5. 대통령기록물의 공개열람·전시·교육 및 홍보
6. 대통령기록물 관련 연구 활동의 지원
7. 제26조에 따른 개인기록물의 수집·관리
8. 그 밖에 대통령기록물의 관리에 관하여 필요한 사항

제23조(대통령기록관의 장) ①대통령기록관의 장은 대통령기록물의 관리 및 대통령기록관의 운영과 관련한 제반 사무를 통할하고, 소속 직원을 지휘·감독한다.

②대통령기록관의 장의 임기는 5년으로 한다.

제24조(대통령기록관의 운영) ①대통령기록관의 장은 대통령기록관의 운영에 관한 주요 사항을 결정하려는 경우에는 전문위원회의 심의를 거쳐야 하며, 전문위원회의 심의 결과를 존중하여야 한다. 〈개정 2010.2.4〉

②대통령기록관의 장은 대통령기록물에 대한 효율적 활용 및 홍보를 위하여 필요한 때에는 대통령기록관에 전시관·도서관 및 연구지원센터 등을 둘 수 있다.

③그 밖에 대통령기록관의 운영에 관한 사항은 대통령령으로 정한다.

제25조(개별대통령기록관의 설치 등) ①중앙기록물관리기관의 장은 특정 대통령의 기록물을 관리하기 위하여 필요한 경우에는 개별대통령기록관을 설치할 수 있다.

②개인 또는 단체가 대통령령으로 정하는 기준에 따라 특정 대통령의 기록물을 관리하기 위한 시설을 건립하여 「국유재산법」 제13조에 따라 국가에 기부채납하는 경우에는 전문위원회의 심의를 거쳐 이를 제1항에 따라 설치한 개별대통령기록관으로 본다. 〈개정 2009.1.30, 2010.2.4〉

③중앙기록물관리기관의 장은 개인 또는 단체가 국가에 기부채납할 목적으로 특정 대통령의 기록물을 관리하기 위한 시설을 건립하고자 하는 경우에

는 전문위원회의 심의를 거쳐 필요한 경비의 일부를 예산의 범위 안에서 지
원할 수 있다. 〈개정 2010.2.4〉

④제1항 및 제2항에 따른 개별대통령기록관의 장은 당해 대통령기록물에 대
하여 제22조제2호부터 제8호까지의 규정에 따른 업무를 수행한다.

⑤제2항에 따라 개별대통령기록관을 설치하는 경우에 해당 전직 대통령은
그 개별대통령기록관의 장의 임명을 추천할 수 있다.

제6장 보칙

제26조(개인기록물의 수집·관리) ①대통령기록관의 장은 역대 대통령(제25조
에 따른 개별대통령기록관의 경우에는 당해 전직 대통령을 말한다)이 재임
전·후 및 재임 당시에 생산한 개인기록물에 대하여도 국가적으로 보존할 가
치가 있다고 인정되는 경우에는 당해 대통령 및 해당 기록물 소유자의 동의
를 받아 이를 수집·관리할 수 있다.

②대통령기록관의 장은 제1항의 개인기록물을 수집하는 때에는 대통령 및
이해관계인과 해당 기록물의 소유권·공개 및 자료제출 여부 등 관리조건에
관한 구체적 사항을 협의하여 정하여야 한다.

③대통령기록관의 장은 제1항의 개인기록물을 수집하기 위하여 필요한 경
우에는 보상을 할 수 있으며, 보상 금액 및 절차 등에 관하여 필요한 사항은
대통령령으로 정한다.

제27조 삭제 〈2010.2.4〉

제28조(연구활동 등 지원) 중앙기록물관리기관의 장은 전문위원회의 심의를
거쳐 대통령기록물의 연구를 수행하는 교육연구기관 등에 대하여 연구비용
의 일부를 예산의 범위 안에서 지원할 수 있다. 〈개정 2010.2.4〉

제29조(벌칙 적용에서의 공무원 의제) 전문위원회의 위원 중 공무원이 아닌
위원은 「형법」 제129조부터 제132조까지의 규정에 따른 벌칙의 적용에서는
공무원으로 본다. 〈개정 2010.2.4〉

제7장 벌칙

제30조(벌칙) ①다음 각 호의 어느 하나에 해당하는 자는 10년 이하의 징역 또
는 3천만원 이하의 벌금에 처한다.

1. 제14조를 위반하여 대통령기록물을 무단으로 파기한 자
2. 제14조를 위반하여 대통령기록물을 무단으로 국외로 반출한 자

②다음 각 호의 어느 하나에 해당하는 자는 7년 이하의 징역 또는 2천만원

이하의 벌금에 처한다.

1. 제14조를 위반하여 대통령기록물을 무단으로 은닉 또는 유출한 자
2. 제14조를 위반하여 대통령기록물을 무단으로 손상 또는 멸실시킨 자

③제19조에 따른 비밀누설의 금지 등을 위반한 자는 3년 이하의 징역이나 금고 또는 7년 이하의 자격정지에 처한다.

④중대한 과실로 대통령기록물을 멸실하거나 일부 내용이 파악되지 못하도록 손상시킨 자는 1천만원 이하의 벌금에 처한다.

부칙 〈제10009호, 2010.2.4〉

①(시행일) 이 법은 공포한 날부터 시행한다. 다만, 제18조의 개정규정은 공포 후 6개월이 경과한 날부터 시행한다.

②(대통령기록관리위원회 명칭 변경에 따른 위원 구성에 관한 경과조치) 이 법 시행 당시 종전의 규정에 따라 임명 또는 위촉된 대통령기록관리위원회의 위원은 이 법에 따라 임명 또는 위촉된 대통령기록관리전문위원회의 위원으로 본다.

정부조직법

[시행 2011.10.26] [법률 제10912호, 2011.7.25, 타법개정]

제1장 총칙

제1조(목적) 이 법은 국가행정사무의 체계적이고 능률적인 수행을 위하여 국가행정기관의 설치·조직과 직무범위의 대강을 정함을 목적으로 한다.

제2조(중앙행정기관의 설치와 조직 등) ① 중앙행정기관의 설치와 직무범위는 법률로 정한다.

② 중앙행정기관은 이 법과 다른 법률에 특별한 규정이 있는 경우를 제외하고는 부·처 및 청으로 한다.

③ 중앙행정기관의 보조기관은 이 법과 다른 법률에 특별한 규정이 있는 경우를 제외하고는 차관·차장·실장·국장으로 하며, 필요한 경우에는 그 밑에 대통령령으로 정하는 보조기관을 둘 수 있다. 다만, 실장·국장의 명칭은 대통령령으로 정하는 바에 따라 본부장·단장·부장·팀장 등으로 달리 정할 수 있으며, 실장·국장의 명칭을 달리 정한 보조기관은 이 법을 적용할 때 실장·국장으로 본다.

④ 제3항에 따른 보조기관의 설치와 사무분장은 법률로 정한 것을 제외하고는 대통령령으로 정한다. 다만, 제3항에 따라 대통령령으로 정하는 보조기관의 설치와 사무분장은 총리령 또는 부령으로 정할 수 있다.

⑤ 행정각부에는 장관이 특히 지시하는 사항에 관하여 장관과 차관을 직접 보좌하기 위하여 차관보를 둘 수 있으며, 중앙행정기관에는 그 기관의 장, 차관·차장·실장·국장 밑에 정책의 기획, 계획의 입안, 연구·조사, 심사·평가 및 홍보 등을 통하여 그를 보좌하는 보좌기관을 대통령령으로 정하는 바에 따라 둘 수 있다. 다만, 제3항에 따라 대통령령으로 정하는 보조기관에 상당하는 보좌기관은 총리령 또는 부령으로 둘 수 있다.

⑥ 중앙행정기관의 차관보·실장·국장 및 이에 상당하는 보좌기관은 고위공무원단에 속하는 일반직공무원·별정직공무원 및 계약직공무원으로 보하되, 특정직공무원으로만 보할 수 있는 직위의 경우에는 당해 법률에서 고위공무원단에 속하는 공무원으로 보할 수 있도록 규정하고 있는 경우로 한정하며, 별정직국가공무원으로 보하는 국장은 각 중앙행정기관마다 1명을 초과할 수 없다.

⑦ 제6항에도 불구하고 대통령령으로 정하는 바에 따라 외교통상부의 보조기관 및 차관보·보좌기관은 외무공무원으로, 법무부의 보조기관 및 보좌기관은 검사로, 국방부의 보조기관 및 차관보·보좌기관과 병무청 및 방위사업청의 보조기관 및 보좌기관은 현역군인으로, 교육과학기술부의 보조기관 및 차관보·보좌기관은 교육공무원으로, 경찰청 및 해양경찰청의 보조기관 및 보좌기관은 경찰공무원으로, 소방방재청의 보조기관 및 보좌기관은 소방공무원으로 보할 수 있다.

⑧ 제6항 및 제7항에도 불구하고 그 소관업무의 성질상 전문성이 특히 필요하다고 인정되는 경우 중앙행정기관별로 100분의 20의 범위에서 대통령령으로 정하는 직위에 대하여는 계약직공무원으로도 보할 수 있다.

⑨ 중앙행정기관이 아닌 행정기관의 보조기관 및 보좌기관과 행정기관의 파견직위(파견된 공무원으로 보하는 직위를 말한다) 중 제6항에 규정된 직위에 상당하는 직위는 이를 고위공무원단에 속하는 공무원으로 보한다.

⑩ 이 법에 따른 중앙행정기관과 중앙행정기관이 아닌 행정기관의 차관보·보조기관 및 보좌기관에 대하여는 각각 적정한 직급 또는 직무등급을 배정하여야 한다.

제3조(특별지방행정기관의 설치) ① 중앙행정기관에는 소관사무를 수행하기 위하여 필요한 때에는 특히 법률로 정한 경우를 제외하고는 대통령령으로 정하는 바에 따라 지방행정기관을 둘 수 있다.

② 제1항의 지방행정기관은 업무의 관련성이나 지역적인 특수성에 따라 통합하여 수행함이 효율적이라고 인정되는 경우에는 대통령령으로 정하는 바에 따라 관련되는 다른 중앙행정기관의 소관사무를 통합하여 수행할 수 있다.

제4조(부속기관의 설치) 행정기관에는 그 소관사무의 범위에서 필요한 때에는 대통령령으로 정하는 바에 따라 시험연구기관·교육훈련기관·문화기관·의료기관·제조기관 및 자문기관 등을 둘 수 있다.

제5조(합의제행정기관의 설치) 행정기관에는 그 소관사무의 일부를 독립하여 수행할 필요가 있는 때에는 법률로 정하는 바에 따라 행정위원회 등 합의제행정기관을 둘 수 있다.

제6조(권한의 위임 또는 위탁) ① 행정기관은 법령으로 정하는 바에 따라 그 소관사무의 일부를 보조기관 또는 하급행정기관에 위임하거나 다른 행정기관·지방자치단체 또는 그 기관에 위탁 또는 위임할 수 있다. 이 경우 위임 또는 위탁을 받은 기관은 특히 필요한 경우에는 법령으로 정하는 바에 따라 위임 또는 위탁을 받은 사무의 일부를 보조기관 또는 하급행정기관에 재위

임할 수 있다.

② 보조기관은 제1항에 따라 위임받은 사항에 대하여는 그 범위에서 행정기
관으로서 그 사무를 수행한다.

③ 행정기관은 법령으로 정하는 바에 따라 그 소관사무 중 조사·검사·검정·
관리 업무 등 국민의 권리·의무와 직접 관계되지 아니하는 사무를 지방자치
단체가 아닌 법인·단체 또는 그 기관이나 개인에게 위탁할 수 있다.

제7조(행정기관의 장의 직무권한) ① 각 행정기관의 장은 소관사무를 통할하
고 소속공무원을 지휘·감독한다.

② 차관(제25조제2항에 따라 정무직으로 보하는 본부장을 포함한다) 또는
차장(국무총리실의 차장을 포함한다)은 그 기관의 장을 보좌하여 소관사무
를 처리하고 소속공무원을 지휘·감독하며, 그 기관의 장이 사고로 직무를
수행할 수 없으면 그 직무를 대행한다. 다만, 차관 또는 차장이 2명인 기관
의 장이 사고로 직무를 수행할 수 없으면 대통령령으로 정하는 순서에 따라
그 직무를 대행한다.

③ 각 행정기관의 보조기관은 그 기관의 장, 차관 또는 차장을 보좌하여 소
관사무를 처리하고 소속공무원을 지휘·감독한다.

④ 제1항과 제2항의 경우에 소속청에 대하여는 중요정책수립에 관하여 그
청의 장을 직접 지휘할 수 있다.

⑤ 부·처의 장은 그 소관사무의 효율적 추진을 위하여 필요한 경우에는 국
무총리에게 소관사무와 관련되는 다른 행정기관의 사무에 대한 조정을 요
청할 수 있다.

제8조(공무원의 정원 등) ① 각 행정기관에 배치할 공무원의 종류와 정원, 고
위공무원단에 속하는 공무원으로 보하는 직위와 고위공무원단에 속하는 공
무원의 정원, 공무원배치의 기준 및 절차 그 밖에 필요한 사항은 대통령령
으로 정한다. 다만, 각 행정기관에 배치하는 정무직공무원(대통령실에 배치
하는 정무직공무원은 제외한다)의 경우에는 법률로 정한다.

② 제1항의 경우에, 직무의 성질상 2개 이상의 행정기관의 정원을 통합하여
관리하는 것이 효율적이라고 인정되는 경우에는 그 정원을 통합하여 정할
수 있다.

제9조(예산조치와의 병행) 행정기관 또는 소속기관을 설치하거나 공무원의 정
원을 증원할 때에는 반드시 예산상의 조치가 병행되어야 한다.

제10조(정부위원) 국무총리실의 실장 및 차장, 특임장관 밑의 차관, 부·처·청
의 처장·차관·청장·차장·실장·국장 및 차관보와 외교통상부의 본부장은 정

부위원이 된다.

제2장 대통령

제11조(대통령의 행정감독권) ① 대통령은 정부의 수반으로서 법령에 따라 모든 중앙행정기관의 장을 지휘·감독한다.

② 대통령은 국무총리와 중앙행정기관의 장의 명령이나 처분이 위법 또는 부당하다고 인정하면 이를 중지 또는 취소할 수 있다.

제12조(국무회의) ① 대통령은 국무회의 의장으로서 회의를 소집하고 이를 주재한다.

② 의장이 사고로 직무를 수행할 수 없는 경우에는 부의장인 국무총리가 그 직무를 대행하고, 의장과 부의장이 모두 사고로 직무를 수행할 수 없으면 제22조제1항에 규정된 순서에 따라 국무위원이 그 직무를 대행한다.

③ 국무위원은 정무직으로 하며 의장에게 의안을 제출하고 국무회의의 소집을 요구할 수 있다.

④ 국무회의의 운영에 관하여 필요한 사항은 대통령령으로 정한다.

제13조(국무회의의 출석권 및 의안제출) ① 국무총리실장·법제처장·국가보훈처장 그 밖에 법률로 정하는 공무원은 필요한 경우 국무회의에 출석하여 발언할 수 있다.

② 제1항에 규정된 공무원은 소관사무에 관하여 국무총리에게 의안의 제출을 건의할 수 있다.

제14조(대통령실) ① 대통령의 직무를 보좌하기 위하여 대통령실을 둔다.

② 대통령실에 실장 1명을 두되, 실장은 정무직으로 한다.

③ 대통령 등의 경호를 담당하기 위하여 대통령실에 전담기구를 둔다.

④ 제3항에 따른 전담기구의 조직·직무범위 그 밖에 필요한 사항은 따로 법률로 정한다.

제15조(국가정보원) ① 국가안전보장에 관련되는 정보·보안 및 범죄수사에 관한 사무를 담당하기 위하여 대통령소속으로 국가정보원을 둔다.

② 국가정보원의 조직·직무범위 그 밖에 필요한 사항은 따로 법률로 정한다

제3장 국무총리

제16조(국무총리의 행정감독권) ① 국무총리는 대통령의 명을 받아 각 중앙행정기관의 장을 지휘·감독한다.

② 국무총리는 중앙행정기관의 장의 명령이나 처분이 위법 또는 부당하다

고 인정될 경우에는 대통령의 승인을 받아 이를 중지 또는 취소할 수 있다.

제17조(특임장관) ① 대통령이 특별히 지정하는 사무 또는 대통령의 명을 받아 국무총리가 특히 지정하는 사무를 수행하기 위하여 1명의 국무위원(이하 "특임장관"이라 한다)을 둘 수 있다.

② 특임장관 밑에 차관 1명을 두되, 차관은 정무직으로 한다.

③ 특임장관을 보좌하기 위하여 필요한 공무원을 둔다.

제18조(국무총리실) ① 국무총리의 직무를 보좌하고 각 중앙행정기관의 행정의 지휘·감독, 사회위험·갈등의 관리, 심사평가 및 규제개혁에 관하여 국무총리를 보좌하기 위하여 국무총리 밑에 국무총리실을 둔다.

② 국무총리실에 실장 1명을 두되, 실장은 정무직으로 한다.

③ 국무총리실에 국무차장 1명과 사무차장 1명을 두되, 각 차장은 정무직으로 한다.

제19조(국무총리의 직무대행) 국무총리가 사고로 직무를 수행할 수 없는 경우에는 대통령의 지명이 있으면 그 지명을 받은 국무위원이, 지명이 없는 경우에는 제22조제1항에 규정된 순서에 따라 국무위원이 그 직무를 대행한다.

제20조(법제처) ① 국무회의에 상정될 법령안·조약안과 총리령안 및 부령안의 심사와 그 밖에 법제에 관한 사무를 전문적으로 관장하기 위하여 국무총리 소속으로 법제처를 둔다.

② 법제처에 처장 1명과 차장 1명을 두되, 처장은 정무직으로 하고, 차장은 고위공무원단에 속하는 별정직국가공무원으로 보한다.

제21조(국가보훈처) ① 국가유공자 및 그 유족에 대한 보훈, 제대군인의 보상·보호 및 보훈선양에 관한 사무를 관장하기 위하여 국무총리소속으로 국가보훈처를 둔다.

② 국가보훈처에 처장 1명과 차장 1명을 두되, 처장은 정무직으로 하고, 차장은 고위공무원단에 속하는 별정직국가공무원으로 보한다.

　　　　제4장 행정각부

제22조(행정각부) ① 대통령의 통할하에 다음의 행정각부를 둔다. 〈개정 2010.1.18, 2010.6.4〉

1. 기획재정부
2. 교육과학기술부
3. 외교통상부
4. 통일부

5. 법무부

6. 국방부

7. 행정안전부

8. 문화체육관광부

9. 농림수산식품부

10. 지식경제부

11. 보건복지부

12. 환경부

13. 고용노동부

14. 여성가족부

15. 국토해양부

② 행정각부에 장관 1명과 차관 1명을 두되, 장관은 국무위원으로 보하고, 차관은 정무직으로 한다. 다만, 기획재정부·교육과학기술부·외교통상부·행정안전부·문화체육관광부·농림수산식품부·지식경제부·국토해양부에는 차관 2명을 둔다.

③ 장관은 소관사무에 관하여 지방행정의 장을 지휘·감독한다.

제23조(기획재정부) ① 기획재정부장관은 중장기 국가발전전략수립, 경제·재정정책의 수립·총괄·조정, 예산·기금의 편성·집행·성과관리, 화폐·외환·국고·정부회계·내국세제·관세·국제금융, 공공기관 관리, 경제협력·국유재산·민간투자 및 국가채무에 관한 사무를 관장한다.

② 기획재정부에 차관보 1명을 둘 수 있다.

③ 내국세의 부과·감면 및 징수에 관한 사무를 관장하기 위하여 기획재정부장관소속으로 국세청을 둔다.

④ 국세청에 청장 1명과 차장 1명을 두되, 청장은 정무직으로 하고, 차장은 고위공무원단에 속하는 별정직국가공무원으로 보한다.

⑤ 관세의 부과·감면 및 징수와 수출입물품의 통관 및 밀수출입단속에 관한 사무를 관장하기 위하여 기획재정부장관소속으로 관세청을 둔다.

⑥ 관세청에 청장 1명과 차장 1명을 두되, 청장은 정무직으로 하고, 차장은 고위공무원단에 속하는 별정직국가공무원으로 보한다.

⑦ 정부가 행하는 물자(군수품을 제외한다)의 구매·공급 및 관리에 관한 사무와 정부의 주요시설공사계약에 관한 사무를 관장하기 위하여 기획재정부장관소속으로 조달청을 둔다.

⑧ 조달청에 청장 1명과 차장 1명을 두되, 청장은 정무직으로 하고, 차장은

고위공무원단에 속하는 별정직국가공무원으로 보한다.

⑨ 통계의 기준설정과 인구조사 및 각종 통계에 관한 사무를 관장하기 위하여 기획재정부장관소속으로 통계청을 둔다.

⑩ 통계청에 청장 1명과 차장 1명을 두되, 청장은 정무직으로 하고, 차장은 고위공무원단에 속하는 별정직국가공무원으로 보한다.

제24조(교육과학기술부) ① 교육과학기술부장관은 인적자원개발정책, 학교교육·평생교육, 학술에 관한 사무와 기초과학 정책·연구개발, 원자력 연구·개발·생산·이용, 과학기술인력양성 그 밖에 과학기술진흥에 관한 사무를 관장한다. 〈개정 2011.7.25〉

② 교육과학기술부에 차관보 1명을 둘 수 있다.

제25조(외교통상부) ① 외교통상부장관은 외교, 외국과의 통상교섭 및 통상교섭에 관한 총괄·조정, 국제관계 업무에 관한 조정, 조약 기타 국제협정, 재외국민의 보호·지원, 재외동포정책의 수립, 국제정세의 조사·분석에 관한 사무를 관장한다.

② 외교통상부에 통상교섭사무를 담당하는 본부장 1명을 두되, 정무직으로 한다.

③ 외교통상부에 차관보 1명을 둘 수 있다.

제26조(통일부) 통일부장관은 통일 및 남북대화·교류·협력에 관한 정책의 수립, 통일교육 기타 통일에 관한 사무를 관장한다.

제27조(법무부) ① 법무부장관은 검찰·행형·인권옹호·출입국관리 그 밖에 법무에 관한 사무를 관장한다.

② 검사에 관한 사무를 관장하기 위하여 법무부장관소속으로 검찰청을 둔다.

③ 검찰청의 조직·직무범위 그 밖에 필요한 사항은 따로 법률로 정한다.

제28조(국방부) ① 국방부장관은 국방에 관련된 군정 및 군령과 그 밖에 군사에 관한 사무를 관장한다.

② 국방부에 차관보 1명을 둘 수 있다.

③ 징집·소집 그 밖에 병무행정에 관한 사무를 관장하기 위하여 국방부장관소속으로 병무청을 둔다.

④ 병무청에 청장 1명과 차장 1명을 두되, 청장은 정무직으로 하고, 차장은 고위공무원단에 속하는 별정직국가공무원으로 보한다.

⑤ 방위력 개선사업, 군수물자 조달 및 방위산업 육성에 관한 사무를 관장하기 위하여 국방부장관 소속으로 방위사업청을 둔다.

⑥ 방위사업청에 청장 1명과 차장 1명을 두되, 청장은 정무직으로 하고, 차장은 고위공무원단에 속하는 별정직국가공무원으로 보한다.

제29조(행정안전부) ① 행정안전부장관은 국무회의의 서무, 법령 및 조약의 공포, 정부조직과 정원, 공무원의 인사·윤리·복무·연금, 상훈, 정부혁신, 행정능률, 전자정부 및 정보보호, 정부청사의 관리, 지방자치제도, 지방자치단체의 사무지원·재정·세제, 낙후지역 등 지원, 지방자치단체간 분쟁조정, 선거, 국민투표, 안전관리정책 및 비상대비·민방위·재난관리 제도에 관한 사무를 관장한다.

② 국가의 행정사무로서 다른 중앙행정기관의 소관에 속하지 아니하는 사무는 행정안전부장관이 이를 처리한다.

③ 행정안전부에 차관보 1명을 둘 수 있다.

④ 치안에 관한 사무를 관장하기 위하여 행정안전부장관소속으로 경찰청을 둔다.

⑤ 경찰청의 조직·직무범위 그 밖에 필요한 사항은 따로 법률로 정한다.

⑥ 소방, 방재, 민방위 운영 및 안전관리에 관한 사무를 관장하기 위하여 행정안전부장관소속으로 소방방재청을 둔다.

⑦ 소방방재청에 청장 1명과 차장 1명을 두되, 청장은 정무직 또는 소방공무원으로 하고, 차장은 소방공무원 또는 고위공무원단에 속하는 별정직국가공무원으로 보한다. 이 경우 청장과 차장 중 1명은 소방공무원으로 보하여야 한다.

제30조(문화체육관광부) ① 문화체육관광부장관은 문화·예술·영상·광고·출판·간행물·체육·관광에 관한 사무와 국정에 대한 홍보 및 정부발표에 관한 사무를 관장한다.

② 문화체육관광부에 차관보 1명을 둘 수 있다.

③ 문화재에 관한 사무를 관장하기 위하여 문화체육관광부장관소속으로 문화재청을 둔다.

④ 문화재청에 청장 1명과 차장 1명을 두되, 청장은 정무직으로 하고, 차장은 고위공무원단에 속하는 별정직국가공무원으로 보한다.

제31조(농림수산식품부) ① 농림수산식품부장관은 농산·수산·축산, 식량·농지·수리, 식품산업진흥, 농어촌개발 및 농수산물 유통에 관한 사무를 관장한다.

② 농림수산식품부에 차관보 1명을 둘 수 있다.

③ 농촌진흥에 관한 사무를 관장하기 위하여 농림수산식품부장관소속으로

농촌진흥청을 둔다.

④ 농촌진흥청에 청장 1명과 차장 1명을 두되, 청장은 정무직으로 하고, 차장은 고위공무원단에 속하는 별정직국가공무원으로 보한다.

⑤ 산림에 관한 사무를 관장하기 위하여 농림수산식품부장관소속으로 산림청을 둔다.

⑥ 산림청에 청장 1명과 차장 1명을 두되, 청장은 정무직으로 하고, 차장은 고위공무원단에 속하는 별정직국가공무원으로 보한다.

제32조(지식경제부) ① 지식경제부장관은 상업·무역·공업, 외국인 투자, 정보통신산업, 산업기술 연구개발정책, 에너지·지하자원, 우편·우편환 및 우편대체에 관한 사무를 관장한다. 〈개정 2008.2.29〉

② 지식경제부에 차관보 1명을 둘 수 있다.

③ 중소기업에 관한 사무를 관장하기 위하여 지식경제부장관소속으로 중소기업청을 둔다.

④ 중소기업청에 청장 1명과 차장 1명을 두되, 청장은 정무직으로 하고, 차장은 고위공무원단에 속하는 별정직국가공무원으로 보한다.

⑤ 특허·실용신안·디자인 및 상표에 관한 사무와 이에 대한 심사·심판사무를 관장하기 위하여 지식경제부장관소속으로 특허청을 둔다.

⑥ 특허청에 청장 1명과 차장 1명을 두되, 청장은 정무직으로 하고, 차장은 고위공무원단에 속하는 별정직국가공무원으로 보한다.

제33조(보건복지부) ① 보건복지부장관은 보건위생·방역·의정(醫政)·약정(藥政)·생활보호·자활지원·사회보장·아동(영·유아 보육을 포함한다)·노인 및 장애인에 관한 사무를 관장한다.

② 식품 및 의약품의 안전에 관한 사무를 관장하기 위하여 보건복지부장관소속으로 식품의약품안전청을 둔다.

③ 식품의약품안전청에 청장 1명과 차장 1명을 두되, 청장은 정무직으로 하고, 차장은 고위공무원단에 속하는 별정직국가공무원으로 보한다.

[전문개정 2010.1.18]

제34조(환경부) ① 환경부장관은 자연환경, 생활환경의 보전 및 환경오염방지에 관한 사무를 관장한다.

② 기상에 관한 사무를 관장하기 위하여 환경부장관소속으로 기상청을 둔다.

③ 기상청에 청장 1명과 차장 1명을 두되, 청장은 정무직으로 하고, 차장은 고위공무원단에 속하는 별정직국가공무원으로 보한다.

제35조(고용노동부) 고용노동부장관은 고용정책의 총괄, 고용보험, 직업능력 개발훈련, 근로조건의 기준, 근로자의 복지후생, 노사관계의 조정, 산업안전보건, 산업재해보상보험과 그 밖에 고용과 노동에 관한 사무를 관장한다.
[전문개정 2010.6.4]

제36조(여성가족부) 여성가족부장관은 여성정책의 기획·종합, 여성의 권익증진 등 지위향상, 청소년 및 가족(다문화가족과 건강가정사업을 위한 아동업무를 포함한다)에 관한 사무를 관장한다.
[전문개정 2010.1.18]

제37조(국토해양부) ① 국토해양부장관은 국토종합계획의 수립·조정, 국토 및 수자원의 보전·이용 및 개발, 도시·도로 및 주택의 건설, 해안·하천·항만 및 간척, 육운·해운·철도 및 항공, 해양환경, 해양조사, 해양자원개발, 해양과학기술연구·개발 및 해양안전심판에 관한 사무를 관장한다.
② 국토해양부에 차관보 1명을 둘 수 있다.
③ 해양에서의 경찰 및 오염방제에 관한 사무를 관장하기 위하여 국토해양부장관소속으로 해양경찰청을 둔다.
④ 해양경찰청에 청장 1명과 차장 1명을 두되, 청장 및 차장은 경찰공무원으로 보한다.

부칙 〈제10912호, 2011.7.25〉 (원자력안전위원회의 설치 및 운영에 관한 법률)
제1조(시행일) 이 법은 공포 후 3개월이 경과한 날부터 시행한다.
제2조 및 제3조 생략
제4조(다른 법률의 개정) ① 정부조직법 일부를 다음과 같이 개정한다.
　제24조제1항 중 "원자력"을 "원자력 연구·개발·생산·이용"으로 한다.
　②부터 ④까지 생략
제5조 생략

국회법

[시행 2012.5.30] [법률 제11453호, 2012.5.25, 일부개정]

국회사무처 (의사과)02-788-2901~2

제1장 총칙

제1조(목적) 이 법은 국회의 조직·의사 기타 필요한 사항을 규정함으로써 국민의 대의기관인 국회의 민주적이고 효율적인 운영에 기여함을 목적으로 한다.

제2조(당선통지 및 등록) ①중앙선거관리위원회위원장은 국회의원당선인이 결정된 때에는 그 명단을 즉시 국회에 통지하여야 한다.

②국회의원당선인은 당선인으로 결정된 후 당선증서를 국회사무처에 제시하고 등록하여야 한다.

[전문개정 1994.6.28]

제3조(의석배정) 국회의원(이하 "의원"이라 한다)의 의석은 의장이 각 교섭단체대표의원과 협의하여 이를 정한다. 다만, 협의가 이루어지지 아니할 때에는 의장이 잠정적으로 이를 정한다. 〈개정 1994.6.28〉

제4조(정기회) 정기회는 매년 9월 1일에 집회한다. 그러나 그 날이 공휴일인 때에는 그 다음날에 집회한다. 〈개정 2000.2.16〉

제5조(임시회) ①임시회의 집회요구가 있을 때에는 의장은 집회기일 3일전에 공고한다. 이 경우 2 이상의 집회요구가 있을 때에는 집회일이 빠른 것을 공고하되, 집회일이 같은 때에는 그 요구서가 먼저 제출된 것을 공고한다. 〈개정 2000.2.16〉

②의장은 제1항의 규정에 불구하고 내우·외환·천재·지변 또는 중대한 재정·경제상의 위기, 국가의 안위에 관계되는 중대한 교전상태나 전시·사변 또는 이에 준하는 국가비상사태에 있어서는 집회기일 1일 전에 공고할 수 있다. 〈신설 2000.2.16〉

③국회의원총선거후 최초의 임시회는 의원의 임기개시후 7일에 집회하며, 처음 선출된 의장의 임기가 만료되는 때가 폐회중인 경우에는 늦어도 임기만료일전 5일까지 집회한다. 그러나, 그 날이 공휴일인 때에는 그 다음 날에 집회한다. 〈개정 1994.6.28, 2003.2.4〉

제5조의2(연간 국회운영기본일정등) ①의장은 국회의 연중 상시운영을 위하여 각 교섭단체대표의원과의 협의를 거쳐 매년 12월 31일까지 다음 연도의 국회운영기본일정을 정하여야 한다. 다만, 국회의원총선거후 처음 구성되는 국회의 당해연도의 국회운영기본일정은 6월 30일까지 정하여야 한다.

②제1항의 연간 국회운영기본일정은 다음 각호의 기준에 따라 작성한다. 〈개정 2005.7.28〉

1. 매 짝수월(8월·10월 및 12월을 제외한다) 1일(그 날이 공휴일인 때에는 그 다음날)에 임시회를 집회한다. 다만, 국회의원총선거가 있는 월의 경우에는 그러하지 아니하다.

2. 정기회의 회기는 100일로, 제1호의 규정에 의한 임시회의 회기는 30일로 한다.

3. 제1호의 규정에 의한 임시회의 회기 중 1주(週)는 제122조의2의 규정에 따라 정부에 대하여 질문을 행한다.

[전문개정 2000.2.16]

제5조의3(법률안제출계획의 통지) 정부는 부득이한 경우를 제외하고는 매년 1월 31일까지 당해연도에 제출할 법률안에 관한 계획을 국회에 통지하여야 한다. 그 계획을 변경한 때에는 분기별로 주요사항을 국회에 통지하여야 한다. 〈개정 2011.5.19〉

[본조신설 2000.2.16]

제6조(개회식) 국회는 집회일에 개회식을 행한다. 다만, 임시회의 경우에는 개회식을 생략할 수 있다. 〈개정 2000.2.16〉

제2장 국회의 회기와 휴회

제7조(회기) ①국회의 회기는 의결로 이를 정하되, 의결로 연장할 수 있다.

②국회의 회기는 집회후 즉시 이를 정하여야 한다.

제8조(휴회) ①국회는 의결로 기간을 정하여 휴회할 수 있다.

②국회는 휴회중이라도 대통령의 요구가 있을 때, 의장이 긴급한 필요가 있다고 인정할 때 또는 재적의원 4분의 1 이상의 요구가 있을 때에는 회의를 재개한다. 〈개정 2003.2.4〉

제3장 국회의 기관과 경비

제9조(의장·부의장의 임기) ①의장과 부의장의 임기는 2년으로 한다. 다만, 국회의원총선거후 처음 선출된 의장과 부의장의 임기는 그 선출된 날부터 개

시하여 의원의 임기개시후 2년이 되는 날까지로 한다.

②보궐선거에 의하여 당선된 의장 또는 부의장의 임기는 전임자의 잔임기간으로 한다.

[전문개정 1994.6.28]

제10조(의장의 직무) 의장은 국회를 대표하고 의사를 정리하며, 질서를 유지하고 사무를 감독한다.

제11조(의장의 위원회출석과 발언) 의장은 위원회에 출석하여 발언할 수 있다. 그러나 표결에는 참가할 수 없다.

제12조(부의장의 의장직무대리) ①의장이 사고가 있을 때에는 의장이 지정하는 부의장이 그 직무를 대리한다.

②의장이 심신상실 등 부득이한 사유로 의사표시를 할 수 없게 되어 직무대리자를 지정할 수 없는 때에는 소속의원수가 많은 교섭단체소속인 부의장의 순으로 의장의 직무를 대행한다. 〈신설 2002.3.7〉

제13조(임시의장) 의장과 부의장이 모두 사고가 있을 때에는 임시의장을 선출하여 의장의 직무를 대행하게 한다.

제14조(사무총장의 의장직무대행) 국회의원총선거후 의장이나 부의장이 선출될 때까지의 임시회의 집회공고에 관하여는 사무총장이 의장의 직무를 대행한다. 최초로 선출된 의장과 부의장의 임기만료일까지 부득이한 사유로 의장이나 부의장을 선출하지 못한 때와 폐회 중에 의장·부의장이 모두 궐위된 경우에도 또한 같다. 〈개정 2000.2.16, 2010.3.12〉

제15조(의장·부의장의 선거) ①의장과 부의장은 국회에서 무기명투표로 선거하되 재적의원 과반수의 득표로 당선된다.

②제1항의 선거는 국회의원총선거후 최초집회일에 실시하며, 처음 선출된 의장 또는 부의장의 임기가 만료되는 때에는 그 임기만료일전 5일에 실시한다. 그러나, 그 날이 공휴일인 때에는 그 다음 날에 실시한다. 〈개정 1994.6.28〉

③제1항의 득표자가 없을 때에는 2차투표를 하고, 2차투표에도 제1항의 득표자가 없을 때에는 최고득표자가 1인이면 최고득표자와 차점자에 대하여, 최고득표자가 2인 이상이면 최고득표자에 대하여 결선투표를 하되, 재적의원과반수의 출석과 출석의원 다수득표자를 당선자로 한다. 〈개정 2000.2.16〉

제16조(보궐선거) 의장 또는 부의장이 궐위된 때나 의장과 부의장이 모두 궐위된 때에는 지체없이 보궐선거를 실시한다.

제17조(임시의장의 선거) 임시의장은 무기명투표로 선거하되 재적의원 과반수

의 출석과 출석의원 다수득표자를 당선자로 한다. 〈개정 2003.2.4〉

제18조(의장등 선거시의 의장직무대행) 의장등 선거에 있어서 다음 각호의 1
에 해당될 때에는 출석의원중 최다선의원이, 최다선의원이 2인 이상인 경우
에는 그중 연장자가 의장의 직무를 대행한다. 〈개정 1997.1.13, 2000.2.16,
2010.3.12〉

1. 국회의원총선거 후 최초로 의장과 부의장을 선거할 때
2. 제15조제2항의 규정에 의하여 처음 선출된 의장 또는 부의장의 임기가 만
   료되는 때 그 임기만료일전 5일에 의장과 부의장의 선거가 실시되지 못
   하여 그 임기만료후 의장과 부의장을 선거할 때
3. 의장과 부의장이 모두 궐위되어 그 보궐선거를 할 때
4. 의장 또는 부의장의 보궐선거에 있어서 의장과 부의장이 모두 사고가 있
   을 때
5. 의장과 부의장이 모두 사고가 있어 임시의장을 선거할 때

제19조(의장·부의장의 사임) 의장과 부의장은 국회의 동의를 얻어 그 직을 사
임할 수 있다.

제20조(의장·부의장의 겸직제한) ①의장과 부의장은 특히 법률로 정한 경우를
제외하고는 의원외의 직을 겸할 수 없다.

②다른 직을 겸한 의원이 의장 또는 부의장으로 당선된 때에는 당선된 날에
그 직에서 해직된 것으로 본다.

제20조의2(의장의 당적보유금지) ①의원이 의장으로 당선된 때에는 당선된 다
음 날부터 그 직에 있는 동안은 당적을 가질 수 없다. 다만, 국회의원총선거
에 있어서 「공직선거법」 제47조의 규정에 의한 정당추천후보자로 추천을 받
고자 하는 경우에는 의원 임기만료일전 90일부터 당적을 가질 수 있다. 〈개
정 2007.12.14〉

②제1항 본문의 규정에 의하여 당적을 이탈한 의장이 그 임기를 만료한 때
에는 당적을 이탈할 당시의 소속정당으로 복귀한다.

[본조신설 2002.3.7]

제21조(국회사무처) ①국회의 입법·예산결산심사등의 활동을 지원하고 행정사
무를 처리하기 위하여 국회에 사무처를 둔다. 〈개정 1994.6.28〉

②국회사무처에 사무총장 1인과 기타 필요한 공무원을 둔다.

③사무총장은 의장이 각 교섭단체대표의원과의 협의를 거쳐 본회의의 승인
을 얻어 임면한다.

④사무총장은 의장의 감독을 받아 국회의 사무를 통할하고 소속공무원을

지휘·감독한다.

⑤국회사무처는 국회의 입법 및 예산결산심사등의 활동을 지원함에 있어 의원 또는 위원회의 요구가 있는 경우 필요한 자료등을 제공하여야 한다. 〈신설 1994.6.28, 2005.7.28〉

⑥제5항에서 규정한 사항과 관련하여 사무총장 또는 사무총장이 지정하는 소속공무원은 위원회의 요구에 응하여 해당 위원회에서 보고·설명할 수 있으며, 사무총장은 의장의 허가를 얻어 필요한 자료의 제공을 정부·행정기관 기타에 대하여 요청할 수 있다. 〈신설 1994.6.28〉

⑦이 법에 정한 외에 국회사무처에 관하여 필요한 사항은 따로 법률로 정한다.

제21조의2

[종전 제21조의2는 제22조의2로 이동〈1995.3.3〉]

제22조(국회도서관) ①국회의 도서 및 입법자료에 관한 업무를 처리하기 위하여 국회도서관을 둔다.

②국회도서관에 도서관장 1인과 기타 필요한 공무원을 둔다.

③도서관장은 의장이 국회운영위원회의 동의를 얻어 임면한다.

④도서관장은 국회입법활동을 지원하기 위하여 도서 기타 도서관자료의 수집·정리·보존 및 도서관봉사를 행한다.

⑤이 법에 정한 외에 국회도서관에 관하여 필요한 사항은 따로 법률로 정한다.

제22조의2(국회예산정책처) ①국가의 예산결산·기금 및 재정운용과 관련된 사항에 관하여 연구분석·평가하고 의정활동을 지원하기 위하여 국회예산정책처를 둔다.

②국회예산정책처에 처장 1인과 필요한 공무원을 둔다.

③처장은 의장이 국회운영위원회의 동의를 얻어 임면한다.

④이 법에서 정한 사항외에 국회예산정책처에 관하여 필요한 사항은 따로 법률로 정한다.

[본조신설 2003.7.18]

제22조의3(국회입법조사처) ①입법 및 정책과 관련된 사항을 조사·연구하고 관련 정보 및 자료를 제공하는 등 입법정보서비스와 관련된 의정활동을 지원하는 국회입법조사처를 둔다.

②국회입법조사처에 처장 1인과 필요한 공무원을 둔다.

③처장은 의장이 국회운영위원회의 동의를 얻어 임면한다.

④이 법에서 정한 사항 외에 국회입법조사처에 관하여 필요한 사항은 따로 법률로 정한다.

[본조신설 2007.1.24]

제23조(국회의 경비) ①국회의 경비는 독립하여 국가예산에 이를 계상한다.

②의장은 국회소관예산요구서를 작성하여 국회운영위원회의 심사를 거쳐 정부에 제출한다. 다만, 「국가재정법」에서 정한 예산요구서 제출기일 전일까지 국회운영위원회가 국회소관예산요구서의 심사를 마치지 못한 경우에는 의장은 직접 국회소관예산 요구서를 정부에 제출할 수 있다. 〈개정 2003.2.4, 2006.10.4〉

③제1항의 예산중에는 예비금을 둔다.

④국회의 예비금은 사무총장이 관리하되, 국회운영위원회의 동의와 의장의 승인을 얻어 지출한다. 다만, 폐회중일 때에는 의장의 승인으로 지출하고 다음 회기초에 국회운영위원회에 보고한다.

⑤정부가 「국가재정법」 제40조제2항의 규정에 의한 국회소관세출예산요구액의 삭감에 대하여 의견을 구하고자 할 때에는 그 삭감내용 및 사유를 기재하여 국무회의 7일전까지 이를 의장에게 송부하여야 한다. 〈신설 2000.2.16, 2006.10.4〉

⑥의장은 제5항의 규정에 의한 송부가 있은 때에는 그 삭감내용에 대한 의견서를 당해국무회의 1일전까지 정부에 송부한다. 〈신설 2000.2.16〉

제4장 의원

제24조(선서) 의원은 임기초에 국회에서 다음의 선서를 한다.

"나는 헌법을 준수하고 국민의 자유와 복리의 증진 및 조국의 평화적 통일을 위하여 노력하며, 국가이익을 우선으로 하여 국회의원의 직무를 양심에 따라 성실히 수행할 것을 국민앞에 엄숙히 선서합니다."

제25조(품위유지의 의무) 의원은 의원으로서의 품위를 유지하여야 한다.

제26조(체포동의요청의 절차) ①의원을 체포 또는 구금하기 위하여 국회의 동의를 얻으려고 할 때에는 관할법원의 판사는 영장을 발부하기 전에 체포동의요구서를 정부에 제출하여야 하며, 정부는 이를 수리한 후 지체없이 그 사본을 첨부하여 국회에 체포동의를 요청하여야 한다.

②의장은 제1항의 규정에 따른 체포동의를 요청받은 후 처음 개의하는 본회의에 이를 보고하고, 본회의에 보고된 때부터 24시간 이후 72시간 이내에 표결한다. 〈신설 2005.7.28〉

제27조(의원체포의 통지) 정부는 체포 또는 구금된 의원이 있을 때에는 지체 없이 의장에게 영장의 사본을 첨부하여 이를 통지하여야 한다. 구속기간의 연장이 있을 때에도 또한 같다.

제28조(석방요구의 절차) 의원이 체포 또는 구금된 의원의 석방요구를 발의할 때에는 재적의원 4분의 1 이상의 연서로 그 이유를 첨부한 요구서를 의장에게 제출하여야 한다. 〈개정 2005.7.28〉

제29조(겸직) ①의원은 정치활동 또는 겸직을 금지하는 다른 법령의 규정에 불구하고 다음 각호의 1에 해당하는 직을 제외한 다른 직을 겸할 수 있다. 〈개정 1994.6.28, 2003.2.4, 2004.12.31, 2005.7.28, 2007.12.14〉

1. 「국가공무원법」 제2조에 규정된 국가공무원과 「지방공무원법」 제2조에 규정된 지방공무원. 다만, 「국가공무원법」 제3조제3항의 규정에 의하여 정치운동이 허용되는 공무원은 제외한다.
2. 대통령·헌법재판소재판관·각급선거관리위원회위원·지방의회의원
3. 다른 법령의 규정에 의하여 공무원의 신분을 가지는 직
4. 정부투자기관관리기본법 제2조에 규정된 정부투자기관(한국은행을 포함한다)의 임·직원
5. 「농업협동조합법」·「수산업협동조합법」에 의한 조합과 중앙회의 임·직원
6. 「정당법」 제22조제1항 단서의 규정에 의하여 정당의 당원이 될 수 없는 교원

②의원이 당선전부터 제1항의 겸직이 금지된 직을 가진 경우에는 임기개시일에 그 직에서 해직된다.

③「정당법」 제22조제1항의 규정에 의하여 정당의 당원이 될 수 있는 교원이 의원으로 당선된 때에는 임기중 그 교원의 직은 휴직된다. 〈개정 1994.6.28, 2007.12.14〉

④의원이 당선전부터 다른 직을 가진 경우에는 임기개시후 1월이내에, 임기중에 다른 직에 취임한 경우에는 취임후 15일이내에 의장에게 서면으로 신고하여야 한다.

⑤의장은 의원이 다른 직을 겸하는 것이 제25조의 규정에 위반된다고 인정될 때에는 그 겸한 직을 사임할 것을 권고할 수 있다.

제30조(수당·여비) 의원은 따로 법률이 정하는 바에 의하여 수당과 여비를 받는다.

제31조(교통기관이용) 의원은 국유의 철도·선박과 항공기에 무료로 승용할 수 있다. 다만, 폐회중에는 공무의 경우에 한한다.

제32조(청가 및 결석) ①의원이 사고로 인하여 국회에 출석하지 못하게 되거나 못한 때에는 청가서 또는 결석계를 의장에게 제출하여야 한다.

②의원이 청가서를 제출하여 의장의 허가를 받거나 정당한 사유로 결석하여 결석계를 제출한 경우외에는 국회의원수당등에관한법률의 규정에 의한 특별활동비에서 그 결석한 회의일수에 상당하는 금액을 감액한다. 〈신설 1994.6.28〉

③제1항의 청가 및 결석에 관하여 필요한 사항은 국회규칙으로 정한다.

제5장 교섭단체·위원회와 위원

제33조(교섭단체) ①국회에 20인 이상의 소속의원을 가진 정당은 하나의 교섭단체가 된다. 그러나 다른 교섭단체에 속하지 아니하는 20인 이상의 의원으로 따로 교섭단체를 구성할 수 있다.

②교섭단체의 대표의원은 그 단체의 소속의원이 연서·날인한 명부를 의장에게 제출하여야하며, 그 소속의원에 이동이 있거나 소속정당의 변경이 있을 때에는 그 사실을 지체없이 의장에게 보고하여야 한다. 다만, 특별한 사유가 있을 때에는 당해 의원이 관계서류를 첨부하여 이를 보고할 수 있다. 〈개정 1994.6.28〉

③어느 교섭단체에도 속하지 아니하는 의원이 당적을 취득하거나 소속정당을 변경한 때에는 그 사실을 즉시 의장에게 보고하여야 한다.

제34조(교섭단체정책연구위원) ①교섭단체소속의원의 입법활동을 보좌하기 위하여 교섭단체에 정책연구위원을 둔다.

②정책연구위원은 당해 교섭단체대표의원의 제청에 따라 의장이 임면한다.

③정책연구위원은 별정직공무원으로 하고, 그 인원·자격·임면절차·직급등에 관하여 필요한 사항은 국회규칙으로 정한다.

제35조(위원회의 종류) 국회의 위원회는 상임위원회와 특별위원회의 2종으로 한다.

제36조(상임위원회의 직무) 상임위원회는 그 소관에 속하는 의안과 청원등의 심사 기타 법률에서 정하는 직무를 행한다.

제37조(상임위원회와 그 소관) ① 상임위원회와 그 소관은 다음과 같다. 〈개정 2010.3.12, 2010.5.28, 2010.6.4, 2011.5.19, 2012.3.21〉

1. 국회운영위원회
   가. 국회운영에 관한 사항
   나. 「국회법」 기타 국회규칙에 관한 사항

   다. 국회사무처 소관에 속하는 사항

   라. 국회도서관 소관에 속하는 사항

   마. 국회예산정책처 소관에 속하는 사항

   바. 국회입법조사처 소관에 속하는 사항

   사. 대통령실 소관에 속하는 사항

   아. 국가인권위원회 소관에 속하는 사항

   자. 특임장관실 소관에 속하는 사항

2. 법제사법위원회

   가. 법무부 소관에 속하는 사항

   나. 법제처 소관에 속하는 사항

   다. 감사원 소관에 속하는 사항

   라. 헌법재판소 사무에 관한 사항

   마. 법원·군사법원의 사법행정에 관한 사항

   바. 탄핵소추에 관한 사항

   사. 법률안·국회규칙안의 체계·형식과 자구의 심사에 관한 사항

3. 정무위원회

   가. 국무총리실 소관에 속하는 사항

   나. 국가보훈처 소관에 속하는 사항

   다. 공정거래위원회 소관에 속하는 사항

   라. 금융위원회 소관에 속하는 사항

   마. 국민권익위원회 소관에 속하는 사항

4. 기획재정위원회

   가. 기획재정부 소관에 속하는 사항

   나. 한국은행 소관에 속하는 사항

5. 외교통상통일위원회

   가. 외교통상부 소관에 속하는 사항

   나. 통일부 소관에 속하는 사항

   다. 민주평화통일자문회의 사무에 관한 사항

6. 국방위원회

     국방부 소관에 속하는 사항

7. 행정안전위원회

   가. 행정안전부 소관에 속하는 사항

   나. 중앙선거관리위원회 사무에 관한 사항

　다. 지방자치단체에 관한 사항

8. 교육과학기술위원회

　가. 교육과학기술부 소관에 속하는 사항

　나. 국가과학기술위원회 소관에 속하는 사항

　다. 원자력안전위원회 소관에 속하는 사항

9. 문화체육관광방송통신위원회

　가. 문화체육관광부 소관에 속하는 사항

　나. 방송통신위원회 소관에 속하는 사항

10. 농림수산식품위원회

　　농림수산식품부 소관에 속하는 사항

11. 지식경제위원회

　　지식경제부 소관에 속하는 사항

12. 보건복지위원회

　　보건복지부 소관에 속하는 사항

13. 환경노동위원회

　가. 환경부 소관에 속하는 사항

　나. 고용노동부 소관에 속하는 사항

14. 국토해양위원회

　　국토해양부 소관에 속하는 사항

15. 정보위원회

　가. 국가정보원 소관에 속하는 사항

　나.「국가정보원법」제3조제1항제5호에 규정된 정보 및 보안업무의 기획·
　　조정 대상부처 소관의 정보예산안과 결산심사에 관한 사항

16. 여성가족위원회

　　여성가족부 소관에 속하는 사항

② 의장은 어느 상임위원회에도 속하지 아니하는 사항은 국회운영위원회와
협의하여 소관 상임위원회를 정한다.

[전문개정 2008.8.25]

제38조(상임위원회의 위원정수) 상임위원회의 위원정수는 국회규칙으로 정한
다. 다만, 정보위원회의 위원정수는 12인으로 한다. 〈개정 1994.6.28〉

제39조(상임위원회의 위원) ①의원은 2 이상의 상임위원회의 위원(이하 "상임
위원"이라 한다)이 될 수 있다. 〈개정 1997.1.13, 2005.7.28〉

②각 교섭단체의 대표의원은 국회운영위원회의 위원이 된다.

③의장은 상임위원이 될 수 없다.

④국무총리·국무위원·국무총리실장·처의 장, 행정각부의 차관 기타 국가공무원의 직을 겸한 의원은 상임위원을 사임할 수 있다. 〈개정 1998.3.18, 2010.3.12〉

제40조(상임위원의 임기) ①상임위원의 임기는 2년으로 한다. 다만, 국회의원총선거후 처음 선임된 위원의 임기는 그 선임된 날부터 개시하여 의원의 임기개시후 2년이 되는 날까지로 한다. 〈개정 1994.6.28〉

② 삭제 〈2008.8.25〉

③보임 또는 개선된 상임위원의 임기는 전임자의 잔임기간으로 한다. 〈개정 1990.6.29〉

제40조의2(상임위원의 직무 관련 영리행위 금지) 상임위원은 소관 상임위원회의 직무와 관련한 영리행위를 하지 못한다.

[본조신설 2005.7.28]

제41조(상임위원장) ①상임위원회에 위원장(이하 "상임위원장"이라 한다) 1인을 둔다.

②상임위원장은 제48조제1항 내지 제3항의 규정에 의하여 선임된 당해 상임위원중에서 임시의장선거의 예에 준하여 국회의 회의(이하 "본회의"라 한다)에서 선거한다. 〈개정 1994.6.28〉

③제2항의 선거는 국회의원총선거후 최초집회일부터 3일 이내에 실시하며, 처음 선출된 상임위원장의 임기가 만료되는 때에는 그 임기만료일까지 실시한다. 〈신설 1994.6.28〉

④상임위원장의 임기는 상임위원으로서의 임기와 같다.

⑤상임위원장은 본회의의 동의를 얻어 그 직을 사임할 수 있다. 다만, 폐회중에는 의장의 허가를 받아 사임할 수 있다.

제42조(전문위원과 공무원) ①위원회에 위원장 및 위원의 입법활동등을 지원하기 위하여 의원 아닌 전문지식을 가진 위원(이하 "전문위원"이라 한다)과 필요한 공무원을 둔다. 위원회에 두는 전문위원과 공무원은 국회사무처법에서 정하는 바에 의한다. 〈개정 1994.6.28〉

②위원회에 두는 전문위원과 공무원은 그 직무를 수행함에 있어서 정치적 중립성을 유지하여야 한다. 〈신설 2005.7.28〉

③전문위원은 사무총장의 제청으로 의장이 임명한다.

④전문위원은 위원회에서 의안과 청원등의 심사, 국정감사, 국정조사 기타 소관사항과 관련하여 검토보고 및 관련자료의 수집·조사·연구를 행한다.

〈신설 1994.6.28〉

⑤전문위원은 제4항의 직무를 수행함에 있어 필요한 자료의 제공을 정부·행정기관 기타에 대하여 요청할 수 있다. 이 경우 그 요청은 위원장의 허가를 얻어 위원장명의로 하여야 한다. 〈신설 1994.6.28, 2005.7.28〉

⑥전문위원은 위원회에서 발언할 수 있으며 본회의에서는 본회의의결 또는 의장의 허가를 받아 발언할 수 있다.

제43조(전문가의 활용) ①위원회는 그 의결로 중요한 안건 또는 전문지식을 요하는 안건의 심사와 관련하여 필요한 경우 당해 안건에 관하여 학식과 경험이 있는 3인 이내의 전문가를 심사보조자로 위촉할 수 있다. 〈개정 2000.2.16〉

②위원회가 제1항의 규정에 의하여 전문가를 심사보조자로 위촉하고자 할 때에는 위원장이 의장에게 이를 요청한다. 이 경우 의장은 예산사정등을 감안하여 그 인원 또는 위촉기간등을 조정할 수 있다.

③제1항의 규정에 의하여 위촉된 심사보조자는 국가공무원법 제33조의 결격사유에 해당하지 아니하는 자이어야 하며, 위촉된 업무의 성질에 반하지 아니하는 한 국가공무원법 제7장 복무에 관한 규정이 준용된다.

④위촉된 심사보조자에 대한 수당의 지급기준 기타 필요한 사항은 의장이 정한다.

[본조신설 1991.5.31]

[종전 제43조는 제44조로 이동 〈1991.5.31〉]

제44조(특별위원회) ①국회는 수개의 상임위원회소관과 관련되거나 특히 필요하다고 인정한 안건을 효율적으로 심사하기 위하여 본회의의 의결로 특별위원회를 둘 수 있다.

②제1항의 규정에 의한 특별위원회를 구성할 때에는 그 활동기한을 정하여야 한다. 다만, 본회의의 의결로 그 기간을 연장할 수 있다.

③특별위원회는 활동기한의 종료시까지 존속한다. 다만, 활동기한의 종료시까지 제86조의 규정에 따라 법제사법위원회에 체계·자구심사를 의뢰하였거나 제66조의 규정에 따라 심사보고서를 제출한 경우에는 해당 안건이 본회의에서 의결될 때까지 존속하는 것으로 본다. 〈개정 2005.7.28〉

[전문개정 1994.6.28]

제45조(예산결산특별위원회) ①예산안·기금운용계획안 및 결산(세입세출결산 및 기금결산을 말한다. 이하 같다)을 심사하기 위하여 예산결산특별위원회를 둔다. 〈개정 2003.2.4, 2010.5.28〉

②예산결산특별위원회의 위원수는 50인으로 한다. 이 경우 그 선임은 교섭
단체소속의원수의 비율과 상임위원회의 위원수의 비율에 의하여 각 교섭단
체대표의원의 요청으로 의장이 행한다.

③예산결산특별위원회의 위원의 임기는 1년으로 한다. 다만, 국회의원총선
거후 처음 선임된 위원의 임기는 그 선임된 날부터 개시하여 의원의 임기개
시후 1년이 되는 날까지로 하며, 보임 또는 개선된 위원의 임기는 전임자의
잔임기간으로 한다.

④예산결산특별위원회의 위원장은 예산결산특별위원회의 위원중에서 임시
의장선거의 예에 준하여 본회의에서 선거한다.

⑤제44조제2항 및 제3항의 규정은 예산결산특별위원회에 적용되지 아니한다.

⑥제41조제3항 내지 제5항, 제48조제1항 후단 및 제2항의 규정은 예산결산특
별위원회의 위원장의 선거 및 임기등과 위원의 선임에 관하여 이를 준용한다.
[전문개정 2000.2.16]

제46조(윤리특별위원회) ①의원의 자격심사·징계에 관한 사항을 심사하기 위
하여 윤리특별위원회를 둔다. 〈개정 2010.5.28〉

② 윤리특별위원회는 위원장 1명을 포함한 15명의 위원으로 구성한다. 〈신
설 2011.5.19〉

③ 윤리특별위원회는 의원의 징계에 관한 사항을 심사하기 전에 제46조의2
에 따른 윤리심사자문위원회의 의견을 청취하여야 한다. 이 경우 윤리특별
위원회는 윤리심사자문위원회의 의견을 존중하여야 한다. 〈신설 2010.5.28,
2011.5.19〉

④제44조제2항 및 제3항의 규정은 윤리특별위원회에 적용되지 아니한다.
〈개정 1994.6.28, 2010.5.28, 2011.5.19〉

⑤윤리특별위원회의 위원의 임기와 위원장의 임기 및 선거등에 관하여는
제40조제1항 및 제3항, 제41조제2항 내지 제5항의 규정을 준용한다. 〈신설
1994.6.28, 2010.5.28, 2011.5.19〉

⑥ 윤리특별위원회의 구성과 운영에 관하여 이 법에서 정한 사항 외에 필요
한 사항은 국회규칙으로 정한다. 〈개정 2011.5.19〉
[본조신설 1991.5.31]

제46조의2(윤리심사자문위원회) ① 의원의 징계와 관련된 사항에 관하여 윤리
특별위원회의 자문에 응하기 위하여 윤리특별위원회에 윤리심사자문위원
회(이하 이 조에서 "자문위원회"라 한다)를 둔다.

② 자문위원회는 위원장 1인을 포함한 8인의 자문위원으로 구성하며, 자문

위원은 각 교섭단체대표의원의 추천에 따라 의장이 위촉한다.

③ 각 교섭단체대표의원이 추천하는 자문위원 수는 교섭단체소속의원 수의 비율에 따른다. 이 경우 소속의원 수가 가장 많은 교섭단체대표의원이 추천하는 자문위원 수는 그 밖의 교섭단체대표의원이 추천하는 자문위원 수와 같아야 한다.

④ 자문위원회 위원장은 자문위원 중에서 호선하되, 위원장이 선출될 때까지는 자문위원 중 연장자가 위원장의 직무를 대행한다.

⑤ 의원은 자문위원회의 자문위원이 될 수 없다.

⑥ 그 밖에 자문위원의 자격, 임기 및 자문위원회의 운영에 필요한 사항은 국회규칙으로 정한다.

[본조신설 2010.5.28]

제46조의3(인사청문특별위원회) ①국회는 헌법에 의하여 그 임명에 국회의 동의를 요하는 대법원장·헌법재판소장·국무총리·감사원장 및 대법관과 국회에서 선출하는 헌법재판소 재판관 및 중앙선거관리위원회 위원에 대한 임명동의안 또는 의장이 각 교섭단체대표의원과 협의하여 제출한 선출안등을 심사하기 위하여 인사청문특별위원회를 둔다. 다만, 대통령직인수에관한법률 제5조제2항의 규정에 의하여 대통령당선인이 국무총리후보자에 대한 인사청문의 실시를 요청하는 경우에 의장은 각 교섭단체대표의원과 협의하여 그 인사청문을 실시하기 위한 인사청문특별위원회를 둔다. 〈개정 2003.2.4〉

②인사청문특별위원회의 구성과 운영에 관하여 필요한 사항은 따로 법률로 정한다.

[본조신설 2000.2.16]

제47조(특별위원회의 위원장) ①특별위원회에 위원장 1인을 두되 위원회에서 호선하고 본회의에 보고한다.

②특별위원회의 위원장이 선임될 때까지는 위원중 연장자가 위원장의 직무를 대행한다.

③특별위원회의 위원장은 그 위원회의 동의를 얻어 그 직을 사임할 수 있다. 다만, 폐회중에는 의장의 허가를 받아 사임할 수 있다.

[제45조에서 이동, 종전 제47조는 제49조로 이동 〈1991.5.31〉]

제48조(위원의 선임 및 개선) ①상임위원은 교섭단체소속의원수의 비율에 의하여 각 교섭단체대표의원의 요청으로 의장이 선임 및 개선한다. 이 경우 각 교섭단체대표의원은 국회의원총선거후 최초의 임시회의 집회일부터 2일 이내에 그리고 국회의원총선거후 처음 선임된 상임위원의 임기가 만료되는

때에는 그 임기만료일 3일 전까지 의장에게 위원의 선임을 요청하여야 하며, 이 기한내에 요청이 없는 때에는 의장이 위원을 선임할 수 있다. 〈개정 2005.7.28〉

②어느 교섭단체에도 속하지 아니하는 의원의 상임위원선임은 의장이 이를 행한다.

③정보위원회의 위원은 의장이 각 교섭단체대표의원으로부터 당해교섭단체 소속의원중에서 후보를 추천받아 부의장 및 각 교섭단체대표의원과 협의하여 선임 또는 개선한다. 다만, 각 교섭단체대표의원은 정보위원회의 위원이 된다. 〈개정 1995.3.3, 1998.3.18, 2000.2.16〉

④특별위원회의 위원은 제1항 및 제2항의 규정에 따라 의장이 상임위원중에서 선임한다. 이 경우 그 선임은 특별위원회구성결의안이 본회의에서 의결된 날부터 5일 이내에 하여야 한다.

⑤위원의 선임이 있은 후 교섭단체소속의원수의 이동이 있을 때에는 의장은 위원회의 교섭단체별 할당수를 변경하여 위원을 개선할 수 있다.

⑥제1항 내지 제4항의 규정에 의하여 위원을 개선할 때 임시회의 경우에는 회기중 개선될 수 없고, 정기회의 경우에는 선임 또는 개선후 30일 이내에는 개선될 수 없다. 다만, 위원이 질병 등 부득이한 사유로 의장의 허가를 받은 경우에는 그러하지 아니하다. 〈신설 2003.2.4〉

⑦의장 및 교섭단체대표의원은 의원이 기업체 또는 단체의 임·직원등 다른 직을 겸하고 있는 경우 그 직과 직접적인 이해관계를 가지는 상임위원회의 위원으로 선임하는 것이 공정을 기할 수 없는 현저한 사유가 있다고 인정하는 때에는 해당 상임위원회의 위원으로 선임하거나 선임을 요청하여서는 아니된다.

[전문개정 1994.6.28]

제49조(위원장의 직무) ①위원장은 위원회를 대표하고 의사를 정리하며, 질서를 유지하고 사무를 감독한다.

②위원장은 위원회의 의사일정과 개회일시를 간사와 협의하여 정한다.

[제47조에서 이동, 종전 제49조는 제51조로 이동 〈1991.5.31〉]

제50조(간사) ①위원회에 각 교섭단체별로 간사 1인을 둔다.

②간사는 위원회에서 호선하고 이를 본회의에 보고한다.

③위원장이 사고가 있을 때에는 위원장이 지정하는 간사가 위원장의 직무를 대리한다.

④위원장이 궐위된 때에는 소속의원수가 많은 교섭단체소속인 간사의 순으

로 위원장의 직무를 대리한다.

⑤위원장이 위원회의 개회 또는 의사진행을 거부·기피하거나 제3항의 규정에 의한 직무대리자를 지정하지 아니하여 위원회가 활동하기 어려운 때에는 위원장이 소속하지 아니하는 교섭단체소속의 간사중에서 소속의원수가 많은 교섭단체소속인 간사의 순으로 위원장의 직무를 대행한다. 〈신설 1990.6.29〉

[제48조에서 이동, 종전 제50조는 제52조로 이동 〈1991.5.31〉]

제51조(위원회의 제안) ①위원회는 그 소관에 속하는 사항에 관하여 법률안 기타 의안을제출할 수 있다.

②제1항의 의안은 위원장이 제출자가 된다.

[제49조에서 이동, 종전 제51조는 제54조로 이동 〈1991.5.31〉]

제52조(위원회의 개회) 위원회는 본회의의 의결이 있거나 의장 또는 위원장이 필요하다고 인정할 때, 재적위원 4분의 1 이상의 요구가 있을 때에 개회한다.

[전문개정 1994.6.28]

제53조(폐회중 상임위원회의 정례회의) ①상임위원회(국회운영위원회를 제외한다. 이하 이 조에서 같다)는 폐회중 최소한 월 2회 정례적으로 개회(이하 "정례회의"라 한다)한다. 다만, 정보위원회는 최소한 월 1회로 한다.

②상임위원회는 정례회의의 개회일을 위원회의 의결로 정하되, 1회는 미리 그 개회 주·요일을 지정하여 자동 개회한다. 〈개정 1997.1.13〉

③정례회의는 당해 상임위원회에 계류중인 법률안 및 청원 기타 안건과 주요현안등을 심사한다.

④상임위원회가 정례회의 당일의 의사일정을 마치지 못한 경우에는 위원장이 간사와 협의하거나 위원회의 의결로 회의를 연장할 수 있다.

[전문개정 1994.6.28]

제54조(위원회의 의사·의결정족수) 위원회는 재적위원 5분의 1 이상의 출석으로 개회하고, 재적위원 과반수의 출석과 출석위원 과반수의 찬성으로 의결한다. 〈개정 1997.1.13〉

[제51조에서 이동, 종전 제54조는 제57조로 이동 〈1991.5.31〉]

제54조의2(정보위원회에 대한 특례) ①정보위원회의 회의는 공개하지 아니한다. 다만, 공청회 또는 제65조의2의 규정에 의한 인사청문회를 실시하는 경우에는 위원회의 의결로 이를 공개할 수 있다. 〈개정 2005.7.28〉

②정보위원회의 위원 및 소속공무원(의원보조직원을 포함한다. 이하 이 조에서 같다)은 직무수행상 알게 된 국가기밀에 속하는 사항을 공개하거나 타

인에게 누설하여서는 아니된다.

③정보위원회의 활동을 보좌하는 소속공무원에 대하여는 국가정보원장에게 신원조사를 의뢰하여야 한다. 〈개정 2000.2.16〉

④이 법에 정한 외에 정보위원회의 구성과 운영등에 관하여 필요한 사항은 국회규칙으로 정한다.

[본조신설 1994.6.28]

제55조(위원회에서의 방청등) ①위원회에서는 의원이 아닌 자는 위원장의 허가를 받아 방청할 수 있다.

②위원장은 질서를 유지하기 위하여 필요한 때에는 방청인의 퇴장을 명할 수 있다.

[제52조에서 이동, 종전 제55조는 제58조로 이동 〈1991.5.31〉]

제56조(본회의중 위원회의 개회) 위원회는 본회의의 의결이 있거나 의장이 필요하다고 인정하여 각 교섭단체대표의원과 협의한 경우를 제외하고는 본회의중에는 개회할 수 없다. 다만, 국회운영위원회는 그러하지 아니하다.

[제53조에서 이동, 종전 제56조는 제60조로 이동 〈1991.5.31〉]

제57조(소위원회) ①위원회는 특정한 안건의 심사를 위하여 소위원회를 둘 수 있다.

②상임위원회(정보위원회를 제외한다)는 그 소관사항을 분담·심사하기 위하여 상설소위원회를 둘 수 있다. 이 경우 상설소위원회에 대하여 국회규칙으로 정하는 바에 따라 필요한 인원 및 예산 등을 지원할 수 있다. 〈개정 2000.2.16, 2005.7.28, 2012.5.25〉

③상설소위원회의 위원장은 위원회에서 소위원회의 위원중에서 선출하고 이를 본회의에 보고하며, 소위원회의 위원장이 사고가 있을 때에는 소위원회의 위원장이 소위원회의 위원중에서 지정하는 위원이 그 직무를 대리한다.

④소위원회의 활동은 위원회가 의결로 정하는 범위에 한한다.

⑤소위원회의 회의는 공개한다. 다만, 소위원회의 의결로 공개하지 아니할 수 있다. 〈신설 2000.2.16〉

⑥소위원회는 폐회중에도 활동할 수 있으며 그 의결로 의안의 심사와 직접 관련된 보고 또는 서류의 제출을 정부·행정기관 기타에 대하여 요구할 수 있고, 증인·감정인·참고인의 출석을 요구할 수 있다. 이 경우 그 요구는 위원장의 명의로 한다.

⑦소위원회에 관하여는 이 법에서 다르게 정하거나 성질에 반하지 아니하는 한 위원회에 관한 규정이 적용된다. 다만, 소위원회는 축조심사를 생략

하여서는 아니된다. 〈개정 2000.2.16〉

⑧예산결산특별위원회는 제1항의 소위원회외에 그 심사의 필요에 의하여 이를 수개의 분과위원회로 나눌 수 있다.

[전문개정 1991.5.31]

[제54조에서 이동, 종전 제57조는 제61조로 이동 〈1991.5.31〉]

제57조의2(안건조정위원회) ① 위원회는 이견을 조정할 필요가 있는 안건(예산안, 기금운용계획안, 임대형 민자사업 한도액안 및 체계·자구심사를 위하여 법제사법위원회에 회부된 법률안은 제외한다. 이하 이 조에서 같다)을 심사하기 위하여 재적위원 3분의 1 이상의 요구로 안건조정위원회(이하 이 조에서 "조정위원회"라 한다)를 구성하고 해당 안건을 제58조제1항에 따른 대체토론이 끝난 후 조정위원회에 회부한다. 다만, 조정위원회를 거친 안건에 대하여는 그 심사를 위한 조정위원회를 구성하지 못한다.

② 조정위원회의 활동기한은 그 구성일부터 90일로 한다. 다만, 위원장은 조정위원회를 구성할 때 간사와 합의하여 90일을 넘지 아니하는 범위에서 따로 정할 수 있다.

③ 조정위원회는 조정위원회의 위원장(이하 이 조에서 "조정위원장"이라 한다) 1명을 포함한 6명의 조정위원회의 위원(이하 이 조에서 "조정위원"이라 한다)으로 구성한다.

④ 제3항에 따라 조정위원회를 구성하는 경우에는 소속 의원수가 가장 많은 교섭단체(이하 이 조에서 "제1교섭단체"라 한다)에 속하는 조정위원의 수와 제1교섭단체에 속하지 아니하는 조정위원의 수를 같게 한다. 다만, 제1교섭단체가 둘 이상인 경우에는 각 교섭단체에 속하는 조정위원 및 어느 교섭단체에도 속하지 아니하는 조정위원의 수를 위원장이 간사와 합의하여 정한다.

⑤ 조정위원은 소속 위원 중에서 위원장이 간사와 협의하여 선임하고, 조정위원장은 조정위원회에서 제1교섭단체 소속 조정위원 중에서 선출하여 위원장이 이를 의장에게 보고한다.

⑥ 조정위원회는 제1항에 따라 회부된 안건에 대한 조정안을 재적 조정위원 3분의 2 이상의 찬성으로 의결한다. 이 경우 조정위원장은 의결된 조정안을 지체 없이 위원회에 보고한다.

⑦ 조정위원회에서 조정안을 의결한 안건에 대하여는 소위원회의 심사를 거친 것으로 보며, 위원회는 조정위원회의 조정안이 의결된 날부터 30일 이내에 그 안건을 표결한다.

⑧ 조정위원회에서 그 활동기한 내에 안건이 조정되지 아니하거나 조정안

이 부결된 경우에는 조정위원장은 심사경과를 위원회에 보고하여야 한다. 이 경우 위원장은 해당 안건(소위원회의 심사를 마친 안건은 제외한다)을 소위원회에 회부한다.

⑨ 제85조의2제2항에 따른 신속처리대상안건을 심사하는 조정위원회는 그 안건이 같은 조 제4항 또는 제5항에 따라 법제사법위원회에 회부되거나 바로 본회의에 부의된 것으로 보는 때에는 제2항에 따른 활동기한에도 불구하고 그 활동을 종료한다.

⑩ 조정위원회에 관하여는 이 법에서 다르게 정하거나 성질에 반하지 아니하는 한 위원회 또는 소위원회에 관한 규정을 준용한다.

[본조신설 2012.5.25]

제58조(위원회의 심사) ①위원회는 안건을 심사함에 있어서 먼저 그 취지의 설명과 전문위원의 검토보고를 듣고 대체토론(안건 전체에 대한 문제점과 당부에 관한 일반적 토론을 말하며 제안자와의 질의·답변을 포함한다)과 축조심사 및 찬반토론을 거쳐 표결한다. 〈개정 2000.2.16〉

②상임위원회는 안건을 심사함에 있어서 제57조제2항의 규정에 의한 상설소위원회에 회부하여 이를 심사·보고하도록 한다. 다만, 필요한 경우 제57조제1항의 규정에 의한 소위원회에 이를 회부할 수 있다. 〈신설 2000.2.16〉

③위원회가 안건을 소위원회에 회부하고자 하는 때에는 제1항의 규정에 의한 대체토론이 끝난 후가 아니면 회부할 수 없다.

④제1항 및 제3항의 규정에 불구하고 소위원회에 회부되어 심사 중인 안건과 직접 관련된 안건이 위원회에 새로이 회부된 경우 위원장이 간사와 협의를 거쳐 필요하다고 인정하는 때에는 이를 바로 해당 소위원회에 회부하여 함께 심사하게 할 수 있다. 〈신설 2005.7.28〉

⑤제1항의 규정에 의한 축조심사는 위원회의 의결로 이를 생략할 수 있다. 다만, 제정법률안 및 전부개정법률안에 대하여는 그러하지 아니하다. 〈신설 2000.2.16, 2005.7.28〉

⑥위원회는 제정법률안 및 전부개정법률안에 대하여는 공청회 또는 청문회를 개최하여야 한다. 다만, 위원회의 의결로 이를 생략할 수 있다. 〈신설 2000.2.16, 2005.7.28〉

⑦위원회는 안건이 예산상의 조치를 수반하는 경우에는 정부의 의견을 들어야 한다.

⑧제1항의 규정에 의한 전문위원의 검토보고서는 특별한 사정이 없는 한 당해 안건의 위원회상정일 48시간전까지 소속위원에게 배부되어야 한다.

⑨제5항 단서 및 제6항의 규정은 법제사법위원회의 체계·자구심사에 있어서는 이를 적용하지 아니한다. 〈신설 2000.2.16, 2005.7.28〉

[전문개정 1994.6.28]

제59조(의안의 상정시기) 위원회는 의안(예산안, 기금운용계획안 및 임대형 민자사업 한도액안은 제외한다. 이하 이 조에서 같다)이 그 위원회에 회부된 날부터 다음 각 호의 구분에 따른 기간이 경과하지 아니한 때에는 이를 상정할 수 없다. 다만, 긴급하고 불가피한 사유로 위원회의 의결이 있는 경우에는 그러하지 아니하다.

1. 일부개정법률안: 15일
2. 제정법률안, 전부개정법률안 및 폐지법률안: 20일
3. 체계·자구심사를 위하여 법제사법위원회에 회부된 법률안: 5일
4. 법률안 외의 의안: 20일

[전문개정 2012.5.25]

제59조의2(의안의 자동상정) 위원회에 회부되어 상정되지 아니한 의안(예산안, 기금운용계획안 및 임대형 민자사업 한도액안은 제외한다)은 제59조 각 호의 구분에 따른 기간이 경과한 후 30일이 경과한 날 이후 처음으로 개회하는 위원회에 상정된 것으로 본다. 다만, 위원장이 간사와 합의하는 경우에는 그러하지 아니하다.

[본조신설 2012.5.25]

제60조(위원의 발언) ①위원은 위원회에서 동일의제에 대하여 회수 및 시간등에 제한없이 발언할 수 있다. 다만, 위원장은 발언을 원하는 위원이 2인 이상일 경우에는 간사와 협의하여 15분의 범위안에서 각 위원의 첫번째 발언시간을 균등하게 정하여야 한다. 〈개정 1994.6.28〉

②위원회에서의 질의는 일문일답의 방식으로 한다. 다만, 위원회의 의결이 있는 경우 일괄질의의 방식으로 할 수 있다. 〈개정 1997.1.13〉

[제56조에서 이동, 종전 제60조는 제64조로 이동 〈1991.5.31〉]

제61조(위원 아닌 의원의 발언청취) 위원회는 안건에 관하여 위원 아닌 의원의 발언을 들을 수 있다.

[제57조에서 이동, 종전 제61조는 제65조로 이동 〈1991.5.31〉]

제62조(비공개회의록등의 열람과 대출금지) 위원장은 의원으로부터 비공개회의록 기타 비밀참고자료의 열람의 요구가 있을 때에는 심사·감사 또는 조사에 지장이 없는 한 이를 허용하여야 한다. 그러나 국회밖으로는 대출하지 못한다.

[제58조에서 이동, 종전 제62조는 제66조로 이동 〈1991.5.31〉]

제63조(연석회의) ①소관위원회는 다른 위원회와 협의하여 연석회의를 열고 의견을 교환할 수 있다. 그러나 표결은 할 수 없다.

②연석회의를 열고자 하는 위원회는 위원장이 부의할 안건명과 이유를 서면으로 제시하여 다른 위원회의 위원장에게 요구하여야 한다.

③연석회의는 안건의 소관위원회의 회의로 한다.

④세입예산안과 관련있는 법안을 회부받은 위원회는 예산결산특별위원회위원장의 요청이 있을 때에는 연석회의를 열어야 한다.

[제59조에서 이동, 종전 제63조는 제67조로 이동 〈1991.5.31〉]

제63조의2(전원위원회) ①국회는 위원회의 심사를 거치거나 위원회가 제안한 의안중 정부조직에 관한 법률안, 조세 또는 국민에게 부담을 주는 법률안등 주요의안의 본회의상정전이나 본회의상정후에 재적의원 4분의 1 이상의 요구가 있는 때에는 그 심사를 위하여 의원전원으로 구성되는 전원위원회를 개회할 수 있다. 다만, 의장은 주요의안의 심의등 필요하다고 인정하는 경우 각 교섭단체대표의원의 동의를 얻어 전원위원회를 개회하지 아니할 수 있다.

②전원위원회는 제1항의 규정에 의한 의안에 대한 수정안을 제출할 수 있다. 이 경우 당해수정안은 전원위원장이 제출자가 된다.

③전원위원회에 위원장 1인을 두되 의장이 지명하는 부의장으로 한다.

④전원위원회는 제54조의 규정에 불구하고 재적위원 5분의 1 이상의 출석으로 개회하고, 재적위원 4분의 1 이상의 출석과 출석위원 과반수의 찬성으로 의결한다.

⑤ 삭제 〈2005.7.28〉

⑥기타 전원위원회운영에 관하여 필요한 사항은 국회규칙으로 정한다.

[본조신설 2000.2.16]

제64조(공청회) ①위원회(소위원회를 포함한다. 이하 이 조에서 같다)는 중요한 안건 또는 전문지식을 요하는 안건을 심사하기 위하여 그 의결 또는 재적위원 3분의 1 이상의 요구로 공청회를 열고 이해관계자 또는 학식·경험이 있는 자등(이하 "진술인"이라 한다)으로부터 의견을 들을 수 있다. 다만, 제정법률안 및 전부개정법률안의 경우에는 제58조제6항의 규정에 의한다. 〈개정 2000.2.16, 2005.7.28〉

②위원회에서 공청회를 열 때에는 안건·일시·장소·진술인·경비 기타 참고사항을 기재한 문서로 의장에게 보고하여야 한다.

③진술인의 선정과 진술인 및 위원의 발언시간은 위원회에서 정하며, 진술인의 발언은 그 의견을 듣고자 하는 안건의 범위를 넘어서는 아니된다. 〈개정 1994.6.28〉

④위원회가 주관하는 공청회는 그 위원회의 회의로 한다.

⑤기타 공청회운영에 필요한 사항은 국회규칙으로 정한다.

[제60조에서 이동, 종전 제64조는 제68조로 이동 〈1991.5.31〉]

제65조(청문회) ①위원회(소위원회를 포함한다. 이하 이 조에서 같다)는 중요한 안건의 심사와 국정감사 및 국정조사에 필요한 경우 증인·감정인·참고인으로부터 증언·진술의 청취와 증거의 채택을 위하여 그 의결로 청문회를 열 수 있다. 〈개정 2000.2.16, 2011.5.19〉

②제1항의 규정에 불구하고 법률안의 심사를 위한 청문회의 경우에는 재적위원 3분의 1 이상의 요구로 개회할 수 있다. 다만, 제정법률안 및 전부개정법률안의 경우에는 제58조제6항의 규정에 의한다. 〈개정 2000.2.16, 2005.7.28〉

③위원회는 청문회개회 5일전에 안건·일시·장소·증인등 필요한 사항을 공고하여야 한다. 〈개정 2000.2.16〉

④청문회는 공개한다. 다만, 위원회의 의결로 청문회의 전부 또는 일부를 공개하지 아니할 수 있다.

⑤위원회는 필요한 경우 국회사무처, 국회예산정책처 또는 국회입법조사처 소속 공무원이나 교섭단체의 정책연구위원을 지정하거나 전문가를 위촉하여 청문회에 필요한 사전조사를 실시하게 할 수 있다. 〈신설 2000.2.16, 2011.5.19〉

⑥청문회에서의 발언·감정 등에 대하여 이 법에서 정한 것을 제외하고는 국회에서의 증언·감정등에관한법률에 따른다.

⑦제64조제2항 내지 제4항의 규정은 청문회에 준용한다.

⑧기타 청문회운영에 필요한 사항은 국회규칙으로 정한다.

[제61조에서 이동, 종전 제65조는 제69조로 이동 〈1991.5.31〉]

제65조의2(인사청문회) ①제46조의3의 규정에 의한 심사 또는 인사청문을 위하여 인사에 관한 청문회(이하 "인사청문회"라 한다)를 연다. 〈개정 2003.2.4〉

② 상임위원회는 다른 법률에 따라 다음 각 호의 어느 하나에 해당하는 공직후보자에 대한 인사청문 요청이 있는 경우 인사청문을 실시하기 위하여 각각 인사청문회를 연다. 〈개정 2007.12.14, 2008.2.29, 2012.3.21〉

1. 대통령이 각각 임명하는 헌법재판소 재판관·중앙선거관리위원회 위원·국무위원·방송통신위원회 위원장·국가정보원장·공정거래위원회 위원

장·금융위원회 위원장·국가인권위원회 위원장·국세청장·검찰총장·경찰
청장·합동참모의장 또는 한국은행 총재의 후보자

2. 대통령당선인이「대통령직인수에 관한 법률」제5조제1항에 따라 지명하
는 국무위원후보자

3. 대법원장이 각각 지명하는 헌법재판소 재판관 또는 중앙선거관리위원회
위원의 후보자

③ 상임위원회가 구성되기 전(국회의원총선거 후 또는 상임위원장의 임기
만료 후에 제41조제2항에 따라 상임위원장이 선출되기 전을 말한다)에 제2
항 각 호의 어느 하나에 해당하는 공직후보자에 대한 인사청문 요청이 있는
경우에는 제44조제1항에 따라 구성되는 특별위원회에서 인사청문을 실시할
수 있다. 이 경우 특별위원회의 설치·구성은 의장이 각 교섭단체대표의원과
협의하여 제의하며, 위원의 선임에 관하여는 제48조제4항을 적용하지 아니
하고「인사청문회법」제3조제3항 및 제4항을 준용한다.〈신설 2010.5.28〉

④ 제3항에 따라 실시한 인사청문은 소관 상임위원회의 인사청문회로 본다.
〈신설 2010.5.28〉

⑤헌법재판소 재판관 후보자가 헌법재판소장 후보자를 겸하는 경우 제2항
제1호의 규정에 불구하고 제1항의 규정에 따른 인사청문특별위원회의 인사
청문회를 연다. 이 경우 제2항의 규정에 따른 소관상임위원회의 인사청문회
를 겸하는 것으로 본다.〈신설 2006.12.30, 2007.12.14, 2010.5.28〉

⑥인사청문회의 절차 및 운영등에 관하여 필요한 사항은 따로 법률로 정한
다.〈개정 2006.12.30, 2010.5.28〉

[본조신설 2000.2.16]

제66조(심사보고서의 제출) ①위원회는 안건의 심사를 마친 때에는 심사경과
와 결과 기타 필요한 사항을 서면으로 의장에게 보고하여야 한다.

②제1항의 보고서에는 소수의견의 요지 및 관련위원회의 의견요지를 기재
하여야 한다.〈개정 1991.5.31〉

③의장은 보고서가 제출된 때에는 본회의에서 의제가 되기 전에 인쇄하거
나 전산망에 입력하는 방법으로 의원에게 배부한다. 다만, 긴급을 요할 때
에는 이를 생략할 수 있다.〈개정 2011.5.19〉

[제62조에서 이동, 종전 제66조는 제71조로 이동〈1991.5.31〉]

제67조(위원장의 보고) ①위원장은 소관위원회에서 심사를 마친 안건이 본회
의에서 의제가 된 때에는 위원회의 심사경과 및 결과와 소수의견 및 관련위
원회의 의견등 필요한 사항을 본회의에 보고한다.〈개정 1991.5.31〉

②위원장은 다른 위원으로 하여금 제1항의 보고를 하게 할 수 있다.

③위원장은 소위원회의 위원장 또는 간사로 하여금 보충보고를 하게 할 수 있다.

④위원장이 제1항의 보고를 할 때에는 자기의 의견을 가할 수 없다.

[제63조에서 이동, 종전 제67조는 제72조로 이동 〈1991.5.31〉]

제68조(소위원회위원장의 보고) 소위원회에서 심사를 마친 때에는 소위원회의 위원장은 그 심사경과와 결과를 위원회에 보고한다. 이 경우 소위원회의 위원장은 심사보고서에 소위원회의 회의록 또는 그 요지를 첨부하여야 한다. 〈개정 1994.6.28〉

[제64조에서 이동, 종전 제68조는 제73조로 이동 〈1991.5.31〉]

제69조(위원회회의록) ①위원회는 위원회회의록을 작성하고 다음 사항을 기재한다. 〈개정 2005.7.28〉

1. 개의·회의중지와 산회의 일시
2. 의사일정
3. 출석위원의 수 및 성명
4. 출석한 위원 아닌 의원의 성명
5. 출석한 국무위원·정부위원 또는 증인·감정인·참고인·진술인의 성명
6. 심사안건명
7. 의사
8. 표결수
9. 위원장의 보고
10. 위원회에서 종결되거나 본회의에 부의할 필요가 없다고 결정된 안건명과 그 내용
11. 기타 위원회 또는 위원장이 필요하다고 인정하는 사항

②위원회의 의사는 속기방법으로 이를 기록한다. 〈개정 2000.2.16〉

③위원회회의록에는 위원장 또는 위원장을 대리한 간사가 서명·날인한다.

④소위원회의 회의록에 관하여는 제1항 내지 제3항의 규정을 준용한다. 〈개정 1991.5.31, 2000.2.16, 2005.7.28〉

[제65조에서 이동, 종전 제69조는 제74조로 이동 〈1991.5.31〉]

제70조(위원회의 문서관리와 발간) ①위원회에 제출된 보고서 또는 서류등은 당해 위원회의 문서로 한다.

②위원장은 문서의 종류 기타 성질등을 고려하여 다른 서류와 분리하여 이를 보관하여야 한다.

③위원은 당해 위원회의 문서를 열람하거나 비밀이 아닌 문서를 복사할 수 있다. 다만, 위원장의 허가가 있는 경우에는 위원 아닌 의원도 또한 같다.

④위원장이 필요하다고 인정하거나 위원회의 의결이 있는 경우에는 당해 위원회의 공청회 또는 청문회등의 경과 및 결과나 보관중인 문서를 발간하여 의원에게 배부하고 일반에게 반포할 수 있다.

⑤위원회에서 생산되거나 위원회에 제출된 비밀문건의 보안관리에 관하여 이 법에서 정한 사항외에는 국회운영위원회의 동의를 얻어 의장이 이를 정한다. 〈신설 1994.6.28〉

⑥기타 위원회의 문서보관에 필요한 사항은 위원장이 정한다.

[본조신설 1991.5.31]

[종전 제70조는 제75조로 이동 〈1991.5.31〉]

제71조(준용규정) 위원회에 관하여는 이 장에 규정한 외에 제6장 및 제7장의 규정을 준용한다. 그러나 위원회에서의 동의는 특별히 다수의 찬성자를 요하는 규정에 불구하고 동의자외 1인이상의 찬성으로 의제가 될 수 있으며 표결에 있어서는 거수로 표결할 수 있다.

[제66조에서 이동, 종전 제71조는 제76조로 이동 〈1991.5.31〉]

　　　제6장 회의
　　　　제1절 개의·산회와 의사일정

제72조(개의) 본회의는 오후 2시(토요일은 오전 10시)에 개의한다. 다만, 의장은 각 교섭단체대표의원과 협의하여 그 개의시를 변경할 수 있다.

[전문개정 1994.6.28]

제73조(의사정족수) ①본회의는 재적의원 5분의 1 이상의 출석으로 개의한다. 〈개정 1997.1.13〉

②의장은 제72조의 규정에 의한 개의시로부터 1시간이 경과할 때까지 제1항의 정족수에 달하지 못할 때에는 유회를 선포할 수 있다. 〈개정 1991.5.31〉

③회의중 제1항의 정족수에 달하지 못할 때에는 의장은 회의의 중지 또는 산회를 선포한다. 다만, 의장은 교섭단체대표의원이 의사정족수의 충족을 요청하는 경우외에는 효율적인 의사진행을 위하여 회의를 계속할 수 있다. 〈개정 2000.2.16〉

[제68조에서 이동, 종전 제73조는 제78조로 이동 〈1991.5.31〉]

제74조(산회) ①의사일정에 올린 안건의 의사가 끝났을 때에는 의장은 산회를 선포한다. 〈개정 2010.5.28〉

② 산회를 선포한 당일에는 회의를 다시 개의할 수 없다. 다만, 내우·외환·천재·지변 또는 중대한 재정·경제상의 위기, 국가의 안위에 관계되는 중대한 교전상태나 전시·사변 또는 이에 준하는 국가비상사태의 경우로서 의장이 각 교섭단체대표의원과 합의한 때에는 그러하지 아니하다. 〈신설 2010.5.28〉

[제69조에서 이동, 종전 제74조는 제79조로 이동 〈1991.5.31〉]

제75조(회의의 공개) ①본회의는 공개한다. 다만, 의장의 제의 또는 의원 10인 이상의 연서에 의한 동의로 본회의의 의결이 있거나 의장이 각 교섭단체대표의원과 협의하여 국가의 안전보장을 위하여 필요하다고 인정할 때에는 공개하지 아니할 수 있다.

②제1항 단서에 의한 제의나 동의에 대하여는 토론을 하지 아니하고 표결한다.

[제70조에서 이동, 종전 제75조는 제81조로 이동 〈1991.5.31〉]

제76조(의사일정의 작성) ①의장은 본회의에 부의요청된 안건의 목록을 그 순서에 따라 작성하고 이를 매주 공표하여야 한다. 〈신설 2000.2.16〉

②의장은 회기 중 본회의 개의일시 및 심의대상 안건의 대강을 기재한 회기 전체 의사일정과 본회의 개의시간 및 심의대상 안건의 순서를 기재한 당일 의사일정을 작성한다. 〈개정 2005.7.28〉

③제2항의 규정에 따른 의사일정 중 회기 전체 의사일정의 작성에 있어서는 국회운영위원회와 협의하되, 협의가 이루어지지 아니할 때에는 의장이 이를 결정한다. 〈개정 2005.7.28〉

④의장은 제2항 및 제3항의 규정에 의하여 작성한 의사일정을 지체 없이 의원에게 통지하고 전산망 등을 통하여 공표한다. 〈신설 2005.7.28〉

⑤의장은 특히 긴급을 요한다고 인정할 때에는 회의의 일시만을 의원에게 통지하고 개의할 수 있다.

[제71조에서 이동, 종전 제76조는 제82조로 이동 〈1991.5.31〉]

제77조(의사일정의 변경) 의원 20인 이상의 연서에 의한 동의로 본회의의 의결이 있거나 의장이 각 교섭단체대표의원과 협의하여 필요하다고 인정할 때에는 의장은 회기 전체 의사일정의 일부를 변경하거나 당일 의사일정의 안건 추가 및 순서 변경을 할 수 있다. 이 경우 의원의 동의에는 이유서를 첨부하여야 하며, 그 동의에 대하여는 토론을 하지 아니하고 표결한다. 〈개정 2005.7.28〉

[제72조에서 이동, 종전 제77조는 제84조로 이동 〈1991.5.31〉]

제78조(의사일정의 미료안건) 의장은 의사일정에 올린 안건에 대하여 회의를 열지 못하였거나 회의를 마치지 못한 때에는 다시 그 일정을 정한다.

[제73조에서 이동, 종전 제78조는 제85조로 이동 〈1991.5.31〉]

제2절 발의·위원회회부·철회와 번안

제79조(의안의 발의 또는 제출) ①의원은 10인 이상의 찬성으로 의안을 발의할 수 있다. 〈개정 2003.2.4〉

②의안을 발의하는 의원은 그 안을 갖추고 이유를 붙여 소정의 찬성자와 연서하여 이를 의장에게 제출하여야 한다. 〈개정 2005.7.28〉

③의원이 법률안을 발의하는 때에는 발의의원과 찬성의원을 구분하되, 당해 법률안에 대하여 그 제명의 부제로 발의의원의 성명을 기재한다. 다만, 발의의원이 2인 이상인 경우에는 대표발의의원 1인을 명시하여야 한다. 〈신설 2000.2.16〉

④의원이 발의한 법률안중 국회에서 의결된 제정법률안 또는 전부개정법률안을 공표 또는 홍보하는 경우에는 당해 법률안의 부제를 함께 표기할 수 있다. 〈신설 2000.2.16, 2005.7.28〉

[제74조에서 이동, 종전 제79조는 제86조로 이동 〈1991.5.31〉]

제79조의2(의안에 대한 비용추계 자료 등의 제출) ①의원 또는 위원회가 예산 또는 기금상의 조치를 수반하는 의안을 발의 또는 제안하는 경우에는 그 의안의 시행에 수반될 것으로 예상되는 비용에 대한 추계서를 아울러 제출하여야 한다.

②정부가 예산 또는 기금상의 조치를 수반하는 의안을 제출하는 경우에는 그 의안의 시행에 수반될 것으로 예상되는 비용에 대한 추계서와 이에 상응하는 재원조달방안에 관한 자료를 의안에 첨부하여야 한다.

③제1항 또는 제2항의 규정에 의한 비용추계 및 재원조달방안에 대한 자료의 작성 및 제출절차 등에 관하여 필요한 사항은 국회규칙으로 정한다.

[본조신설 2005.7.28]

제80조(국회공보의 발간) ①의장은 본회의 또는 위원회의 운영 및 의사일정, 발의 또는 제출되거나 심사예정인 의안목록, 국회의 주요행사 기타 필요한 사항을 기재한 국회공보를 발간하여 의원에게 배부한다.

②제1항의 국회공보는 특별한 사정이 없는 한 회기중 매일 발간한다.

③ 삭제 〈2005.7.28〉

④국회공보의 발간 및 배부 기타 필요한 사항은 의장이 정한다. 〈개정 2005.7.28〉

[본조신설 1991.5.31]

[종전 제80조는 제87조로 이동 〈1991.5.31〉]

[제목개정 2005.7.28]

제81조(상임위원회 회부) ①의장은 의안이 발의 또는 제출된 때에는 이를 인쇄하거나 전산망에 입력하는 방법으로 의원에게 배부하고 본회의에 보고하며, 소관상임위원회에 회부하여 그 심사가 끝난 후 본회의에 부의한다. 다만, 폐회 또는 휴회등으로 본회의에 보고할 수 없을 때에는 이를 생략하고 회부할 수 있다. 〈개정 2000.2.16, 2011.5.19〉

②의장은 안건이 어느 상임위원회의 소관에 속하는지 명백하지 아니할 때에는 국회운영위원회와 협의하여 상임위원회에 회부하되 협의가 이루어지지 아니할 때에는 의장이 소관상임위원회를 결정한다.

③의장은 발의 또는 제출된 의안과 직접적인 이해관계를 가지는 위원이 소관상임위원회 재적위원 과반수로 해당 의안의 심사에 공정을 기할 수 없다고 인정하는 경우에는 제1항의 규정에 불구하고 그 의안을 국회운영위원회와 협의하여 다른 위원회에 회부하여 심사하게 할 수 있다. 〈신설 2005.7.28〉

④의장은 제1항의 규정에 의하여 의안을 의원에게 배부할 때에는 이를 전산망에 입력하여 의원이 이용할 수 있도록 하여야 한다. 〈신설 1994.6.28〉

[제75조에서 이동, 종전 제81조는 제88조로 이동 〈1991.5.31〉]

제82조(특별위원회 회부) ①의장은 특히 필요하다고 인정하는 안건에 대하여는 본회의의 의결을 얻어 이를 특별위원회에 회부한다.

②의장은 특별위원회에 회부된 안건에 관련이 있는 다른 안건을 그 특별위원회에 회부할 수 있다.

[제76조에서 이동, 종전 제82조는 제89조로 이동 〈1991.5.31〉]

제82조의2(입법예고) ① 위원장은 간사와 협의하여 회부된 법률안(체계·자구심사를 위하여 법제사법위원회에 회부된 법률안은 제외한다)에 대하여 그 입법 취지와 주요 내용 등을 국회공보 또는 국회 인터넷 홈페이지 등에 게재하는 방법 등으로 입법예고하여야 한다. 다만, 다음 각 호의 어느 하나에 해당하는 경우에는 위원장이 간사와 협의하여 입법예고를 하지 아니할 수 있다.

1. 입법이 긴급을 요하는 경우

2. 입법내용의 성질 또는 그 밖의 사유로 입법예고를 할 필요가 없거나 곤란하다고 판단되는 경우

② 입법예고기간은 10일 이상으로 한다. 다만, 특별한 사정이 있는 경우에는 단축할 수 있다.

③ 입법예고의 시기·방법·절차, 그 밖에 필요한 사항은 국회규칙으로 정한다.

[전문개정 2011.5.19]

제83조(관련위원회회부) ①의장은 소관위원회에 안건을 회부하는 경우에 그 안건이 다른 위원회의 소관사항과 관련이 있다고 인정할 때에는 관련위원회에 이를 회부하되, 소관위원회와 관련위원회를 명시하여야 한다. 안건이 소관위원회에 회부된 후 다른 위원회로부터 회부요청이 있는 경우 필요하다고 인정한 때에도 또한 같다.

②의장이 제1항의 규정에 의하여 관련위원회에 안건을 회부할 때에는 관련위원회가 소관위원회에 그 의견을 제시할 기간을 정하여야 하며, 필요한 경우 그 기간을 연장할 수 있다.

③소관위원회는 관련위원회로부터 특별한 이유없이 제2항의 기간내에 의견의 제시가 없는 경우 바로 심사보고를 할 수 있다.

④ 소관위원회는 관련위원회가 제2항에 따라 제시한 의견을 존중하여야 한다. 〈신설 2010.3.12〉

⑤ 소관위원회는 제2항에 따라 관련위원회가 의견을 제시한 경우 해당 안건에 대한 심사를 마친 때에는 의장에게 심사보고서를 제출하기 전에 해당 관련위원회에 그 내용을 송부하여야 한다. 〈신설 2010.3.12〉

[본조신설 1991.5.31]

[종전 제83조는 제90조로 이동 〈1991.5.31〉]

제83조의2(예산 관련 법률안에 대한 예산결산특별위원회와의 협의) ①기획재정부 소관에 속하는 재정관련 법률안과 상당한 규모의 예산 또는 기금상의 조치를 수반하는 법률안을 심사하는 소관위원회는 미리 예산결산특별위원회와의 협의를 거쳐야 한다. 〈개정 2010.3.12〉

②소관위원회의 위원장은 제1항의 규정에 따른 법률안을 심사함에 있어 20일의 범위 이내에서 협의기간을 정하여 예산결산특별위원회에 협의를 요청하여야 한다. 다만, 예산결산특별위원장의 요청에 따라 그 기간을 연장할 수 있다.

③소관위원회는 기획재정부 소관에 속하는 재정관련 법률안을 예산결산특별위원회와 협의하여 심사함에 있어서 예산결산특별위원장의 요청이 있는 때에는 연석회의를 열어야 한다. 〈개정 2010.3.12〉

④소관위원회는 제1항 내지 제3항의 규정에 따른 협의가 이루어지지 아니하는 경우에는 바로 심사보고를 할 수 있다.

⑤제1항의 규정에 따른 상당한 규모의 예산 또는 기금상의 조치를 수반하는 법률안의 범위 등에 관하여 필요한 사항은 국회규칙으로 정한다.

[본조신설 2005.7.28]

제84조(예산안·결산의 회부 및 심사) ①예산안과 결산은 소관상임위원회에 회부하고, 소관상임위원회는 예비심사를 하여 그 결과를 의장에게 보고한다. 이 경우 예산안에 대하여는 본회의에서 정부의 시정연설을 듣는다. 〈개정 1994.6.28〉

②의장은 예산안과 결산에 제1항의 보고서를 첨부하여 이를 예산결산특별위원회에 회부하고 그 심사가 끝난 후 본회의에 부의한다. 결산의 심사결과 위법 또는 부당한 사항이 있는 때에 국회는 본회의 의결후 정부 또는 해당기관에 변상 및 징계조치 등 그 시정을 요구하고, 정부 또는 해당기관은 시정요구를 받은 사항을 지체없이 처리하여 그 결과를 국회에 보고하여야 한다. 〈개정 2003.2.4〉

③예산결산특별위원회의 예산안 및 결산의 심사는 제안설명과 전문위원의 검토보고를 듣고 종합정책질의, 부별심사 또는 분과위원회심사 및 찬반토론을 거쳐 표결한다. 이 경우 위원장은 종합정책질의를 함에 있어서 간사와 협의하여 각 교섭단체별 대표질의 또는 교섭단체별 질의시간할당등의 방법으로 그 기간을 정한다. 〈신설 1994.6.28〉

④정보위원회는 제1항 및 제2항의 규정에 불구하고 국가정보원소관예산안과 결산, 국가정보원법 제3조제1항제5호에 규정된 정보 및 보안업무의 기획·조정 대상부처소관의 정보예산안과 결산에 대한 심사를 하여 그 결과를 해당 부처별 총액으로 하여 의장에게 보고하고, 의장은 정보위원회에서 심사한 예산안과 결산에 대하여 총액으로 예산결산특별위원회에 통보한다. 이 경우 정보위원회의 심사는 예산결산특별위원회의 심사로 본다. 〈신설 1994.6.28, 2000.2.16〉

⑤예산결산특별위원회는 소관상임위원회의 예비심사내용을 존중하여야 하며, 소관상임위원회에서 삭감한 세출예산 각항의 금액을 증가하게 하거나 새 비목을 설치할 경우에는 소관상임위원회의 동의를 얻어야 한다. 다만, 새 비목의 설치에 대한 동의요청이 소관상임위원회에 회부되어 그 회부된 때부터 72시간 이내에 동의여부가 예산결산특별위원회에 통지되지 아니한 경우에는 소관상임위원회의 동의가 있는 것으로 본다. 〈신설 1991.5.31, 2002.3.7, 2003.2.4〉

⑥의장은 예산안과 결산을 소관상임위원회에 회부할 때에는 심사기간을 정할 수 있으며, 상임위원회가 이유없이 그 기간내에 심사를 마치지 아니한 때에는 이를 바로 예산결산특별위원회에 회부할 수 있다.

⑦ 삭제 〈2003.2.4〉

⑧위원회는 세목 또는 세율과 관계있는 법률의 제정 또는 개정을 전제로 하여 미리 제출된 세입예산안은 이를 심사할 수 없다.

[제77조에서 이동, 종전 제84조는 제91조로 이동 〈1991.5.31〉]

[제목개정 1994.6.28]

제84조의2(기금운용계획안의 회부 등) ①국회는「국가재정법」제68조제1항의 규정에 의하여 제출된 기금운용계획안을 회계연도개시 30일전까지 심의·확정한다. 〈개정 2006.10.4〉

② 제1항에 따른 기금운용계획안 및「국가재정법」제70조제2항에 따른 기금운용계획변경안의 회부 등에 관하여는 제84조 중 예산안 관련 규정을 준용한다. 〈개정 2010.5.28〉

③ 제2항에 따라 상임위원회가 기금운용계획안 등에 대한 예비심사를 하는 경우(제84조제1항에 따라 결산에 대한 예비심사를 하는 경우를 포함한다) 기금을 운용·관리하는 부처의 소관 상임위원회와 기금사업을 수행하는 부처의 소관 상임위원회가 다를 때에는 기금을 운용·관리하는 부처의 소관 상임위원회는 기금사업을 수행하는 부처의 소관 상임위원회로부터 기금사업에 대한 의견을 들어야 한다. 다만, 기금을 운용·관리하는 부처의 소관 상임위원회의 의결일 전일까지 의견을 제시하지 아니할 경우에는 그러하지 아니하다. 〈신설 2010.3.12, 2010.5.28〉

④ 제3항에 따른 기금사업을 수행하는 부처의 소관 상임위원회는 기금사업에 대한 업무보고를 들은 후 의견을 제시할 수 있다. 〈신설 2010.3.12〉

[본조신설 2001.12.31]

[제목개정 2010.5.28]

제84조의3(예산안·기금운용계획안 및 결산에 대한 공청회) 예산결산특별위원회는 예산안·기금운용계획안 및 결산에 대하여 공청회를 개최하여야 한다. 다만, 추가경정예산안·기금운용계획변경안 또는 결산의 경우에는 위원회의 의결로 이를 생략할 수 있다. 〈개정 2011.5.19〉

[본조신설 2005.7.28]

[제목개정 2011.5.19]

제84조의4(임대형 민자사업 한도액안의 회부 등) ① 국회는「사회기반시설에 대한 민간투자법」제7조의2제1항에 따라 국회에 제출되는 임대형 민자사업 한도액안을 회계연도 개시 30일 전까지 심의·확정한다.

② 제1항에 따른 임대형 민자사업 한도액안의 회부 등에 관하여는 제84조

중 예산안 관련 규정을 준용한다.

[본조신설 2010.5.28]

제85조(심사기간) ① 의장은 다음 각 호의 어느 하나에 해당하는 경우에는 위원회에 회부하는 안건 또는 회부된 안건에 대하여 심사기간을 지정할 수 있다. 이 경우 제1호 또는 제2호에 해당하는 때에는 의장이 각 교섭단체대표의원과 협의하여 해당 호와 관련된 안건에 대하여만 심사기간을 지정할 수 있다. 〈개정 2012.5.25〉

1. 천재지변의 경우

2. 전시·사변 또는 이에 준하는 국가비상사태의 경우

3. 의장이 각 교섭단체대표의원과 합의하는 경우

②제1항의 경우 위원회가 이유없이 그 기간내에 심사를 마치지 아니한 때에는 의장은 중간보고를 들은 후 다른 위원회에 회부하거나 바로 본회의에 부의할 수 있다.

[제78조에서 이동, 종전 제85조는 제92조로 이동 〈1991.5.31〉]

제85조의2(안건의 신속처리) ① 위원회에 회부된 안건(체계·자구심사를 위하여 법제사법위원회에 회부된 안건을 포함한다)을 제2항에 따른 신속처리대상안건으로 지정하고자 하는 경우 의원은 재적의원 과반수가 서명한 신속처리대상안건 지정요구 동의(이하 이 조에서 "신속처리안건지정동의"라 한다)를 의장에게, 안건의 소관 위원회 소속 위원은 소관 위원회 재적위원 과반수가 서명한 신속처리안건지정동의를 소관 위원회 위원장에게 제출하여야 한다. 이 경우 의장 또는 안건의 소관 위원회 위원장은 지체 없이 신속처리안건지정동의를 무기명투표로 표결하되 재적의원 5분의 3 이상 또는 안건의 소관 위원회 재적위원 5분의 3 이상의 찬성으로 의결한다.

② 의장은 제1항 후단에 따라 신속처리안건지정동의가 가결된 때에는 해당 안건을 제3항의 기간 내에 심사를 마쳐야 하는 안건으로 지정하여야 한다. 이 경우 위원회가 전단에 따라 지정된 안건(이하 "신속처리대상안건"이라 한다)에 대한 대안(代案)을 입안한 경우 그 대안을 신속처리대상안건으로 본다.

③ 위원회는 신속처리대상안건에 대한 심사를 그 지정일부터 180일 이내에 마쳐야 한다. 다만, 법제사법위원회는 신속처리대상안건에 대한 체계·자구심사를 그 지정일, 제4항에 따라 회부된 것으로 보는 날 또는 제86조제1항에 따라 회부된 날부터 90일 이내에 마쳐야 한다.

④ 위원회(법제사법위원회는 제외한다)가 신속처리대상안건에 대하여 제3

항 본문에 따른 기간 내에 신속처리대상안건의 심사를 마치지 아니한 때에는 그 기간이 종료된 다음 날에 소관 위원회에서 심사를 마치고 체계·자구심사를 위하여 법제사법위원회로 회부된 것으로 본다. 다만, 법률안 및 국회규칙안이 아닌 안건은 바로 본회의에 부의된 것으로 본다.

⑤ 법제사법위원회가 신속처리대상안건(체계·자구심사를 위하여 법제사법위원회에 회부되었거나 제4항 본문에 따라 회부된 것으로 보는 신속처리대상안건을 포함한다)에 대하여 제3항에 따른 기간 내에 심사를 마치지 아니한 때에는 그 기간이 종료한 다음 날에 법제사법위원회에서 심사를 마치고 바로 본회의에 부의된 것으로 본다.

⑥ 제4항 단서 또는 제5항에 따른 신속처리대상안건은 본회의에 부의된 것으로 보는 날부터 60일 이내에 본회의에 상정되어야 한다.

⑦ 제6항에 따라 신속처리대상안건이 60일 이내에 본회의에 상정되지 아니한 때에는 그 기간이 경과한 후 처음으로 개의되는 본회의에 상정된다.

⑧ 의장이 각 교섭단체대표의원과 합의한 경우에는 신속처리대상안건에 대하여 제2항부터 제7항까지를 적용하지 아니한다.

[본조신설 2012.5.25]

제85조의3(예산안등 본회의 자동부의 등) ① 위원회는 예산안, 기금운용계획안, 임대형 민자사업 한도액안(이하 "예산안등"이라 한다)과 제4항에 따라 지정된 세입예산안 부수 법률안의 심사를 매년 11월 30일까지 마쳐야 한다.

② 위원회가 예산안등과 제4항에 따라 지정된 세입예산안 부수 법률안(체계·자구심사를 위하여 법제사법위원회에 회부된 법률안을 포함한다)에 대하여 제1항에 따른 기한 내에 심사를 마치지 아니한 때에는 그 다음 날에 위원회에서 심사를 마치고 바로 본회의에 부의된 것으로 본다. 다만, 의장이 각 교섭단체대표의원과 합의한 경우에는 그러하지 아니하다.

③ 의장은 제2항 본문에 따른 법률안 중에 동일 제명의 법률안이 둘 이상일 경우에는 제2항 본문에도 불구하고 소관 위원회 위원장의 의견을 들어 일부 법률안만을 본회의에 부의할 수 있다.

④ 의원 또는 정부가 세입예산안에 부수하는 법률안을 발의 또는 제출하는 경우 세입예산안 부수 법률안 여부를 표시하여야 하고, 의장은 국회예산정책처의 의견을 들어 세입예산안 부수 법률안으로 지정한다.

⑤ 위원회가 제4항에 따라 지정된 세입예산안 부수 법률안에 대하여 대안을 입안한 경우에는 그 대안을 제4항에 따라 세입예산안 부수 법률안으로 지정된 것으로 본다.

[본조신설 2012.5.25]

[시행일 : 2013.5.30] 제85조의3

제86조(체계·자구의 심사) ①위원회에서 법률안의 심사를 마치거나 입안한 때에는 법제사법위원회에 회부하여 체계와 자구에 대한 심사를 거쳐야 한다. 이 경우 법제사법위원장은 간사와 협의하여 그 심사에 있어서 제안자의 취지설명과 토론을 생략할 수 있다.

② 의장은 제1항의 심사에 대하여 다음 각 호의 어느 하나에 해당하는 경우에는 심사기간을 지정할 수 있으며, 법제사법위원회가 이유 없이 그 기간 내에 심사를 마치지 아니한 때에는 바로 본회의에 부의할 수 있다. 이 경우 제1호 또는 제2호에 해당하는 경우에는 의장이 각 교섭단체대표의원과 협의하여 해당 호와 관련된 안건에 대하여만 심사기간을 지정할 수 있다. 〈개정 2012.5.25〉

1. 천재지변의 경우

2. 전시·사변 또는 이에 준하는 국가비상사태의 경우

3. 의장이 각 교섭단체대표의원과 합의하는 경우

③ 제1항의 심사에 대하여 법제사법위원회가 이유 없이 회부된 날부터 120일 이내에 심사를 마치지 아니한 때에는 심사 대상 법률안의 소관 위원회 위원장은 간사와 협의하여 이의가 없는 경우에는 의장에게 해당 법률안의 본회의 부의를 서면으로 요구한다. 다만, 이의가 있는 경우 해당 법률안에 대한 본회의 부의요구 여부를 무기명투표로 표결하되 해당 위원회 재적위원 5분의 3 이상의 찬성으로 의결한다. 〈신설 2012.5.25〉

④ 의장은 제3항에 따른 본회의 부의요구가 있는 때에는 해당 법률안을 각 교섭단체대표의원과 합의하여 바로 본회의에 부의한다. 다만, 제3항에 따른 본회의 부의요구가 있은 날부터 30일 이내에 합의가 이루어지지 아니한 때에는 그 기간이 경과한 후 처음으로 개의되는 본회의에서 해당 법률안에 대한 본회의 부의 여부를 무기명투표로 표결한다. 〈신설 2012.5.25〉

[제79조에서 이동, 종전 제86조는 제93조로 이동 〈1991.5.31〉]

제87조(위원회에서 폐기된 의안) ①위원회에서 본회의에 부의할 필요가 없다고 결정된 의안은 본회의에 부의하지 아니한다. 그러나 위원회의 결정이 본회의에 보고된 날로부터 폐회 또는 휴회중의 기간을 제외한 7일 이내에 의원 30인 이상의 요구가 있을 때에는 그 의안을 본회의에 부의하여야 한다. ②제1항 단서의 요구가 없을 때에는 그 의안은 폐기된다.

[제80조에서 이동, 종전 제87조는 제94조로 이동 〈1991.5.31〉]

제88조(위원회의 제출의안) 위원회에서 제출한 의안은 그 위원회에 회부하지 아니한다. 다만, 의장은 국회운영위원회의 의결에 따라 이를 다른 위원회에 회부할 수 있다.

[제81조에서 이동, 종전 제88조는 제95조로 이동 〈1991.5.31〉]

제89조(동의) 이 법에 다른 규정이 있는 경우를 제외하고 동의는 동의자외 1인 이상의 찬성으로 의제가 된다.

[제82조에서 이동, 종전 제89조는 제96조로 이동 〈1991.5.31〉]

제90조(의안·동의의 철회) ①의원은 그가 발의한 의안 또는 동의를 철회할 수 있다. 다만, 2인 이상의 의원이 공동으로 발의한 의안 또는 동의에 대하여는 발의의원 2분의 1 이상이 철회의사를 표시하는 때에 철회할 수 있다. 〈개정 2010.3.12〉

② 제1항에도 불구하고 의원이 본회의 또는 위원회에서 의제가 된 의안 또는 동의를 철회할 때에는 본회의 또는 위원회의 동의를 얻어야 한다. 〈신설 2010.3.12〉

③정부가 본회의 또는 위원회에서 의제가 된 정부제출의 의안을 수정 또는 철회할 때에는 본회의 또는 위원회의 동의를 얻어야 한다. 〈개정 2010.3.12〉

[제83조에서 이동, 종전 제90조는 제97조로 이동 〈1991.5.31〉]

제91조(번안) ①본회의에 있어서의 번안동의는 의안을 발의한 의원이 그 의안을 발의할 때의 발의의원 및 찬성의원 3분의 2 이상의 동의로, 정부 또는 위원회가 제출한 의안은 소관위원회의 의결로, 각각 그 안을 갖춘 서면으로 제출하되 재적의원 과반수의 출석과 출석의원 3분의 2 이상의 찬성으로 의결한다. 그러나 의안이 정부에 이송된 후에는 번안할 수 없다.

②위원회에 있어서의 번안동의는 위원의 동의로 그 안을 갖춘 서면으로 제출하되, 재적위원 과반수의 출석과 출석위원 3분의 2 이상의 찬성으로 의결한다. 그러나, 본회의에 의제가 된 후에는 번안할 수 없다.

[전문개정 2000.2.16]

제92조(일사부재의) 부결된 안건은 같은 회기중에 다시 발의 또는 제출하지 못한다.

[제85조에서 이동, 종전 제92조는 제99조로 이동 〈1991.5.31〉]

제3절 의사와 수정

제93조(안건심의) 본회의는 안건을 심의함에 있어서 그 안건을 심사한 위원장의 심사보고를 듣고 질의·토론을 거쳐 표결한다. 다만, 위원회의 심사를 거

치지 아니한 안건에 대하여는 제안자가 그 취지를 설명하여야 하고, 위원회의 심사를 거친 안건에 대하여는 의결로 질의와 토론 또는 그중의 하나를 생략할 수 있다.

[제86조에서 이동, 종전 제93조는 제100조로 이동 〈1991.5.31〉]

제93조의2(법률안의 본회의 상정시기) 본회의는 위원회가 법률안에 대한 심사를 마치고 의장에게 그 보고서를 제출한 후 1일을 경과하지 아니한 때에는 이를 의사일정으로 상정할 수 없다. 다만, 의장이 특별한 사유로 각 교섭단체대표의원과의 협의를 거쳐 이를 정한 경우에는 그러하지 아니하다. 〈개정 2012.5.25〉

[본조신설 2002.3.7]

제94조(재회부) 본회의는 위원장의 보고를 받은 후 필요하다고 인정할 때에는 그 의결로 다시 그 안건을 같은 위원회 또는 다른 위원회에 회부할 수 있다.

[제87조에서 이동, 종전 제94조는 제101조로 이동 〈1991.5.31〉]

제95조(수정동의) ①의안에 대한 수정동의는 그 안을 갖추고 이유를 붙여 의원 30인이상의 찬성자와 연서하여 미리 의장에게 제출하여야 한다. 그러나 예산안에 대한 수정동의는 의원 50인이상의 찬성이 있어야 한다.

②위원회에서 심사보고한 수정안은 찬성없이 의제가 된다.

③위원회는 소관사항외의 안건에 대하여는 수정안을 제출할 수 없다.

④의안에 대한 대안은 위원회에서 그 원안을 심사하는 동안에 제출하여야 하며, 의장은 이를 그 위원회에 회부한다.

⑤ 제1항에 따른 수정동의는 원안 또는 위원회에서 심사보고(제51조에 따라 위원회에서 제안하는 경우를 포함한다)한 안의 취지 및 내용과 직접 관련성이 있어야 한다. 다만, 의장이 각 교섭단체대표의원과 합의를 하는 경우에는 그러하지 아니하다. 〈신설 2010.3.12〉

[제88조에서 이동, 종전 제95조는 제102조로 이동 〈1991.5.31〉]

제96조(수정안의 표결순서) ①동일의제에 대하여 수개의 수정안이 제출된 때에는 의장은 다음 각호에 의하여 표결의 순서를 정한다.

1. 최후로 제출된 수정안부터 먼저 표결한다.

2. 의원의 수정안은 위원회의 수정안보다 먼저 표결한다.

3. 의원의 수정안이 수개 있을 때에는 원안과 차이가 많은 것부터 먼저 표결한다.

②수정안이 전부 부결된 때에는 원안을 표결한다.

[제89조에서 이동, 종전 제96조는 제103조로 이동 〈1991.5.31〉]

제97조(의안의 정리) 본회의는 의안의 의결이 있은 후 서로 저촉되는 조항·자구·수자 기타의 정리를 필요로 할 때에는 이를 의장 또는 위원회에 위임할 수 있다.

[제90조에서 이동, 종전 제97조는 제104조로 이동 〈1991.5.31〉]

제98조(의안의 이송) ①국회에서 의결된 의안은 의장이 이를 정부에 이송한다.

②정부는 대통령이 법률안을 공포한 경우에는 이를 지체없이 국회에 통지하여야 한다. 〈신설 2002.3.7〉

③헌법 제53조제6항의 규정에 의하여 대통령이 공포를 하지 아니한 때에는 그 공포기일이 경과한 날로부터 5일이내에 의장이 이를 공포한다. 이 경우에는 대통령에게 통지하여야 한다.

[제91조에서 이동, 종전 제98조는 제105조로 이동 〈1991.5.31〉]

제98조의2(대통령령등의 제출등) ①중앙행정기관의 장은 법률에서 위임한 사항이나 법률을 집행하기 위하여 필요한 사항을 규정한 대통령령·총리령·부령·훈령·예규·고시등이 제정·개정 또는 폐지된 때에는 10일 이내에 이를 국회 소관상임위원회에 제출하여야 한다. 다만, 대통령령의 경우에는 입법예고를 하는 때(입법예고를 생략하는 경우에는 법제처장에게 심사를 요청하는 때를 말한다)에도 그 입법예고안을 10일 이내에 제출하여야 한다. 〈개정 2002.3.7, 2005.7.28〉

②제1항의 기간 이내에 이를 제출하지 못한 경우에는 그 이유를 소관상임위원회에 통지하여야 한다. 〈신설 2005.7.28〉

③상임위원회는 위원회 또는 상설소위원회를 정기적으로 개회하여 그 소관 중앙행정기관이 제출한 대통령령·총리령 및 부령(이하 이 조에서 "대통령령등"이라 한다)에 대하여 법률에의 위반여부등을 검토하여 당해대통령령등이 법률의 취지 또는 내용에 합치되지 아니하다고 판단되는 경우에는 소관 중앙행정기관의 장에게 그 내용을 통보할 수 있다. 이 경우 중앙행정기관의 장은 통보받은 내용에 대한 처리 계획과 그 결과를 지체 없이 소관상임위원회에 보고하여야 한다. 〈개정 2005.7.28〉

④전문위원은 제3항의 규정에 의한 대통령령등을 검토하여 그 결과를 당해 위원회 위원에게 제공한다. 〈개정 2005.7.28〉

[전문개정 2000.2.16]

제4절 발언

제99조(발언의 허가) ①의원이 발언하려고 할 때에는 미리 의장에게 통지하여

허가를 받아야 한다.

②발언통지를 하지 아니한 의원은 통지를 한 의원의 발언이 끝난 다음 의장의 허가를 받아 발언할 수 있다.

③의사진행에 관한 발언은 발언요지를 의장에게 미리 통지하여야 하며, 의장은 의제에 직접 관계가 있거나 긴급히 처리할 필요가 있다고 인정되는 것은 즉시 허가하고, 그외의 것은 의장이 그 허가의 시기를 정한다.

[제92조에서 이동, 종전 제99조는 제106조로 이동 〈1991.5.31〉]

제100조(발언의 계속) 발언은 그 도중에 다른 의원의 발언에 의하여 정지되지 아니하며, 산회 또는 회의의 중지로 발언을 마치지 못한 때에는 다시 그 의사가 개시되면 의장은 먼저 발언을 계속하게 한다.

[제93조에서 이동, 종전 제100조는 제107조로 이동 〈1991.5.31〉]

제101조(보충보고) 의장은 위원장 또는 위원장이 지명한 소수의견자가 위원회의 보고를 보충하기 위하여 발언하려고 할 때에는 다른 발언에 우선하여 발언하게 할 수 있다.

[제94조에서 이동, 종전 제101조는 제108조로 이동 〈1991.5.31〉]

제102조(의제외 발언의 금지) 모든 발언은 의제외에 미치거나 허가받은 발언의 성질에 반하여서는 아니된다.

[제95조에서 이동, 종전 제102조는 제109조로 이동 〈1991.5.31〉]

제103조(발언회수의 제한) 의원은 동일의제에 대하여 2회에 한하여 발언할 수 있다. 그러나 질의에 대하여 답변할 때와 위원장·발의자 또는 동의자가 그 취지를 설명할 때에는 그러하지 아니하다.

[제96조에서 이동, 종전 제103조는 제110조로 이동 〈1991.5.31〉]

제104조(발언원칙) ①정부에 대한 질문외의 의원의 발언시간은 15분을 초과하지 아니하는 범위안에서 의장이 정한다. 다만, 의사진행발언·신상발언 및 보충발언은 5분을, 다른 의원의 발언에 대한 반론발언은 3분을 초과할 수 없다. 〈개정 2000.2.16〉

②교섭단체를 가진 정당을 대표하는 의원이나 교섭단체의 대표의원이 정당 또는 교섭단체를 대표하여 연설(이하 "교섭단체대표연설"이라 한다) 기타 발언을 할 때에는 40분까지 발언할 수 있다. 이 경우 교섭단체대표연설은 매년 첫번째 임시회와 정기회에서 각 1회 실시하되, 전·후반기 원구성을 위한 임시회의 경우와 의장이 각 교섭단체대표의원과 합의를 하는 경우에는 추가로 각 1회 실시할 수 있다. 〈개정 2003.2.4〉

③의장은 각 교섭단체대표의원과 협의하여 동일의제에 대한 총발언시간을

정하여 이를 교섭단체별로 그 소속의원수의 비율에 따라 할당한다. 이 경우 각 교섭단체대표의원은 할당된 시간내에서 발언자수 및 발언자별 발언시간을 정하여 미리 의장에게 통보하여야 한다.

④의장은 필요한 경우 제3항의 규정에 불구하고 각 교섭단체대표의원과 협의하여 동일의제에 대하여 교섭단체별로 그 소속의원수의 비율에 따라 발언자수를 정할 수 있다.

⑤교섭단체에 속하지 아니하는 의원의 발언시간 및 발언자수는 의장이 각 교섭단체대표의원과 협의하여 정한다.

⑥의원이 시간제한으로 발언을 마치지 못한 부분에 대하여는 의장이 인정하는 범위안에서 이를 회의록에 게재할 수 있다.

[전문개정 1994.6.28]

제105조(5분자유발언) ①의장은 본회의가 개의되는 경우 그 개의시부터 1시간을 초과하지 아니하는 범위내에서 의원에게 국회가 심의중인 의안과 청원 기타 중요한 관심사안에 대한 의견을 발표할 수 있도록 하기 위하여 5분 이내의 발언(이하 "5분자유발언"이라 한다)을 허가할 수 있다. 다만, 의장은 당일 본회의에서 심의할 의안이 다수 있는 등 효율적인 의사진행을 위하여 필요하다고 인정하는 경우에는 각 교섭단체대표의원과 협의하여 개의중에 이를 허가할 수 있다. 〈개정 1997.1.13, 2000.2.16〉

②5분자유발언을 하고자 하는 의원은 늦어도 본회의개의 4시간전까지 그 발언취지를 간략히 기재하여 의장에게 신청하여야 한다. 〈개정 1997.1.13, 2000.2.16〉

③5분자유발언의 발언자수와 발언순서는 교섭단체별 소속의원수의 비율을 고려하여 의장이 각 교섭단체대표의원과 협의하여 정한다. 〈개정 1997.1.13〉

[전문개정 1994.6.28]

[제목개정 1997.1.13]

제106조(토론의 통지) ①의사일정에 올린 안건에 대하여 토론하고자 하는 의원은 미리 반대 또는 찬성의 뜻을 의장에게 통지하여야 한다.

②의장은 제1항의 통지를 받은 순서와 그 소속교섭단체를 고려하여 반대자와 찬성자를 교대로 발언하게 하되 반대자에게 먼저 발언하게 한다.

[제99조에서 이동, 종전 제106조는 제113조로 이동 〈1991.5.31〉]

제106조의2(무제한 토론의 실시 등) ① 의원이 본회의에 부의된 안건에 대하여 이 법의 다른 규정에도 불구하고 시간의 제한을 받지 아니하는 토론(이하 이 조에서 "무제한 토론"이라 한다)을 하려는 경우 재적의원 3분의 1 이상이

서명한 요구서를 의장에게 제출하여야 한다. 이 경우 의장은 해당 안건에 대하여 무제한 토론을 실시하여야 한다.

② 제1항에 따른 요구서는 요구 대상 안건별로 제출하되 그 안건이 의사일정에 기재된 본회의 개의 전까지 제출하여야 한다. 다만, 본회의 개의 중 당일 의사일정에 안건이 추가된 경우에는 해당 안건의 토론 종결 선포 전까지 요구서를 제출할 수 있다.

③ 의원은 제1항에 따른 요구서가 제출된 때에는 해당 안건에 대하여 무제한 토론을 할 수 있다. 이 경우 의원 1인당 1회에 한정하여 토론할 수 있다.

④ 무제한 토론을 실시하는 본회의는 제7항에 따른 무제한 토론 종결 선포 전까지 산회하지 아니하고 회의를 계속한다. 이 경우 회의 중 재적의원 5분의 1 이상이 출석하지 아니한 때에도 제73조제3항 본문에도 불구하고 회의를 계속한다.

⑤ 의원은 무제한 토론을 실시하는 안건에 대하여 재적의원 3분의 1 이상의 서명으로 무제한 토론의 종결동의를 의장에게 제출할 수 있다.

⑥ 제5항에 따른 무제한 토론의 종결동의는 동의가 제출된 때부터 24시간이 경과한 후에 무기명투표로 표결하되 재적의원 5분의 3 이상의 찬성으로 의결한다. 이 경우 무제한 토론의 종결동의에 대하여는 토론을 하지 아니하고 표결한다.

⑦ 무제한 토론을 실시하는 안건에 대하여 무제한 토론을 할 의원이 더 이상 없거나 제6항에 따라 무제한 토론의 종결동의가 가결되는 경우 의장은 무제한 토론의 종결 선포 후 해당 안건을 지체 없이 표결하여야 한다.

⑧ 무제한 토론을 실시하는 중에 해당 회기가 종료되는 때에는 무제한 토론은 종결 선포된 것으로 본다. 이 경우 해당 안건은 바로 다음 회기에서 지체 없이 표결하여야 한다.

⑨ 제7항 또는 제8항에 따라 무제한 토론의 종결이 선포되었거나 선포된 것으로 보는 안건에 대하여는 무제한 토론을 요구할 수 없다.

⑩ 예산안등 및 제85조의3제4항에 따라 지정된 세입예산안 부수 법률안에 대하여는 제1항부터 제9항까지의 규정을 매년 12월 1일까지 적용하고, 같은 항에 따라 실시 중인 무제한 토론, 계속 중인 본회의, 제출된 무제한 토론의 종결동의에 대한 심의절차 등은 12월 1일 자정에 종료한다.

[본조신설 2012.5.25]

[시행일 : 2013.5.30] 제106조의2제10항

제107조(의장의 토론참가) 의장이 토론에 참가할 때에는 의장석에서 물러나야

하며, 그 안건에 대한 표결이 끝날 때까지 의장석에 돌아갈 수 없다.

[제100조에서 이동, 종전 제107조는 제114조로 이동 〈1991.5.31〉]

제108조(질의 또는 토론의 종결) ①질의 또는 토론이 끝났을 때에는 의장은 그 종결을 선포한다.

②각 교섭단체에서 1인 이상의 발언이 있은 후에는 본회의의 의결로 의장은 질의나 토론의 종결을 선포한다. 그러나 질의 또는 토론에 참가한 의원은 질의나 토론의 종결을 동의할 수 없다.

③제2항의 동의는 토론을 하지 아니하고 표결한다.

[제101조에서 이동, 종전 제108조는 제115조로 이동 〈1991.5.31〉]

제5절 표결

제109조(의결정족수) 의사는 헌법 또는 이 법에 특별한 규정이 없는 한 재적의원 과반수의 출석과 출석의원 과반수의 찬성으로 의결한다.

[제102조에서 이동, 종전 제109조는 제116조로 이동 〈1991.5.31〉]

제110조(표결의 선포) ①표결할 때에는 의장이 표결할 안건의 제목을 의장석에서 선포하여야 한다. 〈개정 2002.3.7〉

②의장이 표결을 선포한 때에는 누구든지 그 안건에 관하여 발언할 수 없다.

[제103조에서 이동, 종전 제110조는 제117조로 이동 〈1991.5.31〉]

제111조(표결의 참가와 의사변경의 금지) ①표결을 할 때에는 회의장에 있지 아니한 의원은 표결에 참가할 수 없다. 그러나 기명·무기명투표에 의하여 표결할 때에는 투표함이 폐쇄될 때까지 표결에 참가할 수 있다. 〈개정 2000.2.16〉

②의원은 표결에 있어서 표시한 의사를 변경할 수 없다.

[제104조에서 이동, 종전 제111조는 제118조로 이동 〈1991.5.31〉]

제112조(표결방법) ①표결할 때에는 전자투표에 의한 기록표결로 가부를 결정한다. 다만, 투표기기의 고장등 특별한 사정이 있을 때에는 기립표결로 가부를 결정할 수 있다. 〈개정 2000.2.16〉

②중요한 안건으로서 의장의 제의 또는 의원의 동의로 본회의의 의결이 있거나 재적의원 5분의 1 이상의 요구가 있을 때에는 기명·호명 또는 무기명투표로 표결한다. 〈개정 1994.6.28, 2000.2.16〉

③의장은 안건에 대한 이의의 유무를 물어서 이의가 없다고 인정한 때에는 가결되었음을 선포할 수 있다. 그러나 이의가 있을 때에는 제1항 또는 제2

항의 방법으로 표결하여야 한다.

④헌법개정안은 기명투표로 표결한다.

⑤대통령으로부터 환부된 법률안과 기타 인사에 관한 안건은 무기명투표로 표결한다. 다만, 겸직으로 인한 의원사직과 위원장사임에 대하여 의장이 각 교섭단체대표의원과 협의한 경우에는 그러하지 아니하다. 〈개정 1994.6.28〉

⑥국회에서 실시하는 각종 선거는 법률에 특별한 규정이 없는 한 무기명투표로 한다. 투표의 결과 당선자가 없을 때에는 최고득표자와 차점자에 대하여 결선투표를 함으로써 다수득표자를 당선자로 한다. 다만, 득표수가 같을 때에는 연장자를 당선자로 한다.

⑦국무총리 또는 국무위원의 해임건의안이 발의된 때에는 의장은 그 해임건의안이 발의된 후 처음 개의하는 본회의에 이를 보고하고, 본회의에 보고된 때로부터 24시간이후 72시간이내에 무기명투표로 표결한다. 이 기간내에 표결하지 아니한 때에는 그 해임건의안은 폐기된 것으로 본다. 〈개정 2003.2.4〉

⑧ 제1항 본문에 따라 투표를 하는 경우 재적의원 5분의 1 이상의 요구가 있을 때에는 전자적인 방법 등을 통하여 정당한 투표권자임을 확인한 후 실시한다. 〈신설 2010.5.28〉

⑨ 의장이 각 교섭단체대표의원과 합의를 하는 경우에는 제2항, 제4항부터 제7항까지에 따른 기명 또는 무기명투표를 전자장치를 이용하여 실시할 수 있다. 〈신설 2010.5.28〉

[제105조에서 이동, 종전 제112조는 제119조로 이동 〈1991.5.31〉]

제113조(표결결과선포) 표결이 끝났을 때에는 의장은 그 결과를 의장석에서 선포한다. 〈개정 2002.3.7〉

[제106조에서 이동, 종전 제113조는 제120조로 이동 〈1991.5.31〉]

제114조(기명·무기명투표절차) ①기명·무기명투표할 때에는 각 의원은 먼저 명패를 명패함에, 다음에 투표용지를 투표함에 투입한다. 〈개정 2000.2.16〉

②기명·무기명투표할 때에는 의장은 의원중에서 약간인의 감표위원을 지명하고 그 위원의 참여하에 직원으로 하여금 명패와 기명·무기명투표의 수를 점검·계산하게 한다. 이 경우 감표위원으로 지명된 의원이 이에 응하지 아니하는 때에는 당해 의원을 제외하거나 다른 의원을 감표위원으로 지명할 수 있다. 〈개정 2000.2.16, 2002.3.7〉

③투표의 수가 명패의 수보다 많을 때에는 재투표를 한다. 다만, 투표의 결과에 영향을 미치지 아니할 때에는 그러하지 아니하다.

[제107조에서 이동, 종전 제114조는 제121조로 이동 〈1991.5.31〉]
[제목개정 2000.2.16]

제114조의2(자유투표) 의원은 국민의 대표자로서 소속정당의 의사에 기속되지
아니하고 양심에 따라 투표한다.
[본조신설 2002.3.7]

제7장 회의록

제115조(회의록) ①국회는 회의록을 작성하고 다음 사항을 기재한다. 〈개정
1994.6.28, 2005.7.28〉
1. 개의·회의중지와 산회의 일시
2. 의사일정
3. 출석의원의 수 및 성명
4. 개회식에 관한 사항
5. 의원의 이동
6. 의석의 배정과 변동
7. 의안의 발의·제출·회부·환부·이송과 철회에 관한 사항
8. 출석한 국무위원과 정부위원의 성명
9. 부의안건과 그 내용
10. 의장의 보고
11. 위원회의 보고서
12. 의사
13. 표결수
14. 기명·전자·호명투표의 투표자 및 찬반의원 성명
15. 의원의 발언보충서
16. 서면질문과 답변서
17. 정부의 청원처리결과보고서
18. 정부의 국정감사 또는 조사결과처리보고서
19. 기타 본회의 또는 의장이 필요하다고 인정하는 사항

②본회의의 의사는 속기방법으로 이를 기록한다.

③회의록에는 의장, 의장을 대리한 부의장, 임시의장과 사무총장 또는 그 대
리자가 서명·날인하여 국회에 보존한다.
[제108조에서 이동, 종전 제115조는 제122조로 이동 〈1991.5.31〉]

제116조(참고문서의 게재) 의원이 그 발언에 참고되는 간단한 문서를 회의록

에 게재하려고 할 때에는 의장의 허가를 받아야 한다.

[제109조에서 이동, 종전 제116조는 제123조로 이동 〈1991.5.31〉]

제117조(자구의 정정과 이의의 결정) ①발언한 의원은 회의록이 배부된 날의 다음날 오후 5시까지 그 자구의 정정을 의장에게 요구할 수 있다. 그러나 발언의 취지를 변경할 수 없다.

②회의에서 발언한 국무총리·국무위원 및 정부위원 기타 발언자에 있어서도 제1항과 같다.

③속기방법에 의하여 작성한 회의록의 내용은 삭제할 수 없으며, 발언을 통하여 자구정정 또는 취소의 발언을 한 경우에는 그 발언을 회의록에 기재한다. 〈신설 2003.2.4〉

④의원이 회의록에 기재한 사항과 회의록의 정정에 관하여 이의를 신청한 때에는 토론을 하지 아니하고 본회의의 의결로 이를 결정한다.

[제110조에서 이동, 종전 제117조는 제124조로 이동 〈1991.5.31〉]

제118조(회의록의 배부·반포) ①회의록은 의원에게 배부하고 일반에게 반포한다. 그러나 의장이 비밀을 요하거나 국가안전보장을 위하여 필요하다고 인정한 부분에 관하여는 발언자 또는 그 소속교섭단체대표의원과 협의하여 이를 게재하지 아니할 수 있다.

②의원이 제1항의 규정에 의하여 게재되지 아니한 회의록부분에 관하여 열람·복사등을 신청한 때에는 정당한 사유가 없는 한 의장은 이를 거절하여서는 아니된다.

③제2항에 의하여 허가받은 의원은 타인에게 이를 열람하게 하거나 전재·복사하게 하여서는 아니된다.

④공개하지 아니한 회의의 내용은 공표되어서는 아니된다. 다만, 본회의의 의결 또는 의장의 결정으로 제1항 단서의 사유가 소멸되었다고 판단되는 경우에는 이를 공표할 수 있다.

⑤공표할 수 있는 회의록은 일반에게 유상으로 반포할 수 있다.

⑥회의록의 공표에 관한 기간·절차 기타 필요한 사항은 국회규칙으로 정한다.

[제111조에서 이동, 종전 제118조는 제125조로 이동 〈1991.5.31〉]

제8장 국무총리·국무위원·정부위원과 질문

제119조(국무총리·국무위원 및 정부위원의 임면통지) 정부는 국무총리와 국무위원 및 정부위원인 공무원을 임면한 때에는 이를 국회에 통지한다.

[제112조에서 이동, 종전 제119조는 제126조로 이동 〈1991.5.31〉]

제120조(국무위원등의 발언) ①국무총리·국무위원 또는 정부위원은 본회의나 위원회에서 발언하려고 할 때에는 미리 의장 또는 위원장의 허가를 받아야 한다.

②법원행정처장·헌법재판소사무처장·중앙선거관리위원회사무총장은 의장 또는 위원장의 허가를 받아 본회의나 위원회에서 그 소관사무에 관하여 발언할 수 있다. 〈신설 1991.5.31, 1998.3.18〉

[제113조에서 이동, 종전 제120조는 제127조로 이동 〈1991.5.31〉]

제121조(국무위원등의 출석요구) ①본회의는 그 의결로 국무총리·국무위원 또는 정부위원의 출석을 요구할 수 있다. 이 경우 그 발의는 의원 20인 이상이 이유를 명시한 서면으로 하여야 한다.

②위원회는 그 의결로 국무총리·국무위원 또는 정부위원의 출석을 요구할 수 있다. 이 경우 위원장은 의장에게 이를 보고하여야 한다. 〈개정 1994.6.28〉

③제1항 또는 제2항의 요구가 있을 때에는 국무총리·국무위원 또는 정부위원은 출석·답변하여야 하며, 국무총리 또는 국무위원이 출석요구를 받은 때에는 의장 또는 위원장의 승인을 얻어 국무총리는 국무위원으로 하여금, 국무위원은 정부위원으로 하여금 대리하여 출석·답변하게 할 수 있다. 이 경우 의장은 각 교섭단체대표의원과, 위원장은 간사와 협의하여야 한다.

④본회의 또는 위원회는 특정한 사안에 대하여 질문하기 위하여 대법원장·헌법재판소장·중앙선거관리위원회위원장·감사원장 또는 그 대리인의 출석을 요구할 수 있다. 이 경우 위원장은 의장에게 이를 보고하여야 한다. 〈개정 1994.6.28〉

[제114조에서 이동, 종전 제121조는 제128조로 이동 〈1991.5.31〉]

제122조(정부에 대한 서면질문) ①의원이 정부에 서면으로 질문하려고 할 때에는 질문서를 의장에게 제출하여야 한다.

②의장은 제1항의 질문서가 제출된 때에는 지체없이 이를 정부에 이송한다.

③정부는 질문서를 받은 날로부터 10일 이내에 서면으로 답변하여야 한다. 그 기간내에 답변하지 못할 때에는 그 이유와 답변할 수 있는 기한을 국회에 통지하여야 한다.

④정부는 서면질문에 대하여 답변할 때 회의록에 게재할 답변서와 기타 답변관계자료를 구분하여 국회에 제출하여야 한다. 〈신설 1994.6.28〉

⑤제3항의 답변에 대하여 보충하여 질문하고자 하는 의원은 서면으로 다시 질문할 수 있다.

[제115조에서 이동, 종전 제122조는 제129조로 이동 〈1991.5.31〉]

제122조의2(정부에 대한 질문) ①본회의는 회기중 기간을 정하여 국정전반 또는 국정의 특정분야를 대상으로 정부에 대하여 질문(이하 "대정부질문"이라 한다)을 할 수 있다.

②대정부질문은 일문일답의 방식으로 하되, 의원의 질문시간은 20분을 초과할 수 없다. 이 경우 질문시간에는 답변시간이 포함되지 아니한다. 〈개정 2003.2.4〉

③제2항의 규정에 불구하고 시각장애 등 신체장애를 가진 의원이 대정부질문을 하는 경우, 의장은 각 교섭단체 대표의원과 협의하여 별도의 추가 질문시간을 허가할 수 있다. 〈신설 2005.7.28〉

④의제별 질문의원수는 의장이 각 교섭단체대표의원과 협의하여 정한다. 〈개정 2003.2.4〉

⑤의장은 제4항에서 규정한 의제별 질문의원수를 교섭단체별로 그 소속의원수의 비율에 따라 배정한다. 이 경우 교섭단체에 속하지 아니하는 의원의 질문자수는 의장이 각 교섭단체대표의원과 협의하여 정한다. 〈개정 2003.2.4, 2005.7.28〉

⑥의장은 의원의 질문과 정부의 답변이 교대로 균형있게 유지되도록 하여야 한다.

⑦질문을 하고자 하는 의원은 미리 질문의 요지를 기재한 질문요지서를 구체적으로 작성하여 의장에게 제출하여야 하며, 의장은 늦어도 질문시간 48시간전까지 질문요지서가 정부에 도달되도록 송부하여야 한다. 〈개정 2000.2.16, 2003.2.4〉

⑧각 교섭단체대표의원은 질문의원과 질문순서를 질문일전일까지 의장에게 통지하여야 한다. 이 경우 의장은 각 교섭단체대표의원의 통지내용에 따라 질문순서를 정한 후 이를 본회의개의전에 각 교섭단체대표의원과 정부에 통지하여야 한다. 〈개정 2003.2.4〉

[본조신설 1994.6.28]

제122조의3(긴급현안질문) ①의원은 20인이상의 찬성으로 회기중 현안이 되고 있는 중요한 사항을 대상으로 정부에 대하여 질문(이하 이 조에서 "긴급현안질문"이라 한다)을 할 것을 의장에게 요구할 수 있다. 〈개정 2000.2.16〉

②제1항의 규정에 의한 긴급현안질문을 요구하는 의원은 그 이유와 질문요지 및 출석을 요구하는 국무총리 또는 국무위원을 기재한 질문요구서를 본회의개의 24시간전까지 의장에게 제출하여야 한다. 〈개정 2000.2.16〉

③의장은 질문요구서가 접수된 때에는 그 실시여부와 의사일정을 국회운영

위원회와 협의하여 정한다. 다만, 의장은 필요한 경우 본회의에서 그 실시 여부를 표결에 부쳐 정할 수 있다.

④제3항의 규정에 의한 의장의 결정 또는 본회의의 의결이 있은 때에는 해당 국무총리 또는 국무위원에 대한 출석요구의 의결이 있은 것으로 본다. 〈개정 2000.2.16〉

⑤긴급현안질문시간은 총 120분으로 한다. 다만, 의장은 각 교섭단체대표의원과 협의하여 이를 연장할 수 있다. 〈개정 2000.2.16〉

⑥긴급현안질문을 할 때의 의원의 질문은 10분을 초과할 수 없다. 다만, 보충질문은 5분을 초과할 수 없다.

⑦긴급현안질문의 절차등에 관하여 이 조에서 정한 것을 제외하고는 제122조의2의 규정을 준용한다.

[본조신설 1994.6.28]

제9장 청원

제123조(청원서의 제출) ①국회에 청원을 하려고 하는 자는 의원의 소개를 얻어 청원서를 제출하여야 한다.

②청원서에는 청원자의 주소·성명(법인의 경우에는 그 명칭과 대표자의 성명)을 기재하고 서명·날인하여야 한다.

③재판에 간섭하거나 국가기관을 모독하는 내용의 청원은 이를 접수하지 아니한다.

[제116조에서 이동, 종전 제123조는 제130조로 이동 〈1991.5.31〉]

제124조(청원요지서의 작성과 회부) ①의장은 청원을 접수한 때에는 청원요지서를 작성하여 각 의원에게 인쇄하거나 전산망에 입력하는 방법으로 배부하는 동시에 그 청원서를 소관위원회에 회부하여 심사를 하게 한다. 〈개정 2011.5.19〉

②청원요지서에는 청원자의 주소·성명·청원의 요지·소개의원의 성명과 접수연월일을 기재한다.

[제117조에서 이동, 종전 제124조는 제131조로 이동 〈1991.5.31〉]

제125조(청원심사·보고등) ①위원회는 청원심사를 위하여 청원심사소위원회를 둔다.

②위원장은 폐회중이거나 기타 필요한 경우 청원을 바로 청원심사소위원회에 회부하여 심사보고하게 할 수 있다.

③청원을 소개한 의원은 소관위원회 또는 청원심사소위원회의 요구가 있을

때에는 청원의 취지를 설명하여야 한다.

④위원회는 그 의결로 위원 또는 전문위원을 현장이나 관계기관등에 파견하여 필요한 사항을 파악하여 보고하게 할 수 있다. 〈신설 1991.5.31〉

⑤위원회에서 본회의에 부의하기로 결정한 청원은 의견서를 첨부하여 의장에게 보고한다.

⑥위원회에서 본회의에 부의할 필요가 없다고 결정한 청원은 그 처리결과를 의장에게 보고하고, 의장은 청원인에게 통지하여야 한다. 다만, 폐회 또는 휴회기간을 제외한 7일 이내에 의원 30인 이상의 요구가 있을 때에는 이를 본회의에 부의한다.

⑦청원심사에 관하여 기타 필요한 사항은 국회규칙으로 정한다.

[제118조에서 이동, 종전 제125조는 제132조로 이동 〈1991.5.31〉]

제126조(정부이송과 처리보고) ①국회가 채택한 청원으로서 정부에서 처리함이 타당하다고 인정되는 청원은 의견서를 첨부하여 정부에 이송한다.

②정부는 제1항의 청원을 처리하고 그 처리결과를 지체없이 국회에 보고하여야 한다.

[제119조에서 이동, 종전 제126조는 제133조로 이동 〈1991.5.31〉]

제10장 국회와 국민 또는 행정기관과의 관계

제127조(국정감사와 국정조사) 국회의 국정감사와 국정조사에 관하여 이 법이 정한 것을 제외하고는 국정감사및조사에관한법률이 정하는 바에 따른다.

[제120조에서 이동, 종전 제127조는 제134조로 이동 〈1991.5.31〉]

제127조의2(감사원에 대한 감사요구 등) ①국회는 그 의결로 감사원에 대하여 감사원법에 의한 감사원의 직무범위에 속하는 사항중 사안을 특정하여 감사를 요구할 수 있다. 이 경우 감사원은 감사요구를 받은 날부터 3월 이내에 감사결과를 국회에 보고하여야 한다. 〈개정 2010.3.12〉

②감사원은 특별한 사유로 제1항에 규정된 기간 이내에 감사를 마치지 못하였을 때에는 중간보고를 하고 감사기간의 연장을 요청할 수 있다. 이 경우 의장은 2월의 범위 이내에서 감사기간을 연장할 수 있다.

[본조신설 2003.2.4]

[제목개정 2010.3.12]

제128조(보고·서류제출요구) ①본회의·위원회 또는 소위원회는 그 의결로 안건의 심의 또는 국정감사나 국정조사와 직접 관련된 보고 또는 서류의 제출을 정부·행정기관 기타에 대하여 요구할 수 있다. 다만, 위원회가 청문회,

국정감사 또는 국정조사와 관련된 서류제출요구를 하는 경우에는 그 의결 또는 재적위원 3분의 1 이상의 요구로 할 수 있다. 〈개정 2000.2.16, 2011.5.19〉

②제1항의 규정에 의한 서류제출은 서면, 전자문서 또는 컴퓨터의 자기테이프·자기디스크 그밖에 이와 유사한 매체에 기록된 상태나 전산망에 입력된 상태로 제출할 것을 요구할 수 있다. 〈신설 2002.3.7〉

③제1항의 규정에 불구하고 폐회중에 의원으로부터 서류제출요구가 있는 때에는 의장 또는 위원장은 교섭단체대표의원 또는 간사와 협의하여 이를 요구할 수 있다. 〈신설 2000.2.16〉

④위원회(소위원회를 포함한다. 이하 이 장에서 같다)가 제1항의 요구를 할 때에는 의장에게 이를 보고하여야 한다. 〈개정 2000.2.16〉

⑤제1항의 요구를 받은 때에는 기간을 따로 정하는 경우를 제외하고는 요구를 받은 날부터 10일 이내에 보고 또는 서류를 제출하여야 한다. 다만, 특별한 사유가 있을 때에는 의장 또는 위원장에게 그 사유를 보고하고 그 기간을 연장할수 있다. 이 경우 의장 또는 위원장은 제1항의 요구를 한 의원에게 그 사실을 통보한다. 〈신설 1997.1.13〉

⑥제1항의 보고·서류제출요구등에 관하여 기타 필요한 절차는 다른 법률이 정하는 바에 따른다. 〈개정 1997.1.13〉

[전문개정 1994.6.28]

제128조의2(결산의 심의기한) 국회는 결산에 대한 심의·의결을 정기회 개회 전까지 완료하여야 한다.

[전문개정 2010.5.28]

제129조(증인·감정인 또는 참고인의 출석요구) ①본회의 또는 위원회는 그 의결로 안건의 심의 또는 국정감사나 국정조사를 위하여 증인·감정인 또는 참고인의 출석을 요구할 수 있다.

②위원회가 제1항의 요구를 할 때에는 의장에게 이를 보고하여야 한다. 〈개정 1994.6.28〉

③제1항의 증언·감정등에 관한 절차는 다른 법률이 정하는 바에 따른다.

[제122조에서 이동, 종전 제129조는 제136조로 이동 〈1991.5.31〉]

제11장 탄핵소추

제130조(탄핵소추의 발의) ①탄핵소추의 발의가 있는 때에는 의장은 발의된 후 처음 개의하는 본회의에 보고하고, 본회의는 의결로 법제사법위원회에 회부하여 조사하게 할 수 있다. 〈개정 2003.2.4〉

②본회의가 제1항에 의하여 법제사법위원회에 회부하기로 의결하지 아니한 때에는 본회의에 보고된 때로부터 24시간이후 72시간 이내에 탄핵소추의 여부를 무기명투표로 표결한다. 이 기간내에 표결하지 아니한 때에는 그 탄핵소추안은 폐기된 것으로 본다. 〈개정 2000.2.16〉

③탄핵소추의 발의에는 피소추자의 성명·직위와 탄핵소추의 사유·증거 기타 조사상 참고가 될만한 자료를 제시하여야 한다.

[제123조에서 이동, 종전 제130조는 제137조로 이동 〈1991.5.31〉]

제131조(회부된 탄핵소추사건의 조사) ①법제사법위원회가 제130조의 발의를 회부받았을 때에는 지체없이 조사·보고하여야 한다. 〈개정 1991.5.31〉

②제1항의 조사에 있어서는 국정감사및조사에관한법률이 규정하는 조사의 방법 및 조사상의 주의의무규정을 준용한다.

[제124조에서 이동, 종전 제131조는 제138조로 이동 〈1991.5.31〉]

제132조(조사의 협조) 조사를 받는 국가기관은 그 조사를 신속히 완료시키기 위하여 충분한 협조를 하여야 한다.

[제125조에서 이동, 종전 제132조는 제139조로 이동 〈1991.5.31〉]

제133조(탄핵소추의 의결) 본회의의 탄핵소추의 의결은 피소추자의 성명·직위 및 탄핵소추의 사유를 표시한 문서(이하 "소추의결서"라 한다)로 하여야 한다.

[제126조에서 이동, 종전 제133조는 제140조로 이동 〈1991.5.31〉]

제134조(소추의결서의 송달과 효과) ①탄핵소추의 의결이 있은 때에는 의장은 지체없이소추의결서의 정본을 법제사법위원장인 소추위원에게, 그 등본을 헌법재판소·피소추자와 그 소속기관의 장에게 송달한다.

②소추의결서가 송달된 때에는 피소추자의 권한행사는 정지되며, 임명권자는 피소추자의 사직원을 접수하거나 해임할 수 없다.

[제127조에서 이동, 종전 제134조는 제141조로 이동 〈1991.5.31〉]

제12장 사직·퇴직·궐원과 자격심사

제135조(사직) ①국회는 그 의결로 의원의 사직을 허가할 수 있다. 다만, 폐회중에는 의장이 이를 허가할 수 있다.

②의원이 사직하고자 할 때에는 본인이 서명·날인한 사직서를 의장에게 제출하여야 한다.

③사직의 허가여부는 토론을 하지 아니하고 표결한다.

[제128조에서 이동, 종전 제135조는 제142조로 이동 〈1991.5.31〉]

제136조(퇴직) ①의원이 겸할 수 없는 직에 취임하거나 제29조제2항의 규정에

의하여 임기개시일 이후에 해직된 직의 권한을 행사하거나 「공직선거법」 제53조의 규정에 의하여 사직원을 제출하여 공직선거후보자로 등록된 때에는 의원의 직에서 퇴직된다. 〈개정 2003.2.4, 2011.5.19〉

②의원이 법률에 규정된 피선거권이 없게 된 때에는 퇴직된다.

③의원에 대하여 제2항의 피선거권이 없게 되는 사유에 해당하는 형을 선고한 법원은 그 판결이 확정된 때에 이를 지체없이 국회에 통지하여야 한다. 〈신설 1994.6.28〉

[제129조에서 이동, 종전 제136조는 제143조로 이동 〈1991.5.31〉]

제137조(궐원통지) 의원이 궐원된 때에는 의장은 15일이내에 대통령과 중앙선거관리위원회에 이를 통지하여야 한다.

[제130조에서 이동, 종전 제137조는 제144조로 이동 〈1991.5.31〉]

제138조(자격심사의 청구) 의원이 다른 의원의 자격에 대하여 이의가 있을 때에는 30인이상의 연서로 자격심사를 의장에게 청구할 수 있다.

[제131조에서 이동, 종전 제138조는 제145조로 이동 〈1991.5.31〉]

제139조(청구서의 위원회회부와 답변서의 제출) ①의장은 제138조의 청구서를 윤리특별위원회에 회부하고 그 부본을 피심의원에게 송달하여 기일을 정하여 답변서를 제출하게 한다. 〈개정 1991.5.31〉

②피심의원이 천재·지변 또는 질병 기타 사고에 의하여 기일내에 답변서를 제출하지 못함을 증명한 때에는 의장은 다시 기일을 정하여 답변서를 제출하게 할 수 있다.

[제132조에서 이동, 종전 제139조는 제146조로 이동 〈1991.5.31〉]

제140조(답변서의 위원회심사) ①의장이 답변서를 접수한 때에는 이를 윤리특별위원회에 회부한다. 〈개정 1991.5.31〉

②윤리특별위원회는 청구서와 답변서에 의하여 심사한다. 〈개정 1991.5.31〉

③기일내에 답변서를 제출하지 아니한 때에는 윤리특별위원회는 청구서만으로 심사를 할 수 있다. 〈개정 1991.5.31〉

[제133조에서 이동, 종전 제140조는 제147조로 이동 〈1991.5.31〉]

제141조(당사자의 심문과 발언) ①윤리특별위원회는 필요한 때에는 청구의원과 피심의원을 출석하게 하여 심문할 수 있다. 〈개정 1991.5.31〉

②청구의원과 피심의원은 위원회의 허가를 받아 출석하여 발언할 수 있다. 이 경우 피심의원은 다른 의원으로 하여금 출석하여 발언하게 할 수 있다.

[제134조에서 이동, 종전 제141조는 제148조로 이동 〈1991.5.31〉]

제142조(의결) ①윤리특별위원회에서 심사보고서를 의장에게 제출한 때에는

의장은 본회의에 부의하여야 한다. 〈개정 1991.5.31〉

②피심의원은 본회의에서 스스로 변명하거나 다른 의원으로 하여금 변명하게 할 수 있다.

③본회의는 피심의원의 자격의 유무를 의결로 결정하되 그 자격이 없는 것을 의결함에는 재적의원 3분의 2이상의 찬성이 있어야 한다.

④제3항의 결정이 있을 때에는 의장은 그 결과를 서면으로 청구의원과 피심의원에게 송부한다.

[제135조에서 이동, 종전 제142조는 제149조로 이동 〈1991.5.31〉]

제13장 질서와 경호

제143조(의장의 경호권) 회기중 국회의 질서를 유지하기 위하여 의장은 국회안에서 경호권을 행한다.

[제136조에서 이동, 종전 제143조는 제150조로 이동 〈1991.5.31〉]

제144조(경위와 경찰관) ①국회의 경호를 위하여 국회에 경위를 둔다.

②의장은 국회의 경호를 위하여 필요한 때에는 국회운영위원회의 동의를 얻어 일정한 기간을 정하여 정부에 대하여 필요한 국가경찰공무원의 파견을 요구할 수 있다. 〈개정 2006.2.21〉

③경위와 파견된 국가경찰공무원은 의장의 지휘를 받아 경위는 회의장건물안에서, 국가경찰공무원은 회의장건물밖에서 경호한다. 〈개정 2006.2.21〉

[제137조에서 이동, 종전 제144조는 제151조로 이동 〈1991.5.31〉]

제145조(회의의 질서유지) ①의원이 본회의 또는 위원회의 회의장에서 이 법 또는 국회규칙에 위배하여 회의장의 질서를 문란하게 한 때에는 의장 또는 위원장은 이를 경고 또는 제지할 수 있다.

②제1항의 조치에 응하지 아니한 의원이 있을 때에는 의장 또는 위원장은 당일의 회의에서 발언함을 금지하거나 퇴장시킬 수 있다.

③의장 또는 위원장은 회의장이 소란하여 질서를 유지하기 곤란하다고 인정할 때에는 회의를 중지하거나 산회를 선포할 수 있다.

[제138조에서 이동, 종전 제145조는 제152조로 이동 〈1991.5.31〉]

제146조(모욕등 발언의 금지) 의원은 본회의 또는 위원회에서 다른 사람을 모욕하거나 다른 사람의 사생활에 대한 발언을 할 수 없다.

[제139조에서 이동, 종전 제146조는 제153조로 이동 〈1991.5.31〉]

제147조(발언방해등의 금지) 의원은 폭력을 행사하거나 회의중 함부로 발언 또는 소란한행위를 하여 다른 사람의 발언을 방해할 수 없다.

[제140조에서 이동, 종전 제147조는 제154조로 이동 〈1991.5.31〉]

제148조(회의진행 방해 물건 등의 반입 금지) 의원은 본회의 또는 위원회의 회의장 안에 회의진행에 방해가 되는 물건 또는 음식물을 반입하여서는 아니 된다.

[전문개정 2005.7.28]

제148조의2(의장석 또는 위원장석의 점거 금지) 의원은 본회의장 의장석 또는 위원회 회의장 위원장석을 점거하여서는 아니 된다.

[본조신설 2012.5.25]

제148조의3(회의장 출입의 방해 금지) 누구든지 의원이 본회의 또는 위원회에 출석하기 위하여 본회의장 또는 위원회 회의장에 출입하는 것을 방해하여서는 아니 된다.

[본조신설 2012.5.25]

제149조(국회에 의한 방송) ①국회는 방송채널을 확보하여 본회의 또는 위원회의 회의 그 밖의 국회 및 의원의 입법활동 등을 음성 또는 영상으로 방송하는 제도를 마련하여 운용하여야 한다.

②제1항의 방송은 공정하고 객관적이어야 하며, 정치적·상업적 목적으로 사용되어서는 아니 된다.

③국회운영위원회는 제1항의 방송에 대한 기본원칙의 수립 및 관리 등 필요한 사항을 심의하며, 이를 위하여 국회방송심의소위원회를 둔다.

④제1항의 방송에 관한 절차, 대상 그 밖에 필요한 사항은 국회규칙으로 정한다.

[전문개정 2005.7.28]

제149조의2(중계방송의 허용 등) ①본회의 또는 위원회의 의결로 공개하지 아니하기로 한 경우를 제외하고는 의장 또는 위원장은 회의장안(본회의장은 방청석에 한한다)에서의 녹음·녹화·촬영 및 중계방송을 국회규칙이 정하는 바에 따라 허용할 수 있다.

②제1항의 녹음·녹화·촬영 및 중계방송을 하는 자는 회의장의 질서를 문란하게 하여서는 아니 된다.

[본조신설 2005.7.28]

제150조(현행범인의 체포) 국회안에 현행범인이 있을 때에는 경위 또는 국가경찰공무원은 이를 체포한 후 의장의 지시를 받아야 한다. 다만, 의원은 회의장안에 있어서는 의장의 명령없이 이를 체포할 수 없다. 〈개정 2006.2.21〉

[제143조에서 이동, 종전 제150조는 제157조로 이동 〈1991.5.31〉]

제151조(회의장출입의 제한) 회의장안에는 의원·국무총리·국무위원 또는 정부위원 기타 의안심의에 필요한 자와 의장이 허가한 자 외에는 출입할 수 없다.
[제144조에서 이동, 종전 제151조는 제158조로 이동 〈1991.5.31〉]

제152조(방청의 허가) ①의장은 방청권을 발행하여 방청을 허가한다.
②의장은 질서를 유지하기 위하여 필요한 때에는 방청인수를 제한할 수 있다.
[제145조에서 이동, 종전 제152조는 제159조로 이동 〈1991.5.31〉]

제153조(방청의 금지와 신체검사) ①흉기를 휴대한 자, 주기가 있는 자, 정신에 이상이 있는 자 기타 행동이 수상하다고 인정되는 자는 방청을 허가하지 아니한다.
②의장은 필요한 때에는 경위 또는 국가경찰공무원으로 하여금 방청인의 신체를 검사하게 할 수 있다. 〈개정 2006.2.21〉
[제146조에서 이동, 종전 제153조는 제160조로 이동 〈1991.5.31〉]

제154조(방청인에 대한 퇴장명령) ①의장은 회의장안의 질서를 방해하는 방청인의 퇴장을 명할 수 있으며 필요한 때에는 국가경찰관서에 인도할 수 있다. 〈개정 2006.2.21〉
②방청석이 소란할 때에는 의장은 모든 방청인을 퇴장시킬 수 있다.
[제147조에서 이동, 종전 제154조는 제161조로 이동 〈1991.5.31〉]

제14장 징계 〈개정 2010.5.28〉

제155조(징계) 국회는 의원이 다음 각 호의 어느 하나에 해당하는 행위를 한 때에는 윤리특별위원회의 심사를 거쳐 그 의결로써 이를 징계할 수 있다. 다만, 의원이 제7호의2에 해당하는 행위를 한 때에는 윤리특별위원회의 심사를 거치지 아니하고 그 의결로써 이를 징계할 수 있다. 〈개정 2012.5.25〉
1. 「대한민국헌법」 제46조제1항 또는 제3항을 위반하는 행위를 한 때
2. 제54조의2제2항을 위반한 때
3. 제102조를 위반하여 의제 외 또는 허가받은 발언의 성질에 반하는 발언을 하거나 이 법에서 정한 발언시간의 제한규정을 위반하여 의사진행을 현저히 방해한 때
4. 제118조제3항을 위반하여 불게재부분을 다른 사람에게 열람하게 하거나 이를 전재(轉載) 또는 복사하게 한 때
5. 제118조제4항을 위반하여 공표금지 내용을 공표한 때
6. 제145조제1항에 해당되는 회의장의 질서문란행위를 하거나 이에 대한 의

　　장 또는 위원장의 조치에 불응한 때

7. 제146조를 위반하여 본회의 또는 위원회에서 다른 사람을 모욕하거나 다른 사람의 사생활에 대한 발언을 한 때

7의2. 제148조의2를 위반하여 의장석 또는 위원장석을 점거하고 점거 해제를 위한 제145조에 따른 의장 또는 위원장의 조치에 불응한 때

7의3. 제148조의3을 위반하여 의원의 본회의장 또는 위원회 회의장 출입을 방해한 때

8. 정당한 이유 없이 국회집회일부터 7일 이내에 본회의 또는 위원회에 출석하지 아니하거나 의장 또는 위원장의 출석요구서를 받은 후 5일 이내에 출석하지 아니한 때

9. 탄핵소추사건의 조사를 함에 있어서 「국정감사 및 조사에 관한 법률」에 따른 조사상의 주의의무를 위반하는 행위를 한 때

10. 「국정감사 및 조사에 관한 법률」 제17조에 따른 징계사유에 해당한 때

11. 「공직자윤리법」 제22조에 따른 징계사유에 해당한 때

12. 「국회의원윤리강령」이나 「국회의원윤리실천규범」을 위반한 때

[전문개정 2010.5.28]

제156조(징계의 요구와 회부) ①의장은 제155조 각 호의 어느 하나에 해당하는 징계대상의원(이하 "징계대상자"라 한다)이 있을 때에는 이를 윤리특별위원회에 회부하고 본회의에 보고한다. 〈개정 2010.5.28〉

②위원장은 소속위원중에서 징계대상자가 있을 때에는 의장에게 이를 보고한다. 이 경우 의장은 이를 윤리특별위원회에 회부하고 본회의에 보고한다. 〈개정 2010.5.28〉

③의원이 징계대상자에 대한 징계를 요구하고자 할 때에는 의원 20인 이상의 찬성으로 그 사유를 기재한 요구서를 의장에게 제출하여야 한다. 〈개정 2010.5.28〉

④징계대상자에 대하여 모욕을 당한 의원이 징계를 요구할 때에는 찬성의원을 요하지 아니하며, 그 사유를 기재한 요구서를 의장에게 제출한다. 〈개정 2010.5.28〉

⑤제3항과 제4항의 징계요구가 있을 때에는 의장은 이를 윤리특별위원회에 회부하고 본회의에 보고한다. 〈개정 2010.5.28〉

⑥윤리특별위원회의 위원장 또는 위원 5인 이상이 징계대상자에 대한 징계의 요구를 한 때에는 윤리특별위원회는 이를 의장에게 보고하고 심사할 수 있다. 〈신설 1994.6.28, 2010.5.28〉

⑦ 제155조제7호의2에 해당하여 징계가 요구되는 경우에는 의장은 제1항, 제2항 후단, 제5항 및 제6항에도 불구하고 해당 의원에 대한 징계안을 바로 본회의에 부의하여 지체 없이 의결하여야 한다. 〈신설 2012.5.25〉

[전문개정 1991.5.31]

[제149조에서 이동, 종전 제156조는 제163조로 이동 〈1991.5.31〉]

[제목개정 2010.5.28]

제157조(징계의 요구 또는 회부의 시한 등) ① 의장은 다음 각 호에 해당하는 날부터 폐회 또는 휴회기간을 제외한 3일 이내에 윤리특별위원회에 징계(제155조제7호의2에 해당하여 요구되는 징계는 제외한다)를 회부하여야 한다. 〈개정 2012.5.25〉

1. 제156조제1항의 경우 그 사유가 발생한 날 또는 그 징계대상자가 있는 것을 알게 된 날

2. 제156조제2항의 경우 위원장의 보고를 받은 날

3. 제156조제5항의 경우 징계요구서를 제출받은 날

② 제156조제2항에 따른 위원장의 징계대상자 보고와 같은 조 제3항·제4항 및 제6항에 따른 징계요구는 그 사유가 발생한 날, 그 징계대상자가 있는 것을 알게 된 날부터 10일 이내에 하여야 한다. 다만, 폐회기간 중에 그 징계대상자가 있을 경우에는 차회국회(次回國會)의 집회일부터 3일 이내에 하여야 한다.

[전문개정 2010.5.28]

제158조(징계의 의사) 징계에 관한 회의는 공개하지 아니한다. 다만, 본회의 또는 위원회의 의결이 있을 때에는 그러하지 아니하다. 〈개정 1994.6.28, 2010.5.28〉

[전문개정 1991.5.31]

[제151조에서 이동, 종전 제158조는 제166조로 이동 〈1991.5.31〉]

[제목개정 2010.5.28]

제159조(심문) 윤리특별위원회는 징계대상자와 관계의원을 출석하게 하여 심문할 수 있다. 〈개정 2010.5.28〉

[전문개정 1991.5.31]

[제152조에서 이동 〈1991.5.31〉]

제160조(변명) 의원은 자기의 징계안에 관한 본회의 또는 위원회에 출석하여 변명하거나 다른 의원으로 하여금 변명하게 할 수 있다. 이 경우 의원은 변명이 끝난 후 회의장에서 퇴장하여야 한다. 〈개정 2010.5.28〉

[전문개정 2005.7.28]

제161조 삭제 〈2010.5.28〉

제162조(징계의 의결) 의장은 윤리특별위원회로부터 징계에 대한 심사보고서를 접수한 때에는 이를 지체 없이 본회의에 부의하여 의결하여야 한다. 다만, 의장은 윤리특별위원회로부터 징계를 하지 아니하기로 의결하였다는 심사보고서를 접수한 때에는 이를 지체 없이 본회의에 보고하여야 한다.

[전문개정 2010.5.28]

제163조(징계의 종류와 그 선포) ①제155조에 따른 징계의 종류는 다음과 같다. 〈개정 1991.5.31, 2010.5.28, 2012.5.25〉

1. 공개회의에서의 경고

2. 공개회의에서의 사과

3. 30일이내의 출석정지. 이 경우 출석정지기간에 해당하는 「국회의원수당 등에 관한 법률」에 따른 수당·입법활동비 및 특별활동비(이하 "수당등"이라 한다)는 그 2분의 1을 감액한다.

4. 제명

② 제1항에도 불구하고 제155조제6호·제7호의2 또는 제7호의3에 해당하는 행위를 한 의원에 대한 징계의 종류는 다음과 같다. 〈신설 2012.5.25〉

1. 공개회의에서의 경고 또는 사과. 이 경우 수당등 월액의 2분의 1을 징계 의결을 받은 달과 다음 달의 수당등에서 감액하되 이미 수당등을 지급한 경우에는 감액분을 환수한다.

2. 30일 이내의 출석정지. 이 경우 징계 의결을 받은 달을 포함한 3개월간의 수당등을 지급하지 아니하되 이미 수당등을 지급한 경우에는 이를 전액 환수한다.

3. 제명

③제1항제1호·제2호 및 제2항제1호의 경우에는 윤리특별위원회에서 그 문안을 작성하여 보고서와 함께 이를 의장에게 제출하여야 한다. 다만, 제155조제7호의2에 해당하여 바로 본회의에 부의하는 징계안의 경우에는 그러하지 아니하다. 〈개정 1991.5.31, 2012.5.25〉

④제명이 의결되지 아니한 때에는 본회의는 다른 징계의 종류를 의결할 수 있다. 〈개정 2012.5.25〉

⑤징계를 의결한 때에는 의장은 공개회의에서 이를 선포한다. 〈개정 2012.5.25〉

[제155조에서 이동 〈1991.5.31〉]

제164조(제명된 자의 입후보제한) 제163조의 규정에 의한 징계로 제명된 자는 그로 인하여 궐원된 의원의 보궐선거에 있어서는 후보자가 될 수 없다. 〈개정 1991.5.31〉

[제156조에서 이동 〈1991.5.31〉]

제15장 보칙

제165조(기간의 기산일) 이 법에 의한 기간의 계산에는 초일을 산입한다.

[제157조에서 이동 〈1991.5.31〉]

제166조(규칙제정) ①국회는 헌법 및 법률에 저촉되지 아니하는 범위안에서 의사와 내부규율에 관한 규칙을 제정할 수 있다.

②위원회는 이 법 및 제1항의 규칙에 저촉되지 아니하는 범위 안에서 국회운영위원회와 협의하여 회의 및 안건심사 등에 관한 위원회의 운영규칙을 정할 수 있다. 〈신설 2005.7.28〉

[제158조에서 이동 〈1991.5.31〉]

부칙 〈제11453호, 2012.5.25〉

이 법은 2012년 5월 30일부터 시행한다. 다만, 제85조의3 및 제106조의2제10항의 개정규정은 2013년 5월 30일부터 시행한다.

찾아보기

平靜 **지영환**(池榮銃)

지영환은 경찰청 대변인실 소통담당으로 재직하고 있다. 경기도지방경찰청 감찰관, 경찰대학 경찰수사연수원 교육담당, 대통령 소속 친일반민족행위자재산조사위원회 조사관으로 3년 동안 1,700억 조사개시 결정, 631억 원에 달하는 친일재산을 국가귀속 했다.

그는 고흥군(高興郡) 능정(陵亭)에서 나 경희대학교 법과대학을 졸업했다. 고려대학교 대학원 수석졸업, 行政學碩士 학위를 받았다. 美國 조지워싱턴대 대학원 연수를 마쳤다. 경희대학교 일반대학원 박사학위과정 형법전공을 수료했다. 논문 "公務員犯罪 統制를 위한 刑事立法論的 研究－高位公務員 腐敗犯罪를 중심으로" 2007년 法學博士 학위를 받았다. 성균관대학교 일반대학원 박사학위과정 비교정치 전공을 수료했다. 논문 "大統領의 對 議會關係에 관한 研究－현대 미국과 한국 대통령의 정치적 Leadership의 상황변수를 중심으로－" 2009년 政治學博士 학위를 받았다.

해군신병훈련소와 해군종합학교를 수석 수료한 그는 국가 중요무형문화재 제76호 예능보유자인 정경화 스승님으로부터 택견을 수학하여 5동, 태권도 공인 7단, 검도·유도·합기도 고단, 국가자격증 등 70여 종을 보유하고 있다. 한국일보 고운문화상, 고려대학교 총장상, 국무총리상, 서울시장상, 금융감독위원회위원장상, 친일반민족행위자재산조사위원장상 등을 받았다.

2004년 『시와시학』 신춘문예 당선, 2006년 그의 첫 시집 『날마다 한강을 건너는 이유』를 민음사에서 냈다. 중앙일보 '시가 있는 아침', 경향신문, 서울신문, 한겨레신문 등에 詩를 발표해 오면서 小說 『조광조 별』(형설라이프)을 내기도 했다.

한국정치학회·한국행정학회·한국공법학회 연구위원, 한국범죄심리학회 이사, 서울신문 자문위원, 한국범죄피해자중앙지원센터 자문위원, 국립경찰대학, 美 CID, 중앙공무원교육원, 고려대학교, 서울대학교, 동아대학교 대학원, 한국체육대학교 등에 출강, 조선일보·중앙일보 등에 칼럼·기고 500여회, 경희대학교 법학전문대학원 법학연구소 연구원으로 활동하고 있다.

전문서『국가와 도청』(도서출판 그린),『국가 수사권 입법론』,『금융범죄론』,『공무원범죄학』(형설출판사), 2012년『경찰 직무스트레스 이해와 치료』(학지사),『외침, 벼랑 끝에 선 아이들의 간절한 비명』(형설라이프), 2013년『학교폭력학』(도서출판 그린),『대통령 대 의회』(경인문화사) 등 14권, 한국연구재단 등재학술지에 논문 30여 편을 발표 했다.『國家人事學』,『성폭력학』,『수사학』,『사이버윤리학』,『SNS개론』,『醫療犯罪學』,『국가 수사권 개헌론』,『광개토대왕』 20권 대하소설을 집필하고 있다. "별처럼 사랑을 배치하고 싶다." 그는 "칼을 찬 선비, 붓을 품은 선비"를 꿈꾼다.

대통령 대 의회

THE PRESIDENT VERSUS THE CONGRESS

초판 1쇄 인쇄 2013년 2월 25일
초판 1쇄 발행 2013년 3월 18일

지은이 지영환
펴낸이 한정희
편 집 신학태 김지선 문영주 송인선 조연경 강하나
영업 관리 하재일 정혜경

펴낸곳 경인문화사
주 소 서울시 마포구 마포동 324-3
전 화 (02) 718-4831
팩 스 (02) 703-9711
등 록 제10-18호(1973.11.8)
홈페이지 www.kyunginp.co.kr / 한국학서적.kr
이메일 kyunginp@chol.com

ISBN 978-89-499-0925-7 93300
정가 45,000원